Heike Amos
Die Vertriebenenpolitik der SED 1949 bis 1990

**Schriftenreihe
der Vierteljahrshefte
für Zeitgeschichte
Sondernummer**

Im Auftrag des
Instituts für Zeitgeschichte München – Berlin
herausgegeben von
Helmut Altrichter   Horst Möller
Hans-Peter Schwarz   Andreas Wirsching

Die Vertriebenenpolitik
der SED
1949 bis 1990

Von
Heike Amos

R. Oldenbourg Verlag München 2009

In Erinnerung an meine Mutter, Ingeborg Amos († 2007)

Bibliografische Information Der Deutschen Nationalbibliothek
Die Deutsche Nationalbibliothek verzeichnet diese Publikation in der
Deutschen Nationalbibliografie; detaillierte bibliografische Daten
sind im Internet über <http://dnb.d-nb.de> abrufbar.

© 2009 Oldenbourg Wissenschaftsverlag GmbH, München
Rosenheimer Straße 145, D-81671 München
Internet: oldenbourg.de

Das Werk einschließlich aller Abbildungen ist urheberrechtlich
geschützt. Jede Verwertung außerhalb der Grenzen des Urheberrechts-
gesetzes ist ohne Zustimmung des Verlages unzulässig und strafbar.
Dies gilt insbesondere für Vervielfältigungen, Übersetzungen, Mikro-
verfilmungen und die Einspeicherung und Bearbeitung in elektroni-
schen Systemen.

Umschlagentwurf: Thomas Rein, München und Daniel von Johnson, Hamburg
Umschlagabbildung: MfS-Aufnahmen eines verbotenen Vertriebenentreffens im Leipziger
Zoologischen Garten am 9. Juni 1963, in: Archiv der Bundesbeauftragten für die Unterlagen des
Staatssicherheitsdienstes der ehemaligen DDR – BStU MfS BV Leipzig AOP 1231/69 Band 1 und 2.

Gedruckt auf säurefreiem, alterungsbeständigem Papier (chlorfrei gebleicht).

Satz: Typodata GmbH, München
Druck: Grafik+Druck, München
Bindung: Thomas Buchbinderei, Augsburg

ISBN: 978-3-486-59139-2

Inhalt

I. Einleitung

II. Das Vertriebenen-Problem in den 1950er Jahren
    1. Zur Situation der Vertriebenen in der SBZ und frühen DDR **15**
        a. Trotz Tabu: Die „Umsiedler" sind ein Thema **15**
        b. Vertriebenentreffen im Hallenser und Leipziger Zoo in den
           1950er und 1960er Jahren **32**
        c. Die „Stimmung unter den ehemaligen Umsiedlern" und die
           Frage der Ostgrenze im Blick des MfS **42**
    2. „Umsiedler" in der DDR und die Aktivitäten der Vertriebenen-
       verbände in West-Berlin in den 1950er und frühen 1960er Jahren . . **59**

III. Beziehungen zur VR Polen, ČSR/ČSSR und Sowjetunion vor dem
    Hintergrund von Vertreibung und Gebietsverlusten sowie verbliebener
    deutscher Minderheit – die 1950er und 1960er Jahre **83**
    1. Deutsche in Polen: Auswirkungen auf das Verhältnis DDR – VR Polen **83**
        a. DDR-Aussiedlungsbemühungen contra polnische Assimilierungs-
           strategie 1949–1955 . . . . **83**
        b. Liberalisierung ab 1956: Massenübersiedlungen nach Ost- und
           Westdeutschland. Registrierungsaktionen und die Arbeit der
           „Gemischt-deutsch-polnischen Kommission" **98**
        c. Verhärtungen in der polnischen Minderheitenpolitik 1959/60
           Aussiedlungen von polnischen Staatsbürgern deutscher
           Nationalität in die DDR 1963–1968 . . . . **116**
    2. Deutsche Minderheit in der Tschechoslowakischen (Sozialistischen)
       Republik **132**
        a. Strategien der ČSR zur Assimilierung bzw. Erteilung von
           Zugeständnissen an „Personen deutscher Nationalität" –
           1950 bis 1960 . . . . **132**
        b. Wirkung der sozialistischen Verfassung der ČSSR von 1960 auf die
           „tschechoslowakischen Staatsbürger deutscher Nationalität" **151**
        c. Weg zur deutschen Minderheit in der ČSSR – 1960er und
           beginnende 1970er Jahre **158**
    3. Deutsche in der Sowjetunion **174**

IV. SED-Kampagnen gegen die Vertriebenenverbände in der Bundesrepublik
    und für die internationale Anerkennung der DDR **187**
    1. Inszenierte Propagandakampagnen in den 1960er und beginnenden
       1970er Jahren **187**
        a. Das DDR-„Braunbuch" **190**

  b. MfS-Dokumentationen über die Vertriebenenorganisationen **194**
  c. „Revanchismusvorwurf" an die SPD und die Kampagne gegen
   Wenzel Jaksch. **196**
  d. Dokumentarfilme im „Kampf gegen den Bonner Revanchismus" . **202**
  e. Eingeübte Propaganda in den 1970er und 1980er Jahren. **208**
 2. Aktivitäten der Vertriebenenverbände im Visier der SED und des MfS
  von den 1960er bis in die 1980er Jahre **211**

V. Wird das Tabu von „Flucht und Vertreibung" gebrochen?
 Die 1970er und 1980er Jahre **221**
 1. „Ehemalige Umsiedler" und immer noch Staatssicherheit? **221**
 2. Diskussion um Flucht und „Umsiedlung" in Gesellschaft und
  Geschichtswissenschaft. **227**
 3. „Umsiedlerfrage" in Literatur und Kunst. **232**
 4. Nach 1989. . . . . **250**

VI. Resümee. **253**

VII. Quellen und Literatur **271**

VIII. Abkürzungen **291**

IX. Personenregister. **295**

 Zur Autorin. **297**

I. Einleitung

Flucht, Vertreibung und Zwangsumsiedlung von mehr als 14 Millionen Deutschen – wovon zwei Millionen ums Leben kamen – aus den Ostgebieten des Deutschen Reiches und einer Reihe von Staaten Ost-Mitteleuropas am Ende des Zweiten Weltkrieges und in den ersten Nachkriegsjahren waren Ausgangspunkt und sind Thema einer seit Jahrzehnten anhaltenden Debatte in Politik, Forschung und Medien. Die aktuelle Diskussion um „Flucht und Vertreibung", so der gängige Sammelbegriff, entzündete sich zwischen 2000 und 2003 um die geplante Errichtung eines Zentrums gegen Vertreibung bzw. um dessen Standort, Ausrichtung und konzeptionelle Gestaltung sowie um den Initiator dieser Zentrumsgründung, dem Bund der Vertriebenen (BdV).[1] Einen neuen Höhepunkt erfuhr diese öffentliche Diskussion 2006, als mit großer Resonanz sowohl das „Haus der Geschichte der Bundesrepublik Deutschland" in Bonn, Berlin und Leipzig die Ausstellung „Flucht, Vertreibung, Integration"[2] als auch die „Stiftung Zentrum gegen Vertreibung" in Berlin die Ausstellung „Erzwungene Wege. Flucht und Vertreibung im Europa des 20. Jahrhunderts"[3] zeigte.

Beim Umgang der Deutschen mit der Vertreibung eines größeren Teils ihres Volkes und dem Verlust der deutschen Ostgebiete geht es um die Auseinandersetzung mit einer einschneidenden Folge der selbstverursachten politischen Katastrophe, die 1933 begann, 1939 in einen Weltkrieg mündete und 1945 von außen durch die Alliierten Kriegsmächte mit der totalen Niederlage und der bedingungslosen Kapitulation Deutschlands endete. Es geht um die so unterschiedliche Verteilung dieser Folgelast innerhalb des deutschen Volkes selbst und um das sich anschließende Problem der politischen, gesellschaftlichen und individuellen Bewältigung der Folgen des Vertreibungsgeschehens. Nachzugehen ist Fragen nach dem Umgang der Gesellschaft mit den materiellen und psychischen Folgen der Massenvertreibung und den Auswirkungen auf die Formierung deutscher Identität nach 1945. Alle vier Besatzungszonen sowie Berlin und somit beide 1949 entstandenen deutschen Staaten waren von den Folgen der Flucht, Vertreibung und Zwangsumsiedlung von mehr als 14 bzw. 12 Millionen Deutschen aus Ostdeutschland und Osteuropa betroffen.[4]

Mit den auf den Alliierten Kriegskonferenzen in Teheran (November/Dezember 1943) und Jalta (Februar 1945) erörterten und dann auf der Potsdamer Konferenz (Juli/August 1945) gefaßten Beschlüssen zur Aussiedlung Deutscher und Deutschstämmiger, der Ver-

---

[1] Die Zahl der publizierten Standpunkte über ein Zentrum gegen Vertreibung in Presse und Fachzeitschriften ist kaum noch zu überschauen. Verwiesen wird daher beispielhaft auf das Heft 1 der Zeitschrift für Geschichtswissenschaft (ZfG) von 2003, welches sich in 14 Beiträgen mit dem Thema befaßte sowie auf das Heft 10 der ZfG von 2005, das sich in neun Beiträgen dem Vertreibungsthema aus deutscher, polnischer und tschechischer Sicht widmete. Die Diskussion wurde auch zusammengefaßt: Rainer Eckert, Flucht und Vertreibung: Eine genauso notwendige wie überfällige Diskussion, in: Deutschland Archiv, 2004 (37.Jg.), S. 14–19.
[2] Vgl. Flucht, Vertreibung, Integration, hrsg. Stiftung Haus der Geschichte der Bundesrepublik Deutschland, Begleitbuch zur Ausstellung, Bonn, Bielefeld 2005.
[3] Vgl. Katharina Klotz, Doris Müller-Toovey, Wilfried Rogasch, Erzwungene Wege. Flucht und Vertreibung im Europa des 20. Jahrhunderts, hrsg. Zentrum gegen Vertreibung, Begleitbuch, o. O., 2006.
[4] Vgl. Dierk Hoffmann, Michael Schwartz, Einleitung, in: Geglückte Integration?, S. 7.

ständigung der Alliierten im Kontrollrat in Berlin über die Aufschlüsselung der heimatlos gewordenen Menschen auf die vier Besatzungszonen (November 1945) und der Ausweitung der Massenvertreibung entstanden im Sommer/Herbst 1945 unumstößliche Tatsachen, die alle Siegermächte und die neuen politischen Kräfte in Deutschland in die Pflicht nahmen.[5]

Die Vertreibung der Deutschen sollte nach dem Willen der Alliierten Siegermächte innerhalb der neuen Grenzen des „Potsdam-Deutschland" Frieden stiften und die Minderheitenprobleme ein für allemal bereinigen. Die inzwischen nicht nur in der Wissenschaft bekannte Erklärung vom Premierminister Großbritanniens, Winston Churchill, im Dezember 1944 im britischen Unterhaus brachte die vorherrschende Meinung der Alliierten auf den Punkt: „Denn die Vertreibung ist, soweit wir in der Lage sind, es zu überschauen, das befriedigendste und dauerhafteste Mittel. Es wird keine Mischung der Bevölkerung geben, wodurch endlose Unannehmlichkeiten entstehen, wie zum Beispiel im Fall Elsaß-Lothringen. Reiner Tisch wird gemacht werden."[6]

Lange vor der Potsdamer Konferenz stand bereits fest, daß das Sudetenland wieder Bestandteil der Tschechoslowakischen Republik sein würde, und ihr Staatspräsident Edvard Beneš hatte bereits 1941 im Londoner Exil die restlose Austreibung der deutschen Minderheit, der 3,5 Millionen Sudetendeutschen, gefordert. Im Mai 1943 erlangte Beneš die Zustimmung der USA und im Sommer 1943 die der Sowjetunion, bei Kriegsende fast alle Sudetendeutschen aus der ČSR zu vertreiben.[7] Vom deutschen Reichsgebiet der Vorkriegszeit, so die Meinung der Alliierten, sollten Ostpreußen, dessen nördliche Hälfte die Sowjetunion beanspruchte, und die östlich der Oder-Neiße-Linie liegenden Teile von Pommern, der Mark Brandenburg und Schlesien abgetreten und unter polnischer Verwaltung bleiben, unter die sie die Sowjets bereits Mitte April 1945 stellte. Die Ausweisung der Deutschen aus ihrem Staatsgebiet betrieben dann aber nicht nur Polen und die Tschechoslowakei, sondern auch Ungarn, Jugoslawien und Rumänien.[8]

Die Alliierten Großmächte trugen gemeinsam die politische Verantwortung für die Massenvertreibung der Deutschen und die neue Grenzziehung in Osteuropa. Die Sowjetunion aber war von ihnen derjenige Staat, der einen direkten, konkreten Gewinn aus Vertreibung und Grenzverschiebung zog: Sie beanspruchte und behielt jene Gebiete, die sie im Gefolge des Hitler-Stalin-Paktes 1939/40 auf Kosten Polens besetzt hatte und verschob damit ihre Westgrenze („Curzon-Linie"). Als Ausgleich schlug sie der polnischen Seite eine „territoriale Westverschiebung" auf Kosten Deutschlands vor. Das pro-sowjetische „Polnische Komitee der Nationalen Befreiung" („Lubliner Komitee") erhielt von Moskau im Juli 1944 eine erste Zustimmung zu einer deutsch-polnischen Grenzziehung entlang der Oder-Neiße-Linie.[9] Hinzu kam, daß die alliierte Macht Sowjetunion mit diesen Gebietsansprüchen und mit ihren Vertreibungsplänen die Polen, das „Lubliner Komitee", und die tschechoslowakische Exilregierung unter Beneš animierte, radikalste Ansprüche zu fordern und durchzusetzen. Mit der Festlegung der polnischen Westgrenze an Oder und Lausitzer Neiße sowie der Vertreibung von über drei Millionen Sudetendeutscher band Stalins

---

[5] Vgl. Ernst Deuerlein, Die Einheit Deutschlands, Bd. 1, S. 36–45, insbes. S. 43, 44, S. 79–93, insbes. S. 90 f., S. 112–120, insbes. S. 119 f.; Klaus-Dietmar Henke, Der Weg nach Potsdam – Die Alliierten und die Vertreibung, S. 61 ff.
[6] Zitiert bei Wolfgang Benz, Fünfzig Jahre nach der Vertreibung, S. 9.
[7] Vgl. Detlef Brandes, Der Weg zur Vertreibung 1938–1945, S. 420–428.
[8] Vgl. Wolfgang Benz, Fünfzig Jahre nach der Vertreibung, S. 9.
[9] Vgl. Klaus Dietmar Henke, Der Weg nach Potsdam – Die Alliierten und die Vertreibung, S. 60–65.

Sowjetunion Polen und die Tschechoslowakei als neue Satellitenstaaten fest in ihr Imperium ein.[10]

Die Sowjetische Besatzungszone (SBZ)/DDR nahm mehr als vier Millionen und die westlichen Besatzungszonen/Bundesrepublik Deutschland knapp acht Millionen Flüchtlinge, Vertriebene und Zwangsumgesiedelte auf. Die sich etablierenden politischen Systeme in Ost- und Westdeutschland reagierten auf die massenhafte Aufnahme und Eingliederung der Vertriebenen mit verschiedenen politischen, ökonomischen und sozialen Mitteln und Methoden. In der SBZ setzte die sowjetische Besatzungsmacht und dann die SED-Führung ein striktes Assimilationskonzept gegenüber den Flüchtlingen und sogenannten Umsiedlern[11] durch. Die Vertriebenen-Politik der SED, die stets nur „Umsiedler-Politik" genannt wurde, umfaßte sozialpolitisch-integrative und repressive Maßnahmen. Das stufenweise eingeleitete Ende einer spezifischen SED-Vertriebenenpolitik begann bereits 1948. 1952/53 erklärte die DDR-Regierung offiziell die Integration der „Umsiedler" für abgeschlossen. Der 1953 erfolgte Abbruch einer gruppenspezifischen „Umsiedler-Politik" war als Zeichen einer Nicht-Anerkennung eines besonderen Vertreibungsschicksals zu werten. Das Vertriebenen-Problem wurde aus der DDR-Öffentlichkeit verdrängt, verschwiegen, tabuisiert.

Die historische Forschung über die Vertriebenen-Thematik unterschied sich zwischen den beiden deutschen Staaten. Während in der alten Bundesrepublik sich bereits seit den 1950er Jahren die Vertriebenenforschung umfassend begründen konnte und in den 1980er Jahren im Zuge einer sozial- und alltagsgeschichtlichen Neuorientierung wieder „entdeckt" wurde,[12] konnte sich diese Problematik als politisch unabhängige wissenschaftliche Forschung in den neuen Bundesländern erst ab 1990 etablieren. In der SED-gelenkten Geschichtswissenschaft der DDR wurde die Frage der Eingliederung der Vertriebenen in der SBZ/DDR erst in den 1980er Jahren als Forschungsthema zugelassen. Über den SED-Mythos der angeblich um 1952/53 erfolgten „Lösung der Umsiedlerfrage" konnte sie sich aber nicht hinwegsetzen.[13] Dennoch signalisierte diese in den engen ideologischen Grenzen des SED-Staates erfolgte Vertriebenenforschung das damals greifbar werdende gesellschaftliche Bedürfnis nach historischer Selbstvergewisserung. Die aus der DDR kommenden Historiker, insbesondere die von der Universität Magdeburg und der Humboldt-Universität Berlin setzten in den 1990er Jahren auf der Basis der nun auch für sie zugänglichen Primärquellen verschiedener Archive die Forschungen zu Flucht, Vertreibung und Eingliederung der Vertriebenen in der SBZ/DDR fort.

---

[10] Vgl. Hermann Graml, Flucht und Vertreibung der Deutschen aus Ostdeutschland und Osteuropa, S. 21–29.

[11] Zur Begriffsbestimmung „Vertreibung" bzw. „Umsiedlung" siehe Kapitel II.1.

[12] Die wissenschaftliche Literatur hierzu ist so umfassend und breit gefächert, daß nur verwiesen wird auf: Gertrud Krallert-Sattler, Kommentierte Bibliographie zum Flüchtlings- und Vertriebenenproblem in der Bundesrepublik Deutschland, in Österreich und in der Schweiz, Wien 1989, und der Überblick über die Forschung zur Flüchtlingspolitik in der Bundesrepublik bei Ulrike Haerendel, Die Politik der „Eingliederung" in den Westzonen und der Bundesrepublik Deutschland, S. 109–133; mit zuletzt erschienen: Manfred Kittel, Vertreibung der Vertriebenen? Der historische deutsche Osten in der Erinnerungskultur der Bundesrepublik (1961–1982), München 2007, und Christian Lotz, Die Deutung des Verlusts. Erinnerungspolitische Kontroversen im geteilten Deutschland um Flucht, Vertreibung und die Ostgebiete (1948–1972), Köln 2007.

[13] Eine systematische Beschäftigung erfolgte an der Pädagogischen Hochschule Magdeburg um Manfred Wille und an der Humboldt-Universität Berlin um Wolfgang Meinicke. Vgl. die zusammenfassenden Artikel: Manfred Wille, Zur Integration der Umsiedler in die Gesellschaft 1945–1952, in: ZfG, 1988 (36.Jg.), S. 867ff.; Wolfgang Meinicke, Zur Integration der Umsiedler in die Gesellschaft 1945–1952, in: ebenda, S. 867ff.

Das Thema der Vertriebenenintegration in der SBZ/DDR gehörte in den 1990er Jahren beim Institut für Zeitgeschichte zum zentralen Forschungsbereich. Das Forschungszentrum führte im September 1995, im Juni 1996 und im Dezember 1997 unter Beteiligung von Historikern aus Ost- und Westdeutschland wissenschaftliche Kolloquien zu dieser Thematik durch. Ergebnisse der Forschungen und der Diskussionen erschienen in Sammelbänden.[14] Die Forschungen der 1990er Jahre stellten die gemeinsamen und getrennten Wege der Integration der Millionen Flüchtlinge und Vertriebenen in den Westzonen/Bundesrepublik und in der SBZ/DDR dar und verknüpften damit die Zeitgeschichten der DDR und der Bundesrepublik überzeugend.

Einen Meilenstein in der Vertriebenenforschung für die SBZ und frühe DDR stellte die 2004 veröffentlichte, knapp 1250 Seiten umfassende, Habilitationsschrift des Historikers Michael Schwartz dar.[15]

Die wissenschaftliche Aufarbeitung der Vertriebenen-Eingliederung in der SBZ/DDR ist seit 1990 systematisch vorangetrieben worden und hat breite Forschungslücken geschlossen. Das betrifft die „Umsiedler"-Problematik als Gegenstand von Politik und Bürokratie auf zentraler wie auf regionaler Ebene zwischen 1945 und 1952/53. Hier wurden die Vertriebenen-Politik und die Vertriebenen-Verwaltung der KPD/SED und die Rolle der SMAD/SKK ins Blickfeld der Forschung gerückt sowie Fragen nach den politischen Hintergründen der Integration gestellt und beantwortet.[16] Wirtschaftliche und soziale Aspekte der Integration sowie die berufliche und gesellschaftliche Eingliederung der Vertriebenen wurden ausführlich behandelt und dargestellt.[17]

Unabhängig von der Wahl des Forschungsansatzes liegen detaillierte Forschungsergebnisse über regionale Studien zur Vertriebenenintegration, z. B. für Sachsen[18], und über spezielle landsmannschaftliche Vertriebenen-Gruppen, u. a. die Bessarabien- oder die Su-

---

[14] Vgl. 50 Jahre Flucht und Vertreibung. Gemeinsamkeiten und Unterschiede bei der Aufnahme und Integration der Vertriebenen in die Gesellschaften der Westzonen/Bundesrepublik und der SBZ/DDR, hrsg. Manfred Wille, Magdeburg 1997; Geglückte Integration? Spezifika und Vergleichbarkeiten der Vertriebenen-Eingliederung in der SBZ/DDR, hrsg. Dierk Hoffmann, Michael Schwartz, München 1999; Vertriebene in Deutschland. Interdisziplinäre Ergebnisse und Forschungsperspektiven, hrsg. Dierk Hoffmann, Marita Krauss, Michael Schwartz, München 2000.

[15] Vgl. Michael Schwartz, Vertriebene und „Umsiedlerpolitik". Integrationskonflikte in den deutschen Nachkriegs-Gesellschaften und die Assimilationsstrategien in der SBZ/DDR 1945 bis 1961, München 2004. Der Umfang der Vertriebenenforschung für die SBZ und frühe DDR läßt sich am Literaturverzeichnis bei Michael Schwartz, S. 1211 bis 1240, erkennen. Zuletzt von ihm erschienen: Ders., Vertriebene im doppelten Deutschland. Integrations- und Erinnerungspolitik in der DDR und in der Bundesrepublik, in: Vierteljahrshefte für Zeitgeschichte, 2008, S. 101–151.

[16] Vgl. z. B. Manfred Wille, SED und „Umsiedler" – Vertriebenenpolitik der Einheitspartei im ersten Nachkriegsjahrzehnt, S. 91–104; Michael Schwartz, Apparate und Kurswechsel. Zur institutionellen und personellen Dynamik von „Umsiedler"-Politik in der SBZ/DDR 1945–1953, S. 105–136; Manfred Wille, Die Vertriebenen und das politisch-staatliche System der SBZ/DDR, S. 203–217.

[17] Vgl. Dierk Hoffmann, Vertriebenenintegration durch Arbeitsmarktlenkung? Zur Beschäftigungspolitik der SBZ/DDR (1945–1950), S. 173–192; Arnd Bauerkämper, Die vorgetäuschte Integration. Die Auswirkungen der Bodenreform und Flüchtlingssiedlung auf die berufliche Eingliederung von Vertriebenen in die Landwirtschaft in Deutschland 1945–1960, S. 193–214; Peter Hübner, Industriearbeiter als Faktor der Vertriebenenintegration in der SBZ/DDR, S. 291–312.

[18] Eine hervorragende Arbeit: Stefan Donth, Vertriebene und Flüchtlinge in Sachsen 1945 bis 1952. Die Politik der Sowjetischen Militäradministration und der SED, Köln 2000; oder: Martin Holz, Evakuierte, Flüchtlinge und Vertriebene auf der Insel Rügen 1943–1961, Köln 2003.

detendeutschen,[19] vor.[20] Von besonderem Interesse ist die in den letzten Jahren wachsende Zahl von vergleichenden historischen Untersuchungen über deutsch-polnische und deutsch-tschechische Vertreibungs- und Integrationsprobleme, die das Vertreibungsgeschehen im gesamteuropäischen Kontext aufrollen.[21]

Das Thema Flucht und Vertreibung bzw. die Vertriebenenintegration in der SBZ/DDR wurde bisher in der historischen Forschung (fast) ausschließlich für den Zeitraum zwischen 1945 und Mitte der 1950er Jahre bearbeitet. Sieht man von einigen wenigen Studien lebensgeschichtlicher Eingliederungsprozesse Vertriebener über Generationen in der DDR bis in die Gegenwart ab, bricht die Vertriebenenforschung der SBZ/DDR Mitte der 1950er Jahre ab.[22] Der Grund dafür lag in der SED-offiziellen Erklärung, daß um 1952/53 die „Integration der ehemaligen Umsiedler" als abgeschlossen galt, es keine dezidert ausgewiesene DDR-Vertriebenenpolitik mehr gab und daß die Vertriebenen – forschungstechnisch gesehen sehr nachteilig – in keiner Statistik mehr ausgewiesen wurden, ja ein Verbot existierte, überhaupt statistische Daten über die Gruppe der „Umsiedler" zu erheben.[23] Das Thema Flucht und Vertreibung der Deutschen zum Ende des Zweiten Weltkrieges und in den ersten Nachkriegsjahren war in der DDR von da an mit einem Tabu belegt, obwohl die Sowjetische Besatzungszone und spätere DDR den prozentual höchsten Anteil an Flüchtlingen und Vertriebenen hatte aufnehmen müssen.

Dessen ungeachtet drängt sich die Frage auf, ob die DDR-Staatsführung bzw. die SED-Spitze ein so gravierendes gesellschaftliches Phänomen, daß nämlich 1950 jeder vierte, 1961 noch jeder fünfte DDR-Bürger ein Vertriebener und Flüchtling war, und Ende der 1980er Jahre noch 3,7 Millionen Vertriebene der Erlebnisgeneration, einschließlich ihrer dort geborenen Kinder, in der DDR lebten[24], einfach übersehen und in ihrer Politik ignorieren konnte. Zu fragen ist, in welchen Politik- und Gesellschaftsbereichen, auf welchen Handlungs- und Gestaltungsebenen die SED/DDR-Führung, ob sie es wollte oder nicht, sich der Vertreibungs- und Vertriebenenproblematik stellen mußte, sie wahrnahm, sich mit ihr beschäftigte, agierte und reagierte.

Die DDR- bzw. SED-Führung stellte sich der Vertreibungsthematik bzw. den Flüchtlingen und Vertriebenen, sprich „Umsiedlern". Die SED-Vertriebenenpolitik für den gesamten

---

[19] Vgl. Ute Schmidt, Die Deutschen aus Bessarabien. Eine Minderheit aus Südosteuropa (1814 bis heute), Köln 2003; oder: Die Sudetendeutschen in der Sowjetischen Besatzungszone Deutschlands. Ankunft, Aufnahme und erste Integrationsversuche, hrsg. von Manfred Wille, Magdeburg 1993.
[20] Vgl. Bericht über den Stand der Vertriebenenforschung der SBZ/DDR von: Ulrike Haerendel, Zur Eingliederung der Vertriebenen in der SBZ/DDR, in: Deutschland Archiv, 2001 (34.Jg.), S. 319–321.
[21] Vgl. Philipp Ther, Deutsche und polnische Vertriebene. Gesellschaft und Vertriebenenpolitik in der DDR und Polen 1945 bis 1956, Göttingen 1998; Beate Ihme-Tuchel, Die DDR und die Deutschen in Polen. Handlungsspielräume und Grenzen ostdeutscher Außenpolitik 1948 bis 1961, Berlin 1997; Miloš Havelka, Gedächtnis und Geschichte, Zusammenleben und Vertreibung, in: ZfG, 2003 (51.Jg.), S. 13–19; Bernadetta Nitschke, Vertreibung und Aussiedlung der deutschen Bevölkerung aus Polen 1945 bis 1949, München 2004; Die Deutschen östlich von Oder und Neiße 1945–1950. Dokumente aus polnischen Archiven, hrsg. von Włodzimierz Borodziej, Hans Lemberg, Band 1 bis 4, Marburg 2000 bis 2006; Alle Beiträge der Beilage zur Wochenzeitung Das Parlament. Aus Politik und Zeitgeschichte, 5–6/2005.
[22] Eine Ausnahmen ist die Arbeit von Michael Schwartz. Ders., Tabu und Erinnerung. Zur Vertriebenen-Problematik und literarischer Öffentlichkeit der DDR, S. 85–101.
[23] Vgl. Gerald Christopeit, Verschwiegene vier Millionen. Heimatvertriebene in der Sowjetischen Besatzungszone und der DDR, S. 241f.
[24] Vgl. Karl Heinz Schaefer, Anmerkungen zur Zahl der in der SBZ/DDR zwischen 1945 und 1990 lebenden Vertriebenen, S. 66f.

Zeitraum der staatlichen Existenz der DDR von 1949 bis 1990 umfaßte innenpolitische, außenpolitische und deutsch-deutsche Dimensionen.

Die Sicht des Staates und der SED-Staatspartei auf die „ehemaligen Umsiedler" ab Beginn der 1950er Jahre war in erster Linie bestimmt vom negativ-repressiven Vorgehen gegen ein gelebtes oder geäußertes Sondergruppenbewußtsein. Unter Beobachtung der SED-Sicherheitsorgane standen „Umsiedlerkonzentrationen" in Betrieben, Institutionen oder an Wohnorten und Selbstorganisationsbestrebungen von Vertriebenen, die sich für die gesamte DDR-Zeit nachweisen lassen. Die Studie widmet sich diesen Punkten und fragt einerseits, ob und wie es der SED-Führung gelang, ihr Tabuisierungsgebot über das Geschehen von Flucht, Vertreibung, Heimatverlust und neuer Grenzziehung durchzusetzen. Andererseits wird die Frage gestellt, welche Selbstbehauptungsstrategien und Kommunikationsprozesse die „ehemaligen Umsiedler" in der DDR umsetzen konnten und ob und wie sie dem repressiven Vorgehen von Staat und SED ausweichen bzw. widerstehen konnten.

Die Arbeit greift die Problematik auf, wie sich das außenpolitische Verhältnis der DDR von den 1950er bis in die 1980er Jahre zu den unmittelbaren östlichen Nachbarstaaten Polen, Tschechoslowakei und Sowjetunion vor dem Hintergrund der Vertreibung der Deutschen und der Gebietsabtretungen gestaltete. Es wird thematisiert, wie die SED-Führung auf die polnische, tschechoslowakische bzw. sowjetische Politik gegenüber der deutschen Minderheit reagierte. Welche Politik betrieb die DDR aus eigenem Antrieb und Interesse bezüglich der dort jeweils verbliebenen Deutschen? Verstand sie sich als Anwalt dieser Deutschen oder aber nahm sie sich dieser Rolle widerstrebend und erst unter dem bundesdeutschen Konkurrenzdruck an und wandelte sich die Haltung der DDR-Regierung zu diesem Problem im Untersuchungszeitraum?

Die SED-Führung sah in den „ehemaligen Umsiedlern" vorwiegend ein sicherheitspolitisches Problem, wenn es um landsmannschaftliche Kontakte über die deutsch-deutsche Grenze hinweg ging. Die Studie stellt dar, wie und mit welchem Erfolg der DDR-Repressionsapparat – das Ministerium für Staatssicherheit (MfS), die Polizei und Justiz – daran ging, diese Verbindungen zu kontrollieren und nach Möglichkeit zu unterbinden. Wie nahm die SED-Führung bzw. ihr Staatssicherheitsdienst die Aktivitäten der bundesdeutschen Vertriebenenorganisationen – der ostdeutschen Landsmannschaften und des Bundes der Vertriebenen (BdV) – wahr, und mit welchem Ergebnis versuchte sie deren Wirkung auf die „ehemaligen Umsiedler" in der DDR abzuschwächen? Des weiteren wird herausgearbeitet, mit welchem Ziel und Erfolg die sogenannten SED-Revanchismus-Kampagnen der 1960er und 1970er Jahre zur internationalen Anerkennung der DDR beitrugen, die Darstellung der DDR als „deutschen Friedensstaat" beförderten und die „BRD als das revanchistische Deutschland, welches die bestehenden Grenzen in Europa nicht anerkennt", abwerteten.

Als Grundlage für die Bearbeitung des Themas „Vertriebenenpolitik der SED" standen in erster Linie ungedruckte Quellen aus verschiedenen Archiven zur Verfügung. Die Schwierigkeit in der Forschungsarbeit bestand darin, daß, wie oben angemerkt, es ab 1951/52 keine statistischen Angaben mehr über Vertriebene gab, und damit in keinem Archiv eigens ausgewiesene Bestände oder geschlossene Aktengruppen zur Vertriebenenproblematik existieren. Es mußten daher verschiedenste Bestände unterschiedlicher Provenienz nach direkten und indirekten Zusammenhängen und Hinweisen zur SED-„Umsiedler"-Politik und dem Umgang mit der Vertreibungsproblematik in der DDR durchgesehen werden. Aussagekräftige Quellen und Dokumente fanden sich im Bundesarchiv Berlin, in der Stiftung Archiv der Parteien und Massenorganisationen der DDR im Bundesarchiv,

Berlin, im Politischen Archiv des Auswärtigen Amtes, Berlin,[25] in der Stiftung Archiv der Akademie der Künste, Berlin. Überraschend interessant und faktenreich waren die Unterlagen, Sammlungen und Quellen im Archiv der Bundesbeauftragten für die Unterlagen des Staatssicherheitsdienstes der ehemaligen DDR.

Die vorliegende Studie entstand im Zeitraum von Herbst 2005 bis Ende 2007 am Forschungsverbund SED-Staat, Abteilung Malteserstraße, an der Freien Universität Berlin. Sie wurde vom Beauftragten der Bundesregierung für Kultur und Medien, Bonn, gefördert. Für die stetige Unterstützung gilt mein besonderer Dank dem Leiter des Forschungsverbundes SED-Staat, Abteilung Malteserstraße, und zugleich Betreuer des Projekts, Herrn Professor Dr. Manfred Wilke. Danken möchte ich auch den Mitarbeiterinnen und Mitarbeitern der einschlägigen Archive und Bibliotheken in Berlin und München, die stets hilfreich bei der Beschaffung von Unterlagen und Kopien für meine Arbeit waren. Für die sorgfältige und kritische Durchsicht meines Manuskripts möchte ich des weiteren Frau Dr. Kornelia Lobmeier, wissenschaftliche Mitarbeiterin beim Zeitgeschichtlichen Forum Leipzig des Hauses der Geschichte, und Herrn Professor Dr. Michael Schwartz, Institut für Zeitgeschichte, Abteilung Berlin, besonders danken.

Berlin, im Juni 2008　　　　　　　　　　　　　　　　　　　　　　　　Heike Amos

---

[25] Bei der Nutzung der Unterlagen im Politischen Archiv des Auswärtigen Amtes ist zu berücksichtigen, daß hier eine Sperrfrist für Archivgut von 30 Jahren besteht. Im Rahmen dieser Studie konnten daher nur Unterlagen bis 1976/77 eingesehen werden.

14

II. Das Vertriebenen-Problem in den 1950er Jahren

1. Zur Situation der Vertriebenen in der SBZ und frühen DDR

a. Trotz Tabu: Die „Umsiedler" sind ein Thema

Zwölf Millionen geflüchtete, vertriebene und zwangsumgesiedelte Deutsche mußten nach dem Ende des Zweiten Weltkrieges in den von den Alliierten Siegermächten bestimmten vier Besatzungszonen des territorial verkleinerten und kriegszerstörten Rest-Deutschland Aufnahme finden. Bis zur „doppelten deutschen Staatsgründung" im Herbst 1949 wuchs die Zahl der Flüchtlinge und Vertriebenen in der Bundesrepublik Deutschland auf 7,9 Millionen Menschen und in der Deutschen Demokratischen Republik auf 4,3 Millionen an. Die Sowjetische Besatzungszone (SBZ), dann DDR, nahm 37,2 Prozent aller Vertriebenen auf, die Bundesrepublik 62,8 Prozent. In den westlichen Besatzungszonen konzentrierten sich die Vertriebenen sehr unterschiedlich. Ihr Anteil an der Bevölkerung betrug in der britischen Zone 32,8 Prozent, in der amerikanischen 28,2 Prozent und in der französischen nur 1,4 Prozent. Im Oktober 1949, dem DDR-Gründungsmonat, machten die Vertriebenen und Flüchtlinge knapp ein Viertel der Gesamtbevölkerung aus: In Zahlen hieß das: Von 17,8 Millionen DDR-Bürgern waren 4,3 Millionen Vertriebene.[1] Diese verteilten sich unterschiedlich auf die fünf Länder der DDR: Den größten Anteil von Vertriebenen an der Bevölkerung nahm Mecklenburg-Vorpommern auf. Hier machten sie 43,3 Prozent aus. Mit knapp einem Viertel Anteil an der Bevölkerung folgten die Länder Brandenburg, Sachsen-Anhalt und Thüringen. Das Land Sachsen nahm anteilig gesehen 17,2 Prozent Flüchtlinge und Vertriebene auf.[2]

Von 1949 bis zum Bau der Berliner Mauer am 13. August 1961 verließen rund 2,8 Millionen Bürger der DDR das Land in Richtung West-Berlin und Bundesrepublik Deutschland.[3] Der Anteil der Vertriebenen an diesen sogenannten Republikflüchtigen war überdurchschnittlich hoch und betrug etwa ein Drittel, das hieß, daß zwischen 750 000 bis 900 00 Ver-

---

[1] Vgl. Johannes Hoffmann, Flüchtlinge und Vertriebene im Spannungsfeld der SBZ-Nachkriegspolitik, S. 19.

[2] *Zahl und Anteil der Vertriebenen an der DDR-Bevölkerung im November 1949*

Land	Gesamtbevölkerung	davon Vertriebene	Vertriebene in %
Brandenburg	2 646 991	655 466	24,8
Mecklenburg-Vorpommern	2 126 790	922 088	43,3
Sachsen	5 798 990	997 798	17,2
Sachsen-Anhalt	4 303 441	1 051 024	24,4
Thüringen	2 988 288	685 913	23,0
DDR insgesamt	17 864 500	4 312 288	24,2

Vgl. ebenda; Zusammenstellung der gesamten Heimkehrer, Zivilinternierten und Umsiedler, 9. Januar 1950, in: SAPMO-BA DY 30 IV 2/13/392, Bl. 4, 5.

[3] Vgl. Hermann Weber, DDR. Grundriß der Geschichte 1945–1990, S. 288–305.

triebene die DDR verließen.[4] 1961 lebten demnach noch zirka 3,5 Millionen Flüchtlinge und Vertriebene in der DDR. Sie machten 20 Prozent der Gesamtbevölkerung aus: Jeder fünfte DDR-Bürger war 1961 ein Flüchtling oder Vertriebener der Erlebnisgeneration.[5]

Aufnahme und Eingliederung fanden Flüchtlinge, Vertriebene und Zwangsumgesiedelte in der SBZ/DDR aus allen ost- bzw. südosteuropäischen Vertreibungsgebieten. Zahlenmäßig die größten Gruppen bildeten Männer, Frauen und Kinder aus Schlesien (über eine Million), aus dem Sudetengebiet (zirka 850000), aus Pommern und Ostpreußen (jeweils etwa eine halbe Million) sowie aus Ost-Brandenburg (zirka eine viertel Million).[6] Hinzu kamen noch rund eine halbe Million Deutsche aus Polen und Deutschstämmige aus Rumänien und Ungarn, den baltischen Staaten, dem Königsberger Gebiet und anderen Regionen der Sowjetunion.[7] Diese landsmannschaftlich verschiedenen Gruppen verteilten sich in der SBZ/DDR unterschiedlich. Für 1950 ließ sich generalisierend feststellen, daß die meisten der in die SBZ/DDR gekommenen Schlesier in Sachsen und Sachsen-Anhalt, die Pommern in Mecklenburg-Vorpommern, die Ost-Brandenburger im Land Brandenburg, die Ost- und Westpreußen in Mecklenburg-Vorpommern, Sachsen-Anhalt und Brandenburg Aufnahme fanden. Die Mehrzahl der Sudetendeutschen wurde Sachsen, Sachsen-Anhalt und Thüringen zugewiesen.[8]

Die Statistiken der SBZ erfaßten für 1948/49 auch, daß von den 4,3 Millionen Vertriebenen 1,2 Millionen Männer, 1,9 Millionen Frauen und 1,2 Millionen Kinder waren. Im Vergleich mit der einheimischen Wohnbevölkerung waren damit die Männer um vier Prozent unter-, die Frauen dagegen um 0,6 Prozent und die Kinder um 3,4 Prozent überrepräsentiert. Hinzu kam ein genereller Frauenüberschuß in der SBZ im Vergleich zu den drei Westzonen. Die Altersstruktur, beeinflußt von den Folgen zweier Weltkriege und vom Wandel des generativen Verhaltens, erfuhr durch die Aufnahme der Flüchtlinge und Vertriebenen im Vierzonen-Deutschland weitere Veränderungen. Die Kriegs- und Vertreibungsverluste sowie die fehlende Ausgeglichenheit in der Geschlechterrelation zogen eine Deformation in den produktiven Altersklassen – vor allem bei Männern zwischen 20 und 40 Jahren – und einen kriegs- und nachkriegsbedingten Geburtenrückgang nach sich. Auch war das zahlenmäßige Verhältnis zwischen der jüngeren und älteren Generation eindeutig zugunsten von Kindern und Jugendlichen verschoben.[9]

---

[4] Der Anteil von Vertriebenen an den „Republikflüchtigen" ging im Laufe der 1950er Jahre immer stärker zurück. Vgl. Michael Schwartz, Kriegsfolgelasten und „Aufbaugesellschaft", S. 185f.
In internen Berichten des MfS hieß es z. B. 1956 dazu: „... denn immer noch sind ca. 25 bis 30 Prozent der DDR-Flüchtlinge [nach Westberlin und Westdeutschland] Heimatvertriebene." MfS GI-Bericht: Reise nach Hamburg, 26. März 1956, in: BStU MfS AOP 11315/64, Bd. 1, Bl. 93.
[5] Vgl. Helge Heidemeyer, Flucht und Zuwanderung aus der SBZ/DDR 1945/49–1961, S. 41–48, 62–68; Ders., Vertriebene als Sowjetflüchtlinge, S. 237–249; Karl Heinz Schaefer, Anmerkungen zur Zahl der in der SBZ/DDR zwischen 1945 und 1990 lebenden Vertriebenen, S. 66; Philipp Ther, Deutsche und polnische Vertriebene, S. 340f.
[6] Diese Zahlen stammen aus dem Jahr 1947. Vgl. Manfred Wille, Zu einigen Fragen der Aufnahme und Integration der Vertriebenen in der SBZ/DDR, S. 34f.
[7] Prozentual gesehen sah dies folgendermaßen aus: 72 Prozent der Vertriebenen kamen aus Polen (polnische Gebiete von 1945 aus gesehen), 2,1 Prozent aus der Sowjetunion einschließlich des Königsberger Gebietes, 21 Prozent aus der ČSR, 0,5 Prozent aus Jugoslawien, 0,4 Prozent aus Ungarn, 0,8 Prozent aus Rumänien und 3,2 Prozent aus anderen Staaten. Vgl. Umsiedler in den Ländern der DDR nach Herkunftsgebieten, Stand 1. Dezember 1947, in: BAB DO 2/49, Bl. 146.
[8] Vgl. Manfred Wille, Zu einigen Fragen der Aufnahme und Integration der Vertriebenen in der SBZ/DDR, S. 34f.
[9] Vgl. ebenda, S. 35f.

Während des Flucht- und Vertreibungsgeschehens und den Aussiedlungsaktionen zum bzw. nach dem Kriegsende bezeichneten sich die Betroffenen selbst, wie auch die eingesessene deutsche Bevölkerung, als Flüchtlinge bzw. Ostflüchtlinge. Dies galt auch für den zeitgenössischen Sprachgebrauch in der SBZ und dann DDR.[10]

Am 15. September 1945 entstand auf Befehl der Sowjetischen Militäradministration (SMAD) in Berlin eine „Zentralverwaltung für Flüchtlingswesen und Heimkehrer" zur zentralen Steuerung des Transports und der Verteilung der Flüchtlinge. Doch nur zehn Tage später wurde auf Anordnung der Besatzungsmacht diese Bezeichnung in „Zentralverwaltung für Umsiedler" (ZVU) abgeändert.[11] Der kommunistische Präsident der Zentralverwaltung erklärte den neuen Umsiedler-Begriff damit, daß man den mißverständlichen und harten Ausdruck „Betreuung von Flüchtlingen und Heimkehrern" vermeiden wollte. Denn in Zukunft habe man sich, so meinte er im Herbst 1945, auch um die aus dem Osten, aus Ungarn und Jugoslawien und der ČSR kommenden Menschen zu kümmern, und diese seien nicht nur provisorisch zu „betreuen", sondern hierher endgültig und dauerhaft „umzusiedeln".[12]

Die Begriffsvorgabe durch die Sowjetische Besatzungsmacht – „Umsiedler" und „Umsiedlung" (переселнц / переселение – pereselenjez/pereselenie) – war keine spezifische Neuschöpfung. Schon die Zwangs- und Massendeportationen in der Geschichte der UdSSR – wie die der Donkosaken 1920, der sogenannten Kulaken 1930/32, bis hin zu denen ganzer Völkergruppen im Zweiten Weltkrieg wie der Wolgadeutschen 1941, der Krimtataren 1943 und diverse kaukasische Ethnien 1944[13] – wurden in sowjetischer Sprach- und Politik-Tradition als „Umsiedlungsaktionen" benannt. Für die sowjetischen SMAD-Funktionäre war der verordnete „Umsiedlungs"-Begriff also eine problemlose Übertragung eines gewohnten Verwaltungsvokabulars auf erfolgte oder noch zu erfolgende Vertreibung deutscher Bevölkerung aus der ČSR oder aus den bisherigen deutschen, nunmehr polnisch verwalteten Ostgebieten.

Für die deutsche Bedeutung des „Umsiedlungs"-Begriffs nach 1945 ist allerdings auch dessen nationalsozialistische Vorgeschichte zu berücksichtigen. Das NS-Deutschland schloß während des Zweiten Weltkrieges mit verschiedenen Staaten Verträge und Vereinbarungen, z. B. mit Estland und Lettland, zur „Umsiedlung" deutscher Volksgruppen. Seit dem Herbst 1939 kam es im Gefolge des Hitler-Stalin-Paktes auch zu diversen deutsch-sowjetischen Vereinbarungen über „Umsiedlungen", in denen auch der „Umsiedler"-Begriff verbindlich fixiert wurde.[14]

Sowohl der sowjetische als auch der nationalsozialistische „Umsiedler-Begriff" lieferte Kernelemente für die Begrifflichkeit in der Sowjetischen Besatzungszone. Allen drei Ver-

---

[10] In der 1951/52 veröffentlichten Kurzgeschichte der Schriftstellerin Anna Seghers „Die Umsiedlerin" hieß es dazu: „Man nannte die Fremden auch immer weiter im Dorf ‚die Flüchtlinge' statt ‚die Umsiedler', wie sie in den Gesetzen hießen." In: dies., Die Umsiedlerin, S. 273.
[11] Vgl. Michael Schwartz, „Vom Umsiedler zum Staatsbürger", S. 136.
[12] Vgl. ebenda.
[13] Vgl. Norman M. Naimark, Flammender Hass, S. 111–137.
[14] Vereinbarungen zwischen dem Deutschen Reich und der Sowjetunion vom November 1939 bezogen sich auf die gemeinsame Kriegsbeute Polen und einem dortigen wechselseitigen Bevölkerungsaustausch. Im September 1940 traten Abkommen hinsichtlich der Volksdeutschen in den von Rumänien an die Sowjetunion abgetretenen Territorien Bessarabien und nördliche Bukowina hinzu, im Januar 1941 hinsichtlich der Baltendeutschen im bereits 1940 sowjetisch annektierten Litauen. Vgl. dazu auch das folgende Kapitel (III. 3.); Michael Schwartz, „Vom Umsiedler zum Staatsbürger", S. 137f.

wendungen war zu eigen, daß den „Umsiedlern" jegliche Rückkehrhoffnung genommen werden und zugleich als vorrangiges Ziel der „Umsiedler"-Politik die Schaffung einer „neuen Heimat" und die Assimilierung mit der ansässigen Bevölkerung angestrebt werden sollte. Das Integrationsvokabular „Umsiedler" und „Umsiedler"-Politik zielte auf die Einsicht in das Unvermeidliche. Die verordnete Begrifflichkeit sollte den betroffenen Menschen das Irreversible der politischen Entscheidung vor Augen führen und verlangte von ihnen, sich in ihr Schicksal zu fügen.[15]

In der SBZ betonte Mitte 1946 ein führender SED-Funktionär der „Zentralverwaltung für Umsiedler" mit Blick auf den entgegengesetzten Sprachgebrauch der Bevölkerungsmehrheit, der Begriff „Umsiedler" sei genau deshalb richtig, weil die „Umsiedler weder ‚Ausgewiesene' im Sinne von kriegsschuldigen oder gar besonders schuldigen Ausgestoßenen noch einfache ‚Flüchtlinge' seien, die ohne weiteres wieder in ihre Ausgangsgebiete zurückkehren könnten".[16] Der Begriff „Umsiedler" verpflichte diesen wie den Einheimischen zur Verschmelzung, d.h. eine endgültige Einbürgerung als menschliche, volkswirtschaftliche und allgemeinpolitische Notwendigkeit zu begreifen. Der von der SMAD und der KPD/SED verwendete Begriff bekräftigte auch das von allen Alliierten gemeinsame Ziel der vollständigen Assimilation und Gleichberechtigung mit der alteingesessenen Bevölkerung.

Der offizielle Terminus drückt aber nicht nur die Endgültigkeit der Massenvertreibung und Zwangsaussiedlung aus. Er war zudem extrem verharmlosend, beschönigend und entsprach nicht den realen Tatsachen und Abläufen. Der „Umsiedler"-Begriff war auch eine politisch rechtfertigende Umschreibung des Vorganges von Flucht, Vertreibung und Zwangsaussiedlung vor und nach dem Ende des Zweiten Weltkrieges, einem Vorgang, den von den 14 Millionen vertriebenen Deutschen zirka zwei Millionen mit ihrem Leben bezahlen mußten. Mit ihm sollte die öffentliche Auseinandersetzung über die Opfer unter den Flüchtlingen und Vertriebenen vermieden werden, die auch ihre Ursache in der verbotenen oder verspäteten Evakuierung der Zivilbevölkerung durch die NS-Führung hatte. Der Begriff „Umsiedler" mutete den betroffenen Vertriebenen und Flüchtlingen selbst eine erhebliche sprachpolitische Vergewaltigung ihrer Erinnerungen zu, machte ihnen jedoch zugleich ein Angebot zu einer Art „rechtlich geordneten Einwanderung" in die Aufnahmegesellschaft der Sowjetischen Besatzungszone.[17]

Die 1945 eingeführte und erzwungene Sprachregelung wurde schrittweise durch völlige Sprachlosigkeit abgelöst. Ab 1949 sollte selbst der „Umsiedler"-Begriff – nachdem die Integration der „Umsiedler" in die ostdeutsche Gesellschaft für die SED- und DDR-Führung als weitgehend abgeschlossen galt –, der trotz seiner Verschleierungsfunktion die besondere Gruppenidentität der Vertriebenen und Flüchtlinge ausdrückte, vermieden werden.[18] Eine kurzfristige Verlängerung der Integrationszeit mit spezifischen ökonomischen, sozialen und politischen Maßnahmen für die Vertriebenen in der frühen DDR bis 1952/53 erlaubte die Existenz zweier neuer Kunst-Worte der DDR-Sprachpolitik für die Betroffenen: „ehemalige Umsiedler" und „Neubürger".[19] Aus der kontrollierten Öffentlichkeit

---

[15] Vgl. ebenda, S. 140.
[16] Ebenda, S. 141.
[17] Vgl. Michael Schwartz, Vertriebene und „Umsiedlerpolitik", S. 30; Ders., Tabu und Erinnerung, S. 85–87; Ders., Vertreibung und Vergangenheitspolitik, S. 183.
[18] Vgl. Michael Schwartz, Vertreibung und Vergangenheitspolitik, S. 183.
[19] Vgl. Michael Schwartz, „Vom Umsiedler zum Staatsbürger", S. 158–162.

der DDR verschwand der Begriff „Umsiedler" mit all seinen Synonymen seit Mitte der 1950er Jahre weitgehend. Nie verschwand er hingegen – was noch gezeigt wird – in den internen Verwaltungsunterlagen des Polizei- und Staatssicherheitsdienstes (MfS), in internen Papieren des außenpolitischen Apparates der DDR bezüglich Polens, der ČSR/ČSSR, der Sowjetunion usw., welche die Aussiedlungsaktionen von Deutschen betrafen, sowie in öffentlichen Propagandaaktionen, die auf die Bundesrepublik Deutschland ausgerichtet waren.

Die Begriffe „Vertreibung" und „Vertriebener" hingegen tauchten in öffentlichen, aber auch in allen internen Papieren der SED und des DDR-Staates nie auf. Für die Funktionäre von Partei und Staat bedeutete der Vertriebenenbegriff die Anerkennung eines „Unrechts der Vertreibung", einer „andauernden unschuldigen Opferrolle" für die Betroffenen, die sie so nicht gelten lassen wollten. Für die DDR-Führung war die „Vertreibung" (sprich „Umsiedlung") eine mehr oder weniger gerechte Strafmaßnahme aller Alliierten für die Kriegsverbrechen des Deutschen Reiches an den Völkern Ost- und Südost-Europas, die sie anerkannten. Daher benutzten sie auch in bezug auf die Bundesrepublik konsequent die Bezeichnungen „Umsiedler" für die Flüchtlinge und Vertriebenen und „Umsiedlerorganisationen" für ihre Verbände.[20]

Im Sprachgebrauch der betroffenen Personen und unter der einheimischen Bevölkerung in der DDR war jedoch die Bezeichnung „Flüchtlinge" üblich. Da war eher selten von „Umsiedlern" die Rede.[21] Der Begriff „Vertriebener" war wegen des politischen und juristischen Gebrauchs in der Bundesrepublik seit Beginn der 1950er Jahre in der Ost-West-Auseinandersetzung und der Verwendung durch die bundesdeutschen Vertriebenenverbände, die ostdeutschen Landsmannschaften und den Bund der Vertriebenen (BdV) in der DDR nicht gebräuchlich.[22] Die US-amerikanische Besatzungsmacht übrigens schrieb in ihrer Besatzungszone den Deutschen den „Vertriebenen"-Begriff vor. Sie favorisierte ihn gegenüber dem „Flüchtlings"-Begriff, da er deutlicher die Endgültigkeit der Vertreibung ausdrückte.[23]

Die politischen Systeme in den Westzonen/Bundesrepublik und in der SBZ/DDR reagierten auf die große soziale Herausforderung der millionenfachen Aufnahme von zwangsweise umgesiedelten Deutschen mit einer spezifischen Integrationspolitik. Anfangs setzten alle vier Alliierten – im Bewußtsein der Endgültigkeit jener Massenvertreibung, die sie initiiert oder der sie während des Krieges und an seinem Ende zugestimmt hatten – auf ein vergleichbares Assimilations- bzw. Integrationskonzept. Dieses sollte die Gleichberechtigung der neuankommenden mit der alteingesessenen Bevölkerung sichern, möglichst jedes Sondergruppenbewußtsein der Vertriebenen unterbinden und Bestrebungen zur politischen Selbstorganisation verhindern. Im Zuge des beginnenden Kalten Krieges veränderte sich die westliche Vertriebenenpolitik bezüglich des Organisationsverbots für Vertriebene. Die Westalliierten ließen in ihren Zonen und ihren Berliner Sektoren Interessen-

---

[20] Vgl. Samuel Salzborn, Grenzenlose Heimat, S. 38–43.
[21] Vgl. Wolfgang Meinicke, Probleme der Integration der Vertriebenen in der Sowjetischen Besatzungszone, S. 29; Ders., Flüchtlinge und Vertriebene in der SBZ, S. 53.
[22] Die definierte Begriffsbestimmung „Vertriebener" erfolgte in der Bundesrepublik Deutschland im Bundesvertriebenengesetz vom 15. Mai 1953 (BGBl. I, S. 201). Vertriebene waren damit die aus ihrer Heimat ausgewiesenen Volks- und Reichsdeutschen, die am 31. Dezember 1937 im Vertreibungsgebiet gewohnt hatten. Später wurde als Stichtag der Kriegsbeginn, 1. September 1939, zugrunde gelegt. Vgl. Bernd Stöver, Pressure Group im Kalten Krieg, S. 897.
[23] Vgl. Matthias Stickler, „Ostdeutsch heißt Gesamtdeutsch", S. 9–11; Michael Schwartz, Vertriebene im doppelten Deutschland, S. 102ff.

organisationen der Vertriebenen zu. Das Verbot der Selbstorganisation wurde bis 1950 schrittweise aufgehoben.[24] Die Vertriebenen erhielten die Chance, am Parteien- und Verbändesystem der jungen Bundesrepublik teilzuhaben, und sie trugen dazu bei, die lange umstrittene Lastenausgleichsgesetzgebung 1952 mit auf den Weg zu bringen. Seitdem entwickelte sich in der Bundesrepublik eine langfristige Vertriebenenpolitik, die sich zwischen einem auf Friedlichkeit festgelegten Heimkehrverlangen und materieller Integrationserleichterung bewegte.[25]

In der Sowjetischen Besatzungszone hingegen hielten die Besatzungsmacht und die KPD/SED am Assimilationskonzept aller Alliierten fest. Die KPD/SED stellte sich der Flüchtlingsfrage in der Nachkriegszeit nur ungern und distanziert. Das lag zum einen daran, daß der Schwerpunkt ihrer Arbeit auf anderen Gebieten (Entnazifizierung, „Kaderpolitik", gesellschaftliche und ökonomische Umgestaltung) lag. Zum zweiten befürchtete sie, daß die Massenaufnahme von Millionen mittelloser Menschen die angespannte wirtschaftliche und soziale Lage in der SBZ weiter verschlechtern und damit die Konsolidierung des kommunistischen Einflusses und die anvisierten gesellschaftlichen Veränderungen erschweren würde. Zum dritten verunsicherte es die kommunistischen Kader, die in ihrem schablonenhaften Denken von Klassenstrukturen und Klassenfronten gefangen waren, die gesellschaftlichen Folgen eines massenhaften Absturzes selbständiger, handwerklicher und bäuerlicher Existenzen in die Arbeiterschaft zu begreifen und mit dieser Problematik umzugehen.

Trotz des Wissens um die politische, soziale und wirtschaftliche Brisanz der Aufnahme von Millionen Vertriebener im Gebiet der SBZ nahm dieses Problem im Aufgabenkatalog der KPD/SED-Führung nur einen untergeordneten Platz ein. Ihr fehlte es an einem spezifischen Integrationskonzept. Die Integration – besser Assimilation – der Vertriebenen hatte nach ihren Vorstellungen im Rahmen der allgemeinen Sozial- und Beschäftigungspolitik abzulaufen. Die schrittweise umgesetzte Eingliederung der Vertriebenen, dezidiert als „Umsiedler"-Politik bezeichnet, basierte in der SBZ letztlich auf fünf Säulen: 1. völlige rechtliche Gleichstellung mit der Wohnbevölkerung; 2. Unterbringung und Versorgung mit Wohnraum; 3. schnelles Einfügen der Erwerbsfähigen in den Arbeitsprozeß; 4. soziale Unterstützung der Alten, Invaliden und Nichterwerbsfähigen im Rahmen der knapp bemessenen Möglichkeiten und vor allem 5. politisch-ideologische Einflußnahme und Umerziehung der Vertriebenen mit dem Ziel, ihnen die deutsche Kriegsschuld und die sich daraus ergebende Pflicht zur Wiedergutmachung ins Bewußtsein zu bringen und sie im Denken, Fühlen und Handeln von ihrer bisherigen Biographie und der alten Heimat abzukoppeln. Schließlich sollte ihnen ein neues Heimatbewußtsein eingepflanzt sowie die Mehrheit der Vertriebenen für das aktive Mitwirken am Wiederaufbau und am gesellschaftlichen Umgestaltungsprozeß in der SBZ gewonnen werden.[26]

Die auf sowjetischen Befehl im September 1945 in Berlin geschaffene Flüchtlingssonderverwaltung für die SBZ, die Zentralverwaltung für deutsche Umsiedler (ZVU), unterstand zunächst dem Kommunisten Josef Schlaffer, der aber bereits Ende 1945 abgelöst wurde vom KPD-, dann SED-Funktionär Rudolf Engel. Auch beide Vizepräsidenten kamen aus

---

[24] Vgl. Johannes-Dieter Steinert, Organisierte Flüchtlingsinteressen und parlamentarische Demokratie, S. 61–80.
[25] Vgl. ebenda; Dierk Hoffmann, Michael Schwartz, Einleitung, in: Geglückte Integration?, S. 7.
[26] Vgl. Manfred Wille, SED und „Umsiedler" – Vertriebenenpolitik der Einheitspartei im ersten Nachkriegsjahrzehnt, S. 91f.; Ders., Zu einigen Fragen der Aufnahme und Integration der Vertriebenen in der SBZ/DDR, S. 29ff., 38f.

der Kommunistischen Partei, wie sich das gesamte ZVU-Präsidium stets ausnahmslos aus Kommunisten rekrutierte. Mit der Gründung der SED im April 1946 lag auf zentraler Parteiebene die Zuständigkeit für die „Umsiedler"-Politik beim ehemaligen Sozialdemokraten und Sozialexperten Helmut Lehmann. Doch schon im Herbst 1946 wechselte sie im SED-Zentralsekretariat auf den Kommunisten Paul Merker.

Die sowjetisch bestimmte und dann immer stärker SED-geprägte Vertriebenenpolitik bewegte sich in den Nachkriegsjahren zwischen sozialpolitisch-integrativen und negativ-repressiven Maßnahmen, die flankiert wurden von Versuchen ständiger politischer Beeinflussung und Umerziehung. Die „Umsiedler"-Politik basierte einerseits auf einer schnellen und dauerhaften wirtschaftlich-beruflich-sozialen Integration – über Wohnraumvergabe, Arbeitsvermittlung, soziale Betreuung und finanzielle Zuwendung für Erwerbsunfähige und Alte. Andererseits wurde die Berufung auf ein Heimatrecht schnell kriminalisiert, polizeilich verfolgt und gerichtlich geahndet. Die permanente ideologische Beeinflussung der „Umsiedler" umfaßte die alleinige Schuldzuweisung für die Vertreibungen an das NS-Regime und die Bekämpfung aller Hoffnungen auf Rückkehr in die Heimat. Die SED-Agitation zielte auf den Abbau antisowjetischer und antikommunistischer Einstellungen unter den Vertriebenen und ihre Gewinnung für die aktive Mitwirkung am gesellschaftlichen Umgestaltungsprozeß in der SBZ/DDR.[27]

Das schrittweise eingeleitete Ende der spezifischen Vertriebenenpolitik in der SBZ und die damit verbundene Auflösung der „Umsiedler"-Sonderverwaltung zugunsten einer „Umsiedlerbetreuung im Rahmen der umfassenden sozialpolitischen Arbeit" begann bereits 1948. Die „Umsiedler"sonderverwaltung hatte immer in gewisser Konkurrenz zur Regelverwaltung – der Arbeits- und Sozialverwaltung – gewirkt. Zunächst stand zur Debatte, die Aufgaben der „Umsiedler"-Verwaltung zum Teil in die Arbeits- und zum anderen Teil in die Innenverwaltung einzugliedern. Anfang März 1948 entschied die SED-Spitze dann, die „Umsiedler"-Zentralverwaltung als eigenständige „Hauptverwaltung Umsiedler" in die Deutsche Wirtschaftskommission (DWK) zu überführen. Aber schon am 9. März 1948 wies der Chef der SMAD-Verwaltung für Innere Angelegenheiten, ein NKWD-Generalmajor, den SED-Spitzenfunktionär Walter Ulbricht persönlich an, die „Aufgaben für Umsiedlung" künftig der Deutschen Verwaltung des Innern zu unterstellen. Damit war von den Sowjets in der SBZ die vollständige Liquidierung einer Sonderverwaltung „Umsiedler" und deren vollständige Überführung in die Innenverwaltung diktiert worden.[28]

Die bisherige Sonderverwaltung für „Umsiedler" sah sich nun der zentralen polizeilichen Exekutive zugeschlagen, was die polizeistaatlich-repressive Seite der Flüchtlingspolitik der SBZ nicht nur symbolisch verstärkte. Das Ende der Vertriebenenpolitik war besiegelt. Mit Gründung der DDR befaßte sich die Abteilung Bevölkerungspolitik des Innenministeriums mit noch verbliebenen Zuständigkeiten für die „Umsiedler".[29] Mitte 1952 erhielt auch diese Abteilung ein neues Aufgabenfeld – und zwar die Beobachtung der „Republikflucht aus der DDR".[30]

---

[27] Vgl. Manfred Wille, SED und „Umsiedler", S. 94–96; Michael Schwartz, Apparate und Kurswechsel, S. 105–135.
[28] Vgl. Michael Schwartz, Apparate und Kurswechsel, S. 112–115.
[29] Vgl. MdI – Abteilung Bevölkerungspolitik, Jahresbericht 1949, 23. Januar 1950; und Länderbesprechung: Die bevölkerungspolitischen Aufgaben, 17. Juli 1950, in: SAPMO-BA DY 30 IV 2/13/392, Bl. 3–12, 50–53.
[30] Vgl. Bericht und Vorschläge über die Arbeit der Abteilung Bevölkerungspolitik im Ministerium des Innern, 27. September 1952, in: SAPMO-BA DY 30 IV 2/13/392, Bl. 80–82.

Der April 1948 wurde nicht nur für die in Liquidation befindliche Sonderverwaltung ZVU eine Zäsur, sondern auch für den umsiedlerpolitischen Apparat der SED. Innerhalb der SED-Führung büßte Paul Merker seine Kompetenz für die Vertriebenenproblematik ein. Diese ging direkt auf Walter Ulbricht über. Von nun an übernahm bis in die 1950er Jahre hinein die von Ulbrichts Gefolgsmann Anton Plenikowski – der übrigens aus Danzig stammte – geleitete Abteilung „Landespolitik" des Parteivorstandes (ab 1950 ZK-Abteilung „Staatliche Verwaltung") anstelle der Merker zugeordneten Abteilung „Arbeit und Sozialfürsorge" die Federführung in der „Umsiedler"-Politik in der SBZ/DDR.[31]

Einer kurzen Phase gezielter materieller Förderung – mit dem Höhepunkt der Inkraftsetzung und Umsetzung des DDR-Umsiedlergesetzes vom 8. September 1950[32] – folgte bereits Ende 1952/Anfang 1953 die offizielle Erklärung der DDR-Regierung, daß die Integration der „ehemaligen Umsiedler" weitgehend abgeschlossen sei. Die DDR gestattete sich keinerlei gesonderte Vertriebenenpolitik mehr. Die politische Durchsetzung dieses vorschnellen Urteils wurde durch das Fehlen eines gesellschaftlichen Pluralismus begünstigt. Das Vertriebenenproblem wurde somit in der kontrollierten Öffentlichkeit der DDR nicht mehr thematisiert und dem gesamtgesellschaftlichen Entwicklungsprozeß untergeordnet.[33]

Die verfrühte Einstellung spezifischer Integrationsförderung für „Umsiedler" und die Tabuisierung des Vertriebenenproblems im SED-Staat waren keine Form objektiver Problemlösung, sondern ein gewollter Politikverzicht. Zum einen waren weder SED-Führung noch die alteingesessene Bevölkerung bereit, weiterhin finanzielle Mittel für die Gruppe der „Umsiedler" als Anerkennung für einen besonders gravierenden Verlust durch Flucht und Vertreibung aufzubringen. Versuche der DDR-Führung, eine Art Lastenausgleich für „Umsiedler" zu gewähren, scheiterten auch an den fehlenden finanziellen Mitteln. Zum zweiten lag das Tabu auch darin begründet, daß die DDR nicht nur geographisch in unmittelbarer Nachbarschaft zu den Hauptvertreiberstaaten Polen und ČSR gelegen war, sondern auch wirtschaftlich gesehen auf deren Zusammenarbeit existentiell angewiesen war. Zudem stand die DDR durch die Sowjetische Kontrollkommission (SKK) unter unmittelbarer Kontrolle der für die Vertreibung (mit)verantwortlichen bzw. hauptverantwortlich gemachten alliierten Besatzungsmacht. Und schließlich hatte die DDR den prozentual höchsten Vertriebenenanteil an der Bevölkerung im Nachkriegsdeutschland. Angesichts dieser Lage war das Problem Vertreibung und deutsche Ostgebiete für den DDR-Staat von Anfang an ein sicherheitspolitisches Problem, potentiell systemdestabilisierend und daher von der SED zum totalen Tabu erklärt worden.[34]

Die DDR-Führung untersagte ab 1950/51 die Erhebung von Sonderstatistiken über Vertriebene, aus denen ihre bevölkerungsstatistische Größe und reale ökonomische und soziale Lage fundiert hätte bestimmt werden können. Auf eine Anfrage des Hochkommissars der Sowjetunion bezüglich der „Umsiedler"-Statistiken vom Herbst 1953 erklärte die DDR-

---

[31] Vgl. Michael Schwartz, Apparate und Kurswechsel, S. 108–117, 130–134.
[32] Vgl. Gesetz zur weiteren Verbesserung der Lage der ehemaligen Umsiedler in der Deutschen Demokratischen Republik, in: Gesetzblatt der DDR 1950, S. 971 ff.
[33] Vgl. Manfred Wille, SED und „Umsiedler", S. 91–104; Michael Schwartz, Apparate und Kurswechsel, S. 105–135; Insgesamt: Ders., Vertriebene und „Umsiedlerpolitik". Integrationskonflikte in den deutschen Nachkriegs-Gesellschaften und die Assimilationsstrategien in der SBZ/DDR 1945–1961, München 2004.
[34] Vgl. Michael Schwartz, Tabu und Erinnerung, S. 87; Ders., Apparate und Kurswechsel, S. 128 f.; Ders., Vertreibung und Vergangenheitspolitik, S. 192.

Regierung, daß die „Umsiedlung" in der SBZ im wesentlichen 1948 abgeschlossen worden sei, die „Umsiedler" mit Arbeit und Wohnraum versorgt wurden und es seitdem kein spezifisches „Umsiedlerproblem" mehr gebe. Daher habe man seither auf eine gesonderte statistische Registrierung verzichtet.[35] Diese Antwort entsprach nicht der Wahrheit. Eine offizielle Statistik wurde mit der Volkszählung vom 31. August 1950 in der DDR erhoben, wenn auch die vertriebenenspezifischen Daten nur noch zum Teil veröffentlicht wurden. Es fanden sich statistische Zusammenstellungen über die „DDR-Umsiedler" im Ministerium des Innern, Abteilung Bevölkerungspolitik, und im Ministerium für Staatssicherheit zur Zahl der Umsiedler in Ost-Berlin 1950. Während also in der DDR insgesamt zirka 4,3 Millionen „Umsiedler" lebten, waren im stark zerstörten Nachkriegs-Berlin (Ost) rund 55 300 Flüchtlinge und Vertriebene gemeldet, was einem Bevölkerungsanteil von nur knapp fünf Prozent entsprach.[36]

Ein weiteres Beispiel dafür, daß auch 1954 noch im internen staatlichen Gebrauch, hier im Innenministerium, im Staatssekretariat für Staatssicherheit, „Umsiedler" als statistische Größe auftauchten, zeigte die geheimpolizeiliche Auswertung der Ergebnisse zur DDR-Volkskammerwahl im Oktober 1954. Diese Art Wahlauswertung durch die Staatssicherheit lief unter dem Decknamen „Bastion" und ist bisher nur aus dem Bezirk Cottbus überliefert.[37] Die Staatssicherheit analysierte die Nicht-Wähler des Bezirks und schlüsselte auch nach „Umsiedlern" auf. Von den 569 273 Wahlberechtigten des Bezirks Cottbus gingen 98,7 Prozent zur Wahl. 7 521 verweigerten die Stimmabgabe, und darunter waren 562 „Umsiedler".[38] In der Stadt Cottbus, mit 47 407 Wahlberechtigten, gingen 1 104 Cottbuser nicht zur Wahl, darunter 18 „Umsiedler"[39]

Das niemals offiziell ausgesprochene Verbot, Flucht- und Vertreibungsgeschehen sowie Grenzfragen öffentlich zu thematisieren, konnte in der DDR jedoch nicht vollständig durchgesetzt werden. Die staatlich verordnete Verdrängung gelang nicht, eine Binnenkommunikation, nicht allein durch die Gruppenidentität „Umsiedler" bestimmt, sondern auch über private Kommunikation, persönliche, familiäre, freundschaftliche oder beruflich bedingte Beziehungsgeflechte, wirkte fort. Auch in einer SED-Diktatur ließ sich die private Verständigung über dieses Thema unter den Vertriebenen wie unter der Bevölkerung insgesamt auch mittels Polizei- und Geheimdienst nur sehr begrenzt kontrollieren. Dies galt erst recht für die DDR der 1950er Jahre.[40]

---

[35] Vgl. Staatssekretär für Innere Angelegenheiten der DDR an die Hohe Kommission der UdSSR in Deutschland, 20. Oktober 1953, in: BAB DO 2/49; Michael Schwartz, „Vom Umsiedler zum Staatsbürger", S. 158; Manfred Wille, Die Zentralverwaltung für Deutsche Umsiedler – Möglichkeiten und Grenzen ihres Wirkens, S. 25.
[36] Vgl. MdI: Zusammenstellung der gesamten Heimkehrer, Zivilinternierten und Umsiedler, 9. Januar 1950, in: SAPMO-BA DY 30 IV 2/13/392; Berichtigung zur Analyse über Tätigkeit und Stimmung der Umsiedler, 31. Mai 1956, in: BStU MfS AOP 11315/64, Bd. 3, Bl. 83.
[37] Vgl. StS Bezirksverwaltung Cottbus an MdI, Aktion „Bastion", 23. Oktober 1954, in: BStU MfS AS 77/54, Bd. 9a, Bl. 4–17; Bd. 10b, Bl. 2–6; Bd. 8a, Bl. 132–138; Bd. 8b, Bl. 1–8; Bd. 7a, Bl. 1–5; Bd. 7b, Bl. 2–13.
[38] Vgl. StS Bezirksverwaltung Cottbus an MdI, Aktion „Bastion", 23. Oktober 1954, in: BStU MfS AS 77/54, Bd. 9 a, Bl. 5, 9.
[39] Vgl. ebenda, Bl. 11.
Die Nicht-Wähler schlüsselte die Staatssicherheit auf nach: „1. Zeugen Jehovas, 2. Pfarrer, 3. Geschäftsleute, 4. Umsiedler, 5. Rückkehrer, 6. Aus Westdeutschland kommende, 7. Großbauern, 8. Faschisten, 9. SPD, 10. Sonstige". Ebenda, Bl. 9.
[40] Vgl. Michael Schwartz, Vertreibung und Vergangenheitspolitik, S. 183.

II. Das Vertriebenen-Problem in den 1950er Jahren

Nach der von der SED 1952/53 verkündeten „vollständigen Integration" der Flüchtlinge und Vertriebenen in politischer, ökonomischer und sozialer Hinsicht in die Gesellschaft der DDR und der Tabuisierung der Vertreibungs- und Grenzfragen geriet die Gruppe der „ehemaligen Umsiedler" nun fast nur noch unter repressiven, polizeistaatlichen und geheimdienstlichen Vorzeichen ins Blickfeld von Staat und Partei. Die SED sah in ihnen vor allem ein sicherheitspolitisches Problem mit innenpolitischer Auswirkung – als mögliches Unruhepotential innerhalb der Gesellschaft – sowie ein Problem mit außenpolitischer Dimension – als Störfaktor in den ohnehin schwierigen Beziehungen zwischen der DDR und Polen sowie der DDR und der ČSR. Damit begann die vorwiegend negative Vertriebenenpolitik in der DDR. In zwei Bereichen wurde das sichtbar: zum einen in der Frage der Formierung landsmannschaftlicher Treffen bzw. Selbstorganisationsversuchen der „Umsiedler" und zum zweiten in der Frage der Haltung der „ehemaligen Umsiedler" bzw. der Bevölkerung insgesamt zur Oder-Neiße-Grenze.

In allen vier Besatzungszonen Deutschlands wurden nach dem Ende des Krieges landsmannschaftliche Zusammenschlüsse von Flüchtlingen und Vertriebenen untersagt. Hier muß angemerkt werden, daß in der geschichtswissenschaftlichen Literatur bis heute wiederholt wird, es habe einen Alliierten Kontrollratsbeschluß über ein Koalitionsverbot für Vertriebene gegeben[41], was nachweislich falsch ist. Nachdem sich 1945 erste Hilfsstellen für landsmannschaftliche Gruppen in der amerikanischen und britischen Zone gebildet hatten, verboten die britische Militärregierung im Januar 1946 und die amerikanische Militärregierung im April 1946 alle landsmannschaftlichen Verbände und jede andere Vereinigung von Flüchtlingen und Vertriebenen. In der französischen Zone war wegen der geringen Anzahl an aufgenommenen Flüchtlingen ein solches Verbot unnötig. In der sowjetischen Zone wurde nach 1945 keine einzige landsmannschaftliche Vereinigung von der Besatzungsmacht lizenziert. Das Koalitionsverbot für Vertriebene wurde demnach in jeder Besatzungszone von der jeweiligen Besatzungsmacht ausgesprochen.[42] Die Gründe für das Verbot waren hingegen überall gleich. Die alliierten Siegermächte befürchteten bei der großen Zahl der aufzunehmenden Flüchtlinge in dem kriegszerstörten und territorial verkleinerten Deutschland eine politische Radikalisierung durch einen anhaltenden oder wiederauflebenden Nationalismus.[43]

In der Sowjetischen Besatzungszone wurde das Koalitionsverbot strikt durchgesetzt und nicht aufgehoben. Versuche der Selbstorganisation von Flüchtlingen hatte es in der SBZ/DDR zwar gegeben. Bekannt wurden beispielsweise der „Schlesierausschuß", der zwischen 1946 und 1952 unter wechselnden Bezeichnungen existierte und im Kern ehemalige Breslauer Kommunisten vereinte[44], oder regionale Verbindungen wie der „Bund der Danziger Antifaschisten" 1946 in Magdeburg oder eine „Umsiedlerflüchtlingsvereinigung Bitterfeld" 1947.[45] Die Existenz von „Umsiedler"-Organisationen wurde von Seiten der sowjetischen Besatzungsmacht und der SED aber nicht geduldet. Auch jegliche Ansätze zur landsmannschaftlichen Kontaktaufnahme, zu Treffen im kleineren Kreis waren und

---

[41] Vgl. Matthias Stickler, „Ostdeutsch heißt Gesamtdeutsch", S. 33.
[42] Vgl. Johannes-Dieter Steinert, Organisierte Flüchtlingsinteressen und parlamentarische Demokratie, S. 65–67, 78 (Anm. 30).
[43] Vgl. ebenda, S. 62, 67.
[44] Vgl. Michael Herms, Gert Noak, Der „Schlesierausschuß" der VVN im Visier der SED-Führung (1946-1952), Berlin 1997.
[45] Vgl. Thorsten Mehlhase, Die SED und die Vertriebenen in Sachsen-Anhalt, S. 172–174.

blieben unerwünscht. Sie standen unter polizeilicher und geheimdienstlicher Beobachtung.[46]

Mit der Gründung der DDR und der Inkraftsetzung der DDR-Verfassung im Oktober 1949 schien das Koalitionsverbot auch für Vertriebenenorganisationen überholt. Im Verfassungsartikel 12 wurde allen Bürgern der DDR das Recht zuerkannt, „zu Zwecken, die den Staatsgesetzen nicht zuwiderlaufen, Vereine oder Gesellschaften zu bilden".[47] Das DDR-Innenministerium wies im Dezember 1949 darauf hin, daß unter Berufung auf den Artikel 12 der Verfassung „ehemalige Umsiedler" landsmannschaftliche Vereinigungen gründen könnten. Die bevölkerungspolitischen Abteilungen der Länder-Innenministerien erhielten für ein juristisches Vorgehen gegen die Vertriebenen-Selbstorganisationen den Hinweis, daß man landsmannschaftliche Organisationen in Widerspruch zu den friedlichen Bestrebungen der Völker stellen könnte. Dadurch entstand die Möglichkeit, einen Bezug zum Artikel 6, Absatz 2 der DDR-Verfassung herzustellen, der die Bürgerrechte, wie hier die Vereinigungsfreiheit, durch die dehnbare Bestimmung einschränkte, daß „Bekundung von Glaubens-, Rassen-, Völkerhaß" und „militaristische Propaganda sowie Kriegshetze" Verbrechen im Sinne des Strafgesetzbuches waren.[48]

Der Sicherheitsapparat der SED hatte tatsächlich 1949/50 Schwierigkeiten, Organisationen und Treffen von „Umsiedlern" zu verbieten oder gar strafrechtlich zu ahnden, denn ein Verbot konnte korrekterweise nach DDR-Recht nur ausgesprochen werden, wenn konkrete Gesetzesverstöße nachzuweisen waren. Um Vertriebenen-Selbstorganisationen als friedens- und staatsgefährdende Zusammenschlüsse zu entlarven, zu verbieten und die Teilnehmer zu bestrafen, mußten den Organisatoren und Mitgliedern die Leugnung der Oder-Neiße-Linie als Friedensgrenze und/oder eine Verbindung zu den Landsmannschaften der Bundesrepublik nachgewiesen werden.

Der DDR-Polizei-, Geheim- und Justizapparat verfolgte alle Kontakte von „Umsiedlern" und „Umsiedler"-Gruppen, die Verbindung mit Landsmannschaften in der Bundesrepublik bzw. West-Berlin aufnahmen oder unterhielten. Das „Recht auf Heimat" und der „friedliche Rückkehrwille in die ostdeutschen Gebiete" stand im politischen Forderungskatalog der westdeutschen Vertriebenenverbände.[49] Jegliche Verbindungsaufnahme von „DDR-Umsiedlern" mit in Landsmannschaften organisierten Vertriebenen der Bundesrepublik, die nach ihrem Verbandsstatut die Oder-Neiße-Linie nicht als deutsche Ostgrenze anerkannten, wurde als „kriegstreibend" verurteilt und nach dem DDR-Verfassungsartikel 6, Absatz 2, verfolgt und geahndet.

Die DDR-Regierung hatte am 6. Juli 1950 mit der Volksrepublik Polen das Abkommen über die Oder-Neiße-Linie abgeschlossen, die „von nun an die Staatsgrenze zwischen Deutschland und Polen bildete".[50] Kritik an oder gar die öffentlich bekundete Nichtanerkennung der Oder-Neiße-Linie als deutsche Ostgrenze betrachtete der DDR-Staat als

---

[46] Ein offizielles ausgesprochenes Verbot durch die DDR-Regierung (MdI) ist in den Quellen bisher nicht zu belegen. Dies im Gegensatz zur Behauptung anderer Autoren. Vgl. Peter-Heinz Seraphim, Die Heimatvertriebenen in der Sowjetischen Besatzungszone, S. 28; Johannes Hoffmann, Manfred Wille, Wolfgang Meinicke, Flüchtlinge und Vertriebene im Spannungsfeld der SBZ-Nachkriegspolitik, S. 26.
[47] Artikel 12 der DDR-Verfassung vom 7. Oktober 1949, in: Gesetzblatt der DDR 1949, S. 7.
[48] Artikel 6 der DDR-Verfassung vom 7. Oktober 1949, in: Gesetzblatt der DDR 1949, S. 6; vgl. Michael Schwartz, Vertriebene und „Umsiedlerpolitik", S. 528f.
[49] Vgl. „Charta der deutschen Heimatvertriebenen", veröffentlicht am 5. August 1950, abgedruckt bei Matthias Stickler, „Ostdeutsch heißt Gesamtdeutsch", S. 438f.
[50] Zitiert bei Hermann Wentker, Außenpolitik in engen Grenzen, S. 103.

„Kriegshetze" gegen die Volksdemokratie Polen und verfolgte dies strafrechtlich gemäß Artikel 6, Absatz 2, der DDR-Verfassung.[51]

Die Rückkehr in die alte ostdeutsche Heimat war in den ersten Nachkriegsjahren die zentrale politische Forderung der Flüchtlinge und Vertriebenen. Vor allem die Deutschen aus den Ostprovinzen hofften, der von den Alliierten in Aussicht gestellte Friedensvertrag würde die Oder-Neiße-Linie nicht als Grenze bestätigen. 1945/46 und 1947 hatte sich auch die SED für diese Hoffnung der Vertriebenen eingesetzt. Weisungen der sowjetischen Parteiführung und Besatzungsmacht sowie die im Zuge der Blockbildung notwendige politische und wirtschaftliche Anlehnung an Polen beschleunigten in der SED-Führung ein Einlenken in der Grenzfrage.[52] Ab Frühjahr 1947 begann sich in der SED-Spitze langsam die Einsicht zu verfestigen, die sie ab Frühjahr 1948 dann auch öffentlich propagierte: „Die Oder-Neiße-Grenze ist die endgültige Friedensgrenze zwischen Polen und Deutschland." Eine Revision der Ostgrenze wird es nicht geben.[53] Die SED-Spitze argumentierte von nun an, daß die Oder-Neiße-Grenze und damit der Verlust ostdeutscher Gebiete sowie die „Aussiedlung der deutschen Bevölkerung" die direkte Folge des „Eroberungskrieges des deutschen Imperialismus" und der furchtbaren Verbrechen des NS-Regimes am polnischen Volk gewesen sei.[54] Die Führung der SED akzeptierte und anerkannte damit, daß Vertreibung und neue ostdeutsche Grenzregelung an Oder und Lausitzer Neiße eine mehr oder weniger gerechte Strafmaßnahme aller Alliierten für die Kriegsverbrechen der Deutschen an den Völkern Ost- und Südosteuropas war.[55]

Wenn sich die SED-Spitze und die DDR-Regierung auch in das politisch Unvermeidliche fügten, so empfanden die „Umsiedler", darunter auch viele SED-Mitglieder, das Vorprellen und schnelle einseitige Zugeständnis als Verrat an den deutschen Interessen und an ihrer Heimat. Die Grenzfrage und das verweigerte friedliche Rückkehrrecht wurde zu einem entscheidenden Feld der politischen Auseinandersetzung der Vertriebenen mit dem SED-Staat.[56] Bis 1949, Anfang 1950 wurden die „Umsiedler" in der Frage der Akzeptanz der

---

[51] Vgl. Manfred Wille, Die Vertriebenen und das politisch-staatliche System der SBZ/DDR, S. 216f.; Hans Georg Lehmann, Der Oder-Neiße-Konflikt, München 1979.

[52] Piecks Gesprächsnotiz in Moskau zur Besprechung der SED-Spitze mit KPdSU-Führung am 31. Januar 1947: Stalin soll gegenüber Grotewohl geäußert haben, Frage der „Ostgrenze stellen, heißt auch andere Grenzen [in Frage] stellen – heißt Krieg". Aber Stalin soll auch gesagt haben: „Genosse Grotewohl hat die Frage der Grenzziehung angeschnitten. Was [...] die Ostgrenze angeht, so kann die SED als eine deutsche Partei selbstverständlich einen anderen Standpunkt einnehmen als wir oder die Polen. Die SED braucht in der nationalen Frage den anderen Parteien keinen Agitationsgrund gegen sich zu geben." In: Wilhelm Pieck – Aufzeichnungen zur Deutschlandpolitik 1945–1953, S. 112, 124f., 126.

[53] Richtlinien und Argumente für die Haltung [...] zur Ausstellung der Westgebiete Polens in Breslau, 18. August 1948, in: SAPMO-BA DY 30 IV 2/9.02/59, Bl. 94; Andreas Malycha, „Wir haben erkannt, daß die Oder-Neiße-Grenze die Friedensgrenze ist", S. 193–207.

[54] Vgl. Richtlinien und Argumente für die Haltung [...] zur Ausstellung der Westgebiete Polens in Breslau, 18. August 1948, in: SAPMO-BA DY 30 IV 2/9.02/59, Bl. 93–95; Die Oder-Neisse Friedensgrenze, Berlin (Ost) 1950.

[55] Die SED-Führung hatte Recht mit ihrem Verweis auf den Kausalzusammenhang zwischen NS-Verbrechen, Vertreibung und Gebietsverlusten. Sie irrten jedoch mit ihrer Rechtfertigungsstrategie, daß man die großen deutschen Territorialverluste und die Vertreibung von Millionen Menschen als verdiente Sühne für die NS-Schuld zu akzeptieren habe. Die Vertreibung der Deutschen nach 1945 war ein Unrecht, das mit vorangegangenen noch schlimmeren deutschen Verbrechen sicher erklärt, aber nicht gerechtfertigt werden kann. Vgl. Michael Schwartz, Dürfen Vertriebene Opfer sein?, S. 501; Ders., Vertriebene im doppelten Deutschland, S. 104.

[56] Vgl. Manfred Wille, Die Vertriebenen und das politisch-staatliche System der SBZ/DDR, S. 213–216.

deutsch-polnischen Grenze noch agitiert, ab dann setzte mit ganzer Schärfe die geheimpolizeiliche und strafrechtliche Verfolgung der Kritiker und Gegner der Oder-Neiße-Grenze ein. Nur ein Argument wirkte in der SED-Propaganda um die „Friedensgrenze", wenn es hieß, daß das Antasten dieser Oder-Neiße-Linie erneuten Krieg bedeuten würde. Nach den erst kürzlich zurückliegenden schlimmen, grauenvollen Kriegserfahrungen wollte das keiner, auch nicht die „Umsiedler" riskieren.

Jährlich im Juli und in größerer propagandistischer Aufmachung im Fünf-Jahresrhythmus beging die offizielle DDR die Vertragsunterzeichnung über die „Oder-Neiße-Friedensgrenze". Diese organisierten Kundgebungen, abgehalten in der Grenzstadt Görlitz/Zgorzelec, waren in den 1950er Jahren unter der dort ansässigen Bevölkerung nicht gerade wohl gelitten.[57] Die Bevölkerung in und um Görlitz bestand zu 40 Prozent aus „Umsiedlern". In der Stadt Görlitz selbst lebten fast alle Vertriebenen aus dem nun östlich der Neiße liegenden Teil der Stadt. Viele von ihnen konnten jenseits des Flusses ihre Häuser sehen, die größtenteils leer standen und allmählich verfielen.[58] Immer wieder – wie z. B. 1955 – wurde nach Ost-Berlin berichtet, daß in Görlitz wie im gesamten Bezirk Dresden „unter allen Schichten der Bevölkerung noch Unklarheiten und teilweise feindliche Auffassungen zur Oder-Neiße-Friedensgrenze und [...] zum polnischen Volk" vorhanden seien.[59] Konkret muß es solche öffentlichen Äußerungen gegeben haben, die aktenkundig wurden: „Meine Schwiegereltern sind Umsiedler und werden die Oder-Neiße-Grenze niemals anerkennen. Ich kann es nicht verstehen, daß unsere Regierung gegen den Willen des deutschen Volkes die [...] Grenze anerkannt hat."[60] Oder: „Wenn der Warschauer Vertrag auf der Basis der Freundschaft und Gleichberechtigung aufgebaut ist, müßten doch die Umsiedler in ihre Heimat zurückkehren können."[61] In späteren Jahren nahm die DDR-Bevölkerung diese wiederkehrenden Veranstaltungen mit routinierter Gleichgültigkeit hin, was den Funktionären von Staat und SED bekannt war.

Eine Konkretisierung erfuhr der DDR-Verfassungsartikel 6, Absatz 2, bezüglich eines verschärften strafrechtlichen Vorgehens zur Unterdrückung unerwünschter „Umsiedler"-Selbstorganisationen, „Umsiedler"-Zusammenkünfte und der „Hetze gegen die Oder-Neiße-Grenze" mit dem „Gesetz zum Schutze des Friedens" vom 15. Dezember 1950.[62] Die Bestimmungen des Paragraphen 3 ließen sich auf die Kritik an der Oder-Neiße-Grenze anwenden, wonach bestraft werden sollte, „wer gegen völkerrechtliche Vereinbarungen, welche der Wahrung und Festigung des Friedens, der Entwicklung Deutschlands auf demokratischer [...] Grundlage dienen, hetzt, zum Bruch solcher Vereinbarungen auffordert, um Deutschland in aggressive Kriegshandlungen hineinzuziehen". Der Paragraph 6 erhöhte in „schweren Fällen" das Strafmaß auf „Zuchthaus nicht unter fünf Jahren oder lebenslängliches Zuchthaus", sofern die Tat im „Auftrag von Staaten [oder] deren Dienst-

---

[57] Vgl. Protokoll des SED-Politbüros, 28. Juni 1955, in: SAPMO-BA DY 30 J IV 2/2/427; Veranstaltung zum 5. Jahrestag des Vertrages von Zgorzelec, 6. Juli 1955, in: ebenda, DY 30 IV 2/20/183; Feierlichkeiten zum 10. Jahrestag zur Unterzeichnung des Vertrages von Zgorzelec, 13. Juni 1960, in: ebenda, DY 30/3653; Protokoll des SED-Politbüros, 23. Juni 1965, in: ebenda, DY 30 J IV 2/2/991.
[58] Vgl. Heidi Roth, Der 17. Juni 1953 in Sachsen, S. 246.
[59] Veranstaltungen zum 5. Jahrestag des Abkommens über die Oder-Neiße-Friedensgrenze, 30. Juli 1955, in: SAPMO-BA DY 6 vorl. 1035.
[60] Ebenda.
[61] Über die Durchführung des polnischen Feiertages am 6. Juli 1955, in: SAPMO-BA DY 6 vorl. 1035.
[62] Abgedruckt in: Gesetzblatt der DDR 1950, S. 1199f.

stellen [...] begangen wird, welche Kriegshetze [...] gegen friedliche Völker betreiben".[63] Mit dieser Bestimmung stellte die DDR-Justiz die Verbindung zwischen „Umsiedler"-Gruppen und westdeutschen Vertriebenenverbänden unter Strafe. Das Hauptziel des Friedensschutzgesetzes galt zwar nicht der Unterdrückung von Selbstorganisationen der Vertriebenen, dennoch wurde den „Umsiedlern" wegen ihrer Zusammenkünfte und ihren kritischen Meinungsäußerungen strafrechtlich gedroht. Das Gesetz kam zur Anwendung.[64]

Die Umschreibung des unter Strafe gestellten Verhaltens im Verfassungs-Artikel 6, Absatz 2, und im Friedensschutzgesetz war uferlos und enthielt die sogenannten Äußerungsdelikte wie „Völker- und Rassenhetze, Propagierung von Angriffskriegen, Hetze gegen völkerrechtliche Vereinbarungen" usw. Das änderte sich auch mit dem Strafrechtsergänzungsgesetz vom Dezember 1957[65] nicht, welches die Generalklausel des Verfassungsartikels 6, Absatz 2 durch die Auflistung von elf Einzeltatbeständen für das politische Strafrecht ablöste. Ab diesem Zeitpunkt wurde die Mitgliedschaft in einer „Umsiedlerorganisation", der Kontakt zu westdeutschen Vertriebenen und ihren Verbänden sowie die Nichtanerkennung der Oder-Neiße-Grenze nach Paragraph 19 – „staatsgefährdende Propaganda und Hetze" – nach dem Strafrechtsergänzungsgesetz bestraft.[66]

Anfang der 1950er Jahre sahen sich Staat und SED immer wieder mit dem eher unbefangenen Stattfinden größerer Vertriebenentreffen konfrontiert. Ein hier angeführtes Beispiel[67] dafür waren „Umsiedlerzusammenkünfte" in Lützschena, einer kleinen Ortschaft nahe der Stadt Leipzig.[68] Die SED-Kreisleitung, die Polizei und die Staatssicherheit von Leipzig erhielten am 22. November 1951 davon Kenntnis, daß am Tag zuvor, dem Buß- und Bettag, also ein Feiertag, immerhin etwa 450 bis 500 ehemalige Schlesier zu einem offensichtlich organisierten Treffen in Lützschena zusammengefunden hatten. In den beiden der Hauptstraße von Lützschena gegenüberliegenden Gaststätten „Zur Börse" und dem Brauerei-Gasthof „Lützschena" versammelten sich schlesische Vertriebene aus den ehemals deutschen Kleinstädten Trachenberg (Zmigród/Polen) und Militsch (Milicz/Polen), beide etwa 50 Kilometer nördlich von Breslau (Wrocław/Polen) gelegen. Die ehemaligen Trachenberger und Militscher waren aus Sachsen, Sachsen-Anhalt und Thüringen, u. a. aus Weimar, Erfurt, Halle, Leipzig, Zeitz, Grimma, Dippoldiswalde und aus Frankfurt/Oder mit der Bahn und mit privaten PKW's angereist.[69]

Nach sofort eingeleiteten Ermittlungen der Polizei fanden diese Treffen bereits seit 1946 in Lützschena statt, wenn auch die Teilnehmerzahl bisher nie so groß gewesen war. Die zu der Veranstaltung von November 1951 hinzugeeilte und völlig überraschte SED-Bürgermeisterin des Ortes gab später zu Protokoll, daß bei vielen in den Gasthöfen Anwesenden

---

[63] Vgl. Gesetz zum Schutze des Friedens, in: ebenda, S. 1199f.
[64] Vgl. Michael Schwartz, Vertriebene und „Umsiedlerpolitik", S. 532f.; Friedrich-Christian Schroeder, Die Entwicklung des politischen Strafrechts, S. 107–110.
[65] Vgl. Gesetz zur Ergänzung des Strafgesetzbuches – Strafrechtsergänzungsgesetz – vom 11. Dezember 1957, in: Gesetzblatt der DDR 1957, S. 643–647.
[66] Vgl. ebenda, S. 645.
[67] Weitere Beispiele finden sich bei: Michael Schwartz, Vertriebene und „Umsiedlerpolitik", S. 513–528.
[68] Lützschena war ein sächsischer Ort zwischen Leipzig und Schkeuditz, der Anfang der 1950er Jahre zirka 3 600 Einwohner zählte. Lützschena konnte von Leipzig aus – vom Leipziger Hauptbahnhof z. B. – sehr gut mit öffentlichen Verkehrsmitteln, Straßenbahn, Regionalzug erreicht werden. Heute ist Lützschena eingemeindet in die Stadt Leipzig.
[69] Vgl. Bericht über eine illegale Zusammenkunft von Neubürgern in Lützschena am 21. November 1951, in: BStU MfS Ast. Leipzig AP 3016/64, Bl. 95, 96; Christian Lotz, Die Deutung des Verlusts, S. 60f., 109f.

die Hoffnung nach Rückkehr in ihre alte Heimat nach Schlesien zum Ausdruck kam: „Die Versammelten saßen zu kleinen Gruppen an den Tischen und diskutierten über ihre derzeitige Lage im Gebiet der DDR. Es fielen immer wieder die Worte: [...] ‚Es ist noch nicht alle Tage Abend! Gebt die Hoffnung nicht auf! Wenn es los geht, dann laufen wir auch zu Fuß wieder nach Hause!'" Auch sei in Gesprächen, so erinnerte sich die Bürgermeisterin, „darüber Klage geführt worden, daß für die Neubürger nicht viel getan würde."[70] „Den Umsiedlern würde nicht geholfen, es steht lediglich in der Zeitung, und im Rundfunk wird viel darüber gesprochen. Eine praktische Hilfe sei nicht zu erkennen. [...] Die Tendenz [der Gespräche]" – so die Bürgermeisterin – „richtete sich vor allen Dingen gegen die Oder-Neiße-Grenze."[71]

Die SED-Landesleitung Sachsen und die Landesdienststelle der Staatssicherheit wurden von den Leipziger Dienststellen über die „Umsiedler-Konferenz in Lützschena" informiert.[72]

Eine Woche nach dem „Umsiedler"-Treffen lud die Volkspolizei Leipzig die Pächter und Kellner beider öffentlicher Lützschenaer Lokale vor. Zuerst versuchte der Pächter des Gasthofes „Lützschena" vorzugeben, daß es sich bei seinen Gästen am Bußtag um ein „zufälliges Zusammentreffen von Ausflüglern" gehandelt habe und er deshalb die Veranstaltung polizeilich nicht anmelden konnte. Da aber beide Lokale für die zirka 500 Gäste ein Mittagessen – Schnitzel bzw. Schweinesülze – vorbereitet hatten und zudem zehn Aushilfskellner für diesen Tag eingestellt worden waren, konnte er diese Behauptung nicht aufrechterhalten. Im Laufe der Befragungen und Ermittlungen stellte sich heraus, daß sich seit 1946 mindestens halbjährlich, bisher insgesamt etwa zehn bis zwölf Mal, jeweils 100 bis 150 ehemalige Einwohner der schlesischen Städte Militsch und Trachenberg in Lützschena getroffen hatten.[73]

Als Initiator und Organisator dieser „Neubürger-Treffen" konnte ein ehemaliger Militscher Bäckermeister ausgemacht werden, der bis 1945 in Militsch eine Konditorei und ein Café geführt hatte, als Vertriebener mit seiner Familie nach Lützschena gekommen war und seit 1946 als Kellner im Brauerei-Gasthof arbeitete. Eine Kollegin sagte bei der Polizei über ihn aus: „In politischer Hinsicht kann ich nicht sagen, daß er feindlich der DDR gegenüber eingestellt ist. [...] Über den Zweck und Grund, warum er gerade diese Schlesier-Treffen organisiert, hat er mir gegenüber gesagt, daß er dies tut zur Pflege seiner Heimatgefühle bzw. aus Liebe zu seiner Heimat."[74]

Die Aufklärungen über das „Umsiedlertreffen ehemaliger Schlesier in Lützschena" – die Ermittlung von Teilnehmern und die Verhöre durch die Polizei nicht nur im Land Sachsen, sondern auch in Thüringen, Sachsen/Anhalt sowie in Frankfurt/Oder[75] – dauerten

---

[70] Bericht über eine illegale Zusammenkunft von Neubürgern in Lützschena am 21. November 1951, in: BStU MfS Ast. Leipzig AP 3016/64, Bl 96, 97.
[71] Ermittlungsbericht : Illegale Zusammenkunft von Umsiedlern in Lützschena, 24. November 1951, in: BStU MfS Ast. Leipzig AP 3016/64, Bl. 147.
[72] Vgl. Umsiedler-Konferenz in Lützschena, 24. November 1951, in: ebenda, Bl. 107, 145.
[73] Vgl. Illegale Zusammenkunft von Neubürgern im Gasthof Lützschena, 23. November 1951; Vorgeführt erscheint an Amtsstelle die Angestellte [...], 28. November 1951; Ersuchen: GM für die illegalen Zusammenkünfte der ehemaligen Umsiedler, 6. März 1952, in: BStU MfS Ast. Leipzig AP 3016/64, Bl. 64, 102, 103, 137–142.
[74] Vorgeführt erscheint an Amtsstelle die Angestellte [...], 28. November 1951, in: BStU MfS Ast. Leipzig AP 3016/64, Bl. 141.
[75] Vgl. einige Ermittlungsberichte, Dezember 1951, in: BStU MfS Ast. Leipzig AP 3016/64, Bl. 163–168.

bis in den Sommer 1952. Bevor Polizei und Staatssicherheit sich entschlossen hatten, gegen den vermuteten Organisator der Zusammenkünfte vorzugehen, floh der Betreffende Anfang Juni 1952 zunächst nach West-Berlin und ging dann nach Karlsruhe.[76] Die Vertriebenenzusammenkünfte in Lützschena fanden ab 1952 nicht mehr statt. Die Wirte stellten ihre Lokale für die Treffen nicht mehr zur Verfügung. Sie waren zu hohen Geldstrafen verurteilt worden, weil sie die Versammlung polizeilich nicht angemeldet und das Essen „ohne Lebensmittelmarkenabgabe zu überhöhten Preisen an die Umsiedler" ausgegeben hatten.[77] Keine Erwähnung fand der tatsächliche Bestrafungsgrund: die staatlicherseits als illegal bezeichneten „Umsiedlertreffen".

Aus dem Kreis der Teilnehmer des Lützschenaer Vertriebenentreffen hatte die Staatssicherheit drei „Geheime Informatoren" angeworben. Einen davon schickte das MfS von nun an regelmäßig zu dem Landsmannschaftstreffen der Schlesier, Heimatkreis Militscher-Trebnitzer-Trachenberger, nach West-Berlin, um festzustellen, welche „DDR-Umsiedler" aus dem besagten Schlesierkreis dorthin fuhren und an diesen Treffen teilnahmen.[78] Der Selbstorganisationsversuch von ehemaligen Schlesiern aus dem Militscher-Trachenberger-Kreis in der SBZ/DDR fand 1952 sein polizei- und geheimdienstlich betriebenes Ende.

Negative Äußerungen einzelner Flüchtlinge und Vertriebener in Lokalen oder auf der Arbeitsstätte über die Oder-Neiße-Grenze und über den Verlust der früheren deutschen Ostgebiete oder auch das Weitergeben von Informationsmaterialien und Zeitungen der Landsmannschaften aus der Bundesrepublik wurden in den 1950er Jahren mit Strafen zwischen einem und vier Jahren nach dem Verfassungsartikel 6, Absatz 2, oder dem Friedensschutzgesetz von 1950 oder dem Strafrechtsergänzungsgesetz von 1957 geahndet.[79] Drei exemplarische Fälle aus der frühen DDR sollen dies demonstrieren:

Im Jahr 1955 erging in Schwerin Haftbeschluß und Strafurteil gegen einen 20jährigen ehemaligen Melker[80]. Dieser war z. Z. der Verhaftung Angehöriger der Deutschen Grenzpolizei. Weil er im Kreis seiner Kollegen mehrfach geäußert hatte – so vermerkte es der MfS-Bericht vom 8. Juni 1955 –, daß „die Regierung der DDR hinsichtlich der Oder-Neiße-Grenze" lüge, „um den tatsächlichen Grenzverlauf zu verschleiern", erging ein Haftbeschluß. Der Beschuldigte bestritt auch noch vor Gericht die Rechtmäßigkeit der Grenzfestlegung und behauptete, „das Gebiet jenseits der Oder wäre uraltes deutsches Territorium".[81] Diese unbedachten Äußerungen brachten den jungen Mann für ein Jahr ins Gefängnis.[82]

In einem anderen Fall wurde 1957 ein Arbeiter aus Anklam, Bezirk Neubrandenburg, der 1905 bei Stettin geboren worden war, zu drei Jahren und neun Monaten Haft verurteilt. In der Anklageschrift vom 12. Dezember 1957 hieß es, daß er neben „hetzerischen Äußerungen gegen die Oder-Neiße-Grenze und die DDR" auch Flugblätter „westdeutscher

---

[76] Vgl. Ermittlungsbericht, 10. August 1952, in: BStU MfS Ast. Leipzig AP 3016/64, Bl. 86, 87.
[77] Vgl. MfS-Dienststelle Leipzig: Sachstandsbericht: 601107/52, 21. Juli 1952, in: BStU MfS Ast. Leipzig AP 3016/64, Bl. 216–217.
[78] Vgl. ebenda.
[79] Vgl. eine Anzahl von Beispielen an Ermittlungsverfahren 1951, in: BStU MfS Ast. Schwerin 609/51 und 165/51; Beispiele 1953, in: ebenda, MfS Ast. Schwerin 2/55; Beispiele 1954, in: ebenda, MfS Ast. Schwerin 118/53.
[80] Die Namen sind von der BStU aus Datenschutzgründen geschwärzt.
[81] Vgl. Ermittlungsverfahren, Haftbeschluß, MfS-Zwischen- und Schlußbericht April bis September 1955, in: BStU MfS AU 271/55, Bd. 1, Bl. 11–73, Zitate Bl. 71, 72.
[82] Vgl. Urteil vom 16. September 1955, in: BStU MfS AU 271/55, Bd. 2, Bl. 56–59.

Herkunft" verteilt habe.[83] Der besagte Arbeiter, übrigens ein SED-Mitglied, hatte seine Verärgerung über den Verlust seiner Heimat durch die Grenzziehung an der Oder und Neiße kundgetan, indem er in der Anklamer Gaststätte „Anker" wiederholt erklärte, „zur Einheit Deutschlands würde es nur dann kommen, wenn die Oder-Neiße-Grenze aufgehoben wird und die ‚Pollaken' Deutschland verlassen haben".[84] Außerdem soll er die Mitglieder der SED-Kreisleitung als „Strolche" bezeichnet und die DDR-Führung mit den Worten abgewertet haben: Die Regierung „tauge nichts", und „Wilhelm [Pieck] sei zu alt, um zu regieren".[85]

Oft versuchten Polizei und Justiz, Kritik an der Oder-Neiße-Grenze und Kontakte zu Vertriebenen in der Bundesrepublik, die meistens verwandtschaftlicher Art waren und als Kontakte zu westdeutschen Vertriebenenverbänden ausgelegt wurden, mit anderen vermeintlichen politischen oder kriminellen Verfehlungen zu kombinieren. Diese Art Anklagen, z. T. konstruiert und oft unverhältnismäßig aufgebauscht, waren einfacher justitiabel, führten zu höheren Strafen und schüchterten die Betroffenen und die Bevölkerung insgesamt ein.

In einem weiteren Fall aus dem Jahr 1960 wurde ein LPG-Bauer aus der Nähe von Karl-Marx-Stadt – er war Vertriebener, 1923 in Schönwald/ČSR geboren – „wegen Revanchehetze" und wegen des „Angriffs auf die politisch-ideologischen Grundlagen des Arbeiter-und-Bauern-Staates" angeklagt.[86] MfS und Staatsanwaltschaft warfen dem Landwirt vor, er habe gegenüber Studenten der LPG-Schule in Meißen zum Ausdruck gebracht, „die Russen seien daran Schuld, daß die Ostgebiete und das Sudetenland geraubt wurden", und daß „er als Umsiedler die Gebietsforderungen Westdeutschlands" unterstütze, und zwar auch eine „gewaltsame Rückeroberung". Außerdem leugnete er den „Revanchismus" in der Bundesrepublik und erklärte, so der MfS-Bericht, daß „die westdeutschen Heimatvertriebenen auch nur in ihre alte Heimat zurück wollen."[87] Zudem erwähnte die Anklageschrift, daß der Landwirt wiederholt mit seinem Austritt aus der LPG gedroht habe. Diese Vorwürfe reichten aus, den LPG-Bauern im September 1961, also kurz nach dem Bau der Berliner Mauer, für drei Jahre und sechs Monate gemäß Paragraph 19 des Strafrechtsergänzungsgesetzes ins Gefängnis zu bringen.[88] Eine Gesamtzahl solcherart Verurteilter konnte bisher nicht ermittelt werden.

Die SED-Führung sah sich trotz erfolgter und auch erfolgreicher Repressionen gegen Selbstorganisationsbestrebungen von „Umsiedlern"[89] während der gesamten 1950er Jahre mit mehr oder weniger organisierten Zusammenkünften und Treffen von Vertriebenen konfrontiert. Erfolg und Effektivität des DDR-Sicherheitsapparates gegenüber „Umsied-

---

[83] Vgl. Anklageschrift und Urteil, September 1957 bis Januar 1958, in: BStU MfS Ast. Neubrandenburg 42/57, Bl. 3–40.
[84] Ebenda, Bl. 7.
[85] Ebenda.
[86] Vgl. MfS-Haftbeschluß und MfS-Schlußbericht, Anklageschrift und Urteil, November 1960 bis Oktober 1961, in: BStU MfS Ast. Chemnitz GVS 126/61, Bd. 1, Bl. 4–68.
[87] Ebenda, Bl. 4, 5.
[88] Vgl. ebenda, Bl. 61, 68; Strafrechtsergänzungsgesetz, in: Gesetzblatt der DDR 1957, S. 645.
[89] Beispiele von „Umsiedler-Selbstorganisationen" z. B. in Ahlbeck/Usedom 1948 Bildung eines „Greifenberger Heimatvereins"; Bildung einer „Interessengemeinschaft für Umsiedler" in Forst/Lausitz Juni 1948 bis Juni 1949; Interessengemeinschaft ausgesiedelter Schlesier in der russisch besetzten Zone 1948. Vgl. Bericht K 5 Greifswald Februar–Mai 1948, in: BStU MfS AS 456/67, Bl. 3–58; Bericht über illegale Umsiedlerbewegung in Forst/Lausitz 1948/49, in: ebenda, MfS AS 406/67, Bl. 2–45 und AS 669/67, Bl. 52–62.

ler"-Selbstorganisationsversuchen waren in den 1950er Jahren nicht eben groß.[90] Staatliche Verbote griffen, wenn Vertriebene versuchten, formelle Vereinsstrukturen zu schaffen. Staatliche Repressionen liefen hingegen ins Leere, wenn „Umsiedler" landsmannschaftlichen Zusammenhalt in Gaststätten oder anderen öffentlichen Räumen regelmäßig oder gelegentlich suchten.[91] Scheinbar zufälliges Zusammentreffen von „Umsiedler"-Gruppen in Lokalen oder auf öffentlichen Plätzen waren auch in der DDR kaum mit illegalen Vertriebenentreffen gleichzusetzen. Hier wurde von den Vertriebenen das ungeschriebene und unausgesprochene landsmannschaftliche Koalitions- bzw. Versammlungsverbot selbstbewußt unterwandert.

b. Vertriebenentreffen im Hallenser und Leipziger Zoo in den 1950er und 1960er Jahren

Zu einem Phänomen in der DDR wurden die fast jährlich stattfindenden, für ostdeutsche Verhältnisse regelrechten Massentreffen größerer Vertriebenengruppen – es konnten einige hundert bis zu zweitausend „ehemalige Umsiedler" sein – im Hallenser Bergzoo[92] und im Zoologischen Garten von Leipzig. Bereits 1950 wurde im DDR-Sicherheitsapparat erstmalig aktenkundig, daß sich am 6. August 1950 zirka „500 ehemalige Umsiedler aus der ČSR" im Leipziger Zoo getroffen hatten, die weiträumig aus dem sächsischen und thüringischen Raum angereist waren. Auch im Sommer 1950 beobachteten die DDR-Polizeiorgane, daß in bestimmten Zeitabständen im Zoologischen Garten von Halle „Umsiedlertreffen" stattfanden. Im Jahr 1951 setzten sich diese Treffen fort. Der Hallenser Zoo wurde in der Folgezeit zu einem stark frequentierten Treffpunkt von Vertriebenen. Dabei wurden die Gruppen immer größer: Im Juni 1951 sollen es etwa 380 „ehemalige Umsiedler" gewesen sein. Im Hochsommer 1951 fanden im Zoo von Halle die Vertriebenentreffen fast wöchentlich statt. Am 8. Juli 1951 kamen angeblich eintausend „Umsiedler" zusammen, und am 12. August 1951 schätzte die DDR-Polizei, daß sich annähernd 2 000 Personen auf dem Treffen eingefunden hatten. Sowohl im Zoologischen Garten von Halle wie in Leipzig versammelten sich vor allem sudetendeutsche Vertriebene, die vormals in den Gebieten Brüx (Most/ČSR) und Umgebung sowie im Kreis Leitmeritz (Litoměřice/ČSR) gelebt hatten.[93]

Bemerkenswert an diesen Zusammenkünften von Vertriebenen in der DDR war, daß diese irgendwie vorbereiteten, „zufälligen Begegnungen" vom SED-Staat über Jahre hinweg – ja sogar Jahrzehnte, wie noch zu zeigen sein wird – nicht verhindert werden konnten. Sie erhielten dadurch eine Art Selbstbehauptungs-Demonstration, die das Selbstbewußtsein

---

[90] Die Effektivität von MfS und Polizei gegen Organisationsbestrebungen von „DDR-Umsiedlern" wurde von zeitgenössischer westdeutscher Seite weit überschätzt. So schrieb der westdeutsche Vertriebenenforscher Peter-Heinz Seraphim 1954 und 1956, daß „in der SBZ keine Möglichkeit mehr besteht, [landsmannschaftliche] Traditionen zu erhalten […]" Seit 1950 „ist auch in lockerster Form ein landsmannschaftlicher Zusammenhalt in der SBZ unmöglich." Einschränkend fügte Seraphim allerdings hinzu, daß „ein unorganisiertes Zusammentreffen von Heimatvertriebenen praktisch allerdings nicht ganz zu verhindern" sei. Peter-Heinz Seraphim, Die Heimatvertriebenen in der Sowjetischen Besatzungszone, S. 28.
[91] Vgl. verschiedene Beispiele bei Michael Schwartz, Vertriebene und „Umsiedlerpolitik", S. 533–536.
[92] Bergzoo von Halle: In der Stadt Halle/Saale liegt der Zoo auf dem Reilsberg und wird daher als Bergzoo bezeichnet. Außerdem ist der Zoo traditionell auf die Haltung von Bergtieren spezialisiert.
[93] Vgl. Michael Schwartz, Vertriebene und „Umsiedlerpolitik", S. 535–537; MfS-Zwischenbericht über die Kriminalakte „Schneefest", 30. November 1966, in: BStU MfS HA XX 12700, Bl. 76.

der beteiligten „Umsiedler" stärkte. Größere Gruppen von Vertriebenen machten dem SED-Regime punktuell und erfolgreich die Herrschaft und Kontrolle über den öffentlichen Raum streitig.[94] Die Polizei- und Staatssicherheitsbehörden beobachteten diese Hunderte von Vertriebenen, die ihre Zusammenkunft mit einem Besuch des Zoologischen Gartens tarnten, und stellten fest, daß die Gespräche der „ehemaligen Umsiedler" sich um die alte Heimat, um die Chancen zur Rückkehr aber auch um die aktuelle Lebens- und Arbeitssituation drehten. Politische Äußerungen und Diskussionen konnten die Geheimdienstbeobachter nicht ausmachen. Der DDR-Repressionsapparat beobachtete diese Vertriebenentreffen, schien aber zunächst unschlüssig, diese zu unterbinden.[95]

Es dauerte bis zum Frühjahr 1953 – dem Höhepunkt der unpopulären SED-Stalinisierungspolitik und unmittelbar vor dem Volksaufstand vom 17. Juni –, bis der Polizei- und Geheimdienstapparat die „Umsiedlertreffen" im Hallenser Zoo durch einen polizeilichen Großeinsatz fürs erste beendete. Am 10. Mai 1953 sprengten Sicherheitskräfte das Vertriebenentreffen im Zoo von Halle und stellten von zirka 2 000 dort versammelten Vertriebenen die Personalien fest. 598 von ihnen wurden vorläufig festgenommen, 91 davon intensiv als mutmaßliche „Wortführer" verhört. Aus diesem Kreis der intensiver Vernommenen wurden fünf als eigentliche Organisatoren der Zootreffen herausgefiltert, eine Strafverfolgung eingeleitet und diese dann längerfristig inhaftiert. Eine Verurteilung der fünf vermeintlichen Organisatoren der Vertriebenentreffen vom Hallenser Zoo erfolgte übrigens nicht nach dem DDR-Verfassungsartikel 6 oder dem Friedensschutzgesetz, sondern nach der Kontrollratsdirektive Nr. 38, der Entnazifizierungsdirektive, aus dem Jahr 1946. Auf die fünf Vertriebenentreff-Organisatoren wandte die DDR-Staatsmacht den Artikel III A III der Direktive an – jene Bestimmung zur Bestrafung von Personen, die „nach dem 8. Mai 1945 durch Propaganda für den Nationalsozialismus oder Militarismus oder durch […] Verbreitung tendenziöser Gerüchte den Frieden des deutschen Volkes oder den Frieden der Welt gefährden". Damit konnten die Beschuldigten für bis zu zehn Jahre ins Gefängnis gebracht werden.[96] Die Anwendung der Entnazifizierungsdirektive auf die Selbstorganisationsversuche der Vertriebenen war Ausdruck eines vollkommen überzogenen Strafbedürfnisses des SED-Staates. Trotz des im Falle der Vertriebenentreffen im Hallenser Zoo erzielten Repressionserfolgs machten sich Polizei und Staatssicherheit von Halle keine Illusionen. Sie rechneten damit, daß auch in Zukunft derartige Treffen, möglicherweise an anderen Orten, stattfinden würden.[97] Damit sollten sie recht behalten.

In den 1950er Jahren stellte das MfS fest, daß die Zusammenkünfte von vor allem sudetendeutschen Vertriebenen in den Zoologischen Gärten von Halle und Leipzig vermutlich bereits seit 1947/48 stattfanden. Wer konkret die Organisatoren dieser Vertriebenentreffen in der Sowjetischen Besatzungszone und frühen DDR waren, konnten DDR-Innenministerium und Staatssicherheit nie ermitteln. Im Laufe der 1950er Jahre kristallisierten sich zwei feste Zeitpunkte im Jahr für diese Treffen heraus, die unter den eingeweihten betroffenen und interessierten Vertriebenenkreisen durch Mund-zu-Mund-Propaganda bekannt waren und somit keine Organisatoren mehr benötigten. Diese festen Termine waren jeweils der erste Sonntag nach Pfingsten (Mai/Juni des Jahres) und der auf den 5. August folgende Sonntag. Dieser August-Termin war für die mehrheitlich katholischen Sudeten-

---

[94] Vgl. Michael Schwartz, Vertriebene und „Umsiedlerpolitik", S. 536.
[95] Vgl. ebenda, S. 536–538.
[96] Vgl. ebenda, S. 539f.
[97] Vgl. ebenda, S. 540f.

deutschen an den kirchlichen Feiertag „Maria Schneefest"[98] am 5. August angelehnt, einer Wallfahrt zu Ehren der Gottesmutter Maria, die Vertriebenen früher in ihrer sudetendeutschen Heimat begangen hatten.[99]

Das Ministerium für Staatssicherheit beobachtete auch in den Jahren 1958 und 1959 Zusammenkünfte von „ehemaligen Umsiedlern". Im Hallenser Bergzoo trafen sich zum besagten Augusttermin sowohl 1958 wie 1959 zirka 120 bis 150 Vertriebene, die aus den Bezirken Halle, Karl-Marx-Stadt, Magdeburg, Erfurt, Gera und Leipzig angereist kamen.[100] Um ein weiteres geplantes „Umsiedlertreffen" 1960 zu verhindern, hatten die MfS-Bezirksverwaltungen etwa 80 der 150 regelmäßig an den Treffen teilnehmenden Vertriebenen namhaft gemacht und führte im Juli 1960 Verhöre mit diesen durch. Als Resultat dieser Vorladungen hielt das MfS-Protokoll fest: Es zeigte sich, „daß alle angesprochenen Personen zum Ausdruck brachten, in Zukunft derartige Treffen nicht mehr zu besuchen."[101]

Zwei ermittelte Hauptverantwortliche für diese Zootreffen, einen 67jährigen Rentner und einen 53jährigen Mann, beide aus dem ehemaligen Sudetengebiet stammend und laut MfS vor 1945 Mitglieder der NSDAP bzw. der Sudetendeutschen Partei[102] und bereits als Organisatoren von Vertriebenentreffen in Leipzig bekannt, nahm die Staatssicherheit wenige Tage vor dem geplanten Hallenser „Umsiedlertreffen" in Haft.[103] Am 29. Juli 1960 berichtete das MfS an den SED-ZK-Apparat: „Im Ergebnis der durchgeführten Maßnahmen war zu verzeichnen, daß dieses Treffen 1960 im Halleschen Bergzoo nicht stattgefunden hat und keine von uns angesprochene Person zu diesem Treffen erschien. Republikfluchten waren durch diese Maßnahmen nicht zu verzeichnen."[104] Aber auch dies war nur ein vorläufiger Erfolg für die SED-Sicherheitsgremien.[105] Der Verweis, daß die vom MfS vorgeladenen „ehemaligen Umsiedler" nicht „republikflüchtig" wurden, schien auf dem Höhepunkt der Fluchtbewegung von DDR-Bürgern in die Bundesrepublik und dem hohen Anteil von Vertriebenen darunter für die SED-Spitze wichtig.

Auch im Leipziger Zoo gingen die Vertriebenentreffen in den 1950er Jahren weiter. Ohne daß der SED-Repressionsapparat eingriff, versammelten sich nach „Maria Schneefest" am 10. August 1958 und 9. August 1959 kleinere Gruppen von Vertriebenen. Polizei

---

[98] Vgl. http://de.wikipedia.org/wiki/Schneefest .
[99] Vgl. MfS-Zwischenbericht über die Kriminalakte „Schneefest", 30. November 1966, in: BStU MfS HA XX 12700, Bl. 74–104.
[100] Vgl. Bericht über die durchgeführte Aktion zur Verhinderung von Treffen ehemaliger Umsiedler im Halleschen Bergzoo, 29. Juli 1960, in: SAPMO-BA DY 30 IV 2/12/112, Bl. 176; Information über die Gefährlichkeit und Tätigkeit der revanchistischen Landsmannschaften in Westberlin und Westdeutschland, 1960, in: BStU MfS AOP 11315/64, Bd. 3, Bl. 127, 128.
[101] Bericht über die durchgeführte Aktion zur Verhinderung von Treffen ehemaliger Umsiedler im Halleschen Bergzoo, 29. Juli 1960, in: SAPMO-BA DY 30 IV 2/12/112, Bl. 177.
[102] Sudetendeutsche Partei (SdP) von Konrad Henlein 1933 als Sudetendeutsche Heimatfront in groß-deutscher Tradition der Österreicher gegründet. Die SdP geriet 1935 unter nationalsozialistischen Einfluß, sie wurde zweitstärkste Partei in der ČSR. (In der ersten Hälfte der 1930er Jahre dominierten im Sudetengebiet noch die sozialdemokratische und die kommunistische Partei.) Im Oktober 1938, nach der Eingliederung der Sudetengebiete in das Deutsche Reich, wurde die SdP unmittelbar der NSDAP unterstellt. Mit dem Zusammenbruch des NS-Regimes 1945 wurde die Partei aufgelöst und verboten.
[103] Vgl. Bericht über die durchgeführte Aktion zur Verhinderung von Treffen ehemaliger Umsiedler im Halleschen Bergzoo, 29. Juli 1960, in: SAPMO-BA DY 30 IV 2/12/112, Bl. 178, 179.
[104] Ebenda, Bl. 179.
[105] Vgl. Informationen und Teilergebnisse auf dem Arbeitsgebiet ehemalige Umsiedler, August 1965, in: BStU MfS HA XX 12700, Bl. 17.

und Staatssicherheit beobachteten die 20 bis 40 Personen, die im Gartenrestaurant des Zoologischen Gartens von Leipzig zusammensaßen und Gespräche führten, die sich um die Nichtanerkennung der derzeitigen Grenzen und die Möglichkeiten der Rückkehr in die ehemaligen deutschen Ostgebiete drehten.[106]

Wie in den 1950er Jahren so versuchten „ehemalige Umsiedler" auch in den 1960er Jahren, sich weiterhin in Gruppen zusammenzufinden. Die Selbstorganisationsbestrebungen von Vertriebenen in der DDR blieben trotz der Repressionen des SED-Staates relativ ungebrochen. Im August 1963 bzw. im Juni/August 1964 ging die Kriminalpolizei von Leipzig daran, zwei „operative Beobachtungsvorgänge" von Vertriebenentreffen im Zoologischen Garten von Leipzig in Kriminalakten, also in polizei- und geheimdienstliche Bearbeitungsfälle, umzuwandeln. Nach jahrelangen Beobachtungen hatte der Sicherheitsapparat festgestellt, daß zwei Gruppierungen von Vertriebenen existierten, die sich jährlich zu verschiedenen Zeiten in Leipzig trafen, die aber untereinander scheinbar keine Verbindungen pflegten.[107]

Zum einen trafen sich „ehemalige Umsiedler" jeweils am Sonntag nach Pfingsten im Gartenrestaurant des Leipziger Zoos. Diese Gruppierung erhielt von Polizei und Staatssicherheit den Decknamen „Siedler". Eine zweite Vertriebenengruppe, die sich jeweils am Sonntag nach dem 5. August zusammenfand, erhielt den operativen Namen „Schneefest". Beide Gruppierungen setzten sich vorwiegend aus sudetendeutschen „Umsiedlern" zusammen, sie kamen aus den Kreisen Leitmeritz (Litoměřice/ČSSR), Auscha (ČSSR) und Brüx (Most/ČSSR). Polizei und Staatssicherheit aus dem Bezirk Leipzig legten die Kriminalakten „Siedler" und „Schneefest" 1964 mit dem Ziel an, die Vertriebenentreffen im Zoo von Leipzig wieder intensiver zu beobachten, sie geheimdienstlich zu unterwandern und „zu zersetzen", um sie letztlich endgültig zu beenden.[108]

1964 und 1965 lag der polizeiliche Bearbeitungsschwerpunkt noch im Beobachten und Analysieren der Vertriebenenzusammenkünfte im Leipziger Zoo. Am 9. August 1964 trafen sich etwa nur 60 Vertriebene im Gartenrestaurant des Zoos. Das Treffen wurde durch zwei „Inoffizielle Mitarbeiter (IM)" der Staatssicherheit überwacht und „aufgeklärt". Die „IMs" berichteten an ihre vorgesetzte Dienststelle: Die Personalien von einem Drittel der Vertriebenen konnten festgestellt werden. Diese stammten ursprünglich aus den Gebieten um Brüx (Most/ČSSR) und um Breslau (Wrocław/VR Polen) – also auch Vertriebene aus Schlesien –, lebten jetzt in Weißenfels, Merseburg, Bitterfeld, Leipzig und Jena. Es waren überwiegend ältere Vertriebene. Ihre Unterhaltungen drehten sich wie so oft um die Frage der Rückkehr in die alte Heimat. Die Meinungen dazu seien gespalten gewesen. Die Spitzel der Staatssicherheit protokollierten dazu: „Die Mehrzahl sprach sich für eine Rückkehr aus. Die anderen brachten zum Ausdruck, daß sie sich hier eine neue Existenz aufgebaut haben und hierbleiben wollen. [Zudem] hätte man sich in der ‚alten Heimat' umgesehen und sei zu dem Entschluß gekommen, aufgrund der gegenwärtig in der ČSSR herrschenden Verhältnisse [...] nicht wieder zurückzukehren."[109]

---

[106] Vgl. Tätigkeit ehemaliger Umsiedler, 12. August 1964, in: BStU MfS HA XX 12700, Bl. 4; Zwischenbericht Kriminalakte „Schneefest", 30. November 1966, in: ebenda, Bl. 74, 79.
[107] Vgl. Tätigkeit ehemaliger Umsiedler, 12. August 1964; Kriminalpolizei Leipzig an MdI Berlin, Kriminalakte Schneefest, 9. Dezember 1966, beide in: BStU MfS HA XX 12700, Bl. 4, 5, 73–77.
[108] MfS-Bericht vom 3. März 1967: „Die Kriminalakte ‚Schneefest', die gegen die jährlichen im Leipziger Zoo stattfindenden Umsiedlertreffen angelegt wurde, soll durch Zersetzungsmaßnahmen abgeschlossen werden." In: BStU MfS HA XX 12700, Bl. 105.
[109] Tätigkeit ehemaliger Umsiedler, 12. August 1964, in: BStU MfS HA XX 12700, Bl. 7.

Erwähnenswert fanden die MfS-Spitzel, daß fast alle „Umsiedler" Kontakte in die Bundesrepublik unterhielten, diese aber verwandtschaftlicher Art seien. Auch hätten die Teilnehmer der „Umsiedlertreffen" gelernt, der von ihnen vermuteten geheimpolizeilich-überwachten Briefpost nur unverfängliche Texte auf Postkarten anzuvertrauen, um Verwandte und Freunde in Ost- und Westdeutschland über diese verbotenen Zusammenkünfte zu informieren. Der einheitlich versandte Text lautete nach Angaben der Spitzel: „Die herzlichsten Grüße von unserer Zusammenkunft im Leipziger Zoo senden […]"[110]

Die Teilnehmer des Vertriebenentreffs von 1964 brachten alle zum Ausdruck, daß sie „traditionsgemäß zusammen kämen", das Datum für die Treffen sei allgemein bekannt, Organisatoren gäbe es nicht. Die MfS-Mitarbeiter schienen davon aber nicht überzeugt zu sein. Im Verlaufe der geheimpolizeilichen „Aufklärung" der Vertriebenentreffen im Leipziger Zoo stellte sich heraus, daß viele vertriebene Sudetendeutsche nach 1945 bei der Deutschen Reichsbahn, oft im Fahrdienst, angestellt waren. Diese Arbeit hätte es ihnen ermöglicht, davon war das MfS überzeugt, ehemalige Landsleute, die Bahnreisende waren und an ihrem Dialekt erkannt wurden, anzusprechen und sie auf die Vertriebenentreffen in Leipzig, aber auch in Halle aufmerksam zu machen.[111] Vermutlich seien diese Reichsbahnangestellten schon Ende der 1940er Jahre so zu Initiatoren und Organisatoren der Vertriebenentreffen geworden. Namentlich, so bedauerte die Staatssicherheit, seien diese heute, Mitte der 1960er Jahre, aber nicht mehr festzustellen.[112]

Auch ein Jahr später kamen sowohl im Juni wie auch im August Vertriebenentreffen im Leipziger Zoo zustande. Am 13. Juni 1965 versammelten sich immerhin zwischen 600 und 800 „ehemalige Umsiedler", zum Treffen am 8. August 1965 kamen hingegen nur zirka 50 Vertriebene.[113] Dieses August-Vertriebenentreffen interessierte Polizei und Staatssicherheit kaum noch, zudem berührten die Gespräche der Vertriebenen nur persönliche und familiäre Angelegenheiten. Über drei „Inoffizielle Mitarbeiter" sicherte die Staatsmacht diese Zusammenkünfte ab. Aufmerksamkeit erregten allein Hinweise anwesender „Umsiedler", daß in der Stadt Weißenfels in einem benannten Gasthof jeden ersten Freitag im Monat „ehemalige Umsiedler" unter der Tarnung eines Gartenbauvereins zusammentrafen.[114] Auch stellte sich heraus, daß kleinere Gruppen „ehemaliger Umsiedler aus Schlesien" zu bestimmten Zeiten in Leipzig-Markkleeberg zusammenkamen. Ein Treffen, welches zwar bekannt wurde, an dem aber „nur 25 ehemalige Umsiedler aus verschiedenen Orten der

---

[110] Ebenda, Bl. 8.

[111] „Eine besondere Methode [zur Organisation der Umsiedlertreffen war], daß ehemalige Sudetendeutsche, die bei der Deutschen Reichsbahn im Fahrdienst beschäftigt sind, Reisende ansprechen und zu den Treffen einladen, wenn sie anhand des Dialekts festgestellt haben, daß es sich um ‚Landsleute' handelt." Informationen und Teilergebnisse auf dem Arbeitsgebiet ehemalige Umsiedler, 1966, in: BStU MfS HA XX 12700, Bl. 17.

[112] Vgl. Tätigkeit ehemaliger Umsiedler, 12. August 1964, in: BStU MfS HA XX 12700, Bl. 5, 6.
In einem Bericht der Leipziger Kriminalpolizei an das MdI in Berlin hieß es 1966, daß ein vermutlicher Initiator der Zootreffen ein Bauingenieur gewesen sei, der 1875 in Tetschen (Děčín/ČSR) geboren und nach 1945 nach Leipzig „umgesiedelt" wurde und im März 1955 verstorben sei. Vgl. Zwischenbericht über die KA „Schneefest", 30. November 1966, in: BStU MfS HA XX 12700, Bl. 76.

[113] Vgl. Information, 24. Juni 1965 und Informationsbericht zum Operativen Material „Siedler", 13. August 1965, beide in: BStU MfS HA XX 12700, Bl. 9–13, 61–65.
Zum August-Treffen der Vertriebenen trafen sich 1966 nur noch zwölf Personen. Vgl. Bericht: MfS-Hauptabteilung XX, 12. Oktober 1966, in: BStU MfS HA XX 12700, Bl. 44.

[114] Vgl. Informationsbericht zum Operativen Material „Siedler", 13. August 1965, in: BStU MfS HA XX 12700, Bl. 64, 65.

DDR" teilnahmen, fand am 26. Juni 1966 statt. Diesen Informationen gingen Polizei und Geheimdienst weiter nach.[115]

Die „Umsiedlertreffen" sonntags nach Pfingsten im Zoo von Leipzig hingegen nahmen wegen der ständig steigenden Zahl an Teilnehmern eine für Polizei und MfS beunruhigende Entwicklung. So urteilte das MfS in Ost-Berlin im Oktober 1966 darüber: „Die Notwendigkeit der operativen Bearbeitung der Umsiedlertreffen im Leipziger Zoo ergibt sich bis jetzt lediglich aus Zusammenkünften einer verhältnismäßig großen Zahl ehemaliger Umsiedler […]"[116] Im Staatssicherheitsministerium faßte man diesbezüglich zusammen, daß bei den Leipziger-Zoo-Vertriebenen-Treffen keine „feindliche Tätigkeit" feststellbar war, und daß nicht bewiesen werden konnte, ob die Treffen zielstrebig organisiert und vorbereitet würden. „Aus dem bisher vorhandenem Material muß eingeschätzt werden, daß sich die Teilnehmer der Treffen aus Gewohnheit und traditionsgemäß zusammenfinden."[117] Die Unterhaltungen der Vertriebenen im Gartenrestaurant des Zoos, so die MfS-Informatoren, bezogen sich auf „Erinnerungen an die alte Heimat" und Austausch von Neuigkeiten über den jetzigen Zustand dieser Orte – „die Gespräche reichen von positiven Einschätzungen bis zu Verleumdungen"[118] – und auf persönliche Angelegenheiten.[119]

Für die „Aufklärung der Teilnehmer" und die „Kontrolle der jeweiligen Umsiedler-Treffen" wurden sechs „Inoffizielle Mitarbeiter" der MfS-Bezirksverwaltung sowie sechs Mitarbeiter der Volks- und Kriminalpolizei eingesetzt. Die zirka 600 bis 800 Vertriebenen des Zoo-Treffens von 1966 wurden also von sechs verdeckten MfS-Mitarbeitern bespitzelt, wovon zwei erst 1966 angeworben worden waren und über keine persönliche Beziehung zu „Umsiedlern" bzw. der Vertriebenenproblematik verfügten.[120] Diese Tatsache zeigte u. a. das Bild eines noch sehr unvollkommenen und lückenhaften Überwachungs- und Repressionsapparats im SED-Staat der 1960er Jahre.

Den Sicherheitsapparat beunruhigte mit der Zeit die immer größere Teilnehmerzahl an den Vertriebenentreffen im Zoologischen Garten von Leipzig. Zählten diese Treffen 1958/59 nur um die 30 „ehemalige Umsiedler", waren es 1962 zirka 250, 1963 um die 300, 1964 sogar 800, 1965 rund 600, im Jahr 1966 etwa 500 Personen und 1967 zirka 250.[121]

Durch den Spitzeldienst der „IMs", die im Leipziger Zoo gegen die versammelten Vertriebenen eingesetzt waren, konnten die Personalien von etwa 180 „Umsiedlern", die aus den früheren sudetendeutschen Kreisen Leitmeritz (Litoměřice/ČSR) und Auscha (ČSSR) stammten, festgestellt und analysiert werden.[122] Demnach kamen die meisten dieser Vertriebenen aus den Bezirken Leipzig, Halle, Dresden, Karl-Marx-Stadt und Gera, also aus

---

[115] Vgl. Informationen und Teilergebnisse auf dem Arbeitsgebiet ehemalige Umsiedler, 1966, in: BStU MfS HA XX 12700, Bl. 21.
[116] Bericht: MfS-Hauptabteilung XX, 12. Oktober 1966, in: BStU MfS HA XX 12700, Bl. 46.
[117] Ebenda, Bl. 44.
[118] Negative Situations- und Erlebnisberichte von Vertriebenen über ihre ehemalige Heimat, viele fuhren in den 1960er Jahren als Touristen in die ČSSR, konnten in den Augen von SED und MfS nur „Verleumdungen" sein!
[119] Vgl. Bericht: MfS-Hauptabteilung XX, 12. Oktober 1966, in: BStU MfS HA XX 12700, Bl. 45.
[120] Vgl. ebenda; Zwischenbericht über KA „Schneefest", 30. November 1966, in: ebenda, Bl. 77.
[121] Vgl. Zwischenbericht über KA „Schneefest", 30. November 1966, in: BStU MfS HA XX 12700, Bl. 80; Auskunftsbericht MfS-Bezirksverwaltung Leipzig, 28. Mai 1968, in: MfS Ast. Leipzig OP 1231/69, Bl. 59.
[122] Namentliche Auflistung von 136 Personen am Vertriebenentreffen in Leipzig 1966: Beteiligte Personen an illegalen Umsiedlertreffen in Leipzig, Zoologischer Garten, 29. Juni 1966, in: BStU MfS HA XX 12700, Bl. 28–42.

dem sächsischen und thüringischen Raum. Das Verhältnis zwischen Männern und Frauen war ausgewogen, die Mehrzahl der Teilnehmer war zwischen 40 und 65 Jahre alt. Der größte Anteil der geheimdienstlich „aufgeklärten" Teilnehmer an den Zootreffen waren Arbeiter, Angestellte und Beschäftigte in der Landwirtschaft. Frühere NSDAP-Mitglieder konnten nicht festgestellt werden. Eine nicht kleine Zahl der „ehemaligen Umsiedler" gehörte der SED an.

Ein Drittel der namentlich bekannten Vertriebenen besaßen ein Kraftfahrzeug und die Fahrerlaubnis. Das war wichtig, da viele der Versammelten zu den Leipziger Zootreffen mit dem Auto anreisten, wenn auch die meisten mit der Bahn kamen. Nur knapp ein Viertel der namhaft gemachten Personen waren noch eingeschriebene Kirchenmitglieder. Aber die Hälfte von ihnen hatte familiäre Beziehungen und Kontakte zu Vertriebenen in der Bundesrepublik und nach West-Berlin. Ebenso knapp die Hälfte der „aufgeklärten" Teilnehmer hatte über Reisen und Besuche Verbindungen in die alte Heimat, in die ČSSR.[123]

Die Inhalte der Gespräche drehten sich um immer das gleiche Thema – Rückkehr in die alte Heimat oder bleiben, wo man sich die neue Existenz aufgebaut hat. Die „Inoffiziellen Mitarbeiter" verwiesen auf die Schwierigkeit, mit den Teilnehmern der Vertriebenentreffen ins Gespräch zu kommen. „Nach außen hin beinhalten die geführten Gespräche" – so IM-Berichte – „allgemeine […] uninteressante Probleme. Bei Anwesenheit nicht gut bekannter Personen sind Mißtrauen, Zurückhaltung und bewußtes Vermeiden politischer Diskussionen offensichtlich festzustellen."[124] Dieses mißtrauische Verhalten hatte zwei Gründe: Zum einen war den Besuchern der Vertriebenentreffen bekannt, daß diese Zusammenkünfte beobachtet wurden und daß die Staatsmacht sie zur Verantwortung ziehen könnte. Zum zweiten hatte sich unter den „Umsiedlern" herumgesprochen, daß es beim Vertriebenentreffen 1964 im Hallenser Bergzoo einige Verhaftungen gegeben hatte und daß daraufhin die Treffen in Halle nicht mehr stattfanden.[125] Allgemein waren die „ehemaligen Umsiedler" auf ihren Treffen Fremden gegenüber sehr viel vorsichtiger und zurückhaltender geworden.

Die Vertriebenen tauschten sich auf ihren Treffen über ihre Erlebnisse während ihrer Reisen in die ČSSR aus. Übereinstimmend befanden sie diese Besuchsreisen für nötig und nützlich, und allgemein stellte man fest, daß „in den Städten [der ČSSR] viel gebaut wird, die Dörfer jedoch heruntergewirtschaftet und verkommen sind".[126] Die „IMs" berichteten des weiteren an ihre Vorgesetzten, daß verschiedene „ehemaligen Umsiedler" über ihre verwandtschaftlichen Kontakte in die Bundesrepublik gut über die dortigen Treffen der Landsmannschaften informiert seien. Diese „Umsiedler" würden ihrerseits ihre Verwandten in Westdeutschland über die Treffen in Leipzig mittels einheitlicher Postkarten unterrichten.[127]

Ins nähere Blickfeld der „geheimdienstlichen Aufklärung" gerieten jene Teilnehmer der Treffen, die als „vermutliche Organisatoren" bezeichnet wurden, aber anscheinend „nur" solche Männer und Frauen waren, die eine größere Zahl an „Umsiedlern", warum auch immer, persönlich kannten.[128] In den Protokollen der Leipziger Polizei und Staatssicher-

---

[123] Vgl. Zwischenbericht über KA „Schneefest", 30. November 1966, in: BStU MfS HA XX 12700, Bl. 81–87.
[124] Ebenda, Bl. 87.
[125] Vgl. Informationen und Teilergebnisse auf dem Arbeitsgebiet ehemalige Umsiedler, 1966, in: BStU MfS HA XX 12700, Bl. 17.
[126] Zwischenbericht über KA „Schneefest", 30. November 1966, in: BStU MfS HA XX 12700, Bl. 92.
[127] Ebenda, Bl. 91.
[128] Vgl. ebenda, Bl. 94–101.

heit fanden sich detailliertere Angaben beispielsweise über einen 1913 bei Leitmeritz (Litoměřice/ČSR) geborenen Landwirt, der seit 1949 mit seiner Familie nahe Leipzig lebte, als fachlich anerkannter LPG-Bauer arbeitete und als politisch unauffällig galt. Er unterhielt zahlreiche Verbindungen zu anderen „Umsiedlern", verfügte aber über keine Kontakte in die Bundesrepublik. Ein anderes Beispiel war ein 1917 auch bei Leitmeritz (Litoměřice/ČSR) geborener Rangierer bei der Deutschen Reichsbahn, der 1946 mit Frau und vier Kindern „ausgesiedelt" worden war, nun in Bitterfeld lebte und arbeitete und SED-Mitglied war. Von ihm bzw. seiner Frau hieß es: „Der Verdacht, daß es sich bei Familie [*Name von der BStU-Behörde geschwärzt*] um Mitorganisatoren der Leipziger Treffen handelt, wird begründet, daß Frau [...] einen Teil der ehemaligen Umsiedler persönlich oder mittels Postkarten – (‚Ich fahre mit meinen Kindern am Sonntag nach Pfingsten nach Leipzig in den Zoo.'") über die Treffen informierte. [...] Es wurde in Erfahrung gebracht, daß Frau [...] umfangreiches Adressenmaterial ehemaliger Umsiedler besitzt, die zum Teil in Westdeutschland wohnhaft sind."[129] Hier wurden von der Staatssicherheit weitere „Aufklärungsmaßnahmen" angeordnet.

Insgesamt verwies aber der zusammenfassende Bericht der Leipziger MfS-Bezirksverwaltung im November 1966 auf die unvollständige Analyse über die Inhalte und Teilnehmer der Vertriebenentreffen im Leipziger Zoo. Die Auswertung sollte fortgesetzt und vor allem noch mehr Teilnehmer der in allen Einzelheiten fotografierten Zusammenkünfte identifiziert werden. Die Leipziger MfS-Bezirksverwaltung hatte es bis zu diesem Zeitpunkt auf nur sieben „Inoffizielle Mitarbeiter" für die „Aufklärung und Bearbeitung" der mehrere Hundert zählenden Personen der jährlichen Zootreffen gebracht. Von den sieben „IMs" waren sechs selbst „ehemalige Umsiedler", die deshalb schnelle und gute Kontakte zu den Vertriebenen herstellen konnten. Einzig der angeworbene und geheimdienstlich eingesetzte Fotograf konnte mit keiner Vertriebenenvergangenheit aufwarten, was seinen Einsatz erschwerte, aber durchaus nicht unmöglich machte. Vier der sieben MfS-Spitzel kamen erst seit 1966 zu den Vertriebenentreffen zum Einsatz, einer verstarb Ende 1966.[130] Die MfS-Einschätzungen über ihre „Inoffiziellen Mitarbeiter" fielen durchweg positiv, aber nicht hervorragend aus. Sie lasen sich beispielsweise so: „IM Klausner" kam „erstmalig 1966 zum Einsatz. Als ehemaliger Umsiedler fand er schnell Kontakt und erhielt verwertbare Hinweise über den Inhalt des Treffens. Charakterlich ist er ruhig und zurückhaltend. Er ist jedoch willig und zeigt eine gute Einsatzbereitschaft. Seine geistigen Fähigkeiten liegen im Durchschnitt. Nach Prüfung seiner Möglichkeiten ist geplant, ihn zur operativen Bearbeitung einer Person, die als negativ bzw. als vermutlicher Mitorganisator bekannt ist, einzusetzen."[131]

Die Zentrale des MfS in Berlin und die Leipziger Kriminalpolizei entschlossen sich im Herbst 1966, den Vertriebenenzusammenkünften im Zoologischen Garten von Leipzig ein Ende zu bereiten.[132] Als Gründe für diese Umorientierung nannten die SED-Repressionsorgane: „Beim gegenwärtigen Sachstand [...] ist nicht gewährleistet, die Tätigkeit ehemaliger Umsiedler insgesamt unter Kontrolle zu halten und Feindtätigkeit allseitig aufzuklären".[133] Die Sicherheitsorgane befanden es letztlich für zu unsicher und zu schwierig, eine

---

[129] Ebenda, Bl. 98.
[130] Vgl. Operative Einschätzung der IMs: „Naumann", „Gärtner", „Klausner", „Vogel", „Waldbauer", „Meier" und „Heine", 30. November 1966, in: BStU MfS HA XX 12700, Bl. 102–104.
[131] Ebenda, Bl. 103.
[132] Vgl. MfS-Bericht, HA XX/2 vom 3. März 1967, in: BStU MfS HA XX, 12700, Bl. 105.
[133] Informationen und Teilergebnisse auf dem Arbeitsgebiet ehemalige Umsiedler, 1966, in: BStU MfS HA XX 12700, Bl. 24.

umfassende Kontrolle der Teilnehmer der Vertriebenentreffen vor dem Hintergrund von „Rentner-Reisen nach Westdeutschland" und „Reisen nach der ČSSR" zu gewährleisten. Hinzu kam, daß sie befürchteten, neue Treffpunkte von „Umsiedlern" könnten in anderen Zoologischen Gärten anderer Städte der Republik entstehen, und man wäre gezwungen, auch diese über ein „IM-Netz" unter Kontrolle zu halten.[134]

Die Kreisämter der Volkspolizei jener Städte und Gemeinden, aus denen die namentlich bekannten Teilnehmer der Zootreffen kamen, führten zwischen 1964 und 1967 Befragungen mit den Besuchern der Vertriebenentreffen. Allein das Leipziger Volkspolizeikreisamt dokumentierte zirka 150 dieser Aussprachen mit „ehemaligen Umsiedlern". Die Vorladung zielte darauf, die Vertriebenen vom Besuch ihrer jährlichen Treffen im Zoo abzubringen, was wohl nur unzureichend gelang.[135] Die Vertriebenentreffen fanden weiter mit hohen Besucherzahlen statt.

In einer Anfang März 1967 durchgeführten Absprache zwischen der MfS-Bezirksverwaltung und der Kriminalpolizei Leipzig sowie der Abteilung XX[136] der MfS-Zentrale in Ost-Berlin wurde der Plan erarbeitet, die „Kriminalakte Schneefest" durch „Zersetzungsmaßnahmen abzuschließen". Das nächste Vertriebenentreffen im Leipziger Zoo am 21. Mai 1967 sollte aber unter allen Umständen verhindert werden. Der MfS-Plan dafür sah folgende Schritte vor: Als erste Maßnahme wollte man am 12. April 1967 in den Volkspolizei-Kriminalämtern von Leipzig, Cottbus, Dresden, Potsdam, Halle, Grimma, Riesa und Bitterfeld elf der „aktivsten Teilnehmer der Umsiedlertreffen zu [...] Aussprachen" vorladen.[137] In diesen Polizei-Verhören sollte diesen aktiven Vertriebenen die Zusammenkunft am 21. Mai strikt untersagt und ihnen unmißverständlich klar gemacht werden, „daß bei Weiterführung ihrer Umsiedlertreffen ihre Existenz [sic!] auf dem Spiel steht und [...] andere Maßnahmen eingeleitet werden".[138] Außerdem wollte man bei den Vorgeladenen den Eindruck vermitteln, daß alle Kenntnisse und Informationen über die Vertriebenentreffen aus den „eigenen Reihen der Umsiedler" stammten. Ein Feedback über die Wirkung der Polizei-Vorladungen bei den Vertriebenen versprachen sich die Beamten von den „Inoffiziellen Mitarbeiter", gegebenenfalls sollten sich „verschärfte Aussprachen" anschließen.[139]

Als zweite wichtige Maßnahme plante man, einen Monat vor dem anstehenden Termin des Vertriebenentreffens „zur Verbreitung von Unsicherheit und zur Zersetzung" an zirka 200 bekannte Adressen von ehemaligen Umsiedlern einen anonymen Brief[140] zu versenden. Und als dritte Polizei- und Geheimdienstaktion war vorgesehen, am Tag der Zusammenkunft den Leipziger Zoo mit öffentlichen Sicherungsmaßnahmen – Absperrungen, Schutzpolizei in Uniform, Fahrzeugkontrollen, verstärkte Streifentätigkeit zur Personenkontrolle – weiträumig gegen eine mögliche Ansammlung von Vertriebenen abzuschirmen.[141]

---

[134] Vgl. ebenda.
[135] Vgl. die z.T. protokollierten Aussprachen in: BStU MfS BV Leipzig AOP 1231/69, Band 1 und 2.
[136] (Haupt-)Abteilung XX des Ministeriums für Staatssicherheit zuständig für Verhinderung und Bekämpfung der „politisch-ideologischen Diversion" (PID) und geheimdienstliche Überwachung Staatsapparat, Kultur, Kirche und den Untergrund. Vgl. Abkürzungsverzeichnis, S. 104; Die Organisationsstruktur des MfS 1989, S. 193–207.
[137] Vgl. MfS-HA XX/2, Bericht, 3. März 1967, in: BStU MfS HA XX 12700, Bl. 105, 106 und Operativplan zur KA „Schneefest", Berlin, 15. März 1967, in: ebenda, Bl. 110.
[138] MfS-HA XX/2, Bericht, 3. März 1967, in: BStU MfS HA XX 12700, Bl. 105.
[139] Vgl. ebenda, Bl. 105–107.
[140] Vgl. ebenda, Bl. 106.
[141] Vgl. ebenda, Bl. 107; Operativplan zur KA „Schneefest", 15. März 1967, in: ebenda, Bl. 109–111.

Der zu versendende anonyme Brief sollte u. a. Folgendes zum Inhalt haben: „Die Polizei hat mich am 12. April 1967 verhaftet und stundenlang verhört. Es ging um unsere schönen Treffen im Zoo in Leipzig. […] Die Polizei weiß über alles Bescheid. […] Es muß unter uns welche geben, die ihnen alles erzählen. Die Beamten sagten, daß sie noch mehr von uns verhören. Sie haben jedes weitere Treffen verboten und gedroht, wenn sie jemand von uns wieder erwischen, diesen dann einzusperren. Wir sollen uns auch nicht wie damals in Halle einen neuen Ort aussuchen, denn sie finden uns überall. Deshalb warne ich Sie […] Die Polizei ist scharf. Bitte warnen Sie Bekannte […] Wir müssen uns damit abfinden. Hier ist es eben nicht anders. Hoffentlich kriegen Sie meine Warnung noch zeitig genug."[142]

Dieser polizei- und geheimdienstliche Aktionsplan mit seinen drei Schritten kam so nicht zur Umsetzung. Es fand sich keine Behörde, weder in Leipzig noch in Berlin, die für diese Aktion gegen die Vertriebenentreffen im Zoo von Leipzig letztlich die politische Verantwortung übernehmen wollte.[143] Was Kriminalpolizei und MfS befürchteten, ist aus den Akten nicht klar ersichtlich. Zu vermuten ist, daß sie Bedenken hegten, daß diese Aktionen nicht zu kontrollierende Auswirkungen – öffentliches Aufsehen, Unmutsbekundungen unter „Umsiedlern" und Besuchern des Zoologischen Gartens – zeitigen würden. Die Ost-Berliner Zentrale der Deutschen Volkspolizei verweigerte ihre Zustimmung zum vorgelegten Plan der Schließung der „Akte Schneefest". Die zuständigen Polizeioffiziere beurteilten die „operative Bearbeitung" der Vertriebenentreffen als defizitär und völlig ungenügend. Die möglichen Verbindungen der Vertriebenen in die Bundesrepublik und nach West-Berlin seien nicht aufgeklärt, den denkbaren Organisatoren und Teilnehmern der Treffen habe man keine strafbaren Handlungen nachweisen können.[144]

Als völlig ungeeignet bewerteten die Berliner Kriminalisten die Idee des anonymen Briefschreibens zur „Zersetzung" der Vertriebenentreffen, denn dies könnte „zu ernsten politisch-operativen Komplikationen" führen. Was wäre, so ihre rhetorische Frage, wenn ein angeschriebener „Umsiedler" mit dem Brief zur SED-Parteileitung ginge, dieses Schreiben über die SED-Bezirksleitung ins Zentralkomitee und zum Innenminister Friedrich Dickel[145] nach Berlin gelange, und die SED-Parteiführung keine Kenntnis von dieser Aktion habe?[146] Es müsse daher vorab geklärt werden, ob für die geplanten Aktionen gegen das Vertriebenentreffen im Leipziger Zoo Informationen an den 1. Sekretär der SED-Bezirksleitung Leipzig, Paul Fröhlich[147], übermittelt werden sollten, damit dieser seinerseits das ZK der SED und damit auch den Innenminister in Kenntnis setzen könnte. Auch wollten die Berliner und Leipziger Polizeiorgane, daß die zuständige Abteilung XX der Zentrale

---

[142] Abschrift: Lieber Freund, in: BStU MfS HA XX 12700, Bl. 108.
[143] Vgl. Berlin: Hauptabteilung K/I: Treffen ehemaliger Umsiedler in Leipzig, 17. März 1967, in: BStU MfS HA XX 12700, Bl. 117.
[144] Vgl. Entwurf Hausmitteilung MdI an den Stellvertretenden Chef der Deutschen Volkspolizei, April (?) 1967, in: BStU MfS HA XX 12700, Bl. 125.
[145] Friedrich Dickel (1913–1993), 1931 KPD, ab 1933 illegale Arbeit, Emigration, Spanischer Bürgerkrieg, 1937–1939 Ausbildung als Agent des Sowjetischen Nachrichtendienstes, Einsatz, danach Verhaftung in Shanghai, 1946 Moskau/Berlin, Karriere in DVP, KVP, 1956 NVA-General-Major, 1963–1989 Minister des Innern, Chef der DVP, 1967–1989 ZK-Mitglied. Vgl. Wer war wer in der DDR?, S. 150.
[146] Vgl. MfS-HA XX: KA „Schneefest" vom Kommissariat I des VPKA Leipzig, 23. März 1967, in: BStU MfS HA XX 12700, Bl. 120, 121.
[147] Paul Fröhlich (1913–1970), 1930 KPD, ab 1933 in Deutschland illegal tätig, ab 1939 Kriegsdienst, 1952–1970 1. Sekretär der SED-Bezirksleitung Leipzig, ab 1954 ZK der SED, ab 1963 Mitglied des SED-Politbüros. Vgl. Wer war wer in der DDR?, S. 229f.

des Ministeriums für Staatssicherheit in Berlin die gesamte Verantwortung für das geplante Vorgehen gegen das Vertriebenentreffen übernimmt.[148]

Das MfS schlug Ende März 1967 vor, daß die polizei- und geheimdienstliche Bearbeitung der Treffen weitergeführt und nicht zum Abschluß kommen sollte. Eine Vorladung und Aussprache mit angeblichen Organisatoren der Treffen sei nur in drei ausgewählten Fällen vorzunehmen, und diese drei Personen müßten nach den Gesprächen unter „operative Kontrolle", d. h. unter geheimdienstliche Beobachtung durch „Inoffizielle Mitarbeiter" gestellt werden. Des weiteren müßte der entworfene anonyme Brief „entschärft" und an deutlich weniger „ehemalige Umsiedler" versandt werden, wenn dieses Mittel überhaupt zum Einsatz kommen sollte. Außerdem empfahl man dringend, den Innenminister über den Fall und das geplante Vorgehen gegen die Vertriebentreffen in Leipzig zu informieren.[149]

Das „Umsiedlertreffen" im Leipziger Zoo fand am 21. Mai 1967 mit zirka 250 Teilnehmern statt.[150] Die Leipziger MfS-Bezirksverwaltung vermerkte dazu u. a.: „Die Feststellung, daß von teilnehmenden Personen neu bekannt werdende ehemalige Umsiedler zur Teilnahme aufgefordert werden, läßt darauf schließen, daß diese Zusammenkünfte keinen losen Charakter tragen [und …] fortgeführt" werden. […] Die operative Kontrolle der Zusammenkünfte erbrachte bisher keine Bestätigung des Verdachtes, daß es sich um […] organisierte Feindtätigkeit handelt."[151]

Die MfS-Aktenüberlieferungen im Falle der Vertriebenentreffen in Leipzig brechen 1969 ab. Es ist zu vermuten, daß die Leipziger Zootreffen, mal mit mehr oder weniger Teilnehmern stattfanden und weiter unter Beobachtung des Staatssicherheitsdienstes standen.

c. Die „Stimmung unter den ehemaligen Umsiedlern" und die Frage der Ostgrenze im Blick des MfS

Drei Mal in den 1950er Jahren schien sich die SED-Führung intensiver für die Situation und den tatsächlichen Stand der Integration der Vertriebenen zu interessieren, nachdem sie Anfang der 1950er Jahre offiziell die „Umsiedler"eingliederung für abgeschlossen erklärt hatte. Zum einen war das nach dem 17. Juni 1953, als die Hohe Kommission der UdSSR in Deutschland bei der DDR-Regierung Aufklärung über die „Lage der Umsiedler in der DDR" verlangte. Zum zweiten forderte die SED vom Ministerium für Staatssicherheit 1955/56 „Analysen über Tätigkeit und Stimmungen unter den Umsiedlern". Das hing mit einer politischen Unruhe unter der DDR-Bevölkerung zusammen, die nach dem Besuch des Bundeskanzlers Konrad Adenauer in Moskau und der Saarabstimmung beobachtet worden war. Die Aufnahme von diplomatischen Beziehungen zwischen der Bundesrepublik Deutschland und der Sowjetunion im September 1955, die Rückkehr der letzten zehntausend deutschen Kriegsgefangenen und annähernd zwanzigtausend Zivilinternierter aus

---

[148] Vgl. Berlin: Hauptabteilung K/I: Treffen ehemaliger Umsiedler in Leipzig, 17. März 1967 und MfS-HA XX: KA „Schneefest" vom Kommissariat I des VPKA Leipzig, 23. März 1967, beide in: BStU MfS HA XX 12700, Bl. 114–117, 120, 121.

[149] Vgl. MfS-HA XX: KA „Schneefest" vom Kommissariat I des VPKA Leipzig, 23. März 1967, in: BStU MfS HA XX 12700, Bl. 120, 121.

[150] Vgl. Entwurf Hausmitteilung MdI an den Stellvertretenden Chef der Deutschen Volkspolizei, April (?) 1967, in: BStU MfS HA XX 12700, Bl. 125; Auskunftsbericht der MfS-Bezirksverwaltung Leipzig, 28. Mai 1968, in: ebenda, MfS Ast. Leipzig OP 1231/69, Bl. 59.

[151] Auskunftsbericht der MfS-Bezirksverwaltung Leipzig, 28. Mai 1968, in: ebenda, MfS Ast. Leipzig OP 1231/69, Bl. 59.

der Sowjetunion nach Deutschland (West und Ost) sowie die Volksabstimmung der Saarbevölkerung im Oktober 1955, die in politischer Selbstbestimmung eine Angliederung an die Bundesrepublik und nicht an Frankreich wählte[152], hatten in der DDR, insbesondere unter den Vertriebenen, Hoffnungen über neue Verhandlungen zur Grenzrevision im Osten und Rückkehrmöglichkeiten in die alte Heimat aufkommen lassen. Es kam hinzu, daß die DDR 1955 offiziell ihre staatliche Souveränität erlangte. Die SED-Propaganda begann damit, die DDR innerhalb der Ostblockstaaten und in Abgrenzung zur Bundesrepublik als „deutschen Friedensstaat" zu positionieren, dies im Gegensatz zum „kriegs- und revanchetreibenden Westdeutschland", welches die „Oder-Neiße-Friedensgrenze" nicht anerkannte.

Und zum dritten erhielt am Ende der 1950er Jahre die Staatssicherheit von der SED-Führung den Auftrag, die Vertriebenen – vor allem „Umsiedlerkonzentrationen" in Betrieben und Institutionen – zu überwachen. Das hing mit beobachteten verstärkten Aktivitäten der Vertriebenenverbände vor allem in West-Berlin zusammen.

Bei den Demonstrationen auf der Straße und in den Betrieben am 17. Juni 1953 riefen auch Vertriebene zum Sturz des SED-Regimes auf und verlangten nach demokratischen Freiheiten. Von ihrer Seite kamen aber noch die Forderungen nach Recht auf Heimat, nach der Aufkündigung der Oder-Neiße-Grenze, der Verbesserung der Lebensverhältnisse und einen Lastenausgleich auch für DDR-„Umsiedler" hinzu.[153] Es verwundert daher nicht, daß sich nach der Niederschlagung des Juni-Aufstandes auch die Hohe Kommission der UdSSR in Deutschland für die „Lage der ehemaligen Umsiedler in der Deutschen Demokratischen Republik" interessierte. Am 20. Oktober 1953 sandte das Staatssekretariat für Innere Angelegenheiten, Abteilung Bevölkerungspolitik, den angeforderten Bericht nach Berlin-Karlshorst, der sich, wie nicht anders zu erwarten, als Erfolgsgeschichte der „Umsiedlung" und der „Umsiedler-Integration" las.[154]

Die DDR-Seite referierte, daß die zwei großen „Umsiedlungswellen" – 1944/45 die unorganisierte" und 1946/48 die „organisierte Umsiedlung der deutschen Bevölkerung" – bis Ende 1948 abgeschlossen waren. Die „Unterbringung in Arbeitsverhältnisse" und die „Versorgung mit Wohnraum" hätten 1949/50 das Ende des „Umsiedlerproblems" bedeutet. Eine weitere „gesonderte Umsiedlerpolitik", so die DDR, wäre hinsichtlich anderer besonders kriegsbetroffener Gruppen wie Bombengeschädigte, Kriegsinvaliden, Kriegswitwen und Kriegswaisen politisch nicht mehr zu vertreten gewesen. Die letzte große Bemühung habe die DDR-Regierung mit dem „Gesetz über die weitere Verbesserung der Lage der ehemaligen Umsiedler in der DDR" von September 1950 unternommen. Ziel des Gesetzes war es, dies hob der Bericht an die Sowjets hervor, die ungleichen Lebensbedingungen zwischen „Umsiedlern" und alteingesessener Bevölkerung abzubauen. Kernstück des Gesetzes sei eine zinslose Kreditgewährung bis DM 1 000 an Flüchtlinge und Vertriebene für die Anschaffung von Hausrat und Gegenstände des Wohnbedarfs gewesen. Immerhin

---

[152] Vgl. Rudolf Morsey, Die Bundesrepublik Deutschland, S. 42f.
[153] Vgl. Manfred Wille, Die Vertriebenen und das politisch-staatliche System der SBZ/DDR, S. 216f. Die östlichen Städte und Kreise Görlitz und Niesky waren Schwerpunkte der Aufstandsbewegung am 17. Juni 1953 in Sachsen. Hier betrug der Anteil an Flüchtlingen und Vertriebenen 1953 40 Prozent. Auch hier gab es Forderungen nach Revision der Oder-Neiße-Grenze. Vgl. Heidi Roth, Der 17. Juni 1953 in Sachsen, S. 245–320; Telefonische Nachricht Semjonows an Molotow vom 17. Juni 1953, in: Manfred Wilke, Die Streikbrecherzentrale, S. 156f.
[154] Vgl. Erläuterungen zur Lage der ehemaligen Umsiedler in der Deutschen Demokratischen Republik an die Hohe Kommission der UdSSR in Deutschland, 19. Oktober 1953, in: BAB DO 2/49, Bl. 139–158.

700 000 „Umsiedler"-Familien, also etwa 2 Millionen von 4,3 Millionen Vertriebenen, hätten die Kredite in Anspruch genommen. Der DDR-Staat schien davon überzeugt, daß er das angestrebte Ziel der „wirtschaftlichen Festigung und Seßhaftmachung der Umsiedler […] in hohem Umfang" erreicht hatte.[155]

Gesondert unterstrich der Bericht, daß den fristgerechten Rückzahlern zwanzig Prozent der Kreditsumme als Schulden erlassen wurden. Für Kreditnehmer mit geringem Einkommen, d. h. monatlich weniger als DM 150, wurden 1952 50 Prozent des in Anspruch genommenen Kreditbetrages zur Rückzahlung gestrichen.[156] Und zur Zeit, also im Herbst 1953, überlege die Regierung, die Kreditschuld der Geringverdiener ganz zu streichen.[157]

Kleinere kritische Anmerkungen zur Erfolgsgeschichte der DDR-„Umsiedlerpolitik" wurden eingestanden, um die Glaubwürdigkeit des Berichts zu erhöhen. Obwohl die Vertriebenen wie die Altbevölkerung in gleicher Weise berufstätig waren und Arbeitslosigkeit kaum eine Rolle spielte, war der Anteil derjenigen, die unqualifizierte Tätigkeiten verrichteten, bei den „Umsiedlern" sehr viel höher. Auch bei der Versorgung mit Wohnraum waren die „Umsiedler" noch deutlich benachteiligt. Ihnen stand kaum die Hälfte an Wohnraum zur Verfügung – gemessen an dem der angestammten Bevölkerung. In Mecklenburg beispielsweise, dem Land mit dem höchsten Vertriebenenanteil in der DDR, verfügte ein Alteingesessener im Durchschnitt über 10,7 Quadratmeter Wohnraum, ein „Neubürger" nur über 3,9 Quadratmeter.[158]

Die DDR-Erläuterungen zur „Lage der ehemaligen Umsiedler" an die Sowjetische Hohe Kommission in Deutschland vom Herbst 1953 waren in ihrer Positivbilanz der Integration der Vertriebenen in die ostdeutsche Nachkriegsgesellschaft extrem euphemistisch. Tatsache war, daß in den 1950er Jahren die Versorgung mit angemessenem Wohnraum für die „Umsiedlerfamilien" völlig unzureichend war. Auch lag ihre materielle Ausstattung – was Möbel, Hausrat, Kleidung und andere Bedarfsgüter betraf – noch immer deutlich hinter der der altansässigen Bevölkerung zurück. Das hatte auch das „Umsiedlergesetz" vom September 1950 nicht ändern können. Im Herbst 1953 konnte von einer auch nur annähernd gleichen materiellen und sozialen Lage der Flüchtlinge und Vertriebenen im Vergleich zur alteingesessenen Bevölkerung nicht die Rede sein. Erst der expandierende Arbeitsmarkt beschleunigte in den folgenden Jahren die Verschmelzung beider Bevölkerungsgruppen. Besonders junge qualifizierte Arbeitskräfte – Facharbeiter, Verwaltungsangestellte, Studierende, dann junge Ingenieure, Techniker, Akademiker – konnten in verschiedenen Bereichen, insbesondere der Industrie, gut bezahlte Arbeitsplätze erhalten. Die Chancen des beruflichen Aufstiegs wuchsen für jene „Umsiedler", die sich mit den sozialistischen Zielen der SED und des DDR-Staates identifizieren bzw. wenigstens arrangieren konnten. In der zweiten Hälfte der 1950er Jahre verbesserte sich auch die Versorgung der gesamten Bevöl-

---

[155] Ebenda, Bl. 141.
[156] Vgl. ebenda, Bl. 143.
[157] Die Kreditvergabe nutzte einem Teil der Kreditnehmer nichts, da das Warenangebot in der DDR für die Anschaffung des Nötigsten bei weitem nicht ausreichte. Andere „Umsiedler" erhielten wegen der Einkommenshöchstgrenze keine Kreditbewilligung. Und da die Kredite – zumindest teilweise (was sich erst später herausstellte) – zurückgezahlt werden mußten, verzichteten die wirklich bedürftigen Flüchtlinge und Vertriebenen nicht selten auf die Auszahlung des ihnen zustehenden Geldes. Sie wußten, daß ihnen die spätere Rückzahlung nicht möglich sein würde.
[158] Vgl. Erläuterungen zur Lage der ehemaligen Umsiedler in der Deutschen Demokratischen Republik an die Hohe Kommission der UdSSR in Deutschland, 19. Oktober 1953, in: BAB DO 2/49, Bl. 151–153.

kerung mit neuem Wohnraum und mit Bedarfsgütern, was nach und nach dazu beitrug, die materielle Situation der „Neubürger" der der Einheimischen anzugleichen. Dennoch litten sehr viele „Umsiedler" noch Jahre unter dem Verlust ihrer Heimat und unter den traumatischen Erlebnissen von Flucht, Vertreibung und unsolidarischer Aufnahme in der neuen Heimat, zumal dieses Thema öffentlich weitgehend tabuisiert war. Vor allem für die Älteren unter den Vertriebenen blieb die Situation schwierig. Ein großer Teil von ihnen bekam eine sehr kleine Rente oder war arbeitsunfähig und deshalb auf Fürsorgeunterstützung angewiesen. Für diese Bevölkerungsgruppe gelang die Integration in die Gesellschaft der DDR auch später kaum bzw. nur oberflächlich.[159]

In der kontrollierten Öffentlichkeit der DDR, vor allem auch in den Medien, fand die „Umsiedlerfrage" zu Beginn der 1950er Jahre kaum noch Erwähnung. Das verordnete Schweigen galt für die DDR. Anders hingegen sah es aus, wenn es um die SED-Propaganda in Richtung Bundesrepublik ging. Zwischen 1950 und 1955 erarbeiteten Funktionäre des SED-Parteivorstands bzw. des Zentralkomitees, u. a. der SED-Westkommission, Erfolgsdarstellungen über die DDR-Umsiedlerpolitik und stellten sie der angeblich vollkommen fehlgeschlagenen westdeutschen Flüchtlings- und Vertriebenenpolitik gegenüber.[160] Eindringlich sollte die westdeutsche Bevölkerung davon überzeugt werden, was den allgemeinen Tatsachen entsprach: Die „Umsiedlung der Deutschen aus den Gebieten Polens, der Tschechoslowakei und Ungarns" hatten alle drei Hauptsiegermächte des Zweiten Weltkrieges beschlossen. Aber die SED-Seite ging in ihrer Propaganda so weit, wahrheitswidrig zu behaupten, „die Zustimmung der Sowjet-Regierung [...] zur Umsiedlung der Deutschen [...] erfolgte erst, nachdem sich ihre beiden großen Partner in der Anti-Hitler-Koalition [USA, Großbritannien ...] festgelegt hatten".[161] Die SED-Spitze nahm mit keinem Wort Stellung, daß und wie die Sowjetunion Initiator und Hauptnutznießer von Vertreibung und Gebietsgewinnen wurde und war.

Die Bundesrepublik hatte bis zum Beginn der 1950er Jahre, wie oben bereits erwähnt, 7,8 Millionen Vertriebene aufgenommen, was einem Anteil an der Gesamtbevölkerung von knapp 16 Prozent entsprach. Die SED-Analysen behaupteten nicht grundlos, daß fast zehn Jahre nach Kriegsende nur 20 bis 25 Prozent der Flüchtlinge und Vertriebenen in das Wirtschaftsleben der Bundesrepublik eingegliedert waren und daß 50 Prozent aller Vertriebenen einen sozialen Abstieg hingenommen hatten – z. B. vom Bauern zum Landarbeiter, vom Fach- zum Hilfsarbeiter, vom Intellektuellen zum kleinen Angestellten. Die Erwerbs- oder Arbeitslosigkeit lag noch 1954 bei zirka 30 Prozent unter den Flüchtlingen und Vertriebenen.[162] Diese Angaben der SED basierten auf Berichten des Bonner Bundeskabinetts.[163]

In der einseitigen, undifferenzierten Schwarz-Weiß-Gegenüberstellung existierten solche Probleme in der DDR angeblich nicht. Hier bot man Erfolgsgeschichten und -zahlen an:

---

[159] Vgl. Manfred Wille, SED und „Umsiedler", S. 103 f.; Ders., Die Vertriebenen und das politisch-staatliche System der SBZ/DDR, S. 216 f.
[160] Vgl. SED-PV: Die Lage der Umsiedler in Westdeutschland, 29. März 1950; Die Einbürgerung der Umsiedler in der DDR, 1950, in: SAPMO-BA DY 30 IV 2/13/524, Bl. 25–37, Bl. 318–349; Materialien über die Herstellung der Einheit Deutschlands, 21. Januar 1954, in: BAB DO 2/49, Bl. 159–164; Zur politischen Arbeit unter den Flüchtlingen, 12. Februar 1954, in: SAPMO-BA DY 6 vorl. 5681.
[161] Die Einbürgerung der Umsiedler in der DDR, 1950, in: SAPMO-BA DY 30 IV 2/13/524, Bl. 321; vgl. Ulrike Haerendel, Politik der „Eingliederung" in den Westzonen und der BRD, S. 110 f.
[162] Vgl. Zur politischen Arbeit unter den Flüchtlingen, 12. Februar 1954, in: SAPMO-BA DY 6 vorl. 5681.
[163] Vgl. Dierk Hoffmann, Binnenwanderung und Arbeitsmarkt, S. 232–234.

Arbeitslosigkeit war Mitte der 1950er Jahre in der DDR kein Thema. Überproportional seien „Umsiedler" in der öffentlichen Verwaltung (Post, Deutsche Reichsbahn, Verwaltung, Schuldienst) beschäftigt,[164] insgesamt 150 000 „Umsiedler" oder 85 000 Umsiedlerfamilien mit rund 350 000 Angehörigen hatten durch die Bodenreform und die dazugehörige Landzuweisung eine gesicherte Existenz und eine neue Heimat in der DDR gefunden.[165] Diese Zahlen waren korrekt, doch unterließ man es zu erwähnen, daß damit lediglich 8,1 Prozent aller „Umsiedler" von der Landreform profitierten und die schlechte Ausstattung der Neubauernstellen viele „Umsiedler-Neubauern" ab Beginn der 1950er Jahre zwang, die Betriebe zurückzugeben. Letztlich blieben nur zwei Prozent von allen DDR-„Umsiedlern", die längerfristig in der Landwirtschaft auf eigenem Boden selbständig wirtschaften konnten.[166] Die Umsiedler-Integration durch die Vergabe von Bodenreform-Land war und blieb eine propagandistische Erfolgsgeschichte in der DDR, die den Tatsachen aber nicht entsprach.

Die SED bewertete die Existenz von Vertriebenenorganisationen in der Bundesrepublik als Hindernis, um die politische und soziale Eingliederung der Vertriebenen voranzutreiben. Diese Verbände würden fortlaufend unter den Vertriebenen die Hoffnung auf die Rückkehr in die alte, verlorene Heimat schüren, mit dem angeblichen Ziel, sie als Reservoir für die „kriegshetzerischen Reden und Pläne der imperialistischen Kreise in Westdeutschland" zu erhalten und zu mißbrauchen.[167] Die Propagandaaktionen, vor allem die mit Ost-West-Vergleichen über die „Lage der Umsiedler in Ost- und Westdeutschland", gab die SED Mitte der 1950er auf.[168] Der wirtschaftliche Aufstieg in beiden Teilen Deutschlands beschleunigte die Integration, die für die Flüchtlinge und Vertriebenen in der Bundesrepublik durch „Wirtschaftswunder" und „Lastenausgleich" allerdings weitaus günstiger und deutlicher ausfiel als in der DDR.

Im Januar 1955 erklärte die Sowjetunion den Kriegszustand mit Deutschland für beendet und gewährte der DDR im September 1955 formal gesehen „volle staatliche Souveränität". Die Deutschland-Konferenzen der Regierungschefs der USA, der UdSSR, Großbritanniens und Frankreichs in Genf im Juli und im November 1955, der Adenauer-Besuch in Moskau im September und die Saarabstimmung im Oktober 1955 nährten unter den Vertriebenen in der DDR die Hoffnung, daß es doch noch zu einer friedliche Neuregelung der Oder-Neiße-Grenze kommen würde und wenigstens ein Teil von ihnen in ihre alte Heimat zurückkehren könnte.[169] In dieser politischen Situation interessierte sich die DDR-Regierung für die „Stimmung der Umsiedler". Sie beauftragte ihr Ministerium für Staatssicherheit, eine entsprechende Analyse anzufertigen. Erste Ergebnisse lagen im November 1955 vor.[170] Dieser Informationsbericht der Staatssicherheit gab eine annähernd reale Zustandsbeschreibung der politischen, ökonomischen und psychischen Situation unter den „DDR-Umsiedlern" wieder, auch wenn sie wenig differenziert ausfiel.

---

[164] Das entsprach den Tatsachen.
[165] Vgl. Richtlinien für die Arbeit der NDPD zur Lösung der Umsiedlerfrage, 18. Juli 1952, in: SAPMO-BA DY 16/488.
[166] Vgl. Arnd Bauerkämper, Die vorgetäuschte Integration, S. 210f.
[167] Vgl. Die Lage der Umsiedler in Westdeutschland, 29. März 1950, in: SAPMO-BA DY 30 IV 2/13/524, Bl. 34, 35.
[168] Vgl. Die Landsmannschaften in Westdeutschland, 1959, in: BStU MfS ZAIG 9705.
[169] Vgl. MfS-Informationsbericht über die Situation während der Vorbereitung der Volkswahlen, 12. Oktober 1954, in: BStU MfS BdL 000244, Bl. 1–8.
[170] Vgl. Analyse Stimmung der Umsiedler, 17. November 1955, in: BStU MfS AS 39/58, Bd. 8, Bl. 61–72.

In der ersten Hälfte der 1950er Jahre war das Ministerium für Staatssicherheit erst im Aufbau begriffen. Die Kontrolle von „Umsiedlerkonzentrationen" und unerwünschten Selbstorganisationen lag hauptverantwortlich bis weit in die 1950er Jahre hinein beim Ministerium des Innern, bei den Volkspolizeibehörden der Länder bzw. dann der Bezirke und Kreise. Die Staatssicherheit übernahm diesen Arbeitskomplex schrittweise.[171] Seit 1952 ließ sich nachweisen, daß auf zentraler Ebene des Ministeriums für Staatssicherheit in Ost-Berlin die Hauptabteilung V, Referat III, verantwortlich zeichnete für die geheimdienstliche Arbeit unter den „Umsiedlern", mit den „Umsiedlerorganisationen" und den ostdeutschen Landsmannschaften in West-Berlin und Westdeutschland.[172] 1955 waren mit dem Sachgebiet „Umsiedler" zwei Mitarbeiter befaßt. Auch auf der Bezirks- und Kreisebene des MfS bearbeiteten die Abteilungen V, Referat III, die „Umsiedler"problematik. Auch hier waren – um keine übertriebenen Vorstellungen von der Bearbeitung der „Umsiedler"frage aufkommen zu lassen – in der Regel nicht mehr als jeweils ein bis zwei Mitarbeiter auf dem besagten Sachgebiet tätig.[173] Ab 1964 gehörte das Arbeitsgebiet „Umsiedler und revanchistische Landsmannschaften in Westberlin und Westdeutschland" zur Hauptabteilung XX des MfS, Abteilung 5. Auch in den Bezirken waren die Abteilungen XX/5 für diese Thematik zuständig.[174] Die Hauptabteilung XX (HA XX)[175] des MfS war federführend auf dem weitgefaßten Gebiet der Verhinderung, Aufdeckung und Bekämpfung einer sogenannten politisch-ideologischen Unterwanderung der DDR-Bevölkerung bzw. bestimmter Bevölkerungsteile. Zugleich hatte sie die Aufgabe, gegen „politisch feindliche Zentren" in der Bundesrepublik und ihren Anhängern in der DDR geheimdienstliche Abwehrarbeit zu leisten.[176]

Aus dem Blick der Staatssicherheitsoffiziere hing 1955 die allgemeine Stimmung und die politische Einstellung der Vertriebenen direkt von ihrem Alter, ihrer sozialen Herkunft und gegenwärtigen sozialen Lage in der DDR-Gesellschaft ab. Zehn Jahre nach dem Flucht- und Vertreibungsgeschehen urteilte das MfS: „Ein Teil der Umsiedler hat sich in der DDR gut eingelebt, unterstützt die Politik unserer Regierung und äußert sich auch positiv zu den politischen Ereignissen, allerdings sind sie häufig zurückhaltend. Diese Umsiedler tragen sich nicht mehr mit dem Gedanken, in ihre alte Heimat zurückzukehren."[177] Ein größerer Teil der „älteren Umsiedler" hätte „immer noch Hoffnung auf Rückkehr in ihre alte Heimat". Diesen für die ältere Generation doch nicht ungewöhnlichen Rückkehrwunsch verunglimpfte das MfS damit, daß der Wunsch zurückzukehren am verlorenen Besitz dieser Vertriebenen hing und daß gerade die älteren am ehemaligen Eigentum hängenden

---

[171] Vgl. Michael Schwartz, Vertriebene und „Umsiedlerpolitik", S. 526–528.
[172] Vgl. Dienstanweisung Nr. 6/52, 17. September 1952, in: BStU MfS-BdL/Dok. 002071, Bl. 1–13.
[173] Vgl. Struktur der Hauptabteilung V, 3. Januar 1955, in: BStU MfS-BdL/Dok. 003784, Bl. 1, 2, 7.
[174] Vgl. Abkürzungsverzeichnis, S. 104f.
[175] Vgl. Thomas Auerbach u. a., Hauptabteilung XX, Berlin 2008.
[176] Vgl. Die Organisationsstruktur des MfS 1989, S. 193ff.
[177] Analyse Stimmung der Umsiedler, 17. November 1955, in: BStU MfS AS 39/58, Bd. 8, Bl. 62.
Mitte der 1950er Jahre war es der DDR gelungen, die „Umsiedler" als eine der sozial unterprivilegierten Schichten zunehmend an sich zu binden. Die auf Förderung von Unterschichten zielende, klassen-spezifische Politik der SED hatte auch auf die Integration der Vertriebenen positive Rückwirkung. Berufliche Aufstiegsmöglichkeiten und Bildungsangebote vor allem für jüngere Vertriebene überwogen Nachteile wie die zunehmende Unterdrückung von Herkunft und Identität. Das Gros der „Umsiedler" war um 1955 in der DDR zwar nicht vollends zufrieden, aber auch nicht unzufrieden genug, um erneut den Lebensort in Richtung Bundesrepublik zu wechseln. Vgl. Philipp Ther, Deutsche und polnische Vertriebene, S. 341.

„Umsiedler" dem „starken feindlichen Einfluß durch Westsender, Westverwandtschaft und Hetzschriften unterliegen" würde. Unter diese „Umsiedlergruppe" seien zudem die „feindlichen Argumente in der Frage der Oder-Neiße-Grenze" weit verbreitet.[178]

Etwas differenzierter beurteilte der Staatssicherheitsdienst im weiteren die Lage der „Umsiedler in der Industrie und auf dem Lande". Das MfS war davon überzeugt, daß die Mehrheit der Vertriebenen, die Arbeit in der Industrie gefunden hatte, „an einer Rückkehr in ihre alte Heimat nicht interessiert" war. Dennoch würde sich diese Personengruppe an politischen Diskussionen über die „Revision der Oder-Neiße-Grenze" beteiligen. Das MfS konnte mit seiner eingeengten ideologischen Sichtweise diese Diskussionen nur als Ausdruck des „westlichen Einflusses auf die Umsiedler" werten.[179] Die Gründe für die wieder verstärkte Auseinandersetzung mit der Oder-Neiße-Grenze sah der Geheimdienst, wie bereits ausgeführt, in den Verhandlungen der Genfer Außenminister-Konferenz, im Moskau-Besuch Adenauers und im Ergebnis der Saarabstimmung in der Bundesrepublik.[180] Der MfS-Bericht merkte zudem negativ an, daß die „Umsiedler die Verhältnisse in der DDR mit denen in Westdeutschland verglichen, wobei man den Westen verherrlicht und hervorhebt, daß dort die Umsiedler mehr Vorteile haben".[181] Das MfS verwies auf die Wirkung des Lastenausgleichs in der Bundesrepublik. Als problematisch sah man selbstkritisch, daß viele Vertriebene von den DDR-Behörden keine Einreisegenehmigungen zum Besuch von Verwandten in Polen und der Tschechoslowakei erhielten. Das führe unter den „Umsiedlern" zu Mißstimmungen und Meinungen wie: „Das nennt man nun Freundschaft, wenn wir nicht einmal die Angehörigen besuchen können."[182]

Die „Lage der ehemaligen Umsiedler auf dem Lande" sah im Gegensatz zu der derjenigen in der Industrie nach Überzeugung des Staatssicherheitsdienstes schlechter aus. Der größere Teil dieser „Umsiedler" habe sich mit der neuen Heimat DDR noch nicht abgefunden und trage sich noch immer mit dem Gedanken, in die alte Heimat zurückzukehren. Dementsprechend seien die Diskussionen um die Oder-Neiße-Grenze intensiv. Für die negative politische Einstellung der „Umsiedler auf dem Land" machte der Geheimdienst die noch immer unzureichenden Wohnverhältnisse verantwortlich.[183]

Die Staatssicherheit meinte verallgemeinern zu müssen, daß die negativen Äußerungen zur Oder-Neiße-Grenze und die Forderung nach Revision der Grenze besonders unter den Vertriebenen aus Schlesien und Ostpreußen und weniger unter denen aus der ČSR festzustellen wären. Das wunderte niemanden, da sich jenseits der Oder und Neiße bekanntermaßen die alte Heimat der Schlesier und Ostpreußen befand und nicht die der Sudetendeutschen. Das MfS erklärte die Bezirke Frankfurt/Oder und Neubrandenburg zu Schwerpunkten ihrer geheimdienstlichen Beobachtung und Bearbeitung.[184]

Zu Ursachen der politisch negativen Einstellung unter den Vertriebenen erklärte die Staatssicherheit zuallererst die Einflüsse aus der Bundesrepublik, und zwar in Form von

---

[178] Vgl. Analyse Stimmung der Umsiedler, 17. November 1955, in: BStU MfS AS 39/58, Bd. 8, Bl. 62.
[179] Vgl. ebenda, Bl. 63.
[180] Wörtlich im MfS-Bericht: Die „Umsiedler gehen bei der Diskussion zur Revidierung der Oder-Neiße-Grenze soweit und argumentieren, was in der Frage des Saarstatuts möglich ist, müßte auch mit der Oder-Neiße-Grenze durchzuführen sein [...]." Hoffnungen auf Revidierung der Oder-Neiße-Grenze tauchten auch auf, als Adenauer in Moskau war." Ebenda.
[181] Ebenda.
[182] Ebenda, Bl. 64.
[183] Vgl. ebenda.
[184] Vgl. ebenda, Bl. 65.

1. Einflüsse „der Westsender, 2. der Kirche, 3. feindliche Beeinflussung durch persönliche Westverbindungen, 4. Einfluß [...] durch versandte Hetzschriften"[185] und 5. negative Beeinflussung durch Umsiedler-Treffen" in West-Berlin.[186] DDR-interne Fehler in der Vertriebenenpolitik wurden als zweitrangig angesehen und nur vorsichtig angemerkt. Sie lagen in den „noch bestehenden schlechten Wohnverhältnissen" und im „bürokratischen Verhalten von Seiten einiger Verwaltungsstellen".[187]

Das MfS kam Ende 1955 nicht umhin darauf hinzuweisen, daß „aus fast allen Bezirken uns einzelne Beispiele bekannt wurden, wo Umsiedler-Treffen in der DDR stattfanden".[188] Besonders aufgefallen seien „Umsiedler-Treffen" in Lokalen, Gaststätten und Privatwohnungen in den Bezirken Halle und Leipzig. Erwähnt wurden wieder die größeren Treffen von sudetendeutschen Vertriebenen aus der ČSR im Hallenser und Leipziger Zoo. 1955 hätten sich wieder zirka 150 Vertriebene im Leipziger Zoo versammelt. „Allgemein trug dieses Treffen", so der MfS-Bericht, „den Charakter eines Wiedersehens", und alle diese Zusammenkünfte „standen unter unserer Beobachtung".[189] Als Schlußfolgerung für die weitere Tätigkeit empfahl der Staatssicherheitsdienst, die „Umsiedler-Konzentrationen" in Betrieben, Institutionen, Städten und Dörfern unter Beobachtung zu stellen, „um die organisierte Feindtätigkeit unter den Umsiedlern festzustellen und operativ bearbeiten zu können".[190]

Ähnlich lautende MfS-Analysen wurden beispielsweise über „ehemaligen Umsiedler" in Ost-Berlin verfaßt. Hier hatte man sich auf große Industriebetriebe – wie die Deutsche Reichsbahn, Reichsbahnämter, Reichsbahnausbesserungswerke und Bahnbetriebswerke, auf den VEB Starkstromanlagenbau und den VEB Bergmann-Borsig, einen Hersteller für Kraftwerkskomponenten, und größere landwirtschaftliche Volkseigene Güter, wie die LPG Marzahn, VEG's Biesdorf, Malchow und Falkenberg konzentriert.[191] „Tätigkeit und Stimmung" unter diesen Ost-Berliner Vertriebenen sah das MfS im Mai 1956 im wesentlichen als unproblematisch an. In politischen Diskussionen würden die „ehemaligen Umsiedler" nicht besonders in Erscheinung treten. „Viele von ihnen fühlen sich nicht mehr als Umsiedler, da sie aufgrund ihrer geregelten Beschäftigung ein gutes Auskommen haben und ihre Existenz gesichert ist."[192]

Als deutliche Kritik, weil ihre Geheimdiensttätigkeit erschwerend, kam von Seiten der Ost-Berliner MfS-Zentrale, daß es nicht mehr möglich sei, festzustellen, „wie viele ehemalige Umsiedler überhaupt in Berlin wohnhaft sind. Schon seit 1950 wurden [...] die Umsiedler nicht mehr besonders erfaßt."[193] Da die statistische Erfassung der Vertriebenen seit 1950 strikt verboten war, ging das Ministerium für Staatssicherheit im November und Dezember 1955 nun selbst daran, sich eine eigene „Umsiedlerstatistik" anzulegen. Jede Kreisdienststelle des MfS – die DDR war seit 1952 in 14 Bezirke sowie Ost-Berlin und in 227 Stadt- und

---

[185] Der Zusammenhang von DDR-Umsiedlerpolitik und der Wirkung der Vertriebenenverbände der Bundesrepublik wird im folgenden Abschnitt dargestellt.
[186] Vgl. Analyse der Stimmung der Umsiedler, 17. November 1955, in: BStU MfS AS 39/58, Bd. 8, Bl. 67.
[187] Ebenda.
[188] Ebenda, Bl. 70.
[189] Vgl. ebenda, Bl. 70, 71.
[190] Ebenda, Bl. 72.
[191] Vgl. Analyse über Tätigkeit und Stimmung der Umsiedler. Verwaltung Groß-Berlin, 25. Mai 1956, in: BStU MfS AOP 11315/64, Bd. 3, Bl. 79–83.
[192] Ebenda, Bl. 80.
[193] Ebenda, Bl. 79.

Landkreise gegliedert – erstellte in aufwendiger Arbeit Orts- und Gemeindelisten der Einwohnerzahlen mit dem jeweiligen Anteil an Vertriebenen. Für den Bezirk Neubrandenburg ist dies fast vollständig dokumentiert und überliefert.[194] Bereits im Jahr 1951 hatte der Staatssekretär im Ministerium für Staatssicherheit, Erich Mielke[195], an alle fünf Länderdienststellen seines Ministeriums die Order ausgegeben, eine Vertriebenen-Statistik anzulegen,[196] eine Anweisung, die vermutlich erst Ende 1955 zur Ausführung kam.[197]

Das ehemalige Land Mecklenburg zerfiel 1952 in die Bezirke Neubrandenburg, Schwerin und Rostock. Hier lebten nach dem Krieg anteilmäßig die höchste Zahl an Flüchtlingen und Vertriebenen. Die 922 000 „Umsiedler" nahmen 43,3 Prozent der Gesamtbevölkerung ein. Die drei Bezirksverwaltungen des MfS waren hier besonders aufgefordert, dem „Problem der Umsiedlerkonzentration" nachzugehen. Die Staatssicherheit erklärte den Bezirk Neubrandenburg, der im Osten direkt an die Volksrepublik Polen angrenzte, zu einem Schwerpunkt in der „Bearbeitung von Umsiedlerkonzentrationen".

Die Listen der MfS-Kreisdienststellen mit den Einwohner- und Vertriebenenzahlen der 14 Landkreise (und Kreisstädte) des Bezirks Neubrandenburg – Templin, Prenzlau, Pasewalk, Strasburg, Ueckermünde, Anklam, Demmin, Teterow, Malchin, Altentreptow, Neubrandenburg, Waren, Röbel, Neustrelitz – verzeichneten einen Vertriebenenanteil gemessen an den Einwohnerzahlen von 30 bis über 70 Prozent. In vielen Fällen lag der Vertriebenenanteil bei knapp über 50 Prozent. In den größeren Städten wie z. B. in Teterow waren 60 Prozent der Einwohner „Umsiedler", in Altentreptow 49 Prozent, in Ueckermünde 40 Prozent, dagegen in Pasewalk „nur" 30 Prozent, in Waren 25 und in Anklam weniger als 20 Prozent.[198] Von „Umsiedlerkonzentrationen" wollte die Staatssicherheit nur in statistischer, nicht aber in politisch oder gesellschaftlich „negativer" Hinsicht sprechen. Die „ehemaligen Umsiedler", so argumentierte sie, stammten aus sehr unterschiedlichen Regionen, z. B. aus Hinterpommern, dem Sudetenland, Bessarabien, Ost- und Westpreußen oder Schlesien. Sie würden sich in ihrer Lebensart untereinander ebenso stark unterscheiden wie „Umsiedler" und Einheimische.[199] Die kritischen Meinungen über die Oder-Neiße-Grenze würden immer weniger werden. Die meisten „Umsiedler" hätten sich mit der „Frie-

---

[194] Vgl. die Auflistungen der MfS-Kreisdienststellen des Bezirks Neubrandenburg: Pasewalk, 7. November 1955; Teterow, 25. November 1955; Altentreptow, 26. November 1955; Waren, 29. November 1955; Demmin, 23. November 1955 und 1. Dezember 1956; Anklam, 9. Dezember 1955; Malchin, 10. Dezember 1955; Prenzlau, 29. November und 10. Dezember 1955; Neubrandenburg, 23. Dezember 1955 und 23. Mai 1956; Templin, 27. Dezember 1955; Röbel, 3. März 1959, in: BStU MfS BV Neubrandenburg XX 264, Bl. 2-51; MfS-Kreisdienststelle Ueckermünde, 10. Dezember 1955, in: ebenda, MfS BV Neubrandenburg XX 233, Bl. 2, 3.

[195] Erich Mielke (1907–2000), Speditionskaufmann, 1927 KPD, ab 1931 in UdSSR, u. a. militärpolitische Ausbildung, Spanienkrieg, dann Frankreich, nach 1945 DVdI, 1950–1953 StS im MfS, bis 1955 stellvertretender StS, 1955–1957 stellvertretender Minister, 1957–1989 Minister für Staatssicherheit, 1950–1989 ZK-Mitglied, 1971–1989 im Politbüro des ZK der SED, 1989 Haft, Verurteilung, inhaftiert bis 1995. Vgl. Wer war wer in der DDR?, S. 579f.

[196] Vgl. StS des MfS an MfS-Verwaltung von Groß-Berlin, 10. April 1951, in: BStU MfS BdL/Dok. 003671, Bl. 1: Darin wörtlich: „Wieviel und in welchen Kreisen wohnen Umsiedler und aus welchen Gebieten sind sie zugezogen? Zum Beispiel: 10 000 Umsiedler im Kreis Salzwedel (Sachsen-Anhalt), davon stammen aus Ostpreußen 4 000, aus Schlesien 3 000 und aus Pommern 3 000." Ebenda.

[197] Das Ministerium für Staatssicherheit befand sich in den beginnenden 1950er Jahren in der Aufbauphase.

[198] Vgl. Umsiedlerkonzentration im Bezirk Neubrandenburg, November/Dezember 1955, in: BStU MfS BV Neubrandenburg XX 264, Bl. 2, 6, 8, 11, 19.

[199] Vgl. ebenda, Bl. 8, 15, 36, 49-51.

densgrenze" abgefunden, auch wenn die allgemeine Einstellung geblieben sei, „daß Heimat doch Heimat" bliebe.[200] Verbindungen in größerem Ausmaß zu Vertriebenen in der Bundesrepublik konnte der Geheimdienst nicht nachweisen und schlußfolgerte: „Der größte Teil der Umsiedler ist seßhaft geworden und [... lasse] sich nicht durch Provokationen aus Westdeutschland beeinflussen."[201]

In kleineren Orten und Gemeinden, wo die Vertriebenen-Einwohnerzahl außergewöhnlich hoch war – beispielsweise in den Orten Zirzow (74 Prozent), Küssow (70 Prozent), Gramelow (66 Prozent), alle im Kreis Neubrandenburg, oder in Ferdinandshof (62 Prozent) und in Rieth (54 Prozent), beide Kreis Ueckermünde,[202] kam es nach Angaben des MfS auch nach zehn Jahren des „Umsiedlungsvorganges" und des Zusammenlebens hin und wieder zu Auseinandersetzungen in Form von verbalen Attacken: „Macht, daß ihr nach Hause kommt", forderten die Einheimischen die „Umsiedler" auf, so ist es in einem MfS-Bericht dokumentiert. Und die „ehemaligen Umsiedler aus Hinterpommern" wehrten sich mit der aus Geheimdienstsicht „politisch gefährlichen" Antwort: „Wir haben es ja gar nicht nötig, so dicht auf einen Haufen zu wohnen. Die sollen uns die Ostgebiete wieder geben, damit wäre auch die Wohnungsknappheit beseitigt."[203]

Ein halbes Jahr später, im Juli 1956, hatte die Abteilung Information der MfS-Bezirksverwaltung Neubrandenburg einen neuen „Bericht über die ehemaligen Umsiedler in der DDR" erstellt.[204] Jetzt konnte der Regierung berichtet werden, daß sich die Stimmung der Vertriebenen zu politischen Fragen nicht von der der übrigen Bevölkerung unterscheide, daß die Vertriebenen sich allgemein wenig über Politik äußerten und „über die Oder-Neiße-Friedensgrenze [...] nicht mehr in dem Umfang diskutiert [werde] wie noch im vergangenen Jahr".[205] Nach Meinung der Staatssicherheit trat jetzt das Problem der fehlenden Besuchsmöglichkeiten der Angehörigen in Polen und der ČSR für die „ehemaligen Umsiedler" stärker in den Vordergrund. Der durch Visum-Zwang eingeschränkte Reise- und Besuchsverkehr für DDR-Bürger nach Polen und in die ČSR war „oftmals Anlaß bzw. Ursache negativer bzw. unzufriedener Stimmung" unter den Vertriebenen.[206] Bessere Reisemöglichkeiten in die benachbarten sogenannten Volksdemokratien vorzuschlagen, war für das MfS politisch zwiespältig und unterblieb daher. Denn „ehemalige Umsiedler", die nach Polen reisen durften, brachten Nachrichten mit, die unter den Vertriebenen in der DDR nicht kursieren sollten. Das MfS hatte den Bericht einer Ost-Berliner Arbeiterin aktenkundig gemacht: Diese „ehemalige Umsiedlerin" habe vor kurzem vier Wochen lang ihre alte Heimat – Polen, Kreis Kattowitz – besucht und würde nun überall erzählen, „daß dort Hungersnot herrscht und daß wir [in der DDR] im Verhältnis zu dort wie im Paradies leben. Die Preise seien sehr hoch, Fleisch gäbe es nur ein Mal in der Woche [...]. Die Arbeiter, die einigermaßen verdienen, würden viel Geld versaufen, weil sie nichts anderes dafür

---

[200] Vgl. ebenda, Bl. 22.
[201] MfS-Kreisdienststelle Malchin: Schwerpunkt ehemalige Umsiedler, 10. Dezember 1955, in: BStU MfS BV Neubrandenburg XX 264, Bl. 22, 23.
[202] Vgl. MfS-Kreisdienststelle Ueckermünde und Neubrandenburg: Schwerpunkt ehemalige Umsiedler, 10. Dezember 1955 und 23. Mai 1956, in: BStU MfS BV Neubrandenburg XX 233, Bl. 2, 3; XX 264, Bl. 34, 35.
[203] MfS-Kreisdienststelle Altentreptow: Schwerpunkt ehemalige Umsiedler, 26. November 1955, in: BStU MfS BV Neubrandenburg XX 264, Bl. 8.
[204] Vgl. MfS-Bericht vom 11. Juli 1956, in: BStU MfS BV Neubrandenburg XX 259, Bl. 1–35.
[205] Ebenda, Bl. 2.
[206] Vgl. ebenda, Bl. 4.

zu kaufen bekommen. Ihre dort wohnenden Angehörigen hätten bereits einige Male um die Ausreisegenehmigung nach der DDR nachgesucht, sie aber nicht erhalten."[207]

Problematisch blieben noch häufig die Wohnverhältnisse der Vertriebenen. Der Geheimdienst äußerte Verständnis für den Unmut der „Umsiedler", da tatsächlich noch Wohnungsnot herrschte.[208]

1959 ging das Ministerium für Staatssicherheit erneut daran, eine „Überprüfung der Umsiedlerkreise" vorzunehmen. Wieder berichtete die MfS-Verwaltung aus dem Schwerpunktbezirk Neubrandenburg aus dortigen Betrieben und Landwirtschaftlichen Produktionsgenossenschaften ausführlich. Das Hauptinteresse galt nun tatsächlichen oder vermeintlichen Verbindungen zu Vertriebenenverbänden in der Bundesrepublik.[209] Zunächst aber wiederholte der Staatssicherheitsdienst, daß im Bezirk der Vertriebenenanteil an der Gesamtbevölkerung zwischen 30 und 45 Prozent betrage, daß aber von einer negativ-politischen Konzentration nicht gesprochen werden könne, da, wie bereits erwähnt, die Herkunftsgebiete der „Umsiedler" sehr verschieden waren und aus diesem Grund kein fester Zusammenhalt unter ihnen bestehe. Eine gewisse Ausnahme bildeten Vertriebene aus Bessarabien, die in größeren Gruppen von einigen Hundert in Gemeinden des Kreises Teterow und Malchin angesiedelt waren. Sie machten dort oft mehr als 50 Prozent der Einwohner aus, waren untereinander verwandt und verschwägert und verkehrten in diesen großen familiären Verbänden.[210]

Beziehungen und feste Kontakte zu Vertriebenen und ihren Organisationen in der Bundesrepublik konnten nur in wenigen Einzelfällen nachgewiesen werden. Diese waren oftmals verwandtschaftlicher Art und standen unter geheimdienstlicher Beobachtung. Einzelne kritische Punkte über das politisch-gesellschaftliche Verhalten zählte die MfS-Bezirksverwaltung auf: Sowohl die Bessarabien- als auch die Jugoslawiendeutschen, die Neubauernhöfe bewirtschafteten, weigerten sich hartnäckig, in eine LPG einzutreten. Außerdem war die „Republikflucht" unter ihnen groß. Dahingegen gehörten diese „Umsiedler" nicht zu denen, die Kritik an der Oder-Neiße-Grenze übten oder Rückkehrgedanken in die alte Heimat äußerten.[211]

---

[207] Anlage zur Analyse, 18. Mai 1956, in: BStU MfS AOP 11315/64, Bd. 1, Bl. 100.
[208] Vgl. MfS-Bericht vom 11. Juli 1956, in: BStU MfS BV Neubrandenburg XX Nr. 259, Bl. 6, 7. Außerdem sah sich das MfS, wie bereits angemerkt, weiterhin mit verbotenen Vertriebenen-Treffen konfrontiert. So hatte der Geheimdienst im nachhinein Kenntnis erhalten von Heimatkreistreffen ehemaliger Sudetendeutscher in Wurzen und Leipzig oder von einem Treffen von etwa 100 ehemaligen Schlesiern im Juni 1956, die getarnt als Spreewaldausflug in der Nähe von Lübben zusammengekommen wären. Vgl. ebenda, Bl. 7, 8.
[209] Vgl. MfS-Bezirksverwaltung Neubrandenburg: Kreisdienststelle Pasewalk, 27. Februar 1959; Prenzlau, 26. Februar 1959; Teterow, 27. Februar 1959; Strasburg, 28. Februar 1959, in: BStU MfS BV Neubrandenburg XX Nr. 260, Bl. 87–237.
[210] Vgl. MfS-Kreisdienststelle Teterow, 27. Februar 1959, in: BStU MfS BV Neubrandenburg XX 260, Bl. 258–261; Ute Schmidt, Die Deutschen aus Bessarabien, S. 506–529.
[211] MfS-Bezirksverwaltung Neubrandenburg: Kreisdienststelle Pasewalk, 27. Februar 1959; Prenzlau, 26. Februar 1959; Teterow, 27. Februar 1959; Strasburg, 28. Februar 1959, in: BStU MfS BV Neubrandenburg XX 260, Bl. 87, 135, 137, 258.
Bessarabien- und z. T. Jugoslawien-Deutsche gehörten zu jenen Vertriebenen, die bereits 1940 im Gefolge des Hitler-Stalin-Paktes ausgesiedelt und teilweise im sogenannten Warthegau oder Westpreußen angesiedelt wurden. Sie flohen 1944 vor der heranrückenden Roten Armee. Für die Bessarabien-Deutschen übrigens hatte die SED-Terminologie „Umsiedler" Realitätsgehalt; die Bessarabien-Deutschen waren ihrem Selbstverständnis nach Umsiedler. Vgl. Ute Schmidt, Die Deutschen aus Bessarabien, S. 506–529.

Ein typischer MfS-Kurzbericht über einen Ort im Kreis Prenzlau las sich so: In der Gemeinde Seehausen lebten im Februar 1959 von insgesamt 542 Einwohnern 361 „Umsiedler" (67 Prozent), die vormals aus Fraustadt (Niederschlesien) stammten. Sie kamen 1945 geschlossen nach Seehausen, waren vorwiegend Einzelbauern und fast durchweg Katholiken. Verbindungen zu westdeutschen Vertriebenenorganisationen seien bisher nicht feststellbar; jedoch sei der Einfluß der katholischen Kirche groß. Teilnahmen an „Umsiedlertreffen in Westberlin" und Zusammenkünfte auf dem Gebiet der DDR erfolgten nicht. Der „Umsiedler [B. M.]" trat offen gegen die Oder-Neiße-Grenze auf; die anderen äußerten ihre Meinung dazu nicht. In der Gemeinde bestand noch keine LPG. „Es wird von den Umsiedlern und den ehemaligen Landarbeitern des Dorfes aktiver Widerstand bei der Gründung einer LPG geleistet. Die Gemeinde Seehausen ist durch vier geheime Mitarbeiter [des MfS] abgesichert."[212]

Um über die Stimmung unter den Vertriebenen, über ihre Einstellung zur Politik von SED und DDR-Regierung informiert zu sein, reichte die Beobachtungs- und Recherchetätigkeit der offiziellen MfS-Dienststellen nicht aus. Sie benötigten geheime Informanten aus den „Umsiedlerkreisen". Bereits im April 1951 hatte der damalige Staatssekretär im Ministerium für Staatssicherheit, Erich Mielke, seine Landesdienststellen aufgefordert, zu berichten, „wie viele Geheime Mitarbeiter (GM) und Geheime Informatoren (GI)[213] [...] im Landesmaßstab unter den Umsiedlern" arbeiten?[214] Leider ist bisher keine Antwort auf diese Aufforderung bzw. Aufstellung aus den fünf Ländern bzw. aus Ost-Berlin im Archiv gefunden worden. Aber es ist davon auszugehen, daß eine verstärkte Suche nach „Geheimen Mitarbeitern und Informatoren" durch das MfS angelaufen sein muß. Wie aufwendig und wie erfolgreich diese Anwerbungen waren, ist schwer einzuschätzen.[215] Archiviert sind positive Werbungen durch die Staatssicherheit, die oft schon nach sechs Monaten bis zwei Jahren abgebrochen wurden, weil keine Informationen mehr geliefert wurden. Hier einige kurze Beispiele:

1951 gab es den Fall eines 46jährigen Bahnbediensteten aus Schwerin, der aus Freudenthal/ Sudetengebiet (ČSR) stammte, bei der Werbung durch den Staatssicherheitsdienst im Dezember 1949 den Decknamen „GI Sepp" wählte, aber nie Berichte lieferte. Das MfS brach im Juli 1951 die Kontakte zu ihm ab.[216] Ein zweites Beispiel: Im April 1951 warb die Staatssicherheit einen 51jährigen Steinmetz in Ludwigslust/Bezirk Schwerin als „GI Geyer" an. Der Arbeiter stammte aus Reichenberg/Sudetengebiet (ČSR), galt als politisch zurückhaltend, intelligent und fleißig. Da er und seine Familie in „Umsiedlerkreisen aus der ČSR" verkehrten, schien er dem Geheimdienst als „Informator" interessant. Nach einem Jahr war diese Zusammenarbeit beendet. Der MfS-Bericht vermerkte am 30. Juni 1952: Der „GI

---

[212] MfS-Kreisdienststelle Prenzlau, 26. Februar 1959, in: BStU MfS BV Neubrandenburg XX 260, Bl. 138.
[213] GI – Geheimer Informator, Kategorie eines inoffiziellen Mitarbeiters, der „aufgrund guter Möglichkeiten in der Lage ist, dem MfS interessante Angaben" zu beschaffen.
GM – Geheimer Mitarbeiter, Kategorie eines inoffiziellen Mitarbeiters, der „aufgrund besonderer Verbindungen zu feindlich gesinnten Personen in der Lage ist, dem MfS Angaben über illegale, antidemokratische Tätigkeit" zu beschaffen. Vgl. Abkürzungsverzeichnis, S. 35 f.
[214] StS im MfS Mielke an MfS-Verwaltung Groß-Berlin, 10. April 1951, in: BStU MfS BdL/Dok. 003671, Bl. 1.
[215] Vgl. Beispiele für GI- und GM-Anwerbung, in: in BStU MfS AOP 11315/64, Bd. 3, Bl. 400, 401; MfS BV Schwerin 562/51, Bd. 1, Bl. 6–12.
[216] Vgl. GI-Akte Sepp, in: BStU MfS BV Schwerin B 1 330/51, Bl. 3–9.

Geyer" wurde angeworben, „um einer illegalen Umsiedlerbewegung auf die Spur zu kommen (Verband der Heimatvertriebenen). [...] Im Anfang brachte der Informator gute Berichte, jedoch gingen durch Republikflucht [...] Verbindungen verloren. [...] In der letzten Zeit waren seine Berichte nur schlecht und allgemein, so daß sie nicht mehr ausgewertet werden konnten."[217] Ein dritter Fall betraf im Januar 1954 einen 77jährigen pensionierten Lehrer, der nach 1945 als Rechnungsprüfer im Außendienst tätig war. Er stammte ursprünglich aus Graudenz/Westpreußen, hatte lange Jahre in Danzig gelebt und wurde angeworben, um auszuspionieren, ob sich in Schwerin regelmäßig „Umsiedler" trafen. Der „GI" berichtete der Staatssicherheit im Mai 1954, „nach meiner Beobachtung glaube ich sagen zu können, daß eine Verbindung zwischen Danzigern bzw. Westpreußen hier nicht besteht." Danach erklärte dieser Informant die Zusammenarbeit mit dem MfS für beendet.[218]

Natürlich waren die Anwerbungen und Verpflichtungen von „Geheimen Informatoren" für das MfS aus den „Umsiedlerkreisen" auch erfolgreich. Nur aus dem Schwerpunktbezirk Neubrandenburg liegen zur Zeit konkrete Zahlen vor. Im März 1959 verfügte die MfS-Bezirksverwaltung über insgesamt 285 „Geheime Informatoren", die Vertriebene waren.[219] Genauer aufgeschlüsselt nach ehemaligen Herkunftsregionen stammten die meisten dieser „Inoffiziellen Mitarbeiter", nämlich 128, aus Pommern, 59 aus West- oder Ostpreußen, 36 waren Sudetendeutsche, 29 Schlesier, zwölf Bessarabiendeutsche, fünf Jugoslawien- bzw. Ungarndeutsche, und 17 „Informatoren" waren Deutsche, die vormals in den Baltischen Staaten, in Polen oder der Sowjetunion gelebt hatten.[220] Besonders gut ausgestattet mit MfS-Spitzeln unter den „ehemaligen Umsiedlern" waren die Landkreise Demmin mit 64, Neustrelitz mit 53 und Neubrandenburg mit 52 „Informatoren".[221]

Das Ministerium für Staatssicherheit verfügte also Ende der 1950er Jahre über aktuelle Vertriebenenstatistiken für die DDR und hatte sich ein erstes sehr grobes Netz von „Geheimen Mitarbeitern" zur Informationsbeschaffung aus und zur Kontrolle über „Umsiedlerkreise" geschaffen.

Das staatliche Verbot, gesonderte Vertriebenenstatistiken zu führen, galt demnach nicht für das Ministerium für Staatssicherheit und jene Bereiche, die die SED und das MfS für politisch brisant einstuften. So existieren in den Unterlagen des Staatssicherheitsdienstes konkrete Angaben über Zahl und Anteil von „Umsiedlern" in der Deutschen Grenzpolizei, der Nationalen Volksarmee (NVA) und der Bereitschaftspolizei.[222]

Wirft man einen Blick auf die bewaffneten Organe der DDR Anfang 1961, so ist festzustellen, daß der Anteil der Vertriebenen bei der Nationalen Volksarmee mit 12,5 Prozent am kleinsten war, gefolgt von 18,9 Prozent bei der Grenzpolizei und 26,4 Prozent „Umsiedler"-Anteil bei der Bereitschaftspolizei. Durchschnittlich lag danach der Anteil der Flüchtlinge und Vertriebenen bei Polizei und Armee in der DDR bei 19,5 Prozent, also knapp einem Fünftel. Dieser „Umsiedleranteil" unter den Angehörigen von Polizei und Armee

---

[217] Vgl. GI-Akte Geyer, in: BStU MfS BV Schwerin 341/52, Bd. 1, Bl. 8–20.
[218] Vgl. GI-Akte Boldt, in: BStU MfS BV Schwerin 347/56, Bl. 13–108.
[219] Vgl. Vorhandene GI, die Umsiedler sind, 23. März 1959, in: BStU MfS BV Neubrandenburg XX 235, Bl. 61.
[220] Vgl. ebenda.
[221] Vgl. ebenda; auch: Inoffizielle Mitarbeiter, die Umsiedler sind, Kreisdienststelle Templin, 27. Februar 1959, in: ebenda, Bl. 67.
[222] Vgl. Politisch-soziale Struktur und Klassenlage der Deutschen Grenzpolizei, der Nationalen Volksarmee, der Bereitschaftspolizei, Stand: Januar 1961, in: BStU MfS HA I 15558, Bl. 2–6.

Prozentualer Anteil der Vertriebenen bei der Deutschen Grenzpolizei, der Nationalen Volksarmee und der Bereitschaftspolizei in der DDR im Januar 1961[223]

	„Umsiedler" bei der Deutschen Grenzpolizei	„Umsiedler" bei der Nationalen Volksarmee	„Umsiedler" bei der Bereitschaftspolizei
Generale	50,0%	15,4%	–
Offiziere	20,7%	19,1%	19,7%
Unterführer	20,1%	18,0%	16,4%
Mannschaften	18,3%	15,2%	29,7%
Zivilangestellte	19,1%	20,8%	21,7%
Insgesamt: ohne Zivilangestellte	18,9%	12,5%	26,4%

wird begleitet von einem Anteil der Vertriebenen unter den Zivilangestellten bei den „bewaffneten Organen" von 20,5 Prozent. Diese Zahlen spiegelten die Situation in der DDR-Bevölkerung insgesamt wieder. Bis zum Bau der Berliner Mauer im August 1961 flüchteten – wie oben schon angemerkt – rund 2,8 Millionen Bürger aus der DDR und nach West-Berlin bzw. in die Bundesrepublik. Der Anteil der Vertriebenen an diesen „Republikflüchtigen" betrug etwa 30 Prozent.[224] Im Jahr 1961 lebten demnach noch, wie bereits ausgeführt, 3,5 Millionen Vertriebene in der DDR. Sie machten rund 20 Prozent der Gesamtbevölkerung aus, was ihrem Anteil unter den Angehörigen von Armee und Polizei bzw. den Zivilangestellten entsprach.

Welche Meinungen und Einstellung zur Vertreibungsfrage und den deutschen Ostgebieten Mitte der 1950er Jahre unter einem Teil der kritischen DDR-Intelligenz herrschte, und wie die SED-Führung unter Walter Ulbricht darauf reagierte, kann der Vorgang um den Philosophen und Kultur-Funktionär Wolfgang Harich[225], einem Kommunisten und SED-Mitglied, demonstrieren.

Nach dem XX. Parteitag der KPdSU im Februar 1956, der eine kurze Entstalinisierungsphase in den osteuropäischen Staaten einleitete, kam es auch in der DDR zu Forderungen nach Demokratisierung der gesellschaftlichen Verhältnisse im Land und innerhalb der SED-Staatspartei. In dieser Zeit, zwischen Frühjahr und Herbst 1956, formulierte Wolfgang Harich eine oppositionelle kommunistische Grundkonzeption – eine Art Maßnahmen-Katalog zum Beschreiten eines „dritten Weges", eines „besonderen deutschen Weges zum Sozialismus". Dieser sollte auf der Grundlage des Marxismus-Leninismus und in Anerkennung der Führungsrolle einer kommunistischen Partei, einer demokratisierten SED, aber in Abkehr zum sowjetisch-stalinistischen Sozialismusmodell erfolgen. Die Vorschläge Harichs bezogen sich größtenteils auf die Reformierung des SED-Machtapparats, auf die Führungsgremien und Spitzenfunktionäre der SED-Staatspartei. Sie schlossen Überlegungen

---

[223] Vgl. ebenda.
[224] Politbüro-Bericht: Analyse zur Republikflucht im II. Quartal 1957: „Eine verhältnismäßig starke Abwanderung ist [...] unter Umsiedlern [zu verzeichnen], die durch die [westdeutschen] Landsmannschaften geworben werden. Dabei handelt es sich um solche Umsiedler, die bereits seit 1945 aber auch in den letzten Jahren überführt wurden. Der durchschnittliche Anteil von Umsiedlern an der Republikflucht beträgt bezirklich unterschiedlich 25 bis 30 Prozent, obwohl diesen Umsiedlern umfangreiche materielle Hilfe zuteil wird." In: SAPMO-BA DY 30 J IV 2/2J/51.
[225] Wolfgang Harich (1923–1995), geboren in Königsberg, ab 1942 Wehrmacht, desertiert, 1945 KPD, dann SED, 1946–1951 Studium der Philosophie, Literaturwissenschaft an der Berliner Universität, dann dort Dozent, 1950–1956 auch Lektoratsarbeit beim Aufbau-Verlag, 1956/57 Verhaftung und Prozeß, Ende 1964 Amnestie und Haftentlassung, 1979 Invalidisierung, Aufenthalte in Österreich, BRD, Spanien, Schweiz, 1990 Kassation des Urteils von 1957, vollständige Rehabilitierung. Vgl. Wer war wer in der DDR?, S. 314f.

ein, im Bündnis mit Teilen der westdeutschen SPD die Herstellung der deutschen Einheit in die Wege zu leiten. Harich forderte u. a. einen Führungswechsel an der Spitze der SED – Walter Ulbricht sollte abgelöst werden – eine Umbildung der DDR-Regierung, eine strikte Trennung von Partei- und Staatsapparat, eine Demokratisierung von Verwaltung, Wirtschaft, Polizei und Justiz, die Freiheit von Wissenschaft und Kultur.[226] Wolfgang Harich und seine politischen Mitstreiter scheiterten mit ihrem Reformkonzept. Harich und eine Reihe weiterer oppositioneller kommunistischer Funktionäre wurden Ende November/ Anfang Dezember 1956 vom MfS verhaftet und im März bzw. Juli 1957 vor Gericht gestellt. Alle kamen für lange Jahre ins DDR-Zuchthaus.[227]

Wenig bekannt ist, daß Harichs Memorandum eine Anlage enthielt, die sich mit dem Tabu-Thema der deutschen Ostgebiete und Ostgrenze befaßte.[228] In Walter Ulbrichts Nachlaß fand sich unter Punkt 13 des Memorandums „Über die Besonderheiten des deutsches Weges zum Sozialismus" eine kurze Zusammenfassung dazu: „In bezug auf die nationale Frage sind die SED und die Regierung der DDR durch die Tatsache belastet, daß die ehemals deutschen Gebiete östlich der Oder-Neiße-Linie an Polen und daß Ostpreußen teils an Polen, teils an die UdSSR abgetreten wurden. Diese Tatsache wird von unseren Gegnern zu einer schamlosen chauvinistischen Hetze gegen die Sowjetunion, die Volksrepublik Polen und die Regierung der DDR ausgenutzt."[229]

Die gesamte Ausarbeitung Harichs mit dem Titel „Zur Frage der Grenzregelung im Osten" umfaßte sechs Schreibmaschinenseiten und war als Anlage 2 dem Memorandum beigefügt. Alle diese Dokumente hatte Harich sowohl der sowjetischen Botschaft in Ost-Berlin als auch der SED-Führung übergeben. In den Gesprächen mit dem Sowjetbotschafter in der DDR, Georgi M. Puschkin[230], am 24. Oktober 1956, und mit dem SED-Chef Walter Ulbricht am 7. November 1956 fand – soweit wir heute wissen – die „Frage der deutschen Ostgrenze" keine Erwähnung.

Der damals 32jährige Wolfgang Harich – er war 1923 in Königsberg/Ostpreußen geboren, aber schon als Kind mit seiner Familie erst nach Neuruppin, dann nach Berlin gezogen – brachte Überlegungen „Zur Frage der Grenzregelung im Osten"[231] zu Papier, die möglicherweise viele kritische und am Thema interessierte oder betroffene Personen dachten, aber nicht öffentlich zu äußern wagten.[232] Harich leitete seine Überlegung mit dem Hinweis ein, daß die UdSSR bisher keine offizielle Verlautbarung zur endgültigen Grenzregelung zwischen der DDR und Polen veröffentlicht habe. Zudem, so Harich, habe

---

[226] Vgl. Wolfgang Harich, „Über die Aufgaben der SED im Kampf für die Festigung ihrer Reihen, für die sozialistische Demokratisierung der DDR und für die friedliche Wiedervereinigung Deutschlands auf der Grundlage der Demokratie, des Sozialismus, der nationalen Souveränität und Unabhängigkeit und der Freundschaft mit den Völkern", in: SAPMO-BA NY 4182/893, Bl. 67–116.

[227] Vgl. Heike Amos, Politik und Organisation der SED-Zentrale 1949–1963, S. 456–462.

[228] Vgl. Siegfried Prokop, Ulbricht sollte zurücktreten, Kaliningrad zur DDR gehören, in: Neues Deutschland, 17. Oktober 1996, S. 9.

[229] Über die Besonderheiten des deutschen Weges zum Sozialismus, 1956, in: SAPMO-BA DY 30/3372, Bl. 259; vgl. Werner Mittenzwei, Die Intellektuellen, S. 141 f.

[230] Georgi M. Puschkin (1909–1963), Diplomat, 1954–1958 Botschafter in der DDR, 1954/55 zugleich Hoher Kommissar der UdSSR in Deutschland. In: Wer war wer in der DDR?, S. 674 f.

[231] Wolfgang Harich, Zur Frage der Grenzregelung im Osten, abgedruckt in: Siegfried Prokop, Ich bin zu früh geboren, S. 272–275.

[232] Harich war schon früher öffentlich mit Grenzkorrekturforderungen aufgetreten: Im Juni 1948 gab er z. B. im Nordwestdeutschen Rundfunk seiner Hoffnung auf eine Grenzrevision bei der Friedenskonferenz Ausdruck. Vgl. Helga Hirsch, Flucht und Vertreibung, S. 29.

die Sowjetunion stets die Gültigkeit des Potsdamer Abkommens betont, welches die endgültige Regelung der Grenze Deutschlands unter den Vorbehalt eines Friedensvertrages stellt und anerkannt, daß die Gebiete östlich von Oder und Neiße zunächst nur unter polnischer Verwaltung stünden.[233]

Harich sprach den Hitler-Stalin-Pakt – ohne ihn direkt zu benennen – an, indem er forderte, daß die im Sommer 1939 bestehende Grenze zwischen der UdSSR und Polen wiederhergestellt werden müsse: „Diese Maßnahme würde das polnische Volk tief befriedigen, da sie die Rückkehr alter traditionsreicher polnischer Städte (wie vor allem Lemberg) zu Polen bedeuten würde, und das herzliche Einvernehmen zwischen dem polnischen und dem Sowjetvolk in jeder Beziehung festigen."[234] Er argumentierte weiter, daß eine solche neue – sprich alte (!) – Grenzregelung zwischen der Sowjetunion und Polen eine neue Grenzregelung zwischen Polen und der DDR nach sich ziehen könnte. Dabei wollte er der polnischen Seite territoriale Zugeständnisse machen: Polen sollte jene süd-ostpreußischen Gebiete behalten, in denen bis 1939 überwiegend polnische Bevölkerung ansässig war. Zudem sollte Polen über das gesamte oberschlesische Industriegebiet als wichtige industrielle Basis des Landes verfügen und einen breiteren Zugang, als er 1939 bestand, zur Ostsee erhalten.[235] Dann zog der SED-Funktionär den mit Blick auf seine anvisierten sowjetischen Gesprächspartner gewagten Schluß: „Die übrigen von Deutschland 1945 im Osten abgetrennten Gebiete sind für die Volksrepublik [Polen] mehr oder weniger bedeutungslos, ihr Wert wird durch die Rückkehr der an die UdSSR abgetretenen Ostgebiete aufgewogen. Bei einer Rückgabe der größeren Teile Pommerns, der östlichen Mark Brandenburg, Schlesiens und Ostpreußens an die DDR würde es sich im übrigen ebenfalls um eine Grenzverschiebung innerhalb des sozialistischen Lagers handeln [...] Diese Maßnahme würde das deutsche Volk tief befriedigen, das herzliche Einvernehmen zwischen der DDR und Volkspolen in jeder Weise festigen, die sozialistische DDR zu einer Macht gleichen Ranges und annähernd gleicher territorialer Ausdehnung neben der Bundesrepublik machen, der imperialistischen Reaktion in Westdeutschland ihr entscheidendes Argument in der nationalen Frage aus der Hand schlagen, die chauvinistische Hetze in der Bundesrepublik aufs äußerste reduzieren und die Wiedervereinigung Deutschlands auf sozialistischer Grundlage wesentlich erleichtern."[236]

Gleiches schlug Wolfgang Harich bezüglich der „Rückgabe des Gebiets von Kaliningrad (Königsberg) von der UdSSR an die DDR" vor. Der Sowjetunion wollte Harich die Konzession unterbreiten, ihr aus strategischen Gründen das Königsberger Gebiet für 100 Jahre zur Pacht anzubieten. Harich schien davon überzeugt, daß eine „derartige Neuregelung der Grenzfrage im Osten nicht nur das Gebiet der DDR erheblich erweitern, sondern das gesamtdeutsche Schwergewicht der DDR [...] vergrößern würde, als in diesem Fall zahlreiche Umsiedler aus der Bundesrepublik in das Gebiet der DDR zurücksiedeln, das Menschenpotential des sozialistischen Teils von Deutschland – und damit des sozialistischen Lagers überhaupt – also anwachsen würde."[237]

In Gesprächen mit Intellektuellen Polens meinte Harich herausgehört zu haben, daß beim polnischen Volk für die 1945 übernommenen, ehemals deutschen Ostgebiete, nun

---

[233] Vgl. Wolfgang Harich, Zur Frage der Grenzregelung im Osten, abgedruckt in: Siegfried Prokop, Ich bin zu früh geboren, S. 272.
[234] Ebenda, S. 273.
[235] Ebenda.
[236] Ebenda.
[237] Ebenda, S. 274.

polnische Westgebiete, „wenig Sympathie" bestand. Die katholische Kirche hätte diese Gebiete seit 1945 verfemt und dabei in den Massen erhebliche Resonanz gefunden. Harich in seinem Papier wörtlich weiter: Die polnische Intelligenz, „bis tief in die Reihen der Partei hinein, ist mehr oder weniger entschiedener Gegner der gegenwärtigen Grenzregelung zwischen Polen und der DDR [...] Zahllose polnische Genossen diskutieren mit deutschen Genossen [...] offen darüber, daß sie die Westgebiete [Polens] wieder an Deutschland, und zwar an die DDR, zum Zweck ihrer Stärkung im gesamtdeutschen Kampf für den Sozialismus, zurückgeben wollen."[238]

Im übrigen sah der SED-Mann die im Gefolge seiner geforderten Grenzveränderungen wieder anstehenden Bevölkerungs-„Umsiedlungen" für nicht problematisch an. Harich meinte, daß eine echte Minderheitenpolitik in einem sozialistischen Staat der jeweiligen Minderheitenvolksgruppe – ob ukrainischer, weißrussischer, polnischer oder deutscher Bevölkerung – die Freiheit gewährt, mit allen Rechten und Freiheiten einer nationalen Minderheit vor Ort zu bleiben oder in das jeweils betreffende Kernland unter Mitnahme des persönlichen Eigentums „umzusiedeln".[239]

Der überzeugte Kommunist Wolfgang Harich versicherte am Ende seiner Ausarbeitung, daß einer Neuregelung des gesamten Fragenkomplexes Verhandlungen im „echten, sozialistischen Geist, ohne jede Spur eines Aufkommens nationalistischer Stimmungen" vorausgehen müßten. Zudem sollte politisch geklärt sein, daß die Gebiete östlich der Oder-Neiße-Linie nur einem „Deutschland zurückgeben" sind, „dessen sozialistische Entwicklung [...] eindeutig gesichert" sei.[240]

Wolfgang Harich erwartete einen durchschlagenden politischen Erfolg und sah nur Vorteile in seinen Vorschlägen zur „Grenzregelung im Osten". Er forderte vor allem die Regierung der Sowjetunion, aber auch die der Volksrepublik Polen und der DDR auf, die osteuropäischen – sowjetisch-polnischen und polnisch-deutschen – Vorkriegsgrenzen wiederherzustellen, d. h. auch das Flucht- und Vertreibungsgeschehen des polnischen und deutschen Volkes rückgängig zu machen. Mit der Umsetzung seiner Vorstellungen sollte, zusammenfassend gesehen, demnach 1. das nachbarschaftliche Verhältnis zwischen der Sowjetunion und Polen und das zwischen Polen und der DDR verbessert werden, 2. die „sozialistische DDR", territorial und bevölkerungsstatistisch gesehen, wegen der zu erwartenden Rückwanderung Vertriebener in die alte, ostdeutsche Heimat zu einem gleich starken Teil-Deutschland im Verhältnis zur Bundesrepublik gemacht werden, und 3. der „chauvinistischen Hetze" der Bundesrepublik wirksam entgegengetreten werden.

Wolfgang Harich verkannte die imperialen politischen Großmachtbestrebungen der Sowjetunion, die nicht daran dachte, „erobertes" Territorium je wieder herzugeben. Ebenso urteilte Harich vorschnell und zu oberflächlich über die politische Stimmung in Polen gegen Deutschland und unterschätzte die Spannungen und Negativurteile der Polen gegenüber den Deutschen, auch denen in der DDR.[241] Harichs Vorstellungen über eine Korrektur der östlichen Grenzen zugunsten Polens und der DDR waren unrealistisch.

Bemerkenswert an der Ausarbeitung „Zur Frage der Grenzregelung im Osten" ist, daß der Inhalt des Dokuments nach Harichs Verhaftung Ende November 1956 weder in den

---

[238] Ebenda.
[239] Vgl. ebenda, S. 273.
[240] Vgl. ebenda, S. 274f.
[241] Vgl. z. B. Deutschland und Polen. Alle Beiträge der Beilage: Aus Politik und Zeitgeschichte, 5–6/2005, 31. Januar 2005.

Verhören des MfS noch während des Schauprozesses im März 1957 zur Sprache kam. Auch in Anklage und Urteil des Obersten Gerichts der DDR gegen Harich fand sich kein Vorwurf der „Kriegstreiberei", „Hetze gegen die Oder-Neiße-Grenze" oder „Hetze gegen völkerrechtliche Vereinbarungen".[242] Wolfgang Harich wurde gemäß Artikel 6, Absatz 2, der DDR-Verfassung wegen „Boykotthetze" und „Bildung einer konspirativ-staatsfeindlichen und konterrevolutionären Vereinigung" zu zehn Jahren Zuchthaus verurteilt. Obwohl sowohl die sowjetische Seite wie auch die SED-Führung Kenntnis von Harichs Grenzkorrektur-Forderungen hatten,[243] übergingen sie das Thema geflissentlich. Grenz- und Vertreibungsfragen schienen so tabuisiert, daß sie auch im Falle Wolfgang Harichs keine Erwähnung fanden.

2. „Umsiedler" in der DDR und die Aktivitäten der Vertriebenenverbände in West-Berlin in den 1950er und frühen 1960er Jahren

Anders als in der Sowjetischen Besatzungszone und der DDR organisierten sich bald nach Kriegsende in den Westzonen und in der Bundesrepublik Deutschland Flüchtlinge und Vertriebene in Verbänden. In der britischen und amerikanischen Besatzungszone konnte das Vereinigungsverbot durch die Bildung von karitativen kirchlichen Hilfskomitees schon in den ersten Nachkriegsjahren umgangen werden, und nicht zuletzt als Folge des Kalten Krieges hoben die westlichen Besatzungsmächte 1948 das Verbot auf und ließen Vertriebenenverbände in ihren Zonen zu.[244] Im April 1949 gründete sich ein Zentralverband der vertriebenen Deutschen (ZvD), der sich aus Vertretern der „Heimatvertriebenen aller Länder der britischen und amerikanischen Besatzungszone" zusammensetzte. Im Sommer 1949 schlossen sich einige Landsmannschaften – und zwar die Landsmannschaften Ostpreußen, Pommern, Weichsel-Warthe und Westpreußen, die bereits Ende 1948 und Anfang 1949 auf Bundesebene gegründet worden waren – zu der föderalen Vereinigung Ostdeutscher Landsmannschaften (VOL) zusammen. Im August 1952 wurde die VOL nach dem Beitritt weiterer Landsmannschaften – z.B. der Deutsch-Baltischen, der Schlesischen, der Sudetendeutschen Landsmannschaft, der Landsmannschaften Berlin-Mark Brandenburg und der Deutschen aus Jugoslawien – in den Verband der Landsmannschaften (VdL) überführt. Der Zentralverband der vertriebenen Deutschen (ZvD) vereinigte sich Ende 1951 mit den beiden großen Landsmannschaften der Sudetendeutschen und der Schlesier zum Bund der vertriebenen Deutschen (BvD), und der ZvD übernahm die Bezeichnung BvD drei Jahre später auch auf Bundesebene.[245]

Der Bund der vertriebenen Deutschen sah seine Aufgabe schwerpunktmäßig im sozialpolitischen und ökonomischen Bereich, das hieß in konkreten Maßnahmen zur Integra-

---

[242] Vgl. MfS-Vernehmungsprotokolle, Protokolle des Obersten Gerichts zur Gruppe Harich, Janka u.a. 1956–1957, in: BStU MfS AU 89/57, Bd. 38, 40, 41, 46.
[243] Entgegen der Vermutung von Prokop ist die Autorin überzeugt, daß Walter Ulbricht Kenntnis von der Anlage „Zur Frage der Grenzregelung im Osten" hatte. Vgl. die Unterlagen im „Büro Ulbricht" im Archiv, in: SAPMO-BA DY 30/3372; Siegfried Prokop, Ulbricht sollte zurücktreten, Kaliningrad zur DDR gehören, in: Neues Deutschland, 17. Oktober 1996, S. 9.
[244] Vgl. Johannes-Dieter Steinert, Organisierte Flüchtlingsinteressen und parlamentarische Demokratie, S. 61–79.
[245] Vgl. Matthias Stickler, „Ostdeutsch heißt Gesamtdeutsch", S. 33–98; Helga Hirsch, Flucht und Vertreibung, S. 20f.

tion der Flüchtlinge und Vertriebenen in die Gesellschaft der Bundesrepublik wie Hilfen zur Existenzgründung oder der Förderung des Wohnungsbaus. Die Landsmannschaften hingegen mit ihrer grundsätzlich heimatpolitischen Zielsetzung, also „der Arbeit an der Rückkehr in die alte Heimat"[246], sahen ihr Wirkungsfeld eher im deutschland- und außenpolitischen Bereich.

Neben der Vertriebenen-Verbandsbildung kam es im Januar 1950 zur Gründung einer politischen Partei – dem „Block der Heimatvertriebenen und Entrechteten" (BHE), der eine politische Interessenvertretung der Flüchtlinge und Vertriebenen darstellte. Der BHE konnte in den frühen 1950er Jahren größere Wahlerfolge erzielen – er zog zur Bundestagswahl 1953 mit 5,9 Prozent in das Bonner Parlament, 1957 verfehlte er mit nur noch 4,6 Prozent die Fünfprozenthürde. Auf Länderebene, in Bundesländern mit hohem Vertriebenenanteil, war er länger an der Regierungsbildung beteiligt, so in Baden-Württemberg von 1952 bis 1964, in Bayern von 1950 bis 1962, in Hessen von 1954 bis 1966, in Niedersachsen von 1951 bis 1963 und in Schleswig-Holstein von 1950 bis 1958. Für den BHE war die Existenz der Vertriebenenverbände – ZvD/BvD und VOL/VdL – Chance und Belastung zugleich: Chance, weil es eine Vielfalt an gemeinsamen Interessen mit den Verbänden gab und eine enge Zusammenarbeit zum beiderseitigen Vorteil war. Belastung, weil die Vertriebenenverbände grundsätzlich auf ihrem überparteilichen Charakter beharrten.

Das Problem des „Blocks der Heimatvertriebenen und Entrechteten", das letztlich auch zu seiner Bedeutungslosigkeit und Auflösung führte, war paradoxerweise sein Erfolg als Interessenpartei. Aufgrund seiner erfolgreichen Politik, die maßgeblich zur Integration der Heimatvertriebenen führte, beraubte er sich seiner Existenzgrundlage. In dem Maße, wie die materielle Not der Vertriebenen und Flüchtlinge gelindert wurde und sie sich in den Wirtschafts- und Arbeitsalltag der bundesdeutschen Gesellschaft integrierten, wandten sich diese vom BHE ab und den etablierten Parteien – CDU, CSU, SPD, FDP – zu.[247]

Die organisatorische Überwindung der aufgabenbezogenen und personellen Streitigkeiten zwischen den beiden Dachverbänden der Vertriebenen, dem Bund der vertriebenen Deutschen (BvD) und dem Verband der Landsmannschaften (VdL), vollzog sich im Dezember 1958 mit der Konstituierung eines einzigen Dachverbandes der Flüchtlinge und Vertriebenen in der Bundesrepublik, dem „Bund der Vertriebenen – Vereinigte Landsmannschaften[248] und Landesverbände[249] (BdV)". Den BdV kennzeichnete eine zweigleisige Organisationsform. Sie basierte auf den Landsmannschaften als Vertretung ihrer ehemaligen Heimatgebiete und der von dort stammenden deutschen Bevölkerung sowie auf den Landesverbänden als Vertretung aller in einem Bundesland organisierten Vertriebenen.[250] Die soziale, ökonomische und politische Integration der Flüchtlinge und Heimat-

---

[246] BdV-Präsident Hans Krüger 1964, zitiert in: Hermann Weiß, Die Organisationen der Vertriebenen und ihre Presse, S. 251.
[247] Vgl. Matthias Stickler, „Ostdeutsch heisst Gesamtdeutsch", S. 280–284; Rudolf Morsey, Die Bundesrepublik Deutschland, S. 25, 52, 193.
[248] Es sind insgesamt zwanzig Landsmannschaften (LM): LM Ostpreußen, LM Pommern, LM Westpreußen, Deutsch-Baltische LM, LM Weichsel-Warthe, LM der Litauendeutschen, Bund der Danziger, LM Berlin-Mark Brandenburg, Karpatendeutsche LM Slowakei, LM der Deutschen aus Jugoslawien, LM der Siebenbürger Sachsen, der Buchenlanddeutschen, der Banater Schwaben Rumänien, LM der Deutschen aus Ungarn, der Deutschen aus Rußland, Gemeinschaft der deutschen Umsiedler aus Bessarabien, LM der Dobrudschadeutschen, LM Schlesien, LM der Oberschlesier, Sudetendeutsche LM.
[249] Die elf Landesverbände (Bundesländer und Berlin) waren sehr auf ihre Selbständigkeit bedacht.
[250] Jede Landsmannschaft war zudem in jedem Bundesland in einer Landesgruppe zusammengefaßt.

vertriebenen war dank des kontinuierlichen ökonomischen Aufschwungs in der Bundesrepublik Deutschland bei der Konstituierung des BdV zu Beginn der 1960er Jahre praktisch erreicht.

Der „Bund der Vertriebenen (BdV) – Vereinigte Landsmannschaften und Landesverbände e. V." verstand sich seit seiner Gründung als führende Vertretung hinsichtlich der nationalen deutschen Frage. Dieser nationale Anspruch, d. h. die Grundprämissen der deutschland- bzw. ostpolitischen Überzeugungen des Bundes der Vertriebenen bis 1989, konnte in vier Punkten zusammengefaßt werden:
1. Wiederherstellung der Einheit Deutschlands in den Grenzen von 1937 und damit
2. keine Anerkennung der DDR und der Oder-Neiße-Grenze;
3. Keine bedingungslose Annullierung des Münchner Abkommens;
4. Friedliches Rückkehrrecht für die Flüchtlinge und Vertriebenen in die alten ostdeutschen (bzw. Sudeten-) Gebiete.

Jeder nationale Anspruch des BdV, jedes seiner politischen Ziele war für die SED ein Angriff auf die Existenz der DDR, auf die staatliche Souveränität des Landes und auf ihren politischen Führungsanspruch. Der Bund der Vertriebenen und jede einzelne ostdeutsche Landsmannschaft gehörten für die SED zu den Institutionen und Organisationen der Bundesrepublik[251], die sie als „Feindorganisationen" erkannt hatten. Sie bezichtigten die Vertriebenenverbände der politischen Unterwanderung der DDR mit dem Ziel ihrer „Liquidierung". Dies entsprach den Tatsachen.

Bis Mitte der 1950er Jahre bezeichnete die SED-Führung die Politik der Landsmannschaften und die der Bundesrepublik als „revisionistisch", was berechtigt war, denn sie forderten eine Revision der Oder-Neiße-Grenze. Ab der zweiten Hälfte der 1950er Jahre begann man in Ost-Berlin die Vertriebenenverbände und Teile der Bonner Politik öffentlich als „revanchistisch" zu brandmarken. Im allgemeinen bezeichnet „Revanchismus" eine auf Rache (*frz. revanche*) und Vergeltung sinnende Haltung von Kriegsverlierern, die auf die gewaltsame Änderung von Friedensbedingungen oder Verträgen gerichtet ist.[252] Der Begriff des „Revanchismus" im politischen Sprachgebrauch der SED war ein äußerst negativ belegtes, polemisches Schlagwort, ein politischer Kampfbegriff, um eine Überzeugung zu verurteilen, die die Oder-Neiße-Grenze, den Verlust der Ostgebiete des Deutschen Reiches und die damit verbundene Vertreibung deutscher Bevölkerungsteile aus Ost- und Südosteuropa im Gefolge der Niederlage NS-Deutschlands im Zweiten Weltkrieg nicht anerkannte. Im SED-Sinne definiert hieß das: „Revanchismus [ist eine] reaktionäre Ideologie, die den Ausbeuterklassen dazu dient, die Massen geistig für einen Revanchekrieg reif zu machen, [sowie das] Streben einer Ausbeuterklasse nach Wiedererlangung der in einem Eroberungskrieg verlorenen Gebiete, getarnt als Streben nach ‚Vergeltung' für die im Krieg erlittene Niederlage. [...] Ungeachtet der völligen Aussichtslosigkeit seiner Pläne, ist der in der BRD wiedererstandene Imperialismus bestrebt, die Ergebnisse seiner gesetzmäßigen Niederlage im zweiten Weltkrieg zu revidieren."[253] Tatsächlich aber war die Politik der Ver-

---

[251] Dazu zählte die SED/das MfS des weiteren auch: Bundesministerium für gesamtdeutsche Fragen, Presse, Rundfunk und Fernsehen der BRD, die Ostbüros der CDU, SPD und FDP usw. Vgl. MfS-Dossier über die Zentren der politisch-ideologischen Diversion in Westberlin und Westdeutschland gegen die DDR, 1964/65, in: BStU MfS HA XX/1 Nr. 123.
[252] Der Begriff kam nach dem Ende des Deutsch-Französischen Krieges 1870/71 auf; er kennzeichnete die französische Außenpolitik, die bestrebt war, das vom Deutschen Reich annektierte Elsaß-Lothringen zurückzugewinnen. Vgl. http://de.wikipedia.org/wiki/Revanchismus .
[253] Kleines Politisches Wörterbuch, S. 767.

triebenenorganisationen wie auch der Bundesregierung nie auf einen Revanchekrieg zur Wiedereroberung der deutschen Ostgebiete ausgerichtet, also „revanchistisch".

Das simple Erklärungsmuster der SED-Ideologen zum „Revanchismus – [als] offizieller Staatspolitik der Bundesrepublik"[254] sah mit ihren Worten folgendermaßen aus: Im Potsdamer Abkommen 1945 wurden neue Grenzen in Europa festgelegt und Aussiedlungsmaßnahmen getroffen, die darauf zielten, 1. „die imperialistische Wühlarbeit in den Nachbarländern Deutschlands auszuschalten", 2. diese Länder für die großen Verluste im Krieg zu entschädigen und 3. stabile Grenzen zu schaffen, „die nie wieder als Zange des deutschen Imperialismus gegen andere Länder ausgenutzt werden können".[255] Die „ausgesiedelten Deutschen" fanden, so die SED-Propagandisten, eine neue gesicherte Existenz in der SBZ, die „Umsiedler [...] wurden gleichberechtigte Bürger des deutschen Friedensstaates. Hier gibt es keine revanchistischen Organisationen". Der westdeutsche Imperialismus hingegen dränge auf Veränderung der Grenzen. „Die Bundesrepublik ist der einzige Staat in Europa, der Forderungen auf fremdes Staatsgebiet, auf die ‚Grenzen von 1937' erhebt. Die in Westdeutschland lebenden Umsiedler werden mißbraucht, um diese revanchistische Politik propagieren und durchführen zu helfen".[256] So beschrieb die SED ihren Revanchismus-Vorwurf an die Bundesrepublik zu Beginn der 1960er Jahre.

Diese Form der politischen Auseinandersetzung kam um 1955 auf. Sie stand in direktem Zusammenhang mit der Erlangung der staatlichen Souveränität der DDR, die mit dem „Vertrag über die Beziehungen zwischen der DDR und der UdSSR" am 20. September 1955 proklamiert wurde[257] sowie der gleichberechtigten Teilhabe der DDR im Mai 1955 am Gründungsprozeß des „Warschauer Vertrages". Von da an erfolgte eine verstärkte politische, wirtschaftliche und auch militärische Integration der DDR in die Gemeinschaft der Ostblockstaaten, und für die DDR begann eine Aufwertung als zweiter deutscher Staat, der von einer Besatzungszone und einem ökonomischen Ausbeutungsobjekt zu einem „Partner" werden sollte – allerdings blieb die DDR wie bisher von der Sowjetunion abhängig.

Die DDR-Regierung ihrerseits unternahm 1955 erste öffentliche und propagandistische Versuche, sich als souveräner Staat innerhalb der osteuropäischen „Volksdemokratien" zu positionieren und sich gegen den zweiten deutschen Staat, die Bundesrepublik Deutschland, abzugrenzen. Dafür bot sich der Revanchismus-Vorwurf gegen die Bundesrepublik an. Als eine Art Ersatzlegitimation, innen- und außenpolitisch ausgerichtet, stellte die SED-Führung ihren Staat DDR als den „deutschen Friedensstaat" hin. Dies geschah in Abgrenzung zum Staat Bundesrepublik, den sie als „Hort des Revanchismus" bezichtigte und als einzigen Staat Europas diskreditierte, der die Nachkriegsgrenzen, insbesondere die Oder-Neiße-Grenze, nicht anerkannte und Anspruch auf fremde Staatsgebiete – mit der Forderung eines Deutschland in den Grenzen von 1937 – erhob.

---

[254] Braunbuch. Kriegs- und Naziverbrecher in der Bundesrepublik, 1965, S. 279.
[255] Ebenda, S. 280.
[256] Ebenda, S. 280 f.
[257] Vgl. Wortlaut des Vertrages, in: Dokumente zur Außenpolitik der Regierung der Deutschen Demokratischen Republik, Band IV, S. 48–50.
Die Genfer Gipfelkonferenz der vier Großmächte (Juli 1955) brachte keine Schritte zur Lösung der deutschen Frage. Der sowjetische Parteichef N. S. Chruschtschow verkündete erstmals dezidiert die „Zwei-Staaten-Theorie" und stellte damit klar, daß die Sowjetunion einer Wiedervereinigung nur unter Wahrung der „sozialistischen Errungenschaften" der DDR zustimmen werde. Die Sowjetunion löste ihre Hohe Kommission in Ost-Berlin auf. Vgl. Hermann Weber, Die DDR 1945–1990, S. 45.

In öffentlichen Reden erklärten DDR-Ministerpräsident Otto Grotewohl und der Erste Sekretär des ZK der SED, Walter Ulbricht, die DDR zum „einzig rechtmäßigen, friedlichen, deutschen Staat" und verurteilten die „Revanchepolitik Westdeutschlands".[258] Anläßlich der Gründung des Warschauer Vertrages erläuterte der SED-Chef am 1. Juni 1955 vor dem SED-Zentralkomitee: Wenn die deutsche „Bevölkerung selbst ans Werk geht und [...] gegen die Revanchepropaganda, wie sie in der Hetze gegen die Oder-Neiße-Friedensgrenze zum Ausdruck kommt, und gegen die Tätigkeit [...] westdeutscher Verbrecherzentralen – wie die [...] Landsmannschaften [...] – Stellung nimmt, [ist] schon viel getan für eine Minderung der Spannungen in Deutschland [...]"[259] Und Ulbricht weiter: „Wer im Zusammenhang mit Verhandlungen über die Wiedervereinigung Deutschlands die Revision der Oder-Neiße-Grenze fordert, der versucht [...], die Wiedervereinigung zu verhindern. Andere Vertreter der westdeutschen CDU haben dazu auch noch das nördliche Gebiet der Tschechoslowakei (Sudetengebiet) gefordert [...]"[260] Mit Blick auf die östlichen Nachbarstaaten, insbesondere die Volksrepublik Polen, versicherte der SED-Chef die Endgültigkeit des Bestehens der „Oder-Neiße-Friedensgrenze".[261]

Die SED-Führung verstand es in den folgenden Jahren vergleichsweise geschickt – trotz der faktischen Schwäche in der deutsch-deutschen Auseinandersetzung –, ihre Propaganda von der DDR als „deutschen Friedensstaat" und der „revanchistischen und aggressiven Bundesrepublik" zum eigenen Prestigegewinn zu nutzen.

Die SED-Spitze und die DDR-Staatssicherheit nahmen die Existenz der Landsmannschaften in der Bundesrepublik und deren Politik als Zeichen der wiedererlangten „politischen und ökonomischen Macht des westdeutschen Monopolkapitals" wahr. Das würde offen erklären, die nach dem Zweiten Weltkrieg festgelegten deutschen Grenzen ändern zu wollen. Die MfS-Offiziere zogen auf Basis der SED-Sprachregelung unverhohlen Parallelen zwischen der Eroberungspolitik des nationalsozialistischen Deutschland und angeblich ähnlicher Pläne in der frühen Bundesrepublik, indem sie agitierten, daß „heute Adenauer genauso wie Hitler im Auftrag der gleichen Konzerne und Monopole [handele], die zwei Weltkriege vom Zaume gebrochen haben und die auch einen dritten Weltkrieg entfachen würden, wenn es in ihrer Macht stünde."[262] Zur Verwirklichung dieser heraufbeschworenen Eroberungspläne würde sich die westdeutsche Regierung der Vertriebenenverbände und ihrer sogenannten Revanchepolitik bedienen. Die Politik der Landsmannschaften richtete sich nach Überzeugung des MfS in den 1950er Jahren nicht nur an die zirka acht bis neun Millionen Flüchtlinge und Vertriebenen in der Bundesrepublik, son-

---

[258] Vgl. Otto Grotewohl, Grundstein des künftigen Deutschlands. Aus der Rede auf dem Staatsakt zum 6. Jahrestag der Gründung der DDR, 6. Oktober 1955, in: Ders., Im Kampf um die einige Deutsche Demokratische Republik, S. 587.
[259] Walter Ulbricht, Die Warschauer Konferenz und die neuen Aufgaben in Deutschland, in: Ders., Zur Geschichte der deutschen Arbeiterbewegung, S. 349 f.
[260] Ebenda, Bl. 362.
[261] Walter Ulbricht, Freundschaft und Frieden an Oder und Neiße. Der Regierungsdelegation der VR Polen zum Gruß, 6. Juli 1955, in: Ders., Zur Geschichte der deutschen Arbeiterbewegung. Aus Reden und Aufsätzen, S. 440 f.
[262] Information über die Gefährlichkeit und Tätigkeit der revanchistischen Landsmannschaften in Westdeutschland und die sich daraus für das MfS ergebenden Aufgaben bei der politisch-operativen Bearbeitung und Bekämpfung dieser revanchistischen Landsmannschaften, Ende 1960, in: BStU MfS AOP 11315/64, Bd. 3, Bl. 108.

dern an alle „einfachen Menschen Westdeutschlands, um sie zu willfährigen Elementen für eine ‚Neuordnung Osteuropas' zu machen".[263]

Das MfS benannte die aus ihrer Sicht ausgemachten Ziele der Landsmannschaften wie folgt:
1. „Den Haß gegen die Länder des sozialistischen Weltsystems schüren";
2. Unter dem Vorwand der „Sorge um das Wohlergehen der ‚Heimatvertriebenen und Flüchtlinge', diese Menschen für die aggressive Forderung nach Wiederherstellung der Grenzen von 1937" zu gewinnen;
3. Die bundesdeutsche Bevölkerung vom politischen Tageskampf, der Verhinderung militärischer und atomarer Aufrüstung der Bundeswehr, abzulenken;
4. Alle Mittel der ideologischen Einflußnahme auf die Bundesbürger zu richten, um vor allem die Vertriebenen „auf einen dritten Weltkrieg" vorzubereiten.[264]

SED und MfS glaubten Mitte bis Ende der 1950er Jahre erkannt zu haben, daß die ostdeutschen Landsmannschaften und der „Bund vertriebener Deutscher" (BvD), dann der „Bund der Vertriebenen" (BdV), sich mehr und mehr darauf konzentrierten, ihr bisher „zur Schau getragenes übersteigertes Heimatgefühl, [...] ihre Beteuerung von Heimattreue und Heimatliebe" auf eine qualitativ neue Stufe zu stellen. Immer mehr würde nun die Losung vom „Recht auf Heimat" und „Recht der Volksgruppen auf Selbstbestimmung" als politische Forderung auf öffentlichen Veranstaltungen erhoben.[265] Insgesamt, so schlußfolgerte das MfS, seien die Vertriebenenorganisationen zum festen Bestandteil der „aggressiven Außenpolitik der westdeutschen Regierung geworden".[266]

Weitaus gefährlicher als die Politik der Landsmannschaften und des BvD in der Bundesrepublik erschien dem Staatssicherheitsministerium die Wirkung und die Tätigkeit der Vertriebenenorganisationen in die DDR und nach Ost-Berlin hinein – und dies alles bei offener Grenze in Berlin. Wieder wurden die „ehemaligen Umsiedler" in der DDR als Sicherheitsrisiko gesehen, da deutsch-deutsche Kontakte vor dem Hintergrund landsmannschaftlichen Zusammenhalts für SED und MfS unkontrollierbar erschienen.

Ab zirka 1955/56 begann die SED-Führung, Existenz und vor allem Aktivitäten der ostdeutschen Landsmannschaften, insbesondere der Schlesischen, der Sudetendeutschen, der Ostpreußischen und der Pommerschen Landsmannschaft, ernsthaft wahrzunehmen und darauf zu reagieren. Ins Auge fielen ihr und ihrem Geheimdienst besonders die Aktivitäten der West-Berliner Landesverbände der einzelnen Landsmannschaften und die bereits im Oktober 1949 gegründete West-Berliner Dachorganisation, der „Berliner Landesverband der Heimatvertriebenen"[267]. Sowohl die einzelnen Landesverbände als auch der Dachverband hatten ihren Sitz im „Haus der ostdeutschen Heimat" in Berlin-Charlottenburg bzw. Berlin-Kreuzberg.[268] SED-Führung und MfS hatten erkannt, daß „die Berliner Revanchistenverbände [...] sich für die ‚Betreuung' der ehemaligen Umsiedler im Gebiet

---

[263] Ebenda, Bl. 110.
[264] Ebenda, Bl. 110–111.
[265] Vgl. ebenda, Bl. 112, 113.
[266] Vgl. MfS-Perspektivplan, 29. August 1959, in: BStU MfS AOP 11315/64, Bd. 1, Bl. 108.
[267] Später nur noch: Berliner Landesverband der Vertriebenen. Vgl. Bericht über die ehemaligen Umsiedler in der DDR, 11. Juli 1956, in: BStU MfS BV Neubrandenburg XX 259, Bl. 9.
[268] Von 1949 bis 1951 hatte der Berliner Landesverband der Heimatvertriebenen – das „Haus der ostdeutschen Heimat" – seinen Sitz in Berlin-Kreuzberg, Stresemannstraße 30, und von 1951 bis 1961 in Berlin-Charlottenburg, Kaiserdamm 83. Seit 1961 befand es sich wieder in Berlin-Kreuzberg, in der Stresemannstraße 90–102.

der DDR verantwortlich" fühlten.[269] Tatsächlich übernahmen die (West-)Berliner Landesverbände der ostdeutschen Landsmannschaften und der (West-)Berliner Landesverband der Vertriebenen die Mitbetreuung, Agitation und Information der „ehemaligen Umsiedler" in der DDR.

Erstmalig hatte im Februar 1952 der damalige Staatssekretär im Ministerium für Staatssicherheit, Erich Mielke, an seine Länderdienststellen die Weisung ausgegeben, „sofort festzustellen, in welcher Art die Vereinigung Ostdeutscher Landsmannschaften […] in Erscheinung tritt", da diese „unter Umsiedlern Personen für feindliche Handlungen in der DDR" anwirbt. In die MfS-Zentrale nach Ost-Berlin sollte über alle laufenden Vorgänge und eingesetzte „Geheime Mitarbeiter" bezüglich der „Vereinigung Ostdeutscher Landsmannschaften" berichtet werden.[270]

Zu vermuten ist, daß diese Direktive nur ungenügend und halbherzig in dem im Aufbau befindlichen Staatssicherheitsministerium umgesetzt wurde oder in der Menge der geheimdienstlichen Arbeitsaufgaben einfach unterging. Denn erst vier Jahre später, 1956, gingen auf Anordnung des Ministeriums die Bezirksverwaltungen der Staatssicherheit mit Intensität an die geheimdienstliche „Aufklärung und Bearbeitung der Feindtätigkeit der Umsiedlerverbände und Landsmannschaften in Westdeutschland und Westberlin".[271] Zuvor hatten die MfS-Verantwortlichen eingestanden: „Eine Bearbeitung hinsichtlich der Landsmannschaften bzw. Umsiedlerkreise findet [zur Zeit] nicht statt."[272] „Im Verhältnis zur Gefährlichkeit der revanchistischen Landsmannschaften ist der gegenwärtige Stand der operativen Aufklärungs- und Abwehrtätigkeit nach Westberlin bzw. Westdeutschland und auch innerhalb der ehemaligen Umsiedlerkreise im Gebiet der DDR als ungenügend zu betrachten."[273]

Der DDR-Geheimdienst hatte zwei große Bereiche der „Feindtätigkeiten" ausgemacht, die von den Landsmannschaften vor allem aus West-Berlin ausgingen. Da waren zum einen die großen und regelmäßig stattfindenden Veranstaltungen der ostdeutschen Landsmannschaften und ihrer Heimatkreise.[274] Dazu zählte auch das jährliche Treffen aller (West-)Berliner Landesverbände und ihrer Dachorganisation „(West-)Berliner Landesverband der Vertriebenen" am „Tag der Heimat", begangen in der West-Berliner „Waldbühne" in Berlin-Charlottenburg jeweils am ersten bzw. zweiten Sonntag im September. Das DDR-Staatssicherheitsministerium mußte dazu feststellen: Am „in Westberlin durchgeführten ‚Tag der Heimat' am 9. September 1956 nahmen immerhin zirka 20 000 bis 25 000 Umsiedler teil. Etwa ein Drittel der Teilnehmerzahl kam aus unserer Republik."[275] Vermutlich war

---

[269] Information über die Gefährlichkeit und Tätigkeit der revanchistischen Landsmannschaften in Westberlin und Westdeutschland, 1960, in: BStU MfS AOP 11315/64, Bd. 3, Bl. 120.
[270] Vgl. „Vereinigung Ostdeutscher Landsmannschaften (VOL)", 7. Februar 1952, in: BStU MfS-BdL, Dok. 003678, Bl. 1.
[271] Methoden, Struktur und Feindtätigkeit der Umsiedlerverbände und Landsmannschaften in Westdeutschland und Westberlin, 1956, in: BStU MfS BV Neubrandenburg 265, Bl. 1, 2.
[272] Ebenda, Bl. 40.
[273] Information über die Gefährlichkeit und Tätigkeit der revanchistischen Landsmannschaften in Westberlin und Westdeutschland, 1960, in: BStU MfS AOP 11315/64, Bd. 3, Bl. 129.
[274] Jede ostdeutsche Landsmannschaft war in Heimatkreise – Orte und Kreise der früheren deutschen Ostgebiete, in denen die Vertriebenen vor 1945 lebten – gegliedert. So setzte sich beispielsweise die Sudetendeutsche Landsmannschaft in West-Berlin aus acht Kreisgruppen zusammen, u. a.: Egerland, Elbethal, Iser-Jeschken-Riesengebirge, Prag, Mähren-Schlesien usw. Vgl. Übersicht über den „Berliner Landesverband der Vertriebenen", Stand 1966, in: BStU MfS, Ast. Magdeburg XX 2606, Bl. 17.
[275] Methoden, Struktur und Feindtätigkeit der Umsiedlerverbände und Landsmannschaften in Westdeutschland und Westberlin, 1956, in: BStU MfS BV Neubrandenburg 265, Bl. 24.

der Anteil der Besucher aus der DDR viel höher. Wahrscheinlich kam sogar die Hälfte der Teilnehmer aus der DDR und Ost-Berlin, denn nach dem Bau der Berliner Mauer am 13. August 1961 gaben die Staatssicherheitsorgane zu, daß bis einschließlich im Jahr 1960 „der größte Teil der Teilnehmer [dieser Treffen in West-Berlin] ehemalige Umsiedler aus dem demokratischen Berlin [Ost-Berlin] und der DDR waren".[276]

Diese Großveranstaltungen zum „Tag der Heimat" bzw. die Zusammenkünfte in sogenannten Heimatkreisen der westdeutschen und vor allem West-Berliner Vertriebenenverbände schienen für die DDR-Sicherheitsorgane bedrohlich, da dadurch fortlaufend Kontakte aufgefrischt und ein Zusammenhalt zwischen Vertriebenen in der Bundesrepublik/ West-Berlin und in der DDR hergestellt und gefestigt wurden. Auch der Einfluß, der so von Seiten der Politik der Bundesrepublik auf die „DDR-Umsiedler" ausgeübt werden konnte, war für den DDR-Staat nicht zu akzeptieren. Des weiteren fürchtete man, daß das Beispiel der westdeutschen Vertriebenen-Selbstorganisationen auch in der DDR Schule machen könnte.[277]

Ein zweiter Bereich der „Feindtätigkeit" der Landsmannschaften in die DDR hinein war in den Augen von SED-Spitze und ihrem Geheimdienst die „Beeinflussung der ehemaligen Umsiedler [in der DDR] im Sinne der ,Vertriebenen-Politik' Adenauers [über] die Druckerzeugnisse der Landsmannschaften".[278] 1956 zählte das MfS 350 Zeitschriften und Zeitungen der Vertriebenenverbände verschiedenster Art, die in hoher Zahl in der DDR kursierten. Inhaltlich befaßten sich diese Zeitschriften – so meinten die MfS-Offiziere – mit allem, was unter den Sammelbegriff „Heimat" falle, wie die geschichtliche Entwicklung der jeweiligen früheren Herkunftsgebiete, Bräuche, Sagen, Landschaft, Sprachdialekte bis hin zu Kochrezepten der regionalen Küche. Doch auch diesen Inhalten stand die DDR-Seite negativ und abweisend gegenüber: Denn „diese Art von Berichten […] wird seit Jahren als psychologische Aktion durchgeführt, die bewußt darauf hinzielt, alte Wunden wieder aufzureißen und die Heimatgefühle der Umsiedler zum Zwecke der Völkerverhetzung zu mißbrauchen".[279] Die „Verhetzung der Umsiedler" mit den „Heimatblättern" der Landsmannschaften werde fortgesetzt mit der „Schilderung von angeblichen Greueltaten bei der Aussiedlung" bis hin zu Berichten über die gegenwärtige Situation in den „Aussiedlungsgebieten", die gekennzeichnet sei von „verfallenden Häusern", „unbestellten Feldern" und einer Unterbevölkerung großer Teile der ehemals deutschen Ostgebiete.[280]

SED und Staatssicherheit konstatierten 1956, daß sowohl die Veranstaltungen wie auch die Druckerzeugnisse der bundesdeutschen Vertriebenenorganisationen durch eine „Hetze gegen die Oder-Neiße-Friedensgrenze, gegen die DDR oder andere volksdemokratischen Staaten" gekennzeichnet seien. Diese „zügellose Revanchehetze" werde genutzt, „Bürger der DDR zur Republikflucht zu animieren", und es würde fortlaufend versucht, „die ehemaligen Umsiedler in der DDR ideologisch zu beeinflussen, um sie in Gegensatz zu unserem Staat, der Partei und Regierung zu bringen".[281]

---

[276] Bericht: Tag der Heimat vom 1.–3. September 1961 in Westberlin, 30. August 1961, in: BStU MfS AOP 11315/64, Band 2, Bl. 282.
[277] Vgl. Methoden, Struktur und Feindtätigkeit der Umsiedlerverbände und Landsmannschaften in Westdeutschland und Westberlin, 1956, in: BStU MfS BV Neubrandenburg 265, Bl. 24, 25.
[278] Ebenda, Bl. 22.
[279] Ebenda.
[280] Vgl. ebenda, Bl. 23.
[281] Information über die Bearbeitung der revanchistischen Umsiedlerorganisationen, in: BStU MfS AOP 11315/64, Bd. 1, Bl. 141.

Die Zentrale des Ministeriums für Staatssicherheit erstellte im Auftrag der SED-Führung einen Fünf-Punkte-Maßnahmenkatalog zur „Bearbeitung [...] der Landsmannschaften und Umsiedlerkreise":[282]

1. Alle Bezirksverwaltungen des MfS wurden angewiesen, sich schnellstens einen statistischen Überblick über mögliche Konzentrationen von Vertriebenen in ihren Stadt- und Landkreisen, Großbetrieben, landwirtschaftlichen Betrieben, Verwaltungen und Institutionen zu verschaffen. Bei festgestellter „Umsiedlerkonzentration" erging der Auftrag, geeignete „Inoffizielle Mitarbeiter" anzuwerben und einzusetzen, um diese Personengruppen zu kontrollieren bzw. bessere Kenntnisse über ihre politischen Einstellungen und ihr Auftreten zu erhalten.[283]

2. Eine nächste Aufgabe bestand im „Aufspüren von illegalen Umsiedlertreffen" in Gaststätten, öffentlichen Räumen und Privatwohnungen in der DDR, denn bisher „fanden diese Zusammenkünfte keinerlei Beachtung bei unseren Organen".[284] Die Organisatoren dieser Treffen waren ausfindig zu machen und strafrechtlich zu belangen. Mit dem „einfachen Teilnehmer der Umsiedlertreffen" sollten MfS-Mitarbeiter „aufklärende Gespräche" führen. Diese hätten sich in der Regel, so die Erfahrung der Staatssicherheit, als ausreichend erwiesen, um die „ehemaligen Umsiedler" von weiteren Zusammenkünften abzubringen.[285] Über alle stattgefundenen Vertriebenentreffen in den Bezirken hatten unverzüglich Berichte an die MfS-Zentrale in Ost-Berlin zu erfolgen.

3. In den Augen des MfS galt es besonders gründlich zu untersuchen, ob und welche „Umsiedler" regelmäßig zu den Vertriebenentreffen nach West-Berlin reisten. Die Staatssicherheit wünschte eine genaue namentliche Erfassung von DDR-Teilnehmern an den „Revanchistentreffen in Westdeutschland und Westberlin".[286]

4. Die „Abteilung M" des Staatssicherheitsdienstes – das war die Post- und Paketkontrolle – auf Republiks-, Bezirks- und Kreisebene wurde angewiesen, das Verschicken von Druckerzeugnissen, insbesondere der „Heimatzeitungen" der Landsmannschaften, von West-Berlin und der Bundesrepublik umfassender und lückenloser in die DDR zu kontrollieren und gegebenenfalls diese Sendungen abzufangen. Auch in diesem Punkt mußte das MfS zugeben: „Durch die Abteilung M werden viele Materialien bekannt, aus denen ersichtlich ist, daß ehemalige Umsiedler aus der DDR an Revanchistentreffen teilnehmen oder Verbindungen zu Funktionären der Landsmannschaften unterhalten. Diese Materialien wurden bisher ungenügend für die operative Arbeit genutzt."[287]

5. Die Berliner MfS-Zentrale erteilte des weiteren den Auftrag, die Suche und Anwerbung von „geeigneten Geheimen Mitarbeitern (GM) und Geheimen Informatoren (GI) aus den Kreisen der ehemaligen Umsiedler" zu forcieren. Diese MfS-Spitzel wurden drin-

---

[282] Vgl. Methoden, Struktur und Feindtätigkeit der Umsiedlerverbände und Landsmannschaften in Westdeutschland und Westberlin, 1956, in: BStU MfS BV Neubrandenburg 265, Bl. 2–118; Information über die Gefährlichkeit und Tätigkeit der revanchistischen Landsmannschaften in Westberlin und Westdeutschland, 1960, in: ebenda, AOP 11315/64, Bd. 3, Bl. 107–137.
[283] Vgl. Methoden, Struktur und Feindtätigkeit der Umsiedlerverbände und Landsmannschaften in Westdeutschland und Westberlin, 1956, in: BStU MfS BV Neubrandenburg 265, Bl. 40, 41.
[284] Ebenda, Bl. 41.
[285] Vgl. Information über die Gefährlichkeit und Tätigkeit der revanchistischen Landsmannschaften in Westberlin und Westdeutschland, Ende 1960, in: BStU MfS AOP 11315/64, Bd. 3, Bl. 130–132.
[286] Vgl. ebenda, Bl. 131; Methoden, Struktur und Feindtätigkeit der Umsiedlerverbände und Landsmannschaften in Westdeutschland und Westberlin, 1956, in: BStU MfS BV Neubrandenburg 265, Bl. 43.
[287] Information über die Gefährlichkeit und Tätigkeit der revanchistischen Landsmannschaften in Westberlin und Westdeutschland, Ende 1960, in: BStU MfS AOP 11315/64, Bd. 3, Bl. 137.

gend benötigt, um Wissen und Kenntnisse aus den „Umsiedlerkreisen" zu erhalten und möglichen Vertriebenenzusammenkünften in der DDR auf die Spur zu kommen. Über die geheimen MfS-Mitarbeiter sollten Verbindungen von „DDR-Umsiedlern" zu ostdeutschen Landsmannschaften in West-Berlin und in der Bundesrepublik in Erfahrung gebracht werden. Und nicht zuletzt suchte das Ministerium qualifizierte geheime Mitarbeiter aus „DDR-Umsiedlerkreisen", die man zur Informationsgewinnung, zur Spionage, zu Veranstaltungen und Treffen der bundesdeutschen Vertriebenenverbände entsenden oder sogar in die Landsmannschaften und den Bund Vertriebener Deutscher (BvD)/Bund der Vertriebenen (BdV) in West-Berlin und Westdeutschland einschleusen konnte.[288]

Aus diesen Gründen hielten es die zuständigen Offiziere der Staatssicherheit für notwendig, „Geheime Mitarbeiter" aus dem „Kreis ehemaliger Umsiedler […] bürgerlicher Herkunft" anzuwerben. Denn man hatte erkannt, daß den Vertriebenenverbänden, den „Landsmannschaften, Heimatkreisen usw. hauptsächlich bürgerliche Menschen, wie […] Unternehmer, Rechtsanwälte, Lehrer, Akademiker, Beamte oder auch Geschäftsleute vorstehen. […] Deshalb finden auch solche bürgerlichen Menschen [als GM und GI] entschieden mehr Anklang bei den Landsmannschaften und sind daher in der Lage, entschieden mehr [wichtige Informationen] in Erfahrung zu bringen."[289]

Alle vorhandenen „Geheimen Mitarbeiter", die selbst Vertriebene waren, sollten zudem dahingehend befragt und überprüft werden, ob sie über familiäre Verbindungen, Verwandte oder Bekannte, in Landsmannschaften oder Heimatkreisen West-Berlins oder Westdeutschlands verfügten, die eine Perspektive für eine geheimdienstliche MfS-Anwerbung bieten könnten.[290]

Als *Exkurs* sei erwähnt, daß eine nicht unwesentliche Aufgabe des Ministeriums für Staatssicherheit darin bestand, die westdeutschen Vertriebenenorganisationen geheimdienstlich zu beobachten, Informationen aus den Verbänden zu erhalten und sie in SED-spezifischer Weise mittels organisierter Propagandaaktionen für die Politik der DDR zu instrumentalisieren.[291]

Für diesen SED-Auftrag begann das MfS 1956[292] und verstärkt seit 1959 ein Agentennetz in den Vertriebenenorganisationen, insbesondere in denen West-Berlins, aufzubauen.[293] „Eine perspektivvolle Arbeit auf der Linie der Landsmannschaften wird sich hauptsächlich durch die Schaffung von inoffiziellen Mitarbeitern in Westberlin ergeben."[294]

---

[288] Vgl. Methoden, Struktur und Feindtätigkeit der Umsiedlerverbände und Landsmannschaften in Westdeutschland und Westberlin, 1956, in: BStU MfS BV Neubrandenburg 265, Bl. 40–43.
[289] Ebenda, Bl. 42.
[290] Vgl. ebenda.
[291] Die im Auftrag der SED-Führung laufende geheimdienstliche „Beobachtung und Bearbeitung" der bundesdeutschen Vertriebenenverbände durch das MfS soll hier nicht als Thema behandelt werden, da es gesondert ab Mitte 2007 als historisches Projekt von der Autorin erforscht wird.
[292] „Die Schaffung von Geheimen Informatoren ist bei der operativen Bearbeitung der […] Landsmannschaften eine unbedingte Hauptaufgabe. Bei der Auswahl […] muß in erster Linie auf Umsiedler zurückgegriffen werden, die jetzt Mitglieder unserer Partei [SED] sind." In: Methoden, Struktur und Feindtätigkeit der Umsiedlerverbände und Landsmannschaften in Westdeutschland und Westberlin, 1956, in: BStU MfS BV Neubrandenburg 265, Bl. 43.
[293] Vgl. MfS-Perspektivplan, 29. August 1959; in: BStU MfS AOP 11315/64, Bd. 1, Bl. 108–121; Gegenwärtige Situation auf dem Gebiet der Bearbeitung der revanchistischen Landsmannschaften, 19. November 1959, in: ebenda, Bl. 122–131; Plan zur Koordinierung auf der Linie Landsmannschaften, 1. Februar 1960, in: ebenda, Bl. 132–138.
[294] Perspektivplan, 29. August 1959, in: BStU MfS AOP 11315/64, Bd. 1, Bl. 109.

Diesen Plan von Mitte 1959 gedachte das MfS auf zwei Wegen umzusetzen: Einerseits wollte das Ministerium aus den Kreisen der Landsmannschaften „Inoffizielle Mitarbeiter" anwerben, und andererseits sollten „IMs" aus Ost-Berlin bzw. der DDR in die Vertriebenenverbände eingeschleust werden. Der Schwerpunkt lag auf den West-Berliner Verbänden. 1959 stellte das MfS fest, daß es gegenwärtig über neun „Geheime Informatoren (GI)" in Westberliner Landsmannschafts-Landesverbänden verfüge und zwar über drei in der Pommerschen, über jeweils zwei in der Ostpreußischen und in der Weichsel-Warthe-Landsmannschaft, und jeweils einen in der Westpreußischen und in der Schlesischen Landsmannschaft. Gar keine Verbindung, so gestand der Geheimdienst ein, habe man zur Zeit zur Sudetendeutschen, Baltendeutschen und Mark-Brandenburger (Ostbrandenburger) Landsmannschaft. Noch 14 weitere „GIs" könnten in kürzester Zeit eingesetzt werden, so ein Plan des Ministeriums, aber hier schien die Qualifikation der betreffenden Informanten fraglich. Die zuständigen Mitarbeiter der Staatssicherheit visierten das Ziel an, daß mindestens jeweils ein „fähiger IM" an für die Informationsbeschaffung, strukturell interessanter Position in jeder ostdeutschen Landsmannschaft zu plazieren sei.[295] Bei der Anwerbung von neuen Agenten sollte ein besonderes Augenmerk auf Besucher aus West-Berlin und der Bundesrepublik gelegt werden, die Mitglieder in Landsmannschaften seien und zugleich verwandtschaftliche Beziehungen in der DDR hätten.[296]

Ein besonderes Interesse entwickelte das MfS an der geheimdienstlichen „Aufklärung" der West-Berliner Zentrale der Vertriebenenverbände: „Die Zielstellung gegenüber den revanchistischen Landsmannschaften Westberlins wurde von der [Ministeriums-]Leitung [...] formuliert als Eindringen in das Haus der ostdeutschen Heimat, Berlin, Kaiserdamm."[297] Die Staatssicherheit orientierte auf die „Werbung von qualifizierten inoffiziellen Mitarbeitern" aus dem Kreis des hauptamtlichen Personals, welches im „Haus der ostdeutschen Heimat" beschäftigt sei. Diesen Plan wollte der Geheimdienst auf drei Wegen umsetzen: Zum einen wurden alle persönlichen Daten und beruflichen Belange der hauptamtlichen Mitarbeiter der West-Berliner Vertriebenenzentrale ausspioniert, um Ansätze für eine „Werbung" zu finden. Zum zweiten hatte das MfS bereits Erfahrungen und Erfolge mit der „Anschleusung weiblicher Geheimer Informanten". Darunter verstand man in DDR-Geheimdienstkreisen, daß zumeist weibliche „Geheime Mitarbeiter" des MfS intensive persönliche Kontakte zu leitenden männlichen Funktionären und Mitarbeitern der Vertriebenenzentrale in West-Berlin suchten und aufbauten. Und zum dritten dachte das MfS bei der Einschleusung von Spionen in das „Haus der ostdeutschen Heimat" in langfristigen Zeiträumen. Zunächst wollte man „IMs" in den einzelnen „Heimatkreisen" der Landsmannschaften anwerben bzw. in sie einschleusen. Diese hätten in der Folgezeit hervorragende Verbandsarbeit zu leisten, um in die Funktionärskreise der Landsmannschaften aufzusteigen mit dem Ziel, hauptamtlich im „Haus der ostdeutschen Heimat" angestellt zu werden.[298]

---

[295] Vgl. Perspektivplan, 29. August 1959, in: BStU MfS AOP 11315/64, Bd. 1, Bl. 110, 111; Gegenwärtige Situation auf dem Gebiet der Bearbeitung der revanchistischen Landsmannschaften, 19. November 1959, in: ebenda, Bl. 124–126.

[296] Vgl. Information über die Bearbeitung der revanchistischen Umsiedlerorganisationen, 6. Februar 1960, in: BStU MfS AOP 11315/64, Bd. 1, Bl. 151.

[297] Gegenwärtige Situation auf dem Gebiet der Bearbeitung der revanchistischen Landsmannschaften, 19. November 1959, in: BStU MfS AOP 11315/64, Bd. 1, Bl. 126.

[298] Vgl. ebenda, Bl. 127–129; Perspektivplan, 29. August 1959, in: BStU MfS AOP 11315/64, Bd. 1, Bl. 109; Methoden der Bearbeitung der revanchistischen Landsmannschaften in Westberlin, 1. Oktober 1959, in: ebenda, Bl. 118, 120, 121.

Der DDR-Staatssicherheitsdienst stellte zudem das „Haus der ostdeutschen Heimat" in West-Berlin unter fortlaufende Beobachtung. Anfang 1960 hatte er so in Erfahrung gebracht, daß diese Zentrale vom Kaiserdamm (Berlin-Charlottenburg) in die Stresemannstraße (Berlin-Kreuzberg) umzuziehen beabsichtigte. Sofort ging das MfS daran, „Geheime Mitarbeiter" in eine dem neuen Standort des „Hauses der ostdeutschen Heimat" gegenüberliegende Wohnung einzuquartieren. Die Überwachung des Besucherverkehrs und des täglichen Geschäftsganges der West-Berliner Vertriebenenzentrale wurde damit gewährleistet.[299] Mit besonderem Argwohn registrierte der Staatssicherheitsdienst den regen Besucherverkehr aus Ost-Berlin und den anliegenden DDR-Bezirken im „Haus der ostdeutschen Heimat". Wöchentlich kämen bis zu 1 000 „ehemalige Umsiedler aus der DDR", registrierten die MfS-Beobachter, um sich dort zu informieren, Kontakte zu knüpfen oder sich beraten zu lassen.[300]

Es kann als sicher gelten, daß es dem DDR-Ministerium für Staatssicherheit gelang, in den ostdeutschen Landsmannschaften und im West-Berliner Landesverband der Vertriebenen ihre „Inoffiziellen Mitarbeiter" zu positionieren.

Am meisten aber, das soll nochmals hervorgehoben werden, interessierte sich das Ministerium für Staatssicherheit Mitte der 1950er Jahre – wenn es um die westdeutschen und West-Berliner Vertriebenenorganisationen ging – für die sogenannten Westverbindungen von „ehemaligen DDR-Umsiedlern". Diese sollten aufgedeckt, kontrolliert und unterbunden oder aber für die eigene Geheimdienstarbeit genutzt werden.

Erste Geheimdienstmitarbeiter schickte das MfS 1952 zu Veranstaltungen von Landsmannschaften und ihren Heimatkreisen nach West-Berlin. Es folgten Analysen über den (West-) „Berliner Landesverband der Heimatvertriebenen".[301] Die ersten Berichte der zumeist Ost-Berliner „Geheimen Informatoren" schilderten unpolitisch gehaltene Heimatkreis-Treffen und verwiesen darauf, daß die zusammengekommenen Flüchtlinge und Vertriebenen die Hoffnung auf die „Rückkehr in die alte Heimat" noch nicht aufgegeben hätten.[302] Die Treffen der Heimatkreise der einzelnen Landsmannschaften in West-Berlin fanden monatlich, meistens am Wochenende, statt, um auch den „DDR-Umsiedlern" eine Möglichkeit zur Teilnahme zu geben. Ein MfS-Bericht vom Februar 1955 meinte über diese Heimatkreiszusammenkünfte: „Bei der Durchführung dieser Treffen wird zu Anfang vom Vorsitzenden ein kurzes Referat gehalten, in dem Hetze gegen die Sowjetunion, die Volksdemokratien und die DDR betrieben wird. Weiter wird davon gesprochen, daß sie ihre alte Heimat nicht aufgeben sollten, denn sie kämen in diese Gebiete zurück. Die ganze Art [...] ist eine ideologische Vorbereitung auf einen neuen Krieg. Im Anschluß [daran ...] wird ein sogenannter gemütlicher Teil angeschlossen, zu dem Lieder und Gedichte vorgetragen werden und getanzt wird."[303]

---

[299] Vgl. Plan zur Koordinierung auf der Linie der Landsmannschaften, 1. Februar 1960, in: BStU MfS AOP 11315/64, Bd. 1, Bl. 133, 134.
[300] Vgl. ebenda, Bl. 139–145; Übersicht über den „Berliner Landesverband der Vertriebenen", Stand 1966, in: BStU MfS, Ast. Magdeburg XX 2606, Bl. 2–5.
[301] Vgl. Analyse der Umsiedlerorganisationen – Landsmannschaften, 24. Mai 1952; Analysen über Landsmannschaften, 1955, beide in: BStU MfS AOP 11315/64 Bd. 3, Bl. 16, 44–46, 75–77.
[302] Vgl. GI-Berichte: 7. April 1952, 6. Januar 1954, 7. Juli 1955, in: BStU MfS AOP 11315/64, Bd. 1, Bl. 27–60.
[303] MfS-Monatsbericht über Umsiedlerorganisation, 2. Februar 1955, in: BStU MfS AOP 11315/64, Bd. 3, Bl. 427.

Umfassendere Informationen sammelte das MfS erstmals über die zentrale Veranstaltung der Vertriebenen in der West-Berliner „Waldbühne", den „Tag der Deutschen", am 10./11. September 1955.[304] Der „Verband der Landsmannschaften" und der West-„Berliner Landesverband der Vertriebenen" hatten diesen „Tag der Deutschen" organisiert und unter das Motto gestellt: „Zehn Jahre sind seit der willkürlichen Zerreißung Deutschlands und seit der Vertreibung der Ost- und Südostdeutschen aus ihrer angestammten Heimat vergangen. In [...] Berlin fordern die Deutschen aus Ost und West die Wiederherstellung der Einheit Deutschlands in Freiheit und die Verwirklichung des Rechtes auf die angestammte Heimat."[305]

Die Berliner MfS-Zentrale verfügte über genaue Listen der Lokale, wo sich die Teilnehmer nach der zentralen Vertriebenenveranstaltung in der „Waldbühne" nach Landsmannschaften und Heimatkreisen zusammenfanden. Je nach Größe der ostdeutschen Landsmannschaften gab es eine unterschiedlich große Anzahl an Heimatkreisen und ihren Treffpunkten. So war die Landsmannschaft der Danziger nicht weiter untergliedert und traf sich in den Friedrichs-Festsälen in Berlin-Spandau. Die Landsmannschaft Ostpreußen hingegen hatte 22 Heimatkreise mit unterschiedlichen Treff-Zeiten und Lokalen. Die ehemaligen Insterburger z. B. trafen sich am 11. September 1955, um 15 Uhr, im Lokal „Preußenhof" in Berlin-Charlottenburg.[306] Die Berichte der MfS-Informanten schilderten hauptsächlich den äußeren Rahmen der zentralen Großveranstaltung und resümierten: „Alle Landsmannschaften lehnen den Faschismus ab. Alle Redner, welche zur Kundgebung sprachen, vermieden es, eine offene Hetze zu betreiben."[307]

Die Berichte und politischen Wertungen der Staatssicherheit über die Treffen der Vertriebenen in West-Berlin wurden von Jahr zu Jahr schärfer und aggressiver. Zum „Tag der Heimat", dem Treffen der Landsmannschaften am 19. September 1958 in der „Waldbühne", kamen 25 000 Vertriebene zusammen. Die dorthin entsandten „Geheimen Informatoren" der Staatssicherheit meinten, 30 Prozent der Teilnehmer, also zirka 8 000, kämen aus Ost-Berlin und der DDR: „Durch die verschiedenen Inoffiziellen Mitarbeiter wurde festgestellt, daß die Züge aus dem demokratischen Sektor [Ost-Berlin] überfüllt waren und daß ungefähr ein Drittel der Teilnehmer aus der DDR und dem demokratischen Sektor waren. Namen [...] [konnten] nicht festgestellt" werden.[308] Die MfS-Spitzel werteten durchaus zutreffend das Treffen zum „Tag der Heimat" als eine gegen die DDR und gegen die Anerkennung der Oder-Neiße-Grenze gerichtete politische Veranstaltung. Sie beklagten, daß auf den von ihnen besuchten Heimatkreistreffen keine Gespräche mit Vertriebenen zustande kamen, weil diese sich ausschließlich nur mit den ihnen bekannten Personen unterhalten hätten.[309]

Zu Pfingsten 1958 und 1959, Ende Oktober 1960 und im April 1961 fanden in West-Berlin „Ostpreußentreffen" statt. Auch zu diesen Veranstaltungen kam ein Drittel der Besucher aus der DDR[310], zum Ostpreußentreffen 1959 etwa 7 000 ehemalige Ostpreußen,

---

[304] Vgl. Tag der Deutschen, Berlin, 11. September 1955, in: BStU MfS AOP 11315/64, Bd. 1, Bl. 62–85.
[305] Ebenda, Bl. 63.
[306] Vgl. ebenda, Bl. 67–70.
[307] Ebenda, Bl. 73.
[308] Auswertung „Tag der Heimat", 15. September 1958, in: BStU MfS AOP 11315/64, Bd. 2, Bl. 162.
[309] Vgl. Landsmannschaftstreffen am 14. September 1958 in der „Waldbühne"; GI-Bericht vom „Tag der Heimat", 15. September 1958, in: BStU MfS AOP 11315/64, Bd. 2, Bl. 164–168, 180.
[310] Vgl. GI-Berichte zu Ostpreußentreffen, 20. Mai 1959, 13. April 1961, 7. Juni 1958, 31. Oktober 1960, in: BStU MfS AOP 11315/64, Bd. 1, Bl. 152–160; Kaisers internes Programm für Umsiedlertreffen: Revanchehetze und Agentenwerbung, 1959, in: ebenda, ZAIG 9705, Bl. 370–372.

die nun in der DDR bzw. in Ost-Berlin lebten. Nach wie vor interessierte sich das MfS für die Personalien der DDR-Teilnehmer an den Ostpreußentreffen. Es gelang zunächst nur in wenigen Fällen, diese Personen namhaft zu machen.[311] Der Staatssicherheitsdienst mußte auch feststellen, daß es Landsmannschaftstreffen wie das der Pommern 1959 in West-Berlin gab, an denen bis zu 80 Prozent „ehemalige Umsiedler" aus der DDR, vor allem aus den Bezirken Potsdam, Frankfurt/O., Cottbus und Neubrandenburg, teilgenommen hatten.[312]

Die Berichte der nach West-Berlin gesandten MfS-Informatoren unterschieden sich in ihren Aussagen. Während einige wiedergaben, daß viele Treffen mehr einem „Kaffeeklatsch" glichen und auch die „Hetzreden vom Vorstand ohne Beifall hingenommen" wurden, meinten andere, daß beim Vertriebenentreffen im September 1960 die „Waldbühne" zu 60 Prozent mit „Revanchisten" besetzt gewesen sei. Wieder andere berichteten, daß zum Treffen in der Waldbühne 1960 viel weniger Teilnehmer als 1959 gekommen waren; zu zwei Dritteln wären ältere Frauen anwesend gewesen. Junge Leute hätten kaum teilgenommen.[313] Die von den „IMs" angesprochenen DDR-Teilnehmer hätten mehrheitlich glaubhaft geäußert, die Veranstaltung zu besuchen, um Freunde und Bekannte zu treffen.[314]

Triumphierend konnte die zentrale Informationsabteilung des MfS der SED-Führung – konkret dem Ersten Sekretär der SED, Walter Ulbricht, dem ZK-Sekretär für Sicherheitsfragen, Erich Honecker, und dem 1. Sekretär der SED-Bezirksleitung von Ost-Berlin, Paul Verner, – im August bzw. September 1962 mitteilen, daß die „Grenzsicherungsmaßnahmen vom 13. August 1961" dazu geführt hätten, daß die Teilnehmerzahl zum „Tag der Heimat" am 1./2. September 1962 in West-Berlin durch das Wegbleiben der DDR-„Umsiedler" deutlich zurückgegangen sei.[315] So hieß es: „Das Fehlen der DDR-Bürger bei diesen Revanchistentreffen ließ die Teilnehmerzahl bis um 50 Prozent sinken. [Bereits] am ‚Tag der Heimat' im September 1961 war eine wesentlich schwächere Beteiligung zu verzeichnen. Beim ‚Tag Berlin – Mark Brandenburg' im Juni 1962 waren im Verhältnis zu den vergangenen Jahren, wo bis zu 30 000 Personen teilnahmen, nur etwa 2 000 bis 3 000 Besucher anwesend."[316] Das ließ Rückschlüsse auf die hohe Zahl von Teilnehmern aus der DDR bei den früheren Treffen zu.

Gerade auch die in West-Berlin stattfindenden Bundestreffen der Landsmannschaft Berlin – Mark Brandenburg, darin organisierten sich vertriebene ehemalige Ostbrandenburger, aber auch „republikflüchtige" Brandenburger und Ost-Berliner, konnten sehr viele Besucher aus der DDR vorweisen. Beim Bundestreffen im Juni 1960 kamen von 20 000 Teilnehmern immerhin die Hälfte, etwa 10 000 „ehemalige Umsiedler", aus der DDR.[317]

---

[311] Vgl. Ostpreußentreffen, Pfingsten, 20. Mai 1959, in: BStU MfS AOP 11315/64, Bd. 1, Bl. 152.
[312] Vgl. Information über die Gefährlichkeit und Tätigkeit der revanchistischen Landsmannschaften in Westdeutschland […], Ende 1960, in: BStU MfS AOP 11315/64, Bd. 3, Bl. 122; Perspektivplan, 29. August 1959, in: ebenda, Bd. 1, Bl. 108;
[313] Vgl. GI-Berichte vom 8. September 1959; 4., 5., 6., 7. September 1960; 2. und 11. August 1961; in: BStU MfS AOP 11315/64, Bd. 2, Bl. 33–36, 40–43, 78–81, 99, 100–102, 188, 189, 246, 247, 248–255.
[314] Vgl. GI-Berichte vom 4., 5. und 6. September 1960, in: BStU MfS AOP 11315/64, Bd. 1, Bl. 193–225.
[315] Vgl. Revanchistische Hetzveranstaltung in Westberlin, in: BStU MfS ZAIG 647, Bl. 1–4.
[316] Revanchistisches Treffen am 2. September 1962 in der Westberliner „Waldbühne", in: BStU MfS ZAIG 9705, Bl. 367; Einzelinformation über in Westberlin durchgeführte revanchistische Veranstaltungen, 4. September 1961, in: ebenda, ZAIG 511, Bl. 1–4.
[317] Vgl. Bevorstehende Bundestreffen der Landsmannschaft Berlin – Mark Brandenburg in Westberlin, 31. Mai 1961, in: BStU MfS ZAIG 423, Bl. 1, 2; Treffen der LM Berlin – Mark Brandenburg, 17.–19. Juni 1960, in: ebenda, MfS-BdL/Dok. 003049, Bl. 11, 12.

2. „Umsiedler" in der DDR 73

Diese hohe Zahl veranlaßte die DDR-Sicherheitskräfte, „verschiedene Maßnahmen einzuleiten, um die Teilnahme von Bürgern aus der DDR an [diesen] verschiedenen Veranstaltungen weitgehendst zu unterbinden".[318]

DDR-Regierung und SED-Spitze fühlten sich regelmäßig durch die zentralen bundesdeutschen Vertriebenentreffen in West-Berlin provoziert und ergriffen ihrerseits Gegenmaßnahmen.[319] So ordnete das SED-Politbüro bezüglich der Veranstaltung des „Bundes der Vertriebenen" zum „Tag der Heimat" am 3. und 4. September 1960 verschiedene Aktionen an. Neben einer Propagandaoffensive in Presse und Rundfunk – nach dem Motto „Mißbrauch Westberlins für Kriegs- und Revanchehetze"[320] – versuchte die DDR, die Durchreise von Bundesbürgern nach West-Berlin zum „Tag der Heimat" zu behindern.[321] Reisebusse beispielsweise, die mit Teilnehmern zum zentralen Vertriebenentreffen von der Bundesrepublik durch die DDR nach West-Berlin fuhren, wurden drangsalierenden und zeitintensiven Kontrollen unterzogen. Beim MfS existierten MfS, wonach „bei Feststellung revanchistischer Losungen an den Autobussen [Fahnen, Wimpel, Trachten …] die Fahrtteilnehmer wegen Verstoßes gegen die Gesetze der DDR bestraft, zurückgeschickt und eventuell die Fahrzeuge beschlagnahmt werden" sollten. „In den Autobussen, wo das Mitführen revanchistischer Losungen […] nach außen hin nicht sichtbar ist, aber dem MfS entsprechende Hinweise vorliegen, müßte eine gründliche Gepäckkontrolle erfolgen."[322] Um kein öffentliches Aufsehen und politische Konflikte kurz nach der unlängst beigelegten Berlin-Krise zu riskieren, beließ es die DDR bei schikanösen Kontrollen der Durchreisenden.

Der DDR-Innenminister ordnete aber am 31. August 1960 an, daß allen Bürgern der Bundesrepublik, die nachweislich zu den Teilnehmern des Vertriebenentreffens gehörten, das Betreten der „Hauptstadt der DDR – Berlin" verboten wurde.[323]

Die Mitarbeiter der Staatssicherheit erhielten von ihrem Minister Erich Mielke bzw. dessen Stellvertreter Bruno Beater[324] die Weisung, alles „zur Verhinderung der Teilnahme von Bürgern der DDR und des demokratischen Sektors [Ost-Berlin] am ‚Tag der Heimat'" zu unternehmen.[325] Alle „IMs" in „Umsiedlerkreisen" sollten mit potentiellen DDR-Teilnehmern „aufklärende Gespräche" mit dem Ziel führen, sie von der Fahrt nach West-Berlin und der Beteiligung am Vertriebenentreffen abzubringen. Die Volks- und Transportpolizei

---

[318] Ebenda, Bl. 2.
[319] Das MfS fertigte Wochenberichte mit Orten und Terminen über jeweils geplante Treffen von Landsmannschaften und Vertriebenenverbänden. In: BStU MfS ZAIG 4382, Bl. 1–16, 50–67.
[320] Vgl. Pressekampagne im Neuen Deutschland: Politbüro-Protokoll, 30. August 1960, in: SAPMO-BA DY 30 J IV 2/2/718, Bl. 10–12.
[321] Der Minister des Innern hat befohlen, „Bürgern der Bundesrepublik, die im Verdacht stehen, an Revanchistentreffen in Westberlin teilnehmen zu wollen, die Durchreise durch die DDR […] in der Zeit vom 31. August bis 4. September 1960 nicht zu gestatten". MfS-Befehl Nr. 421/60, 30. August 1960, in: BStU MfS-BdL/Dok. 000658, Bl. 2.
[322] Vorschlag zum bevorstehenden Bundestreffen der Landsmannschaft Berlin – Mark Brandenburg in Westberlin, 31. Mai 1961, in: BStU MfS ZAIG 423, Bl. 4.
[323] Vgl. Anordnung des Innenministers: Politbüro-Protokoll, 30. August 1960, in: SAPMO-BA DY 30 J IV 2/2/718, Bl. 12; Befehl des Präsidenten der Volkspolizei Berlin, 30. August 1960, in: BStU MfS-BdL Dok. 015585, Bl. 1–7.
[324] Bruno Beater (1914–1982), seit April 1950 Mitarbeiter des MfS, seit 1955 Stellvertretender Minister. Vgl. Wer war wer in der DDR?, S. 51.
[325] Vgl. Stellvertreter des MfS-Ministers: Revanchistentreffen am 4. September 1960 in Westberlin, in: BStU MfS-BdL/Dok. Nr. 000658, Bl. 1.

der DDR erhielt den Auftrag, verstärkte Kontrollen in Zügen und auf den Straßen durchzuführen, um „solche Personen, die beabsichtigen, am Treffen teilzunehmen, in ihre Heimatorte zurückzuschicken, namentlich zu erfassen und der entsprechenden MfS-Bezirksverwaltung mitzuteilen".[326] Zudem sollten alle „ehemaligen Umsiedler" für die Zeit des Vertriebenentreffens keine offizielle Besuchserlaubnis für Westdeutschland erhalten. All dies hatte aber ohne jedes öffentliche Aufsehen zu erfolgen, so die MfS-Anweisung: Die „Maßnahmen sind so durchzuführen, daß keine Unruhe unter der Bevölkerung entsteht".[327]

Die MfS-Zentrale in Ost-Berlin sandte ein größeres Aufgebot von Spitzeln zum „Tag der Heimat" am 4. September 1960 nach West-Berlin. Die insgesamt 124 „Geheimen Informatoren" hatten sowohl die Großveranstaltung in der „Waldbühne" als auch die sich anschließenden Treffen der einzelnen Landsmannschaften und ihrer Heimatkreise zu besuchen.[328] Für die Landsmannschaft Schlesien kamen 33 „IMs" zum Einsatz, für die Landsmannschaft Ostbrandenburg/Neumark 16, für die Pommersche Landsmannschaft 29, für die Landsmannschaften Ostpreußen 31 und Westpreußen fünf „Inoffizielle Mitarbeiter", für die Sudetendeutschen auch fünf, für die Landsmannschaft Wartheland vier und für die Landsmannschaft der Buchenlanddeutschen ein „IM".[329] Der MfS-Auftrag dieser Aktion lautete: „1. Feststellung von Personen aus dem demokratischen Sektor [Ost-Berlin] bzw. der DDR, die an dem revanchistischen Treffen in Westberlin teilnehmen. 2. Feststellung einiger allgemeiner Angaben wie Stärke, politische Aktivität usw. der Heimatkreisgruppe, an die die IMs angesetzt werden."[330]

In den Tagen nach der Vertriebenen-Veranstaltung erfolgten umfassende Vorladungen und Gespräche durch Polizei und Staatssicherheit mit allen namentlich ermittelten DDR-Teilnehmern am „Tag der Heimat". Es war den MfS-Spitzeln aber nur in wenigen Fällen gelungen, die Personalien der DDR-Teilnehmer am West-Berliner Vertriebenentreffen in Erfahrung zu bringen. Insgesamt ermittelten sie die Personendaten von 26 Ost-Berlinern und elf weiteren DDR-Bürgern.[331] Weitere Hinweise in Form von Fotografien lagen über sieben Personen vor. Drei Teilnehmer am West-Berliner Vertriebenentreffen wurden bei ihrer Rückreise direkt an der Sektorengrenze in Berlin festgenommen und in einem Schnellverfahren abgeurteilt.[332] 14 „ehemalige Umsiedler" wurden von der Polizei vernommen und wieder entlassen. „da ihnen eine Teilnahme an dem revanchistischen Treffen nicht nachweisbar war."[333] Und über 14 weitere Befragte, die in verschiedenster Form nachweislich über Beziehungen zu einer bestimmten Landsmannschaft in West-Berlin verfügten, lag Material vor. Hier wollte die Staatsicherheit noch prüfen, inwieweit man einige der befragten „Umsiedler" als „IM" gewinnen oder für Desinformationsaktionen nutzen könnte.[334]

---

[326] Ebenda, Bl. 2.
[327] Ebenda.
[328] Vgl. Aufstellung der IM der Verwaltung Groß-Berlin, die zum „Tag der Heimat" in Westberlin zum Einsatz gelangen sollen, 31. August 1960, in: BStU MfS AOP 11315/64, Band 2, Bl. 224–239.
[329] Vgl. ebenda.
[330] Ebenda, Bl. 224.
[331] Vgl. Stand der Auswertung des angefallenen operativen Materials während des Revanchistentreffens am 4. September 1960, 9. September 1960, in: BStU MfS AOP 11315/64, Band 2, Bl. 242, 243.
[332] Wie das Urteil konkret aussah, geht aus den Unterlagen nicht hervor.
[333] Stand der Auswertung des angefallenen operativen Materials während des Revanchistentreffens am 4. September 1960, 9. September 1960, in: BStU MfS AOP 11315/64, Bd. 2, Bl. 243.
[334] Vgl. ebenda, Bl. 243.

2. „Umsiedler" in der DDR 75

Auch für 1961 plante das Staatssicherheitsministerium ein ähnliches Vorgehen gegen den „Tag der Heimat" am 3. September in der West-Berliner „Waldbühne".[335] In der letzten Juliwoche 1961 stellte die Ost-Berliner MfS-Zentrale einen Maßnahmeplan auf.[336] Der Ost-Berliner Geheimdienst wollte wieder mit etwa 80 „qualifizierten Inoffiziellen Mitarbeitern" die rund 150 Heimatkreise der Landsmannschaften beobachten, um zuallererst „Bürger der DDR festzustellen, die das Treffen in Westberlin besuchen".[337] Auch die für das „Sachgebiet Umsiedler" zuständigen MfS-Mitarbeiter der Abteilung V/3 hatten keine Kenntnis über die Schließung der Grenze am 13. August 1961. Die Folge war, daß zum „Tag der Heimat" nur sechs „IM" zum Einsatz kamen, darunter drei „konspirative Fotografen".[338]

Dem DDR-Sicherheitsapparat machte nicht nur die Teilnahme von „Umsiedlern" an Veranstaltungen der Vertriebenen vor allem in West-Berlin zu schaffen, sondern auch die aktive Mitwirkung der DDR-„Umsiedler" in den Vertriebenenverbänden. DDR-„Umsiedler" führten vermehrt Anfragen und Aufträge der Landsmannschaften aus. So unterstützten sie den Aufbau der sogenannten Heimatkarteien der Landsmannschaften.[339] Die Heimatkarteien sollten dem landsmannschaftlichen Zusammenhalt in der Bundesrepublik, aber auch über die deutsch-deutsche Grenze hinweg dienen. Sie wurden von den Landsmannschaften auch deshalb geführt, um Kriegs- und Vertreibungsverluste rekonstruieren zu können und nicht dokumentierte Forderungen im Lastenausgleichsverfahren von ehemaligen Miteinwohnern bezeugen zu lassen. Zahlreiche DDR-Besucher hätten sich nach Recherchen des MfS auf West-Berliner Landsmannschaftstreffen umfassend am Aufbau und der Vervollständigung solcher Heimatkarteien beteiligt.[340]

Seit Anfang der 1950er Jahre war jede ostdeutsche Landsmannschaft in der Bundesrepublik systematisch damit befaßt, „Heimatortskarteien" (bzw. Heimatkarteien) über großangelegte Befragungsaktionen anzulegen. Da diese Gesamterhebung auch die DDR und die dort ansässig gewordenen Vertriebenen mit einschließen sollte und mußte, waren die West-Berliner Landesverbände der Landsmannschaften beauftragt, diese Informationen aus der DDR zu beschaffen. Dabei fand der Staatssicherheitsdienst heraus, daß es der ostpreußischen Landsmannschaft in jahrelanger Arbeit gelungen war, umfangreiches Zahlen- und Personendatenmaterial aus der DDR zu beschaffen.[341] Die Landsmannschaft Ostpreußen hatte sich auf diese Weise einen guten Überblick über das Verbleiben ihre „Landsleute" in West- und Ostdeutschland schaffen können.[342] Noch 1960 konstatierte das MfS, daß die

---

[335] Vgl. Maßnahmeplan zum „Tag der Heimat" am 3. September 1961 in Westberlin, 25. Juli 1961, in: BStU MfS AOP 11315/64, Bd. 2, Bl. 276–280.
[336] Vgl. ebenda, Bl. 276.
[337] Ebenda, Bl. 277.
[338] Vgl. Einsatz von inoffiziellen Mitarbeitern zum „Tag der Heimat" in Westberlin, 23. August 1961, in: BStU MfS AOP 11315/64, Bd. 2, Bl. 281; Abschlußbericht über den „Tag der Heimat", 4. September 1961, in: ebenda, Bl. 299–303.
[339] Vgl. Übersicht über den „Berliner Landesverband der Vertriebenen", Stand 1966, in: BStU MfS Ast. Magdeburg XX 2606, Bl. 17.
[340] Vgl. Information über die Gefährlichkeit und Tätigkeit der revanchistischen Landsmannschaften in Westdeutschland und die sich daraus für das MfS ergebenden Aufgaben […], Ende 1960, in: BStU MfS AOP 11315/64, Bd. 3, Bl. 122–126.
[341] Vgl. Reise nach Hamburg zu Werner Guillaume vom 21.–23. März 1956: Gesamterhebung Heimatvertriebener, in: BStU MfS AOP 11315/64, Bd. 1, Bl. 90, 91.
[342] Vgl. ebenda, Bl. 89–92.
Ging es um die ostpreußische Landsmannschaft, ebenso die Landsmannschaften der Balten- oder Wolgadeutschen, wurden alle Informationen an die Sowjetunion weitergeleitet. Vgl. ebenda, Bl. 87.

Landsmannschaften weiterhin dabei waren, „umfangreiches Adressenmaterial über Umsiedler aus der DDR zu sammeln und in die sogenannten Heimatkarteien einzugliedern. Dies geschieht durch die Verschickung von Erfassungsbogen, auf welchen frühere oder jetzige Bekannte mit Angabe genauer Personalien, früherer und heutiger Wohnsitz, Vermögen usw. genannt werden sollen. Dies geschieht hauptsächlich auf postalischem Wege. Es häufen sich jedoch Beispiele, wo Bürger der DDR umfangreiches Adressenmaterial im Auftrage verschiedener Landsmannschaften sammeln und dieses nach Westberlin und Westdeutschland bringen."[343]

Des weiteren hatte die Staatssicherheit beobachtet, daß „ehemalige Umsiedler" vermehrt als Touristen in die Westgebiete Polens und in die ČSR fuhren, um im Auftrag von Landsmannschaften Fotoaufnahmen und Reisebeschreibungen über ehemalige deutsche Orte anzufertigen, die dann in den jeweiligen Zeitschriften, den „Heimatblättern", veröffentlicht wurden. Und nicht zuletzt stellte der ostdeutsche Geheimdienst fest, daß auf den Veranstaltungen und in den Publikationen die Vertriebenenverbände die finanziellen Leistungen der Bundesrepublik aus dem Lastenausgleich propagierten.[344] Das habe in der DDR dazu geführt, kommentierte der Geheimdienst ärgerlich, daß „Umsiedler mit ungerechtfertigten Forderungen an die Staatsorgane der DDR herantraten", d. h. daß sie einen Lastenausgleich auch für „ehemalige Umsiedler" in der DDR forderten und damit für Unruhe unter der Bevölkerung, insbesondere unter den Vertriebenen, sorgten.[345]

Das Ministerium für Staatssicherheit mußte 1960 erkennen, daß Einfluß und Wirkung der bundesdeutschen Vertriebenenverbände in der DDR nicht unerheblich und von ihnen bisher unterschätzt worden waren. Dem MfS und der SED wurde das „Sicherheitsproblem Umsiedler" wieder einmal bewußt. Die Staatssicherheit urteilte: „Im Verhältnis zur Gefährlichkeit der revanchistischen Landsmannschaften ist der gegenwärtige Stand der operativen Aufklärungs- und Abwehrtätigkeit sowohl nach Westberlin und Westdeutschland als auch innerhalb der ehemaligen Umsiedlerkreise im Gebiet der DDR als ungenügend zu betrachten. [...] Es muß gesagt werden, daß die Rolle und die Bedeutung des Revanchismus als Ideologie des Bonner Staates, der insbesondere von den revanchistischen Landsmannschaften in Westberlin und Westdeutschland auf die ehemaligen Umsiedler im Gebiet der DDR ausgeübt wird, nicht richtig erkannt" wurde.[346]

Auch der Fünf-Punkte-Maßnahmenkatalog zur „Bearbeitung der Landsmannschaften und Umsiedlerkreise", den die MfS-Zentrale an ihre Bezirksverwaltungen 1956 ausgegeben hatte, war nicht zur Zufriedenheit der Ministeriumsspitze und der SED-Führung umgesetzt worden. 1960 gestand man sich in Ost-Berlin ein, daß die „Überprüfung der Sachgebiete Umsiedler in den Bezirksverwaltungen ergaben, daß noch nicht in jedem Fall ein Überblick über die vorhandenen Umsiedlerkonzentrationen im [jeweiligen] Bezirk vorhanden ist".[347] Und dieser fehlende Überblick erschwerte nach Meinung der MfS-Verantwortlichen die gezielte Bearbeitung, insbesondere die Bekämpfung der vermeintlichen

---

[343] Information über die Gefährlichkeit und Tätigkeit der revanchistischen Landsmannschaften in Westdeutschland und die sich daraus für das MfS ergebenden Aufgaben, Ende 1960, in: BStU MfS AOP 11315/64, Bd. 3, Bl. 124.
[344] Vgl. ebenda, Bl. 122–126.
[345] Vgl. ebenda, Bl. 124.
[346] Ebenda, Bl. 129, 130.
[347] Information über die Bearbeitung der revanchistischen Umsiedlerorganisationen, 6. Februar 1960, in: BStU MfS AOP 11315/64, Bd. 1, Bl. 146.

Zusammenkünfte der „Umsiedler" in der DDR und vor allem ihrer Kontakte zu den Vertriebenenverbänden in der Bundesrepublik und in West-Berlin.

Nach der Grenzschließung in Berlin am 13. August 1961 gab die Zentrale des Staatssicherheitsministeriums am 1. September 1961 eine weitere Direktive an ihre Bezirksverwaltungen zur „operativen Abwehrarbeit" des Einflusses der bundesdeutschen Vertriebenenverbände bezüglich der „Umsiedler" in der DDR heraus.[348] Die Aufgaben ließen sich in drei großen Komplexen zusammenfassen:

1. Die Erfassung sämtlicher „Umsiedler" in der sogenannten Kerblochkartei[349], die „bisher an Revanchistentreffen in Westberlin und Westdeutschland teilnahmen", die in „brieflicher Verbindung mit den Landsmannschaften und deren Gliederungen stehen" oder die „negativ über die Oder-Neiße-Friedensgrenze oder andere Umsiedlerprobleme diskutieren".[350]

2. Das Registrieren jeder „Umsiedler"-Konzentration in den einzelnen Bezirken, die „Absicherung der Konzentrationen durch Inoffizielle Mitarbeiter" und die geheimdienstliche „Bearbeitung von negativ in Erscheinung tretenden ehemaligen Umsiedlern".[351]

3. Eine Intensivierung der Geheimdienstarbeit hinsichtlich der Erkenntnisgewinnung über Aufgaben, Struktur und Personal der Landsmannschaften und des „Bundes der Vertriebenen" in der Bundesrepublik; Erstellung von Dossiers über Vertriebenenfunktionäre und Vertriebenenorganisationen; Anwerbung von „Personen, die eine Perspektive als „Inoffizielle Mitarbeiter" besitzen.[352]

Für die Offiziere des Staatssicherheitsdienstes auf Bezirks- und Kreisebene bedeutete diese Direktive, „die noch immer vorhandene Unterschätzung des westdeutschen Revanchismus' und der Bearbeitung der ehemaligen Umsiedler" in der DDR zu überwinden sowie einen regelmäßigen Informationsaustausch zwischen den einzelnen Abteilungen zu gewährleisten. Ein Mal monatlich hatte auf der MfS-Kreis- und Bezirksebene eine Arbeitsauswertung zum Sachgebiet „ehemalige Umsiedler" zu erfolgen.[353]

Aus dem Schwerpunktbezirk Neubrandenburg[354] berichtete die MfS-Bezirksverwaltung zwischen 1960/61 und 1965 zum „Sachgebiet Umsiedler" interessante Fakten und ihre Bearbeitungsergebnisse. Als Schwerpunkte in „Sachen ehemalige Umsiedler" bezeichnete das MfS solche Städte, Kreise und Gemeinden, wo „Umsiedler"-Treffen und Zusammenkünfte durchgeführt wurden, wo vermehrt Propaganda für die Rückkehr in die alte Heimat und gegen die Oder-Neiße-Grenze auftrat, wo die „Republikflucht" von „Umsiedlern" bis August 1961 besonders hoch war, und letztlich da, „wo es Schwierigkeiten bei der sozia-

---

[348] Vgl. Direktive zur Bekämpfung der politisch-ideologischen Diversion unter Berücksichtigung des Einflusses des Revanchismus' – ausgehend vom „Bund der Vertriebenen", 1. September 1961, in: BStU MfS BV Neubrandenburg XX 254, Bl. 76–79.
[349] Kerblochkartei (KLK) – Datenträger zur Erfassung, Speicherung „operativ bedeutsamer" Informationen auf der Grundlage eines Schlüsselplanes in Form einer Personenkartei und einer Deliktkartei (später auch einer Personenkartei für die BRD und einer Kfz-Kartei). Vgl. Abkürzungsverzeichnis, S. 51.
[350] Direktive zur Bekämpfung der politisch-ideologischen Diversion unter Berücksichtigung des Einflusses des Revanchismus' – ausgehend vom „Bund der Vertriebenen", 1. September 1961, in: BStU MfS BV Neubrandenburg XX 254, Bl. 77.
[351] Ebenda, Bl. 77, 78.
[352] Ebenda, Bl. 78.
[353] Vgl. ebenda, Bl. 78, 79.
[354] Es gilt als sicher, daß 1960 auch die Bezirke Rostock, Schwerin, Frankfurt/O., Potsdam, Cottbus und Groß-Berlin zu den MfS-Schwerpunktbezirken in Sachen „Umsiedler" zählten. Vgl. Arbeitsbesprechung des Ministeriums mit den Bezirksverwaltungen am 9. Dezember 1960, in: BStU MfS BV Neubrandenburg XX 235, Bl. 143.

listischen Umgestaltung gab und wo Umsiedler wieder aus Westdeutschland" in die DDR zurückkehrten.[355]

Wie oben bereits ausgeführt verfügte die MfS-Bezirksverwaltung Neubrandenburg 1959/60 über statistische Daten zu „Umsiedler"-Zahlen in ihren Gemeinden und Kreisen. Sie hatte Kenntnis über die Personendaten, über die Herkunftsgebiete der Vertriebenen, über einzelne eher privat-familiäre Zusammenkünfte von „Umsiedlern" und über einige Verbindungen von „Umsiedlern" zu Vertriebenen bzw. deren Organisationen in West-Berlin und Westdeutschland. Bis 1964/65 vervollständigte und konkretisierte die Bezirksverwaltung diese Daten, insbesondere hinsichtlich der möglichen und bestehenden Kontakte von „Umsiedlern" der DDR zu Vertriebenen in der Bundesrepublik.

Im Bezirk Neubrandenburg lebten 1965 zirka 180 000 Vertriebene der Erlebnisgeneration, was einem Anteil an der Wohnbevölkerung von immerhin 35 Prozent ausmachte.[356] Die Verteilung dieser „Umsiedler" sah unterschiedlich aus. So lebten beispielsweise in der Gemeinde Altwarp, Kreis Ueckermünde, zu 70 Prozent „Umsiedler", die zumeist aus dem Nachbarort Neuwarp (Nowe Warpno) – nun jenseits der polnischen Grenze – stammten und täglich ihre verlassenen Häuser und Ackerflächen sehen konnten. Hier war – leicht nachvollziehbar – die Stimmung gegen die Oder-Neiße-Grenze zwanzig Jahre nach Kriegsende immer noch ungebrochen negativ. Obwohl der Staatssicherheitsdienst gerade in dieser Gemeinde über eine Reihe von „IMs" verfügte, war die politische Bearbeitung, wie er meinte, bisher ohne Erfolg geblieben. Über Verbindungen in die Bundesrepublik, zum „Bund der Vertriebenen", gab es keinerlei Hinweise.[357]

MfS-Analysen berichteten – sortiert auf der Basis nach der Zugehörigkeit zu Landsmannschaften – von „illegalen Umsiedler-Treffen". Im Bezirk Neubrandenburg betraf das Ende 1961 landsmannschaftliche Zusammenkünfte von Sudetendeutschen, von Pommern, von Schlesiern, von Bessarabien-, Jugoslawien- und Wolhynien-Deutschen sowie von Angehörigen der Herkunftsregion Weichsel-Warthe.[358] Dabei nahmen sich die Personengruppen, die zusammenkamen, zahlenmäßig gering aus, und diese Verbindungen waren oft familiärverwandtschaftlich begründet oder stellten kleinere religiöse Gemeinschaften dar.

Nach MfS-Recherchen schienen im Bezirk Neubrandenburg die Sudetendeutschen aktiver zu sein als andere landsmannschaftliche Gruppen.[359] Im Kreis Ueckermünde beobachtete der Geheimdienst die Treffen von zirka 30 und in der Stadt Neubrandenburg von zirka zehn „Umsiedlern" aus dem ehemals sudetendeutschen Kreis Deschnei (Altvatergebirge/ČSSR), die streng katholisch waren, heimatliche Sitten und Gebräuche pflegten und zu Verwandten in Westdeutschland Verbindungen unterhielten. Diese beiden Gruppen

---

[355] Vgl. Bericht: Ehemalige Umsiedler im Bezirk Neubrandenburg, 21. Oktober 1963, in: BStU MfS BV Neubrandenburg XX 254, Bl. 83.
[356] Vgl. Ehemalige Umsiedler im Bezirk Neubrandenburg, 21. Oktober 1963, in: BStU MfS BV Neubrandenburg XX 254, Bl. 80; Analyse auf dem Sachgebiet ehemalige Umsiedler und revanchistische Organisationen in Westdeutschland, 14. April 1965, in: ebenda, 234, Bl. 91.
[357] Vgl. MfS-Kreisdienststelle Ueckermünde: Zum „Bund der Vertriebenen", 9. März 1959, in: BStU MfS BV Neubrandenburg XX 233, Bl. 17–20; Ueckermünde: Analyse auf dem Sachgebiet Umsiedler, 9. November 1961, in: ebenda, Bl. 75, 76.
[358] Vgl. Analyse auf dem Sachgebiet Umsiedler und Landsmannschaften, 20. Dezember 1961, in: BStU MfS BV Neubrandenburg XX 234, Bl. 78–82; Analysen landsmannschaftlicher Treffen: Sudetendeutsche, Ost- und Westpreußen, Schlesier, 17. Dezember 1960, in: ebenda, Bl. 105–108.
[359] Über die Sudetendeutsche Landsmannschaft lag beim MfS schon um 1960 ein umfangreiches Dossier vor. Vgl. in: BStU MfS HA XX 5433, Bl. 4–92. Dies im Vergleich zu kleineren Ausarbeitungen z. B. Landsmannschaft Weichsel-Warthe, in: ebenda, HA XX 5439, Bl. 1–6.

wurden in einem Überwachungsvorgang durch drei „IMs" bearbeitet.[360] In der Stadt Waren trafen sich regelmäßig 20 Vertriebene aus dem früheren Böhmisch-Kamnitz (ČSSR), die die sudetendeutsche Heimatzeitung aus der Bundesrepublik bezogen. Über diese Zusammenkünfte informierte sich die Staatssicherheit durch einen „IM". Des weiteren trafen sich im Kreis Altentreptow ehemalige Reichenberger (Liberec/ČSSR) sowie in der Stadt Neustrelitz Sudetendeutsche aus dem ehemaligen Deutsch-Gabel. Bei beiden „Umsiedler"-Gruppen waren keine Verbindungen in die Bundesrepublik bekannt, und sie konnten zunächst nicht über „IMs" kontrolliert werden.[361]

Von der landsmannschaftlichen Gruppierung der Pommern trafen sich im Kreis Demmin 40 „Umsiedler" aus dem vormaligen Deutsch-Krone (Wałcz/Polen), im Kreis Pasewalk ehemalige Stettiner (Szczecin/Polen), in den Gemeinden Altwarp und Rieth ehemalige Neuwarper (Polen). Auch diese „Umsiedler"-Treffen wurden durch insgesamt acht MfS-Spitzel kontrolliert. Ähnliche Treffen fanden bei den „schlesischen Umsiedlern" und denen aus Bessarabien, Jugoslawien und Wolhynien im Schwerpunktbezirk Neubrandenburg statt. Allerdings existierte hier keine IM-Überwachung.[362]

Die MfS-Bezirksverwaltung schätzte Ende 1961 ihre Tätigkeit auf dem „Sachgebiet Umsiedler und Landsmannschaften" differenziert ein: Die Neubrandenburger Staatssicherheit hatte eine Kartei von zirka 400 „ehemaligen Umsiedlern" angefertigt. Sie umfaßte die Namen der Personen, die bis zum 13. August 1961 an Vertriebenentreffen in West-Berlin bzw. Westdeutschland teilgenommen hatten, die zu Landsmannschaften brieflichen Kontakt (auch Empfang der Heimatblätter) unterhielten, die an illegalen „Umsiedler"-Treffen in der DDR teilnahmen und/oder die durch „Hetze gegen die Oder-Neiße-Friedensgrenze" aufgefallen waren. Diese Kartei machte deutlich, daß drei Viertel der dort gespeicherten „Umsiedler" älter als 60 Jahre waren.[363] Kritisch sah die MfS-Bezirksverwaltung, daß es bis Ende 1961 nicht gelungen war, alle bekannten größeren Vertriebenen-Konzentrationen und illegalen Zusammenkünfte durch „Inoffizielle Mitarbeiter" unter Kontrolle zu bringen: „Das vorhandene IM-Netz im Bezirk reicht nicht aus, die vollständige Absicherung der Konzentrationen [...] zu gewährleisten. [...] Zur Aufklärung der Heimatkreise müssen 1962 qualifizierte Werbungen vorgenommen werden."[364]

Als nächste Ziele für die weitere Tätigkeit des MfS im Bezirk sollten systematische Aussprachen mit den 400 in der Kartei erfaßten Personen geführt werden, um unter ihnen geeignete „IM's" zu finden und Informationen über Stimmungen in den „Umsiedlerkreisen" zu erhalten sowie eine politisch-negative Einstellung gegen die DDR und die SED durch „Aufklärungsarbeit" abzubauen. Außerdem wollte der Staatssicherheitsdienst daran gehen, die sudetendeutsche „Umsiedler"-Gruppenbildung in Torgelow und Neubrandenburg „durch Zersetzung zu zerschlagen". Mittels Vorladungen und Gesprächen, Drohungen und Desinformationen sollte diese Vertriebenengemeinschaft aufgelöst werden.[365]

---

[360] Vgl. Analyse auf dem Sachgebiet Umsiedler und Landsmannschaften, 20. Dezember 1961, in: BStU MfS BV Neubrandenburg XX 234, Bl. 78, 79.
[361] Vgl. ebenda, Bl. 79, 80.
[362] Vgl. ebenda, Bl. 80–82.
[363] Vgl. ebenda, Bl. 83.
[364] Ebenda, Bl. 84.
[365] Vgl. ebenda, Bl. 84, 85; Sachstandsbericht des Vorganges vom „IM Schwarz", Neubrandenburg, 24. September 1962, in: BStU MfS BV Neubrandenburg XX 252, Bl. 23–24.

Ein Jahr später und eineinhalb Jahre nach dem Mauerbau in Berlin legte die Neubrandenburger MfS-Bezirksverwaltung ihre Erkenntnisse über Direktkontakte von DDR-„Umsiedlern" ihres Bezirks zu Vertriebenenverbänden in der Bundesrepublik dar. Dabei handelte es sich vor allem um Reisen von Rentnern, da eine andere persönliche Verbindung Ende 1962 nicht mehr möglich war. Insgesamt kam der Geheimdienst auf 42 „Umsiedler" im Rentenalter, die mit Landsmannschaften in Westdeutschland direkt verkehrten.[366] Die MfS-Kreisverwaltung Altentreptow beispielsweise berichtete dazu: „Im Kreis [...] gibt es sieben Personen, die an Treffen der Landsmannschaften in Westberlin und Westdeutschland teilgenommen haben. [Davon ...] nahmen fünf am Treffen der pommerschen Landsmannschaft teil, eine am ‚Schlesier-Treffen' und eine Person besuchte das ‚Haus der ostdeutschen Heimat' in Westberlin."[367]

1964 durchsuchte die Neubrandenburger Bezirksverwaltung für Staatssicherheit ihren „IM-Bestand" aus der Gruppe der „Umsiedler" nach Mitarbeitern, die über direkte Verbindungen zu „revanchistischen Organisationen" in der Bundesrepublik verfügten. Die Suche blieb erfolglos: Im Bezirk „gibt es keine Inoffiziellen Mitarbeiter, deren Bekannte bzw. Verwandte in den Vorständen der einzelnen Landsmannschaften oder Heimatkreise tätig sind."[368]

Auch aus anderen sogenannten Schwerpunktbezirken gingen ähnliche Berichte aus dem „Sachgebiet Umsiedler" bei der MfS-Zentrale in Ost-Berlin ein. Die Bezirksverwaltung der Staatssicherheit in Rostock meldete 1960, daß bei ihnen „Umsiedler"konzentrationen bestünden, und zwar im Kreis Wolgast ehemalige Ostpreußen und Pommern, im Kreis Rostock vor allem ehemalige Pommern und auch im Kreis Wismar Ostpreußen und Pommern. Insgesamt verfügte die Staatssicherheit Rostock im August 1960 über 331 „Inoffizielle Mitarbeiter" in den „Umsiedler"-kreisen. Besonders viele „IM" hatte die Staatssicherheit unter den „ehemaligen Umsiedlern" aus dem Kreis der früheren Pommern gewonnen, die im Bezirk Rostock auch die größte Gruppe der Vertriebenen stellten. Zu den 331 „IM" kamen acht „Inoffizielle Mitarbeiter" hinzu, die, wie es hieß, „im Einsatz nach Westdeutschland" waren. Das hieß, daß diese acht „IM" in geheimdienstlichem Auftrag in Landsmannschaftstreffen der Bundesrepublik wirkten.[369] Aus den elf Landkreisen hatte die MfS-Bezirksverwaltung Rostock 1960 nur 30 „ehemalige Umsiedler" namentlich benennen können, die regelmäßig zu Vertriebenentreffen nach West-Berlin oder Westdeutschland fuhren.[370] Die Rostocker Staatssicherheit schob negative Entwicklungen im Bezirk auf den Einfluß der Landsmannschaften. Diese mußten dafür herhalten, daß es Schwierigkeiten bei „der sozialistischen Umgestaltung der Landwirtschaft und der Festigung der Landwirtschaftlichen Produktionsgenossenschaften (LPG)" gab, und daß die „Republikflucht" wieder stark zugenommen hatte. Unter den „Republikflüchtigen" aus dem Bezirk Rostock waren 1960 15 bis 20 Prozent ehemals Vertriebene.[371]

---

[366] Vgl. Schwerpunkt auf der Linie des Revanchismus im Bezirk Neubrandenburg [...], Agenturbasen des Gegners, Möglichkeiten des Eindringens in die Landsmannschaften, 7. Dezember 1962, in: BStU MfS BV Neubrandenburg XX 234, Bl. 135–140.
[367] Ebenda, Bl. 137.
[368] Komplexauftrag vom 11. Mai 1964, 21. August 1964, in: BStU MfS BV Neubrandenburg XX 235, Bl. 22–27.
[369] Vgl. Analyse bestehender Konzentrationen ehemaliger Umsiedler sowie der Einfluß der Landsmannschaften im Bezirk Rostock, 16. August 1960, in: BStU MfS BV Rostock, Rep. 2/112, Bl. 351, 355.
[370] Vgl. ebenda, Bl. 357–365; auch die Personennennung aus dem Jahr 1956, die nach West-Berlin zum „Tag der Heimat" fuhren. In: ebenda, Bl. 328–341.
[371] Vgl. Analyse bestehender Konzentrationen ehemaliger Umsiedler sowie der Einfluß der Landsmannschaften im Bezirk Rostock, 16. August 1960, in: BStU MfS BV Rostock, Rep. 2/112, Bl. 351, 352.

Zwischen 1963 und 1965 gaben die MfS-Verwaltungen der Schwerpunktbezirke – wie z. B. die Bezirksverwaltungen Neubrandenburg oder Rostock – immer wieder Analysen über das „Sachgebiet ehemalige Umsiedler und revanchistische Organisationen in Westdeutschland" ab.[372] Ein Ergebnis war, daß die Staatssicherheit zugab, die Einstellung der älteren Generation von „ehemaligen Umsiedlern", ihre Hoffnungen auf die Rückkehr in die alten Heimatgebiete jenseits der Oder-Neiße-Grenze, nicht mehr beeinflussen und ändern zu können. Viel Unverständnis für die „Aussiedlungen" war auch weiter unter der „Umsiedler"-Bevölkerung in den direkt an der polnischen Grenze liegenden Gemeinden festzustellen. Vereinzelt würden diese „Umsiedler" darauf beharren, sich als „Heimatvertriebene" zu bezeichnen.[373] Auch würden diese behaupten, so die MfS-Analysen, daß der „Lastenausgleich in der Bundesrepublik" sehr erfolgreich sei, und „daß in Westdeutschland für die ehemaligen Umsiedler mehr getan wird als in der DDR".[374]

Die Staatssicherheit war in den 1960er Jahren davon überzeugt, daß die „revanchistische Beeinflussung der DDR-Umsiedler" durch die westdeutschen Landsmannschaften weiterhin erfolge, durch 1. die Aufrechterhaltung bzw. Herstellung von Kontakten zwischen Ost und West mittels Briefverkehr und organisierten Paketversand und 2. die „Ausnutzung von Rentnerreisen". Deshalb konzentrierte sich die MfS-Tätigkeit auf die Post- und Paketüberwachung und die gezielte Kontrolle von Rentner-Reisen. Personen im Rentenalter wurden besonders mißtrauisch beobachtet, wenn sie zeitgleich mit großen Landsmannschaftstreffen in die Bundesrepublik oder nach West-Berlin fuhren.[375] Nach Erkenntnissen des MfS war es dem „Bund der Vertriebenen" gelungen, DDR-Rentner, die nach 1961 in die Bundesrepublik reisen konnten, zu Großveranstaltungen einzelner Landsmannschaften einzuladen. So ermittelte man, daß an dem Treffen der Landsmannschaft Schlesien in Hannover im Juni 1965 über 2 000 DDR-Bürger im Rentenalter teilgenommen hatten.[376]

Auch der organisierte, als privat getarnte Paketversand und die damit verbundene „Einschleusung von Heimatzeitungen der Landsmannschaften" machte der Staatssicherheit nach wie vor zu schaffen. Das MfS ging davon aus, daß monatlich mehrere Tausend Pakete von Vertriebenenverbänden an DDR-Bürger verschickt wurden. Allein von der Landsmannschaft Pommern seien beispielsweise im 4. Quartal 1964 1 470 Paketsendungen an „ehemalige DDR-Umsiedler" gegangen. Im Ministerium für Staatssicherheit wurde die Post- und Paketkontrolle wiederholt angewiesen, ihre Kontrolle der Postsendungen aus West-Berlin und der Bundesrepublik zu intensivieren, um die „revanchistischen Hetzschriften und die Bettelpakete an ehemalige DDR-Umsiedler" weitgehend abzufangen.[377]

---

[372] Vgl. Analyse auf dem Sachgebiet Umsiedler und revanchistische Organisationen in Westdeutschland, 14. April 1965, in: BStU MfS BV Neubrandenburg XX 234, Bl. 91–95.
[373] Vgl. Bericht: Ehemalige Umsiedler im Bezirk Neubrandenburg, 21. Oktober 1963, in: BStU MfS BV Neubrandenburg XX 254, Bl. 84, 85
[374] Ebenda, Bl. 84.
[375] Vgl. Übersicht über die feindliche Tätigkeit der revanchistischen Landsmannschaften, 17. Juni 1965; Aufklärung von neun Postsendungen, 14. September 1965; Bericht über Rentnerreiseverkehr, 31. Dezember 1965; Verbindungen zu Revanchisten-Organisationen, 25. August 1966; Versuch Einfuhr von Landsmannschaftsliteratur, 22. Mai 1969, in: BStU MfS BV Rostock Rep. 2/112, Bl. 18, 19, 37, 38, 66, 67, 396–398, 420, 421.
[376] Vgl. Übersicht über den „Berliner Landesverband der Vertriebenen", Stand 1966, in: BStU MfS Ast. Magdeburg XX 2606, Bl. 28, 30.
[377] Vgl. Bund der Vertriebenen, Verband der Landsmannschaften und Landesverbände, 1964/65, in: BStU MfS HA XX/1 Nr. 123, Bl. 344–347.

Die Neubrandenburger Bezirksverwaltung für Staatssicherheit kritisierte Ende 1963, daß es ihr bisher nicht gelungen war, das vorhandene Netz von „Inoffiziellen Mitarbeitern" in den „Umsiedler"-kreisen voll auszunutzen. Diese Einschätzung galt sicherlich für das MfS insgesamt. Die Arbeit auf dem „Sachgebiet Umsiedler und revanchistische Landsmannschaften" würde von den Mitarbeitern des Staatssicherheitsdienstes noch immer unterschätzt. Außerdem sei es mit der geheimdienstlichen „operativen Aufklärungsarbeit", wie es im MfS-Sprachgebrauch hieß, noch nicht gelungen, „in die Zentren der Landsmannschaften in Westberlin und Westdeutschland einzudringen".[378]

Obwohl die Analysen des Ministeriums für Staatssicherheit ständig die „reaktionäre Bonner Politik und den westdeutschen Imperialismus" anprangerte, die angeblich das Ziel verfolgten, „ideologisch und psychologisch über Revanchehetze gegen die Oder-Neiße-Friedensgrenze einen neuen Krieg vorzubereiten", dafür die „Flüchtlingsverbände in Westdeutschland" instrumentalisierten und Einfluß auf die „ehemaligen Umsiedler in der DDR" gewinnen wollten,[379] kam 1965 die MfS-Bezirksverwaltung Neubrandenburg zu der recht glaubhaften Bilanz: „Im Bezirk Neubrandenburg hat der Einfluß der revanchistischen Landsmannschaften [Westdeutschlands] keine umfassende Wirksamkeit. Die Untersuchungen ergaben, daß der zum Teil erreichte Einfluß vorrangig festzustellen ist bei Bürgern im Rentenalter und bei solchen Personen, die Besitzungen in der Volksrepublik Polen oder in der ČSSR" zurücklassen mußten.[380]

Der DDR-Repressionsapparat hatte ausreichende Kontrolle über die „ehemaligen Umsiedler"; es gingen keine wie auch immer gearteten politischen Gefahren von sogenannten Umsiedlerkonzentrationen, Umsiedlertreffen oder Kontakten von „Umsiedlern" zu Vertriebenen in der Bundesrepublik aus. Die innere politische Stabilität der DDR war durch diese spezifische Bevölkerungsgruppe nicht gefährdet, die „ehemaligen Umsiedler" lösten keine Irritationen in den Beziehungen der DDR zur VR Polen und der ČSSR aus.

---

[378] Bericht: Ehemalige Umsiedler im Bezirk Neubrandenburg, 21. Oktober 1963, in: BStU MfS BV Neubrandenburg XX 254, Bl. 86.
[379] Vgl. Schwerpunkte auf der Linie des Revanchismus im Bezirk Neubrandenburg, 7. Dezember 1962, in: BStU MfS BV Neubrandenburg XX 234, Bl. 135.
[380] Bericht: Revanchistische Landsmannschaften und ihre Einrichtungen, 25. Juni 1965, in: BStU MfS BV Neubrandenburg XX 235, Bl. 78.

III. Beziehungen zur VR Polen, ČSR/ČSSR und Sowjetunion vor dem Hintergrund von Vertreibung und Gebietsverlusten sowie verbliebener deutscher Minderheit – die 1950er und 1960er Jahre

1. Deutsche in Polen: Auswirkungen auf das Verhältnis DDR – VR Polen

a. DDR-Aussiedlungsbemühungen contra polnische Assimilierungsstrategie 1949-1955

Sowohl Polen als auch die ČSR waren vom nationalsozialistischen Deutschland überfallen, zerstückelt und besetzt worden. Zahllose Menschen waren dort Verbrechen zum Opfer gefallen. Nun zählten Polen und die Tschechoslowakei zu den Siegern. Die DDR hingegen war Teil des besiegten Deutschland, das Gebiete aufgeben, Vertriebene aus den Ostgebieten aufnehmen und Reparationen zahlen mußte. Dem Streben der DDR nach Gleichberechtigung im östlichen Block standen damit erhebliche Hindernisse entgegen. Polen und die ČSR verlangten von Ost-Berlin die uneingeschränkte Anerkennung des nach 1945 entstandenen Status quo. Die sich 1949 staatlich konstituierende DDR mußte sich nicht nur mit der Vertreibung von Millionen Deutschen abfinden, sondern auch damit, die Interessen von Hunderttausenden noch in den Nachbarstaaten lebenden Deutschen nicht vertreten zu dürfen. Der ostdeutsche Staat anerkannte die Oder-Neiße-Grenze und die damit verbundenen territorialen Verluste, er akzeptierte die polnische und tschechoslowakische Forderung, die Frage der deutschen Minderheiten nicht mehr aufkommen zu lassen.[1]

Die Beziehungen der DDR zu Polen und der ČSR standen unter enger sowjetischer Aufsicht und unterlagen starken sowjetischen Einflüssen. Warschau und Prag nahmen Ost-Berlin nicht als gleichberechtigten Verhandlungspartner wahr. Das galt so lange, wie die Existenz der DDR im außenpolitischen Handeln der Sowjetunion zugunsten des Zustandekommens eines neutralen Gesamtdeutschlands zur Disposition stand. Dies änderte sich 1954/55. Mit der Verkündung der „Zwei-Staaten-Theorie" durch die Sowjets 1955, der einseitig von der UdSSR erklärten Anerkennung der Souveränität der DDR 1954, der Erlangung der „vollen Souveränität" der DDR durch bilaterale Regierungsverhandlungen zwischen Moskau und Ost-Berlin 1955 und schließlich der formal gleichberechtigten Aufnahme der DDR in den Warschauer Vertrag 1955 vollzog sich eine deutliche Aufwertung der DDR als eigenständiger Staat. Alle diese Schritte führten dazu, die DDR gleichberechtigter und fester in die sozialistische Staatengemeinschaft zu integrieren, und sie werteten sie im Rahmen der deutsch-deutschen Systemkonkurrenz auf. Parallel dazu besserte sich das außenpolitische Verhältnis der DDR zu Polen und der Tschechoslowakei, es begann sich eine vertiefte Kooperation zwischen den Staaten abzuzeichnen.[2]

Obwohl die Themen Flucht und Vertreibung bzw. der Verlust größerer deutscher Territorien nach dem Ende des Zweiten Weltkrieges im offiziellen und öffentlichen innergesellschaftlichen Diskurs der DDR nicht vorkamen, mußte sich die DDR-Regierung bzw. die

---

[1] Vgl. Hermann Wentker, Außenpolitik in engen Grenzen, S. 99–104.
[2] Vgl. ebenda, S. 96ff., 108f.

SED-Führung in ihren außenpolitischen Beziehungen, vor allem zu ihren unmittelbaren östlichen bzw. südöstlichen Nachbarstaaten Polen und der Tschechoslowakischen Republik, dieser Problematik stellen. Der polnische und der tschechoslowakische Staat reagierten auf diese Thematik äußerst empfindlich, die DDR übte deshalb hier größte Zurückhaltung.

Millionen der Flüchtlinge und Vertriebenen aus den Gebieten jenseits von Oder und Neiße, die nun in der DDR lebten, hatten noch vielfältige kulturell-mentale und persönliche Beziehungen in ihre ehemaligen Heimatorte. Auch die Hoffnung auf Rückkehr in die alte Heimat war vielfach ungebrochen. Das hatte seinen Grund auch darin, daß eine größere Zahl von Deutschen in Polen verblieben war. Im Zusammenhang mit dem Thema Vertreibung und Gebietsverluste und dem Umgang mit den Vertriebenen ist zu fragen, wie die SED- und DDR-Spitze auf die polnische Politik gegenüber der deutschen Minderheit reagierte. Welche Politik betrieb die DDR aus eigenem Antrieb und Interesse im Hinblick auf die verbliebenen Deutschen in Polen? Verstand sie sich als Anwalt dieser Deutschen, oder aber nahm sie sich dieser Rolle widerstrebend und erst unter dem bundesdeutschen Konkurrenzdruck an? Wandelte sich die Haltung der DDR-Regierung zu diesem Problem in den 1950er und 1960er Jahren?[3]

Nach dem Ende von Flucht und Vertreibung und dem offiziellen Abschluß der durch das Potsdamer Abkommen im August 1945 festgelegten sogenannten Aussiedlungsmaßnahmen von Deutschen aus Polen sollen nach polnischen Angaben 1948, bzw. zur Zeit der „doppelten deutschen Staatsgründung" 1949, noch zirka 125 000 bis 160 000 Deutsche, nach westdeutschen Angaben 430 000 bis sogar 900 000 Deutsche auf dem nunmehr polnischen Staatsgebiet gelebt haben.[4] Einigkeit besteht bis heute darin, daß trotz verbesserter Quellenlage nach 1989 keine annähernd realen Kenntnisse über die tatsächlichen Zahlen vorhanden sind. Ausgegangen werden kann davon, daß die polnischen Angaben sehr untertrieben und die westdeutschen wohl übertrieben waren, aber die Zahlen der Bundesrepublik der Realität letztlich näher kamen. Um eine etwaige Größenordnung im Auge zu behalten, ist für die Zeit um 1950 sicher von weit mehr als einer halben Million Deutschen in Polen auszugehen.[5]

Wieder anders, aber genauso differierend und verwirrend, nahmen sich die zeitgenössischen Verlautbarungen über die Deutschen in Polen aus. Die polnische Volkszählung von 1946 wies zwei Millionen Deutsche aus, 1950 sollen sich nur noch 27 000 Menschen zur deutschen Abstammung bekannt haben.[6]

Relativ sicher scheint, daß in der Zeit zwischen 1950 und 1958 gut 320 000 Personen in die beiden deutschen Staaten ausreisten.[7] Die hohe Zahl der Ausreisen in den 1950er Jahren läßt den Schluß zu, daß ein großer Teil der deutschen Minderheit Polen in jenem Jahrzehnt verließ. Ältere Deutsche hingegen, die eine enge Bindung an ihren Heimatort hatten, blieben in Polen zurück, auch manche andere, die sich in das polnische Umfeld eingewöhnt hatten, u. a. schon immer zweisprachig lebten, reisten nicht aus. Darüber hinaus gab es auch eine große Gruppe derjenigen, die kurz nach Kriegsende, später dann

---

[3] Vgl. Beate Ihme-Tuchel, „Meinetwegen sperrt sie ein …", S. 495.
[4] Vgl. Bernadetta Nitschke, Vertreibung und Aussiedlung der deutschen Bevölkerung aus Polen 1945 bis 1949, S. 280f.
[5] Vgl. ebenda, S. 280–283; Beate Ihme-Tuchel, Die DDR und die Deutschen in Polen, S. 12–14.
[6] Vgl. Beate Ihme-Tuchel, „Zuerst bei den polnischen Genossen anfragen", S. 476.
[7] Vgl. Bernadetta Nitschke, Vertreibung und Aussiedlung der deutschen Bevölkerung aus Polen 1945 bis 1949, S. 282.

per Gesetz und unter Druck, die polnische Staatsbürgerschaft angenommen hatten und deshalb nicht ausreisen durften.

Ende der 1950er Jahre waren nach sehr kleingerechneten polnischen Angaben um 3000 Deutsche in Polen verblieben, die Bundesrepublik ging 1960 von der realeren Größe von 85 000 Angehörigen der deutschen Minderheit aus.[8]

Die DDR paßte sich in ihren Angaben über die im Nachkriegspolen verbliebenen Deutschen zunächst den Vorgaben der polnischen Seite an. So sprach die DDR-Regierung 1949 von einigen zehntausend Deutschen in Polen, Mitte 1955 von 65 000 bis 70 000 früheren deutschen Staatsbürgern.[9] Im Dezember 1955 berichtete die DDR-Botschaft in Warschau dem Außenministerium in Berlin über „noch Hunderttausende von Menschen deutscher Nationalität [...], die die polnische Staatsbürgerschaft nicht besitzen." Das Ministerium für Auswärtige Angelegenheiten in Ost-Berlin wies diese Zahlen jedoch als zu hoch zurück und unterstrich: „Wir sind der Auffassung, daß diese Zahl übertrieben ist und keinesfalls mit den Tatsachen übereinstimmt. Selbst die westliche Presse schreibt nur im Höchstfall von 150 000. In Wirklichkeit dürfte die Zahl, die uns natürlich nicht genau bekannt ist, jedoch unter 100 000 liegen."[10] In der Phase der Entstalinisierung nach dem XX. Parteitag der KPdSU (Februar 1956) näherte sich auch die DDR-Führung realistischeren Zahlen. Im September 1956 sprach das Sekretariat des SED-Politbüros davon, daß „etwa 200 000 Menschen deutscher Abstammung in der Volksrepublik Polen [...] früher oder später auf eigenen Wunsch nach Deutschland überführt werden können."[11]

Regionale Konzentrationen von Deutschen in Polen existierten Ende der 1950er Jahre in den neuen polnischen West- und Nordgebieten und im schlesischen Raum, hier insbesondere in den Regionen, in den Wojewodschaften Olsztyn (Allenstein), Wrocław (Breslau), Gdansk (Danzig), Katowice (Kattowitz) und Opole (Oppeln).[12]

Die Unstimmigkeiten in den Zahlenangaben standen auch in direktem Zusammenhang mit der Frage, wer als Deutscher oder als Pole von Seiten des polnisches Staates bzw. von Seiten der DDR und der Bundesrepublik angesehen wurde und wie es sich mit den jeweiligen gesetzlichen Bestimmungen der polnischen und der deutschen Staatsbürgerschaft verhielt. Die hier beteiligte polnische, ostdeutsche und westdeutsche Seite vertrat sehr unterschiedliche, nicht immer eindeutige und auch wechselnde Positionen.

Nach der großen Flucht- und Vertreibungswelle der Deutschen 1944/45 und den Aussiedlungen 1946–1949 verblieben, wie bereits oben erwähnt, mehrere hunderttausend Deutsche in Polen. Dazu zählten in erster Linie Facharbeiter im Bergbau aus dem schlesischen Gebiet und sehr viele Landarbeiter, die als Arbeitskräfte in Polen dringend gebraucht wurden und deshalb nicht vertrieben wurden bzw. dann nicht ausreisen durften. So waren oft Familienverbände auseinandergerissen worden.[13] Unter diesen Deutschen befanden sich:

---

[8] Vgl. ebenda, S. 283.
[9] Vgl. Beate Ihme-Tuchel, Die DDR und die Deutschen in Polen, S. 13.
[10] Beziehungsbericht 1955 und Perspektivplan 1956, 30. Dezember 1955, in: SAPMO-BA DY 30 IV 2/20/183.
[11] Beschlußvorlage an das Sekretariat: Familienzusammenführung der in der Volksrepublik Polen lebenden Deutschen, 7. September 1956, in: SAPMO-BA DY 30 IV 2/13/390, Bl. 206.
[12] Vgl. Bernadetta Nitschke, Vertreibung und Aussiedlung der deutschen Bevölkerung aus Polen 1945 bis 1949, S. 283; Ortsbezeichnungen. Frühere deutsche Ostgebiete, März 1982, in: BStU MfS HA XX/4, 1787, Bl. 18–25.
[13] Vgl. Beate Ihme-Tuchel, „Meinetwegen sperrt sie ein ...", S. 495.

1. Bürger des Deutschen Reiches, die seit jeher (also auch vor dem 1. September 1939) Bewohner der nunmehr an Polen angegliederten Gebiete waren;

2. Polnische Staatsbürger deutscher Nationalität – Angehörige der deutschen Minderheit in der zweiten polnischen Republik (1918–1939);

3. Deutsche, die während des Krieges in polnische Gebiete angesiedelt wurden – deutsche Umsiedler, Beamte (Wehrmachts- und Besatzungspersonal), Evakuierte und Bombenkriegs-geschädigte;

4. eine nicht unbedeutende Anzahl von Deutschen, die mit Polen (und umgekehrt) verheiratet waren, ihre Kinder und Kindeskinder, und[14]

5. die sehr große Gruppe der sogenannten Autochthonen.[15]

Die deutsche Minderheit in der zweiten polnischen Republik und andere polnische Bürger, die einen familiären Berührungspunkt zur deutschen Nationalität nachweisen konnten, ließen sich zwischen 1939 und 1944 sehr oft in die „Deutsche Volksliste" der NS-Besatzer (sogenannte Volksdeutsche) eintragen und erhielten damit die deutsche Staatsbürgerschaft.[16] Nach dem Krieg bezichtigte der polnische Staat diese Personen der „faschistisch-hitleristischen Kollaboration", bestrafte sie, verhängte ihnen gegenüber Repressalien und verweigerte ihnen 1945 die polnische Staatsbürgerschaft. Diese Aberkennung der Staatsangehörigkeit wurde 1950 gesetzlich amnestiert. Es hieß: „Alle Personen, die vor 1939 polnische Staatsbürger waren und heute noch in Polen wohnen, haben deshalb auch heute die polnische Staatsangehörigkeit – ohne Rücksicht auf frühere Zugehörigkeit zur Volksliste [...]"[17]

Der Begriff „Autochthone" war ein polnisches Kunstgebilde. Zur „autochthonen" Bevölkerung zählte die polnische Seite mehr als eine Million Menschen, die vorzugsweise in Oberschlesien (Oppelner Land), im südlichen Ostpreußen, im Danziger Raum, in Pommerellen und in der ehemaligen Grenzmark Posen-Westpreußen ansässig waren. Während die polnische Staatsgewalt in den Menschen dieser Gebiete „Autochthone" sah, sie also als eine alteingesessene Bevölkerung ursprünglich polnischen Volkstums betrachtete, die nach Jahrhunderten der Germanisierung im historischen Jahr 1945 zum sogenannten Mutterland zurückgekehrt war, zählten diese Menschen für die Bundesrepublik, intern wohl auch für die DDR[18], eindeutig zu den Deutschen.[19]

---

[14] Vgl. Die Deutschen östlich von Oder und Neiße 1945–1950, Band 3, S. 20ff.

[15] Begriffserklärung folgt einen Absatz später.
„In den autochthonen Gebieten liegen Anträge auf Übersiedlung von Personen vor, welche die deutsche Staatsbürgerschaft früher besaßen und jetzt polnische Staatsbürger sind. [...] Diesen Personen sollte die Einreise in die DDR gestattet werden." SED-Politbüro an das Politbüro der PVAP, September 1956, in: SAPMO-BA DY 30 IV 2/20/176; vgl. Bernadetta Nitschke, Vertreibung und Aussiedlung der deutschen Bevölkerung aus Polen 1945 bis 1949, S. 29.

[16] Vgl. zum Problem der „Deutschen Volksliste" in: http://de.wikipedia.org/wiki/Volksliste .

[17] Abriß des polnischen Rechts, das für die konsularische Tätigkeit von Bedeutung ist, August 1953, in: PAAA MfAA A 4165, Bl. 23.

[18] Vgl. An das ZK der SED: Deutsche in Polen, 12. September 1956, in: SAPMO-BA DY 30 IV 2/20/176.

[19] Vgl. Beate Ihme-Tuchel, „Zuerst bei den polnischen Genossen anfragen", S. 475.
Polnische Behörden argumentierten nach 1945 bezüglich der Rechtmäßigkeit der Eingliederung der neuen Nord- und Westgebiete zum polnischen Staat auch mit der polnischen Abstammung der autochthonen Bevölkerung. Schlesier, Pommerellen, Ermländer und Masuren seien polnischer Herkunft und hätten sich nur aufgrund einer repressiven Germanisierungspolitik von ihrer polnischen Nationalität entfernt. Sie könnten aber (re-)polonisiert werden. Aus diesem Grund bezeichnete man sie als „Autochthone", also als eine ureingesessene Bevölkerung, die lediglich in den Jahrhunderten der deutschen Fremdherrschaft germanisiert worden war und die durch staatlich organisierte (Re-)polonisierungsaktionen zu loyalen polnischen Staatsbürgern gemacht werden sollte. Vgl. Die Deutschen

Die polnische Regierung hatte nach 1945 in ihrer Assimilierungsstrategie zirka einer Million „Autochthonen" die polnische Staatsangehörigkeit zuerkannt. In Aktionen von „nationaler Verifikation", die in Form einer Loyalitätserklärung gegenüber dem polnischen Staat und Volk, einer Art Überprüfung der Haltung der Menschen in der Vergangenheit und ihrer Verknüpfung mit der polnischen Kultur ablief, erhielten die positiv Überprüften bis 1949 die polnische Staatsangehörigkeit. Das neue Staatsbürgerschaftsgesetz der Volksrepublik Polen vom 8. Januar 1951 machte in Artikel 3 dann auch jene „Autochthonen", die sich nachdrücklich der Verifizierung widersetzt hatten, summarisch zu polnischen Staatsbürgern. Nach polnischer Auffassung existierte seitdem keine deutsche Minderheit mehr.[20] Sehr viele „verifizierte Autochthone" widersetzten sich der polnischen Assimilierungspolitik, die häufig mit Diskriminierungen einer gingen, und betrieben, nachdem sich die Nachkriegssituation in West- und Ostdeutschland entspannt hatte, ihre Ausreise.[21]

Trotz der polnischen „Sammeleinbürgerung", der verständlichen anti-deutschen Nachkriegs-Stimmung in Polen und den Diskriminierungen staatlicherseits bzw. durch die polnische Mehrheitsbevölkerung hatten sich Anfang der 1950er Jahre viele Alteingesessene in den neuen westlichen und nördlichen Gebieten Polens für die deutsche Volkszugehörigkeit entschieden. Für ganz Polen rechnete man damals mit 130 000 Menschen.[22] Diese Personengruppe besaß aufgrund der verweigerten Annahme der polnischen Staatsbürgerschaft keine amtlichen Personalausweise, sondern lediglich eine Art Meldekarte, „Karta Meldunkowa", mit dem Eintrag „deutsch" oder „nicht feststellbar"[23] unter der Rubrik Staatsbürgerschaft.

Der polnische Kunstbegriff „Autochthone" stand in enger Verbindung mit dem gleichfalls propagandistischen Terminus der sogenannten wiedergewonnenen Gebiete, der sich auf die angegliederten ehemaligen Ostgebiete des Deutschen Reiches an Polen bezog. Mit der Begrifflichkeit sollte die Übernahme der Herrschaft in den neuen polnischen West- und Nordgebieten durch Polen nach 1945 legitimiert werden. Gelegentlich griff die polnische Seite auch auf die Begriffe „Mutterland" oder „Piastenland"[24] zurück. Die pseudo-

---

östlich von Oder und Neiße 1945–1950, Band 1, S. 438 f.; Anna Wolff-Poweska, Das deutsche Problem aus polnischer Sicht, S. 206; Die Lage der Vertriebenen und das Verhältnis des deutschen Volkes zu seinen östlichen Nachbarn, 1965, in: BStU MfS HA XX/4, 464, Bl. 196–198.

[20] Vgl. Beate Ihme-Tuchel, „Zuerst bei den polnischen Genossen anfragen", S. 476 f.

[21] Die „Autochthonen" konnten weder von polnischer noch von deutscher Seite pauschal national vereinnahmt werden. Eine allgemeine Bestimmung, wer deutsch und wer polnisch war, ist nicht möglich. Einzelfallprüfungen und vor allem die Entscheidung der Betroffenen selbst – wer identifizierte sich mehr mit der deutschen bzw. polnischen Sprache, Kultur, Denk- und Lebensart, dem territorialen und religiösen Zusammengehörigkeitsgefühl (Grenzlandbewußtsein) – konnten nur Klärung bringen. Über die Wahl des Vaterlandes und der Nationalität entschied in den Grenzregionen vor allem auch eine Attraktivitätsbilanz, also eine wirtschaftliche Gewinn- und Verlustrechnung, die dann mit den unterschiedlichen nationalen, politischen und staatlichen Optionen verbunden war. Vgl. Bernadetta Nitschke, Vertreibung und Aussiedlung der deutschen Bevölkerung aus Polen 1945 bis 1949, S. 34 f.

[22] Vgl. ebenda, S. 288.

[23] Vgl. Beate Ihme-Tuchel, Die DDR und die Deutschen in Polen, S. 13.

[24] Vgl. Trybuna Ludu vom 8. Mai und 20. Juni 1955: Polnische Sicht auf die Geschichte von Wrocław (Breslau) und Opole (Oppeln), in: SAPMO-BA DY 30 IV 2/20/180; Gomulka in Trybuna Ludu, Die Politik der VR Polen, 27. März 1960, in: SAPMO-BA DY 30 IV 2/20/163.
Die Piasten waren eine europäische Dynastie, deren Ursprung im 9. Jahrhundert beim westslawischen Stamm der Polanen lag. Die Geschichte Polens begann mit einem ersten Staatsgebilde auf dem Gebiet Posen-Gnesen-Kalisch (Großpolen) unter den Piasten. Zeitweise waren Schlesien, Pommern, Böhmen, die Slowakei und beide Lausitzen Teil des Staates der ersten Piasten. In anderen Zeiten war das junge Polen auf sein Kerngebiet Großpolen – Region um Posen-Gnesen – und Kleinpolen – Region um Krakau – reduziert.

patriotische Ausdrucksweise, mit der die polnische Anwesenheit an Oder, Neiße und Ostsee begründet wurde, war in den 1950er und 1960er Jahren durchgängig gebräuchlich. Neutralere Bezeichnungen setzten sich seit den 1970er Jahren durch.[25] Polnische Argumentationen hörten sich dann so an: Polen erwarb 1945 die östlich von Oder und Neiße gelegenen Gebiete nicht auf dem Weg einer unrechtmäßigen Annexion, wie insbesondere bundesdeutsche Politiker und Autoren immer wieder behaupteten, sondern dehnte seine Herrschaft über diese Gebiete aufgrund der Beschlüsse der drei alliierten Siegermächte aus. Die Polen vertraten die Ansicht, daß das Potsdamer Abkommen den Friedensvertrag mit Deutschland ersetzte. Zudem sahen sie in dem am 6. Juli 1950 in Görlitz/Zgorzelec geschlossenen Abkommen zwischen Polen und der DDR über die Errichtung der deutsch-polnischen Staatsgrenze eine Bestätigung des geschaffenen Zustandes. In diesem Vertrag wurde – dies zur Erinnerung – „die festgelegte und bestehende Grenze" an Oder und Lausitzer Neiße als „Staatsgrenze zwischen Deutschland und Polen" anerkannt. Die Bundesrepublik unterzeichnete eine ähnlich lautende Feststellung erst im Warschauer Vertrag vom 7. Dezember 1970.[26] Mit der Anerkennung der Oder-Neiße-Grenze durch die DDR 1950 hatte die SED-Führung zudem unmißverständlich klargemacht, daß es keine Rückkehr der Flüchtlinge und Vertriebenen (also der „Umsiedler") in die alten deutschen Ostgebiete geben würde.

Nach dem Abschluß der Vertreibungsaktionen 1947/48 war eine Ausreise von Deutschen aus Polen nur noch schwer möglich. Die erste Übereinkunft zwischen der Deutschen Demokratischen Republik und der Volksrepublik Polen über die „Repatriierung der noch in Polen befindlichen Deutschen" wurde im Januar 1950 in Ost-Berlin abgeschlossen. Die Ausreisen erfolgten formlos, ohne besondere Anforderungslisten seitens der DDR. Nach polnischen Verlautbarungen sollten 120 000 Personen ausreisen dürfen, bis zum März 1951 verließen aber nur 72 621 Deutsche Polen, davon blieben 29 941 in der DDR und 42 680 reisten weiter nach Westdeutschland. Mehr als ein Drittel der erwartete Deutschen blieb aus. Und weit mehr Deutsche, als von der SED erwartet, gingen nach Westdeutschland und blieben nicht in der DDR.[27]

Die DDR verhandelte, mal mehr, mal weniger intensiv, die gesamten 1950er Jahre hindurch mit der polnischen Regierung über, wie es bis 1956 hieß, „Familienzusammenführungen von Personen deutscher Nationalität" und danach über die „Übersiedlung von ehemaligen deutschen Staatsangehörigen in die DDR". Vor allem innenpolitische Gründe veranlaßten die DDR-Regierung seit 1949/50, sich der Deutschen in Polen anzunehmen. Sie stellte sich dem Problem der durch Kriegsereignisse, Flucht und Vertreibung getrennten Familien. Diese waren keine Einzelfälle, sondern Massenerscheinungen. Sowohl das Innenministerium in Ost-Berlin als auch die DDR-Botschaft in Warschau wurden mit Anträgen auf Familienzusammenführung bzw. Ausreisersuchen von Deutschen in die

---

[25] Die Absurdität der polnischen Argumentation über die „wiedergewonnenen Gebiete" wird heute öffentlich eingestanden. Vgl. Fritjof Meyer, Warum die Oder-Neiße-Grenze, wozu eigentlich die Vertreibung?, S. 609–618.

[26] Endgültig geregelt wurde die deutsch-polnische Grenze jedoch erst mit dem Vertrag zwischen der Bundesrepublik Deutschland und der Republik Polen über die Bestätigung der zwischen ihnen bestehenden Grenze, der am 14. November 1990 in Warschau unterzeichnet wurde. Vgl. Bernadetta Nitschke, Vertreibung und Aussiedlung der deutschen Bevölkerung aus Polen 1945 bis 1949, S. 27ff.

[27] Vgl. Plan über die Familienzusammenführung deutscher Nationalität, 14. August 1953; Analyse über den Stand der Familienzusammenführung: Sonderaufstellung, 26. August 1955, in: SAPMO-BA DY 30 IV 2/13/390.

DDR überschüttet. Um größere Unruhe unter den DDR-„Umsiedlern" – den ehemaligen Pommern, West- und Ostpreußen, Schlesiern und Ostbrandenburgern – zu vermeiden, die Auskunft über den Verbleib von Familienangehörigen und Freunden verlangten und auf eine Zusammenführung drängten, handelte die DDR-Regierung.[28] Ein weiterer Grund, sich der Deutschen in Polen anzunehmen, lag immer auch in der Existenz der Bundesrepublik, die sich öffentlich und lautstark für die verbliebenen Deutschen in Polen und deren Ausreise einsetzte.

Ein nächstes Abkommen zwischen der DDR und der Volksrepublik Polen wurde in Warschau am 24. Januar 1952 geschlossen. Beide Seiten kamen überein, daß die „Rückführungen" über DDR-Anforderungslisten erfolgen sollten. Außerdem hatte man sich über Richtlinien zur „Zusammenführung der sich in Polen aufhaltenden Deutschen mit ihren [ausdrücklich nur!] in der DDR wohnhaften Familienangehörigen" geeinigt.[29] Demnach gehörten zum Kreis der zur Ausreise aus Polen bestimmten deutschen Personen, die „bis zum 30. Dezember 1937 die deutsche Staatsangehörigkeit besaßen und im ehemaligen deutschen Territorium ihren Wohnsitz hatten, sowie deren Kinder".[30] Das hieß demnach auch: Alle polnischen Staatsbürger deutscher Nationalität und alle „Autochthonen", gleichgültig ob sie die polnische Staatsbürgerschaft mehr oder weniger freiwillig angenommen hatten, waren grundsätzlich von dieser Familienzusammenführung ausgeschlossen.

Zeitgleich mit den Ausreisen verstärkte Polen seinen Assimilierungsdruck. Die polnische Regierung hatte zwar kein Interesse daran, große Gruppen deutscher Staatsbürger in Polen zurückzuhalten, aber auf die polnischen Staatsbürger, die sich zur deutschen Nationalität bekannten, und auf die „autochthone Bevölkerung" wollte sie keinesfalls verzichten. Diese Menschen wurden dringend als Arbeitskräfte und zur Besiedlung der „wiedergewonnenen Gebiete" im Norden und Westen Polens gebraucht.[31] Die polnische Staatsbürokratie unternahm ab 1951 vieles, um Sanktionen, Benachteiligungen oder auch „nur" negative Stimmungen gegenüber „Bürgern, die sich zu Volksdeutschen bekannten", abzubauen.[32]

Die SED-Führung war sich intern einig, daß das polnische Staatsbürgerschaftsgesetz die „Staatsangehörigkeit der ehemaligen Deutschen" nicht geklärt hatte, und auch der polnischen Definition über die „Autochthonen" konnte die SED nicht folgen. Trotzdem verhielten sich die Ostdeutschen in dieser diffizilen Problematik gegenüber den Polen äußerst zurückhaltend, denn sie wollten „nicht den Eindruck hervorrufen, daß die deutsche Botschaft die Frage der ehemaligen Deutschen [immer wieder] zur Diskussion" stellt.[33] Nach außen hin akzeptierte die DDR die polnische Politik gegenüber der deutschen Minderheit. Wenige Jahre nach dem Ende des nationalsozialistischen Vernichtungskrieges, der vor allem auch die polnische Bevölkerung getroffen hatte, wagte es die DDR-Führung nicht in

---

[28] Vgl. Beate Ihme-Tuchel, Die DDR und die Deutschen in Polen, S. 16f.
[29] Schlußprotokoll über die Verhandlungen, 1. Februar 1952, in: SAPMO-BA DY 30 IV 2/13/390.
[30] Ebenda.
[31] Vgl. Beate Ihme-Tuchel, Die DDR und die Deutschen in Polen, S. 18–20.
[32] Im Schreiben der DDR-Botschaft in Warschau an das MfAA vom 30. November 1954 hieß es: „Die Herausgabe einer deutschen Zeitung, die Eröffnung deutscher Schulen und Sprachkurse, die Bildung von Kulturgruppen […] zeigt, daß man polnischerseits diesen Deutschen alle Rechte einer nationalen Minderheit zuerkennt. […] Indem man ihnen die Rechte einer nationalen Minderheit gewährt, will man sie durch Konzessionen und Überzeugungsarbeit […] zur freiwilligen Annahme der polnischen Staatsangehörigkeit bewegen". Schreiben der Botschaft, in: SAPMO-BA DY 30 IV 2/20/183.
[33] Ebenda.

der Frage der polnischen Minderheitenpolitik gegenüber den Deutschen Forderungen zu stellen und größere Mißstimmungen zu riskieren.

Das Abkommen vom Januar 1952 hatte eine vereinbarte Laufzeit bis Dezember 1954. Die DDR übergab der polnischen Seite insgesamt zwölf Listen mit rund 15 000 Deutschen, wovon nur rund 10 000 ausreisen durften. Wieder blieb ein Drittel der von der DDR angeforderten deutschen Ausreisewilligen unberücksichtigt. Die polnische Regierung kündigte das Abkommen zum 30. Mai 1953 sogar einseitig und erklärte die Listen-Transporte für die Familienzusammenführungen für beendet. Zukünftig würden nur noch Einzelfälle behandelt werden.[34]

Bei den Verhandlungen über die Familienzusammenführungen zwischen Warschau und Ost-Berlin im Januar 1950 und im Januar 1952 war strikte Vertraulichkeit vereinbart worden, d. h. die Verhandlungsergebnisse wurden weder in Polen noch in der DDR öffentlich bekanntgegeben. Das hatte zur Folge, daß sowohl DDR-Bürger wie auch Deutsche in Polen verhältnismäßig spät von der Möglichkeit erfuhren, Anträge über die Ausreise bzw. die Zusammenführung von Familien bei den Behörden einzureichen. So kam es, daß nach dem Abschluß von Ausreisetransporten relativ schnell erneut Anträge in großer Zahl bei den zuständigen Behörden eingingen, und die Problematik der Familienzusammenführungen kein Ende fand.[35]

Spätestens ab Mitte 1953 machte sich Verärgerung beim DDR-Innen- und dem Außenministerium über die polnische Verfahrensweise bei der Ausreise von Deutschen aus Polen breit. Der für Bevölkerungsfragen zuständige ZK-Abteilungsleiter Anton Plenikowski informierte den SED-Chef Walter Ulbricht Ende August 1953: „Die Analyse [über die] Abkommen mit der VR Polen über die Familienzusammenführung deutscher Nationalität […] zeigt, daß […] Polen die getroffenen Vereinbarungen nicht eingehalten hat."[36] Das DDR-Innenministerium kritisierte das polnische Verhalten in mehrfacher Hinsicht: Die polnischen Behörden erklärten der DDR-Seite nie, aus welchen Gründen zirka ein Drittel der angeforderten Deutschen aus Polen nicht ausreisen durfte. Die offiziellen Nachfragen der DDR-Staatsorgane wurden entweder überhört oder man vertröstete sie auf eine spätere Antwort, die aber nicht erfolgte. Auf unterer Ebene bekamen die ostdeutschen Beamten von der polnischen Seite zu hören, die Anforderungslisten seien unvollständig und fehlerhaft, die nachgefragten Personen stünden nicht auf den Listen oder hätten längst auf eine Ausreise verzichtet. Ging die DDR diesen Fällen nach, stellte sich heraus, daß die Polen nicht die Wahrheit sagten.[37] So berichtete im August 1953 das DDR-Innenministerium der SED-Führung: „Ob die Angehörigen in der VR Polen in jedem Falle den im Abkommen vorgegebenen Antrag bei den polnischen Behörden abgegeben haben, kann von hieraus nicht überprüft werden. Uns ist aber aus einigen Mitteilungen bekannt, daß Verwaltungs-

---

[34] Vgl. StS für Inneres: Plan über die Familienzusammenführung von Personen deutscher Nationalität, 14. August 1953, in: SAPMO-BA DY 30 IV 2/13/390.
Bis zu diesem Zeitpunkt waren erst 4 000 Personen ausgereist. Vgl. Übersicht über die Entwicklung der Familienzusammenführung aus der VRP in die DDR und nach Westdeutschland, 9. September 1956, in: SAPMO-BA DY 30 IV 2/20/176.

[35] Vgl. StS für Inneres: Plan über die Familienzusammenführung von Personen deutscher Nationalität, die auf dem Gebiete der DDR und VRP leben, 14. August 1953, in: SAPMO-BA DY 30 IV 2/13/390.

[36] SED-Hausmitteilung betreff: Abkommen mit der VRP über die Familienzusammenführung deutscher Nationalität, 24. August 1953, in: SAPMO-BA DY 30 IV 2/13/390.

[37] Vgl. StS für Inneres: Plan über die Familienzusammenführung von Personen deutscher Nationalität, die auf dem Gebiete der DDR und VRP leben, 14. August 1953, in: SAPMO-BA DY 30 IV 2/13/390.

organe der VR Polen die Antragsteller abweisen mit der Bemerkung, es läge von deutscher Seite kein Antrag vor."[38]

Nach der einseitigen polnischen Aufkündigung der Transporte von Deutschen aus Polen in die DDR Ende Mai 1953 versuchte die DDR-Seite, bei den zuständigen polnischen Regierungsbehörden vorzusprechen. Das Ergebnis war zunächst negativ, es gab keine Verhandlungsbereitschaft bei den staatlichen Stellen Polens.[39]

Nach intensiven Bemühungen der DDR-Botschafterin in Warschau, Aenne Kundermann[40], gelang es ihr, ein Gespräch mit dem polnischen Ministerpräsidenten Bolesław Bierut[41] führen zu können. Ihr Bericht nach Ost-Berlin fiel nicht sonderlich positiv aus: „Endlich am 23. Juli 1953 fand die gewünschte Besprechung mit dem Ministerpräsidenten [...] statt. Meine Vermutung über die Verzögerung ist, daß die polnischen Stellen ahnten, was ich will [...] Meine Ausführungen wurden vom [Ministerpräsidenten Bierut] kühl aufgenommen, und er zeigte keinerlei Anzeichen eines Entgegenkommens [...] Wiederholt betonte er, daß die Listenüberreichung und Transporte nicht ewig gehen könnten."[42] Die DDR-Diplomatin konnte beim polnischen Ministerpräsidenten nichts ausrichten.

Um die Verhandlungen und vor allem die Transporte zur Familienzusammenführung wieder in Gang zu bringen, mußten Anfang November 1953 die beiden SED-Spitzenfunktionäre Hermann Matern[43], SED-Politbüromitglied, und Peter Florin[44], ZK-Abteilungsleiter für Internationale Verbindungen und Abteilungsleiter im Außenministerium, nach Warschau reisen und beim ZK der Polnischen Vereinigten Arbeiterpartei (PVAP)[45] vorsprechen. Matern und Florin zeichneten in den 1950er Jahren in der SED-Spitze für die Fragen der „Umsiedlung Deutscher aus Polen" verantwortlich. In Warschau kamen die polnische und die DDR-Seite überein, die Ausreise von Deutschen aus Polen auf der Basis einer weiteren DDR-Anforderungsliste fortzuführen. Auch sollten bilaterale Verhandlungen und

---

[38] Ebenda.
[39] Vgl. ebenda.
[40] Aenne Kundermann (1907–2000), Diplomatin, 1928 KPD, ab 1928 Mitarbeiterin der KJI in Moskau und im Militärapparat der KPD, ab 1933 Emigration, Staatsbürgerschaft der UdSSR, ab 1945 KPD/SED-Landesvorstand in Mecklenburg-Vorpommern, 1951–1953 Chef der diplomatischen Mission in Polen, dann im MfAA, 1960/61 Botschafterin in Albanien. Vgl. Wer war wer in der DDR?, S. 488f.
[41] Bolesław Bierut (1892–1956), 1918 Mitglied der KP Polens, 1925 Besuch der KI-Schule in Moskau, ab Kriegsbeginn 1939 in sowjetisch besetzten polnischen Gebieten, ab 1943 in Warschau als Führer der Polnischen Arbeiterpartei , 1945/46 unter seiner politischen Führung werden Dekrete zur Vertreibung der deutschen Bevölkerung erlassen, 1947–1952 Staatspräsident der VRP, 1952-54 Ministerpräsident, seine Macht wird nach dem XX. KPdSU-Parteitag erschüttert, März 1956 vermutlich Selbstmord.
[42] Chef der Diplomatischen Mission der DDR bei der Regierung der Republik Polen an das MfAA, 28. Juli 1953, in: PAAA MfAA A 17547, Bl. 1; vgl. auch Aktennotiz über die Besprechung mit dem Ministerpräsidenten Bierut, 23. Juli 1953, in: ebenda, Bl. 2, 3.
[43] Hermann Matern (1893–1971), 1911 SPD, 1919 KPD, hauptamtlicher Parteifunktionär, 1928/29 Lenin-Schule in Moskau, ab 1935 Emigration u. a. in die Schweiz, Frankreich, Norwegen, Schweden, 1940 UdSSR, ab 1946/50 Mitglied des ZS und des PB des ZK der SED, ab 1948 Vorsitz der ZPKK und ab 1950 Stellvertretender Präsident der Volkskammer. Vgl. Wer war wer in der DDR?, S. 557.
[44] Peter Florin (*1921), Sohn des KPD-Spitzenfunktionärs und MdR Wilhelm Florin, 1933 Emigration nach Frankreich, 1935 in die UdSSR, ab 1941 Rote Armee, Mitarbeiter der KI, ab 1945 Redakteur verschiedener KPD-Zeitungen in der SBZ, ab 1949 ZK-Funktionär, verantwortlich für Internationale Beziehungen, und im MfAA, ab 1954 ZK der SED, 1967–1969 Botschafter in der ČSSR, 1973–1989 Stellvertretender Außenminister, 1973–1981 DDR-Vertreter bei der UNO. Vgl. Wer war wer in der DDR?, S. 216.
[45] PVAP – Polnische Vereinigte Arbeiterpartei – Dezember 1948 Vereinigungskongreß; Abkürzung auch PZPR – Polska Zjednoczona Partia Robotnicza.

ein Erfahrungsaustausch zum Problem Familienzusammenführung geführt werden. Die polnischen Funktionäre unterstrichen ihrerseits nochmals, daß die Ausreise über DDR-Listen zu beenden sei, und weitere Zusammenführungen von Angehörigen nur noch in Einzelfällen erfolgen sollten.[46] Der polnische Staat wollte so schnell wie möglich öffentlich erklären, daß die „Familienzusammenführungen zwischen Deutschland und Polen" beendet seien, ein Slogan, der nach jeder weiteren Verhandlung verbreitet wurde.

Was folgte, waren fortlaufende Besprechungen – am 29./30. Dezember 1953 in Warschau, am 3./4. März 1954 in Ost-Berlin, am 12./13. Mai 1954 in Warschau und vom 23.–25. November 1954 wieder in Warschau. Die Verhandlungen führten von Seiten der DDR der Leiter der Abteilung Bevölkerungspolitik des Innenministeriums und von polnischer Seite Vertreter des Amtes für Bevölkerungspolitik beim Ministerrat. Ihre Ergebnisse nahmen sich dürftig aus. Die Listentransporte wurden laut Vereinbarung vom Januar 1952 fortgesetzt, 1954 reisten in zwanzig Transporten 5016 Deutsche aus Polen aus. Alle Anträge auf erweiterte Familienzusammenführung – alles was über die Zusammenführung getrennter Eheleute, minderjährige Kinder zu ihren Eltern und alleinstehende Eltern bzw. Elternteile zu ihren Kindern hinausging – wurden von den polnischen Behörden abgelehnt.[47] Das betraf etwa 35000 Personen.

Auf der November-Beratung 1954 in Warschau erklärten die Polen wieder, „daß weitere Transporte nicht mehr durchgeführt werden können, da die Transporte eine […] dauernde Unruhe bei den in der Volksrepublik Polen verbliebenen Deutschen hervorrufen. Die restlichen Personen sollen als Einzelreisende übersiedeln."[48] Die DDR mußte hinnehmen, daß die Transporte über Anforderungslisten beendet waren. Die Familienzusammenführungen in die DDR wurden von Seiten Polens erneut eingestellt.[49]

Die DDR-Behörden erkannten, daß mit den Ausreisetransporten bei den Polen Ende 1954 eine Schmerzgrenze erreicht war. Die Gereiztheit in dieser Sache schien polnischerseits ausgesprochen groß zu sein. In Gesprächen mit polnischen Funktionären stellten DDR-Diplomaten diese politische Empfindlichkeit immer wieder fest. Die Ostdeutschen mußten vielfach wiederholen, daß es sich bei den Ausreisewilligen nicht mehr um deutsche Staatsbürger, sondern um polnische Staatsangehörige deutscher Nationalität handelte – was die DDR-Funktionäre aber intern nicht in jedem Fall so sahen. Ein Mitarbeiter des DDR-Außenministeriums bemerkte über eine Unterhaltung mit einer polnischen Kulturbeauftragten: „In dem Gespräch hatte ich den Eindruck, daß bei den polnischen Freunden noch immer die Meinung vorherrscht, wenn diese Frage von uns angeschnitten wird, tun wir das mit dem Hintergedanken, diese Menschen zurückzubekommen. Die [polnische Kollegin] erklärte mir nämlich […], daß es besser ist, wenn diese Menschen in […] Polen verbleiben, da sie, wenn sie zurückgeführt würden, nur nach dem Westen gehen und dann unserer gemeinsamen Sache schaden."[50]

Um die Flut der Anträge auf Familienzusammenführung vor allem „ehemaliger Umsiedler" einzudämmen, trugen ZK-Mitarbeiter in Ost-Berlin „Argumente für einen Verbleib in

---

[46] Vgl. Protokoll des SED-Politbüros, 10. November 1953, in: SAPMO-BA DY 30 J IV 2/2/331.
[47] Vgl. Stand der Familienzusammenführung 30. Juni 1954, in: SAPMO-BA DY 30 IV 2/13/390; Analyse über den Stand der Familienzusammenführung, 26. August 1955, in: ebenda.
[48] Protokoll der Besprechung über die Familienzusammenführung 23.–25. November 1954 in Warschau, 2. Dezember 1954, in: SAPMO-BA DY 30 IV 2/13/390.
[49] Vgl. Übersicht über die Entwicklung der Familienzusammenführung aus der VR Polen in die DDR und nach Westdeutschland, 9. September 1956, in: SAPMO-BA DY 30 IV 2/13/390.
[50] Brief an die Botschaft der DDR in Warschau, 9. Dezember 1954, in: SAPMO BA DY 30 IV 2/2/183.

Polen" zusammen. Danach sollte unter den Betroffenen verbreitet werden, daß die bisherigen Übersiedlungen als ein großes Entgegenkommen der polnischen Regierung zu werten sei und daß nur noch in begründeten Ausnahmefällen Ausreisen von Personen deutscher Nationalität aus Polen gewährt werden würden.[51] Dem polnischen Staat feindlich eingestellten Antragstellern sollte von den DDR-Behörden vorgehalten werden, „daß die Trennung von Verwandten, die ihren früheren Wohnsitz in den Gebieten ostwärts der Oder-Neiße-Friedensgrenze hatten, eine Folge des faschistischen Raubkrieges" gewesen sei.[52] Antragsteller, die als Übersiedlungsgründe vorbrachten, „daß die in Polen lebenden Deutschen sozial sehr schlecht gestellt seien, keine Rente oder nur geringen Lohn erhielten", wurden dahingehend aufgeklärt, daß die polnische Regierung ihre Politik bezüglich der deutschen Minderheit geändert habe. „Tatsache ist, daß die in Polen lebenden Bürger deutscher Nationalität genau so behandelt werden wie Bürger polnischer Nationalität. […] Wo die deutsche Bevölkerung [in Polen] stärker konzentriert ist, hat jedes deutsche Kind die Möglichkeit, eine deutsche Schule zu besuchen. Dort werden auch deutsche Filme gezeigt, […] es gibt deutsche Kulturhäuser, Bücher und Zeitungen […]"[53] Und dem „schwierigen Argument von Antragstellern, […] daß man die betreffenden Deutschen selbst entscheiden lassen soll, ob sie in der VR Polen oder in der DDR leben wollen", sollte entgegnet werden, daß die Ausreisen bereits seit einigen Jahren erfolgten, und daß „Übersiedlungen aus wirtschaftlichen Gründen" nicht mehr gerechtfertigt seien.[54] Diese SED-Argumentationsoffensive brachte nicht viel, Anträge auf Ausreisen aus Polen zur Zusammenführung von Familien häuften sich weiter in Ost-Berlin und in Warschau.

In der ersten Hälfte der 1950er Jahre trat die SED für eine großzügigere Politik gegenüber der deutschen Minderheit in Polen, insbesondere hinsichtlich der Familienzusammenführung, ein. Die DDR-Regierung versuchte mit angemessener Zurückhaltung, die Deutschen in Polen bei ihren Übersiedlungswünschen zu unterstützen. Die polnische Seite verhielt sich hingegen auf diesem für sie heiklen Politikfeld abweisend, und die DDR trat sofort den Rückzug an, wenn polnische Empfindlichkeiten zutage traten.

Das Jahr 1955 brachte einen Einschnitt in den außenpolitischen Beziehungen zwischen der DDR und der VR Polen wie auch der ČSR. Das betraf ebenfalls die Politik mit den deutschen Minderheiten. Die Verkündung der „Zwei-Staaten-Doktrin" durch die Sowjetunion, die Souveränitätserklärung für die DDR durch den Staatsvertrag zwischen der UdSSR und der DDR und die gleichberechtigte Aufnahme der DDR in den Warschauer Vertrag – alles 1955 – wertete die staatliche Existenz und Souveränität der DDR auf und band sie fester in den sogenannten Ostblock ein. Hinzu kam die Aufnahme diplomatischer Beziehungen zwischen der Sowjetunion und der Bundesrepublik Deutschland im September 1955 sowie die erwartete, dann aber ausgebliebene, diplomatische Anerkennung zwischen der VR Polen und der Bundesrepublik. Die DDR-Regierung trat in der Ausreisepolitik für die deutsche Minderheit aus Polen von nun an fordernder auf. Der deutsch-deutsche Konkurrenzdruck ließ die SED in der Politik mit der deutschen Minderheit aktiver werden. Die DDR wünschte, bei Übersiedlungen von Deutschen in die Bundesrepublik von den polnischen Behörden vorher konsultiert zu werden. Diese Forderungen Ost-Berlins ignorierte

---

[51] Vgl. Argumentation zur Frage der Übersiedlung von Familienangehörigen aus der VRP in die DDR, November 1954, in: SAPMO-BA DY 30 IV 2/13/390.
[52] Ebenda.
[53] Alle Zitate: ebenda.
[54] Vgl. ebenda.

die polnische Regierung weitgehend. Gleiches galt für die Beziehungen und die Minderheitenpolitik zwischen der DDR und der ČSR.[55]

Am 18. Februar 1955 erklärte der polnische Staat den Kriegszustand mit Deutschland für beendet, und der polnische Ministerpräsident kündigte am 16. März 1955 in einer Regierungserklärung die polnische Bereitschaft an, die Beziehungen auch zur Bundesrepublik Deutschland normalisieren zu wollen.[56] Diese geänderten politischen Rahmenbedingungen zogen Veränderungen in der polnischen Politik gegenüber der deutschen Minderheit in ihrem Land und hinsichtlich der Ausreise von Personen in die Bundesrepublik nach sich.

Im März 1951 war die „Repatriierung Deutscher aus Polen" in die Bundesrepublik eingestellt worden.[57] Familienzusammenführungen gab es seitdem nur in die DDR. Wieviel aus Polen in die DDR ausgesiedelte Deutsche in die Bundesrepublik weiterreisten, ließ sich nicht mehr ermitteln. Ende 1954 vermutete die Bundesrepublik noch etwa „175 000 deutsche Zivilpersonen" in Polen.[58] Im Laufe des Jahres 1954 äußerte die DDR intern Überlegungen, ob es nicht auch sinnvoll sei, „Familienzusammenführungen nach Westdeutschland" wieder aufzunehmen. Bei den staatlichen Organen in Ost-Berlin lagen zu dieser Zeit „Tausende von Anträgen westdeutscher Bürger vor [...], die wir nach Übereinkommen mit der [...] VR Polen nicht weiterleiten. Es erhebt sich nunmehr die Frage, ob Polen an einer Übermittlung dieser Anträge interessiert ist."[59]

Im Zuge der beginnenden Entstalinisierung begann auch die Volksrepublik Polen darüber nachzudenken, eine Familienzusammenführung auch wieder in die Bundesrepublik zuzulassen. Am 16. Dezember 1954 sollte mit der Aussiedlung von Personen deutscher Nationalität aus der VR Polen direkt in die Bundesrepublik begonnen werden. Die Transporte im Dezember 1954 und im Jahr 1955 umfaßten allerdings nur einige hundert Personen (zirka 750).[60]

Vom 3. bis 5. März 1955 informierte sich eine DDR-Delegation unter Leitung des Außenministers Lothar Bolz[61] beim Ersten Sekretär der PVAP, Boleslaw Bierut, und dem polnischen Ministerpräsidenten Józef Cyrankiewicz[62] in Warschau über „Fragen, die sich aus der Normalisierung der Beziehungen der VR Polen zur Bundesrepublik" ergeben und die DDR betreffen könnten.[63] Die Gespräche berührten auch das Thema „Deutsche in Polen". Die polnischen Funktionäre stellten dem DDR-Außenminister die Frage, „ob weiterhin Deutsche nach Westdeutschland geschickt werden sollen"? Die DDR-Seite befürwortete Familienzusammenführungen in die Bundesrepublik, wollte aber öffentlich immer als der Initiator der

---

[55] Vgl. Hermann Wentker, Außenpolitik in engen Grenzen, S. 121 ff.
[56] Vgl. Deutschland und Polen im 20. Jahrhundert, Bonn 2001, S. 387.
[57] Vgl. Beate Ihme-Tuchel, Die DDR und die Deutschen in Polen, S. 22.
[58] Vgl. ebenda, S. 30.
[59] Analyse über den Stand der Familienzusammenführung seit der letzten gemeinsamen Besprechung am 23.–25. November 1954 in Warschau, 26. August 1955, in: SAPMO-BA DY 30 IV 2/13/390.
[60] Vgl. Übersicht über die Entwicklung der Familienzusammenführung aus der VRP in die DDR und nach Westdeutschland, 9. September 1956, in: SAPMO-BA DY 30 IV 2/13/390.
[61] Lothar Bolz (1903–1986), promovierter Jurist, 1929 KPD, nach 1933 emigriert u. a. in die UdSSR, 1948 NDPD-Vorsitz, 1953–1965 Außenminister. Vgl. Wer war wer in der DDR?, S. 94.
[62] Józef Cyrankiewicz (1911–1989), Jurist, 1931 Mitglied der Polnischen Sozialistischen Partei (PPS), 1941–1945 KZ Auschwitz, 1945 Vorsitz PPS, polnischer Ministerpräsident 1947–1952 und 1954–1970, 1948–1971 ZK und Politbüro der PVAP (PZPR).
[63] Vgl. Bericht über die vom 3. bis 5. März 1955 in Warschau geführten Verhandlungen, in: SAPMO-BA DY 30 IV 2/20/183; Beate Ihme-Tuchel, „Zuerst bei den polnischen Genossen anfragen", S. 480 f.

Ausreisen benannt werden und bevorzugte eine Sprachregelung, in der es hieß, daß „Überführungen nicht nach Westdeutschland, sondern nach Deutschland" erfolgten.[64]

DDR-Außenminister Bolz machte seine polnischen Gesprächspartner darauf aufmerksam, daß bei einer Verhandlungsaufnahme mit der Bundesrepublik die „Frage der Staatsangehörigkeit der in der Volksrepublik Polen lebenden Personen deutscher Nationalität an Bedeutung" gewinnen werde. Vorsichtig merkte er an, daß dieses schwierige Problem auch zwischen der DDR und Polen noch nicht gelöst sei. Bolz äußerte: „Wir sind nicht daran interessiert, daß es in der VR Polen viele deutsche Staatsangehörige gibt. Vielmehr sind wir der Meinung, daß die auf dem heutigen Gebiete Volkspolens geborenen und seither ständig wohnhaften Personen deutscher Nationalität (Autochthone), die nach der bisherigen polnischen Gesetzgebung noch nicht die polnische Staatsangehörigkeit erworben haben und daher noch […] die deutsche Staatsangehörigkeit besitzen, die polnische Staatsangehörigkeit erhalten sollten. Damit tritt […] nach deutschem Recht auch der Verlust der deutschen Staatsangehörigkeit ein. Wir haben die polnische Staatsangehörigkeitsgesetzgebung […] studiert und sind dabei zu dem Schluß gekommen, daß dieses Problem noch nicht vollkommen gelöst ist. Im Gegenteil besteht für viele Einwohner der VR Polen noch Unklarheit in ihrer Staatsangehörigkeit. Im Interesse von Ruhe und Stabilität ist eine eindeutige Klärung notwendig, und zwar dahingehend, daß die oben bezeichneten Personen die polnische Staatsangehörigkeit erhalten. Zu diesen Fällen würden sicherlich auch Personen gehören, auf welche die DDR ihr Interesse an einer Familienzusammenführung geltend machen würde."[65]

Für die Bundesrepublik Deutschland waren die in Polen lebenden Personen deutscher Nationalität, dazu zählten auch große Teile der „autochthonen Bevölkerung", die die Annahme der polnischen Staatsbürgerschaft verweigert oder diese unter Zwang nach 1945 angenommen hatten, aber nun nach Deutschland ausreisen wollten, deutsche Staatsangehörige[66], denen auch das Recht zustand, Polen in Richtung Deutschland (West wie Ost) zu verlassen.[67] Auch für die DDR galt noch das alte Reichs- und Staatsangehörigkeitsgesetz von 1913. Die DDR aber wollte, um den polnischen „sozialistischen Nachbarn" nicht zu verärgern, das Problem so lösen, daß die in Polen lebenden Personen deutscher Nationalität die polnische Staatsangehörigkeit erhielten. Damit würden sie gleichzeitig die deutsche Staatsangehörigkeit verlieren. Wie aber mit den Menschen verfahren werden sollte, die die Annahme der polnischen Staatsbürgerschaft verweigerten und auf eine Ausreise bestanden, dafür bot die DDR keinen Lösungsvorschlag an – auch wenn Ost-Berlin vorsichtig signalisierte, diese Deutschen vorzugsweise in die DDR ausreisen zu lassen. Die polnischen Verhandlungspartner in Warschau ließen die Delegation unter dem DDR-Außenminister Lothar Bolz wissen, daß sie sich mit der Staatsangehörigkeitsfrage intensiv beschäftigen würden.

---

[64] Vgl. Bericht über die vom 3. bis 5. März 1955 in Warschau geführten Verhandlungen, in: SAPMO-BA DY 30 IV 2/20/183; Familienzusammenführung nach Westdeutschland, 22. Juni 1954, in: PAAA MfAA A 4097, Bl. 67, 68.
[65] Bericht über die vom 3. bis 5. März 1955 in Warschau geführten Verhandlungen, in: SAPMO-BA DY 30 IV 2/20/183.
[66] Nach dem Reichs- und Staatsangehörigkeitsgesetz (RuStAG) vom 22. Juli 1913, in: Reichgesetzblatt (RGBl.) 1913, S. 583.
[67] Vgl. Das Bonner Gesetz zur Regelung von Fragen der Staatsangehörigkeit, Teil der Kriegsvorbereitung der Adenauer-Regierung, 4. Juli 1955, in: PAAA MfAA A 1633, Bl. 11–16.
Die Bundesrepublik rechnete 1956/57 mit 60000 „echten" Deutschen in Polen, die keinen polnischen Paß besaßen. Vgl. Beate Ihme-Tuchel, „Zuerst bei den polnischen Genossen anfragen", S. 481.

Die deutsche Minderheit in Polen erkannte die Bemühungen um sie von Seiten der DDR nicht an. Das lag an der wohl zwiespältigen und auf polnische Empfindlichkeiten eingehenden ostdeutschen Politik der DDR in der Minderheitenfrage, mit der sie nicht an die Öffentlichkeit trat. Der DDR-Botschafter in Warschau, Stefan Heymann[68], berichtete Anfang 1956 über ein Gespräch mit dem Studenten Steiniger – er war der Sohn von Professor Dr. Peter Alfons Steiniger, einem bekannten DDR-Verwaltungsjuristen von der Ost-Berliner Humboldt-Universität[69] –, der als Korrespondent für eine polnische und eine DDR-Studentenzeitung schrieb und die Stimmung unter den Deutschen in Polen wiedergab: „Herr Steiniger hatte die Möglichkeit mit zahlreichen [...] ehemaligen [sic!] Deutschen im jetzigen Gebiet der VR Polen (VRP) [...] zu sprechen. Außerdem sprach er mit [...] Besuchern, die aus Westdeutschland zu ihren Verwandten in die VRP gefahren sind. Sein Eindruck aus diesen Gesprächen war der, daß insbesondere bei den Deutschen in der VRP die DDR ziemlich verhaßt sei. Diese Menschen erklären, die DDR habe sich nicht für ihre Interessen eingesetzt, sondern habe zugelassen, daß man sie zu polnischen Staatsbürgern erkläre. Sie meinten, daß die Bonner Regierung niemals eine solche Haltung eingenommen hätte und rechnen darauf, daß in absehbarer Zeit eine diplomatische Vertretung von Bonn nach Warschau kommt, bei der sie sich um die Rückwanderung nach Westdeutschland bemühen werden. [...] Außerdem stellte Herr Steiniger fest, daß viele Polen [...] keinen Unterschied zwischen beiden Teilen Deutschlands machen. [...] Vielfach wurde auch die Befürchtung laut, die DDR sei zu schwach und würde eines Tages doch von Westdeutschland verschluckt. Das wäre für Polen sehr schlecht, weil dann wieder die Militaristen an der deutsch-polnischen Grenze stehen."[70]

Irritiert und auch z.T. verständnislos zeigten sich Mitte der 1950er Jahre die ostdeutschen Funktionäre über die negative polnische Einstimmung gegenüber der DDR. Obwohl, wie sie meinten, die DDR mit der Anerkennung der Oder-Neiße-Grenze 1950 eine große „Vorleistung" für neue nachbarschaftlich-gute Beziehungen erbracht hatte[71] und sich auch damit als „Basis des Friedenskampfes in Deutschland" fühlte, mußten die ostdeutschen Diplomaten in Warschau immer wieder erkennen, daß diese Tatsache „leider noch nicht sehr tief in die [polnischen] Massen gedrungen ist, in denen vielfach noch kein Unterschied zwischen der DDR und Westdeutschland gemacht wird."[72] Die DDR-Führung wußte, daß sie ihre eigene Staatlichkeit nur in der Differenz zur Bundesrepublik legitimieren konnte. Sie war in der Gestaltung ihrer Beziehungen zu Polen darauf angewiesen, als der „bessere" deutsche Staat anerkannt zu werden. Die DDR begann daran zu arbeiten,

---

[68] Stefan Heymann (1896–1967), jüdischer Herkunft, 1919 KPD, kommunistischer Parteifunktionär, Mitarbeiter im KPD-Geheim- und Militärapparat, 1933–1945 inhaftiert in verschiedenen KZ's, nach 1945 Mitarbeiter des SU-Nachrichtendienstes, 1951–1953 Chef der Diplomatischen Mission in Ungarn, 1953–1956 Botschafter in Warschau, dann im MfAA. Vgl. Wer war wer in der DDR?, S. 356.
[69] Vgl. Wer war wer in der DDR?, S. 821.
[70] Aktennotiz über eine Unterredung zwischen Botschafter Heymann und dem Studenten Steiniger am 19. Januar 1956, in: SAPMO-BA DY 30 IV 2/20/183.
[71] Für die SED war es nach 1945 ein schwieriger politischer Weg, bis die DDR 1955 zumindest formal ein gleichberechtigtes Mitglied des „sozialistischen Lagers" (Warschauer Vertrag) wurde. Um von den Nachbarstaaten als Partner innerhalb des östlichen Bündnisses überhaupt erst akzeptiert zu werden, hatte die SED die politische „Vorleistung" u.a. in Form der Grenzanerkennung zu Polen erbringen müssen. Vgl. Beate Ihme-Tuchel, „Zuerst bei den polnischen Genossen anfragen", S. 473.
[72] Botschafter Heymann in Warschau an das MfAA, 9. April 1955, in: SAPMO-BA DY 30 IV 2/20/172; vgl. Polen und die deutsche Frage, 15. August 1955, in: SAPMO-BA DY 30 IV 2/20/183.

sich in ihrer Außendarstellung als der „Friedensstaat" zu positionieren, und die Bundesrepublik als „Hort des Revanchismus" abzuqualifizieren.[73]

Eine schwierige Situation für die SED ergab sich im Frühjahr 1955, als in der Partei Diskussionen über die Schaffung eigener Streitkräfte anliefen.[74] In diesem Zusammenhang lebten Bedrohungsängste und starke antideutsche Stimmungen in Polen auf. Botschafter Heymann beschrieb dazu diesen Vorfall: Vor einer Gemeinschafts-Rundfunk-Sendung von Militär-Ensemblen aus Warschau, Berlin und Prag baten polnische Funktionäre die DDR, auf das Abspielen von deutschen Militärmärschen zu verzichten. „Der Vorfall zeigt, welche Abneigung gegen deutsches Militär in der polnischen Bevölkerung noch vorhanden ist."[75]

Botschafter Heymann wie auch die Mitarbeiter des MfAA in Ost-Berlin waren sich einig darin, daß es ebenso große Vorurteile von DDR-Bürgern gegenüber Polen gebe. So habe man in den Fällen der Familienzusammenführung auch immer darauf hingewirkt, daß Deutsche nach Polen umsiedeln. Diese Vorschläge haben die Betreffenden als „Zumutung" aufgefaßt. „Zum großen Teil sind diese Antragsteller sehr aggressiv und bringen ihr Mißfallen darüber zum Ausdruck, daß die Regierung der DDR sich trotz des freundschaftlichen Verhältnisses mit der VR Polen nicht für ihre Angehörigen [in Polen] einsetzt, wobei sie ständig argumentieren, daß es sich um deutsche Staatsangehörige handelt."[76]

Die DDR-Staatsorgane und die SED-Führung rechneten Ende 1955 intern mit „noch Hunderttausende[n] von Menschen deutscher Nationalität, die die polnische Staatsbürgerschaft nicht besitzen" und ihre Ausreise betrieben.[77] Damit schätzten sie die Lage zutreffend ein, und die DDR war sich des bestehenden Unruhepotentials im Kreis „ihrer Umsiedler" und in den außenpolitischen Beziehungen zur VR Polen durchaus bewußt.

Ohne vorherige Absprache zwischen den polnischen und den ostdeutschen Staatsorganen und für die DDR überraschend kam es Anfang Dezember 1955 in Warschau zu Verhandlungen über die Familienzusammenführung zwischen den Roten-Kreuz-Gesellschaften der Bundesrepublik und der VR Polen. Der polnische Außenminister soll kurzfristig den DDR-Botschafter Heymann über die Verhandlungsaufnahme informiert haben, und am 23. November 1955 leitete Heymann diese Information an den SED-Chef Walter Ulbricht weiter.[78] Die SED-Spitze nahm im Dezember 1955 und Anfang 1956 an, daß es sich lediglich um einige Spezialtransporte aus Polen in die Bundesrepublik handele. Hier irrte die SED-Führung, die Transporte liefen weiter. Waren bis Ende 1955 weniger als 100 000 Deutsche aus Polen ausgereist, davon zirka 51 000 in die Bundesrepublik und 43 000 in die DDR, so siedelten bis Ende 1958 etwa 270 000 Deutsche aus Polen nach West- und Ostdeutschland über.[79]

---

[73] Vgl. Erhard Crome, Jochen Franzke, Die DDR und Polen, S. 114f.
[74] Am 18. Januar 1956 beschloß die DDR die Schaffung der „Nationalen Volksarmee" (NVA).
[75] Botschafter Heymann in Warschau an das MfAA, 9. April 1955, in: SAPMO-BA DY 30 IV 2/20/172.
[76] MdI: Einschätzung des jetzigen Standes der Familienzusammenführung von bzw. nach der VRP, 3. August 1955, in: SAPMO-BA DY 30 IV 2/13/390.
[77] Vgl. DDR-Botschaft in Warschau an das MfAA, 30. Dezember 1955, in: SAPMO-BA DY 30 IV 2/20/183.
[78] Vgl. ebenda; Übersicht über die Entwicklung der Familienzusammenführung aus der VRP in die DDR und nach Westdeutschland, 9. September 1956, in: SAPMO-BA DY 30 IV 2/13/390.
[79] Vgl. Übersicht über die Entwicklung der Familienzusammenführung aus der VRP in die DDR und nach Westdeutschland, 9. September 1956, in: SAPMO-BA DY 30 IV 2/13/390; Beate Ihme-Tuchel, Die DDR und die Deutschen in Polen, S. 31.
Nach polnischen Angaben wanderten zwischen 1955 und 1959 37 400 Personen aus Polen in die DDR aus, in die BRD kamen 226 400. Vgl. Philipp Ther, Deutsche und polnische Vertriebene, S. 250.

Mehr als zehn Jahre nach Kriegsende mußte der polnische Staat einsehen, daß seine Assimilierungspolitik gegenüber der deutschen Minderheit – den deutschen Staatsbürgern und den polnischen Bürgern deutscher Nationalität, „Autochthonen", die auf ihre deutsche Volkszugehörigkeit bestanden – gescheitert war. Eine weitgehend geräuschlose Assimilierung der Deutschen hatte nicht stattgefunden. Eine wirkliche Integration der Deutschen in die polnische Nachkriegsgesellschaft war unter den damaligen Bedingungen und nach der brutalen und verbrecherischen NS-Herrschaft und den Kriegsgewalttätigkeiten sehr schwer möglich.[80] Daß sie fast unmöglich wurde, lag auch an der verfehlten Politik der polnischen Staatsmacht gegenüber der deutschen Minderheit. Mitte der 1950er Jahre glaubte die polnische Führung zu wissen, daß 90 Prozent eine Rückkehr der Westgebiete Polens an Deutschland befürwortete.[81] Polen war ab 1956 bereit, größere Teile der deutschen Minderheit, die beharrlich ihre Ausreise betrieben, in Richtung Ost- und Westdeutschland gehen zu lassen.

b. Liberalisierung ab 1956: Massenübersiedlungen nach Ost- und Westdeutschland. Registrierungsaktionen und die Arbeit der „Gemischt-deutsch-polnischen Kommission"

Die Zeit nach dem XX. Parteitag der KPdSU (Februar 1956) zog eine Liberalisierung der Minderheiten- und Ausreisepolitik in der Volksrepublik Polen nach sich. Das veränderte auch die Bemühungen der DDR-Staats- und SED-Parteiorgane für die Deutschen in Polen. Dies geschah auch im Hinblick auf eine Konkurrenz mit der Bundesrepublik – denn, so erklärte Botschafter Heymann aus Warschau im November 1956, wenn die „DDR nicht sofort grundlegende und schnelle Maßnahmen" ergreife, würden die „hier noch ansässigen Deutschen ganz in das Lager des Westens überlaufen".[82]

Die Verhandlungen zwischen den Roten-Kreuz-Gesellschaften der Volksrepublik Polen und der Bundesrepublik, die im Dezember 1955 anliefen und 1956 fortgeführt wurden, ermutigten auch die zuständigen DDR-Funktionäre, wieder bei den polnischen Stellen in Sachen Übersiedlung von Deutschen vorzusprechen. Vertreter der Innenministerien Polens und der DDR trafen vom 18. bis 20. und (vermutlich nochmals) vom 23. bis 25. Januar 1956 in Berlin zusammen. Das Neue an den Verhandlungen war, daß nicht mehr nur von „Familienzusammenführungen", sondern auch von „Rücksiedlung von Personen und Familien aus den polnischen Westgebieten in die DDR" die Rede war.[83] Damit war zum ersten Mal ausgesprochen, daß die Ausreise von Deutschen aus Polen in die DDR ganze Familien betreffen konnte und daß kein zwingender Nachweis von Familienzusammenführungen erforderlich war. Zur schnellen Übersiedlung sollten getrennt lebende Eheleute kommen, alleinstehende Eltern und deren Söhne und Töchter, Kinder und Jugendliche, die von ih-

---

[80] Vgl. Bernadetta Nitschke, Vertreibung und Aussiedlung der deutschen Bevölkerung aus Polen 1945 bis 1949, S. 304ff.; Beate Ihme-Tuchel, „Zuerst bei den polnischen Genossen anfragen", S. 485f.
[81] Vgl. Beate Ihme-Tuchel, „Zuerst bei den polnischen Genossen anfragen", S. 485.
[82] Stefan Heymann, Lage der deutschen Minderheit in der VR Polen, 26. November 1956, in: PAAA MfAA A 1811.
[83] Vgl. Vorschlag zur Durchführung der festgelegten Vereinbarungen über Familienzusammenführung und Rücksiedlung von Personen und Familien aus den polnischen Westgebieten in die DDR, Januar 1956, in: SAPMO-BA DY 30 IV 2/13/390.

ren Eltern getrennt waren.[84] Und erstmalig konnten mit einer „Rücksiedlung" einige wenige Personen rechnen, „die erst durch die Kriegsereignisse nach den jetzigen polnischen Westgebieten evakuiert wurden und bisher nicht die Möglichkeit hatten, in die DDR überzusiedeln", sowie ehemalige deutsche Kriegsgefangene in Polen, die bisher bei polnischen Dienststellen zur Arbeit verpflichtet waren und nicht ausreisen durften.[85]

Diese nun erneut anlaufenden „Familienzusammenführungen und Rücksiedlungen" sollten nicht in Form von Einzelübersiedlungen erfolgen, sondern man wollte wieder auf Transporte über Anforderungsliste zurückgreifen, die die DDR erstellte und die die polnische Seite prüfte. Insgesamt glaubte die DDR an schnelle und im Vergleich zu früher unkompliziertere Ausreisen von Deutschen aus Polen, „denn bei den Übersiedlungen nach Westdeutschland wird [...] von polnischer Seite äußerst großzügig verfahren".[86]

Das DDR-Innenministerium teilte im Januar 1956 der für Bevölkerungsfragen zuständigen ZK-Abteilung Staatliche Organe mit, daß zur Zeit einige 10 000 Anträge auf Familienzusammenführungen und „Rückführungen von Familien aus den polnischen Westgebieten nach der DDR" vorlägen. Außerdem sei zu beobachten, daß seit den Verhandlungen der Roten-Kreuz-Gesellschaften Polens und der Bundesrepublik die „Zahl der Neu-Anträge wiederum riesenhaft [...] anwächst".[87]

Bis September 1956 übergab die DDR Anforderungslisten mit den Unterlagen für 10 000 Personen, wovon wieder nur 3 000 in den nachfolgenden Monaten tatsächlich übersiedelten. Die DDR-Regierung beobachtete die Transporte aus der Volksrepublik Polen in die Bundesrepublik genau und mußte im Sommer 1956 feststellen, daß weitaus mehr Deutsche nach Westdeutschland ausreisten als in die DDR. Während von Januar bis September 1956 in die DDR nur 3 000 Personen übersiedelten, gingen 8 000 in die Bundesrepublik.[88] Der SED-Apparat kritisierte: Aus diesen Zahlen „geht hervor, daß die Volkrepublik Polen laufend bestrebt war, die Familienzusammenführung in die DDR einzustellen und weitere bürokratische Hemmnisse in den Weg legte, so daß im Jahre 1956 der Eindruck erweckt wird, daß Westdeutschland in der Frage der Familienzusammenführung von Seiten der örtlichen staatlichen Organe der Volksrepublik Polen bevorzugt wird."[89]

In Polen änderte sich die Wahrnehmung und Einstellung gegenüber der deutschen Minderheit. In der polnischen Gesellschaft ging die Phase der Entstalinisierung mit politischen Unruhen einher. Nach dem Tod des Parteichefs der Polnischen Vereinigten Arbeiterpartei (PVAP), Bolesław Bierut, im März 1956 brachen in der kommunistischen Staatspartei Auseinandersetzungen über den zukünftigen politischen Kurs aus. Diese verschärf-

---

[84] „Übersiedlung aller [...] Jugendlichen, die von ihren Eltern getrennt wurden [...] Bisher wurde von Seiten Polens die Übersiedlung abgelehnt mit der Bemerkung, daß die Genannten erwachsen sind und daher keine unbedingte Familienzusammenführung vorliegt." Vorschläge zu den Besprechungen zwischen Vertretern VR Polens und der DDR am 17. Januar 1956 in Berlin, in: SAPMO-BA DY 30 IV 2/20/176.
[85] Vgl. Vorschläge zu den Besprechungen zwischen Vertretern VR Polens und der DDR am 17. Januar 1956 in Berlin, in: SAPMO-BA DY 30 IV 2/20/176.
[86] Ebenda.
[87] MdI an das ZK der SED, 11. Januar 1956, in: SAPMO-BA DY 30 IV 2/13/390; vgl. SED-Hausmitteilung ZK-Abteilung Staatliche Organe an Walter Ulbricht, 3. Februar 1956, in: ebenda.
[88] Insgesamt siedelten zwischen 1950 und 1956 51 000 Personen nach Westdeutschland und 43 000 in die DDR über. Vgl. Übersicht über die Entwicklung der Familienzusammenführung aus der VR Polen in die DDR und nach Westdeutschland, 9. September 1956, in: SAPMO-BA DY 30 IV 2/13/390.
[89] Ebenda; vgl. Familienzusammenführung aus der VRP in die DDR, 20. August 1956, in: SAPMO-BA DY 30 IV 2/13/390.

ten sich durch Streiks und Protestkundgebungen der Posener Arbeiter gegen die hohen Arbeitsnormen und drastischen Versorgungsprobleme. Die Situation glich der in der DDR von 1953. Die Unruhen in Posen (Poznan) weiteten sich vom 26. bis 29. Juni 1956 zu Straßenkämpfen aus, die blutig niedergeschlagen wurden. Als im Oktober 1956 die Unruhen wieder aufflammten, rettete die Wahl von Władysław Gomułka[90], selbst Opfer stalinistischer Willkür, zum Ersten Sekretär des ZK der PVAP die politische Situation im Land.[91]

Vor diesem politisch-gesellschaftlichem Hintergrund kam es in der polnischen Gesellschaft zu Diskussionen über die bisherige Minderheitenpolitik, insbesondere auch gegenüber den verbliebenen Deutschen im Land. Offener sprach man in der polnischen Gesellschaft über die Diskriminierung der Deutschen nach 1945, über den brutalen Umgang mit den Deutschen bei der Inbesitznahme der neuen Westgebiete. Die in diese Gebiete zugewanderten Polen hätten dabei keinen Unterschied zwischen sogenannten Reichsdeutschen, Volksdeutschen, polnischen Danzigern, Kaschuben und „Autochthonen" gemacht. In Polen wurde nun kritisiert, daß es damals, um in den Besitz fremden Eigentums zu gelangen, ausreichte, die Vorbesitzer als Deutsche zu verunglimpfen. Große Rechtsverstöße und Unmenschlichkeiten seien damals geschehen.[92]

Polnische Parteifunktionäre gebrauchten auf dem 7. Plenum des ZK der PVAP Ende Juli 1956 zum ersten Mal öffentlich den Begriff „deutsche Minderheit". Damit erhielten die Deutschen in Polen ihre erste Anerkennung als nationale Minderheit. Der polnische Staat erklärte zudem, daß die neue Politik der Familienzusammenführungen die Folgen des Krieges endgültig beseitigen werde und daß die Familienzusammenführung von Deutschen zu näheren und weiteren Verwandten fast ausnahmslos genehmigt werde.[93] Hatte man bisher von polnischer Seite die Zahlen der in Polen lebenden Deutschen kleingerechnet, sprach die Presse im Oktober 1956 von 1,1 Millionen Menschen deutscher Nationalität.[94]

Die SED-Funktionäre mußten zu dieser Zeit aus den Reihen der polnischen „Bruderpartei" auch die für sie politisch unangenehmen Diskussionen über die Grenze zu Polen hinnehmen: Die PVAP verbreite wiederholt, so Diplomaten aus der DDR-Botschaft in Warschau, „die feindliche Losung, daß die Oder-Neiße-Friedensgrenze von Stalin deshalb mit festgelegt wurde, um die Feindschaft zwischen Deutschland und Polen zu verewigen."[95] Und aus Kreisen der polnischen Bevölkerung würde gefordert, „daß man die Grenzen mit der Sowjetunion korrigieren soll, d.h. daß die Städte Lwow [Lemberg] und Vilnius zu Polen zurückkommen sollen, und dafür die Westgebiete an die DDR zurückgegeben werden".[96] Auch die für die SED-Funktionäre mißliche Tatsache, daß die Polen, auch viele

---

[90] Władysław Gomułka (1905–1982), 1926 KP Polen, 1939–1942 im sowjetisch besetzten Teil Polens, dann bis 1944 im Untergrund, nach 1945 Minister der „wiedergewonnenen Gebiete", Vertreter des nationalpolnischen Kommunismus, 1948 abgesetzt, 1951–1954 verhaftet, 1960er Jahre wieder Verschärfung der Repressionen gegen Kritiker, Reformer und Katholische Kirche.
Das ZK der PVAP wählte auf dem 8. Plenum (19.–21. Oktober 1956) den früher gemaßregelten Gomułka zum Ersten Sekretär der PVAP. Dies geschah trotz sowjetischen Einspruchs.
[91] Vgl. Heike Amos, Politik und Organisation der SED-Zentrale 1949–1963, S. 441.
[92] Vgl. Beate Ihme-Tuchel, Die DDR und die Deutschen in Polen, S. 35.
[93] Vgl. Aktennotiz über Aussprache des Botschafters Hegen mit dem polnischen Innenminister, 4. April 1957, in: PAAA MfAA A 38 Bl. 1; Beate Ihme-Tuchel, Die DDR und die Deutschen in Polen, S. 34f.
[94] Vgl. Beate Ihme-Tuchel, Die DDR und die Deutschen in Polen, S. 33f.
[95] Die Entwicklung der PZPR nach dem XX. Parteitag, in: SAPMO-BA DY 30 2/20/158.
[96] Botschafterkonferenz im MfAA, 21.–24. Januar 1957, in: SAPMO-BA DY 30 IV 2/20/81.

Funktionäre der Staatspartei, kaum zwischen Ost- und Westdeutschland unterschieden, wurde immer wieder kritisch registriert.[97]

Zwischen Polen und Ostdeutschen kam es auch bei Sprachregelungen häufig zu gegenseitigen Verstimmungen und Mißhelligkeiten. In offiziellen Dokumenten und Verlautbarungen hielt sich die DDR strikt und überkorrekt an die nun polnischen Namen für die ehemals deutschen Ostgebiete. Bis Mitte der 1950er Jahre mußte sogar die DDR-Botschaft in Polen für die polnische Hauptstadt die Bezeichnung „Warszawa" und nicht „Warschau" benutzen. In den internen Dokumenten des SED-Apparates allerdings scheuten sich die Funktionäre nicht vor dem Gebrauch der alten deutschen Städtenamen wie Stettin, Breslau oder Danzig.[98] Auf einer Tagung der Nationalen Front im April 1956 zum Thema deutsch-polnische Freundschaft sprach ein SED-Funktionär die Schwierigkeiten mit den Nennungen der Orts- und Städtenamen an: „Es gibt ein polnisches Lexikon der Ortsbezeichnungen, deutsch-polnisch und polnisch-deutsch, für die polnischen Westgebiete. Wir benötigen das dringend. Ich würde gern neben den deutschen Namen den polnischen setzen, was mir aber jetzt nicht möglich ist, weil ich ihn nicht kenne. Solches Material sollte ebenso wie Kartenmaterial [...] bei uns zugänglich sein."[99] Im November 1957 beschwerte sich das ZK der PVAP beim ZK der SED über eine sprachwissenschaftliche Publikation in der DDR, die die historische Verbreitung – eine Frage der deutschen Wortgeographie – des Begriffs „Stecknadel" untersuchte. Die Studie listete als Verbreitungsräume „Warschau, West- und Ostpreußen, Posen und Bromberg" auf. Die Nennung der deutschen Orts- und Gebietsbezeichnungen empörte die polnischen Funktionäre. Die ZK-Abteilung „Internationale Verbindungen" der SED versicherte den polnischen Funktionären, mit den Autoren eine „ideologische Auseinandersetzung [...] über den revanchistischen Inhalt des Artikel" zu führen.[100]

Auch auf Seiten der DDR existierten Empfindlichkeiten. Die gesamten 1950er Jahre hindurch betrieb die US-Botschaft in Warschau ein „Travel Permit Office for Germany", eine Art Reisebüro für Deutschland – Überbleibsel der Tätigkeit der Alliierten Hohen Kommission –, welches u.a. Passierscheine für Reisen in die Bundesrepublik ausstellte. Die SED kritisierte 1959 die polnischen Funktionäre, daß die Bezeichnung „Reisebüro für Deutschland" nicht der Existenz zweier deutscher Staaten gerecht werde. „Mit dieser Aufschrift wird dem Ausschließlichkeitsanspruch Adenauers Rechnung getragen und die DDR diskriminiert. Die Ostdeutschen waren ärgerlich über die polnische Untätigkeit. „Die polnischen Genossen waren über diesen Hinweis sehr überrascht, konnten hierzu keine Erklärung abgeben."[101] Das „Reisebüro für Deutschland" arbeitete unter der Bezeichnung in Warschau weiter.

Die offeneren Diskussionen in Polen über die deutsche Minderheit seit 1956 animierten die DDR-Botschaftsangehörigen, sich für die Verbesserung der Lebensumstände dieser Deutschen einzusetzen. Der DDR-Botschafter in Warschau, Heymann, informierte den

---

[97] Vgl. Botschafter Heymann aus Warschau an den Ersten Sekretär des ZK der SED, Walter Ulbricht, 10. Mai 1956, in: SAPMO-BA DY 30/3652, Bl. 14; Tagung der deutsch-polnischen Historiker-Kommission, 14.–17. November 1956 in Berlin, in: ebenda, DY 30 IV 2/20/157.
[98] Vgl. Beate Ihme-Tuchel, Die DDR und die Deutschen in Polen, S. 7f.; Berliner Journalisten in Breslau, 26. August 1948, in: SAPMO-BA DY 30 IV 2/20/75; Konferenz der Arbeiter- und Bauern-Korrespondenten in Stettin, 12. Mai 1952, in: ebenda, DY 30 IV 2/20/155.
[99] Nationale Front: Konstituierung der Kommission zum Monat der deutsch-polnischen Freundschaft, 3. April 1956, in: SAPMO-BA DY 6 vorl. 1118, Bd. 1.
[100] Vgl. Schreiben ZK der PVAP an das ZK der SED, Antwortschreiben, 20. November bzw. 7. Dezember 1957, in: SAPMO-BA DY 30 IV 2/20/158.
[101] Passierscheinbüro für Deutsche Bundesrepublik, Warschau, 1958, in: SAPMO-BA DY 30 IV 2/20/170.

SED-Chef Ulbricht im Mai 1956 über die „veränderte Haltung der polnischen staatlichen Stellen zur Frage der ehemaligen Deutschen, die heute noch in der VR Polen leben".[102] Er schlug vor, die DDR sollte die deutschsprachigen Schulen in Polen mit Schul- und Lehrbüchern, belletristischer Literatur und mit dem Entsenden von Deutschlehrern großzügig unterstützen. Der SED-Chef wiegelte die Vorschläge von Heymann ab und bestimmte, über diese Angelegenheit „zunächst bei den polnischen Genossen anzufragen".[103]

Aus der Warschauer Botschaft trafen in Ost-Berlin im Frühjahr/Sommer 1956 immer wieder Meldungen ein, die von polnischen Bitten hinsichtlich der Unterstützung der kulturellen Arbeit unter den Deutschen berichteten. So habe Ende April 1956 ein polnischer Gewerkschaftsfunktionär, der zuständig für die Kulturarbeit in der deutschen Bevölkerung in den polnischen Westgebieten war, in Warschau vorgesprochen und um Unterstützung für eine Kulturoffensive unter der deutschen Minderheit gebeten. „Ganz offen und ohne diplomatische Formulierungen" habe der polnische Kulturbeauftragte den DDR-Vertretern erklärt, „daß die bisherige Einstellung zur deutschen Bevölkerung [in Polen] diese nicht gerade zu Freunden der VRP und der DDR gemacht hat".[104] Nun wurden in den Wojewodschaften Wrocław (Breslau), Szczecin (Stettin) und Olsztyn (Allenstein), Bezirke mit größerem Anteil an deutscher Bevölkerung, Beauftragte für die Arbeit unter der deutschen Bevölkerung eingesetzt. Auch der polnische Gewerkschaftsfunktionär bat um Hilfe bei der Bereitstellung von deutschen Schul- und Lehrbüchern, bei zeitgenössischer deutscher Literatur und dramatischen Stücken für Theateraufführungen.[105]

Ein polnischer Rechtsakt vom April 1951 hatte den Deutschen in Polen wieder die Gleichberechtigung im Arbeitsleben (Entlohnung, Erholung) und im kulturellen und Bildungsbereich zurückgegeben. Dieser Regierungsbeschluß wurde aber erst seit 1956 voll umgesetzt.[106] In den Wojewodschaften Koszalin (Köslin), Szczecin (Stettin) und Wrocław (Breslau) war mit dem Schuljahr 1950/51 ein deutschsprachiger Unterricht in Schulen aufgenommen worden. Den größten Umfang erreichte das deutsche Schulwesen im Schuljahr 1954/55. Damals gab es im Bezirk Koszalin (Köslin) 82 deutsche Schulen mit 3 200 Schülern und im Bezirk Wrocław (Breslau) 54 Schulen mit 3 800 Schülern. Insgesamt sollen in den West- und Nordgebieten Polens zu dieser Zeit 136 deutsche Schulen, darunter neun Oberschulen, mit 200 Lehrern und 8 500 Schülern existiert haben. Probleme lagen im Mangel an Lehrbüchern und Deutschlehrern, der z.T. mit Hilfe aus der DDR ausgeglichen werden konnte. Die Schulen mit deutscher Unterrichtssprache erfreuten sich großer Beliebtheit. Ärger und Empörung gab es aber immer dann, wenn den Kindern von Deutschen mit (oftmals nicht freiwillig angenommener) polnischer Staatsbürgerschaft dieser Schulbesuch verweigert wurde. Mit den großen Ausreisewellen bis 1958 verringerte sich die Zahl der Schulen, im Schuljahr 1959/60 gab es nur noch fünf Schulen mit 20 Lehrern und 148 Schülern. Die beiden letzten Schulen mit deutscher Unterrichtssprache in Wrocław (Breslau) und Legnica (Liegnitz) wurden 1963 geschlossen.[107]

---

[102] Botschafter Heymann aus Warschau an den Ersten Sekretär des ZK der SED, Walter Ulbricht, 10. Mai 1956, in: SAPMO-BA DY 30/3652, Bl. 18.
[103] Ebenda.
[104] Aktennotiz, Botschaft Warschau, 23. April 1956, in: SAPMO-BA DY 30 IV 2/20/183.
[105] Vgl. ebenda.
[106] Vgl. Bernadetta Nitschke, Vertreibung und Aussiedlung der deutschen Bevölkerung aus Polen 1945 bis 1949, S. 302–307.
[107] Vgl. ebenda, S. 308f.; Lehrerin der deutschen Schule in Cieplice (Bad Warmbrunnen) an das ZK der SED, 26. Februar 1951, in: SAPMO-BA DY 30 IV 2/20/155.

Im Pressebereich war die Zeitung „Arbeiterstimme" die populärste deutschsprachige Zeitung. Sie erschien seit 1951[108], richtete sich an alle Deutschen Polens und erreichte 1956 mit 20 000 Exemplaren ihre höchste Auflage. 1958 wurde ihr Erscheinen mangels Leser eingestellt.

Die DDR beobachtete mit wachsender Kritik die polnische Ausreisepolitik. Mit Mißfallen registrierte die SED-Spitze, daß anscheinend wesentlich mehr Deutsche in die Bundesrepublik als in die DDR übersiedeln durften, und daß das Ausreiseverfahren in die Bundesrepublik unbürokratischer vonstatten ging. Die DDR-Organe erhielten über den Umfang und den Fortgang der Aussiedlungen in Richtung Westdeutschland keine Informationen von polnischer Seite, sie mußten ihre Kenntnisse aus, wie es hieß, der „Westpresse" entnehmen.[109] Botschafter Heymann überreichte am 28. Juli 1956 ein Aide memoire an die polnische Regierung, um auf diesen Umstand hinzuweisen und zu bitten, das Verhältnis der Transporte von Deutschen aus Polen nach Westdeutschland und in die DDR dringend zu ändern. Aber in den folgenden Wochen und Monaten kam es zu keiner Änderung in der polnischen Ausreisepolitik.[110]

In der kurzen Entstalinisierungsphase ging die VR Polen pragmatischer mit den Übersiedlungswünschen von Deutschen in Richtung Bundesrepublik um. Die Familienzusammenführung fand nach Westdeutschland statt, weil ein großer Teil der deutschen Minderheit in Polen Angehörige in der Bundesrepublik hatte. Sicher war der polnische Staat auch bestrebt, seine politischen Beziehungen mit dem zweiten, ökonomisch weit stärkeren deutschen Staat zu verbessern. Polen wünschte gute nachbarschaftliche Beziehungen mit Deutschland insgesamt. Die Polen, auch die Staats- und Parteiführung, glaubten nicht an eine dauernde Zweistaatlichkeit Deutschlands. Ihre eigene Geschichte, die mehrfache Teilung Polens, bestärkte sie in dieser Ansicht.

Berichte der DDR-Botschaft in Warschau und von DDR-Antragstellern auf Zusammenführung mit noch in Polen lebenden Familienangehörigen bestätigten der SED-Führung immer wieder, „daß bei der Übersiedlung von Deutschen aus der Volksrepublik Polen nach Westdeutschland großzügiger verfahren wird, als bei der Übersiedlung in die DDR".[111] So schrieb ein Deutscher aus Czarny Bór (Liebenau/Bezirk Liegnitz) dem ZK der SED, daß die polnischen Behörden ihm im August 1956 mitgeteilt hätten, daß sie gegen seine Ausreise in die Bundesrepublik nichts einzuwenden hätten, aber in die DDR könnten sie ihn wegen der nicht vorhandenen Verwandtschaft nicht reisen lassen.[112] Ein weiteres Beispiel kam aus dem Kreis Malchin/Mecklenburg von einem Berufskraftfahrer, der seit vier Jahren vergeblich versuchte, eine Übersiedlung seiner Eltern und Geschwister aus Polen in die DDR zu erreichen. Und die SED-Kreisleitung Klötze/b. Magdeburg berichtete nach Ost-Berlin über eine Bürgerin, die mehrfach und bisher erfolglos die Aussiedlung ihrer Mutter aus Polen betrieben habe. Nun sei die Mutter nach Westdeutschland ausgereist und dann zu ihrer Tochter in die DDR gekommen.[113]

---

[108] Vgl. Bernadetta Nitschke, Vertreibung und Aussiedlung der deutschen Bevölkerung aus Polen 1945 bis 1949, S. 309; Exemplare in: PAAA MfAA A 1811.
[109] Vgl. Übersicht über die Entwicklung der Familienzusammenführung aus der VRP in die DDR und nach Westdeutschland, 9. September 1956, in: SAPMO-BA DY 30 IV 2/13/390, Bl. 222.
[110] Vgl. Vorlage für das Politbüro, 14. September 1956, in: SAPMO-BA DY 30 IV 2/20/176.
[111] Übersicht über die Entwicklung der Familienzusammenführung aus der VRP in die DDR und nach Westdeutschland, 9. September 1956, in: SAPMO-BA DY 30 IV 2/13/390, Bl. 223.
[112] Vgl. ebenda.
[113] Vgl. ebenda, Bl. 224.

Andere DDR-Bürger, „ehemalige Umsiedler", beschwerten sich über die unhöfliche, demütigende und abweisende Haltung der polnischen Botschaftsangehörigen in Berlin, die die Besuchsanträge von Ostdeutschen zu ihren Verwandten in die VR Polen bearbeiteten und meist verschleppten und schließlich ablehnten. „Frau Margot R.[...] aus Magdeburg wartet bereits sei April 1956 auf die Einreiseerlaubnis in die VR Polen. Ihr Bruder wohnt in Westdeutschland und stellte im Juli 1956 einen Antrag zwecks Einreise in die VRP und hat seine Reise bereits beendet."[114] Äußerungen von DDR-Bürgern wie die von „Polakenwirtschaft" wären nicht selten im Zusammenhang mit diesem Vorgehen zu hören.[115]

Alle diese Beispiele würden sich in letzter Zeit häufen. Die zuständige SED-ZK-Abteilung verwies in zusammenfassenden Berichten vom September 1956 darauf, daß mit diesem Vorgehen in der eigenen Bevölkerung und unter den Deutschen in Polen „der Eindruck geweckt wird, daß die Familienzusammenführung nach Westdeutschland schneller vor sich geht als in die DDR, da sich die Bundesrepublik mehr um die Lösung des Problems der Familienzusammenführung bemüht, so daß eine Reihe von Deutschen, deren Angehörige in der DDR leben, sich nach Westdeutschland repatriieren lassen. Andererseits wurden Verwandte der in der VRP wohnenden Deutschen republikflüchtig, um von Westdeutschland aus die Familienzusammenführung zu beschleunigen."[116]

Im September 1956 legten Funktionäre des SED-ZK-Apparates, Abteilung „Außenpolitik" und Abteilung „Staatliche Organe", dem Politbüro einen Plan vor, wie auf die Ausreisepolitik des Nachbarlandes Polen in DDR-freundlicherem Sinne Einfluß genommen werden könnte.[117] Die ZK-Funktionäre zielten hier deutlich auf die Problematik, daß es ab diesem Zeitpunkt auch für die DDR um die „Regelung der Übersiedlung von ehemaligen deutschen Staatsangehörigen in die DDR" ging, ohne die Voraussetzung eines Nachweises zur Familienzusammenführung.[118] Selbstkritisch hieß es im SED-Plan: „Bis jetzt wurde die vorhandene Möglichkeit, Deutsche, die in der VR Polen leben, und den Wunsch äußern, nach Deutschland zurückzukehren und in der DDR zu siedeln, durch unsere zuständigen Organe nicht ausgenutzt, sondern es wurden lediglich im engen Rahmen Familienzusammenführungen durchgeführt."[119] Aus den seit Anfang 1956 laufenden Transporten in die Bundesrepublik sei hingegen ersichtlich, daß die Ausreisen von Deutschen weit über eine Familienzusammenführung hinaus gingen. In die Bundesrepublik könnten alle Deutschen ausreisen, die das wünschten, in die DDR nur die, bei denen eine ausdrückliche Anforderung von Verwandten vorläge. Ein Mitarbeiter des polnischen Innenministeriums habe zudem dem Deutschen Roten Kreuz der DDR signalisiert, daß eine „von Seiten der DDR geübte Rücksichtnahme für die Belange des Aufbaus der VR Polen durch Beschränkung

---

[114] Ebenda, Bl. 225;
[115] Vgl. Deutsche Volkspolizei (DVP) Magdeburg und DVP Cottbus: Auslandsreisen nach Polen, 28. September 1956, in: SAPMO-BA DY 30 IV 2/20/157.
[116] Übersicht über die Entwicklung der Familienzusammenführung aus der VRP in die DDR und nach Westdeutschland, 9. September 1956, in: SAPMO-BA DY 30 IV 2/13/390, Bl. 224.
„In der DDR entsteht [mit den Ausreisen von Deutschen aus Polen in die BRD] der Zustand, daß Bürger äußern, nach Westdeutschland zu gehen, weil sie der Meinung sind, daß ihre gegenwärtig in der VRP lebenden Angehörigen schneller dahin ausreisen können." Entwurf: Beschlußvorlage an das Politbüro, September 1956, in: SAPMO-BA DY 30 IV 2/13/390, Bl. 208.
[117] Vgl. Entwurf: Beschlußvorlage an das Politbüro, September 1956, in: SAPMO-BA DY 30 IV 2/13/390, Bl. 207–212.
[118] Vgl. ZK-Abteilungen Staatliche Organe und Außenpolitik: Beschlußvorlage an das Sekretariat, 7. September 1956, in: SAPMO-BA DY 30 IV 2/13/390, Bl. 204–207.
[119] Ebenda, Bl. 204.

von Familienzusammenführung auf ganz eng begrenzte Fälle nicht mehr erforderlich sei, da Polen das Facharbeiterproblem [...] gelöst habe [...]"[120]

Der polnische Funktionär habe des weiteren mitgeteilt, daß „etwa 200 000 Menschen deutscher Abstammung in der VR Polen [...] früher oder später auf eigenen Wunsch nach Deutschland überführt werden können."[121] Auch vertrat die polnische Seite die Meinung, daß die Fragen der Übersiedlung bis nächstes Jahr „restlos gelöst werden müsse", und daß „vom sozialistischem Standpunkt und [...] vom humanistischem Prinzip aus" nicht vertretbar sei, daß ein Bürger, der beharrlich seine Ausreise betreibe und nicht in Polen leben wolle, zurückgehalten werde.[122]

Die SED sah realistisch die Motive für den anhaltenden Übersiedlungswillen von Deutschen aus Polen nach Deutschland in „Sprachschwierigkeiten, unbefriedigenden [ökonomischen und sozialen] Entwicklungsmöglichkeiten in [...] Polen, im Wunsch nach einem besseren Lebensstandard sowie in der Tatsache, daß bei einem Teil die Verwandten sich fast ausnahmslos in Deutschland befinden."[123] Auch hätte die Politik der polnischen Behörden gegenüber den Deutschen in Polen bisher nicht dazu beigetragen, diese Menschen wirklich in das gesellschaftliche Leben des Landes zu integrieren.[124]

Die ZK-Mitarbeiter unterbreiteten dem SED-Politbüro Vorschläge für einen Beschluß zur „Übersiedlung": Entsprechend der gesamtdeutschen Lage hielten sie es für notwendig, „jeden Antrag auf Einreise [...] in die DDR von in der VR Polen lebenden ehemaligen deutschen Staatsangehörigen" zu genehmigen. Die Ausreise zu gestatten sei dann die Angelegenheit der polnischen Organe. Damit sollten nicht nur Familienzusammenführungen des 2. und 3. Grades möglich werden, sondern auch polnische Staatsbürger deutscher Nationalität – egal wie freiwillig die polnische Staatsbürgerschaft erworben wurde – und „Autochthone", die auf ihrem Deutschtum bestanden, die Möglichkeit zur Ausreise erhalten.[125]

Die SED wollte der PVAP empfehlen, „ihr Staatsbürgerschaftsgesetz in Ordnung zu bringen, damit klar feststeht, wer von den Menschen deutscher Nationalität nicht polnischer Staatsbürger ist."[126] Die SED schätzte, daß zirka 50 000 bis 70 000 Personen deutscher Nationalität ohne „Identitätsausweis", d.h. ohne polnischen Paß, überwiegend in den westlichen Wojewodschaften wie Koszalin (Köslin), Wrocław (Breslau), Szczecin (Stettin) und Zielona Gora (Grünberg) lebten. Nach dem deutschen Staatsbürgerschaftsgesetz von 1913, das sowohl in der DDR wie in der Bundesrepublik noch gültig war, besäßen diese Menschen noch immer die deutsche Staatsbürgerschaft.[127] Eine andere, Hunderttausende zählende Gruppe wären die „Autochthonen", die vorwiegend in den Gebieten Opole (Oppeln), Katowice (Kattowitz, 1953–1956 Stalinograd), Olsztyn (Allenstein) und Gdansk (Danzig)

---

[120] Ebenda, Bl. 206.
[121] Ebenda.
[122] Vgl. Aktenvermerk über eine deutsch-polnische Besprechung, 27. September 1956, in: SAPMO-BA DY 30 IV 2/20/183.
[123] Entwurf: Beschlußvorlage an das Politbüro, September 1956, in: SAPMO-BA DY 30 IV 2/13/390, Bl. 208.
[124] Vgl. Vorlage für das Politbüro, 14. September 1956, in: SAPMO-BA DY 30 IV 2/20/176.
[125] Wörtlich: „Anträge auf Übersiedlung in die DDR von ehemaligen deutschen Staatsangehörigen, die bereits seit der Zeit vor dem 1. September 1939 im jetzigen Gebiet der VR Polen wohnhaft sind, [sollen] großzügig behandelt werden." Entwurf: Beschlußvorlage an das Politbüro, September 1956, in: SAPMO-BA DY 30 IV 2/13/390, Bl. 210.
[126] Vorlage für das Politbüro, 14. September 1956, in: SAPMO-BA DY 30 IV 2/20/176.
[127] Vgl. ebenda.

lebten. Besonders die DDR-Diplomaten in Polen empfahlen der SED-Spitze, bei den polnischen Staats- und Parteiorganen darauf hinzuwirken, daß auch diese Personengruppe grundsätzlich die Möglichkeit zur Ausreise erhalten müsse.[128]

Die SED-Vorschläge wurden im September 1956 – in deutlich abgemilderter Form – in einem Brief an die kommunistische Staatspartei PVAP formuliert.[129] Gestrichen hatten die SED-Politbüromitglieder u. a. solche drastischen Passagen wie: „Aus Informationen, die wir erhalten haben, entsteht bei uns der Eindruck, daß die Bundesrepublik in der Frage der Familienzusammenführung aufgrund ihres bedenkenlosen Vorgehens z. Z. Vorteile gegenüber der DDR herausschlägt. [...] Wir bitten darum, einen Weg zu finden, der es ermöglicht, Besprechungen, die zwischen der VRP und der Bundesrepublik in dieser Frage stattfinden, vorher mit der DDR zu beraten und uns Vorzüge bei der Lösung dieser Frage einzuräumen. [...] Wir erachten es als notwendig, für jeden Antrag auf Einreise in die DDR die Genehmigung zu erteilen."[130]

Die Überlegungen der verantwortlichen ZK-Funktionäre zur Einflußnahme auf die polnische Ausreisepolitik setzte die SED-Führung nicht um. Die Frage der „Umsiedlung Deutscher aus Polen nach Deutschland [sic!]" – so vermerkte schließlich der Beschluß des Politbüros vom 18. September 1956 – sollte auf der „Parteilinie so behandelt werden, daß die Genossen Hermann Matern und Peter Florin [...] nach Warschau fahren, um mit dem Politbüro der PVAP den ganzen Komplex zu besprechen".[131] Die SED-Spitze schreckte vor einer politischen Brüskierung der polnischen Staatspartei und Regierung zurück. Sie hatte nicht vor, das sich sehr langsam entspannende nachbarschaftliche Verhältnis zwischen Deutschen und Polen wegen der Frage der Familienzusammenführung aufs Spiel zu setzen.

Im Herbst und Winter 1956 berichtete der DDR-Botschafter Stefan Heymann wiederholt aus Warschau nach Berlin, daß in den Westgebieten Polens eine breite Bewegung der „Zurückführung der ehemaligen deutschen Staatsbürger nach Deutschland" eingesetzt habe. Beide Staaten, so meinte der Botschafter, seien zur Zeit sehr daran interessiert, die Frage der deutschen Minderheit schnell und zur Zufriedenheit der Bevölkerung der DDR und Polens zu lösen. Die Aussiedlungsbewegung werde von der polnischen Gesellschaft, vom Staat und von der PVAP unterstützt, aber in Polen werde auch ein „breiter Kampf geführt gegen die Diskriminierung von Deutschen".[132] Ende Oktober 1956 trat eine Abgeordnetengruppe aus der Wojewodschaft Opole (Oppeln) mit einem Forderungskatalog über die „Familienzusammenführung von Deutschen" an die polnische Öffentlichkeit. Hierin sprachen sich die Parlamentarier „im Namen von Gerechtigkeit und Humanität" für eine

---

[128] „Aus den autochthonen Gebieten liegen Anträge auf Übersiedlung von Personen vor, welche die deutsche Staatsbürgerschaft früher besaßen und jetzt polnische Staatsbürger sind. Derartige Anträge nehmen in letzter Zeit ständig zu. Diesen Personen sollte die Einreise in die DDR gestattet werden." An das ZK der SED: Deutsche in Polen, 12. September 1956, in: SAPMO-BA DY 30 IV 2/20/176.
[129] Ob dieser Brief an das Politbüro der PVAP tatsächlich abgesandt wurde oder nur Entwurf blieb, ist z. Z nicht geklärt.
[130] An das Politbüro der Vereinigten Polnischen Arbeitspartei, 8. September 1956, in: SAPMO-BA DY 30 IV 2/13/390; vgl. auch: An das Politbüro des ZK der PVAP, September 1956, in: SAPMO-BA DY 30 IV 2/20/176.
[131] Protokoll der Sitzung des Politbüros des ZK der SED, in: SAPMO-BA DY 30 J IV 2/2/499.
[132] Vgl. Heymann an das MfAA: Zur Lage in Polen, 15. November 1956, in: SAPMO-BA DY 30/365. Funktionäre der PVAP fürchteten aber auch bei größeren Zugeständnissen an die deutsche Minderheit die nationalistischen Strömungen – z. B. deutschfeindliche Kundgebungen – bei der polnischen Bevölkerung. Vgl. Heymann: Lage der deutschen Minderheit, 5. Dezember 1956, in: PAAA MfAA A 3814, Bl. 53.

schnelle Lösung für die betroffenen Frauen, Kinder, Rentner, Invaliden und alle weiteren Personen aus. Sie kritisierten das bisherige zentralistische Verfahren und den geringen Umfang der Familienzusammenführungen. Das habe zu tiefer Erbitterung und einem wachsenden Gefühl von Unrecht bei der deutschen Minderheit geführt.[133]

Bei der DDR-Botschaft in Warschau meldeten sich zur gleichen Zeit verschiedene Delegationen aus der deutschsprachigen Bevölkerung Polens. Was die Diplomaten zu hören bekamen, war für die DDR nicht schmeichelhaft. Sowohl die DDR-Botschaft als auch die DDR-Regierung besaßen bei der deutschsprachigen Minderheit nur ein geringes Ansehen. Das wurde damit begründet, daß die DDR in der ersten Hälfte der 1950er Jahre die Assimilierungsstrategie des polnischen Staates stillschweigend hingenommen habe: Die Deutschen in Polen „sind der Meinung, daß [DDR-]Regierung und Botschaft zu wenig getan haben, um die Wünsche hinsichtlich der Übersiedlung in die DDR bei der polnischen Regierung zu unterstützen. Sie betrachten die Nachrichten, die sie nach 1953 erhalten haben, daß die Übersiedlung laut Potsdamer Abkommen abgeschlossen ist und nur noch Familienzusammenführung stattfindet, als eine Desinteressiertheit, ja sogar als Verrat der DDR am Schicksal der Deutschen in der VR Polen."[134] Hinzu kam, daß die Deutschen in Polen, die nicht im Besitz eines Passes waren, also die Annahme der polnischen Staatsbürgerschaft verweigert hatten, selten eine Reise- und Besucherlaubnis in die DDR erhalten hatten.

Die Delegationen aus dem Kreis Wałbrzych (Waldenburg) oder dem Kreis Wrocław (Breslau) waren davon überzeugt, daß fast alle Deutschen aus ihren Wojewodschaften ausreisen wollten[135], und wünschten von den DDR-Botschaftsangehörigen konkret zu wissen, welche Möglichkeiten zur Einreise oder Übersiedlung in die DDR existierten, wie Besuchsmöglichkeiten von der DDR in die Bundesrepublik geregelt waren, und welche Stellung die DDR zur Anerkennung der deutschen Staatsbürgerschaft für die deutsche Bevölkerung in den polnischen Westgebieten bezog. Man bat um Unterstützung bei der Gründung eines deutschen Vereins – einer „Deutschen Sozial-Kulturellen Gesellschaft". Die Botschaftsfunktionäre versicherten, daß alle Anträge von Deutschen zur Übersiedlung in die DDR von Berlin prinzipiell genehmigt werden. Die DDR unterstütze die deutsche Minderheit mit deutschem Lehrmaterial und Kulturunterlagen – Bücher, Zeitungen und Filmen.[136]

Die DDR-Botschaft und die SED-Spitze registrierten die Liberalisierung der polnischen Minderheiten- und Ausreisepolitik zunächst durchaus positiv. Die DDR war jedoch nicht besonders daran interessiert, daß eine große Zahl von Menschen ins Land einwanderte. Deshalb wollte sie den polnischen Staat unterstützen, eine größere Auswanderung abzuwenden. „Die Propaganda unter den Deutschen in der Volksrepublik Polen ist so durchzu-

---

[133] Vgl. Interpellation der Abgeordneten der Wojewodschaft Opole, 31. Oktober und 13. November 1956, in: SAPMO-BA DY 30/3652 und DY 30 IV 2/20/176.
[134] Aktennotiz über eine Besprechung mit einer deutschsprachigen Bevölkerung des Kreises Wałbrzych (Waldenburg), 21. November 1956, in: PAAA MfAA A 1811, Bl. 108.
[135] Am Ende des Gesprächs „betonten [die Delegationsmitglieder], daß die überwiegende Zahl in der VRP verbleiben würde, wenn es gelingt, das Leben der Deutschen in Polen so zu gestalten, daß sie sich nicht mehr benachteiligt fühlten […] Dies um so mehr, da viele hier ihre Heimat haben, ein eigenes Haus besitzen und es für sie nicht leicht ist, alles aufzugeben." Ebenda, Bl. 111.
[136] Vgl. Aktennotiz über eine Besprechung mit einer deutschsprachigen Bevölkerung des Kreises Wałbrzych (Waldenburg), 21. November 1956, in: PAAA MfAA A 1811, Bl. 107–111; Aktennotiz über eine Besprechung mit Abgesandten der Lehrerschaft von der Wojewodschaft Wrocław, 2. November 1956, in: SAPMO-BA DY 30 IV 2/20/176.

führen", – so lautete ein SED-Politbürobeschluß vom 18. Dezember 1957 – „daß die Betreffenden in der VRP verbleiben."[137] Noch weniger wünschte die DDR aber, daß Deutsche aus Polen in die Bundesrepublik übersiedelten.[138] Geradezu manisch fürchtete sich und mahnte die SED vor den „Gefahren der systematischen Bearbeitung" der Bewohner der polnischen Westgebiete durch „westliche Agenturen", u. a. durch die Vertriebenenverbände der Bundesrepublik.[139]

Die SED-Führung äußerte intern den Verdacht, daß zahlenmäßig weiterhin größere Transporte von Deutschen aus Polen nach Westdeutschland nur deshalb so reibungslos liefen, weil die Übersiedlungen von der Bundesregierung finanziell entgolten wurden, was den Tatsachen entsprach.[140] So sprach am 12. November 1956 auf der 29. ZK-Tagung der SED das Politbüromitglied Karl Schirdewan das Problem an: „Das Politbüro entsandte die Genossen Matern und Florin zu einer Unterredung mit Vertretern des ZK der PVAP. [...] Unsere Genossen hatten u. a. die Aufgabe, über die Fragen der Zusammenführung von getrennten Familien zu verhandeln. Es hat sich gezeigt, daß die polnischen Genossen und Regierungsfunktionäre gegenüber Westdeutschland eine gewisse Großzügigkeit in dieser Frage walten ließen, die auch durch materielle Vergünstigungen von Seiten Westdeutschlands gefördert wurde."[141]

Die großzügigere Ausreisepolitik für Deutsche aus Polen flankierten die polnische und die DDR-Staatsmacht mit massiven Versuchen der propagandistischen Beeinflussung der deutschen Minderheit, in der Volksrepublik Polen zu bleiben oder in die DDR überzusiedeln. Die „Lösung der Frage der deutschen Minderheit" wollte man als einen ständigen Störfaktor in den Beziehungen zwischen der DDR und Polen ausschalten. Ein weiteres Instrument zur Einflußnahme und Kontrolle der deutschen Minderheit in Polen sollte die sogenannte Registrierung von ehemaligen deutschen Staatsbürgern in der Volksrepublik Polen werden. Das SED-Politbüro beauftragte im September 1956 den Innenminister Karl Maron und den Staatssekretär im Außenministerium, Georg Ulrich Handke, mit der Ausarbeitung von Richtlinien zur Registrierung von deutschen Staatsangehörigen, die auf dem Gebiet der Volksrepublik Polen leben, zu beginnen.[142]

Aus der Sicht des neuen DDR-Botschafters in Warschau, Josef Hegen,[143] war die „Registrierung der ehemaligen deutschen Staatsbürger" zur Lösung des deutschen Minderheitenproblems dringend notwendig.

Stefan Heymanns übermäßiger Eifer, Regierungs- und Parteifunktionäre Polens und der DDR zu drängen, das Problem mit der deutschen Minderheit zu klären, sein Einsatz für

---

[137] Protokoll des SED-Politbüro vom 18. Dezember 1957, in: SAPMO-BA DY 30 J IV 2/2/572.
[138] Vgl. Beate Ihme-Tuchel, Die DDR und die Deutschen in Polen, S. 40f.; Jahresbericht der DDR-Botschaft aus Warschau: Familienzusammenführung aus und nach der VRP, 29. Januar 1957, in: SAPMO-BA DY 30 IV 2/13/392.
[139] Vgl. Beate Ihme-Tuchel, Die DDR und die Deutschen in Polen, S. 43.
[140] Die Bundesregierung zahlte für die gesamten Transportkosten in die Bundesrepublik, während bei den Übersiedlungen in die DDR die polnische Regierung die Kosten bis zur Grenze zu tragen hatte. Vgl. Hermann Wentker, Außenpolitik in engen Grenzen, S. 157.
[141] Protokoll: 29. SED-ZK-Tagung, 12. November 1956, in: SAPMO-BA DY 30 IV 2/1/165, Bl. 18, 19.
[142] Vgl. Entwurf: Beschlußvorlage an das Politbüro, September 1956, in: SAPMO-BA DY 30 IV 2/13/390, Bl. 211.
[143] Josef Hegen (1907–1969), geboren in Hunschgrün (ČSR), 1924 KPC, Parteifunktionär, ab 1939 Emigration in der UdSSR, ab 1943 Partisaneneinsatz, Verhaftung, KZ-Haft, 1945/46 leitete er die „Umsiedlung" der Deutschen aus der ČSR in die SBZ, 1953–1956 StS im MdI, 1957 Botschafter in der VRP, 1961 in der VR China, 1966 StS im MfAA. Vgl. Wer war wer in der DDR?, S. 321f.

Belange der Deutschen in Polen und seine positive Bewertung der Vorgänge von 1956 in Polen – u. a. die Wahl Gomulkas zum neuen Parteichef der PVAP – kosteten ihn Anfang 1957 das Amt des Botschafters. Sein Nachfolger in Warschau wurde im März 1957 Josef Hegen.[144]

Kurz hingewiesen sei auf die Tatsache, daß die DDR-Botschafter in der VR Polen – Aenne Kundermann von 1951 bis 1953, Stefan Heymann von 1954 bis 1957 und Josef Hegen von 1957 bis 1961 – eingeschworene kommunistische „Kader" waren, die aus dem Militärapparat der KPD kamen. Zum Teil waren sie zudem Moskau-Emigranten und Funktionäre im Exekutivkomitee der Kommunistischen Internationale (EKKI) gewesen und hatten für den sowjetischen Nachrichtendienst gearbeitet.[145]

Botschafter Hegen sah es zwar als Selbstverständlichkeit an, daß sich nur ehemalige deutsche Staatsbürger, die bisher keine polnische Staatsbürgerschaft angenommen hatten, als DDR-Bürger registrieren lassen können. Aber er machte auch auf die Problematik der sogenannten Optanten – in erster Linie meinte er damit die „autochthone Bevölkerung" – aufmerksam. Noch im Januar 1957 erläuterte Heymann auf einer Botschafterkonferenz des MfAA: Wir müssen mit den „polnischen Genossen verhandeln, [daß] auch bei denen, die als Optanten die polnische Staatsbürgerschaft angenommen haben, eine Tendenz [Wille (sic!) besteht], die deutsche Staatsbürgerschaft der DDR, vor allem aber […] die westdeutsche Staatsbürgerschaft anzunehmen. Ich möchte bemerken, daß eine lebhafte Korrespondenz mit […] Regierungsstellen in Bonn vorhanden ist, und daß es eine ganze Reihe von Polen gibt, die bereits ein Dokument haben, daß sie westdeutsche Staatsbürger sind."[146]

Die seit Mitte 1956 geplante und am 1. April 1957 begonnene Registrierungsaktion umfaßte die „Registrierung von Personen, die die deutsche Staatsangehörigkeit besitzen bzw. von den polnischen Behörden als Deutsche betrachtet werden, als Staatsangehörige der DDR".[147] Dabei handelte es sich nach polnischen Angaben um eine Gruppe von zirka 40 000 bis 50 000 Personen, die nicht die polnische Staatsbürgerschaft besaßen. Damit blieb – nach Vorgabe der polnischen Staatsmacht – die gesamte deutschsprachige Bevölkerung in den „autochthonen Gebieten" von der Aktion ausgeschlossen.[148] Die DDR-Botschaft in Warschau bzw. das DDR-Konsulat in Wrocław nahmen die Registrierung in den Wojewodschaften Wrocław (Breslau), Koszalin (Köslin), Szczecin (Stettin) und Zielona Góra (Grünberg) auf, in den Wojewodschaften – mit den „autochthonen" Bevölkerungsteilen – Opole (Oppeln), Katowice (Kattowitz), Gdansk (Danzig) und Olsztyn (Allenstein) blieb sie auf polnischem Einspruch hin verboten.[149] Zudem hatte die polnische Seite darauf bestanden, daß es keine öffentlichen Aufrufe über die Registrierungsaktionen in Presse und Rundfunk geben durfte.[150]

Mit der Registrierung wollte sich die DDR als „Interessenvertreter der deutschen Staatsbürger in der Volksrepublik Polen" profilieren.[151] Als Ziele der Aktion erklärte die DDR:

---

[144] Vgl. Beate Ihme-Tuchel, Die DDR und die Deutschen in Polen, S. 42.
[145] Vgl. ihre Biographien in: Wer war wer in der DDR?, S. 488f., 356, 321f.
[146] Niederschrift der Botschafterkonferenz im MfAA in Ost-Berlin vom 21.–24. Januar 1957, in: SAPMO-BA DY 30 IV 2/20/81.
[147] Registrierung der deutschen Staatsbürger in der VRP, 1957, in: SAPMO-BA DY 30 IV 2/20/177.
[148] Vgl. Protokoll der Verhandlungen der Gemischten deutsch-polnischen Kommission über Fragen der in der VRP lebenden Deutschen, 8.–10. Januar 1958, in: SAPMO-BA DY 30 IV 2/20/177 (S. 6).
[149] Vgl. Registrierung der deutschen Staatsbürger in der VRP, 1957, in: SAPMO-BA DY 30 IV 2/20/177.
[150] Vgl. MfAA an DDR-Botschafter Josef Hegen in Warschau, 1957, in: SAPMO-BA DY 30 IV 2/20/177.
[151] Vgl. Deutsche Staatsbürger in der VR Polen, 1958, in: PAAA MfAA A 4161, Bl. 54.

1. Verstärkung der „Möglichkeit der politisch-ideologischen Beeinflussung von Seiten der DDR und [2. ...] Zurückdrängung des westdeutschen Einflusses wie auch [3. ...] der Ausreisepsychose [...] und damit [4.] diese Personengruppe für den Aufbau des Sozialismus in unseren Ländern zu gewinnen. Die Registrierung dieser Personengruppen als Bürger der DDR liegt also im Interesse der DDR wie auch der VRP."[152]

Die Registrierung führte jedoch nicht gleichzeitig zur Ausreise in die DDR. Wer sich erfassen ließ und den Wunsch hatte, in die DDR überzusiedeln, mußte zunächst einen Übersiedlungsantrag bei den polnischen und DDR-Behörden stellen, der dann erneut ein Bewilligungsverfahren durchlief.

Die Registrierungsaktion verlief ausgesprochen schleppend, 1957 konnten nur 1 000 Personen erfaßt werden.[153] Die fehlende Möglichkeit einer Popularisierung wollte die ostdeutsche Seite mit Werbeversammlungen vor Ort ausgleichen. So reisten von April bis Ende August 1957 DDR-Diplomaten durch die neuen Westgebiete Polens. Mehrfach wurden die Orte und Regionen um Wrocław (Breslau), Wałbrzych (Waldenburg), Koszalin (Köslin), Gorce (Gottesberg-Rothenbach) und Nowa Ruda (Neurode/Niederschlesien) bereist und Besprechungen mit lokalen polnischen Behörden sowie Versammlungen mit der deutschsprachigen Bevölkerung, vor allem Bergarbeitern und in der Landwirtschaft Tätigen, durchgeführt. Durchgehend zeigte sich das Bild, daß die polnischen Behörden vor Ort interessiert an der Problematik der deutschen Minderheit waren. Aber je weiter weg und politisch höher die polnischen Staats- und Parteistellen fungierten, desto uninteressierter, abweisender und bürokratischer verhielten sich die polnischen Funktionäre gegenüber dem deutschen Problem und den DDR-Registrierungsaktionen.[154]

Auf den einberufenen Versammlungen klagten die Deutschen vor Ort gegenüber den DDR-Botschaftsvertretern über ihre anhaltende soziale und wirtschaftliche Diskriminierung durch die polnischen Behörden und die polnische Mehrheitsbevölkerung. Das Hauptinteresse der versammelten Deutschen richtete sich allerdings auf die Ausreisemöglichkeiten und das Ausreiseprozedere in die Bundesrepublik und in die DDR. Dabei überwog das Interesse an einer Übersiedlung in die Bundesrepublik. Immer wieder hielten die Botschaftsberichte fest: „Was die Registrierung anbetrifft, so spielt die Frage der Ausreise nach Westdeutschland eine große Rolle. Zahlreiche Bürger sind der Auffassung, daß sie bei der Annahme des Passes der DDR nicht die Gelegenheit mehr haben werden, in die Bundesrepublik zu ihren Familienangehörigen zu fahren."[155]

Auf wenig Zuspruch und sogar unverhohlene Ablehnung trafen jegliche DDR-Agitationen zum „unterschiedlichen Charakter der beiden deutschen Staaten", zur „Entlarvung des Adenauerregimes, der Remilitarisierung und Faschisierung in Westdeutschland".[156] Kenntnisse über das Leben in der DDR schienen nach DDR-Botschaftsangaben äußerst dürftig zu sein, wohingegen die Vorstellungen über die Bundesrepublik konkreter waren: „Auch in der Wojewodschaft Koszalin (Köslin) war der westdeutsche Einfluß auf die noch

---

[152] Registrierung der deutschen Staatsbürger in der VRP, 1957, in: SAPMO-BA DY 30 IV 2/20/177.
[153] Vgl. Registrierung in der Volksrepublik Polen, 1957; Nur 900 wollen in die Zone, 24. Oktober 1957, in: PAAA MfAA A 1633, Bl. 69–71; A 4161, Bl. 99.
[154] „Die Atmosphäre während der Beratungen und Einzelunterhaltungen mit den polnischen Genossen [...] war offener und freundschaftlicher als sie z. Z. auf zentraler Ebene ist." Bericht über die Fahrt nach Wrocław und Wałbrzych am 13. und 14. April 1957, in: PAAA MfAA A 3759, Bl. 12.
[155] Aktennotiz über die Versammlung in Gorce, 3. August 1957, in: SAPMO-BA DY 30 IV 2/20/184.
[156] Vgl. Ergebnisse der Reise des Botschafters Hegen nach Wrocław und Wałbrzych vom 27.–30. Juli 1957, 7. August 1957, in: PAAA MfAA A 3814, Bl. 39–43. (Auch in: SAPMO-BA DY 30 IV 2/20/184).

dort lebenden Deutschen deutlich zu spüren [...]"[157], u.a., so meinten die DDR-Funktionäre, durch Fragen, „ob sie bei Annahme des DDR-Passes noch unter den Lastenausgleich in der Bundesrepublik fallen werden".[158]

Die DDR-Botschaft berichtete anläßlich einer Kranzniederlegung in Nysa (Neisse) zum 100. Todestags des deutschen Dichters Joseph von Eichendorff[159] aus dem Gebiet Opole (Oppeln/Oberschlesien) über „revanchistische Umtriebe der Bundesrepublik". Mit verschiedenen propagandistischen Mitteln werde versucht, Einfluß auf die Bevölkerung der Wojewodschaft zu gewinnen: „So werden die revanchistischen Zeitungen ‚Der Schlesier' und ‚Unser Oppeln' in Massen an die hiesige Bevölkerung gesandt. Besuchsreisende aus der Bundesrepublik machen Propaganda für Adenauers Wirtschaftswunder [...] Leider sei viel zu wenig über die DDR bekannt [...]"[160] Bemerkenswert fanden die Ostdeutschen, daß in der Stadt Opole (Oppeln) noch 30 Prozent der alten deutschen Vorkriegsbevölkerung lebten und in der gleichnamigen Wojewodschaft sogar über 60 Prozent.

DDR-Botschafter Josef Hegen und seine Mitarbeiter erklärten es zu ihren nächsten Aufgaben, im Zusammenhang mit der Registrierungsaktion, der „Ausreisepsychose mit allen Mitteln der [...] Agitation und Propaganda [...] entgegenzuwirken", „die deutsche Bevölkerung für den Aufbau des Sozialismus zu gewinnen, ganz gleich, ob in der VR Polen oder in der DDR"[161], und die gesamte Kulturarbeit unter der deutschen Minderheit quantitativ und qualitativ zu verbessern. Hegen mahnte, daß die seit Frühjahr 1957 in Polen zugelassene erste deutsche Kulturvereinigung, die „Deutsche sozial-kulturelle Gesellschaft", sich tatsächlich nur mit der „Pflege und Popularisierung [...] der deutschen Kultur und Kunst zur [...] Bedürfnisbefriedigung der deutschen Bevölkerung"[162] beschäftigen dürfe, und mit „ihrer Tätigkeit als Aussiedlungsorgan Schluß gemacht" werden müsse.[163] Außerdem unterbreitete er dem DDR-Innenministerium den dringenden Vorschlag, „Erleichterungen für den Reiseverkehr der [deutschen] Bevölkerung nach der DDR zu schaffen, da es zeitweise leichter sei, nach Westdeutschland zu reisen als nach der DDR".[164]

Den DDR-Botschafts- und zuständigen SED-Funktionären war bewußt, daß mit all diesen Maßnahmen das große Problem der zirka eine Million Menschen in den „autochthonen Gebieten" nicht im Ansatz geklärt war. Auf den Versammlungen der DDR-Botschaft in den polnischen Westgebieten war es zu Anfragen bis hin zu „organisiert-provokatorischem Auftreten von Autochthonen" gekommen, die eine Registrierung als deutsche Staatsbürger

---

[157] Bericht über die Reise des Botschafters Hegen nach Koszalin am 9., 10. August 1957, in: SAPMO-BA DY 30 IV 2/20/184.
[158] Aktennotiz über die Versammlung in Bolków, 4. August 1957, in: SAPMO-BA DY 30 IV 2/20/184.
[159] Joseph von Eichendorf, *1788 bei Ratibor/Schlesien, †1857 in Neiße – deutscher Dichter der Romantik.
[160] Auszug aus dem Botschaftsbericht über die Kranzniederlegung am Grab Eichendorffs, 29. November 1957, in: PAAA MfAA A 1634, Bl. 99.
[161] Ergebnisse der Reise des Botschafters Hegen nach Wrocław und Wałbrzych vom 27.–30. Juli 1957, 7. August 1957, in: PAAA MfAA A 3814, Bl. 39, 40.
[162] Deutsche Sozial-Kulturelle Gesellschaft in der Wojewodschaft Wrocław. Satzung. 1957, in: SAPMO-BA DY 30 IV 2/20/177.
[163] Vgl. Ergebnisse der Reise des Botschafters Hegen nach Wrocław und Wałbrzych vom 27.–30. Juli 1957, 7. August 1957, in: PAAA MfAA A 3814, Bl. 40; Bericht über die Fahrt in die Wojewodschaft Koszalin, 3.–5. Juni 1957, in: ebenda, A 3759, Bl. 32–35; Bericht über eine Versammlung mit deutschen Staatsbürgern in Nowa Ruda, 3. August 1957, in: SAPMO-BA DY 30 IV 2/20/184; Verallgemeinerung der Erfahrung bei der Registrierung, 1957, in: PAAA MfAA A 1634, Bl. 154, 155.
[164] Bericht über die Reise von Botschafter Hegen nach Koszalin am 9. und 10. August 1957, in: SAPMO-BA DY 30 IV 2/20/184.

und ihre Ausreise forderten.[165] Die „Mißstimmung unter den Autochthonen" in den Gebieten Opole (Oppeln), Katowice (Kattowitz), Olstyn (Allenstein) und Gdansk (Danzig) sei besonders groß, berichtete die DDR-Botschaft nach Berlin, die „Autochthonen geben vielfach an, die [polnische] Staatsbürgerschaft nur unter Druck angenommen zu haben".[166] Diese Negativeinstellung zum polnischen Staat und die ungeklärte rechtliche Stellung hinsichtlich der Staatsbürgerschaft machte diese Bevölkerungsgruppe in den Augen der SED-Funktionäre besonders anfällig für den „revisionistischen Einfluß Westdeutschlands", für die „Rückeroberungspläne ehemals deutscher Territorien durch die westdeutsche Bundesregierung".[167]

Da die polnischen Behörden die DDR-Registrierungsaktionen in den „autochthonen Gebieten" weiterhin nicht gestatteten, mußten die Botschaftsangehörigen bei ihrem verordneten offiziellen Standpunkt bleiben. Der lautete: „Die DDR kennt keine doppelte Staatsbürgerschaft und kann keine polnischen Staatsbürger registrieren. In den für die Botschaft unklaren Fällen wurde den Bürgern der Hinweis gegeben, sich mit den polnischen Organen zur Klärung ihrer Staatsbürgerschaft selbst in Verbindung zu setzen. Von Seiten der Botschaft werden auf Wunsch der polnischen Organe bisher keine Pässe für deutsche Staatsbürger dieser Wojewodschaften [Opole, Katowice, Olstyn, Gdansk] ausgegeben."[168]

Inoffiziell aber baten die ostdeutschen Diplomaten die polnischen Behörden, das Problem mit der „deutschsprachigen Bevölkerung in den autochthonen Gebieten" dringend neu zu überdenken. Nach ihren Erfahrungen gäbe es eine Reihe von polnischen Staatsbürgern aus diesen Gebieten, die ihre deutsche Staatsbürgerschaft einwandfrei nachweisen könnten. Eine Registrierung auch dieser Personen durch die DDR-Botschaft könnte ein erster Versuch sein, sie dem „starken westdeutschen imperialistischen Einfluß zu entziehen".[169]

Die Registrierungsaktion deutscher Staatsbürger in der Volksrepublik Polen lief bis Ende 1958. Sie scheiterte und das aus mehreren Gründen: Zum einen war für die betreffenden Deutschen in Polen unersichtlich und fraglich, welchen Sinn diese Registrierung zum „deutschen Staatsbürger der DDR" hatte, da die Registrierung nicht an eine Ausreisemöglichkeit gekoppelt war. In der VR Polen bestand keine Ausweispflicht, und eine nicht kleine Gruppe von Personen, die sich hätte registrieren lassen können, war in der Sache abwartend. Sie ließ die Entscheidung noch offen, Bürger der DDR zu werden oder sich um die polnische Staatsbürgerschaft zu bemühen. Zum zweiten fürchteten viele der übersiedlungswilligen Deutschen, daß mit der Annahme eines DDR-Passes eine von ihnen oft bevorzugte Ausreise oder auch nur Besuchsreise in die Bundesrepublik unmöglich werden würde. Und zum dritten erledigte sich das Registrierungsvorhaben durch Massenausreisen vor allem in die Bundesrepublik und auch in die DDR bis Ende 1959.[170]

Zwischen 1956 und 1958 durften insgesamt etwa 270 000 bis 290 000 Deutsche die VR Polen verlassen, davon gingen allein 250 000 in die Bundesrepublik und 30 000 bis 40 000

---

[165] Vgl. Ergebnisse der Reise des Botschafters Hegen nach Wrocław und Wałbrzych vom 27.–30. Juli 1957, 7. August 1957, in: PAAA MfAA A 3814, Bl. 42, 43.
[166] Verallgemeinerung der Erfahrung bei der Registrierung, 1957, in: PAAA MfAA A 1634, Bl. 154.
[167] Vgl. ZK-Abteilung Internationale Verbindungen: Bericht zur gegenwärtigen Lage der Registrierung deutscher Staatsbürger in der VRP, Stand 15. September 1957, in: SAPMO-BA DY 30 IV 2/20/176.
[168] Ebenda.
[169] Vgl. ebenda; Material Gemischte Kommission, November 1957, in: SAPMO-BA DY 30 IV 2/20/177.
[170] Vgl. Einschätzung der Tätigkeit der Konsularabteilung der Botschaft Warschau für 1958, 31. Januar 1959, in: SAPMO-BA DY 30 IV 2/20/184; Auszug: „Volksdeutsche. Von der Neiße an die Panke", 24. Juli 1957, in: PAAA MfAA A 1633, Bl. 73–74.

in die DDR.¹⁷¹ Aus diesen Zahlen war u. a. auch ersichtlich, daß umfangreiche Gruppen der sogenannten autochthonen Bevölkerung aus Polen ausreisen durften. Nach Angaben des Stellvertretenden polnischen Außenministers Marian Naszkowski hatten in den Jahren zwischen 1952 und Ende 1957 zirka 81 000 Deutsche mit polnischer Staatsangehörigkeit – also „Autochthone" – Polen verlassen und waren in die BRD oder in die DDR ausgereist.¹⁷² Anfang 1958 hörte man von polnischer Seite, daß noch weitere zirka 90 000 „Autochthone" demnächst die Ausreisegenehmigung erhalten würden.¹⁷³

Im Januar 1959 beendeten die Warschauer DDR-Botschaft und ihr Konsulat in Wrocław (Breslau) die Registrierung der deutschen Staatsbürger in der VR Polen mit der offiziellen Einschätzung, daß nur noch einige hundert Personen in Polen lebten, denen das Recht auf Registrierung zustände. Die meisten Deutschen hätten bis Ende 1958 „den Weg der Umsiedlung einer Registrierung vorgezogen".¹⁷⁴ Die DDR-Registrierungsaktion war gescheitert. Es hatten sich insgesamt nur 1 800 Personen von der DDR-Botschaft als deutsche Staatsbürger registrieren lassen, von denen bereits die Hälfte in die DDR bzw. die BRD ausgereist war. Die DDR-Botschaft zog den Schluß, daß die verbliebene deutsche Bevölkerung sich nun im individuellen Einzelantrag registrieren lassen bzw. die Ausreise beantragen könnte. Im übrigen sollte die Feststellung der Staatsangehörigkeit bei Bürgern, deren Staatsangehörigkeit bisher nicht geklärt wurde, den polnischen staatlichen Organen überlassen bleiben.¹⁷⁵

Die DDR-Registrierungsaktionen, das Problem der deutschen Staatsbürger in der VR Polen, die ungeklärte Frage der „Autochthonen"¹⁷⁶ und vor allem die Übersiedlungen

---

¹⁷¹ Vgl. Beate Ihme-Tuchel, Die DDR und die Deutschen in Polen, S. 45–47.
¹⁷² Vgl. Verhandlungen der Gemischten deutsch-polnischen Kommission über Fragen der in der VRP lebenden Deutschen, 8.–10. Januar 1958, in: SAPMO-BA DY 30 IV 2/20/177 (S. 65).
¹⁷³ Vgl. Beate Ihme-Tuchel, Die DDR und die Deutschen in Polen, S. 37f.
¹⁷⁴ Einschätzung der Tätigkeit der Botschaft Warschau für 1958, 31. Januar 1959, in: SAPMO-BA DY 30 IV 2/20/184.
¹⁷⁵ Vgl. Konsularabteilung Warschau: Stand der Registrierung, 28. Januar 1959, in: PAAA MfAA A 3521, Bl. 1–10.
¹⁷⁶ Ende 1957 faßte die DDR-Botschaft ihre Sicht auf die Problematik der „Autochthonen" für ihren Verhandlungsstandpunkt nochmals zusammen, indem sie formulierte: Die VR Polen bezeichnete die Bevölkerung in den Gebieten Opole, Katowice, Olsztyn und Gdansk (Oppeln, Kattowitz, Allenstein und Danzig), unabhängig von ihrer früheren Staatsangehörigkeit, als „Autochthone". Diese Bevölkerungsgruppen erhielten nach dem polnischen Staatsangehörigkeitsgesetz vom 8. Januar 1951 die polnische Staatsbürgerschaft. Die polnische Staatsbürgerschaft konnte auch gegen den Willen der Betreffenden „von Amts wegen" erteilt werden. „Die berechtigte Politik [sic!] der Repolonisierung gegenüber diesen Staatsbürgern müßte unserer Meinung nach differenziert [...] werden." In diesen Gebieten lebten auch Deutsche, die entsprechend von Verträgen nach dem 1. Weltkrieg für Deutschland optierten, ihre deutsche Staatsangehörigkeit behielten bzw. wiedererlangten und sich nach 1945 weigerten, polnische Staatsbürger zu werden. Diese Weigerung beruhte auf Abkommen nach dem 1. Weltkrieg. „In Artikel 91 des Versailler Vertrags, dem Minderheitenschutzvertrag zwischen den Entente-Mächten und Polen vom 28. Juni 1919, dem deutsch-polnischen Abkommen über Staatsangehörigkeits- und Optionsfragen vom 30. August 1924 (Wiener Abkommen) sowie dem deutsch-polnischen Abkommen über Oberschlesien vom 15. Mai 1922 (Genfer Abkommen) wurde festgelegt, daß alle deutschen Reichsangehörigen, die in den zu Polen fallenden Gebieten wohnen, mit der Gebietsabtretung die polnische Staatsangehörigkeit erhalten. Sie hatten jedoch das Recht, innerhalb von zwei Jahren für Deutschland zu optieren oder ihren Wohnsitz zu wechseln und somit stillschweigend die Option durchzuführen. Viele Menschen haben von dem Optionsrecht Gebrauch gemacht" und zwischen 1922 bis 1939 laufend die deutschen Staatsangehörigkeitsausweise erneuert. Und diese Menschen, die 1951 polnische Personalausweise gegen ihren Willen erhielten, betrachteten sich weiterhin als Deutsche und nicht als Polen. Die Registrierung dieser Personen als deutsche Staatsbürger der DDR lehnt

nach Ost- und Westdeutschland wurden im Januar 1958 und nochmals im Dezember 1958 auf höchster staatlicher bzw. Parteiebene zwischen der DDR und der VR Polen zur Sprache gebracht. Vom 8. bis 10. Januar 1958 verhandelten in Warschau Delegationen der DDR und der VR Polen unter der Leitung der jeweiligen Stellvertretenden Außenminister, Marian Naszkowski, und Otto Winzer[177] über diesen Problemkomplex. Ende des Jahres, am 10. Dezember 1958, kamen die Gespräche bei Regierungsverhandlungen zwischen beiden Staaten, konkret zwischen dem SED-Chef Walter Ulbricht und Ministerpräsident Jozef Cyrankiewicz[178], auch auf dieses Thema zurück.[179] Bei den Treffen übte man von Seiten der Ostdeutschen in der Problematik der deutschen Minderheit Zurückhaltung, hier lautete die Devise: „In der Frage der Behandlung der Polen deutscher Nationalität wird nur Stellung genommen, wenn von polnischer Seite die Frage gestellt wird." Die SED-Spitze stellte aber fest: „In allen Fragen [auch die der Übersiedlungen], die Polen mit Westdeutschland behandeln will, [...] ist vorher die DDR zu konsultieren".[180]

Sowohl in den hochrangig besetzten Beratungen im Januar und als auch im Dezember 1958 zeichneten die SED-Politiker ein übertriebenes Bild von der „Gefahr des westdeutschen Imperialismus und Militarismus" und von der „chauvinistischen Politik Westdeutschlands [...] bei der feindlichen Beeinflussung der deutschsprachigen Bevölkerung in der Volksrepublik Polen".[181] Otto Winzer und insbesondere Walter Ulbricht versuchten die polnischen Funktionäre eindringlich davon zu überzeugen, daß es im Interesse beider Staaten sei, den „westdeutschen imperialistischen Einfluß zurückzudrängen", um die „deutschsprachige Bevölkerung in Polen für das sozialistische Lager zu erhalten" und der bestehenden „Ausreisepsychose" entgegenzuwirken. „Die Bundesrepublik" – so die Sichtweise des SED-Politbüros – „arbeitet dabei auf lange Sicht, um diese Menschen später als 5. Kolonne zu mißbrauchen. Die Anerkennung dieser Personen als deutsche Staatsbürger durch die Bundesrepublik ist nur ein Mittel, die deutschsprachige Bevölkerung in der VRP für die Pläne der westdeutschen Imperialisten [...] leichter gefügig zu machen."[182] Das Politbüro beschwor die Gefährlichkeit der Landsmannschaften und Heimatverbände in der Bundesrepublik, „die gegen die Oder-Neiße-Friedensgrenze und die VRP mit ihren

---

Polen bis jetzt ab. Nach dem deutschen Reichs- und Staatsangehörigkeitsgesetz von 1913 sind diese Bürger jedoch, wenn sie nicht die Staatsangehörigkeit eines anderen Staates *durch Antrag* erworben haben, weiterhin deutsche Staatsbürger. Das Gesetz von 1913 gilt noch sowohl in der Bundesrepublik als auch in der DDR. Für die Bundesrepublik sind diese Personen deutsche Staatsangehörige. Viele von ihnen besitzen einen sogenannten Heimatschein von der westdeutschen Seite. Die polnische Regierung erklärte diese Art Urkunden für ungültig. Vgl. MfAA: Stellungnahme zur Frage der autochthonen Bevölkerung in der VRP, November 1957, in: SAPMO-BA DY 30 IV 2/20/177.
[177] Otto Winzer (1902–1975), 1919 KPD, ab 1922 KJVD-Funktionär, 1928–1930 in der UdSSR, dort KI-Mitarbeiter, 1934 Emigration in die SU, ab 1947 ZK-Mitarbeiter, 1949–1956 StS beim DDR-Präsidenten, 1956–1965 Vizeaußenminister, 1965–1975 Außenminister. Vgl. Wer war wer in der DDR?, S. 923.
[178] Józef Cyrankiewicz (1911–1989), ab 1935 Parteifunktionär, 1941 Verhaftung und KZ-Auschwitz, seit 1948 Mitglied im PB des ZK der PVAP, 1947–1952 und 1954–1970 Ministerpräsident der VRP, 1970–1972 Staatspräsident.
[179] Vgl. Verhandlungen der Gemischten deutsch-polnischen Kommission über Fragen der in der VRP lebenden Deutschen, 8.–10. Januar 1958, in: SAPMO-BA DY 30 IV 2/20/177; Verhandlungen zwischen der Regierung der PVR und der DDR in Warschau, 10. Dezember 1958, in: ebenda, DY 30 IV 2/20/170.
[180] Beide Zitate: Protokoll des SED-Politbüros, 15. Juni 1957, in: SAPMO-BA DY 30 J IV 2/2/545.
[181] Material für Gemischte Kommission, November 1957, in: SAPMO-BA DY 30 IV 2/20/177.
[182] Ebenda; SED-Politbürobeschluß vom 23. Dezember 1957: Richtlinien für die Beratung der Gemischten deutsch-polnischen Kommission, in: SAPMO-BA DY 30 IV 2/20/177.

revisionistischen [...] Forderungen" auftraten und ihren „schädlichen Einfluß auf die Bürger mit ungeklärter Staatsangehörigkeit in der VR Polen" ausweiten würden.[183] Die SED-Spitze war überzeugt, daß die Führung der Polnischen Vereinigten Arbeiterpartei „im Hinblick auf die polnischen Westgebiete [sich] einer groben Vernachlässigung und Unterlassung im Kampf gegen den westdeutschen Imperialismus und der von ihm betriebenen Revanchepolitik" schuldig machte.[184]

Aber die polnischen Staats- und Parteifunktionäre beurteilten die „westdeutsche Gefahr", bezogen auf die deutschen Staatsangehörigen in Polen und die „deutschsprachige bodenständige Bevölkerung" – so bezeichneten sie in der Regel die „Autochthonen" –, gelassener und differenzierter.[185] Die PVAP-Funktionäre folgten nicht dem SED-Schreckensbild der geschlossen gegen Polen und die DDR agierenden „revanchistischen Umsiedlermassen in Westdeutschland". Die polnischen Verhandlungspartner lehnten es ab, von „einheitlichen Umsiedlermassen im politischen Sinn zu sprechen". Viele dieser „Umsiedler" hätten sich gut in das Wirtschaftsleben der Bundesrepublik eingegliedert und dächten nicht daran, wieder in die Westgebiete Polens zurückzukehren. Auch sei es übertrieben zu behaupten, so der Vizeaußenminister Polens, Marian Naszkowski, gegenüber Otto Winzer, „daß alle Leute, die von hier rausfahren, Militaristen wären [...], denn unter diesen befinden sich in der Mehrzahl alte Leute, Frauen, die sich nicht zu einer aktiven [politischen] Tätigkeit eignen".[186] Die Ausreise der Deutschen sei für Polen günstig, weil sie dem Frieden und der Entspannung diene. Diese Menschen „gewaltsam zurückzuhalten, [...], die sich nicht in unsere [polnische] Gemeinschaft einfügen wollen, [...] wäre nicht haltbar und [...] schädlich".[187] Der polnische Vizeaußenminister versicherte seinem DDR-Amtskollegen, daß man es lieber sähe, wenn die ausreisenden Deutschen in die DDR gingen, aber wenn die Angehörigen in der Bundesrepublik lebten, sollte auch die Aussiedlung dorthin möglich sein.[188]

Die polnischen Staatsfunktionäre wollten auch dem SED-Vorschlag nicht folgen, den Besuchsverkehr zwischen Polen und der Bundesrepublik einzuschränken. Auch die Agentenhysterie des SED-Chefs Walter Ulbricht stimmte die polnischen Funktionäre in der Sache nicht um. Ulbricht war davon überzeugt, daß in den „Westgebieten [Polens] die Agenturen der Bundesrepublik sehr aktiv arbeiten. Dort ist Familienverkehr. Also Familienangehörige, die früher in Polen gewohnt haben und die jetzt in Westdeutschland wohnen, be-

---

[183] Stand Registrierung deutscher Staatsbürger in VRP, 28. Januar 1959, in: PAAA MfAA A 3521, Bl. 2; Verhandlungen der Gemischten deutsch-polnischen Kommission über Fragen der in der VRP lebenden Deutschen, 8.–10. Januar 1958, in: SAPMO-BA DY 30 IV 2/20/177.
[184] Deutschlandfrage auf dem III. Parteitag der PZPR, 20. März 1959, in: SAPMO-BA DY 30 IV 2/20/167.
Unter der Hand warf die SED den polnischen Behörden sogar vor, daß diese indirekt die „revanchistische Hetze Westdeutschlands" unterstützten, indem sie „Reiseerlaubnisse an ehemalige Gutsbesitzer und Fabrikdirektoren" erteilte. Vgl. Albert Norden an Walter Ulbricht, 14. Juli 1959, in: SAPMO-BA DY 30/3652.
[185] Die polnische Seite stand einem gemeinsamen agitatorischem Auftreten mit der DDR gegen die „revanchistischen Tendenzen der Bundesregierung" zögerlich bis ablehnend gegenüber. Vgl. Bericht über Verhandlungen der Deutschen Presse mit polnischen Journalisten, 23. November 1957; Arbeit der ZK-Abteilungen Agitation der PVAP und der SED, 1. April 1959, in: SAPMO-BA DY 30 IV 2/9.02/59.
[186] Verhandlungen der Gemischten deutsch-polnischen Kommission über Fragen der in der VRP lebenden Deutschen, 8.–10. Januar 1958, in: SAPMO-BA DY 30 IV 2/20/177 (S. 15).
[187] Ebenda, (S. 15 f.).
[188] Vgl. ebenda, (S. 16).

suchen sich ... Aber inzwischen sind sie von den westlichen Agenturen bearbeitet worden. Sie kommen als Agenten."[189] Die polnischen Funktionäre wie der Vizeaußenminister Polens, Marian Naszkowski, hielten dem entgegen, „daß man einen breiten Touristenaustausch ermöglichen sollte [...], [da] wir erkannten, daß es schwierig ist, eine Politik der friedlichen Koexistenz zu proklamieren und gleichzeitig fast niemanden ins Ausland zu lassen".[190]

Alle Vorschläge und Bitten der SED-Funktionäre hinsichtlich deutscher Staatsbürger in der VR Polen beschied die polnische Staatsführung letztlich negativ. Die DDR durfte die deutschsprachige Bevölkerung in den sogenannten autochthonen Gebieten – den Wojewodschaften Opole, Katowice, Gdansk und Olsztyn – weder als deutsche Staatsbürger registrieren noch diese politisch-kulturell betreuen. Die polnische Seite wünschte keine weitere Diskussion über ihre Politik hinsichtlich der „autochthonen Bevölkerung".[191] Auch die mehrfach geäußerte Bitte der SED, Ausreisen vorzugsweise in die DDR zuzulassen, wurde trotz polnischer Zusagen nicht erfüllt. 1959 gab es nochmals eine beträchtliche Ausreisewelle in beide deutschen Staaten, mehr als 90 000 siedelten in die Bundesrepublik über und knapp 23 000 in die DDR.[192]

Die Einstellung der SED-Führung zu den Deutschen in Polen war bestimmt von einem starken Interesse an der Arbeitskraft dieser Menschen, die in Zeiten der zunehmenden „Republikflucht" möglichst allein der DDR zugute kommen sollte. Auch wollte sie verhindern, daß die deutsche Minderheit als permanenter Belastungsfaktor die Entwicklung der außenpolitischen Beziehungen zwischen der DDR und der VR Polen störte. Für die 1950er Jahre existierte aber auch eine stark ideologisch begründete Sicht auf die Deutschen in Polen. Übertrieb die SED-Spitze auch ihre Warnungen vor einer Instrumentalisierung dieser Deutschen durch den „Bonner Revanchismus", so war diese Furcht zumindest teilweise echt und z.T. auch begründet. Bis zur vorläufigen Beendigung der Ausreisen Ende 1959/Anfang 1960 blieb innerhalb der SED die Furcht vor der Instrumentalisierung der „Umsiedler" gegen die Oder-Neiße-Grenze und gegen die Staaten DDR und VR Polen präsent.[193]

c. Verhärtungen in der polnischen Minderheitenpolitik 1959/60 Aussiedlungen von polnischen Staatsbürgern deutscher Nationalität in die DDR 1963-1968

Der polnische Staat betrachtete nach den großen Ausreisewellen in der zweiten Hälfte der 1950er Jahre – wieder einmal vorschnell – das „deutsche Problem" als erledigt. Offizielle Stellen gaben Anfang der 1960er Jahre eine Zahl von 3 000 Deutschen in Polen an – eine

---

[189] Walter Ulbricht, in: Verhandlungen zwischen der Regierung der PVR und der DDR in Warschau, 10. Dezember 1958, in: SAPMO-BA DY 30 IV 2/20/170 (S.15); vgl. auch MfAA an Ulbricht, 17. Juli 1959, in: ebenda, DY 30/3652.
[190] Verhandlungen der Gemischten deutsch-polnischen Kommission über Fragen der in der VRP lebenden Deutschen, 8.–10. Januar 1958, in: SAPMO-BA DY 30 IV 2/20/177 (S.17).
[191] Vgl. Verhandlungen zwischen der Regierung der PVR und der DDR in Warschau, 10. Dezember 1958, in: SAPMO-BA DY 30 IV 2/20/170 (S.26f.).
[192] Vgl. Übersiedlungen aus der VRP, 11. Februar 1959; Familienzusammenführung Westdeutschland – VRP, 10. August 1959, in: PAAA MfAA A 4116, Bl. 4, 41–43; Beate Ihme-Tuchel „Zuerst bei den polnischen Genossen anfragen", S.488.
[193] Vgl. Beate Ihme-Tuchel, „Zuerst bei den polnischen Genossen anfragen", S.488f.

völlig untertriebene Zahl.[194] Warschau erklärte 1959/60 öffentlich – wie in den 1950er Jahren mehrfach – die Familienzusammenführungen für abgeschlossen. Ausreisegenehmigungen sollten fortan als Ausnahme- und Einzelmaßnahme erteilt werden. Die SED-Führung nahm diese Verlautbarungen offiziell hin,[195] intern hingegen, vor allem bei den DDR Botschafts- und Konsulatsmitarbeitern in Warschau und Wrocław[196], war man davon überzeugt, daß diese Frage noch keineswegs geklärt war. Ungeachtet dessen hatten Staat und SED größtes Interesse, die Problematik endgültig zu regeln.

Die Vorstellungen in Ost-Berlin für eine solche Regelung gingen davon aus, daß der polnische Staat sein Staatsbürgerschaftsrecht in naher Zukunft änderte und eine Paß- bzw. Ausweispflicht für alle Bürger Polens einführen würde. Mit dieser Ausweispflicht sei eine große Anzahl von Deutschen ohne ein gültiges Dokument gezwungen, sich entweder für einen Paß der DDR, für einen der VR Polen oder für eine Ausreise in die Bundesrepublik zu entscheiden. „Unsere Zielsetzung in der Bevölkerungspolitik in bezug auf die Deutschen in der VR Polen auf einen Nenner gebracht ist", so verlautbarte Mitte 1961 das Außenministerium: „Die Deutschen vor die Entscheidung zu stellen, ob sie am Aufbau des Sozialismus in der VRP oder in der DDR teilnehmen wollen bzw. beabsichtigen, nach Westdeutschland zu übersiedeln […] Administrative Maßnahmen [sind] zu vermeiden."[197]

Mit diesem Selbstverständnis wollte die deutsche Seite ihre Registrierungsaktion fortsetzen und zum Abschluß bringen. Als Voraussetzung für eine Registrierung als Deutscher in der VR Polen zum Staatsbürger der DDR galt, daß der Antragsteller in „seiner politischen Gesamthaltung sowie beruflichen Ausbildung" geeignet erscheint, „am Aufbau des Sozialismus in der DDR teilzunehmen".[198] Konkret hieß das, Deutsche in Polen konnten sich als DDR-Bürger registrieren lassen, wenn sie beabsichtigten, in die DDR überzusiedeln. Eine Registrierung war nicht möglich, wenn sie in die Bundesrepublik aussiedeln oder in der VR Polen verbleiben wollten. In der Vorlage des MfAA hieß es dazu: „Um den Prozeß der […] Eingliederung in das gesamte gesellschaftliche Leben der VR Polen zu fördern, sind auch die Personen, die den Wunsch haben, ständig in der VR Polen zu verbleiben, nicht zu registrieren. Dieser Beschluß geht von der Überlegung aus, daß das Bestehen einer größeren Gruppe von deutschen Staatsbürgern, besonders in den Gebieten der VRP, die früher zu Deutschland gehörten, als ein Hemmnis bei der Festigung dieser Gebiete als untrennbarer Bestandteil der VRP angesehen werden muß. […] Die Zugehörigkeit der ehemaligen deutschen Ostgebiete zur VR Polen ist eine Realität und unantastbar."[199] Die DDR-Botschaft in Warschau unterstrich, daß weder die Polen noch die Ostdeutschen Interesse

---

[194] Vgl. Beate Ihme-Tuchel, Die DDR und die Deutschen in Polen, S. 50.
[195] „Die Zahl der ehemals Deutschen ist auf ein Minimum reduziert worden und von der Existenz einer deutschen Minderheit kann nicht gesprochen werden." Politische Argumentation hinsichtlich der Registrierung als Staatsbürger der DDR in der VRP, 14. Juli 1961, in: PAAA MfAA A 4161, Bl. 5.
[196] Seit Mai 1958 arbeitete in Wrocław ein erstes DDR-Konsulat; ein weiteres Konsulat kam im Herbst 1961 in Gdansk hinzu, 1962 ein Generalkonsulat in Katowice. Außerdem gab es eine DDR-Schiffahrtsvertretung in Szczecin. Vgl. Einrichtungen von DDR-Konsulaten in der VRP, 25. Januar 1961, in: SAPMO-BA DY 30 IV 2/20/185; Botschafterberichte aus Warschau 1968, in: ebenda, DY 30 IV A 2/20/350.
[197] Zu einigen Staatsangehörigkeitsfragen im Blickpunkt der Registrierung in den sozialistischen Staaten, 2. Juni 1961, in: PAAA MfAA C 1917/72, Bl. 102.
[198] Politische Argumentation hinsichtlich der weiteren Registrierung von Personen als Staatsbürger der DDR in der VRP, 14. Juli 1961, in: PAAA MfAA C 1917/72, Bl. 64.
[199] Ebenda, Bl. 64, 65.

daran hätten, auf „unbestimmte Zeit eine stärkere Gruppe deutscher Staatsbürger in der VRP" zu belassen, um ein „Deutschtum" zu erhalten und zu pflegen.[200]

Die DDR bestärkte damit die nationalen Homogenisierungsvorstellungen Polens. Die Staaten der sozialistischen Gemeinschaft verfügten über kein tragfähiges Konzept zur Regelung nationaler Minderheitenprobleme. Die Nationalitätenpolitik der sozialistischen Länder blieb von der marxistisch-leninistischen Vorstellung geprägt, wonach Nationen und Nationalitäten lediglich ein historisches Produkt der gesellschaftlichen Entwicklung mit begrenzter zeitlicher Existenz darstellen, die in historischen Fristen „gesetzmäßig überwunden" werden. Die volksdemokratischen Regierungen betrachteten daher die Ausschaltung nationaler Besonderheiten und die forcierte Assimilierung als wichtige politische Aufgabe.[201] Die sozialistische Minderheitenpolitik hatte eine nationale Homogenisierung der einzelnen Länder zum Ziel.[202]

Mitte 1961 versicherten sich Mitarbeiter im Ost-Berliner Außenministerium ihrer Haltung zu Staatsangehörigkeitsfragen von Deutschen in der VR Polen folgendermaßen: Eine weit verbreitete Meinung ginge von der Auffassung aus, daß auf der Grundlage des alten Reichs- und Staatsangehörigkeitsgesetzes von 1913 in beiden deutschen Staaten noch immer eine deutsche Staatsangehörigkeit bestehe. Die SED-Funktionäre im MfAA sahen es hingegen als gegeben an, daß mit der Bildung zweier deutscher Staaten auch zwei verschiedene „Bürgerschaften" entstanden seien, was sich in Gesetzen der Bundesrepublik und der DDR widerspiegele. Würde die DDR eine Weiterwirkung des alten Reichs- und Staatsangehörigkeitsgesetzes anerkennen, könnte sie die Deutschen in Polen, die keinen Personalausweis besäßen, als DDR-Bürger betrachten.[203] Aber, so resümierten die MfAA-Mitarbeiter, „die politischen Auswirkungen und die Ergebnisse einer solchen These sind […] fragwürdig und entsprechen nicht unserer Politik […] gegenüber den sozialistischen Staaten und ihrer […] Prinzipien der Bevölkerungspolitik".[204] Ihre Politik sei hingegen daran interessiert, eine Klärung bezüglich der Staatsangehörigkeit der genannten Deutschen im Sinne Polens und der DDR herbeizuführen, um nicht der „Deutschen Bundesrepublik eine Basis für ihre revanchistische Zielsetzung" zu liefern. Man setze darauf, daß die VR Polen gesetzliche Bestimmungen über die Ausgabe von Personaldokumenten erlasse und damit die Deutschen in Polen vor die Entscheidung stelle, im „sozialistischen Polen oder in der DDR" zu leben oder „nach Westdeutschland zu übersiedeln".[205]

---

[200] Ebenda, Bl. 66.
Die DDR folgte der alten, ideologiebelasteten Argumentation, die Existenz einer deutschen Minderheit in Polen habe in der Vergangenheit den „deutschen Imperialisten zur Vorbereitung ihrer Expansionsbestrebungen gegen die östlichen Nachbarn (5. Kolonne)" gedient, was heute zu verhindern sei, da west-deutsche Kreise wieder das gleiche Ziel verfolgten – so die DDR-Botschaft in Warschau. Vgl. ebenda.
[201] Vgl. Beate Ihme-Tuchel, Die DDR und die Deutschen in Polen, S. 55–59.
[202] Eine Ausnahme vom Konzept der nationalen Homogenität machte auch der Vielvölkerstaat Sowjetunion nicht, da dort ein striktes Territorialprinzip in den einzelnen Unionsrepubliken und autonomen Gebieten favorisiert wurde. Nationale und ethnische Minderheiten sowie Grenzlandminderheiten hatten sich entweder zu assimilieren oder erhielten „ihre" Siedlungsplätze nach dem Konzept des Territorialprinzips. Denjenigen, die sich einer Assimilierung widersetzten, blieb nur die Ausreise, wenn diese genehmigt wurde. Vgl. Beate Ihme-Tuchel, Die DDR und die Deutschen in Polen, S. 59.
[203] Vgl. Zu einigen Staatsangehörigkeitsfragen im Blickpunkt der Registrierung in den sozialistischen Staaten, in der VRP und in der ČSSR, 2. Juni 1961, in: PAAA MfAA C 1917/72, Bl. 100–105.
[204] Ebenda, Bl. 101.
[205] Ebenda, Bl. 102.

Doch die VR Polen regelte ihr Staatsbürgerschaftsrecht nicht nach den Vorstellungen Ost-Berlins. Ein neues Gesetz über die polnische Staatsbürgerschaft, welches die deutsche Minderheit berührte, erging am 15. Februar 1962. Allen Personen mit unklarer Staatsangehörigkeit oder Staatenlosen (und ihren in Polen lebenden Kindern) konnte auf Antrag die polnische Staatsbürgerschaft verliehen werden, wenn sie seit mindestens fünf Jahren in Polen lebten. Das Gesetz brachte aber keine Klärung der rechtlichen Stellung der deutschen Bevölkerung in Polen, denn noch immer lebte eine größere Gruppe von vor allem älteren Deutschen, die sowohl die Beantragung der polnischen Staatsbürgerschaft als auch eine Ausreise aus Polen ablehnten. Sie wollten Deutsche in Polen bleiben, oder sie warteten auf eine offizielle Möglichkeit, Staatsbürger der Bundesrepublik zu werden. Einen letzten Versuch zur Regelung der Staatsangehörigkeit der Deutschen unternahm der polnische Staat mit der Einrichtung von „Verifizierungs-Kommissionen für Personen unklarer Volkszugehörigkeit" im März 1964. Diese Kommissionen sollten feststellen, wie viele Menschen dieser Personengruppe die polnische oder die DDR-Staatsbürgerschaft annehmen wollten und wie viele keine der beiden Optionen wählen und einen Ausländerausweis beantragen würden. Im letztgenannten Fall wurde der Status der Staatenlosigkeit akzeptiert. Dabei handelte es sich um eine Gruppe, die aus unterschiedlichen Gründen ihre Staatsangehörigkeit nicht regeln wollte. Die Existenz einer deutschen Minderheit wurde in Polen nun akzeptiert, die Betonung deutscher Herkunft und Tradition war offiziell zulässig[206], wenn auch staatlicherseits nicht gerne gesehen und keinesfalls gefördert.

Zeitgleich mit dem DDR-Entschluß zu einer weiteren Registrierung von Deutschen in Polen als Bürger der DDR bei gleichzeitiger Übersiedlung in die DDR – diese Maßnahme lief als Einzelantrag über die Botschaft in Warschau und sollte im DDR-Innenministerium entschieden werden – wies die SED-Führung an, jegliche Unterstützung für die Deutsche Sozial-Kulturelle-Gesellschaft in Polen einzustellen und der polnischen Regierung ihre Auflösung zu empfehlen. Als Gründe gaben die ostdeutschen Funktionäre im Außenministerium an: „Die DSKG ist eine polnische Organisation. […] Die bisherige politische Tätigkeit der DSKG und die personelle Zusammensetzung gewährleisten nicht eine Bekämpfung des westdeutschen Einflusses und tragen ebensowenig zur sozialistischen Meinungsbildung der deutschen Bevölkerung [in Polen] bei. […] Infolge der Massenübersiedlung deutscher Personen in den Jahren 1957/58 ist die DSKG eine bedeutungslose Organisation geworden."[207] Diese Bedeutungslosigkeit unterstrich die DDR-Seite damit, daß die deutsche Tageszeitung „Die Arbeiterstimme" im Mai 1958 zur Wochenzeitung umgewandelt wurde und ihr Erscheinen im November 1958 einstellte.[208] Die DDR hatte es in den Jahren zwischen 1957 und 1961 nicht geschafft, über die Deutsche Sozial-Kulturelle-Gesellschaft Einfluß auf die deutsche Minderheit in Polen zu nehmen. Die Polen lösten die deutsche Kulturgesellschaft nicht auf, sie blieb aber insgesamt gesehen politisch und gesellschaftlich unbedeutend.

Mitte 1972 kam es im DDR-Außenministerium und in der Warschauer Botschaft im Zusammenhang mit der bevorstehenden Aufnahme von diplomatischen Beziehungen zwischen der VR Polen und der Bundesrepublik zu neuen Überlegungen, mehr Einfluß auf

---

[206] Vgl. Bernadette Nitschke, Vertreibung und Aussiedlung der deutschen Bevölkerung aus Polen 1945 bis 1949, S. 289f.
[207] Vorlage für das MfAA-Kollegium: Beziehungen der DDR-Botschaft in Polen zur DSKG, Januar 1961, in: PAAA MfAA A 1811, Bl. 269.
[208] Vgl. ebenda; Beate Ihme-Tuchel, Die DDR und die Deutschen in Polen, S. 48–50.

die Deutsche Sozial-Kulturelle-Gesellschaft ausüben zu wollen.[209] Die Gesellschaft wirkte noch in und um Wrocław (Breslau) und Wałbrzych (Waldenburg). Nach Einschätzung des DDR-Konsulats handelte es „sich um eine politisch relativ indifferente Organisation von [registrierten] DDR-Bürgern, Staatenlosen deutscher Nationalität und polnischen Bürgern – vorwiegend Ehepartner aus den beiden erstgenannten Personenkreisen –, die sich die Aufgabe stellten, das ‚deutsche Kulturerbe' zu pflegen sowie den Mitgliedern soziale Unterstützung und Betreuung zu gewähren."[210] Die Konsulatsmitarbeiter schlugen vor, den einzelnen Klubs der Gesellschaft vermehrt Filmmaterial, Literatur und Zeitschriften sowie Liederbücher für die Chorarbeit zur Verfügung zu stellen, um „an Stelle der indifferenten Aufgabe, das ‚deutsche Kulturerbe' zu pflegen, stärker auf die Kultur der DDR" zu orientieren.[211] Insgesamt sollte darauf geachtet werden, daß keine politische Aufwertung der Deutschen Sozial-Kulturellen-Gesellschaft erfolge. Jede weitere unterstützende Aktivität wurde davon abhängig gemacht, welche Haltung das ZK der PVAP zu dieser Sache einnahm.[212] Da keine Stellungnahme erfolgte, blieb es beim Bereitstellen von Kultur- und Informationsmaterialien für die Klubs der Deutschen Sozial-Kulturellen-Gesellschaft.

Auch zu Beginn der 1960er Jahre wünschte die SED-Führung Ausreisen von Deutschen aus Polen stark zu reduzieren oder diese wenigstens vorzugsweise in die DDR zu lenken. Da die Mehrzahl der Ausreisewilligen aus Polen die Bundesrepublik bevorzugte, schien der SED der Verbleib dieser Menschen in Polen und damit ihre Erhaltung für das „sozialistische Lager" sinnvoller. Diese Position teilte die PVAP-Führung in Warschau nicht.[213] Sie erlaubte eine zügige Ausreise jener Deutscher, zumeist der sogenannten Autochthonen, die trotz allen Drucks von polnischer Seite nicht zur Integration oder Assimilation bereit waren.[214]

In den Beziehungen zwischen der DDR und der VR Polen traten immer wieder Mißstimmungen und politisches Mißtrauen zutage, die sich auch in der Thematik der Vertreibung der Deutschen und der deutschen Territorialverluste widerspiegelten. Sie zeigten, daß auch 15 Jahre nach Kriegsende keine Normalität und schon gar nicht die so oft beschworene „brüderliche sozialistische Gemeinschaft" zwischen Polen und Ostdeutschen entstanden war. Normale diplomatische Beziehungen zwischen beiden Ländern aufzubauen und sich von DDR-Seite für die Belange einer deutschen Minderheit in Polen politisch einzusetzen, war 15 Jahre nach dem Ende der nationalsozialistischen Vernichtungspolitik, die einem Fünftel der polnischen Bevölkerung das Leben gekostet hatte, sehr schwer durchsetzbar. Diese Konstellation schien es unmöglich zu machen, eine tragfähige Lösung des

---

[209] Das DDR-Konsulat aus Wrocław berichtete nach Ost-Berlin: Es „wird [hier] über verstärkte Kontaktaufnahme von westdeutscher Seite zur Gesellschaft informiert. Wir sind der Meinung, daß das Konsulat seine bislang passive Haltung gegenüber der Gesellschaft revidieren muß." Konsulat Wrocław an das MfAA, 15. Juni 1972, in: PAAA MfAA C 2016, Bl. 37.
[210] Vorstellungen zum Verhalten gegenüber der Deutschen sozial-kulturellen Gesellschaft, 15. Juni 1972, in: PAAA MfAA C 2016, Bl. 38.
[211] Ebenda, Bl. 39, 40.
[212] Vgl. Der Bevollmächtigte Botschafter der DDR, 14. August 1972, in: PAAA MfAA C 2016, Bl. 33, 34.
[213] Das DDR-Konsulat Wrocław berichtete im Juni 1961 nach Ost-Berlin, daß die polnischen Behörden inoffiziell die Stimmung verbreiteten, wer von den Deutschen weder den polnischen noch den DDR-Paß annehme, werde in die BRD ausgesiedelt. So würden polnischerseits Hoffnungen der deutschen Minderheit geschürt, demnächst nach Westdeutschland ausreisen zu können. Vgl. Aktenvermerk über die Aktion der polnischen Organe, 5. Juni 1961, in: PAAA MfAA C 1917/72, Bl. 89, 90.
[214] Vgl. Beate Ihme-Tuchel, Die DDR und die Deutschen in Polen, S. 57.

Minderheitenproblems offen zu diskutieren und zu verhandeln. So wurden Nationalitätenprobleme nicht gelöst, sondern unterdrückt oder instrumentalisiert.[215]

Selbstzufrieden schätzten SED-Botschaftsfunktionäre aus Warschau im Juni 1961 ein, daß die PVAP ihre „zeitweilig vorhandene Unterschätzung der Gefährlichkeit des westdeutschen Imperialismus und Militarismus und die weit verbreitete Illusion über die Entwicklung in Westdeutschland [...] heute im wesentlichen überwunden" habe.[216] Die polnischen Staats- und Parteifunktionäre hätten sich den Forderungen der SED angeschlossen, entschieden „gegen die militaristische Politik des Adenauer-Regimes" vorzugehen und „unmißverständlich auf Anerkennung der Oder-Neiße-Grenze" zu bestehen. Folgerichtig sei von den „polnischen Genossen" erkannt worden, daß mittels staatlicher Maßnahmen und intensiver Propaganda in Zusammenarbeit mit der DDR gegen die „westdeutschen revanchistischen Forderungen auf Rückgabe der polnischen Westgebiete und anderer polnischer Territorien – die Unruhe [...] unter der Bevölkerung [...] erzeugten [und die dort] verbliebenen Deutschen [...] zum Aushalten aufrufen, um sie als Grundstock für eine 5. Kolonne zu nutzen" – vorgegangen werden muß.[217] Dazu gehöre die Verhinderung der massenweisen Einschleusung von „Broschüren und Hetzschriften der westdeutschen Revanchistenverbände" und das Stören des Empfanges von westdeutschen Rundfunksendern wie Radio „Freies Europa". Lobend erwähnten die SED-Funktionäre die neuen polnischen Maßnahmen zur drastischen Einschränkung des Reiseverkehrs von Polen nach Westdeutschland. Im Vergleich zu 1960 sollte 1961 der Reiseverkehr von und in die Bundesrepublik auf ein Drittel reduziert werden, und ausgesiedelte Deutsche, die im Rahmen der Familienzusammenführung nach Westdeutschland gegangen waren, erhielten erst nach drei Jahren zum ersten Mal wieder die Möglichkeit, nach Polen einzureisen.[218]

Die SED-Führung in Berlin sowie die zuständigen Funktionäre im SED-Parteiapparat und vor Ort in der Volksrepublik Polen waren weiterhin verärgert über die, wie sie meinten, mangelnde Aufklärung und unzureichende Propagandaarbeit der polnischen Funktionäre, wenn es um die „differenzierende Betrachtung der Deutschen" und die „prinzipielle Unterschiedlichkeit der beiden deutschen Staaten" ging.[219] Von Seiten Polens hörten die DDR-Funktionäre: „Es gibt nicht nur bei älteren Menschen, sondern auch bei der Jugend noch eine Reihe von Vorbehalten [gegenüber den Deutschen]. Es sind [...] Fortschritte zu verzeichnen, doch darf man sich keine Illusionen machen, genau so, wie man in Polen auch nicht glaube, [...] in der DDR sei die Haltung aller Menschen zu den Polen im allgemeinen oder zur Oder-Neiße-Grenze im besonderen völlig klar."[220]

Intern zeigten sich die SED-Kreise von der polnischen Propaganda über die „wiedergewonnen Gebiete" genervt[221], was öffentlich und direkt den Polen gegenüber nie zum Aus-

---

[215] Vgl. ebenda, S. 55.
[216] Die Beziehungen VRP und Westdeutschland – der westdeutsche Einfluß auf die polnische Bevölkerung und Maßnahmen des Zurückdrängens, 10. Februar 1961, in: SAPMO-BA DY 30 IV 2/20/185.
[217] Ebenda.
[218] Vgl. ebenda. 1960 übersiedelten zirka 6000 Deutsche aus Polen in die Bundesrepublik, die Zahl der Besuchsreisen von Polen in die Bundesrepublik betrug etwa 5500. Vgl. ebenda.
[219] Vgl. Vermerk: Botschaft Warschau, 10. Mai 1966, in: SAPMO-BA DY 30 IV A 2/20/329; Mieczyslaw Tomala, „Erzählen Sie keinen Unsinn, Genosse Ulbricht!", S. 125.
[220] Vermerk über ein Gespräch mit Genossen Pilichowski, Warschau, 13. März 1965, in: SAPMO-BA DY 30 IV A 2/20/336.
[221] Zu diesen Westgebieten bzw. „wiedergewonnenen Gebieten" zählten die Polen die Wojewodschaften Olsztyn (Allenstein), Gdansk (Danzig), Koszalin (Köslin), Szczecin (Stettin), Zielona Gora (Grün-

druck gebracht wurde.[222] Während die Polen noch 15 oder 20 Jahre nach Kriegsende darauf bestanden, daß mit der Grenzregelung durch das Potsdamer Abkommen 1945 „neue, günstige und gerechte Grenzen, die den gesamten geschichtlichen Boden Polens vom Bug bis an die Oder und Neiße umfassen", entstanden seien,[223] blieb die SED bei der Erklärung, daß der Verlust der alten deutschen Ostgebiete Teil einer Wiedergutmachung der nationalsozialistischen Kriegsverbrechen gegenüber den Polen war. Auch in direkten Disputen blieben SED-Funktionäre bei ihrem Standpunkt. Bei einem Treffen von polnischen und DDR-Schriftstellern im Mai 1964 beispielsweise sprach ein polnischer Kulturfunktionär die Frage direkt an, ob die DDR-Begründung „für die Zugehörigkeit der West- und Nordgebiete zu Polen nicht nur für die erste Nachkriegszeit geeignet sei und ob man nun nicht allmählich zu der in Polen bevorzugten historischen Begründung übergehen müsse. [Denn] wir haben nicht fremdes Land übernommen, sondern sind auf das eigene zurückgekehrt, das unserem Volk und Staat einstmals mit Gewalt entrissen wurde."[224] Ein anwesender DDR-Kulturfunktionär antwortete und blieb bei der ostdeutschen Kriegsschuld-Argumentation: Man habe Verständnis für die historische Begründung in Polen, bleibe aber selbst bei der „Begründung der Abrechnung mit der imperialistischen Vergangenheit".[225] Von Seiten der DDR, so auch im Warschauer Botschaftskreis, galt die Devise, sich mit den Polen auf keine Diskussion über diese Frage einzulassen.[226] Die Rücksichtnahme auf DDR-Seite ging nie so weit, auf die polnische Argumentation von den „wiedergewonnenen Gebieten" einzuschwenken. So äußerten im April 1965 DDR-Diplomaten in Warschau gegenüber polnischen Staatsfunktionären ihr Unverständnis darüber, daß in Katowice (Kattowitz) Straßenbezeichnungen mit Namen deutscher kommunistischer Revolutionäre – wie Karl-Liebknecht-Straße, Klara-Zetkin-Straße und Rosa-Luxemburg-Straße – umbenannt wurden. „Diese demonstrative Entfernung von Namen deutscher Revolutionäre kann die Botschaft zunächst nur so werten, daß in der Wojewodschaftsleitung der PVAP Katowice ein starker nationalistisch-antideutscher Komplex wirkt."[227] Die polnischen Verantwort-

---

berg), Wrocław (Breslau) und Opole (Oppeln). Vgl. Die Agrarproduktion der polnischen Westgebiete, 14. Mai 1961, in: SAPMO-BA DY 30 IV 2/20/163, Bl. 272.

[222] Vgl. Artikel des Genossen Gomulka: Die Politik der VR Polen, 27. März 1960, in: SAPMO-BA DY 30 IV 2/20/163, Bl. 157–172.

[223] Ebenda, Bl. 160.
Bericht der DDR-Botschaft aus Warschau über den Staatsfeiertag in der VRP, 22. Juli 1962: „Die stark ins Auge fallende historische Begründung, daß ,das polnische Volk in die Nord- und Westgebiete unserer Vorväter zurückkehrte, die vor zehn Jahrhunderten einen integralen Bestandteil des entstehenden polnischen Staates bildeten`, ist unseres Erachtens auf die politische Vergangenheit der Stadt Gdansk zurückzuführen und sollte den Bewohnern der drei Küstenwojewodschaften das Gefühl der Ruhe und Sicherheit geben." In: SAPMO-BA DY 30 IV 2/20/163.

[224] Zum Kongreß der Schriftsteller der West- und Nordgebiete der VR Polen, 12. Mai 1964, in: SAPMO-BA DY 30 IV A 2/20/332.

[225] Ebenda.

[226] In der Warschauer Botschaft kamen Gespräche immer wieder auf die 1945 entstandene Grenze an Oder und Neiße und „die in Polen verbreitete Argumentation, wonach diese Grenze [...] aus der historischen Zugehörigkeit der Gebiete zu Polen herrührt. Dabei kamen die Seminarteilnehmer zu dem Schluß, daß keine Polemik um diese Frage geführt werden soll, daß sachlich fest unser Standpunkt bekräftigt wird." Tätigkeitsbericht aus Warschau, 28. Oktober 1964, in: SAPMO-BA DY 30 IV A 2/20/346; vgl. auch deutsch-polnische Diskussionen im Rahmen der Nationalen Front, 1960, in: ebenda, DY 6 vorl. 0684/1 und: Zu unserer Auslandsinformation in Polen, 29. September 1964, in: ebenda, DY 30 IV 2/20/335.

[227] Umbenennung von Straßennamen in Katowice, 13. April 1965, in: SAPMO-BA DY 30 IV A 2/20/329.

lichen wiegelten ab und meinten, daß nur Teile von Straßenzügen im Rahmen von Rekonstruktionen und Neubauten umbenannt worden seien. Das entsprach aber nicht den Tatsachen.[228]

In persönlichen Gesprächen zwischen polnischen und ostdeutschen Staats- bzw. Parteifunktionären begannen sich Mitte der 1960er Jahre polnische Funktionäre von der Sichtweise der „wiedergewonnenen Gebiete" zu distanzieren. Sie äußerten durchaus Verständnis für die Stimmung der Deutschen, die ehemals aus den nun polnischen Westgebieten stammten, und äußerten sich vermehrt auch so: „Die Polen respektieren die Gefühle dieser Menschen und verstünden das Leid durchaus. Es sei aber überflüssig zu betonen, daß dies eine Folge des Krieges sei, den nicht Polen sondern Deutschland angefangen habe. Heute würden in diesem Gebiet acht Millionen Polen leben. Nicht ohne Stolz werde gesagt, daß dort eine Gesellschaft neu gewachsen sei."[229] In privaten Zusammenkünften äußerten Polen der mittleren Partei- bzw. Staatsebene auch die Meinung, daß es zwar noch immer „führende polnische Genossen [gäbe], die in dem Bestreben, die geschichtliche Zugehörigkeit dieser Gebiete zu Polen nachzuweisen, nur vom polnischen Charakter der Gebiete sprechen wollen, dabei völlig negieren, daß in der Jahrhunderte langen Zugehörigkeit der Gebiete zu Deutschland das deutsche Volk große Leistungen zur Entwicklung der Gebiete vollbracht hat." Sie brachten weiter „die Idee ein, daß viele hervorragende Deutsche in den Gebieten geboren wurden, und man sollte das Andenken solcher Deutscher […] würdigen und in Ehre halten."[230]

DDR-Staats- und SED-Parteifunktionäre auch der mittleren und unteren Ebene mußten sich bei ihren Reisen durch Polen und in Gesprächen mit polnischen Funktionären und der polnischen Bevölkerung auch Mitte der 1960er Jahre immer wieder solchen Fragen stellen: Wie steht die DDR-Bevölkerung tatsächlich zur Oder-Neiße-Grenze? Wieviel Ostdeutsche sind gegen den polnischen Staat und gegen die Grenze? „Existieren in der DDR ebensolche organisierten Gruppen von Umsiedlern wie in Westdeutschland" und welchen Charakter haben ihre Tätigkeiten? Gibt es noch DDR-Bürger, die über die „verlorenen Gebiete" trauern? „Haben die Umsiedler in der DDR, die Boden erhielten, ein neues Heimatgefühl entwickelt und ist dieses bei ihnen inzwischen stärker als das zur ehemaligen Heimat?" Und „manche Touristen, die Gdansk besuchen, sprechen von ‚unserem Danzig', man weiß dann nie genau, ob es sich um Bürger der DDR oder Westdeutschlands handelt."[231]

Nach der endgültigen Grenzschließung der DDR zur Bundesrepublik durch den Bau der Berliner Mauer im August 1961 hörte die DDR-Führung aus der VR Polen häufiger Stimmungsberichte, die ein spürbares politisches Mißtrauen gegenüber den Deutschen allgemein und auch gegenüber denen aus der DDR ausdrückten. Immer stand die Frage im Raum, „ob es wirklich möglich ist, innerhalb von 15 Jahren in der DDR aus den ‚bösen Deutschen' friedliebende Menschen und ehrliche Freunde Polens zu machen, oder ob das

---

[228] Vgl. ebenda; Vermerk über ein Gespräch mit Genossen Pilichowski, Warschau, 13. März 1965, in: SAPMO-BA DY 30 IV A 2/20/336.
[229] Tagung der Evangelischen Akademie Berlin-Brandenburg: 1000 Jahre Polen – Nachbar in der Geschichte, 5. Mai 1966, in: BStU MfS ZAIG 1216, Bl. 5.
[230] Vermerk über ein Gespräch mit Genossen Pilichowski, Warschau, 13. März 1965, in: SAPMO-BA DY 30 IV A 2/20/336.
[231] ADN-Warschau nach ADN-Berlin, 17. November 1961, in: SAPMO-BA DY 30 IV 2/20/163; Generalkonsulat der DDR in Gdansk, Mai 1966, in: ebenda, DY 30 IV A 2/20/337.

[...] überhaupt durchführbar ist?"[232] „Irgendwas geschieht immer, damit wir nicht zur Ruhe kommen und wieder Angst vor einem neuen Krieg haben müssen. Einmal Adenauer mit der Atomausrüstung, das andere Mal die DDR mit ihren Maßnahmen [13. August 1961]. Die Deutschen sind doch alle gleich und werden sich nur schwerlich oder gar nicht ändern."[233]

Obwohl die DDR 1950 offiziell die Oder-Neiße-Grenze anerkannt und jede öffentliche Debatte über die Grenze und die Vertriebenen-Problematik unter Tabu gestellt hatte, mißtrauten ihr die Polen. Hinter vorgehaltener Hand verwies die polnische Seite – auch Partei- und Staatsfunktionäre – auf ihre Befürchtung, daß sie nicht an eine dauerhafte Existenz der „sozialistischen DDR" bzw. zweier deutscher Staaten glaubte. Wieso, so fragten sie sich, sollten 10, 20 oder auch 30 Jahre Spaltung ausreichen, eine nationale Zusammengehörigkeit zu zerstören, wenn die polnische Nation 120 Jahre eine Dreiteilung überstanden hatte?[234]

Eine Mißstimmung zwischen der Führungsebene der SED und der PVAP löste die Veröffentlichung des „Nationalen Dokuments des Nationalrats der Nationalen Front"[235] am 25. März 1962 aus. Dieses Papier mit dem Titel „Die geschichtliche Aufgabe der DDR und die Zukunft Deutschlands"[236] war ein SED-Propagandadokument im Rahmen ihrer Deutschlandpolitik. Der SED-Parteichef Walter Ulbricht erklärte dazu, daß die deutsche Nation heute in zwei Staaten gespalten sei, die sich „auf dem Boden Deutschlands feindlich gegenüber stehen". Der Sieg des Sozialismus sei eine historische Gesetzmäßigkeit, die sich auch in Westdeutschland durchsetzen werde, und erst dann könne die Einheit Deutschlands wiedererlangt werden. Die DDR wurde als der einzig rechtmäßige deutsche Staat hingestellt, in dem die „demokratischen, humanistischen und fortschrittlichen Traditionen" des deutschen Volkes weitergeführt werden.[237]

In diesem Zusammenhang nannte das Dokument eine Anzahl, vom SED-Standpunkt aus gesehen, positive nationale deutsche Traditionen und Persönlichkeiten, u. a. erwähnte man den Vertrag von Rapallo[238] und das Wirken des Militärs, General Hans von Seeckt[239]. Am Rapallo-Vertrag lobte die SED-Propaganda die 1922 aufgenommenen diplomatischen Be-

---

[232] ADN-Warschau nach ADN-Berlin, 17. November 1961, in: SAPMO-BA DY 30 IV 2/20/163; Die Beziehungen der SED und PVAP, 12. März 1962, in: ebenda, DY 30 IV A 2/20/327; Die Haltung der PVAP zur Deutschlandfrage, 21. Dezember 1962, in: ebenda, DY 30 IV 2/20/31.
[233] Informationsbericht: Stimmung in Polen im Zusammenhang mit Berlin, 22. August 1961, in: SAPMO-BA DY 30 IV 2/20/185.
[234] Vgl. Erhard Crome, Jochen Franzke, Die DDR und Polen, S. 121f.
[235] Nationale Front des demokratischen Deutschland – das war ein Zusammenschluß aller politischen Parteien und Massenorganisationen der DDR unter Führung der SED.
[236] Abgedruckt in: Neues Deutschland, Berlin, 27. März 1962.
[237] Über die Arbeit mit dem nationalen Dokument, 5. April 1962, in: SAPMO-BA DY 30 IV 2/9.02/6.
[238] Im April 1922 kam es in Rapallo nahe Genua zu einem Vertragsabschluß zwischen dem Deutschen Reich und der Sowjetunion. Deutschland nahm seine 1918 abgebrochenen diplomatischen Beziehungen zur SU wieder auf, beide Seiten verzichteten gegenseitig auf den Ersatz von Kriegskosten und -schäden. Beide Staaten durchbrachen damit ihre internationale Isolierung nach dem Ersten Weltkrieg und intensivierten ihre wirtschaftliche und militärische Zusammenarbeit. Vgl. Lexikon der deutschen Geschichte, S. 1004.
[239] Hans von Seeckt (1866–1936), Generaloberst, Generalstabsoffizier im Ersten Weltkrieg, 1919 Militärexperte der deutschen Delegation in Versailles, bis 1926 Chef der Heeresleitung der Reichswehr, Befürworter einer Revisionspolitik gegenüber Polen, unterstützte daher eine militärische Verbindung zur Sowjetunion; 1926 zurückgetreten, 1930–1932 MdR der DVP, Militärberater in China. Vgl. Lexikon der deutschen Geschichte, S. 1141.

ziehungen zwischen Deutschland und der Sowjetunion, die damals die Beziehungen zwischen beiden Ländern normalisierten und ihre internationale Isolierung durchbrachen. General Hans von Seeckt zollte die SED Respekt wegen dessen in der Weimarer Republik geäußerter Überzeugung von der Notwendigkeit friedlicher Beziehungen zur Sowjetunion.

Die Polen hingegen sahen die Verweise auf Rapallo und Hans von Seeckt als politischen Affront an. Nicht vergessen war die polenfeindliche Einstellung Deutschlands nach dem Ersten Weltkrieg. Damals sahen sowohl die Westmächte als auch die Polen im Vertrag von Rapallo die Versailler Nachkriegsordnung gefährdet, besonders hinsichtlich der Existenz Polens. Tatsächlich befürwortete die Reichswehr unter General Hans von Seeckt eine gemeinsame militärische Aktion mit der Sowjetunion, um Polen zu liquidieren und die deutsche Ostgrenze von 1914 wiederherzustellen. Entgegen diesen internationalen Befürchtungen und den Hoffnungen politisch rechter Kreise in Deutschland begründete der Vertrag dann aber kein gegen Polen gerichtetes deutsch-russisches Bündnis.[240] Aber die Äußerungen von Seeckts in einem Memorandum von 1922, in dem er zwar vor einem Angriffskrieg gegen die Sowjetunion warnte, aber dies auf Kosten Polens, waren in Warschau nicht vergessen. General Seeckt hatte seinerzeit verlauten lassen: „Die Existenz Polens ist eine unerträgliche Sache, eine Sache, die sich nicht vereinbaren läßt mit den Grundbedingungen des Lebens Deutschlands. Polen muß verschwinden und wird verschwinden. Seine Entfernung von der Landkarte Europas muß eines der Ziele der deutschen Politik sein."[241]

ADN-Korrespondenten und DDR-Diplomaten in Warschau meldeten nach Ost-Berlin, daß das „Nationale Dokument" antideutsche Stimmungen in der VR Polen heraufbeschworen habe. So hieß es u.a.: „Leider haben auch leitende Genossen in der DDR noch keine rechte Vorstellung davon, wie ernst und hart […] viele Polen die Deutschen immer noch beurteilen – nicht aus der Sicht allein von 1939–1945, sondern in gleichem Maße seit 1918 […]"[242]

Den ostdeutschen Funktionären blieb 1962 in den Diskussionen über das „Nationale Dokument" mit polnischen Vertretern nichts weiter übrig als zu beruhigen und abzuwiegeln, die ostdeutsch-polnische Verbundenheit und Freundschaft zu beschwören, die Anerkennung der Oder-Neiße-Grenze als Friedensgrenze zu versichern, und um Verständnis für diese Art der Argumentationen zu werben, die nach SED-Meinung notwendig seien, um den westdeutschen Staat mit seiner „antikommunistischen und revanchistischen Politik zu entlarven".[243]

In den Jahren zwischen 1960 und 1963 handhabte der polnische Staat seine Ausreise- und Familienzusammenführungspolitik für Deutsche ausgesprochen rigide und streng. Trotzdem zeigten sich die DDR-Funktionäre nicht zufrieden. Die SED verfügte nach wie vor über keine Informationen und hatte keinen Einfluß auf die polnische Minderheiten- und Ausreisepolitik.

DDR-Berichte aus der Warschauer Botschaft sowie von der ZK-Abteilung „Außenpolitik und Internationale Verbindung" von 1963 legten folgende Fakten dar: Die Zahl registrierter Bürger der DDR in Polen belief sich auf knapp über 1 000 Personen. Nach polnischen

---

[240] Vgl. ebenda, S. 1004.
[241] Zitiert in: Informationsbericht des ADN-Korrespondenten in Warschau, 2. Mai 1962, in: SAPMO-BA DY 30 IV 2/20/163.
[242] Ebenda; Informations- und Diskussionsversammlung über die historischen Aufgaben der DDR, Warschau, 16. Mai 1962, in: SAPMO-BA DY 30 IV 2/20/186; Georg W. Strobel, Die polnische „Preußenkrankheit" und ihre politische Instrumentalisierung, S. 21–33.
[243] Vgl. Informations- und Diskussionsversammlung über die historischen Aufgaben der DDR, Warschau, 16. Mai 1962, in: SAPMO-BA DY 30 IV 2/20/186.

inoffiziellen Angaben würden in Polen noch etwa 15 000 Personen deutscher Nationalität mit ungeklärter Staatsbürgerschaft leben – die große Gruppe der sogenannten autochthonen Bevölkerung war hier ausgeschlossen –, welche juristisch die Voraussetzungen für den Erwerb eines DDR-Personaldokuments besäßen. Die Mehrzahl dieser Bürger wollte in Polen verbleiben und weder die polnische Staatsbürgerschaft annehmen noch in die DDR ausreisen. Die DDR-Botschaft in Warschau und ihr Konsulat in Wrocław (Breslau) waren von ostdeutscher wie von polnischer Seite angewiesen, keine Aktivitäten zu entwickeln, um diese Personen als Bürger der DDR zu gewinnen.[244] Den DDR-Behörden war klar, daß viele Bürger deutscher Nationalität in Polen ohne Personaldokumente den Wunsch hegten, möglichst „Pässe der westdeutschen Bundesrepublik" zu erwerben[245], und die DDR hatte keinerlei Handhabe, dies auf längere Sicht zu verhindern.

Die Zahlen der Übersiedlungen in die DDR sanken kontinuierlich, während die in die Bundesrepublik wieder langsam anstiegen. 1961 reisten nach ostdeutschen Angaben rund 1 400 Deutsche aus Polen in die DDR ein, 1962 waren es zirka 1 200 und 1963 1 000. In die Bundesrepublik und nach West-Berlin siedelten 1961 8 700 Deutsche über, 1962 waren es zirka 9 200 Personen.[246] ZK-Mitarbeiter werteten dieses Verhältnis relativ abgeklärt: „Obwohl diese Zahl gegenüber den Übersiedlungen in die DDR sehr hoch ist, stellt sie einen starken Rückgang im Vergleich zu früheren Jahren dar. Das hängt u.a. damit zusammen, daß keine geschlossenen Transporte, sondern nur noch Einzelübersiedlungen stattfinden. [...] Es ist zu erwähnen, daß auf Grund von Beschlüssen der PVAP der private Besuchsreiseverkehr nach Westdeutschland [...] 1961 auf etwa zehn Prozent des Vorjahres reduziert wurde. Die Mehrzahl der Übersiedler kommt aus den Wojewodschaften Katowice [Kattowitz], Opole [Oppeln] und Olsztyn [Allenstein]."[247] Auch meinten die SED-Funktionäre einschätzen zu können, daß es sich bei den Ausreisenden in die Bundesrepublik um Personen handelte, deren Verbleib in Polen den Staatsorganen aus politischen Gründen als „nicht zweckmäßig" erschien. Die SED-Seite zeigte hier ein gewisses Verständnis für die polnische Bevölkerungspolitik.[248] Dieses wurde aber dadurch eingeschränkt, daß die ostdeutsche Seite bedauerte, daß mit der Ausreise von Deutschen aus Polen in die Bundesrepublik wertvolle Arbeitskräfte für die DDR verlorengingen. „Die Gewinnung eines Teiles dieser Menschen für unsere Republik könnte [...] dazu beitragen, den akuten Mangel an Arbeitskräften [...] zu mildern."[249]

Mit großer Aufmerksamkeit registrierten die Botschaftsmitarbeiter in Polen und das Außenministerium den – wie sie meinten – „steigenden revanchistischen Einfluß Westdeutschlands" auf die große Zahl der „autochthonen Bevölkerung", die die Bundesrepublik mit 1,2 Millionen Personen[250] bezifferte. Auf diesen Personenkreis würde sich nach ostdeut-

---

[244] Vgl. Zur Information der Partei- und Regierungsdelegation der DDR 1963, in: SAPMO-BA DY 30 IV A 2/20/327.
[245] Vgl. Materialien für die Beratung der Partei- und Regierungsdelegation der DDR in der VRP, August 1963, in: SAPMO-BA DY 30/3653.
[246] Vgl. ebenda.
[247] Zur Information der Partei- und Regierungsdelegation der DDR 1963, in: SAPMO-BA DY 30 IV A 2/20/327.
[248] Vgl. Materialien für die Beratung der Partei- und Regierungsdelegation der DDR in der VRP, August 1963, in: SAPMO-BA DY 30/3653.
[249] Bemerkungen der Botschaft Warschau zu Problemen der Übersiedlung aus der VRP nach der DDR und WD, 22. Mai 1963, in: PAAA MfAA A 1816.
[250] Mit einer ähnlichen Zahl operierten auch die Polen und Ostdeutschen: Ein polnischer PVAP-Funktionär meinte in einem Gespräch mit einem DDR-Botschaftsangehörigen 1964: „Im Westen [...]

scher Überzeugung die „revanchistische Ostpolitik Westdeutschlands" stützen. Die polnischen regionalen Staats- und Parteiorgane besäßen, so die SED überheblich, keine klare politische Linie, um gegen die Beeinflussung vorzugehen. Im Gegenteil, die polnische Seite gäbe dem starken Drang zur Ausreise in die Bundesrepublik nach und unternähme nichts gegen provokatorisch auftretende westdeutsche Touristen.[251]

Anfang März 1964 informierte die Warschauer Botschaft die SED-Parteiführung und das MfAA in Ost-Berlin darüber, daß besonders aus den schlesischen Wojewodschaften Katowice (Kattowitz) und Wrocław (Breslau) wieder deutlich vermehrt Anträge „von polnischen Staatsbürgern zur endgültigen Übersiedlung in die DDR" gestellt werden. Der neue Botschafter in Polen, Karl Mewis[252], legte in einem Papier an den DDR-Ministerrat dar, daß es sich bei diesen Menschen „fast ausschließlich um frühere deutsche Staatsbürger [handele], die nach 1945 polnische Staatsbürger wurden, sich aber immer noch irgendwie mit Deutschland verbunden fühlen. Genosse Willi Stoph [Vorsitzender des Ministerrates] hatte über die ganze Sache mit dem Ersten Sekretär des ZK der SED, Genossen Ulbricht, gesprochen und mir danach mitgeteilt, es sei durchaus zweckmäßig, die Antragsteller, welche Facharbeiter sind bzw. es werden können, zu akzeptieren".[253] Die offizielle Sprachregelung für diese Personen lautete „deutschsprachige polnische Staatsbürger", der Begriff „Autochthone" wurde von der SED vermieden. In offiziellen Dokumenten wählten die DDR-Staatsorgane eine noch neutralere, unverfängliche Bezeichnung: „Übersiedlung von Bürgern der Volksrepublik Polen in die DDR".[254]

Die ausgesprochen positive Einstellung der SED-Führung gegenüber Umsiedlungen aus Polen in die DDR war, wie bereits angemerkt, durch den akuten Arbeitskräftemangel in der DDR begründet. Das SED-Politbüro beschloß am 31. März 1964, offiziell eine Anfrage an die Regierung der VR Polen bezüglich dieser Übersiedlungswünsche zu stellen,[255] die die polnischen Staatsorgane im Mai 1964 positiv beschieden. Der ZK-Abteilungsleiter der Polnischen Vereinigten Arbeiterpartei für Internationale Verbindungen teilte dem Vorsitzenden des DDR-Ministerrates Willi Stoph Ende Mai 1964 schriftlich mit: „Wir sind damit einverstanden, daß die Regierung der DDR so vielen Familien bzw. Einzelpersonen die ständige Einreise in die DDR ermöglicht, wie das der deutschen Seite zweckmäßig erscheint. Wir haben keinerlei Bedenken und halten es auch nicht für notwendig, eine Begrenzung der Zahl festzulegen. Es soll allein das Bedürfnis der DDR ausschlaggebend

---

spricht man oft von einer Million Deutscher in Polen. Sicher ist diese Zahl übertrieben, doch gibt es noch etwa 900 000 Autochthonen in Schlesien, in den nordwestlichen und nördlichen Gebieten Polens." Aktenvermerk über die Unterhaltung, 25. November 1964, in: SAPMO-BA DY 30 IV A 2/20/335.

[251] Vgl. SED-Genossen in der Wojewodschaft Olsztyn, 26.–28. Oktober 1962, in: SAPMO-BA DY 30 IV 2/20/163; Bemerkungen der Botschaft Warschau zu Problemen der Übersiedlung aus der VRP nach der DDR und nach Westdeutschland, 22. Mai 1963, in: PAAA MfAA A 1816; Vorlage für das MfAA zu Fragen der weiteren Registrierung deutscher Staatsbürger in der VRP, Januar 1964, in: SAPMO-BA DY 30 IV 2/20/176.

[252] Karl Mewis (1907–1987), 1924 KPD, KJVD-Funktionär, 1932–1934 Lenin-Schule in Moskau, Emigration u.a. nach Dänemark, Schweden, nach 1945/46 SED-Funktionär in Ost-Berlin und Rostock, ZK-Mitglied, 1963–1968 DDR-Botschafter in Polen. Vgl. Wer war wer in der DDR?, S. 575f.

[253] Botschafter Mewis an Bruno Leuschner: Übersiedlung deutschsprachiger polnischer Staatsbürger in die DDR, 24. März 1964, in: PAAA MfAA A 1816, Bl. 100.

[254] Vgl. Direktive des Ministers des Innern und Chefs der Deutschen Volkspolizei vom 24. Juni 1964, in: SAPMO-BA DY 30 IV A 2/13/71.

[255] Vgl. SED-Politbüroprotokoll vom 31. März 1964, in: SAPMO-BA DY 30 IV 2/2/926.

sein."²⁵⁶ Als einzige Einschränkung machten die Polen zur Bedingung, keine Personen aus den landwirtschaftlichen Gebieten im Norden und Nordwesten Polens für eine Umsiedlung zu übernehmen.²⁵⁷

Botschafter Karl Mewis sah sich zur selben Zeit aber genötigt, darauf hinzuweisen, „daß die Genossen in [Berlin] offenbar den Umfang der Sache bisher unterschätzt" hätten. Allein für das Jahr 1964 müßte man mit 5000 bis 10000 Personen rechnen, die übersiedeln wollten. Und für die weiteren Jahre stellte Mewis in Aussicht, daß nur aus dem Gebiet Zabrze (Hindenburg/Oberschlesien) der Wojewodschaft Katowice über 20000 Personen ihre Einreise in die DDR beantragen werden.²⁵⁸ Die Möglichkeit von Anträgen auf Übersiedlung in die DDR durch polnische Staatsbürger deutscher Nationalität war auch dann gegeben, wenn es sich um keine Familienzusammenführung handelte.

Im Auftrag des SED-Politbüros beschloß der DDR-Ministerrat am 9. bzw. 24. Juni 1964, Maßnahmen zur „Übersiedlung von Bürgern der Volksrepublik Polen in die Deutsche Demokratische Republik" einzuleiten.²⁵⁹ Dieser Beschluß sollte zunächst vertraulich behandelt werden. Da diese Tatsache aber in der DDR-Bevölkerung bekannt wurde – der Bürgermeister einer Gemeinde des Kreises Zschopau äußerte z. B. gegenüber einer Arbeiterin, sie könne z. Z. keine Wohnung bekommen, da diese für polnische Bürger bereitgestellt werden müßte²⁶⁰ –, wies das SED-Politbüro an, eine kurze Mitteilung in der Presse zu veröffentlichen.²⁶¹ Das Presseamt beim DDR-Ministerrat ließ am 24. Juli 1964 verlautbaren, daß aufgrund von Vereinbarungen zwischen den Regierungen der VR Polen und der DDR in den nächsten Monaten „polnische Staatsbürger mit ihren Familien in einige Bezirke der DDR kommen, um hier ihren ständigen Wohnsitz zu nehmen und in Schwerpunktbetrieben die Arbeit aufzunehmen".²⁶²

Diese DDR-Pläne blieben auch in der Bundesrepublik nicht unbeachtet und unkommentiert. Die bundesdeutsche Presse meldete: „Geplante Massenaussiedlungen deutschstämmiger Polen in die Sowjetzone". Die Frankfurter Allgemeine Zeitung schrieb am 25. Juli 1964: „Die etwa 800000 im polnischen Machtbereich lebenden Deutschen sollen nach dem Willen Ulbrichts in die Zone ‚umgesiedelt' werden."²⁶³ Die DDR dementierte diese Meldungen und wiederholte ihre vage Verlautbarung: „Wie in den letzten Jahren erhalten auch gegenwärtig in Einzelfällen polnische Bürger deutscher Nationalität auf Antrag die Genehmigung, ihren Wohnsitz in der DDR zu nehmen."²⁶⁴

---

[256] Übersiedlung von Bürgern der VRP in die DDR, Juli 1964, in: SAPMO-BA DY 30 IV A 2/13/71, Bl. 238, 239.
[257] Vgl. Beschluß über Maßnahmen zur Vorbereitung und Durchführung der Übersiedlung von Bürgern der VRP in die DDR, 9. Juni 1964, in: BAB DC 20 I/4/960.
[258] Vgl. Botschafter Mewis an Bruno Leuschner: Übersiedlung deutschsprachiger polnischer Staatsbürger in die DDR, 24. März 1964, in: PAAA MfAA A 1816, Bl. 101.
[259] Vgl. Beschluß des Präsidiums des Ministerrates, 9. Juni 1964, in: BAB DC 20 I/4/959.
[260] Vgl. SED-Bezirksleitung Karl-Marx-Stadt an ZK-Abteilung Parteiorgane, 15. Juli 1964, in: SAPMO-BA DY 30 IV A 2/13/71, Bl. 235.
[261] Vgl. SED-Politbürobeschluß, 23. Juli 1964, in: SAPMO-BA DY 30 IV 2/2/940.
[262] ADN-Meldung, in: SAPMO-BA DY 30 IV A 2/13/71.
[263] Ulbricht wirbt um Deutsche aus den Ostgebieten, in: FAZ, 25. Juli 1964; Warschau dementiert Umsiedlungs-Pläne. Meldungen über die Aussiedlung Deutscher in die Zone ‚völlig aus der Luft gegriffen', in: ebenda; Pankow dementiert Berichte über Massenaussiedlung, in: Der Tagesspiegel, West-Berlin, 25. Juli 1964 (alle auch in: SAPMO-BA DY 30 IV A 2/13/71).
[264] Zitiert in: Pankow dementiert Berichte über Massenaussiedlung, in: Der Tagesspiegel, West-Berlin, 25. Juli 1964 (in: SAPMO-BA DY 30 IV A 2/13/71).

Das SED-Politbüro gab für den reibungslosen Ablauf der geplanten Übersiedlungen die Verantwortung an den Innenminister Friedrich Dickel weiter. Der wurde ermächtigt, „in Übereinstimmung mit dem Arbeitskräftebedarf unserer Volkswirtschaft sowie unter Berücksichtigung der [...] Versorgung mit geeignetem Wohnraum [...] einer größeren Anzahl von Bürgern der VR Polen die ständige Einreise in die DDR zu genehmigen".[265] Der Innenminister besprach die Frage der Übersiedlungen noch Ende Juni 1964 mit den Räten der Bezirke, den regionalen staatlichen Organen auf Bezirksebene, die den entsprechenden Wohnraum und die notwendige Arbeitsstelle zur Verfügung stellen mußten.[266] Er wies die örtlichen Meldestellen der Volkspolizei an, in einem stark verkürzten Verfahren den Bürgern der VR Polen die deutsche Staatsbürgerschaft zu erteilen und ihnen die Einbürgerungsurkunden und Personalausweise innerhalb weniger Wochen auszustellen. Für das zweite Halbjahr 1964 kündigte Innenminister Dickel die Übersiedlung von 1 800 Familien aus dem Wrocławer und Katowicer Gebiet an.[267]

Die Antragszahlen zur Übersiedlung in die DDR überraschten sowohl die polnische als auch die ostdeutsche Seite. Bereits im Februar 1965 hatte das DDR-Innenministerium für 16 000 Personen die Einreisegenehmigung erteilt. Aber die polnischen Staatsorgane machten nun mit den Ausreisegenehmigung Schwierigkeiten.[268] Die hohen Zahlen der Übersiedlungsanträge irritierte die Polen offenkundig. Sie schienen überfordert und nahmen Anfang 1965 eine deutlich reserviertere Haltung zur Übersiedlungsfrage ein.[269] Es war nun keine Rede mehr davon, daß allein das Interesse der DDR an Arbeitskräften die Zahl der aus Polen ausreisenden Bürger deutscher Nationalität bestimmte.[270]

Das DDR-Konsulat aus Wrocław meldete im Januar 1966 nach Berlin, daß 1964 und 1965 für insgesamt 14 917 polnische Bürger deutscher Nationalität die Einreiseerlaubnis in die DDR genehmigt wurde, aber bisher nur 3 000 tatsächlich übergesiedelt waren. „Daraus ist zu schlußfolgern", so das Konsulat, „daß zwar formal die schriftliche Einreisegenehmigung vorliegt, jedoch diese bei den polnischen Behörden keine Bearbeitung findet."[271]

Der polnische Staat weigerte sich entgegen seiner Zusage vom Mai 1964, einer so großen und immer noch wachsenden Zahl von Personen die Ausreise aus dem Land zu gestatten. Der DDR-Ministerrat mußte daraufhin am 24. September 1965 seine Direktive vom 9. Juni

---

[265] Übersiedlung Bürger der VRP in die DDR, Juli 1964, in: SAPMO-BA DY 30 IV A 2/13/71, Bl. 238.
[266] Der Bedarf an Arbeitskräften in den DDR-Bezirken war groß, aber die Bezirksverwaltungen hatten große Schwierigkeiten, entsprechenden Wohnraum bereitzustellen. Vgl. Bericht über die Entwicklung der Übersiedlung von Bürgern aus der VRP sowie deren Eingliederung in Arbeit und Wohnung, 6. Mai 1966, in: SAPMO-BA DY 30 IV A 2/13/71.
[267] Vgl. Übersiedlung Bürger der VRP in die DDR, Juli 1964, in: SAPMO-BA DY 30 IV A 2/13/71, Bl. 239; Direktive des Ministers des Innern und Chefs der Deutschen Volkspolizei, 24. Juni 1964, in: SAPMO-BA DY 30 IV A 2/13/71, Bl. 230–243.
[268] Vgl. Schreiben des Botschafters Mewis an den Vorsitzenden des DDR-Ministerrats über ein Gespräch im ZK der PVAP am 23. Januar 1965, in: PAAA MfAA A 1816, Bl. 157.
[269] Vgl. Entwurf: Werter Genosse Honecker!, 1964, in: SAPMO-BA DY 30 IV A 2/13/71, Bl. 247–250.
[270] Ein PVAP-Funktionär äußerte sich Ende 1964 gegenüber einem DDR-Diplomaten: „Die Situation in Oberschlesien sei [...] kompliziert. [...] Die Bewohner des Gebietes von Katowice werden von den anderen schon immer als die ‚Deutschen' bezeichnet. [...] Das sei die eine Seite, andererseits können die polnischen Stellen eine Einflußnahme nicht dulden, bei diesen Menschen ein Gefühl des Deutschtums aufrechtzuerhalten [...] Wenn man das zuließe, würde man mittelbar zugeben, daß das ja deutsche Gebiete seien und würde die verschiedensten Stimmungen [...] nähren." Aktenvermerk über die Unterhaltung, 25. November 1964, in: SAPMO-BA DY 30 IV A 2/20/335.
[271] Bericht über den Stand der Übersiedlung von Bürgern der VRP in die DDR 1964/65, 27. Januar 1966, in: PAAA MfAA C 234/72, Bl. 2, 3.

1964 über das „Verfahren zu Übersiedlung von Bürgern der Volksrepublik Polen in die Deutsche Demokratische Republik" dahingehend abändern, „daß den Interessen der Volksrepublik Polen Rechnung getragen [wird und] die Anzahl der Übersiedlungen jährlich zirka 3 000 arbeitsfähige Personen – zusätzlich deren Familienangehörige – nicht überschreiten" wird.[272] Danach kann vermutet werden, daß in der zweiten Hälfte der 1960er Jahre zirka 45 000 polnische Bürger deutscher Nationalität vom DDR-Innenministerium die Einreiseerlaubnis erhielten, tatsächlich aber nur 18 000 übersiedelten.[273] Der Ablauf und das Verfahren der „Übersiedlung von Bürgern der VR Polen in die DDR" und die Frage der Staatsbürgerschaft änderte der DDR-Innenminister nochmals am 30. Juli 1973.[274]

Das DDR-Konsulat in Wrocław berichtete im Januar 1966 über die Motive der Antragsteller zur Übersiedlung. Die meisten Übersiedlungswilligen begründeten ihren Entschluß damit, „daß sie sich noch als Deutsche fühlen und auch deshalb unter Deutschen leben und arbeiten möchten und sich vor allem materiell verbessern wollen".[275] Manche der Antragsteller hatten Vergleiche angestellt, daß sich ihr Lebensstandard in der DDR bis zu 70 Prozent verbesserte. Andere Übersiedler brachten zum Ausdruck, daß sie trotz ihrer polnischen Staatsbürgerschaft noch immer diskriminiert und als Deutsche beschimpft und beleidigt werden. Einige der Antragsteller wünschten, daß ihre Kinder deutsch und nicht polnisch erzogen werden.[276] Vor allem Personen älterer Jahrgänge äußerten: „Aufgrund von Sprachschwierigkeiten haben wir überall in Polen Nachteile, wir werden auch die polnische Sprache nicht lernen, deshalb wollen wir mit unseren Brüdern und Schwestern im Reich [sic!] leben."[277] Und letztlich sprachen auch einige unverhohlen aus, daß man schon immer nach Deutschland wollte, aber keine Möglichkeit sah, Polen zu verlassen. Man habe nach dem Krieg lange gehofft, daß ein noch ausstehender Friedensvertrag mit Deutschland regeln würde, daß die ehemaligen deutschen Gebiete, also die nunmehrigen West- und Nordgebiete Polens, wieder an Deutschland zurückfallen würden, und man so wieder in Deutschland lebe. „Diese Hoffnung hat sich allerdings schon vor längerer Zeit zerschlagen."[278]

Die DDR-Konsulatsmitarbeiter in Wrocław berichteten auch über kursierende Gerüchte unter den Antragstellern, die, so vermuteten sie, von polnischer und westdeutscher Seite hineingetragen wurden. Viele Übersiedlungswillige wollten aus westdeutschen Zeitungen erfahren haben, daß ein Abkommen zwischen der DDR und der VR Polen bestehe, nachdem „150 000 Deutsche aus den von Polen z. Z. unter Verwaltung stehenden Gebieten in die DDR zur Arbeitsaufnahme übersiedeln sollen. [...] Angeworben werden in erster Linie

---

[272] Beschluß über die Aufhebung des Beschlusses des Präsidiums des Ministerrats vom 9. Juni 1964 über Maßnahmen zur Vorbereitung und Durchführung der Übersiedlung von Bürgern der VRP in die DDR, 26. August 1965, in: BAB DC 20 I/4/1179; Direktive des MdI über das Verfahren der Übersiedlung von Bürgern der VRP in die DDR und deren gesellschaftliche Eingliederung, insbesondere in Arbeit und Wohnung, 24. September 1965, in: BStU MfS/Rechtsstelle 737, Bl. 20–32.
[273] Vgl. Bericht über die Entwicklung der Übersiedlung von Bürgern aus der VRP sowie deren Eingliederung in Arbeit und Wohnung, 4. Mai 1966, in: SAPMO-BA DY 30 IV A 2/13/71.
[274] Vgl. 1. Änderung zur Direktive des MdI und Chefs der Deutschen Volkspolizei, 30. Juli 1973, in: BStU MfS/Rechtsstelle 737, Bl. 33–40.
[275] Bericht über den Stand der Übersiedlung von Bürgern der VRP in die DDR 1964/64, 27. Januar 1966, in: PAAA MfAA C 234/72, Bl. 5.
[276] Vgl. ebenda.
[277] Ebenda.
[278] Ebenda, Bl. 6.

solche Bürger, die bis 1945 die deutsche Staatsangehörigkeit" besäßen.²⁷⁹ Eine weit verbreitete Meldung sei auch, daß alle Kinder der Umsiedler nach Ankunft in der DDR für zwei Jahre zur Sprachausbildung in ein Umschulungslager müßten.²⁸⁰ Einige der Gerüchte dienten sicher dazu, Übersiedlungswillige von der Antragstellung abzubringen. Das gelang aber nicht.

Die örtlichen polnischen Behörden äußerten ihr Unverständnis über diese Aktionen: Man wolle nur wissen, „wer dem [DDR-]Konsulat in Wrocław die Vollmacht gegeben hat, solche Abwerbungen durchzuführen [...] Die Deutschen ziehen uns alle Spezialisten raus."²⁸¹

Die europäische Entspannungspolitik zu Beginn der 1970er Jahre und besonders die Unterzeichnung des Warschauer Vertrages zwischen der Volksrepublik Polen und der Bundesrepublik Deutschland am 7. Dezember 1970 leitete eine nächste Phase der Familienzusammenführungen und Ausreisen von Deutschen, vorzugsweise der „autochthonen" Bevölkerung, aus Polen vor allem in die Bundesrepublik ein. Allein in den zehn Jahren zwischen 1972²⁸² und 1982 reisten 200 000 Deutsche aus Polen in die Bundesrepublik aus, andere Autoren nennen eine doppelt so hohe Zahl.²⁸³ Die SED-Führung sprach Ende 1974 davon, daß zwischen 1970 und 1974 60 000 Deutsche aus der VR Polen in beide deutschen Staaten ausgereist seien.²⁸⁴ Das SED-Politbüro und das Politbüro der PVAP versicherten sich im Januar 1973 gegenseitig mit Blick auf die hohen Zahlen der Übersiedlungen in die Bundesrepublik, daß polnische Bürger deutscher Nationalität jederzeit die Ausreiseerlaubnis aus Polen und die Einreisegenehmigung in die DDR erhielten.²⁸⁵

Bis in die Gegenwart ist die Problematik der Ausreise von Deutschen aus Polen aktuell. Im Gebiet des zu Polen gehörenden Oberschlesien lebten nach der letzten Volkszählung von 2002 als größte ethnische Minderheit die sogenannten Polendeutschen. Etwa 250 000 Bewohner Oberschlesiens sind Doppelstaatler und verfügen neben der polnischen zugleich über die deutsche Staatsbürgerschaft.²⁸⁶

Als zum 1. Januar 1972 der paß- und visumfreie Besucher- und Reiseverkehr zwischen der DDR und der Volksrepublik Polen eingeführt wurde und jährlich Hunderttausende DDR-Bürger, darunter auch sehr viele Vertriebene und ihre Familien, vor allem die angrenzenden polnischen Westgebiete besuchten, stellte die SED und ihr Ministerium für Staatssicherheit keine „Auffälligkeiten" wegen der 25 Jahre zurückliegenden Flucht und Vertrei-

---

²⁷⁹ Ebenda.
²⁸⁰ Vgl. ebenda, Bl. 6, 7.
²⁸¹ Ebenda, Bl. 6.
²⁸² Der Moskauer und Warschauer Vertrag wurden im Mai 1972 vom Deutschen Bundestag ratifiziert.
²⁸³ Vgl. Andreas Rödder, Die Bundesrepublik Deutschland 1969–1990, S. 39; Beate Ihme-Tuchel, Die DDR und die Deutschen in Polen, S. 52; Meinungen der polnischen Bevölkerung zum VII. Parteitag der PVAP, Warschau, 10. Dezember 1975, in: SAPMO-BA DY 30 IV B 2/20/141; Vermerk über ein Gespräch des SED-ZK-Sekretärs Kurt Hager mit dem 1. Sekretär des ZK der PVAP, Edward Gierek, 24. Oktober 1973, in: SAPMO-BA DY 30 B 2/20/144.
²⁸⁴ Vgl. Informationsaustausch zwischen ZK der PVAP und ZK der SED, 20. Dezember 1974, in: SAPMO-BA DY 30 B 2/20/144.
²⁸⁵ Vgl. Vorlage für das SED-Politbüro, 18. Januar 1973, in: SAPMO-BA DY 30 B 2/20/144. Der bundesdeutsche Außenminister Walter Scheel forderte im Oktober 1973 bei einem Besuch in Warschau die Ausreiseerlaubnis für 280 000 „polnische Bürger, die sich als Deutsche fühlen". Vermerk über ein Gespräch des SED-ZK-Sekretärs Kurt Hager mit dem 1. Sekretär des ZK der PVAP, Edward Gierek, 24. Oktober 1973, in: SAPMO-BA DY 30 B 2/20/144.
²⁸⁶ Vgl. http://de.wikipedia.org/wiki/Oberschlesien .

bung bzw. dem Verlust von ehemals deutschen Gebieten und Besitztümern fest.[287] Zwar wurde darauf verwiesen, daß mit dem Reiseverkehr DDR-Bürger ihre „ehemaligen Wohnstätten besuchten" und dort „Bekanntschaften schlossen bzw. erneuerten", aber als politisches Problem sahen die DDR-Behörden dies nicht an.[288] Hin und wieder gab es auch Hinweise, z. B. von einer der Blockparteien wie vom NPD-Kreisvorstand aus Guben, einer durch die deutsch-polnische Grenze geteilten Stadt, daß mit dem neuen Grenzverkehr „bestimmte ideologische Probleme seitens der Parteifreunde und anderer Bürger älteren Jahrgangs zu erwarten sind, die einst im heutigen Gubin ihren Wohnsitz hatten".[289] Diese mahnenden Hinweise stellten jedoch eine Ausnahme dar.

Unter angestrengter geheimdienstlicher Beobachtung stand hingegen die Ausfuhr von Lebensmitteln und Konsumwaren (Schuhe, Stiefel, Kinderbekleidung usw.) aus der DDR nach Polen, die in der Mangelgesellschaft DDR für größere Mißstimmungen unter der Bevölkerung sorgten.[290]

Auf polnischer Seite stellten die Bewohner der West- und Nordgebiete fest, daß Ostdeutsche, die erstmals wieder ihre Geburts- und alten Wohnorte besuchten, ihre Grundstücke, Höfe und Häuser wiedersahen, diese gar nicht zurückhaben wollten. Ungeachtet dieser Reisen blieb aber ein Unbehagen bei den Vertriebenen in der DDR darüber, daß ihre regionale Herkunft und Identität öffentlich nicht gezeigt, gelebt oder nur erinnert werden durfte.[291]

2. Deutsche Minderheit in der Tschechoslowakischen (Sozialistischen) Republik

a. Strategien der ČSR zur Assimilierung bzw. Erteilung von Zugeständnissen an „Personen deutscher Nationalität" – 1950 bis 1960

Zwischen 1944 und 1947 mußten etwa drei Millionen Sudetendeutsche, deren Vorfahren über Jahrhunderte auf tschechischem Gebiet gelebt hatten, ihre bisherige angestammte Heimat verlassen.[292] Hunderttausende Deutsche – die Zahlenangaben schwanken zwischen

---

[287] So der Historiker Philipp Ther treffend dazu: Eine anhaltende und drastische Unterdrückung bestimmter Probleme vermag diese zu einem gewissen Teil aus dem Bewußtsein der Gesellschaft zu verdrängen. Die DDR versuchte Vertriebene bereits zu reglementieren, wenn sie sich in größerem Kreis als dem Familienverband trafen. Die SED unterband jede öffentliche Debatte über die Vertreibung und die Frage des Zustandekommens und der Rechtmäßigkeit der Oder-Neiße-Grenze. Forderungen nach einer Revision der polnischen Westgrenze, nach Rückkehr in die alte Heimat, nach Lastenausgleich wurden so lange unterdrückt, bis sie tatsächlich von der politischen Agenda der Bevölkerung verschwanden oder durch neue Probleme überlagert wurden. Vgl. Ders., Deutsche und polnische Vertriebene, S. 324.
[288] Vgl. Einschätzung des Reise- und Touristenverkehrs zur VRP und sich ergebende politisch-operative Probleme, 13. August 1971, in: BStU MfS HA VI 14850, Bl. 4–196.
[289] Information über Meinungen und Reaktionen von Parteifreunden zum Besucherverkehr aus der VR Polen und der ČSSR, 7. Januar 1972, in: SAPMO-BA DY 16/79.
[290] Vgl. Tagesinformation zur Abfertigung des paß- und visumfreien Reiseverkehrs DDR und VRP am 21. November 1972, in: SAPMO-BA DY 30/2476; SED-Bezirksleitung Frankfurt/O. an den Generalsekretär des ZK der SED, 31. Oktober 1977, in: ebenda, DY 30/2229, Bl. 75–79.
[291] Vgl. Burkhard Olschowsky, Die Gegenwart des Vergangenen, S. 30; Erhard Cromel, Jochen Franzke, Die DDR und Polen, S. 120f.
[292] Detlef Brandes, Der Weg zur Vertreibung 1938–1945. Pläne und Entscheidungen zum ‚Transfer' der Deutschen aus der Tschechoslowakei und aus Polen, München 2001.

180 000 bis knapp 300 000 für 1950[293] – blieben jedoch auch nach dieser Zeit in der Tschechoslowakei zurück. Diese waren vor allem in den ersten Nachkriegsjahren schweren Repressionen ausgesetzt, konnten das Land aber auch nicht verlassen. Nach den Gründungen der beiden deutschen Staaten 1949 war die z. T. widersprüchliche und Veränderungen unterworfene tschechoslowakische Politik gegenüber der deutschen Minderheit, auch vor dem Hintergrund der bis 1947 bzw. 1949 vollzogenen Vertreibung der sudetendeutschen Bevölkerung, ein wichtiger Faktor in den Beziehungen zwischen der ČSR und der DDR.

Die Vertreibung und Aussiedlung der Deutschen – im Tschechischen „Odsun", „Abschub, Abtransport"[294] genannt – vollzog sich in mehreren Wellen 1945/46, 1948 und 1950/51, zumeist unter Berufung auf das Potsdamer Abkommen, Punkt XIII.[295] In zeitgenössischen Dokumenten aus dem DDR-Außenministerium vom Beginn der 1950er Jahre las sich der Vorgang so: „Die Aussiedlung begann Ende Mai 1945 zunächst als unorganisierte Massenaussiedlung. Später wurden Lager errichtet, aus denen periodisch Transporte nach Ost- und Westdeutschland abgingen. Diese Maßnahmen liefen vor allem in der Zeit von 1945–1947, im Jahre 1949 erfolgten nochmals größere Aussiedlungen, dann aber schon fast ausschließlich auf freiwilliger Basis. Man kann sagen, daß die Aussiedlungsaktionen im Verlaufe des Jahres 1951 vollkommen abgeschlossen waren."[296]

Durch einige der Beneš-Dekrete aus dem Jahr 1945 wurden alle Angehörigen der deutschen Nationalität in der ČSR staatenlos (Dekret Nr. 33 vom 2. August 1945), ihr Eigentum wurde konfisziert. Davon ausgenommen blieben nur „Antifaschisten, die eine aktive Anteilnahme an der Widerstandsbewegung" vorweisen konnten, was aber nur eine sehr kleine Gruppe von Deutschen betraf.[297] 1945 und 1946 wurden ungefähr 1,8 Millionen Deutsche in die amerikanische Besatzungszone „umgesiedelt", 800 000 kamen in die Sowjetische Besatzungszone[298] und etwa 15 000 waren bereits nach Österreich geflüchtet. 1946 stoppten die tschechoslowakischen Behörden die Aussiedelung und Vertreibung vorerst, da sie es für notwendig erachteten, so eine historische Rückschau von SED-Verantwortlichen,

---

Die Deutsch-Tschechische Historikerkommission (von 1990) einigte sich auf die Zahlenangabe von zirka 30 000 Opfern der Vertreibung unter den Sudetendeutschen. Vgl. Frauke Wetzel, Missverständnisse von klein auf?, S. 961.

[293] Vgl. Beate Ihme-Tuchel, Die tschechoslowakische Politik gegenüber der deutschen Minderheit, S. 965.

[294] Deutsch-Tschechisches Wörterbuch: „Odsun Němců – Aussiedlung, Umsiedlung der Deutschen". Vgl. Frauke Wetzel, Missverständnisse von klein auf?, S. 958f.

[295] Die Regierungen von Großbritannien, den USA und der UdSSR „erkennen an, daß die Überführung der deutschen Bevölkerung oder Bestandteile derselben, die in Polen, Tschechoslowakei und Ungarn zurückgeblieben sind, nach Deutschland durchgeführt werden muß. Sie stimmen darin überein, daß jede derartige Überführung, die stattfinden wird, in ordnungsgemäßer und humaner Weise erfolgen soll." In: Amtsblatt des Kontrollrates in Deutschland 1945, Ergänzungsheft, S. 7.

[296] Bericht über deutschsprachige Bevölkerung in der ČSR, 23. Juli 1953, in: PAAA MfAA A 2540, Bl. 3.

[297] Vgl. Xavier Galmiche, „Dům po Němcích – von den Deutschen übernommenes Haus", S. 941–954; Dieter Blumenwitz, Die Beneš-Dekrete – eine Bestandsaufnahme im Lichte der tschechischen Beitrittsverhandlungen zur EU, S. 258–267; Manfred Kittel, Horst Möller, Die Beneš-Dekrete, S. 557ff., S. 568–574.

[298] Vgl. Susanne Bethke, Der Weg der Deutschen aus der Tschechoslowakei in die SBZ 1945/46; Manfred Wille, Die „freiwillige Ausreise" sudetendeutscher Antifaschisten in die SBZ, in: Manfred Wille (Hrsg.), Die Sudetendeutschen in der Sowjetischen Besatzungszone Deutschlands, S. 5–61; Die Sudetendeutschen in Nordböhmen. Situation nach 1918, Vertreibung in die SBZ und Ankunft in Sachsen 1945/46, hrsg. von Manfred Jahn, Dresden 1993; Detlef Brandes, Die Vertreibung als negativer Lernprozess, S. 885–896.

„eine Reihe wichtiger Fachkräfte im Lande zu belassen. Die Braunkohlengruben in Sokolov (Falkenau) beispielsweise und die Gablonzer Schmuckwarenindustrie drohten völlig zu erliegen, wenn nicht eine Reihe von deutschen Fachkräften im Lande belassen worden wären, so daß ab Mitte 1946 alle wichtigen Facharbeiter eine [...] Legitimation erhielten, die sie zum Verbleib im Lande berechtigte [...] Das galt vor allem für Bergarbeiter. Die Inhaber der [...] [Legitimation] brauchten nicht nur nicht das Land zu verlassen, sondern sie durften zum großen Teil nicht umsiedeln."[299] Ähnlich also wie in Polen stoppte der akute Arbeitskräfte- und Facharbeitermangel die große Nachkriegs-Vertreibungswelle in der ČSR.

Eine Besonderheit bei der Vertreibung der Sudetendeutschen, die in die Sowjetische Besatzungszone kamen, war der planmäßige Transfer von sudetendeutschen Kommunisten, d.h. den deutschen Mitgliedern der Kommunistischen Partei der Tschechoslowakei (KPČ), und von Sozialdemokraten. Auf der Grundlage eines Planes der SMAD, der sogenannten Shukow-Aktion, begannen im November 1945 gezielte Transporte von rund 17 000 kommunistischen Familien. Hinzu kamen 1 800 ehemalige Sozialdemokraten mit ihren Familien.[300] Das SED-Zentralorgan „Neues Deutschland" meldete Ende 1946, daß ungefähr „45 000 bis 50 000 sudetendeutsche Antifaschisten freiwillig [!] in die SBZ" gekommen seien.[301] Der Transfer dieser Kommunisten und Sozialdemokraten war keineswegs freiwillig, auch sie waren als Deutsche in der Nachkriegstschechoslowakei nicht willkommen. Für die SED hatten die sudetendeutschen Kommunisten strategische Bedeutung. Sie füllten ihren zentralen Parteiapparat mit ideologisch und politisch überprüften Funktionären auf und halfen mit, daß die SED in kurzer Zeit in eine sogenannte Partei neuen Typus, in eine leninistische Kaderpartei, umorganisiert wurde.

Nur wenige sudetendeutsche Kommunisten erlangten in den nächsten Jahren Spitzenposten im SED-Apparat oder repräsentative Positionen im DDR-Staat. Sie wirkten eher im Hintergrund. Der militärische und der geheimdienstliche Apparat wurde zu ihren Haupteinsatzgebieten. Auch im diplomatischen Dienst erlangten sie Rang und Einfluß.[302] Wie bereits oben erwähnt, war beispielsweise der Sudetendeutsche Josef Hegen von 1957 bis 1961 Botschafter in der VR Polen. Der erste Leiter der Diplomatischen Mission der DDR in Moskau war der sudetendeutsche Kommunist Rudolf Appelt, wie auch Rudolf Dölling, Botschafter in Moskau von 1959 bis 1965, Sudetendeutscher war.[303]

Nach einer kurzfristigen Wiederaufnahme der Aussiedlungen 1947/Anfang 1948 wurden die Vertreibungen nach dem kommunistischen Staatsstreich in der ČSR vom Februar 1948 wieder eingestellt. Im Januar 1950 kam es unter Mitwirkung des Internationalen Roten Kreuzes mit der Prager Regierung zu einem Abkommen, der sogenannten Operation Link, die die Ausreise von 20 000 Deutschen in die Bundesrepublik ermöglichen sollte. Im Rahmen dieser Aktion übersiedelten zirka 17 000 Sudeten- und Karpatendeutsche nach Westdeutschland, bis im Mai 1951 die tschechoslowakische Seite ohne Angabe von Gründen die Aktion abbrach. Die DDR war an dieser „Operation Link" mit 400 bis 500 Aussied-

---

[299] Aktenvermerk: Besprechung beim Genossen Lenk, April 1960, in: SAPMO-BA DY 30 IV 2/20/201.
[300] Vgl. Jan Foitzik, Kadertransfer, S. 319.
[301] In: Neues Deutschland, Berlin, 18. Dezember 1946; Manfred Wille, Die „freiwillige Ausreise" sudetendeutscher Antifaschisten in die SBZ, S. 28–61; Heike van Hoorn, „Opfer" oder „Experten" für den sozialistischen Aufbau, S. 848–855.
[302] Vgl. Jan Foitzik, Kadertransfer, S. 308, 320–323, 325–334.
[303] Vgl. ebenda, S. 322.

lungen beteiligt, die nicht pauschal, sondern einzeln genehmigt wurden und schleppend verliefen. Auch die SED erhielt vom Abbruch der „Operation" keine Kenntnis, die konsequente Nicht-Information der DDR über die tschechoslowakische Politik gegenüber der deutschen Minderheit war kennzeichnend für das Verhalten der Prager Regierung in den 1950er und 1960er Jahren.[304]

Im April 1948 sowie im November 1949 erließ die kommunistische Regierung in Prag die „Regierungsverordnungen über die Wiederverleihung der tschechoslowakischen Staatsbürgerschaft an Personen deutscher Nationalität", wonach auf Antrag u. a. Deutsche die Staatsbürgerschaft wiedererlangen konnten, wenn sie „die Pflichten eines tschechoslowakischen Staatsbürgers nicht verletzt", keine andere Staatsangehörigkeit erworben hatten und einen ständigen Wohnsitz in der ČSR besaßen.[305] Nach der amtlichen Nationalitätenstatistik der Tschechoslowakei von 1950 lebten von den einst zirka 3,5 Millionen noch 165 000 Deutsche in der ČSR.[306]

Die Angaben über die Zahl der Deutschen, die in den 1950er Jahren noch in der ČSR lebten, schwankten. Die Bundesrepublik ging von 250 000 Deutschen aus. Auch die Zahlen der DDR variierten sehr. In Ost-Berlin hieß es: Es „haben sich im Jahre 1950 von den etwa 250 000 verbliebenen Bürgern deutscher Nationalität 165 117 ausdrücklich zur deutschen Nationalität bekannt."[307] 1953 nannte die DDR-Botschaft in Prag eine Zahl von 180 000 Deutschen, die vorzugsweise in den Regionen um Liberec (Reichenberg), Jablonec (Gablonz an der Neiße) und Karlovy Vary (Karlsbad) lebten. Kleinere Gruppen sollen bei České Budějovice (Böhmisch Budweis), Plzeň (Pilsen) und Bratislava gewohnt haben. „Sie sind als Facharbeiter in der Industrie, besonders in der örtlichen Industrie (Glas- und Glaswaren, Bijouterie, Christbaumschmuck und Posamentenindustrie), als Bergleute (besonders im Sokolover Revier [Falkenberger Revier] und in Jáchymov [St. Joachimsthal]), aber auch in der Landwirtschaft beschäftigt. Unter ihnen gibt es ferner niedere bis mittlere technische Kader."[308]

In den Jahren zwischen 1957 und 1960 nannte die DDR die Anzahl von 180 000, 167 000 und 164 000 Deutschen in der ČSR.[309] Da die SED-Funktionäre für ihre politische Arbeit auf die „klassenmäßig-soziale Zusammensetzung" der Deutschen in der ČSR Wert legten, fertigte die SED ZK-Abteilung Außenpolitik und internationale Verbindungen dazu eine Analyse an: Die Zusammensetzung der zirka „164 000 tschechoslowakischen Bürger deut-

---

[304] Vgl. Beate Ihme-Tuchel, Die tschechoslowakische Politik gegenüber der deutschen Minderheit, S. 967.
[305] Vgl. ebenda, S. 966.
[306] Vgl. ebenda.
Die amtliche Nationalitätenstatistik gab 1957 die Anteile der Nationalitäten in der ČSR so an: Bevölkerungszahl insgesamt: 13 261 600, davon: tschechisch 8,8 Millionen (66,5 Prozent), slowakisch 3,7 Millionen (28 Prozent), ungarisch 404 000 (3 Prozent), deutsch 164 000 (1,1 Prozent), polnisch 78 000 (0,6 Prozent), ukrainisch-russisch 75 000 (0,5 Prozent) und übrige (einschließlich Staatenlose 40 600 – 0,3 Prozent). Vgl. Zur Frage der Registrierung und der ständigen Übersiedlungen, 1. Juli 1961, in: PAAA MfAA C 1918/72, Bl. 6.
[307] Exposé der Botschaft zur Frage der Einordnung und Behandlung der deutschen Nationalität in der ČSR, 28. April 1960, in: SAPMO-BA DY 30 IV 2/20/201.
[308] Bericht über die deutsch-sprachige Bevölkerung in der ČSR, 23. Juli 1953, in: PAAA MfAA A 2540, Bl. 2; Ortsbezeichnungen: Frühere deutsche Ostgebiete, 1982, in: BStU MfS HA XX/4 1787, Bl. 24–25.
[309] Vgl. Information über tschechoslowakische Bürger deutscher Nationalität, 6. November 1958, in: PAAA MfAA A 10996, Bl. 6; Zur Frage der Registrierung und der ständigen Übersiedlung, in: ebenda, C 1918/72, Bl. 6.

scher Nationalität [...] ergibt sich aus der Tatsache, daß mit den faschistischen Truppen 1945, also schon vor der Umsiedlung, die Kapitalisten und die bürgerlichen und faschistischen Intellektuellen [...] die ČSR verließen. Hinzu kommt, daß bei der Aussiedlung in den Jahren 1945/46 an erster Stelle unsichere Elemente, Mittelschichten und Bauern standen, während Facharbeiter zuletzt betroffen wurden. Daraus ergibt sich, daß etwa 90 Prozent dieser annähernd 164 000 Bürger deutscher Nationalität Arbeiter (Bau- und Bergarbeiter, Textil- und Glasarbeiter) sind."[310]

Der Ausreisestop für die Sudetendeutschen 1951 läutete eine neue Phase ein, die die Assimilierung der Deutschen in die tschechoslowakische Gesellschaft befördern sollte. Die kommunistische Regierung in Prag befürwortete nun statt Massenausreisen eine Eingliederung der Deutschen in ihrem Sinne – eine Umerziehung der Deutschen zur aktiven und loyalen Mitarbeit am Aufbau des Sozialismus im tschechoslowakischen Staat, wie es hieß. Parallel gestand der Staat der deutschen Minderheit, in eng begrenztem Rahmen zwar, Raum für ein eigenes kulturelles Leben zu.[311]

Die DDR-Botschaft in Prag nahm diese Veränderung der tschechoslowakischen Politik gegenüber der deutschen Minderheit erst im Frühjahr 1953 wahr. Sie berichtete darüber entschuldigend – „die tschechoslowakischen Quellen zur Frage der deutschsprachigen Bevölkerung sind nicht sehr umfangreich" – dem Außenministerium nach Ost-Berlin. „In der Behandlung der deutschsprachigen Bevölkerung zeichnet sich zumindest seit Ende 1951 eine Wende ab, die durch die gesetzmäßige Verleihung der Staatsbürgerschaft im April 1953 ihren Abschluß fand."[312]

Das Verfassungs-Dekret 33 vom 2. August 1945 hatte, wie oben bereits angemerkt, alle Angehörigen der deutschen Nationalität staatenlos gemacht. Ein neues Gesetz vom 7. Mai 1953 berechtigte formal alle „Personen deutscher Volkszugehörigkeit", die tschechoslowakische Staatsbürgerschaft ohne Antragstellung zu erwerben[313], was einer Art Sammeleinbürgerung (bzw. auch Zwangseinbürgerung) gleichkam. Damit verlor das Dekret vom 2. August 1945 faktisch seine Gültigkeit. Die DDR bewertete diese neue rechtliche Lage übertrieben positiv. Die Sammeleinbürgerung verlief nach Beobachtung der DDR-Botschaftsmitarbeiter in der ČSR nicht reibungslos. Einerseits verweigerte ein Teil der Deutschen die Annahme der tschechoslowakischen Staatsbürgerschaft, und andererseits waren Bevölkerung und tschechoslowakische Behörden nicht bereit, bestimmten Deutschen die ČSR-Staatsbürgerschaft wieder zu verleihen. Die Gründe dafür sah die ostdeutsche Seite darin: „1. Die Umgebung im Dorf kennt das [frühere] nazifreundliche Verhalten [dieser Deutschen] aus den Jahren 1938–1945 und will sie nicht als neue tschechoslowakische Staatsbürger anerkennen. 2. Viele Deutsche leben in der Hoffnung, nach Deutschland zurückkehren zu können, und stellen deshalb ihre ganze Lebensweise darauf ein. 3. Ein Teil der [...] Deutschen kam nach 1945 in die ČSR, als in Deutschland Not und Elend herrschte. Sie denken, daß man jetzt in der DDR besser leben könne und wollen wieder zurück. 4. Die Annahme der Staatsbürgerschaft ist mit dem Dienst in der Armee verbunden, wovor man-

---

[310] Exposé der Botschaft zur Frage der Einordnung und Behandlung der deutschen Nationalität in der ČSR, 28. April 1960, in: SAPMO-BA DY 30 IV 2/20/201.
[311] Vgl. Beate Ihme-Tuchel, Die tschechoslowakische Politik gegenüber der deutschen Minderheit, S. 967.
[312] Beide Zitate: Bericht über die deutsch-sprachige Bevölkerung in der ČSR, 23. Juli 1953, in: PAAA MfAA A 2540, Bl. 1.
[313] Gesetzesvorlage abgedruckt in: Beate Ihme-Tuchel, Die tschechoslowakische Politik gegenüber der deutschen Minderheit, S. 969f.

cher zurückschreckt."³¹⁴ Aber insgesamt gingen die DDR und die ČSR davon aus, daß nur ein „ganz geringer Prozentsatz der deutschsprachigen Bevölkerung sich entschieden weigerte, die tschechoslowakische Staatsbürgerschaft anzunehmen".³¹⁵

Ein Botschaftsbericht der DDR vom Juli 1953 teilte die in der ČSR lebenden Deutschen in vier Gruppen ein: In jene, die bis 1938 tschechoslowakische Staatsbürger waren, dann die Deutschen, die nach 1945 wegen besserer Lebensbedingungen in die ČSR gekommen waren, in Auslandsdeutsche und in die Gruppe vormals deutscher Kriegsgefangener. Aus der alltäglichen Konsulararbeit schlossen die Botschaftsmitarbeiter, daß ein großer Prozentsatz der deutschsprachigen Bevölkerungsgruppe, die bis 1938 tschechoslowakische Staatsbürger waren, den Wunsch hatte, auszusiedeln. Als Gründe nannten die übersiedlungswilligen Deutschen, die tschechische Sprache nicht zu beherrschen und deshalb im alltäglichen und beruflichen Leben benachteiligt zu sein. Wörtlich: „Einige von ihnen erzählten sogar von Schmähungen und Verleumdungen. Sie sind bereit, überall hinzugehen, um bloß nicht in der ČSR bleiben" zu müssen.³¹⁶

Die DDR-Diplomaten unterstützten die Ausreisewünsche der Deutschen nicht, sie rieten dringend zur Annahme der tschechoslowakischen Staatsbürgerschaft und wiegelten alle weiteren Übersiedlungsbitten, wider besseren Wissens, mit dem Argument ab, daß die Benachteiligungen der deutschen Minderheit in der ČSR der Vergangenheit angehörten. Die ostdeutschen Funktionäre waren davon überzeugt, daß kaum wirkliche Sprachschwierigkeiten bestanden, da große Teile der deutschen Minderheit sowohl die deutsche als auch die tschechische Sprache beherrschten.³¹⁷ Das stimmte allerdings nur teilweise.

Des weiteren lobten die SED-Funktionäre überschwenglich die bereits existierenden Freiräume im Kultur- und Bildungsbereich für die deutsche Minderheit. Sie zählten auf, daß seit September 1951 die deutschsprachige Wochenzeitung „Aufbau und Frieden", herausgegeben von der Revolutionären Gewerkschaftsbewegung (ROH) – der kommunistischen tschechoslowakischen Einheitsgewerkschaft – erschien. Ab April 1953 erschien sie zwei Mal wöchentlich und ab Januar 1954 wurde sie zur Tageszeitung.³¹⁸ Zeitgleich haben die tschechoslowakischen Gewerkschaften ihre politisch-ideologische Massenarbeit unter der deutschen Minderheit aktiviert. Diese zielte darauf ab, die Eingliederung der Deutschen in die tschechoslowakische Gesellschaft und ihre Beteiligung am sozialistischen Aufbau – wie es damals hieß – zu befördern. Im Laufe des Jahres 1952 wurden innerhalb der tschechoslowakischen Gewerkschaften deutsche Betriebsräte geschaffen: „In den Betrieben, wo große Teile der Belegschaft Deutsche waren, wurde innerhalb des Betriebsrates […] meist ein Deutscher […] für die deutsch-sprachigen Werktätigen […] verantwortlich gemacht. Dieser war für alle gewerkschaftlichen Fragen zuständig. Er setzt die politische

---

³¹⁴ Bericht über die deutsch-sprachige Bevölkerung in der ČSR, 23. Juli 1953, in: PAAA MfAA A 2540, Bl. 9.
³¹⁵ Ebenda, Bl. 13.
Als ein Beispiel wurde der tschechische Ort Warnsdorf/Varnsdorf (direkt an der Grenze zur DDR gelegen) genannt. Von den dort lebenden 2000 Personen deutscher Nationalität verweigerten 23 die Annahme der tschechoslowakischen Staatsbürgerschaft. Die Annahme der ČSR-Staatsbürgerschaft erfolgte durch die Vorladung beim zuständigen Nationalausschuß. Nach einem individuellen Gespräch unterzeichnete man – oder auch nicht – den Antrag zum Erlangen der Staatsbürgerschaft. Vgl. ebenda, Bl. 10.
³¹⁶ Bericht über die deutsch-sprachige Bevölkerung in der ČSR, 23. Juli 1953, in: PAAA MfAA A 2540, Bl. 11.
³¹⁷ Ebenda, Bl. 12, 13.
³¹⁸ Vgl. ebenda, Bl. 5, 6.

Linie der Gewerkschaften unter den Deutschen durch, nimmt ihre Vorschläge und Kritiken entgegen und vertritt ihre Interessen."[319]

Auch innerhalb der tschechoslowakischen Einheits-Jugendorganisation schuf man Zirkel für deutsche Jugendliche. Außerdem erschien ab 1953 eine deutschsprachige halbmonatliche Kinderzeitschrift mit dem Titel „Freundschaft". Verschiedene Theaterensembles, Chöre, Laienspielgruppen und Filmvorführer tourten durch die noch von Sudetendeutschen bewohnten Orte im böhmischen Grenzgebiet der ČSR. Und ab Anfang 1957 gab es eine tägliche 15-Uhr-Sendung des tschechoslowakischen Rundfunks für die deutsche Bevölkerung, ausgestrahlt in den Grenzgebieten.[320]

Anders als für die anderen nationalen Minderheiten in der ČSR – die polnische, ukrainische und ungarische – war für die deutsche erst ab 1955 die Möglichkeit von regulärem Deutschunterricht gegeben, jedoch nicht in Form von Unterricht in der Muttersprache, sondern Deutsch als Sprache in besonderen Sprachzirkeln. Seit 1953 wurde die deutsche Sprache lediglich als Wahlfach an höheren Schulen angeboten.[321] Im Januar 1954 hatte die Regierung in Prag die Absicht, so lauteten Informationen von KPČ-Funktionären an DDR-Botschaftsmitarbeiter, in den ehemals sudetendeutschen Grenzgebieten deutsche Schulen für die deutsche Minderheit einzurichten, was zu einem Sturm von Empörungen unter der tschechischen Mehrheitsbevölkerung führte. Heftige Proteste muß es in und um Ústí nad Labem (Aussig) und Jablonec nad Nisou (Gablonz a. d. Neiße) gegeben haben. Eine Zulassung von deutschen Schulen unterblieb daraufhin.[322]

Funktionäre der kommunistischen Partei der ČSR, die besonders im Rahmen der tschechoslowakischen Einheitsgewerkschaft bzw. auf staatlicher Ebene für die Arbeit mit der deutschsprachigen Bevölkerung verantwortlich zeichneten, waren Josef Lenk und bis 1953/54 der bekannte Schriftsteller Louis Fürnberg. Der Kommunist Josef Lenk (1902–1985) war bereits zwischen 1930 und 1938 Funktionär beim tschechischen Einheitsverband der Angestellten gewesen. In der Zeit zwischen 1939 und 1945 emigrierte er nach Großbritannien. Ab 1945 wirkte er wieder im Zentralrat der Gewerkschaften in Prag. Dort war er bis 1967 für die „Arbeit unter den tschechoslowakischen Bürgern deutscher Nationalität" verantwortlich. Danach schrieb und lektorierte er noch für die deutschsprachige „Prager Volkszeitung" in der ČSSR. Er soll dort zeitweise Chefredakteur gewesen sein. Lenk war Mitglied des ZK der Kommunistischen Partei der Tschechoslowakei (KPČ). Er war zwischen 1946 und 1967 ein zentraler Ansprechpartner für die SED-Funktionäre der Prager DDR-Botschaft, wenn es um Fragen der deutschen Minderheit in der Tschechoslowakei ging.[323]

---

[319] Ebenda, Bl. 6.
[320] Vgl. Brief: Fragen der deutsch-sprachigen Bevölkerung, 12. März 1957, in: PAAA MfAA A 2303, Bl. 3.
[321] Vgl. Bericht über die deutsch-sprachige Bevölkerung in der ČSR, 23. Juli 1953, in: PAAA MfAA A 2540, Bl. 14; Beate Ihme-Tuchel, Die tschechoslowakische Politik gegenüber der deutschen Minderheit, S. 968.
Ab 1957 war den Schulkindern der deutschsprachigen Bevölkerung, die die tschechoslowakische Schule besuchten, drei Stunden Deutschunterricht in der Woche garantiert. Vgl. Fragen der deutschsprachigen Bevölkerung, 12. März 1957, in: PAAA MfAA A 2303, Bl. 3.
[322] Vgl. Grenztreffen in Vejprty, 15. August 1954, in: PAAA MfAA A 2292, Bl. 8, 9; Zu Fragen der deutschsprachigen Bevölkerung, 12. März 1957, in: ebenda, A 2303, Bl. 2.
[323] Vgl. Vermerk über ein Gespräch zwischen Genossen Bienert und Genossen Lenk, Prag, 27. Mai 1968, in: PAAA MfAA C 678/72, Bl. 25.

2. Deutsche Minderheit in der Tschechoslowakischen Republik

Der Schriftsteller Louis Fürnberg[324] war seit 1928 Mitglied der deutschen Sektion der KPČ und als Journalist in Prag und Berlin in den 1920er und 1930er Jahren bei verschiedenen kommunistischen Zeitungen tätig. Zwischen 1939 und 1946 emigrierte er nach Palästina. 1946 kehrte er in die ČSR zurück, wo er wieder journalistisch tätig war. Zwischen 1949 und 1952 hatte er das Amt eines Ersten Botschaftsrats für Kultur der ČSR in der DDR inne, 1953/54 war er leitend zuständig für „anderssprachige nationale Gruppen", also auch für die deutsche Minderheit, im Prager Ministerium für Schulwesen und Volkskultur. 1954 siedelte er in die DDR, nach Weimar, über und übernahm dort die stellvertretende Leitung der Nationalen Forschungs- und Gedenkstätte der klassischen deutschen Literatur.

Der umfassende Bericht der DDR-Botschaft in Prag von Mitte 1953 bestätigte die Assimilierungsstrategie gegenüber der deutschsprachigen Bevölkerung in der ČSR: Partei und Regierung der ČSR sind „entschlossen, jetzt die Frage der festen Eingliederung der Deutschen in den tschechoslowakischen Staatsverband in die Hand zu nehmen und die frühere zögernde Haltung aufzugeben. Man will den Deutschen, die eine positive Haltung zur Republik erkennen lassen, [...] die feste Eingliederung [...] in das Bündnis der Völker und Nationalitäten der ČSR" anbieten.[325] Die DDR/SED akzeptierte die Assimilierungspolitik widerspruchslos, ja bewertete sie sogar anerkennend positiv.

Obwohl die tschechoslowakische Regierung – wenn auch langsam und zögerlich – ihre Haltung zur deutschsprachigen Bevölkerung einer angemesseneren Minderheitenpolitik anpaßte, blieb in Staat und Nachkriegsgesellschaft weiterhin die Furcht vor den Deutschen als einer Art „Fünfte Kolonne" existent.[326] Für nicht erwünscht hielten ČSR-Staats- und KPČ-Organe in der ersten Hälfte der 1950er Jahre jedes direkte Zusammentreffen von tschechoslowakischen Bürgern deutscher Nationalität mit Bürgern oder auch Verwandten aus der DDR und der Bundesrepublik. Auf regionaler Ebene der tschechoslowakischen und der ostdeutschen Seite nahmen die Funktionäre das Kontaktverbot nicht so streng. 1949 fand ein 1. Mai-Treffen zwischen Funktionären der SED des Kreises Pirna und Funktionären der KPČ des Kreises Aussig (Ústí) statt, obwohl das ZK der KPČ in Prag dies nicht wünschte. Die Kreise Pirna und Ústí waren an weiteren Zusammenkünften interessiert. Die SED-Spitze – Walter Ulbricht persönlich – befürwortete diese Idee[327]: Das SED-Sekretariat beschloß am 15. Juli 1949: „Mit Rücksicht auf die Notwendigkeit der Verstärkung des Ge-

---

[324] Louis Fürnberg (1909–1957), geboren in Iglau (Mähren), ausgebildeter Kunstkeramiker und Kaufmann, 1952 im Zusammenhang mit dem Slánský-Prozeß von allen Ämtern abberufen, daher auch Übersiedlung (bzw. eher Flucht) in die DDR. Im Juni 1969 ließ der tschechoslowakische Botschafter in der DDR den Witwen von Louis Fürnberg und F. C. Weiskopf Rehabilitierungsurkunden überreichen, in denen es hieß, „daß die Beschuldigungen gegen diese beiden großen tschechoslowakischen Diplomaten, die in der DDR Zuflucht gefunden hatten, in den 1950er Jahren unbegründet waren". Fürnberg verfaßte Gedichte, Lieder, Poeme, Erzählungen und einen autobiographischen Roman. Vgl. ČSSR-Botschaft, Prag, 19. Juni 1969, in: SAPMO-BA DY 30 IV A 2/20/1156; Wer war wer in der DDR?, S. 237f. Vgl. die Lebensdaten von F. C. Weiskopf, in: ebenda, S. 901.
[325] Bericht über die deutsch-sprachige Bevölkerung in der ČSR, 23. Juli 1953, in: PAAA MfAA A 2540, Bl. 13, 14.
[326] Vgl. Beate Ihme-Tuchel, Die tschechoslowakische Politik gegenüber der deutschen Minderheit, S. 970f.; Pavel Kolář, Vertreibung zwischen nationaler Meistererzählung und Deutungspluralität, S. 925–940.
[327] Die SED hatte zu Beginn der 1950er Jahre keine Probleme, die ehemals sudetendeutschen Orte in der ČSR mit dem deutschen Namen und nicht dem tschechischen zu bezeichnen – wie beispielsweise Aussig, Pilsen, Reichenberg, Karlsbad. Vgl. SED-Landesleitung Sachsen an das ZK der SED, 23. Oktober 1950, in: SAPMO-BA DY 30 IV 2/20/193.

dankens der internationalen Solidarität würden wir empfehlen, das ZK der KPČ zu bitten, dem Kreis Aussig der KPČ die Anregung zu geben, am Kreistreffen der SED in Pirna mit einer Delegation teilzunehmen."[328] Vermutlich wurden diese Treffen zunächst wegen des Widerspruchs aus Prag nicht fortgesetzt.

Im August 1954 fand ein Grenztreffen in Vejprty (Weipert – südlich von Annaberg Buchholz) statt, das seit längerer Zeit vom Kreisverband Karlovy Vary (Karlsbad) vorbereitet worden war. Die DDR-Seite meinte dazu: „Das Freundschaftstreffen [...] sollte sicherlich zur Befriedigung der Wünsche der deutschsprachigen Bevölkerung in dem Grenzgebiet beitragen. [...] Die deutschsprachige Bevölkerung in den Grenzgebieten beabsichtigte [...], einen größeren Kreis von ehemaligen Bewohnern dieser Gebiete bei dem Grenztreffen begrüßen zu können."[329] An dem Treffen nahmen auch DDR-Botschaftsangehörige aus Prag teil, denen diese Zusammenkunft jedoch politisch unangebracht erschien.[330] In denunzierender Art schrieb ein Diplomat über den tschechoslowakischen Organisator des Grenztreffens, den 1. Sekretär des Nationalausschusses Karlovy Vary, nach Berlin zum Außenministerium: „Mein persönlicher Eindruck über den 1. Sekretär ist, daß er die Probleme nicht genügend kennt [...] Er äußerte z. B., warum gibt es keine Zeitung der KPČ in deutscher Sprache, wie es früher gewesen ist. Früher hätte ‚Rude Pravo' [Zentralorgan der kommunistischen Partei] eine deutsche Seite gehabt, die wäre auch heute wieder notwendig. [...] Der Sekretär [...] erklärte auch, daß die Umsiedleraktion 1945/46 ein großer Fehler gewesen sei, daß es dadurch in den Grenzgebieten an Menschen mangelt und es kompliziert ist, den [...] Boden intensiv zu bewirtschaften."[331]

Der Botschaftsfunktionär versuchte seinen Gesprächspartner aus Karlovy Vary von der eigentlich üblichen tschechoslowakischen Agitation zu überzeugen, indem er ideologisch korrekt meinte, daß er die Frage der Umsiedlungsaktion anders sehe. Man könne doch nicht bestreiten, „daß die deutsche Bevölkerung in der ČSR als 5. Kolonne gewirkt habe".[332] Zum Schluß urteilte der DDR-Mann etwas milder gestimmt, daß es sich bei dem tschechischen Sekretär um einen „offensichtlich [...] der Partei und Regierung der ČSR treu ergebenen Menschen handelt, der von ganzem Herzen die Freundschaft zwischen der deutschen und tschechoslowakischen Bevölkerung wünscht", aber sich „von den Problemen [...] und Schwierigkeiten erdrücken läßt".[333]

Den Bericht über das Grenztreffen in Vejprty am 15. August 1954 abschließend, zeigte sich der DDR-Funktionär beruhigt, daß dieses Treffen letztlich nur in sehr kleinem Rahmen – zirka 500 Personen, darunter 80 aus der DDR – stattfand und über die Region hinaus nicht weiter bekannt geworden sei.[334] Für die DDR-Bürger, insbesondere für „ehemalige sudetendeutsche Umsiedler", so seine Meinung, sei diese Art von Zusammenkünften

---

[328] Vorlage für das Kleine Sekretariat, 15. Juli 1949, in: SAPMO-BA DY 30 IV 2/20/193; vgl. An Wilhelm Pieck, 4. Juli 1949, in: ebenda.
[329] Grenztreffen in Vejprty am 15. August 1954, in: PAAA MfAA A 2292, Bl. 7.
[330] Die Diplomaten schrieben nach Ost-Berlin: Vejprty hatte vor 1945 etwa 12000 Einwohner, 1954 noch etwa 6000, „so daß der zur Verfügung stehende Wohnraum nicht voll ausgenutzt ist. Diverse Gebäude sind unbewohnt. Oft sind [...] die Gebäude der Witterung ausgesetzt. Die jetzt in V. wohnhafte Bevölkerung ist [...] aus den Nord-Ost-Mährischen Gebieten nach V. umgesiedelt worden. Von Seiten der Behörden wird alles getan, um ein gutes Verhältnis der deutschsprachigen mit der tschechoslowakischen Bevölkerung herzustellen." Ebenda, Bl. 8.
[331] Grenztreffen in Vejprty am 15. August 1954, in: PAAA MfAA A 2292, Bl. 9.
[332] Ebenda, Bl. 10.
[333] Ebenda.
[334] Vgl. ebenda, Bl. 10–12.

noch verfrüht und hätte keine positive politische Wirkung. Die Lage auf der tschechischen Seite in den Grenzgebieten – verfallene, leere Häuser, dünne Besiedlung, brachliegende Äcker – „ist noch nicht so, daß man sagen kann, daß die [DDR-]Delegation positive Eindrücke mit nach Hause nimmt."[335]

Im September 1956 fragten Mitarbeiter der DDR-Nationalen Front Funktionäre einer ČSR-Delegation: „Hat man immer noch Angst, Deutsche und Tschechoslowaken wirklich […] zusammenkommen zu lassen?"[336] In ungewohnter Offenheit sprach ein ostdeutscher Mitarbeiter einer Kreisorganisation der Nationalen Front das diffizile Problem der „Umsiedlungen" an: „Liebe tschechoslowakische Freunde, Sie […] hatten Gelegenheit mit ehemaligen Umsiedlern aus der ČSR ins Gespräch zu kommen. Wenn wir auch sagen können, daß das Umsiedlerproblem bei uns gelöst ist und diese Menschen in der DDR eine neue Heimat gefunden haben, so besteht doch bei vielen der Wunsch, einmal ihre ehemalige Heimat wiederzusehen. […] Aber warum denn noch [immer] Mißtrauen gegenüber der DDR? Wir wissen, daß das Problem der Besiedlung der verlassenen Grenzgebiete von Ihrer Seite ein schwieriges Problem ist […]"[337] Leider ist eine Antwort der tschechoslowakischen Delegierten auf diese Fragen in den Akten nicht überliefert.

Die SED-Führung kritisierte in den 1950er Jahren mehrfach – ähnlich wie in Polen – die ihrer Überzeugung nach mangelnde propagandistische Aufklärungsarbeit der kommunistischen tschechoslowakischen Staatspartei, die Unterschiede zwischen Deutschen in der DDR und in der Bundesrepublik deutlicher herauszustellen. Schon 1948/49 sollte intensiver über „zweierlei Deutschland" in der tschechoslowakischen Presse geschrieben werden, so meinte die SED-Führung.[338]

Die Frage nach dem Standpunkt der DDR/SED zur Umsiedlung der Sudetendeutschen tauchte in Gesprächen und bei Zusammenkünften von Ostdeutschen und Tschechoslowaken in den 1950er Jahren immer wieder auf.[339] 1955 unterrichtete die SED-Spitzenfunktionärin Hanna Wolf[340] auf einem ZK-Plenum ihre Parteifreunde über ihre Eindrücke einer Reise durch die ČSR: „Es gibt dort unter den [tschechoslowakischen] Genossen […] sehr viele Fragen und Unklarheiten […] über die Entwicklung in der DDR. Vor allen Dingen waren es die Fragen […] über das Leben und Schicksal der Umsiedler in Deutschland, in der DDR und in Westdeutschland. Uns scheint es notwendig zu sein, daß man eine besondere Lektion über die Umsiedler in der DDR ausarbeitet und gegenüberstellt, wie die Umsiedler in Westdeutschland leben."[341]

Ein KPČ-Bericht vom Mai 1955 gab weitere Hinweise darauf, daß viele Tschechen ihre Distanz zum deutschen Nachbarn auch zehn Jahre nach Kriegsende nicht abgelegt hatten und keineswegs zwischen Ost- und Westdeutschen unterschieden. Die gängige Stimmung

---

[335] Ebenda, Bl. 12.
[336] Einige Argumente zum Erfahrungsaustausch mit der ČSR-Delegation, September 1956, in: SAPMO-BA DY 6 vorl. 5246.
[337] Ebenda.
[338] Vgl. Hausmitteilung an Otto Grotewohl: Übersicht, wie die tschechoslowakische Presse die Fragen Deutschlands behandelt, 5. Mai 1948, in SAPMO-BA DY 30 IV 2/9.02/59.
[339] Vgl. An Wilhelm Pieck und Walter Ulbricht: Auskünfte an unsere tschechischen Freunde, 6. Januar 1950, in: SAPMO-BA DY 30 IV 2/20/193.
[340] Hanna Wolf (1908–1999), KPD- dann SED-Spitzenfunktionärin, 1950 bis 1983 Direktorin der Parteihochschule beim ZK der SED. Vgl. Wer war wer in der DDR?, S. 933.
[341] Protokoll der 24. ZK-Tagung, 1./2. Juni 1955, in: SAPMO-BA DY 30 IV 2/1/147, Bl. 118.

in der Bevölkerung lautete: „Die Deutschen bleiben Deutsche, und deswegen sei es unmöglich, ihnen zu glauben".[342]

Die SED-Führung in Berlin und die DDR-Dipolmaten in Prag registrierten ab 1955 und deutlicher ab 1956, in der Liberalisierungsphase nach dem „Entstalinisierungsparteitag" der KPdSU, daß die Führung der KPČ der „Arbeit unter der deutschsprachigen Bevölkerung" zumindest verbal mehr Aufmerksamkeit widmete. In SED-Kreisen wollte man von der Existenz KPČ-interner Beschlüsse zur Problematik der Deutschen in der ČSR von Ende 1956 erfahren haben. Offiziell schienen DDR-Regierung bzw. SED-Führung über keine bzw. nur sehr vage Informationen zu verfügen.[343] Die neuen Beschlüsse der Kommunistischen Partei der Tschechoslowakei bestätigten die Assimilierungspolitik für die tschechoslowakischen Bürger deutscher Nationalität und wandten sich gegen möglicherweise vorhandene Ausreisewünsche. Eine nur ansatzweise gedachte Akzeptanz einer nationalen deutschen Minderheit in der ČSR zehn bis fünfzehn Jahre nach dem Ende des Krieges war nicht denkbar.

In der ČSR wurde der Begriff „nationale Minderheit" bezüglich der Deutschen – anders als bei der ausdrücklich so benannten ungarischen, polnischen und ukrainischen Minderheit – weiterhin vermieden. Offizielle Stellen sprachen von der „deutschen Bevölkerung".[344] Die Argumentation der KPČ auf die Frage – „Sind die Deutschen in der ČSR als nationale Minderheit zu behandeln?" – lautete: Die deutschsprachige Bevölkerung stelle keine nationale Minderheit dar, sie seien nur ein „Rest einer solchen Minderheit, die früher einmal bei uns lebte […] Man dürfe sich nicht von der Zahl der Bewohner täuschen lassen […] Die deutschsprachige Bevölkerung besiedelt nirgends ein Gebiet dichter, sondern lebt im Grenzgebiet verstreut, sie bildet nirgends die Mehrheit der Bevölkerung einer Ortschaft oder einer Stadt. [Die Deutschen] leben als gleichberechtigte tschechoslowakische Staatsbürger unter diesen".[345] Sowohl die ostdeutsche wie die tschechoslowakische Seite wußten von der Unglaubwürdigkeit dieser Argumentation. Die DDR äußerte sich nicht öffentlich dazu.

Die Deutschen in der ČSR stellten zahlenmäßig eine größere Gruppe als die ukrainische oder die polnische Minderheit dar. Die „deutsche Bevölkerung" konzentrierte sich sehr wohl in den ehemals sudetendeutschen Gebieten, insbesondere in West- und Nordböhmen, an der Grenze zwischen ČSR und DDR bzw. ČSR und Bundesrepublik. Im Bezirk Chomutov (Komotau) lag der Anteil der „Bevölkerung deutscher Nationalität" bei knapp über 10 Prozent und im Bezirk Sokolov (Falkenau an der Eger) bei über 25 Prozent. In der ČSR gab es noch 1961 21 Gemeinden mit einem Anteil der deutschen Bevölkerung von mehr als 50 Prozent. Diese Gemeinden lagen in den Bezirken Karlovy Vary (Karlsbad), Sokolov (Falkenau), Prachatice (Prachatitz), Přebus, Teplice (Teplitz-Schönau) und Chomutov (Komotau).[346]

---

[342] Zitiert bei Volker Zimmermann, Von Gegnern zu Verbündeten, S. 203.
Die „Deutschen werden global [noch 1959] als Schuldige der faschistischen Greuel angesehen. […] Die verschiedenartige Entwicklung der beiden Teile Deutschlands [nach 1945] wird nicht ausreichend erläutert." Bericht über das Verhältnis der tschechoslowakischen Bevölkerung zur DDR, 25. Juni 1959, in: SAPMO-BA DY 30 IV 2/20/200.
[343] Vgl. Brief: Vorsitzende des Deutschen Demokratischen Rundfunks Prag an das Staatliche Rundfunk-komitee Berlin: Deutschsprachige Bevölkerung, 12. März 1957, in: PAAA MfAA A 11828, Bl. 2.
[344] Vgl. Beate Ihme-Tuchel, Die tschechoslowakische Politik gegenüber der deutschen Minderheit, S. 971.
[345] Brief: Vorsitzende des Deutschen Demokratischen Rundfunks Prag an das Staatliche Rundfunkkomitee Berlin: Deutschsprachige Bevölkerung, 12. März 1957, in: PAAA MfAA A 11828, Bl. 4.
[346] Vgl. Einige Angaben über die Bürger deutscher Nationalität, 1. März 1961, in: PAAA MfAA C 1115/73, Bl. 49, 50.

Die KPČ-Beschlüsse über die Arbeit mit den Deutschen von Ende 1956 zielten offiziell darauf ab, „die deutschsprachige Bevölkerung als aktive Erbauer des Sozialismus zu gewinnen". Diese Arbeit sollte von nun an systematisch und unter Einbeziehung tschechischer und deutscher KPČ-Funktionäre und Mitglieder erfolgen, indem in den einzelnen Bezirken und Kreisen des Landes, in denen die deutschsprachigen ČSR-Bürger lebten, spezielle, etwa achtköpfige Kommissionen bei der Partei – sogenannte Nationalausschüsse – gebildet wurden, die für die „Arbeit mit den Deutschen" verantwortlich zeichneten. Zudem sollten alle deutschen KPČ-Mitglieder am Parteilehrjahr – einer obligatorischen monatlichen parteiinternen Schulungsveranstaltung –, wenn nötig in deutschsprachigen Zirkeln, teilnehmen. Als Hauptschulungsthema war die Problematik der „Nationalitätenfrage und des proletarischen Internationalismus" vorgesehen, Parteibeschlüsse und Materialien darüber erschienen in deutscher und tschechischer Sprache. Die zu gründenden Nationalausschüsse der KPČ hatten ihre Tätigkeit nicht nur auf die Kultur und Bildung auszurichten, sondern sich in die gesamte kommunalpolitische Arbeit einzubinden.[347] Insgesamt aber, so schien es, waren die neuen KPČ-Beschlüsse vordergründig auf Agitation und Propaganda ausgerichtet, um sowohl beim tschechischen als auch beim deutschen Bevölkerungsteil zu erreichen, daß diese „einen endgültigen Strich unter die Vergangenheit" zögen, um nach vorne zu schauen, um eine neue „sozialistische Gesellschaft der Tschechoslowakei" zu errichten.[348]

Im Jahr 1956 fanden, wie auch in der VR Polen, in Rumänien und Ungarn, Gespräche und Verhandlungen zwischen dem (West)-Deutschen Roten Kreuz (DRK) und der Roten-Kreuz-Gesellschaft der ČSR über Familienzusammenführungen statt. Unklar war und blieb, wie viele von den etwa 160 000 bis 180 000 deutschsprachigen Bürgern der ČSR Anträge stellen würden, um in die Bundesrepublik oder in die DDR auszureisen. Dem DRK der Bundesrepublik sollen 1956 50 000 Repatriierungsanträge vorgelegen haben, die sich größtenteils aber nicht auf die „engste Familienzusammenführung" erstreckten.[349] Auch die DDR-Regierung ging Anfang 1957 von zirka 55 000 Ausreisewilligen aus.[350] Nach Angaben der DDR verringerte sich die „Anzahl der Bürger deutscher Nationalität in der ČSR" zwischen 1950 und 1960 um etwa 23 000, wovon aber nur 5 000 Deutsche in die Bundesrepublik bzw. in die DDR übersiedelten.[351]

Über die 1956 geführten Verhandlungen des Roten Kreuzes der Bundesrepublik und der Tschechoslowakei informierte die ČSR-Regierung die DDR-Führung nicht. Öffentlich wagte die SED nicht, dies zu monieren. Der tschechoslowakische Staat hatte politische und ökonomische Interessen, auch mit dem südwestlich angrenzenden zweiten deutschen Staat Bundesrepublik Deutschland halbwegs gute auswärtige Beziehungen zu unterhalten. Auch wenn die Aufnahme diplomatischer Beziehungen sich noch bis 1973 hinzog – was die Zeitgenossen damals nicht wissen konnten –, hoffte die ČSR auf eine Normalisierung der bilateralen Beziehungen zur Bundesrepublik. Trotzdem meinte die ČSR-Führung in den frühen 1950er Jahren keinen Grund zu haben, größere Gruppen ausreisewilliger Deutscher, deren Familienangehörige vorwiegend in der Bundesrepublik lebten, dorthin übersiedeln

---

[347] Vgl. Brief: Vorsitzende des Deutschen Demokratischen Rundfunks Prag an das Staatliche Rundfunk-komitee Berlin: Deutschsprachige Bevölkerung, 12. März 1957, in: PAAA MfAA A 11828, Bl. 3.
[348] Ebenda.
[349] Vgl. Beate Ihme-Tuchel, Die tschechoslowakische Politik gegenüber der deutschen Minderheit, S. 972.
[350] Vgl. Vermerk: Unterredung mit dem Genossen Lenk, 4. Februar 1957, in: PAAA MfAA A 2551.
[351] Vgl. Einige Angaben über die Bürger deutscher Nationalität, Stand 1. März 1961, in: PAAA MfAA C 1115/73, Bl. 49.

zu lassen. Und als souveräner Staat hatte die ČSR keinen Anlaß, in der diffizilen „deutschen Frage" die Ostdeutschen vorher zu konsultieren.

Die SED-ZK-Abteilung Staatliche Verwaltung wies die Botschaft in Prag an, in Erfahrung zu bringen, welche Vereinbarungen zwischen den Roten-Kreuz-Gesellschaften geschlossen worden waren. Aber die Botschaftsfunktionäre konnten dazu keine Auskünfte nach Berlin liefern.[352] Sie konnten nur berichten, „daß Anträge auf Familienzusammenführung, die aufgrund der Verhandlungen zwischen den Roten-Kreuz-Gesellschaften der ČSR und der BRD von Seiten Westdeutschlands an die entsprechenden Stellen der ČSR gestellt werden, innerhalb von wenigen Tagen bearbeitet und entschieden werden. Die Anträge jedoch, die unsere Botschaft stellt, werden sehr schleppend und mit großer Verzögerung bearbeitet. Auch die Anträge des Ministeriums des Innern [der DDR] [...] werden seitens der ČSR erst nach längeren Verzögerungen entschieden."[353] Hier trat das gleiche Problem zutage wie bei den Übersiedlungsanträgen Deutscher in der Volksrepublik Polen in die Bundesrepublik bzw. in die DDR.

Der seit 1953 amtierende DDR-Botschafter in der ČSR[354], Bernard Koenen[355], berichtete Ende Oktober 1956 an sein Außenministerium über die Stimmung unter der deutschsprachigen Bevölkerung: In Gesprächen „werde ich darauf hingewiesen, daß zur Zeit unter den Deutschen in der ČSR vor allem diskutiert wird: Wie kommen wir nach Westdeutschland?"[356] Die Ursache für die Auswanderungsdiskussion sahen der DDR-Botschafter Koenen und der für die Deutschen verantwortliche Prager Gewerkschaftsfunktionär Josef Lenk in den Abwerbungsversuchen westdeutscher Unternehmer. Diese würden Werbebriefe an Facharbeiter in der ČSR versenden mit Angeboten für sehr gute Bezahlung, Vollbeschäftigung, Familiendoppelhaushälften zum Mieten usw. Die Zahl der Ausreiseanträge deutschsprachiger Bevölkerungsgruppen an die tschechoslowakischen Behörden seien, so Josef Lenk, sprunghaft angestiegen. In Orten mit größerem deutschsprachigen Bevölkerungsanteil, beispielsweise in Vejprty (Weipert), wären alle Koffer und Reisetaschen in den Geschäften ausverkauft. Im Braunkohleschacht Dukla im Sokolover (Falkenauer) Revier hätten fast alle 300 deutschen Bergarbeiter die Ausreise nach Westdeutschland beantragt. Auch ein bekannter Betrieb für Saiteninstrumente, „Cremona" in Cheb (Eger), mit seinen über 300 deutschen Mitarbeitern meldete nach Prag, daß fast alle Deutschen Ausreiseanträge

---

[352] Vgl. Aktennotiz über Besprechungen mit den Genossen Hegen und Bergmann am 15. Oktober 1956, in: SAPMO-BA DY 30 IV 2/13/392, Bl. 129, 130.
[353] Ebenda, Bl. 129.
[354] Von 1949 bis 1952 war Fritz Willibald Große DDR-Botschafter in Prag.
Fritz Willibald Große (1904–1957), Holzarbeiter, 1920/21 Übersiedlung in die SU, Angehöriger der Roten Armee, 1921 wieder in Deutschland, 1921 KPD-Mitglied, seit 1923 im KPD-Nachrichtendienst, KJVD-Funktionär, 1932/33 MdR, 1933/34 in Prag und Moskau, 1934 Verhaftung in Deutschland, bis 1945 Zuchthaus- und KZ-Haft, 1945/46 KPD/SED-Funktionär in Sachsen, persönlicher Referent von Anton Ackermann, dann Botschafter. Vgl. Wer war wer in der DDR?, S. 278f.
Ähnlich wie in der VR Polen waren die DDR-Botschafter in Prag – Bernard Koenen von 1953 bis 1958 und Georg Stibi von 1958 bis 1961 – altbewährte kommunistische Funktionäre, die Jahre ihrer Emigration in der Sowjetunion verbracht hatten und Komintern-Mitarbeiter gewesen waren. Vgl. ihre Biographien, in: Wer war wer in der DDR?, S. 278f., 449, 826.
[355] Bernhard Koenen (1889–1964), 1907 SPD, 1920 KPD, ab 1921 hauptamtlicher KPD-Funktionär, 1924–1929 Mitglied des Preußischen Staatsrates, 1933 in sowjetischer Emigration, 1937 und 1939 in NKWD-Haft, 1941–1945 Arbeit für das NKFD, 1946–1952 1. Sekretär der SED-LL von Sachsen-Anhalt, 1946–1946 ZK-Mitglied, 1953–1958 Botschafter in der ČSR. Vgl. Wer war wer in der DDR?, S. 449.
[356] Schreiben Bernard Koenen an das MfAA, 24. Oktober 1956, in: PAAA MfAA A 11470, Bl. 10.

gestellt hätten.[357] Die Diskussionen über die Ausreise bzw. Übersiedlung hatten nach Meinung der Tschechen und Slowaken auch auf die „politisch bewußten Deutschen" übergegriffen. Diese fragten jetzt öffentlich, „ob sie nicht auch in die DDR auswandern können, da sie sich sonst als einzige Deutsche so verlassen fühlen würden".[358]

Der DDR-Botschaft fiel wieder nichts anderes ein, als eine umfassende Propagandakampagne vorzuschlagen, damit die „Ausreisehysterie" eingedämmt und die deutschsprachige Bevölkerung zum Verbleiben in der ČSR animiert werde. Die DDR bot dabei Unterstützung vor allem auf kulturellem Gebiet an, u. a. durch Bereitstellung von deutschsprachiger Literatur und Schulmaterialien, durch den Austausch von Theatergruppen, Chören, Kinofilmen und Radioprogrammen. Zugleich aber versicherte Botschafter Koenen der tschechoslowakischen Seite in fast unterwürfiger Weise, „daß die politische Aufklärung der deutschsprachigen Staatsbürger der ČSR im Sinne der Verbundenheit und des Patriotismus zur Tschechoslowakischen Republik erfolgen muß und daß dies vor allem eine interne [...] Angelegenheit der ČSR und ihrer Organe ist" und bleibe.[359]

Weder die SED- noch die KPČ-Funktionäre kamen auf mögliche eigene Fehler im Umgang mit der deutschsprachigen Bevölkerung in der ČSR zu sprechen, die zu dieser Ausreisewelle geführt haben könnten. Nicht eine verfehlte Minderheitenpolitik gegenüber den Deutschen waren ein Grund für den Übersiedlungswillen der Deutschen, sondern allein die „Hetze und Propaganda Westdeutschlands" und die „revanchelüsternen Kräfte der sudetendeutschen Revanchisten [sic!]".[360] Im ZK-Apparat der SED hieß es dazu: „Uns liegen [...] Informationen vor, denen zufolge die revanchistische Politik der westdeutschen Regierung bei einem Teil der tschechoslowakischen Staatsbürger deutscher Nationalität, und zwar besonders in Westböhmen, einen gewissen Boden findet."[361] Der für die „Arbeit unter den Deutschen" zuständige Gewerkschaftsfunktionär Josef Lenk, der auch KPČ-ZK-Mitglied war, formulierte dies noch drastischer: In Westböhmen seien die „reaktionären und faschistischen Auffassungen unter der deutschsprachigen Bevölkerung" weit verbreitet. Es gäbe enge Verbindungen zu Westdeutschland, so z. B. in Karlovy Vary (Karlsbad), wo monatlich mehr als 50 Verwandtenbesuche aus oder nach Westdeutschland stattfänden. Auf diese Weise kämen viele westdeutsche Zeitungen, vor allem „revanchistische Zeitungen der Landsmannschaften", in die ČSR. Auch empfange man insbesondere in Westböhmen westdeutsche Fernseh- und Radiosendungen besonders gut.[362] Eine führende Rolle bei dieser „revanchistischen Politik und Propaganda" spiele, so waren sich die SED- und KPČ-Funktionäre einig, die Sudetendeutsche Landsmannschaft in der Bundesrepublik.[363]

Einen weiteren Grund für die gescheiterte Integration sah die KPČ-Kreisleitung von Liberec (Reichenberg) in den Einstellungen der tschechoslowakischen Staatsbürger deutscher Nationalität. Ihr Verhältnis zum Staat und zur kommunistischen Partei bezeichneten

---

[357] Vgl. ebenda, Bl. 10, 11.
[358] Ebenda, Bl. 11.
[359] Ebenda, Bl. 12.
[360] Vgl. Hermann Matern, 20 Jahre Münchener Diktat – eine Warnung an die Kriegstreiber, 25. September 1958, in: SAPMO-BA DY 30 IV 2/20/200; Materialien für eine Kampagne gegen den „Sudetendeutschen Rat", 10. April 1956, in: ebenda, DY 30 IV 2/20/199.
[361] Die Entwicklung der KP der ČSR seit der Moskauer Beratung vom November 1957, 19. November 1958, in: SAPMO-BA DY 30 IV 2/20/196.
[362] Vgl. Arbeit unter den tschechoslowakischen Staatsbürgern deutscher Nationalität, 6. November 1958, in: PAAA MfAA A 10996, Bl. 1, 2.
[363] Vgl. Information des Außenministers der ČSR für die sozialistischen Botschafter, 12. März 1959, in: SAPMO-BA DY 30/3614.

sie als „nicht gut". Die „Deutschen sind entweder politisch völlig indifferent oder sogar [...] feindlich gegenüber der volksdemokratischen Ordnung in der ČSR eingestellt."[364] Die Stadt Jablonec (Gablonz an der Neiße) wurde als „drastisches Beispiel feindlicher Einstellung der Deutschen" dargestellt. Ein Drittel der Einwohner der Stadt Jablonec (Gablonz) setzte sich aus Deutschen zusammen, die zum großen Teil ohne tschechoslowakischen Paß, also staatenlos, waren. Diese Deutschen würden auf die Möglichkeit zur Ausreise in die Bundesrepublik warten. Die Verbindungen der Deutschen aus Jablonec nach Westdeutschland wären über Privatbesuche, Rundfunk und Publikationen besonders intensiv.[365]

Erst ab 1958 waren auch kritische ostdeutsche und selbstkritische tschechoslowakische Stimmen zu hören, die Probleme und Fehlentwicklungen der tschechoslowakischen Minderheitenpolitik bezüglich der Deutschen im Land ansprachen bzw. zugaben. Während eines Zusammentreffens im März 1957 zwischen einer DDR-Volkskammerdelegation unter Leitung des ZK-Sekretärs Erich Mückenberger[366] und dem Staatspräsidenten der ČSR, Antonín Zápotocký, sprach dieser über die „deutschsprachige Bevölkerung im Karlsbader Gebiet". Dort lebten noch zirka 40 000 „Bürger deutscher Nationalität", im Gebiet um Liberec (Reichenberg) zirka 30 000. Zápotocký äußerte, im Kreis Karlovy Vary (Karlsbad) sei viel vernachlässigt worden, besonders die Dörfer würden einen schlechten Eindruck machen. Die Menschen, die man dort neu ansiedelte, hätten sich nur die guten Häuser herausgesucht und die anderen verkommen lassen. „Das sei eine schlechte Reklame für die neue Ordnung [in der ČSR]". Präsident Zápotocký gab zu, „daß die durch die Vernachlässigung vieler Gebäude entstandenen Schäden größer als die eigentlichen Kriegsschäden sind".[367]

Die ČSR machte auf das Problem der Neu-Besiedlung der Grenzregionen, der ehemals sudetendeutschen Gebiete, aufmerksam. Die KPČ hatte 1956 den „Aufbau und die Besiedlung der Grenzgebiete als vordringliche Aufgabe" beschlossen. Aber trotz aller Bemühungen war die tschechoslowakische Gesellschaft von der Erfüllung dieser Aufgabe am Ende der 1950er Jahre noch weit entfernt, obwohl es einzelne Erfolge gab. So stellte man auf DDR-Seite Ende 1958 fest, daß „mit großer Aufwendung von Mitteln und Material der Marktplatz in Cheb [Eger] wieder in der früheren Gestalt aufgebaut" wird.[368]

Tschechoslowakische Funktionäre versuchten, auch die Schuld für das schwer zu lösende Problem der Grenzbesiedlung den „westdeutschen Imperialisten" zuzuschieben. Diese würden in ihrer aggressiven Propaganda verbreiten, doch eines Tages wieder in die Sudetengebiete zurückzukehren. „Diese Parolen werden unter der tschechischen Bevölkerung in Umlauf gebracht, so daß [...] viele tschechische Bürger diese Gebiete wieder verlassen."[369]

1958/59 abgegebene Reiseberichte von DDR-Diplomaten über Fahrten durch das tschechische Grenzgebiet beschrieben, daß die Städte „Karlovy Vary (Karlsbad), [...] Cheb (Eger),

---

[364] Unterredung mit der Kreisleitung der KPČ-Liberec, 16. Juni 1959, in: SAPMO-BA DY 30 IV 2/20/200.
[365] Vgl. ebenda.
[366] Erich Mückenberger (1910–1998), 1927 SPD, nach 1933 Schlosser, Wehrmacht, 1950–1989 ZK-Mitglied, 1950–1989 Volkskammerabgeordneter, seit 1958 Politbüromitglied, 1961–1971 1. Sekretär der SED-BL Frankfurt/O., 1971–1989 Vorsitz der ZPKK des ZK der SED, 1990 SED/PDS-Ausschluß. Vgl. Wer war wer in der DDR?, S. 593.
[367] Aufzeichnung: Aussprache zwischen der Delegation der DDR-Volkskammer und dem Präsidenten der ČSR, Antonin Zápotocký, 27. März 1957, in: PAAA MfAA A 11828, Bl. 107.
[368] Die Entwicklung der KP der ČSR seit der Moskauer Beratung vom November 1957, 19. November 1958, in: SAPMO-BA DY 30 IV 2/20/196.
[369] Arbeit unter den tschechoslowakischen Staatsbürgern deutscher Nationalität, 6. November 1958, in: PAAA MfAA A 10996, Bl. 6.

As (Asch), Litvinov (Oberleutendorf) und vor allem die kleineren Gemeinden einen sehr vernachlässigten Eindruck" machten. Negativ äußerten sie sich auch über die Tatsache, daß die staatlichen tschechischen Organe versuchten, die durch die Nachkriegsaussiedlungen verringerte Einwohnerzahl in den früheren Sudetengebieten durch das „Ansiedeln und Seßhaftmachen von Zigeunern" auszugleichen. Diese Ansiedlungsversuche waren mit großen Schwierigkeiten verbunden, die an die Sinti und Roma zugewiesenen Häuser und Wohnungen verkamen oft. Die DDR-Botschaftsmitarbeiter waren sich einig, „daß die Ansiedlung von Zigeunern in den Grenzgebieten nicht die beste Lösung ist, um die dortige Lage" – auch unter der verbliebenen deutschsprachigen Bevölkerung – „zu verbessern".[370]

Bis 1960 hatte sich am Zustand der Grenzregionen nicht viel verändert. Botschaftsfunktionäre übermittelten im Mai 1960 nach Ost-Berlin, daß z. B. der Ort Jáchymov (St. Joachimsthal) äußerlich einen schlechten Eindruck machte. In „Jáchymov stehen noch zahlreiche Gebäude leer und sind dem Verfall preisgegeben. Große Steinhaufen erinnern daran, daß [hier] [...] früher Häuser standen. Sie sind zwar eingerissen, aber nicht weggeräumt."[371] Erste Anzeichen auf Besserung seien zu erkennen, hieß es weiter im Bericht. Die Stadt Jáchymov (St. Joachimsthal)[372] solle seine „alte, bekannte Stellung als Kurbad wiedererhalten." In den Orten Vejprty (Weipert) und Nejdek (Neudeck) schien der allgemeine und bauliche Zustand aus ostdeutscher Sicht „zufriedenstellend". Die Botschaftsmitarbeiter berichteten auch, daß die Städte Ostrov (Schlackenwerth) und Marianské Lázně (Marienbad) in „tadellosem Zustand" wären, „jedoch mußten wir feststellen, daß es noch eine ganze Reihe von Häusern und Hotels gibt, deren Kapazität nicht ausgenutzt wird".[373]

In den internen und öffentlichen Berichten und Dokumenten der tschechoslowakischen Seite wechselte ab 1958 die Bezeichnung für die „deutschsprachige Bevölkerung in der ČSR" zu „tschechoslowakische Staatsbürger deutscher Nationalität".[374]

Wie in den anderen osteuropäischen Staaten mit einer deutschen Minderheit, beispielsweise in Polen, begann auch in der Tschechoslowakei im Mai 1956 der fragwürdige Versuch der DDR, den nicht eingebürgerten Teil der deutschen Minderheit als Staatsbürger der DDR zu registrieren. Auch diese Maßnahme erfolgte vor dem Hintergrund der erwarteten Aufnahme diplomatischer Beziehungen der Bundesrepublik mit der ČSR. Die SED-Führung wollte mit der Registrierungsaktion verhindern, daß die Deutschen in der Tschechoslowakei ihren alleinigen Interessenvertreter in der Bundesrepublik sahen. Mit der Registrierung versuchte die SED, ihre ideologische Beeinflussung dieser Deutschen im marxistisch-leninistischen Sinne zu verbessern, ihrer „Ausreisepsychose" entgegenzuwirken und sie dem „westdeutschen, revanchistischen Einfluß" zu entziehen.[375]

---

[370] Bericht über Besuche bei Bürgern der DDR, 2.–4. Dezember 1959, in: PAAA MfAA A 2552, Bl. 71, 72.
[371] Bericht über eine Fahrt nach den Kreisen Ostrov und Marianské Lázně, 23. Mai 1960, in: PAAA MfAA A 12963, Bl. 7.
[372] Jáchymov (Sankt Joachimsthal) – eine Stadt im nordwestlichen Böhmen, gehört zur Region Karlovy Vary (Karlsbad); im 19. Jahrhundert Förderung von Silber-Erz, Nickel, Uran-Erz. Joachimsthal ist das älteste Radiumheilbad der Welt.
[373] Bericht über eine Fahrt nach den Kreisen Ostrov und Marianské Lázně, 23. Mai 1960, in: PAAA MfAA A 12963, Bl. 13.
[374] Vgl. Arbeit unter den tschechoslowakischen Staatsbürgern deutscher Nationalität, 6. November 1958, in: PAAA MfAA A 2303, Bl. 15.
[375] Vgl. Zu einigen Staatsangehörigkeitsfragen im Blickpunkt der Registrierung, insbesondere in der VRP und in der ČSSR, 2. Juni 1961, in: PAAA MfAA C 1917/72, Bl. 100–105; Beate Ihme-Tuchel, Die tschechoslowakische Politik gegenüber der deutschen Minderheit, S. 973.

In der Tschechoslowakei existierten hinsichtlich der Staatsangehörigkeit drei verschiedene Gruppen: Staatsbürger, Staatenlose und Ausländer. Der größte Teil der Staatenlosen konnte seine deutsche Staatsangehörigkeit auf der Grundlage des alten Reichs- und Staatsangehörigkeitsgesetzes von 1913 nachweisen. In der ČSR erhielten jene Personen, die keinen gültigen tschechoslowakischen Paß besaßen, den Status eines Staatenlosen und ein entsprechendes Dokument ausgehändigt. Zu der Gruppe der Staatenlosen zählten auch jene Deutschsprachigen, die sich nach dem tschechoslowakischen Staatsangehörigkeitsgesetz vom Mai 1953 konsequent geweigert hatten, die Staatsbürgerschaft der ČSR wieder anzunehmen. Nach DDR-Angaben für das Jahr 1956 handelte es sich bei dieser Gruppe um eine Zahl von zirka 3000 Personen.[376] Auch nahm die DDR an, daß eine größere Zahl dieser Staatenlosen einen vom Bundesverwaltungsamt in Köln ausgestellten sogenannten Heimatschein besaß und sich damit der Bundesrepublik Deutschland zugehörig betrachtete. Man mutmaßte, daß bei einer Aufnahme diplomatischer Beziehungen zwischen der ČSR und der BRD dieser Personenkreis einen Paß der Bundesrepublik beantragen würde.

Die SED-Führung war sich intern einig, daß sie die ausgestellten Heimatscheine der Bundesrepublik für jene „deutschen Staatsangehörigen, die ihre deutsche Staatsangehörigkeit auf der Grundlage des alten Reichs- und Staatsangehörigkeitsgesetzes von 1913 erworben haben [also nicht durch die nationalsozialistischen Kollektiveinbürgerungen bei der Besetzung des Sudetengebietes und dann der gesamten Tschechoslowakei zwischen 1938–1945] als gültig anerkennt".[377] Zwar stellte die SED fest, „nur die DDR ist der einzig rechtmäßige deutsche Staat", sie ging aber davon aus, daß entsprechend dem Reichs- und Staatsangehörigkeitsgesetz von 1913 beiden deutschen Staaten das Recht der Verleihung einer deutschen Staatsangehörigkeit zustände.[378]

Der DDR-Außenminister Lothar Bolz wies Anfang Mai 1956 seinen Botschafter in Prag, Bernard Koenen, an, mit der „Registrierung deutscher Staatsangehöriger in der Tschechoslowakischen Republik [...] sofort zu beginnen".[379] Die DDR mußte von einem öffentlichen Aufruf zur Registrierung in Presse und Rundfunk absehen, da der tschechoslowakische Staat aufgrund seiner Assimilierungspolitik dies nicht wünschte.[380] Die Registrierung zum „deutschen Staatsbürger der DDR" bzw. die „Registrierung im Sinne der Feststellung der deutschen Staatsangehörigkeit" hatte sich auf die Deutschen ohne tschechoslowakischen Paß und ihre Nachkommen zu erstrecken, die bereits vor 1938/39 – also vor der Sammeleinbürgerung des NS-Deutschlands – deutsche Staatsbürger waren, und auf nach 1945 als deutsche Staatsbürger in die ČSR Eingereiste, die bisher noch nicht die ČSR-Staatsbürgerschaft erworben hatten. Nicht registriert werden sollten jene Deutschen, die „die deutsche Staatsangehörigkeit auf Grund faschistischer Sammeleinbürgerungsgesetze erhalten" hatten, wobei hier individuelle Einzelfallprüfungen vorgesehen waren.

---

[376] Vgl. Jahresbericht der Konsularabteilung der Botschaft Prag für 1959, 17.Juni 1960, in: PAAA MfAA A 2616, Bl. 28; Zu einigen Staatsangehörigkeitsfragen im Blickpunkt der Registrierung, insbesondere in der VRP und in der ČSSR, 2.Juni 1961, in: ebenda, C 1917/72, Bl. 104.
[377] Zu einigen Staatsangehörigkeitsfragen im Blickpunkt der Registrierung, insbesondere in der VRP und in der ČSSR, 2.Juni 1961, in: PAAA MfAA C 1917/72, Bl. 105.
[378] Ebenda, Bl. 100.
[379] Schreiben an den Botschafter der DDR in der ČSR, 7.Mai 1956, in: PAAA MfAA C 1918/72, Bl. 41.
[380] Ebenda.

Nachweislich deutsche Staatsbürger mit Heimatschein der Bundesrepublik wurden ebenso nicht registriert.[381]

Die DDR-Registrierung von deutschen Staatsbürgern in der ČSR blieb bis 1960/61 ein aktuelles Thema. Die Aktion verlief, wie auch in der VR Polen, äußerst schleppend und zur Unzufriedenheit der DDR-Staatsorgane. Bis März 1960 hatten sich bei der DDR-Botschaft in Prag und beim Konsulat in Bratislava nur 846 Bürger als Staatsangehörige der DDR registrieren lassen. Botschaft und Außenministerium schätzten, daß noch zirka „2 000 Personen früherer deutscher Staatsangehörigkeit, die zur Zeit als Staatenlose gelten", sich registrieren lassen könnten.[382] Die registrierten Bürger der DDR, so meinten die Botschaftsangehörigen, beteiligten sich kaum am politisch-gesellschaftlichen Leben in der tschechoslowakischen Gesellschaft und lebten insgesamt sehr zurückgezogen.[383]

Worin lagen die Gründe dieser deutschsprachigen Personen in der ČSR, sich nicht als „deutsche Staatsbürger" bei der DDR-Vertretung registrieren zu lassen und damit staatenlos zu bleiben? Die Mitarbeiter der Botschaft bezeichneten diesen Personenkreis als „Konjunkturbürger", „die aus Berechnung eine abwartende Haltung einnehmen".[384] Die „deutschen Staatenlosen" hofften auf eine Normalisierung der diplomatischen Beziehungen zwischen der ČSR und der Bundesrepublik und damit auf die Möglichkeit, sich als Deutsche der Bundesrepublik registrieren zu lassen.[385]

Die ostdeutschen Botschaftsvertreter glaubten bei ihren Reisen zu bzw. bei Gesprächen mit registrierten und staatenlosen Deutschen erkannt zu haben, „daß nur die wenigsten schon richtig begreifen, was es heißt, als Bürger eines sozialistischen Staates in einem anderen sozialistischen Land zu leben. Sie fühlen sich als ‚Reichsdeutsche' bzw. als Deutsche schlechthin [...]"[386] Die Funktionäre der Botschaft empfahlen dringend, intensive politische Aufklärungsarbeit unter den zahlreichen Deutschen in der ČSR zu betreiben.

Die Botschaft der DDR in Prag kritisierte das mangelnde Interesse und die fehlende Unterstützung der tschechoslowakischen Staatsorgane für die Registrierungsaktion. So habe das tschechoslowakische Außenministerium zu keiner Zeit die von der DDR-Botschaft erbetenen Namenslisten mit noch „registrierungsfähigen Personen" übergeben. Die ČSR hatte kein Interesse, eine größere Zahl von DDR-Bürgern unter ihren Bewohnern leben zu haben. Sie wünschte, daß diese sogenannten staatenlosen Deutschen die tschechoslowakische Staatsbürgerschaft annahmen.[387] Die Mitarbeiter der DDR-Botschaft stellten zudem fest, daß registrierte DDR-Bürger in der ČSR in Fragen der Berufsausübung, der Zulassung zum Hoch- und Fachschulstudium, bei der Wohnungsvergabe und sogar bei der behörd-

---

[381] Vgl. Schreiben an den Botschafter der DDR in der ČSR, 7. Mai 1956, in: PAAA MfAA C 1918/72, Bl. 41–47; Besprechung mit dem Genossen Blazek, 4. Mai 1958, in: ebenda, Bl. 29, 30.
Die große Gruppe der 140 000 bis 160 000 tschechoslowakischen Staatsbürger deutscher Nationalität konnte sich also nicht als deutsche Staatsbürger registrieren lassen, da sie einen Paß der ČSR besaß.
[382] Vgl. Jahresbericht der Konsularabteilung der Botschaft Prag für 1959, 17. Juni 1960, in: PAAA MfAA A 2551, Bl. 76.
[383] Vgl. Bericht über Besuche bei Bürgern der DDR vom 2.–4. Dezember 1959, in: PAAA MfAA A 12993, Bl. 20.
[384] Ebenda, Bl. 20.
[385] Ebenda; vgl. Jahresbericht 1959 über die konsularische Tätigkeit der Konsularabteilung Prag, 19. Januar 1960, in: SAPMO-BA DY 30 IV 2/20/201, Bl. 32–37.
[386] Bericht: Besuche bei Bürgern der DDR vom 2.–4. Dezember 1959, in: PAAA MfAA A 12993, Bl. 20.
[387] Vgl. Jahresbericht der Konsularabteilung der Botschaft Prag für 1959, 17. Juni 1960, in: PAAA MfAA A 2551, Bl. 77; Aufzeichnung über eine Unterredung im tschechoslowakischen Innenministerium, 3. April 1961, in: ebenda, MfAA C 1918/72, Bl. 11.

lichen Einwilligungserklärung zur Eheschließung wiederholt Benachteiligungen erfahren mußten.[388] DDR-Funktionäre bemängelten auch, daß ČSR-Staatsorgane gegenüber Staatenlosen deutscher Nationalität und registrierten DDR-Bürgern politischen Zwang oder Druck ausübten, um diese zur Annahme der ČSR-Staatsbürgerschaft zu bewegen.[389]

Die DDR fügte sich dem bevölkerungspolitischem Anliegen der tschechoslowakischen Staatsorgane und ihren Ansichten über Staatsbürgerschaftsfragen und beendete die Registrierungen Mitte 1960 stillschweigend.[390] Auch unterstrich die DDR-Seite, daß „die politische Arbeit mit den tschechoslowakischen Staatsbürgern deutscher Nationalität [ausschließlich] eine innere Angelegenheit der ČSSR" sei.[391]

In engem Zusammenhang mit der Registrierungsaktion zwischen 1956 und 1960 stand die Frage der Übersiedlung von deutschsprachigen, in der ČSR lebenden Personen in die DDR bzw. in die Bundesrepublik.[392] In den 1950er Jahren kam es zu keinen Massenübersiedlungen von „tschechoslowakischen Staatsbürgern deutscher Nationalität" sowie deutschsprachigen Staatenlosen oder registrierten DDR-Bürgern nach West- bzw. Ostdeutschland. Der vom tschechoslowakischen Staat verfolgten Assimilierungspolitik standen Ausreisewünsche von deutschsprachigen Bevölkerungsteilen entgegen. Nach Angaben der ČSR und der DDR reisten zwischen 1950 und 1961 nur rund 5 000 Personen deutscher Nationalität in die Bundesrepublik bzw. die DDR aus.[393] Die Bundesrepublik hingegen sprach davon, daß zwischen 1950 und 1962 rund 24 000 Aussiedler die Tschechoslowakische Republik verlassen hätten, 1961 und 1962 je etwa 1 200 Deutsche.[394]

Da nach 1945 der weitaus größte Teil der Sudetendeutschen nach Westdeutschland vertrieben worden war[395], hatte der überwiegende Teil der in der ČSR verbliebenen zirka 180 000 Deutschen Verbindungen mit Verwandten und Bekannten in der Bundesrepublik. Daher, so erklärte es der für die deutschsprachige Bevölkerung zuständige KPČ-Funktionär Josef Lenk, wäre es nachzuvollziehen, daß der größere Teil der tschechoslowakischen Staatsbürger deutscher Nationalität, und deutsche Staatenlose, die ein Ausreisegesuch gestellt hatten, in die Bundesrepublik und nicht in die DDR aussiedeln wollten. Ein Beispiel dafür führte Lenk gegenüber DDR-Funktionären im März 1960 an: „Im Okras As [Bezirk Asch] gibt es 80 Ausreisegesuche, darunter 72 für Westdeutschland und acht für die DDR, d.h. nur 10 Prozent wollen in die DDR. Insgesamt ist jedoch der Prozentsatz derer, die

---

[388] Vgl. Konzeption über die politisch-rechtliche Stellung der registrierten Bürger der DDR in der ČSSR, 15. Juli 1960, in: PAAA MfAA A 2551, Bl. 53, 54.
[389] Vgl. ebenda, Bl. 59.
[390] MfAA am 17. Juni 1960: Unserer Einschätzung nach ist „die Registrierung im Sinne der Feststellung der deutschen Staatsangehörigkeit als Aktion abgeschlossen [...] Das bedeutet, daß keine besonderen Maßnahmen von uns mehr ergriffen werden, um die noch registrierungsfähigen Personen zur Registrierung als Bürger der DDR zu gewinnen." In: Jahresbericht der Konsularabteilung der Botschaft Prag für 1959, 17. Juni 1960, in: PAAA MfAA A 2551, Bl. 77.
[391] Konzeption über die politisch-rechtliche Stellung der registrierten Bürger der DDR in der ČSSR, 15. Juli 1960, in: PAAA MfAA A 2551, Bl. 62.
[392] Vgl. ein Beispiel Registrierung/Übersiedlung: Sehr geehrter Herr Neck, 15. März 1960, in: PAAA MfAA A 12981, Bl. 10.
[393] Wie oben bereits erwähnt, verringerte sich – nach Angaben der ČSR – die Zahl der Bürger deutscher Nationalität in der ČSR von 1950 163 111 Personen auf 1961 140 403. Vgl. Einige Angaben über die Bürger deutscher Nationalität, Stand 1. März 1961, in: PAAA MfAA C 1115/73, Bl. 49.
[394] Vgl. Hunderttausende warten noch auf Ausreise. Tschechoslowakei ist engherzig, in: Deutsche Zeitung mit Wirtschaftszeitung, 1. März 1963, in: PAAA MfAA C 521/76, Bl. 13.
[395] Zur Erinnerung: 1945/46 gingen 1,8 Millionen Sudetendeutsche in die amerikanische Besatzungszone und 800 000 in die SBZ.

nach Westdeutschland aussiedeln wollen, noch höher."[396] Die meisten von der insgesamt kleinen Zahl der als DDR-Bürger registrierten Deutschen hingegen wollten in der Tschechoslowakei bleiben und nicht aussiedeln.[397] Ende 1959 bzw. Anfang 1960 hatten sich die tschechoslowakischen Staatsorgane entschlossen, „solchen ehemaligen Deutschen, die sich absolut nicht in die gesellschaftliche Ordnung der ČSR einfügen wollen, die Umsiedlung nach Westdeutschland [zu] gestatten".[398]

Die SED-Führung sah es insgesamt als politisch vorteilhafter an, wenn so wenig wie möglich Ausreisen in die Bundesrepublik stattfanden, und die Deutschsprachigen als Staatsbürger der ČSR im Lande verblieben. Die DDR selbst war nicht daran interessiert, größere Gruppen von Deutschen aus der Tschechoslowakei im eigenen Land aufzunehmen. Sie äußerte Verständnis dafür, daß die ČSR permanent politisch renitente deutschsprachige Bürger nicht mit Zwang im Land halten wollte. Insgesamt aber kritisierte die SED-Spitze in Berlin – allerdings nur intern – die zu schnelle und zu umfangreiche Bewilligung von Ausreiseanträgen in die Bundesrepublik.[399] So tauchten auch immer wieder Gerüchte unter der deutschsprachigen Bevölkerung im Grenzgebiet zur DDR bzw. zur Bundesrepublik auf, „wonach alle tschechoslowakischen Bürger deutscher Nationalität und deutsche Staatsbürger ausgesiedelt werden sollen".[400] DDR-Botschaftsvertreter meinten, daß diese Aussiedlungsgerüchte besonders in den Gebieten von As (Asch) und Cheb (Eger) verbreitet seien. Als Ursachen benannten sie die zu lasche Ausreisepolitik der tschechoslowakischen Behörden. Diese hätten in der letzten Zeit „einer Reihe von Bürgern deutscher Nationalität die Ausreise nach Westdeutschland genehmigt".[401]

Die tschechoslowakischen Staatsorgane brachten gegen Ende der 1950er Jahre wiederholt ihre Enttäuschung zum Ausdruck, „wie stark noch der Einfluß der revanchistischen Hetze aus Westdeutschland auf einen Teil der Staatsbürger deutscher Nationalität sei".[402] Die eigene Minderheitenpolitik gegenüber der deutschsprachigen Bevölkerung zu hinterfragen, mögliche Fehler zu erkennen und zu korrigieren, stand hingegen nicht zur Debatte.

b. Wirkung der sozialistischen Verfassung der ČSSR von 1960 auf die „tschechoslowakischen Staatsbürger deutscher Nationalität"

Eine Zäsur im Umgang mit der deutschsprachigen Bevölkerung in der Tschechoslowakei bildete die Annahme der neuen „sozialistischen Verfassung" in der Tschechoslowakischen Sozialistischen Republik (ČSSR) im Juli 1960.[403] In der Verfassung wurden im Artikel 25 im Gegensatz zur Verfassung von 1948 die nationalen Minderheiten aufgezählt, nicht aber die

---

[396] Besprechung beim Genossen Lenk, März 1960, in: SAPMO-BA DY 30 IV 2/20/201, Bl. 70.
[397] Vgl. Konzeption über die politisch-rechtliche Stellung der registrierten DDR-Bürger in der ČSSR, 15. Juli 1960, in: PAAA MfAA A 2551, Bl. 58.
[398] Besprechung beim Genossen Lenk, März 1960, in: SAPMO-BA DY 30 IV 2/20/201, Bl. 69.
[399] Vgl. Konzeption über die politisch-rechtliche Stellung der registrierten DDR-Bürger in der ČSSR, 15. Juli 1960, in: PAAA MfAA A 2551, Bl. 64; Arbeitsberatung der Konsularabteilung, 28. August 1957, in: ebenda, MfAA A 11470, Bl. 2.
[400] Bericht: Besuche bei Bürgern der DDR vom 2.–4. Dezember 1959, in: PAAA MfAA A 12993, Bl. 18.
[401] Ebenda.
[402] Einige Hinweise zur Hetze und Provokationstätigkeit gegen die ČSR, 11. Juni 1959, in: SAPMO-BA DY 30 IV 2/20/200.
[403] Abdruck der Verfassung der Tschechoslowakischen Sozialistischen Republik vom 11. Juli 1960, in: Siegfried Lammich, Die Verfassung der Tschechoslowakei.

deutsche Minderheit. Der Artikel lautete: „Den Bürgern ungarischer, ukrainischer und polnischer Nationalität sichert der Staat alle Möglichkeiten und Mittel zur Bildung in der Muttersprache und zu ihrer kulturellen Entwicklung."[404] Obwohl die Deutschen mit zirka 140 000 Einwohnern die zweitgrößte Minderheit darstellten, also zahlenmäßig vor den Ukrainern und Polen rangierten, wurden sie als Minderheit nicht erwähnt. Der tschechoslowakische Staat behielt seine Assimilierungsstrategie unverändert bei.

Die SED-Führung in Berlin war über das Nicht-Erwähnen der Deutschen als eine Minderheit in der neuen ČSSR-Verfassung negativ überrascht, die DDR-Diplomaten vor Ort sogar vollkommen konsterniert. Der DDR-Botschafter in Prag, Georg Stibi[405], schrieb unverzüglich an den Ersten Sekretär des ZK der SED, Walter Ulbricht: Die Behandlung der Nationalitätenfrage wird „auf die tschechoslowakischen Bürger deutscher Nationalität keine positive Wirkung ausüben, und es ist auch nicht ausgeschlossen, daß die im letzten halben Jahr verstärkt hervorgetretenen Bestrebungen solcher Deutscher, nach Westdeutschland auszuwandern, dadurch gefördert werden."[406] Irritiert und leicht vorwurfsvoll formulierte Botschafter Stibi noch an den SED-Chef, daß eine solche politische Frage, die die „Deutschlandpolitik der sozialistischen Gemeinschaft" beträfe, doch vorherige Konsultationen auf höchster Parteiebene zwischen der SED und der KPČ erfordert hätte.[407] Offensichtlich aber hatte die KPČ-Führung dies nicht für nötig gehalten.

An die SED-ZK-Abteilung für Außenpolitik und Internationale Verbindung übersandten die Prager Botschaftsfunktionäre Ende April 1960 eine erste Analyse zum Verfassungsentwurf, insbesondere zum Minderheiten-Artikel.[408] Sie referierten: Die neue sozialistische Verfassung sichere allen Bürgern in der Tschechoslowakischen Republik gleiche Rechte und Pflichten zu. Die ungarische, ukrainische und polnische Nationalität werde besonders erwähnt und Personen dieser Nationalitäten werden „alle Möglichkeiten und Mittel zur Bildung in ihrer Muttersprache und zu ihrer kulturellen Entwicklung" zugesagt. „Die deutsche Nationalität wird nicht erwähnt."[409] Konkret hieß das u. a., daß für die Kinder der tschechoslowakischen Staatsbürger deutscher Nationalität keine Rechte zur Bildung in ihrer Muttersprache und zu ihrer kulturellen Entwicklung wie bei denen ungarischer, ukrainischer oder polnischer Nationalität bestanden. Es existierten keine deutschen Schulen[410], und es durften beispielsweise auch keine deutschen Kulturvereine gegründet werden.[411]

---

[404] In: ebenda; Beate Ihme-Tuchel, Die tschechoslowakische Politik gegenüber der deutschen Minderheit, S. 973.
[405] Georg Stibi (1901–1982), 1922 KPD, Redakteur verschiedener kommunistischer Zeitungen, 1932–1936 Emigration in Moskau, 1936–1939 in Spanien, dann Frankreich und ab 1941 in Mexiko, nach 1945 wieder Redakteur, u. a. 1955/56 Chefredakteur des ND, 1958–1961 Botschafter in der ČSR/ČSSR, dann bis 1974 Stellvertretender DDR-Außenminister. Vgl. Wer war wer in der DDR?, S. 826.
[406] Botschafter der DDR in der ČSR an den Ersten Sekretär des ZK der SED, Walter Ulbricht, 22. April 1960, in: SAPMO-BA NY 4182/1228, Bl. 160, 161.
[407] Vgl. ebenda, Bl. 161.
[408] Vgl. Exposé der Botschaft zur Frage der Einordnung und Behandlung der deutschen Nationalität in der ČSR, 28. April 1960, in: SAPMO-BA DY 30 IV 2/20/201, Bl. 216–220.
[409] Ebenda, Bl. 216.
[410] Ein Reisebericht von DDR-Diplomaten beschrieb im Mai 1960: „Der Anteil der Bevölkerung [...] in diesem Gebiet [Kreis Ostrov – Schlackenwerth und Mariánské Lázně – Marienbad] ist verhältnismäßig groß. [...] Er beträgt [...] z. B. in Vejprty [Weipert] etwas über 50 Prozent. Im gesamten Gebiet wird die deutsche Sprache sehr umfangreich angewendet. Auch die Kinder der Deutschen beherrschen [...] die deutsche Sprache. [...] Alle Kinder beherrschen [...] die deutsche Sprache im Wort [...], jedoch außerordentliche Mängel bestehen in der Beherrschung der schriftlichen Sprache. Sie

Die Botschaftsmitarbeiter rekapitulierten für den ZK-Apparat nach Berlin die öffentlich geäußerten Argumente des Generalsekretärs der KPČ, Antonín Novotný,[412] warum die „deutsche Nationalität" in der Verfassung unerwähnt blieb. Novotný sagte wörtlich: „Wir sehen hierzu keine Veranlassung, weil wir die Frage der deutschen Nationalität bei uns schon in den Jahren 1945 und 1946 auf Grund des Potsdamer Abkommens" gelöst haben.[413] Mit vorsichtiger Kritik merkten die DDR-Diplomaten in Prag an, „die Frage der deutschen Nationalität wird [also als] gelöst betrachtet, was in einem gewissen Widerspruch zur Statistik steht".[414] Zugleich verwiesen sie auf die gegenwärtig praktizierte Prager Vorgehensweise, den ČSR-Bürgern deutscher Nationalität, die seit Jahren beharrlich auf einer Aussiedlung bestehen, die Ausreise in die Bundesrepublik zu genehmigen. Das sei insofern auch nicht verwunderlich, meinten die ostdeutschen Botschaftsangehörigen, da die Haltung der DDR immer noch darin bestehe, keiner „Umsiedlung dieser Bürger in die DDR" zuzustimmen. Ein weiteres wesentliches, aber nicht neues Argument gegen die Erwähnung der Deutschen als Minderheit in der neuen Verfassung der Tschechoslowakei lautete, „daß die Bürger deutscher Nationalität keine geschlossenen Siedlungsgebiete haben, in keinem Ort stellen sie die Mehrheit [der Bevölkerung] dar".[415]

Die Funktionäre der DDR-Botschaft gaben in ihrer Stellungnahme zum Verfassungsentwurf weiterhin zu bedenken, daß mit der Annahme dieser neuen Verfassung „in einem noch weit größerem Umfang als bisher der Drang zur Aussiedlung unter diesen 164 000 Bürgern deutscher Nationalität zu verzeichnen sein wird".[416] Tatsächlich befürchteten die SED-Leute, „daß die Auswanderung von mehreren tausend oder 10 000 Menschen nach Westdeutschland, das heute den Hauptkriegsgefahrenherd in Europa und das Zentrum der faschistischen und revanchistischen Hetze darstellt, nicht günstig ist […]"[417]

Dringend rieten die Diplomaten in Prag ihrer Staats- und Parteiführung in Berlin, den bisherigen Standpunkt eines Einreiseverbots für ČSR-Bürger deutscher Nationalität in die DDR zu revidieren, um eine Alternative zu den Ausreisen dieser Bürger in die Bundesrepublik zu bieten und unterbreiteten folgenden Vorschlag, „der der tatsächlichen Lage in der Tschechoslowakei besser entsprechen würde". Die SED-Spitze solle beschließen, „daß Bürgern deutscher Nationalität, die zur Zeit in der ČSR ansässig sind und denen die zuständigen tschechoslowakischen Organe die ständige Ausreise genehmigen, der sofortige

---

gehen alle in tschechische Schulen und haben in der Woche eine Stunde in deutscher Sprache. Leider würden aber wiederholt diese Stunden ausfallen […]" Bericht über eine Fahrt nach den Kreisen Ostrov und Mariánské Lázně, 23. Mai 1960, in: PAAA MfAA A 12963, Bl. 13.
[411] Vgl. Jahresbericht der Konsularabteilung der Botschaft Prag für 1959, 17. Juni 1960, in: PAAA MfAA A 2551, Bl. 78.
[412] Antonín Novotný (1904–1975), 1921 KP-Mitglied, 1941–1945 inhaftiert im KZ Mauthausen, 1953 Erster Sekretär der KPČ (Nachfolger von Klement Gottwald), 1957–1968 auch im Amt des Staatspräsidenten (Nachfolger von Antonín Zápotocký), harter stalinistischer Repressionspolitiker der 1950er Jahre.
[413] Exposé der Botschaft zur Frage der Einordnung und Behandlung der deutschen Nationalität in der ČSSR, 28. April 1960, in: SAPMO-BA DY 30 IV 2/20/201, Bl. 216.
[414] Ebenda, Bl. 218.
[415] Information des Genossen Lenk, verantwortlich für die Arbeit unter den Bürgern deutscher Nationalität, 4. Mai 1960, in: SAPMO-BA DY 30 IV 2/20/201.
[416] Exposé der Botschaft zur Frage der Einordnung und Behandlung der deutschen Nationalität in der ČSR, 28. April 1960, in: SAPMO-BA DY 30 IV 2/20/201, Bl. 219.
[417] Ebenda.

Zuzug in die DDR und die Eingliederung in den Arbeitsprozeß [...] ermöglicht wird".[418] Dieser Empfehlung folgte die SED-Führung nicht.

Das SED-Politbüro und das DDR-Außenministerium beurteilten die „Behandlung von tschechoslowakischen Staatsbürgern deutscher Nationalität" in der neuen Verfassung anders als die Diplomaten vor Ort. Ganz offensichtlich wollte die DDR-Führung in der Frage der staatsrechtlichen Stellung der verbliebenen Deutschen in der ČSR keinen Konflikt mit dem tschechoslowakischen Staat aufkommen lassen. Die SED schwenkte auf die Linie und die Argumentation der KPČ-Führung ein.[419] Die Außenpolitische Kommission des SED-Politbüros und das MfAA wiesen ihre Botschaftsfunktionäre in Prag an, nicht in Frage zu stellen, daß die „Behandlung der ehemaligen Deutschen" eine innere Angelegenheit der Tschechoslowakischen Republik sei.[420] Die Botschaftsmitarbeiter hätten anzuerkennen, daß die neue tschechoslowakische Verfassung auch den tschechoslowakischen Staatsbürgern deutscher Nationalität jede rechtliche Gleichstellung mit allen anderen Bürgern garantiere.[421] „Die Entscheidung des Politbüros des ZK der KPČ, die tschechoslowakischen Staatsbürger deutscher Nationalität nicht im [Verfassungs-]Artikel 24[422] als deutsche nationale Gruppe zu erwähnen", so setzte die SED-Führung nach, „geht vor allem vom Sicherheit[sbedürfnis] der ČSR aus, welches durch die Politik der Militaristen und Revanchisten in Westdeutschland erneut bedroht wird."[423] Die SED-Spitze schien davon überzeugt, jedes Zugeständnis in Richtung der Anerkennung einer deutschen nationalen Minderheit werde „den Bonner Bestrebungen neuen Nährboden für ihre aggressiven Ziele geben".[424]

Auch unterstrich die SED die ihrer Meinung nach richtige Linie der Tschechoslowakischen Republik zur Assimilierung der Deutschen und wiederholte ihren politischen Standpunkt: „Eine Umsiedlung dieser Personen in die DDR liegt nicht in unserem Interesse und würde nur den Bonner Revanchisten neue Möglichkeiten bieten, ihre Hetze gegen die ČSR und DDR zu verstärken und die ehemaligen Deutschen gegen die ČSR und DDR auszuspielen."[425]

Tatsächlich stieg nach der Veröffentlichung des neuen Verfassungsentwurfs die Zahl der Ausreiseanträge von Bürgern deutscher Nationalität sowohl in die Bundesrepublik als auch in die DDR beträchtlich an.[426] In den Gebieten mit deutschsprachiger Bevölkerung machte sich im Frühjahr und Sommer 1960 die Stimmung breit, daß das Problem mit den Deutschen in der ČSR durch Aussiedlungen nun endgültig geklärt werden soll. Auffällig waren dabei auch Veranstaltungen von KPČ-Mitgliedern über den neuen Verfassungsentwurf in den Stadtbezirken von Prag.[427] Hier soll von kommunistischen Funktionären mehrfach die

---

[418] Ebenda, Bl. 220; Brief ZK-Abteilung Außenpolitik und Internationale Verbindung an Minister Rau, 4. Mai 1960, in: ebenda, DY 30 IV 2/20/201, Bl. 215.
[419] Vgl. Stellungnahme zum Exposé der Botschaft Prag zur Frage der Behandlung der deutschen Nationalität in der ČSR, in: PAAA MfAA A 2551, Bl. 86–91.
[420] Einordnung und Behandlung von tschechoslowakischen Staatsbürgern deutscher Nationalität, Juni 1960, in: PAAA MfAA A 2551, Bl. 154.
[421] Vgl. ebenda, Bl. 151.
[422] In der in Kraft gesetzten Verfassung war es dann Artikel 25.
[423] Einordnung und Behandlung von tschechoslowakischen Staatsbürgern deutscher Nationalität, Juni 1960, in: PAAA MfAA A 2551, Bl. 153.
[424] Ebenda.
[425] Ebenda.
[426] Vgl. Ständige Übersiedlungen aus der ČSSR nach der DDR bzw. nach Westdeutschland, 4. November 1960, in: PAAA MfAA A 2551, Bl. 27–30.
[427] Es wird erinnert, daß in den 1920/30er Jahren rund 20 Prozent der Prager deutschsprachig waren.

Frage nach der Stellung der deutschen Nationalität aufgeworfen worden sein, und zwar: Warum der neue Verfassungsartikel 24 nicht auch die Deutschen als Minderheit erwähne, und „ob jetzt keiner mehr die Möglichkeit habe, sich zur deutschen Nationalität zu bekennen".[428]

Um dieser Stimmung entgegenzuwirken, organisierten die Behörden unter Leitung des KPČ-Funktionärs Josef Lenk im Mai und Juni 1960 Informationsveranstaltungen über die neue sozialistische Verfassung in jenen Bezirken, die Lenk selbst als Gebiete bezeichnete, in denen „hauptsächlich Bürger deutscher Nationalität" lebten. Dabei handelte es sich um die vier Bezirke Plzeň (Pilsen), Ústí (Aussig), Ostrava (Ostrau) und České Budějovice (Böhmisch Budweis). Hier gab es 21 Gemeinden mit einem über 50-prozentigen Anteil deutschsprachiger Bevölkerung.[429] Im Gebiet Ústí (Aussig) beispielsweise lebten 15 000 Bürger deutscher Nationalität. Damit widersprach das Mitglied des ZK der KPČ de facto der Argumentation seiner Partei, es existiere keine deutsche Minderheit mehr in der ČSR, da sie in keinen geschlossenen Siedlungsgebieten lebte.

Auf den Diskussionsveranstaltungen in diesen vier Bezirken stand die Argumentation im Vordergrund, daß sich durch die neue Verfassung in der Stellung der Bürger deutscher Nationalität nichts verändere.[430] Der KPČ-Funktionär Lenk versuchte auch, für die neue Welle von Ausreisewünschen nicht die neue Verfassung, sondern „politisch-zurückgebliebene" und „reaktionäre Kreise" unter den Deutschen verantwortlich zu machen. Lenk benannte als politisch schwieriges Gebiet den Kreis Jablonec (Gablonz an der Neiße). Unter den dort lebenden Bürgern deutscher Nationalität gäbe es – so Josef Lenk wörtlich – „mehrere hundert ehemalige Mitglieder der NSDAP und [...] eine große Anzahl von Kleinunternehmern, z. B. Gürtler[431]. Das sind Unternehmer, die früher sieben bis zehn, mitunter auch 50 Arbeiter beschäftigten, Bijouteriewaren[432] herstellten und [...] 1946 bzw. 1948 enteignet wurden und seitdem als Angestellte [in ihren Betrieben] arbeiten. In diesem Kreis sollen sich auch noch eine große Anzahl SS-Mitglieder [sic!] aufhalten."[433] Der KPČ-Funktionär versuchte tatsächlich, die steigende Zahl an Übersiedlungsanträgen im Frühjahr 1960 „alten" NS-Anhängern und kapitalistischen Kleinunternehmern unter der deutschsprachigen Bevölkerung zuzuschreiben. Lenk wiederholte ein weiteres Argument seiner Parteiführung gegen die Nennung der deutschen Bevölkerungsteile in der Verfassung. Jeglicher Bezug auf die Existenz einer deutschen Minderheit rufe die „Bonner Revanchisten hervor", die versuchten, „die Ausgesiedelten als 5. Kolonne [gegen den tschechoslowakischen Staat] neu zu organisieren".[434]

Der tschechische Funktionär Lenk informierte die DDR-Botschaftsangehörigen über unklare Auffassungen innerhalb seiner Partei in bezug auf die tschechoslowakischen Bürger

---

[428] Informationen zu der gegenwärtig stattfindenden Diskussion über den Entwurf der neuen sozialistischen Verfassung der ČSR, 20. Mai 1960, in: PAAA MfAA A 2551, Bl. 132.
[429] Vgl. Informationen zu der gegenwärtig stattfindenden Diskussion über den Entwurf der neuen sozialistischen Verfassung der ČSR, 20. Mai 1960, in: PAAA MfAA A 2551, Bl. 129; Einige Angaben über die Bürger deutscher Nationalität, 1. März 1961, in: ebenda, MfAA C 1115/73, Bl. 50.
[430] Vgl. Informationen zu der gegenwärtig stattfindenden Diskussion über den Entwurf der neuen sozialistischen Verfassung der ČSR, 20. Mai 1960, in: PAAA MfAA A 2551, Bl. 129.
[431] Gürtler: Bearbeiter von Metallen zur Herstellung von Gebrauchs- und Schmuckgegenständen.
[432] Bijouteriewaren: Edelsteinbearbeitung, Schmuckhandwerk, auch Modeschmuckherstellung.
[433] Informationen zu der gegenwärtig stattfindenden Diskussion über den Entwurf der neuen sozialistischen Verfassung der ČSR, 20. Mai 1960, in: PAAA MfAA A 2551, Bl. 131.
[434] Ebenda, Bl. 132.

deutscher Nationalität. Die sogenannte linke Meinung, die vor allem Intellektuelle und Wissenschafter in der KPČ vertreten würden, bestände darin, daß nun auch für die Bürger deutscher Nationalität Schulen und andere kulturelle Einrichtungen geschaffen werden müßten. Die sogenannten Rechten würden dagegen denken, daß jegliche Arbeit mit den Bürgern deutscher Nationalität einzustellen sei.[435]

Die DDR-Botschaft unterstützte die Aufklärungsveranstaltungen der tschechoslowakischen Organe zur neuen Verfassung. Die Mitarbeiter der diplomatischen Vertretung unternahmen Dienstfahrten in die Bezirke mit hohem Anteil deutschsprachiger Bevölkerung mit dem Ziel, Bürger deutscher Nationalität, die einen Aussiedlungsantrag in die Bundesrepublik gestellt hatten, zu bewegen, die Anträge zurückzunehmen, in der ČSR zu bleiben oder alternativ in die DDR überzusiedeln.[436] Von großem Erfolg waren diese Fahrten nicht gekrönt. Die Diplomaten mußten einsehen, daß sie kaum einen Deutschen, der nach Westdeutschland ausreisen wollte, von seinem Vorhaben abbringen konnten. Der Grund dafür war, so meinten sie, daß die Angehörigen der Ausreisewilligen durchweg in der Bundesrepublik lebten und sie deshalb in Form einer Familienzusammenführung in die Bundesrepublik übersiedeln würden. Einen weiteren Grund sahen die Botschaftsangehörigen in der wachsenden Zahl schneller Genehmigungen der tschechoslowakischen Behörden, „Bürgern deutscher Nationalität – tschechoslowakischen Staatsbürgern und Staatenlosen – die Umsiedlung nach Westdeutschland zu erteilen".[437] Sie waren ärgerlich darüber, daß auch als DDR-Bürger registrierten Deutschen die Ausreise in die Bundesrepublik genehmigt wurde, und die ČSR-Behörden diesen Deutschen suggerierten, ein Übersiedlungsantrag in die DDR wäre mit größten Schwierigkeiten verbunden.[438]

Die Regierung der Tschechoslowakischen Sozialistischen Republik handhabte die Ausreisebewilligungen für ihre Bürger deutscher Nationalität in die Bundesrepublik und in die DDR insgesamt rigide. Zu Beginn der 1960er Jahre kritisierten die DDR-Botschaftsfunktionäre in der ČSSR, daß die Zahl der Übersiedlungen von tschechoslowakischen Staatsbürgern und Staatenlosen deutscher Nationalität in die Bundesrepublik steige und insgesamt zu hoch sei.[439] Die SED-Funktionäre des Außenministeriums hingegen verwiesen ihre Mitarbeiter in Prag mit Nachdruck darauf, daß die Erteilung von Ausreisegenehmigungen eine souveräne Angelegenheit der ČSSR sei. Des weiteren argumentierte das MfAA, daß nach seinen Kenntnissen die tschechoslowakischen Organe nur solche Personen in die Bundesrepublik ausreisen ließ, „die nicht zu positiven Bürgern des sozialistischen Staates erzogen werden können". Wörtlich dazu: „Es ist der ČSSR doch nicht zumutbar, sich ständig mit unverbesserlichen Reaktionären oder zumindest negativen Elementen fremder Nationalität herumzuärgern und sich die Festigung der moralisch-politischen Einheit der Bevölkerung ihres Staates durch solche Elemente hemmen zu lassen."[440] Damit stellte sich das Ministerium ganz auf die Seite seiner tschechoslowakischen Amtskollegen.

---

[435] Vgl. ebenda, Bl. 131.
[436] Vgl. Aktenvermerk über eine Fahrt in die Kreise Broumov und Nachod vom 3.–5. April 1960, in: PAAA MfAA A 12963, Bl. 14–16.
[437] Ebenda, Bl. 14.
[438] Ebenda.
[439] Vgl. Antwortschreiben des MfAA zum Jahresbericht der Konsularabteilung der Botschaft Prag für 1959, 17. Juni 1960, in: PAAA MfAA A 2551, Bl. 82.
[440] Ebenda.

Die SED-Führung wünschte in der Frage des Umganges mit den ČSSR-Bürgern deutscher Nationalität keinerlei politische Konflikte mit der KPČ-Führung.[441]

Die klare Order an die Mitarbeiter der Konsularabteilung der Botschaft in Prag hieß, auch die DDR wünsche keine Einreise dieser „reaktionären deutschen Elemente". Überhaupt war man in Berlin der Ansicht, daß 15 Jahre nach Kriegsende kaum noch tatsächlich Familienzusammenführungen stattfänden, und die Übersiedlungen von tschechoslowakischen Staatsbürgern deutscher Nationalität in die DDR [endlich] „auf ein normales Maß beschränkt werden" müßte.[442] Die SED-Spitze zeigte insgesamt kein gesteigertes Interesse an Übersiedlungen tschechoslowakischer Staatsbürger deutscher Nationalität in die DDR.

Auffällig war für den gesamten Zeitraum, daß weder die Botschaft in Prag noch das Außenministerium in Berlin konkrete Angaben über die Zahl der Übersiedlungen in die DDR oder die Bundesrepublik machten. Auch die Angaben über die Größe der Bevölkerungsgruppe von tschechoslowakischen Staatsbürgern deutscher Nationalität schwankte. Nach der Volkszählung vom 1. März 1961 lebten noch 140402 Personen deutscher Volkszugehörigkeit in der ČSSR. Verglichen mit 1950 bedeutete dies eine Abnahme um 15 Prozent.[443] Allerdings hatte man im Januar 1958 noch von 183867 Deutschen in der Tschechoslowakischen Republik gesprochen.[444] Und im Januar 1963 berichtete die Botschaft aus Prag nach Ost-Berlin, daß sich ihre konsularische Betreuung „praktisch auf drei Kategorien von Bürgern deutscher Nationalität" erstrecke: 1. auf tschechoslowakische Staatsbürger deutscher Nationalität – zirka 160000 Personen, 2. auf Staatenlose deutscher Nationalität – zirka 1000 Personen, und 3. auf registrierte Staatsbürger der DDR, die ständig in der ČSSR leben, – zirka 700 Personen.[445]

Zusammenfassend ist zu sagen, daß in den 1950er und zu Beginn der 1960er Jahre mehrere sich ablösende Phasen der tschechoslowakischen Politik gegenüber der deutschen Minderheit zu beobachten waren. Nach Vertreibung und Aussiedlung der Sudetendeutschen bis 1948 folgte bis 1952/53 die Phase, möglichst große Teile der deutschsprachigen Bevölkerung wegen des akuten Arbeitskräftemangels im Land zu halten. Daran schloß sich die Zeit der tschechoslowakischen Doppelstrategie gegenüber den Deutschen an: Zum einen gab es die völkerrechtswidrige Sammeleinbürgerung (Mai 1953) von großen Teilen der deutschsprachigen Bevölkerung und zum anderen erste kulturelle, nationale Zugeständnisse. In der Liberalisierungsphase ab 1956 versuchte die ČSR, die tschechoslowakischen Staatsbürger deutscher Nationalität für den „Aufbau des Sozialismus" zu gewinnen und mit der Zulassung zur Registrierung als Staatsbürger der DDR die positive Haltung dieser Deutschen zur Bundesrepublik abzuschwächen. Die ČSR-Bürger und die Staatenlosen deutscher Nationalität, die unbeirrt und hartnäckig ihre Ausreise betrieben, konnten mehrheitlich in die Bundesrepublik und auch in die DDR ausreisen. Ein Rückschritt in der Politik gegenüber der deutschen Minderheit manifestierte sich in der neuen sozialisti-

---

[441] Vgl. Die ČSSR und der Friedensvertrag mit Deutschland, November 1961, in: SAPMO-BA DY 30 IV 2/20/202.
[442] Übersiedlung von tschechoslowakischen Staatsbürgern deutscher Nationalität, 2. März 1961, in: PAAA MfAA A 2551, Bl. 9.
[443] Vgl. Einige Angaben über die Bürger deutscher Nationalität, Stand 1. März 1961, in: PAAA MfAA C 1115/73, Bl. 49.
[444] Vgl. Beate Ihme-Tuchel, Die tschechoslowakische Politik gegenüber der deutschen Minderheit, S. 977.
[445] Vgl. Jahresbericht 1962 der Konsularabteilung der Botschaft der DDR in Prag, 28. Januar 1963, in: PAAA MfAA A 2108, Bl. 1–8.

schen Verfassung der Tschechoslowakei 1960, die alle Minderheiten des Landes, außer die deutsche, aufzählte. Das beförderte Ausreisen von Deutschen in die Bundesrepublik und DDR. Auch die SED-Führung war über diesen verfassungspolitischen Schritt der KPČ irritiert und ohne Verständnis, akzeptierte öffentlich aber Zwangsassimilationen und großzügigere Ausreisen in die Bundesrepublik. Ein Engagement der DDR für die deutsche Minderheit in der ČSSR endete dort, wo höherrangige politische Ziele – der gemeinsame politisch-ideologische Kampf gegen die „westdeutsche Bundesrepublik" – wichtiger schienen.

c. Weg zur deutschen Minderheit in der ČSSR – 1960er und beginnende 1970er Jahre

Die Politik der ČSSR gegenüber der deutschen Volksgruppe im Land blieb auch in der sozialistischen Ära, ab den 1960er Jahren, von der Furcht vor „Deutschland und den Deutschen" bestimmt. Die Angst vor einem „zweiten München" war ein nationales Trauma, dem die Politik gegenüber der Bevölkerungsgruppe deutscher Nationalität im Lande sehr lange Zeit, eigentlich bis 1989 und darüber hinaus, untergeordnet blieb.[446] Die „Angst vor den Deutschen" führte in der tschechoslowakischen Politik dazu, daß diese lange nicht als Minderheit anerkannt wurden. Die deutsche Bevölkerungsgruppe war – obwohl sich ihr Status ab 1948/49 kontinuierlich verbesserte – gegenüber den übrigen Minderheiten in der ČSSR benachteiligt. Dies änderte sich erst mit dem „Prager Frühling" 1968 und einer Verfassungsreform vom Oktober 1968, die eine Föderalisierung der ČSSR in die neuen Gliedstaaten Tschechische und Slowakische Sozialistische Republik festschrieb. Zur Reform zählte auch das Verfassungsgesetz Nr. 144 vom 28. Oktober 1968 „Über die Stellung der Nationalitäten in der ČSSR", welches nun auch die rechtliche Stellung der Bürger deutscher Nationalität der anderer Minderheiten gleichstellte.[447] Das neue Verfassungsgesetz garantierte explizit allen Nationalitäten – „den ungarischen, deutschen, polnischen und ukrainischen nationalen Minderheiten" – „alle Möglichkeiten und Mittel für eine umfassende und gleichberechtigte Entwicklung" sowie eine vollkommene „Gleichberechtigung mit dem tschechischen und slowakischem Volk".[448] Erstmals seit 1945 erhielten auch die ČSSR-Staatsbürger deutscher Nationalität 1968 die Stellung einer Minderheit und jede Form von Minderheitenschutz.

Nach der endgültigen Abriegelung der Grenzen zwischen der DDR und der Bundesrepublik sowie zwischen Ost- und West-Berlin durch den Bau der Berliner Mauer am 13. August 1961 versuchte die SED-Spitze mit größerer Intensität, die KPČ-Führung auf einen gemeinsamen politisch-ideologischen Kampf gegen die „Gefahren des westdeutschen Revanchismus und Militarismus" einzuschwören. Beide Parteiführungen, das Politbüro des ZK der SED und das Politbüro des ZK der KPČ, gestanden sich ein, daß man noch nicht alle Möglichkeiten einer breiten Aufklärungstätigkeit unter der jeweiligen Bevölkerung über die „Aggressionsabsichten des Bonner Revanchismus" ausgenutzt habe. SED- und KPČ-Spitze versicherten sich gegenseitig, daß in der „Entlarvung des westdeutschen Milita-

---

[446] Vgl. exemplarisch: Miloš Havelka, Gedächtnis und Geschichte, S. 13–19; Pavel Kolář, Vertreibung zwischen nationaler Meistererzählung und Deutungspluralität, S. 925–940.
[447] Vorgehen gegenüber den tschechoslowakischen Staatsbürgern deutscher Nationalität, 10. Mai 1974, in: PAAA MfAA C 1343/77, Bl. 4.
[448] Zu den Rechten der nationalen Minderheiten in der ČSSR: Verfassungsgesetzentwurf, 3. Oktober 1968, in: PAAA MfAA A 13861, Bl. 1.

rismus und Revanchismus [...] die vier sozialistischen Staaten, Sowjetunion, DDR, VR Polen und ČSSR, [...] eine engere Zusammenarbeit" pflegen müßten.[449] Die SED wurde nicht müde, auf die Gefahren der „revanchistischen Politik des Bonner Staates" zu verweisen, „die Drohungen der westdeutschen Revanchisten, die erneut Gebietsforderungen gegen die Tschechoslowakische Sozialistische Republik erheben und ihre Zerschlagung planen", zu beschwören.[450]

Einigkeit zwischen DDR und ČSSR herrschte immer, wenn es um die offizielle politische Bewertung des Auftretens von Landsmannschaften in der Bundesrepublik, hier insbesondere der Sudetendeutschen Landsmannschaft, ging. Besondere Empörung erregten z.B. 1964 in der DDR und insbesondere in der ČSSR die „revanchistischen Forderungen Minister Seebohms", die er auf dem „Sudetendeutschen Tag" am 17. Mai 1964 in Nürnberg vorgetragen hatte. Bundesminister Hans Christoph Seebohm[451], der zugleich Sprecher der Sudetendeutschen Landsmannschaft war, habe u. a. behauptet, so die Ideologen des SED-Politbüros, „daß Hitlers Münchner Abkommen zur Zerstückelung der Tschechoslowakei nach wie vor gültig sei und das [...] Sudetenland ‚an das sudetendeutsche Heimatvolk zurückgegeben werden' muß".[452] Da Seebohm auch im Kabinett der Bundesregierung saß, schlußfolgerten die SED-Funktionäre sofort öffentlichkeitswirksam: „Die Rechtfertigung der Hitlerschen Aggressionspolitik gegenüber der Tschechoslowakei und die Forderung auf Abtrennung tschechoslowakischen Staatsgebietes sind offizielle Politik der Bonner Regierung! Die Bonner Regierung hat sich Hitlers Forderungen zu eigen gemacht."[453]

Der Bundesverkehrsminister mußte übrigens auf Druck seiner Regierung noch im Mai des Jahres öffentlich von seinen Äußerungen zum rechtlichen Status des Sudetengebietes Abstand nehmen.[454]

Obwohl die SED in offiziellen außenpolitischen Verlautbarungen hervorhob, daß „in den Beziehungen zwischen der ČSSR und der DDR [...] der gemeinsame Kampf gegen den westdeutschen Militarismus und Revanchismus eine bestimmende Rolle spiele"[455], begann die SED-Führung zu Beginn der 1960er Jahre auch zu kritisieren, daß die tschechoslowakische Staats- und Parteiführung die „ganze Härte des Kampfes gegen [...] den west-

---

[449] Richtlinien des Politbüros der ČSSR über Maßnahmen zur Verstärkung des Kampfes gegen den westdeutschen Revanchismus und Militarismus, 7. Juni 1961; ZK der KPČ: Abschluß des Friedensvertrages wird der beste Dienst am europäischen Frieden sein, 11. August 1961, in: SAPMO-BA DY 30 IV 2/20/196.

[450] ZK der KPČ: Abschluß des Friedensvertrages wird der beste Dienst am europäischen Frieden sein, 11. August 1961, in: SAPMO-BA DY 30 IV 2/20/196.

[451] Hans Christoph Seebohm (1903–1967), geboren in Kattowitz/Oberschlesien, 1932 Dr.-Ing., 1931–1946 Geschäftsführer verschiedener Bergbaugesellschaften, 1949–1967 MdB (DP, 1960 CDU), 1949–1966 Bundesminister für Verkehr, 1959–1967 Sprecher der Sudetendeutschen Landsmannschaft.
Obwohl Seebohm kein Sudetendeutscher war, fühlte er sich diesen verpflichtet, da seine Eltern lange Zeit in Falkenau (Sokolov) gelebt hatten.

[452] Westkommission beim SED-Politbüro: Seebohms Revancheforderungen – offizielle Bonner Politik, 15. Oktober 1964, in: SAPMO-BA DY 30 IV A 2/2028/15, Bl. 6.

[453] Ebenda; vgl. Reaktionen der tschechoslowakischen Presse auf die revanchistische Forderung Seebohms, 2. Juni 1964; Vermerk über ein Gespräch mit Genossen Dr. Novy, 2. September 1965, beide in: SAPMO-BA DY 30 IV A 2/20/396; Ota Václavík, Alte bekannte Gesichter und die neue Taktik des Revanchismus, 22. Mai 1962, in: ebenda, DY 30 IV 2/20/203.

[454] Vgl. http://de.wikipedia.org/wiki/Hans-Christoph_Seebohm .

[455] Einige Probleme der Außenpolitik der ČSSR, 3. Dezember 1962, in: SAPMO-BA DY 30 IV 2/20/203; vgl. Gemeinsame Erklärung der Partei- und Regierungsdelegationen der ČSSR und der VRP, 30. September 1961, in: ebenda, DY 30 IV 2/20/202.

deutschen Revanchismus und Militarismus [...] noch nicht völlig verstanden" habe[456] und auch die Auswirkungen der „westlichen revanchistischen Propaganda auf die ČSSR-Staatsbürger deutscher Nationalität" unterschätze. So sprachen leitende KPČ-Funktionäre gegenüber DDR-Botschaftsmitarbeitern im September 1961 davon, daß in ihrer Partei und unter der tschechoslowakischen Bevölkerung der „Unterschied zwischen Deutschen und Deutschen" noch nicht klar genug herausgearbeitet worden sei. Man neige oft dazu, so die tschechoslowakischen Kommunisten, „in jedem Deutschen einen Gegner" zu sehen, was auch zu „Überspitzungen gegenüber den tschechoslowakischen Staatsbürgern deutscher Nationalität" geführt habe und die „Arbeit der Partei mit den deutschsprachigen Bürgern" erschwere.[457]

In den Jahren ab 1962 häuften sich die Berichte und Stellungnahmen der DDR-Botschaftsfunktionäre und Mitarbeiter des MfAA über die, wie sie meinten, starke Unterschätzung der westlichen Propaganda auf die tschechoslowakische Gesellschaft im allgemeinen und die deutschen Bevölkerungsteile in der ČSSR im besonderen.[458] Wiederholt dokumentierte beispielsweise das Außenministerium für den zuständigen ZK-Apparat Meinungen von tschechoslowakischen Journalisten, wonach „es in der Bundesrepublik mit dem Revanchismus gar nicht so schlimm sei" und es „breite Kreise in Westdeutschland gebe, die sich von den revanchistischen Forderungen distanzieren".[459] Oder die Ost-Berliner SED-Bezirksleitung meldete „fehlerhafte politische Auffassungen" von Mitgliedern des Prager KPČ-Stadtkomitees, die bei einem Treffen in Ost-Berlin die Meinung vertreten hatten, „daß durch Westdeutschland keine ernste friedensgefährdende Politik betrieben werde. Begründet wird das mit vielen Gesprächen, die mit westdeutschen Touristen geführt werden [...] Revanchistische Äußerungen einzelner Personen könnten nicht zum Maßstab für die Beurteilung der gesamten [westdeutschen] Politik gemacht werden."[460]

Aus dem Bezirk Ústí nad Labem (Aussig) informierte die KPČ-Bezirksleitung im Juli 1965 über die „Arbeit mit den deutschsprachigen Bevölkerungsschichten" die DDR-Botschaft in Prag. In diesem Bezirk waren 62 000 tschechoslowakische Bürger deutscher Nationalität ansässig, die überwiegend in den Kreisen Teplice (Teplitz), Jablonec (Gablonz) und Chomutov (Komotau) lebten und als Facharbeiter in der Glasindustrie und in der Bijouterie-Produktion arbeiteten.[461] Große Teile dieser Deutschsprachigen wurden von den tschechoslowakischen Funktionären als „politisch indifferent", nur ein kleinerer Teil als „offen feindlich gegen die ČSSR" eingeschätzt. Ihre „Pflichten als Bürger und als Facharbeiter" würden sie zwar erfüllen, jedoch „unterliegen sie den negativen Einflüssen aus Westdeutschland". Die Verbindungen zwischen den Deutschsprachigen im Bezirk Ústí (Aussig)

---

[456] Kurzinformation der Botschaft Prag vom 1.–7. September 1961, in: SAPMO-BA DY 30 IV 2/20/202.
[457] Vgl. ebenda; Deutsche Problematik in der Auslandssendung, Dezember 1961, in: SAPMO-BA DY 30 IV 2/20/203.
[458] Vgl. Zu den Einflüssen westlicher Propaganda (Rundfunk und Fernsehen) in der ČSSR, 18. Dezember 1962, in: SAPMO-BA DY 30 IV 2/9.02/59 (und DY 30 IV 2/20/203); Volker Zimmermann, Von Gegnern zu Verbündeten, S. 208–210.
[459] Über die Reise einer tschechoslowakischen Journalistendelegation nach Westdeutschland, 13. Januar 1965, in: SAPMO-BA DY 30 IV A 2/20/396.
[460] SED-Bezirksleitung Berlin an das ZK der SED, Abteilung Internationale Verbindungen, 21. Dezember 1966, in: SAPMO-BA DY 30 IV A 2/20/391; vgl. auch Informationsbericht über eine Reise in die ČSSR, 2. Juni 1968, in: ebenda, DY 30/3617.
[461] Vgl. Vermerk über Aussprachen bei der Bezirksleitung der KPČ in Ústí am 13. Juli 1965, in: SAPMO-BA DY 30 IV A 2/20/399.

und Bundesdeutschen, so meinten die KPČ-Regionalfunktionäre, käme über umfangreiche Briefkontakte, Verwandtenbesuche und über westdeutsche Sendungen von Rundfunk und Fernsehen zustande. Seit die DDR ihre Grenzen geschlossen hätte, konzentrierten sich Abwerbungsversuche von Fachkräften auf die deutschsprachige Bevölkerung in der ČSSR. Der Einfluß der Bundesrepublik zeige sich zudem an der Häufung von Übersiedlungsanträgen. Im Monat Juni 1965 seien 2 000 Anträge auf Übersiedlung nach Westdeutschland allein aus der Stadt Jablonec (Gablonz) bei den örtlichen Behörden eingegangen.[462] Die Bezirksfunktionäre der KPČ und ihre Gesprächspartner aus der DDR-Botschaft stimmten überein: „Man muß mit der deutschsprachigen Bevölkerung intensiver politisch arbeiten, um [...] die Mehrheit der zuverlässigen und qualifizierten Fachkräfte [...] beim sozialistischen Aufbau in der ČSSR" zu halten.[463] KPČ und SED waren sich einig, die tschechoslowakischen Staatsbürger deutscher Nationalität unbedingt dem Einfluß der Bundesrepublik entziehen und ihnen gleichzeitig die Vorzüge des Sozialismus in der DDR vor Augen führen zu müssen.

Im gemeinsamen Kampf gegen den „westdeutschen Revanchismus" stellte die ČSSR-Führung gegenüber der DDR hingegen auch klar, daß sie es nicht wünschte, mit der Propagandatätigkeit über die Anerkennung der gegenwärtigen deutschen Grenzen, d. h. mit der Oder-Neiße-Grenze und der VR Polen, auf eine Stufe gestellt zu werden. Solche von der SED verlautbarten Parolen wie, zwischen der DDR und der ČSSR beständen keinerlei Gebietsansprüche,[464] befand die ČSSR-Regierung als befremdlich und unangebracht. Die tschechoslowakische Seite brachte gegenüber der SED nachdrücklich zum Ausdruck, „daß die Grenze der Tschechoslowakei mit Deutschland keine Grenze ist, die als Folge des Zweiten Weltkrieges festgelegt worden sei. Deshalb ist es nicht richtig, die Frage der tschechoslowakisch-deutschen Grenzen im Zusammenhang mit dem Zweiten Weltkrieg hervorzuheben, oder sie in irgendeiner politischen Argumentation mit der Ostgrenze Deutschlands – der Oder-Neiße-Grenze – auf eine Ebene zu stellen."[465] Auf „Äußerungen westdeutscher Revanchisten" zum „Recht der Heimat" usw. solle darauf verwiesen werden, „daß die tschechoslowakische Grenze gegenüber Deutschland die Grenze des alten tausendjährigen böhmischen Staates ist".[466] Diese Stellungnahme der ČSSR zur „tschechoslowakisch-deutschen Grenze" ging im Februar 1962 von der Prager DDR-Botschaft über den DDR-Außenminister Otto Winzer direkt an den Ersten Sekretär des ZK der SED, Walter Ulbricht.[467]

Seit Beginn der 1960er Jahre befand sich die ČSSR in einer ökonomischen und gesellschaftlichen Krise: Das bürokratisch-zentralistische Plansystem hatte zu einer dramatischen Stagnation der Wirtschaft – auch im Vergleich zu den anderen RGW-Staaten – geführt. Die KPČ wurde von einer Führung dominiert, die sich einer Aufarbeitung der politischen Prozesse der späten 1940er und frühen 1950er Jahre nur sehr widerstrebend stellte.

Auf dem Höhepunkt der Wirtschaftskrise 1963 wurden die reformerischen Stimmen innerhalb und außerhalb der kommunistischen Partei lauter, und unter Führung der ZK-Mit-

---

[462] Vgl. ebenda.
[463] Ebenda.
[464] Vgl. Die ČSSR und die Friedensfrage mit Deutschland, November 1961, in: SAPMO-BA DY 30 IV 2/20/202.
[465] Die tschechoslowakisch-deutsche Grenze, Februar 1962, in: SAPMO-BA NY 4182/1228.
[466] Ebenda; vgl. Wolfgang Schwarz, Brüderlich entzweit, S. 212ff.
[467] Vgl. Schreiben Otto Winzers an Walter Ulbricht, 22. Februar 1962, in: SAPMO-BA NY 4182/1228.

glieds und Wirtschaftsfachmannes Ota Šik[468] bildete sich eine technokratische Opposition, die grundlegende Wirtschaftsreformen forderte.[469] Nach fortdauernden Auseinandersetzungen mit der kritischen Intelligenz und nach der gewaltsamen Unterdrückung von Studenten-Protesten 1967 entluden sich zu Jahresbeginn 1968 die jahrelangen Spannungen zwischen dem konservativen und dem reformerischen Flügel der KPČ. Das führte auf der ZK-Tagung der KPČ am 4. Januar 1968 zur Wahl Alexander Dubčeks[470] zum Ersten Sekretär der KPČ. Programmatische Grundlage für die Reformen in der ČSSR war das Aktionsprogramm der KPČ vom 5. April 1968, das insbesondere auf Wirtschaftsreformen, Meinungs- und Informationsfreiheit, eine Aufarbeitung der stalinistischen Vergangenheit und eine allgemeine Neuausrichtung der Rolle der KP in der Gesellschaft zielte. Die Sowjetunion hatte den Machtwechsel zu Alexander Dubček zunächst gutgeheißen, dann aber, angesichts des Reformprogramms, begonnen, Druck auf die Prager Regierung auszuüben, die Reformen deutlich einzuschränken bzw. abzubrechen. Als dies nicht geschah, marschierten in der Nacht zum 21. August 1968 Truppen der Sowjetunion, Polens, Ungarns und Bulgariens in die ČSSR ein. Die Truppen der NVA waren zwar mobilisiert worden, am Einmarsch in die ČSSR dann aber nicht direkt beteiligt. Trotzdem gab es erhebliche Aversionen der tschechoslowakischen Bevölkerung gegenüber DDR-Bürgern.[471] Dubček und andere hochrangige Regierungsmitglieder wurden festgenommen und nach Moskau gebracht. Der KPČ-Chef wurde im April 1969 entmachtet und durch den linientreuen Kommunisten Gustáv Husák[472] ersetzt. Noch Ende August 1968 wurde auf Weisung Moskaus mit der Aufhebung fast aller Reformprojekte begonnen. Zum Ende des Jahres 1968 war klar, daß der „Prager Frühling" mit dem 21. August sein Ende gefunden hatte. Als Folge der Besetzung der ČSSR durch Truppen des Warschauer Vertrages verließen zehntausende Menschen, in erster Linie Facharbeiter und Intellektuelle, darunter auch viele Deutsche, die ČSSR in Richtung Österreich und Bundesrepublik.[473]

Die SED beobachtete die beginnenden Liberalisierungsbestrebungen in Gesellschaft und Wirtschaft der Tschechoslowakischen Sozialistischen Republik ab etwa 1964 argwöh-

---

[468] Ota Šik (1919–2004), zweisprachig (tschechisch und deutsch) aufgewachsen, Kunstmaler, 1940 KPČ-Mitglied, inhaftiert im KZ Mauthausen, nach 1945 Studium der Wirtschaftswissenschaften, 1962 ZK der KPČ, Wirtschaftsreformer, 1968 Emigration in die Schweiz, Schweizer Staatsbürgerschaft, Professur für Wirtschafts- und Sozialwissenschaften in St. Gallen.
[469] Nach Ota Šik – Leiter des Wirtschaftsinstituts an der Prager Akademie der Wissenschaften – sollte die Planwirtschaft durch eine „sozialistische Marktwirtschaft" (Abbau der Bürokratie, privat geführte Kleinbetriebe, autonome Gewerkschaften, Arbeiterselbstverwaltung, Joint Ventures mit westlichen Firmen) abgelöst werden.
[470] Alexander Dubček (1921–1992), 1939 Mitglied KP der Slowakei, KPČ-Funktionär, 5. Januar 1968 bis 17. April 1969 Parteichef der KPČ, kurze Zeit Botschafter in der Türkei, 1970 Parteiausschluß, dann Waldarbeiter, 1989 rehabilitiert, dann Parlamentspräsident.
[471] DDR-Historiker Werner Rosenberg im Prager Institut für Internationale Politik und Ökonomie, 25. Juli 1968: „Die Sympathien für die DDR seien in den letzten Tagen [in der ČSSR] auf den Nullpunkt zurückgegangen. [...] Den Deutschen stehe es am wenigsten an, die ČSSR zu kritisieren." In: SAPMO-BA DY 30/3619; vgl. Stimmungen zum Einmarsch der verbündeten Truppen in die ČSSR, 22. August 1968, in: ebenda, DY 30/3621 und DY 30/3620 und DY 30/3624.
[472] Gustáv Husák (1913–1991), Jurist, 1933 Mitglied der KPČ, hauptamtlicher Parteifunktionär, 1950 unter dem Vorwurf „bourgeoiser Nationalismus" aller Ämter enthoben, bis 1960 in Haft, dann rehabilitiert, 1969–1987 Erster Sekretär des ZK der KPČ, ab 1975 Staatspräsident, Dezember 1989 Rücktritt.
[473] Vgl. Jost Dülffer, Europa im Ost-West-Konflikt, S. 64; http://de.wikipedia.org/wiki/Prager_Frühling; Stellungnahme in der ČSSR-Presse nach dem Januarplenum der KPČ, 19. Februar 1968, in: SAPMO-BA DY 30/3616.

nisch. Im Focus ihrer Aufmerksamkeit stand unter anderem auch Politik und Umgang der KPČ mit den ČSSR-Bürgern deutscher Nationalität.

Der tschechoslowakische Staat hatte auch wegen seiner ökonomischen Probleme den Tourismus, die Reisen von und nach der Bundesrepublik und Österreich, seit 1960/61 ausgeweitet. Die Deviseneinnahmen durch einen verstärkten Touristenverkehr mit dem westlichen Ausland sollten helfen, die ökonomische Krise im Land aufzufangen. Die Einreisen von westlichen Ausländern hatten sich zwischen 1960 und 1964 vervierfacht, die Deviseneinnahmen stiegen in dem Zeitraum ebenso um knapp das Vierfache, von 24,9 Millionen Devisen-Kronen auf 92,0 Devisen-Kronen.[474] Waren 1963 zirka 12 000 Touristen aus Österreich und Westdeutschland in die südböhmischen Bezirke gekommen, so betrug diese Zahl 1964 schon 80 000.[475]

Die SED neidete und kritisierte die Ausweitung des Reiseverkehrs mit dem westlichen Ausland. Dabei ging es ihr nicht nur um die Deviseneinnahmen, sondern auch um ihr internationales Ansehen. Die DDR hatte nach dem Bau der Berliner Mauer im August 1961 mit der totalen Abriegelung des Landes und Isolierung seiner Bürger Negativ-Schlagzeilen hervorgerufen, während parallel dazu die Tschechoslowakische Sozialistische Republik die Lockerung von Ost-West-(Reise)Kontakten förderte und propagierte. Vor diesem Hintergrund war die SED-Spitze verstimmt über die Argumentation des ČSSR-Staatspräsidenten und Ersten Sekretärs der KPČ, Antonín Novotný, der Mitte April 1964 zur Frage der Öffnung der Grenzen für Westdeutsche sagte: „Wenn wir für die friedliche Koexistenz sind, dann müssen wir den Menschen auch Gelegenheit geben, die friedliche Koexistenz zu verstehen, dann müssen wir die Grenzen öffnen, damit sich die Menschen den Sozialismus ansehen können."[476] Auf eine Kritik der SED-Führung an der neuen Reise-Politik der ČSSR soll der KPČ-Chef Novotný aufgebracht entgegnet haben, „[ausgerechnet] die Deutschen heben schon wieder den Finger".[477]

Eine Botschaftsinformation aus Prag unterrichtete den SED-ZK-Apparat Mitte 1964 über den touristischen und privaten Reiseverkehr der ČSSR mit der Bundesrepublik und West-Berlin. Als Grund für die starke Ausweitung des Tourismus nannten auch die Botschaftsmitarbeiter die bestehenden ökonomischen Schwierigkeiten des Landes. So hieß es: „Die ČSSR-Regierung hofft, durch eine Reihe von Maßnahmen auf dem Gebiet der Touristik schnellstens den wirtschaftlichen Schwierigkeiten Herr zu werden."[478] Und zum Reiseverkehr allgemein weiter: „Es kann praktisch jeder Bürger aus dem kapitalistischen Ausland in die ČSSR innerhalb von 48 Stunden einreisen, wenn er nicht in der Sperrkartei der tschechoslowakischen Organe (Funktionäre der Revanchistenverbände, Strafverfolgte usw.)" steht.[479] Nicht ohne kritischen Unterton machte der Botschaftsbericht vom Juni 1964 darauf aufmerksam, daß jeder tschechoslowakische Staatsbürger grundsätzlich die Möglichkeit habe, touristische Reisen in jedes Land zu unternehmen, sofern er oder der Staat ausreichende Devisen vorweisen bzw. bereitstellen könnte.

---

[474] Vgl. Bericht über die Entwicklung des Reiseverkehrs in der ČSSR, 12. Februar 1965, in: SAPMO-BA DY 30 IV A 2/20/399.
[475] Vgl. Touristik, 1965, in: SAPMO-BA DY 30 IV A 2/20/399.
[476] Information Max Spangenberg an Walter Ulbricht, 14. April 1964, in: SAPMO-BA NY 4182/1230.
[477] Ebenda; vgl. auch Auszug aus der Rede Novotnýs vom 4. März 1964: Stellungnahme zum Westen allgemein, in: SAPMO-BA NY 4182/1230.
[478] Bericht über Maßnahmen der ČSSR auf dem Gebiet der Touristik und des Privatreiseverkehrs mit Westdeutschland und Westberlin, 9. Juni 1964, in: SAPMO-BA DY 30 IV A 2/20/396.
[479] Ebenda.

Da die Diplomaten nicht wagten, an der allgemeinen Tourismus- und Reisepolitik der ČSSR Kritik zu üben, argumentierten sie mit der „verheerend politisch-negativen Auswirkung" des Touristenverkehrs aus den westlichen Ländern auf die deutschsprachigen Bürger der ČSSR. Sie meinten zu wissen, daß es sich bei den westdeutschen Touristen vorwiegend „um Gewerbetreibende, Unternehmer und Intellektuelle" handelte, die zu 70 Prozent die Westgebiete der ČSSR besuchten, „da sie als ehemalige Umsiedler aus diesen Gebieten stammten".[480] Die Versicherung des ČSSR-Außenministeriums – dieser Touristenverkehr verlaufe ruhig und ohne Provokationen – stellten die DDR-Botschaftsleute als unglaubwürdig in Frage, indem sie ausführten: „Es gibt unsererseits Informationen, wo gerade Westdeutsche und Österreicher sehr häufig ins Grenzgebiet fahren, dort ihre ehemaligen Besitzungen aufsuchen, durch ihr Verhalten Unruhe unter der Bevölkerung stiften."[481]

Die SED-Ideologiekommission des ZK thematisierte Anfang 1965 die Tourismuspolitik der ČSSR. Auch sie war überzeugt, daß der größte Teil der Touristen in der ČSSR Vertriebene waren, die „frech auftraten und versuchten, die tschechoslowakische Bevölkerung einzuschüchtern. Sie waren oftmals gekommen, um vergrabene Gegenstände abzuholen."[482] Die ZK-Funktionäre verwiesen zudem auf eine „gezielte ideologische Diversion", die mit dem Touristenverkehr einherginge und sprachen davon, daß die „Abkapselung vieler deutschsprachiger tschechoslowakischer Bürger vom sozialistischen Leben in der ČSSR dem Gegner diese Möglichkeit [böte], ideologische Diversion zu betreiben".[483]

Verständnislos reagierten die SED-Organe auf die Untätigkeit der KPČ-Organe bei offensichtlich „revanchistischen Treffen" im tschechoslowakischen Grenzgebiet. Im Frühjahr 1964 erhielt das ZK der SED davon Kenntnis, daß im Kreis Sokolov (Falkenau), in dem alten Wallfahrtsort Maria Kulm, die alljährliche Pfingst-Wallfahrt stattfinden würde und die tschechoslowakischen Behörden mit der Teilnahme von zirka 10000 westdeutschen Touristen rechneten. Auf die SED-Anfrage, warum dieses „Revanchistentreffen" nicht verboten werde, antwortete die KPČ-Bezirksbehörde, daß die „Verträge mit Westdeutschland über den Reiseverkehr keine Möglichkeit böten", das Treffen zu verhindern.[484] Die tschechoslowakischen Organe sahen diese Ereignisse sehr viel gelassener.

Zusammenfassend werteten die Funktionäre der DDR-Botschaft in Prag und die zuständigen ZK-Funktionäre in Berlin die praktizierte Touristik- und Reisepolitik der ČSSR negativ: Diese neuen Maßnahmen würden nur dem einen Ziel dienen, „in möglichst kurzer Zeit die Einnahmen von Devisen zu erhöhen". Der Touristenverkehr aus dem westlichen Ausland in die ČSSR und die unkomplizierte Möglichkeit für tschechoslowakische Staatsbürger, ins „kapitalistische Ausland" fahren zu können, habe zu einem merklichen Anstieg von

---

[480] Ebenda.
[481] Ebenda. Mit zahlreichen Einzelbeispielen untermauerten die DDR-Funktionäre ihren Bericht, z. B.: „So waren Ostern 1964 in Eger/Cheb ehemalige Umsiedler, die jetzt in der Musikinstrumenten-Industrie im west-deutschen Grenzgebiet arbeiten, mit Omnibussen [...] dort und beherrschten den ganzen Ort, so daß die tschechoslowakischen Bewohner es vorzogen über die Feiertage nicht ihre Häuser zu verlassen. Von den tschechoslowakischen Einwohnern wurde verärgert festgestellt, daß die 1945 mit 50 kg Gepäck ausgesiedelten Deutschen heute mit großen Wagen und viel Geld als Touristen dort auftauchten." Ebenda.
[482] Touristik, 1965, in: SAPMO-BA DY 30 IV A 2/20/399.
[483] Ebenda; Protokoll der Parteiversammlung Botschaft Prag, 14. Februar 1964, in: SAPMO-BA DY 30 IV A 2/20/414.
[484] Vgl. SED-Bezirksleitung Karl-Marx-Stadt über die Partnerbezirke Ústí nad Labem und Plzeň, 16. April 1964, in: SAPMO-BA DY 30 IV A 2/20/391.

Anträgen tschechoslowakischer Staatsbürger deutscher Nationalität auf Übersiedlungen nach Westdeutschland geführt. Davon waren die DDR-Funktionäre überzeugt. Zudem machten sie auf eine neue Gefahr aufmerksam, die die tschechoslowakische Seite aber nicht interessierte: „Durch den verstärkten Reiseverkehr von der DDR und nun auch von Westdeutschland und Westberlin nach der ČSSR werden künftig häufiger organisierte Treffen westdeutscher und West-Berliner Bürger mit DDR-Bürgern auftreten, die nicht kontrolliert oder unterbunden werden können."[485]

Die Botschaftsberichte aus Prag verwiesen immer wieder auf das „anmaßende Auftreten vieler westdeutscher Touristen" in den Grenzgebieten der ČSSR, mußten aber auch zugeben, „daß leider auch viele DDR-Bürger, die als Touristen diese Bezirke [Plzeň (Pilsen) und České Budějovice (Budweis)] besuchen und vorwiegend früher in diesem Gebiet beheimatet waren, sich ebenfalls sehr überheblich verhalten und sich nicht von dem Verhalten westdeutscher Touristen unterscheiden".[486]

Die tschechoslowakische Bevölkerung stellte Mitte der 1960er Jahre häufiger Fragen an DDR-Touristen und DDR-Delegationsreisende, die mit den Vorgängen von Vertreibung und „Umsiedlung" der sudetendeutschen Bevölkerung in Zusammenhang standen. Man wollte u.a. wissen: „Wie wurde in beiden deutschen Staaten das Problem der Umsiedler gelöst? [...] Wie haben sich die Umsiedler in der DDR eingelebt, gibt es bei ihnen keine revanchistischen Überbleibsel im Denken? [...] Und – bilden die Landsmannschaften in Westdeutschland wirklich eine Gefahr für den Frieden?"[487]

Das DDR-Außenministerium wies ihre Botschaft in Prag im Juli 1966 an, eine genaue Analyse zu erstellen über die „Entwicklung der Übersiedlungen aus der ČSSR nach der DDR und nach der westdeutschen Bundesrepublik".[488] Die zuständigen Funktionäre mußten nach Berlin berichten, daß konkrete statistischen Übersichten nicht geliefert werden könnten, da die ČSSR-Behörden ihnen keine Auskünfte erteilten. Die DDR-Diplomaten wurden von der tschechoslowakischen Seite darauf verwiesen, daß diese Angelegenheit allein zwischen den Abteilungen „Internationale Verbindungen" des ZK der SED und der KPČ diskutiert würde.[489] So informierte die Prager DDR-Botschaft ihr Ministerium „nur über einige Aspekte der Übersiedlungen nach der DDR und Westdeutschland", die sie durch Unterredungen und offizielle Angaben in Erfahrung bringen konnten. Ende 1965 lebten nach Angaben des tschechoslowakischen Staates 134 000 Bürger deutscher Nationalität im Land, die Mehrheit davon in den nord- und westböhmischen Bezirken.[490] Die DDR rechnete mit einer Zahl von rund 140 000 tschechoslowakischen deutschsprachigen Staatsbürgern.[491]

---

[485] Bericht über Maßnahmen der ČSSR auf dem Gebiet der Touristik und des Privatreiseverkehrs mit Westdeutschland und Westberlin, 9. Juni 1964, in: SAPMO-BA DY 30 IV A 2/20/396; Touristik, 1965, in: ebenda, DY 30 IV A 2/20/399; Wolfgang Kießling, Bericht über seine Reise durch die ČSSR, 10. März 1964, in: ebenda, NY 4182/1230.
[486] Bericht über die Entwicklung des Reiseverkehrs in der ČSSR, 12. Februar 1965, in: SAPMO-BA DY 30 IV A 2/20/399.
[487] Erfahrungsaustausch SED-Bezirksleitung Suhl mit KPČ-Bezirksleitung Budweis 1966, in: SAPMO-BA DY 30 IV A 2/20/391; Fragen von ČSSR-Bürgern, Sommer 1964, in: ebenda, DY 30 IV A 2/20/394.
[488] Vgl. DDR-Botschaft Prag an das MfAA, 11. November 1966, in: PAAA MfAA C 521/76, Bl. 23–27.
[489] Vgl. ebenda, Bl. 23.
[490] Vgl. Botschaftsinfo aus Prag, 13. Dezember 1966, in: SAPMO-BA DY 30 IV A 2/20/402.
[491] Vgl. Information über Fragen der Nationalitätenpolitik der KPČ, September 1967, in: SAPMO-BA DY 30 IV 2/20/1177.

Ein Beschluß des ZK der KPČ von Januar 1966 hatte für private Besuchsreisen und für Übersiedlungen tschechoslowakischer Bürger insbesondere in die Bundesrepublik „in großem Umfang Erleichterungen" gebracht – so referierte die DDR-Botschaft an ihr Ministerium in Ost-Berlin. Wörtlich hieß es im Bericht dazu: „Genosse Novotny [KPČ-Chef] hat zwei Mal öffentlich (1965 und 1966) zu diesem Problem Stellung genommen und [...] erklärt, daß die ČSSR niemanden zurückhält, der nach 20jährigem Aufenthalt keine Bindung zum tschechoslowakischen Staat gefunden hat, gleichgültig ob er deutscher, tschechischer oder slowakischer Nationalität sei."[492] Mit Unverständnis verwiesen die DDR-Botschaftsmitarbeiter auf die gängige Meinung unter den tschechoslowakischen Staats- und Parteifunktionären, daß die Übersiedlungen in die Bundesrepublik als „wichtiger Schritt zur weiteren Konsolidierung in der ČSSR" betrachtet werde.

Die Zahl der Übersiedlungen in die „westdeutsche Bundesrepublik" steige laufend an, 1964 seien es rund 3 000 und 1965 schon rund 4 000 gewesen, wobei der Grund „Familienzusammenführungen" bei der Bewilligung von Ausreisen von der tschechoslowakischer Seite sehr weit ausgelegt werde, meinten die DDR-Funktionäre. Aus den Prager Redakteurskreisen der deutschsprachigen „Volkszeitung" hatten die DDR-Leute sogar erfahren, daß bis November 1966 „annähernd 60 000 Anträge auf Übersiedlungen nach der westdeutschen Bundesrepublik bei den tschechoslowakischen Organen eingereicht worden" wären.[493]

Die so hohe Zahl an Übersiedlungen in die Bundesrepublik erklärte sich die DDR-Seite mit der „aktiven und gezielten Diversionstätigkeit Westdeutschlands", die durch die „Westreisen" und den westdeutschen Tourismus gefördert werde. Zudem würden tschechoslowakische Bevölkerungsteile deutscher Nationalität mit „verlockenden Angeboten – Wohnungen, höhere Löhne, Altersversorgung, Entschädigungen, Lastenausgleich usw." – zur Übersiedlung in die Bundesrepublik animiert. Besonders die deutschsprachigen Bürger aus den westböhmischen Gebieten um Most (Brüx), Luby (Schönbach), Sokolov (Falkenau), Cheb (Eger), die in der Musikinstrumenten-, Lederhandschuh-, Bijouterie-Industrie arbeiteten, wurden nach Meinung der Ostdeutschen aus der Bundesrepublik als interessante Arbeitskräfte abgeworben.[494]

Ganz im Gegensatz zu den hohen Aussiedlungszahlen von ČSSR-Bürgern deutscher Nationalität in die Bundesrepublik stand die niedrige Anzahl von beantragten und genehmigten Übersiedlungen in die DDR. 1965 waren nur 313 Personen dauerhaft in die DDR gekommen, 1966 waren es sogar nur 199.[495]

Die Prager Botschaftsangehörigen aus der DDR befanden nach wie vor, daß es in der ČSSR bei der „Eingliederung deutschsprachiger Bürger in die tschechoslowakische sozialistische Gesellschaft" Schwierigkeiten gäbe,[496] nur bei den Kindern und Jugendlichen der Deutschsprachigen würde der Assimilierungsprozeß voranschreiten. Die Hindernisse einer besseren Integration lägen z. T. in ihrer wirtschaftliche Lage begründet. Die Landwirtschaft

---

[492] DDR-Botschaft Prag an das MfAA: Entwicklung der Übersiedlungen aus der ČSSR nach der DDR und nach der westdeutschen Bundesrepublik, 11. November 1966, in: PAAA MfAA C 521/76, Bl. 24.
[493] Vgl. ebenda, Bl. 24, 27.
[494] Vgl. ebenda, Bl. 25, 26.
[495] Vgl. ebenda, Bl. 27.
[496] Bericht aus dem Bezirk Ostrava vom Mai 1967: „Viele ehemalige Deutsche sind vor allem im [...] Hultschiner Ländchen vertreten, die auch heute noch [...] starke innere Beziehungen zu ‚Deutschland' haben.", in: SAPMO-BA DY 30 IV A 2/20/401.

in den von deutschen Bürgern besiedelten Grenzgebieten hatte noch nicht wieder den Vorkriegsstand erreicht, die Industrieanlagen waren veraltet und unrentabel.[497]

Im Herbst 1967 stellte die DDR-Botschaft „Informationen über die Nationalitätenpolitik der KPČ" zusammen. Erstmalig registrierte die DDR-Seite, daß ČSSR-Bürger deutscher Nationalität gleichrangig mit den anderen anerkannten nationalen Minderheiten – den Ungarn, Polen und Ukrainern – behandelt wurden. Faktisch, so hieß es 1967, werden nun auch die Deutschen als eine Minderheit gesehen.[498] Nach wie vor aber betrachteten die SED-Botschaftsfunktionäre die Übersiedlungszahlen von tschechoslowakischen Bürgern deutscher Nationalität in die Bundesrepublik mit Argwohn. Im Jahr 1967 sollen es nach ČSSR-Angaben 9 933 Personen gewesen sein.[499] Wieder verwiesen die DDR-Botschaftsangehörigen auf das „feindliche ideologische Einwirken aus Westdeutschland und Österreich". Die Kontakte zwischen den nun in der Bundesrepublik und den in der ČSSR lebenden „ehemaligen Sudetendeutschen" kämen fortlaufend über direkte persönliche Verbindungen durch den steigenden Tourismusverkehr, über Briefverbindungen und das Versenden von Zeitungen und anderen Druckerzeugnissen zustande.[500] Nach wie vor würden die tschechoslowakischen Staatsorgane den westdeutschen Einfluß auf ihre Bürger unterschätzen und ihn nicht unterbinden.

Die rasant einsetzenden Liberalisierungs- und Demokratisierungsbestrebungen in der tschechoslowakischen Gesellschaft im Frühjahr und Sommer 1968 begrüßten auch große Teil der deutschen Bevölkerung in der ČSSR. In der deutschsprachigen Sendung von „Radio Prag" vom 23. Mai 1968 hieß es dazu: „Die tschechoslowakischen Bürger deutscher Nationalität äußerten ihre volle Zustimmung zu dem Demokratisierungsprozeß in der ČSSR. Sie begrüßen die Entwicklung auf dem Weg der bürgerlichen Freiheiten und der gerechten Lösung der Nationalitätenfrage, wird in einer Resolution betont, die Bürger deutscher Nationalität in Varnsdorf [Warnsdorf] in Nordböhmen dem ZK der KPČ und der tschechoslowakischen Regierung übersandten. Sie erinnerten daran, daß in der ČSSR 120 000 Bürger deutscher Nationalität leben, die ihre Hoffnung zum Ausdruck bringen, daß jetzt auch die Frage dieser Nationalitätengruppe gerecht gelöst und in der neuen Verfassung verankert wird. Sie ersuchen um die Errichtung ihres kulturellen Instituts in Prag, um die Vertretung eines Repräsentanten der deutschen Nationalitätengruppe auch beim Zentralrat der Gewerkschaften. Die Bürger deutscher Nationalität stellen sich [...] hinter den Vorschlag der ungarischen Werktätigen in der ČSSR [...] in bezug auf die Gründung eines Nationalitätenausschusses bei der Nationalversammlung, in dem auch die deutsche Nationalitätengruppe vertreten wäre."[501]

Im Mai 1968 sprach der tschechische KPČ-Funktionär Josef Lenk mit DDR-Diplomaten über seine Sicht auf die Nationalitätenfrage.[502] Für ihn stand nach wie vor fest, „daß sich

---

[497] Vgl. Übersicht über einige Probleme der Entwicklung der sozialistischen Demokratie in der ČSSR, 18. Mai 1965, in: SAPMO-BA DY 30 IV A 2/20/399.
[498] Vgl. Information über Fragen der Nationalitätenpolitik der KPČ, September 1967, in: SAPMO-BA DY 30 IV 2/20/1177.
[499] Vgl. Übersicht der tschechoslowakischen Staatsbürger, die in die Bundesrepublik 1967/1968 übersiedelten, in: PAAA MfAA C 521/76, Bl. 38.
[500] Vgl. Information über Fragen der Nationalitätenpolitik der KPČ, September 1967, in: SAPMO-BA DY 30 IV 2/20/1177.
[501] Radio Prag, 23. Mai 1968, in: SAPMO-BA DY 30 IV A 2/20/1179.
[502] Vgl. Vermerk über ein Gespräch zwischen Genossen Bienert und Josef Lenk, 27. Mai 1968, in: PAAA MfAA C 678/72, Bl. 25, 26.

die deutsche Nationalität assimiliert habe oder ausgewandert ist".[503] Er befand es immer noch für richtig, daß keine deutschen Schulen in der ČSSR existierten. „Genosse Lenk bezeichnete die Politik der KPČ gegenüber dem Deutschunterricht in den Schulen [...] für richtig. Ein Parteibeschluß von 1956 ließ die Bildung von Deutsch-Zirkeln an den Schulen zu. Diese Zirkel wurden jedoch von den Kindern deutscher Nationalität in zu geringem Umfang genutzt, weil deren Eltern kein besonderes Interesse zeigten."[504]

Der KPČ-Gewerkschaftsfunktionär wollte die Ursachen für die „Unzufriedenheit der Deutschen" und ihre Bestrebungen auszusiedeln darin sehen, daß sie sich in der Öffentlichkeit und auf Ämtern und Behörden nicht ihrer Muttersprache bedienen durften. Auch gab er zu, daß die Nicht-Erwähnung der Deutschen als Minderheit in der Verfassung von 1960 ihr „Abseitsstehen in der Gesellschaft" begünstigt hätte.[505] Dies würde aber in einer künftigen Verfassung korrigiert werden.

Kritisch äußerte sich Lenk über die Bestrebungen der Redaktion der „Deutschen Volkszeitung", die Gründung eines deutschen Kulturinstituts in Prag voranzutreiben. Josef Lenk berichtete, daß das ZK der KPČ die Verantwortlichen der „Volkszeitung"[506] gewarnt habe, die Gründung einer solchen deutschen Kulturinstitution zu forcieren. Lenk in der Unterredung wörtlich: „Die Parteiführung und andere Genossen halten sich gegenwärtig im [...] diffizilen Prozeß der Nationalitätenfrage zurück [...], obwohl [...] viele gegen ein solches [...] Kulturinstitut sind. Gegen diese Gründung würden keine Einwände erhoben, wenn es nur ein Deutschland, nämlich die DDR, gäbe. Bei dem zweigeteilten Deutschland sei dies jedoch kompliziert, und man wisse nicht, wohin diese Institution geht – wahrscheinlich nicht in Richtung des progressiven, sozialistischen Deutschland [...]."[507] Einige der führenden konservativen KPČ-Funktionäre fürchteten den Einfluß der Bundesrepublik auf eine solche deutsche Kulturinstitution, die die liberaleren Funktionäre längst für die deutsche Minderheit einforderten.

Die dramatischen Ereignisse vom August 1968 in der ČSSR, die Niederschlagung des „Prager Frühlings" durch Truppen des Warschauer Vertrages unter Führung der Sowjetunion, wirkte sich auch auf die Gruppe der ČSSR-Bürger deutscher Nationalität aus. Es kam zu einer großen Ausreisewelle in die Bundesrepublik und nach Österreich. Die Bundesrepublik sprach von 11 000 ČSSR-Deutschen, die 1968 in der Bundesrepublik aufgenommen worden waren. „In den Ulbricht-Staat wollte niemand", schrieb die Hamburger Tageszeitung „Die Welt" am 10. Januar 1969.[508] Von den ČSSR-Organen nach den Auswanderungsgründen gefragt, gaben 35 Prozent den „höheren Lebensstandard in Westdeutschland" an, 32 Prozent „den politisch ungünstigen Ausgang der Augustereignisse", 14 Prozent die „völlige politische Unsicherheit" in der ČSSR, und neun Prozent nannten als Umsiedlungsgrund die Familienzusammenführung. Die ausgesiedelten wie die verbliebenen ČSSR-

---

[503] Ebenda, Bl. 26.
[504] Ebenda.
[505] Vgl. ebenda, Bl. 26, 27.
[506] Wegen der Berichterstattungen der Prager „Volkszeitung" über die politische Entwicklung und die Demokratisierungsbestrebungen in der ČSSR verbot die SED zum 1. Juni 1968 Verkauf und Verteilung der Zeitung in der DDR. Vgl. Radio Prag am 16. April und am 31. Mai 1968, in: SAPMO-BA DY 30 IV A 2/20/1179.
[507] Vermerk über ein Gespräch zwischen Genossen Bienert und Josef Lenk, 27. Mai 1968, in: PAAA MfAA C 678/72, Bl. 28.
[508] Vgl. Immer mehr Deutsche verlassen die Tschechoslowakei. 11 000 siedeln jährlich in die Bundesrepublik um, in: Die Welt, Hamburg, 10. Januar 1969; (auch in: PAAA MfAA A 13861, Bl. 5).

Deutschen meinten allerdings zu 80 Prozent auch, daß es in der tschechoslowakischen Gesellschaft keine Diskriminierung der Bürger deutscher Nationalität mehr gäbe, nur 20 Prozent fühlten sich auf den Gebieten des Schulwesens und der Kultur benachteiligt.[509]

Die SED-Botschaftsfunktionäre aus Prag meldeten nach Ost-Berlin, daß von August 1968 bis Ende März 1969 knapp 24000 tschechoslowakische Bürger deutscher Nationalität dauerhaft in die Bundesrepublik gegangen waren.[510] Im Bericht hieß es: Nach Angaben des Statistischen Jahrbuchs der ČSSR „lebten 1968 124000 tschechoslowakische Bürger deutscher Nationalität in der ČSSR. […] Nach aktuellen Angaben kann jedoch als sicher gelten, daß auf Grund der Abwanderung nach Westdeutschland und anderen westlichen Ländern die Zahl der tschechoslowakischen Bürger deutscher Nationalität etwa noch knapp über 100000 beträgt."[511] Bis 1974 verringerte sich ihre Zahl auf zirka 80000.[512]

Die SED-Analyse besagte, daß diese ČSSR-Deutschen sich weiterhin in Nord- und Westböhmen konzentrierten, und daß zirka 40 Prozent von ihnen bereits im Rentenalter waren. Die Facharbeiter unter ihnen arbeiteten in der Glas- und metallverarbeitenden Industrie und im Bergbau. Arbeiter in der Landwirtschaft und Angehörige der Intelligenz waren wenig vertreten. Die SED ging davon aus, daß durch die offizielle tschechoslowakische Assimilierungspolitik die Verbundenheit mit der deutschen Sprache und Kultur bei der Altersgruppe der unter 40-Jährigen schwach entwickelt sei.[513] In politischer Hinsicht unterschied sich nach SED-Sicht die Gruppe der Deutschen nicht von denen der anderen Bevölkerungsteile in der ČSSR. Nur eine sehr kleine Gruppe der Bürger deutscher Nationalität seien „aktive Antifaschisten und Kommunisten" bzw. positiv zum sozialistischen Aufbau in der ČSSR eingestellt. Eine relativ große Gruppe hingegen stehe „unter dem Einfluß der politischen Manipulierung nach dem Januar 1968 und langandauernder und intensiver ideologischer Beeinflussung aus Westdeutschland" und sei „mehr oder weniger empfänglich für antisozialistische Gedanken".[514] Eine dritte Gruppe der ČSSR-Bürger deutscher Nationalität wäre politisch desinteressiert und daher auch anfällig für einen möglichen „Einfluß rechter Kräfte und westdeutscher Propaganda, […] die durch gelenkte materielle Unterstützung verstärkt" werde. Eine sehr kleine Anzahl von ČSSR-Deutschen bildeten nach Überzeugung der SED ein „antisozialistisches Zentrum, um konterrevolutionäre Ziele" zu verfolgen.[515] Insgesamt gesehen glaubte die SED-Führung, nach den Prager Ereignissen von 1968 kein bzw. nur sehr wenig politisches Vertrauen in die tschechoslowakischen Bürger deutscher Nationalität setzen zu dürfen.

Während und im Gefolge des „Prager Frühlings" hatten zuständige SED- und KPČ-Funktionäre über „Fehler in der Vergangenheit auf dem Gebiet der Nationalitätenpolitik" in der ČSSR gesprochen:[516] Übereinstimmung herrschte in der Feststellung, daß es nach der

---

[509] Vgl. ebenda.
[510] Vgl. Konzeptionelle Überlegungen zur Zusammenarbeit der DDR mit der Kulturorganisation ČSSR-Bürger deutscher Nationalität, 20. März 1969, in: PAAA MfAA C 1115/73, Bl. 73.
[511] Ebenda; Gespräch im MdI der ČSSR, 15. Oktober 1968, in: SAPMO-BA DY 30/3624.
[512] Vgl. Vorgehen gegenüber den tschechoslowakischen Staatsbürgern deutscher Nationalität, 10. Mai 1974, in: PAAA MfAA C 1343/77, Bl. 3.
[513] Vgl. ebenda; Konzeptionelle Überlegungen zur Zusammenarbeit der DDR mit der Kulturorganisation ČSSR-Bürger deutscher Nationalität, 20. März 1969, in: PAAA MfAA C 1115/73, Bl. 74.
[514] Konzeptionelle Überlegungen zur Zusammenarbeit der DDR mit der Kulturorganisation ČSSR-Bürger deutscher Nationalität, 20. März 1969, in: PAAA MfAA C 1115/73, Bl. 74.
[515] Ebenda.
[516] Vgl. Entstehung, Entwicklung, Perspektiven des Kulturverbandes der Bürger deutscher Nationalität in der ČSSR, Prag, 22. Juni 1971, in: SAPMO-BA DY 30 IV A 2/20/1180.

Annahme der Verfassung von 1960 zur Verschlechterung, ja sogar zur Aufgabe der politischen Arbeit unter den Deutschen in der ČSSR gekommen war, und daß es Bestrebungen zu einer zwangsweisen Assimilierungspolitik gegeben hatte. Die tschechoslowakischen Parteifunktionäre bedauerten nun, daß die Nichterwähnung der Deutschen als eine Minderheit in der Verfassung zur Entlassung Duzender hauptamtlicher deutschsprachiger KPČ-Mitarbeiter in der Gewerkschaft und anderen Organisationen geführt hatte. Wörtlich weiter: „Im Jahre 1964 z. B. führte man [in der ČSSR] bereits einen Kampf gegen den Gebrauch der deutschen Sprache; [Es kam] zur Entlassung von tschechischen Funktionären, die sich mit der Arbeit unter den Deutschen befaßten [und zur] Liquidierung deutscher Bücherabteilungen in den Volksbibliotheken; [Es kam zum] Kampf gegen Versammlungen, wo deutsch gesprochen wurde usw. Auch laufende deutsche Sprachzirkel an den Schulen wurden behindert und teilweise mit fadenscheinigen Begründungen – kein Geld, keine Lehrkräfte – im Sokolover Bezirk eingestellt. Natürlich merkten die deutschen Bürger unseres Landes diese für sich sehr zum schlechteren veränderte Situation. Die Aussiedlungswelle, teilweise noch von tschechischer Seite gefördert – Redensarten wie: ,alle Deutschen können aussiedeln' oder ,warum siedelt ihr nicht aus?' – förderten diese Entwicklung, und so kam es zur Massenabwanderung."[517] Dieses tschechoslowakische Eingeständnis einer verfehlten Politik bezüglich der deutschen Minderheit gab den Blick frei auf die tatsächliche Situation der Deutschen in der ČSSR in den 1960er Jahren.

Nach dem Ende des „Prager Frühlings" wurde zur Stabilisierung der politischen Lage in der tschechoslowakischen Gesellschaft und unter dem Bevölkerungsteil der ČSSR-Deutschen – auch um die Zahl der Aussiedlungen einzudämmen – am 28. Oktober 1968 das neue Verfassungsgesetz Nummer 144 „Über die Stellung der Nationalitäten" in der ČSSR angenommen. Mit diesem Gesetz erhielten die tschechoslowakischen Staatsbürger deutscher Nationalität den Status einer Minderheit, gleich den anderen Minderheiten in der ČSSR. Von da an konnte auch von offizieller staatlicher Seite von einer deutschen Minderheit in der ČSSR gesprochen werden.[518]

Dieses neue Verfassungsgesetz sah eine prozentuale Vertretung der Nationalitäten in den politischen, den repräsentativen und allen anderen staatlichen Organen vor. Auch die ČSSR-Bürger deutscher Nationalität hatten von nun an Anspruch auf Bildungsmöglichkeiten in deutscher Sprache, auf die Benutzung der deutschen Sprache im Umgang mit staatlichen und anderen Behörden, auf die Entwicklung ihres eigenen kulturellen Lebens, auf eine Mitgliedschaft in einer gesellschaftlich-kulturellen Organisationen ihrer Nationalität und auf die Herausgabe von eigenen Presseerzeugnissen sowie auf die Nutzung von Massenkommunikationsmitteln.[519] Der Wunsch der deutschen Minderheit nach einer eigenen Kulturorganisation, um über politische und kulturelle Probleme in deutscher Sprache informiert zu werden, die deutsche Kultur und Bildung zu pflegen sowie ein noch immer starkes Gefühl der Verbundenheit untereinander[520] erfüllte sich erst im Juni 1969.

---

[517] Ebenda.
[518] Vgl. Vorgehen gegenüber den tschechoslowakischen Staatsbürgern deutscher Nationalität, 10. Mai 1974, in: PAAA MfAA C 1343/77, Bl. 4.
[519] Vgl. Zu den Rechten der nationalen Minderheiten in der ČSSR, 4. Oktober 1969, in: PAAA MfAA A 13861, Bl. 2.
[520] Vgl. Sendung „Osteuropa und wir", München, 21. September 1968, in: SAPMO-BA DY 30 IV A 2/20/ 1169; Pläne zur Gründung einer deutschen Kulturorganisation, 16. September 1968, in: PAAA MfAA A 13861, Bl. 16, 17.

Die tschechoslowakischen Staatsbehörden und auch die SED-Spitze mißtrauten solch einer deutschen Vereinigung. Die ČSSR-Behörden hegten insgesamt politische Bedenken – basierend auf den Erfahrungen von 1938 bis 1945 – gegen eine rein deutsche Organisation; die SED fürchtete einen starken Einfluß der Bundesrepublik auf diese Kulturorganisation.

Der konstituierende Kongreß des „Kulturverbands der Bürger deutscher Nationalität der ČSSR" – kurz „Kulturverband" – fand am 14. Juni 1969 statt.[521] Die neue Organisation konnte im Rahmen der Nationalen Front wirken. Eine Legitimierung des Verbandes durch die staatlichen Organe der ČSSR fand zunächst nicht statt.[522]

SED-Apparat und Außenministerium nahmen im Vorfeld der Gründung des „Kulturverbandes" sehr distanziert zu diesen Plänen Stellung. Zunächst unterstrichen sie, daß die Bildung einer Kulturorganisation der deutschsprachigen Minderheit in der ČSSR als „innerstaatliche Angelegenheit" der Tschechoslowakei gewertet werde. Die SED warnte anschließend die KPČ-Spitze eindringlich: Die DDR-Regierung „weist angesichts des Echos, das die Aktivitäten zur Bildung der Kulturorganisation […] bei den herrschenden Kreisen Westdeutschlands und insbesondere auch bei der Sudetendeutschen Landsmannschaft und bei anderen Revanchistenverbänden hervorgerufen hat, auf die Gefahr hin, die von diesen Kräften droht. Der westdeutsche Imperialismus wird bemüht sein, diese Kulturorganisation zu einer […] Trägerinstitution seiner aggressiven Einmischungspolitik in die inneren Angelegenheiten der ČSSR zu machen und sie zur Befriedigung seines Vormachtstrebens in Europa zu mißbrauchen. […] Die zwischen der […] westdeutschen Revanchistenbewegung und Kreisen der deutschsprachigen Minderheit in der ČSSR bestehenden persönlichen Kontakte werden von westdeutscher Seite systematisch intensiviert."[523]

Die SED sah in der deutschen Minderheit in der ČSSR und ihrem neuen Kulturverband ein nicht zu unterschätzendes Sicherheitsrisiko, da zwischen den Angehörigen der deutschsprachigen Minderheit in der ČSSR nicht nur viele enge persönliche Kontakte in die Bundesrepublik, sondern auch in die DDR bestanden. Die SED-Führung wünschte konkrete Absprachen mit der KPČ darüber, wie der Einfluß bundesdeutscher Kreise auf die deutschsprachige ČSSR-Bevölkerung und die zu gründende Kulturorganisation möglichst gering gehalten werden könne, und welche konkrete Unterstützung die DDR für den Aufbau des Kulturverbands leisten sollte.[524] Dabei dachte man an den Austausch von Kulturgruppen und Theaterensembles, an das Bereitstellen von deutschen Zeitungen, Zeitschriften, belletristischer Literatur sowie Kinofilmen und Sendungen des DDR-Fernsehens und Rundfunks. Zudem bot die DDR an, „um dem zweifellos vorhandenen Interesse an der deutschen Sprache" Rechnung zu tragen, dem Germanistik-Institut „Johann Gottfried Herder" in Leipzig und dem Verlag Volk und Wissen Aufträge zu erteilen, Lehrmaterialien für den Deutschunterricht für die ČSSR-Bürger deutscher Nationalität zu erarbeiten.[525]

---

[521] Vgl. Statuten des Kulturverbandes der Bürger deutscher Nationalität der ČSSR, 28. April 1969, in: SAPMO-BA DY 30 IV A 2/20/1180.
[522] Das ZK der KPČ wechselte am 20. November 1970 die Zentralleitung des Kulturverbandes in Prag aus, säuberte – wie es zeitgenössisch hieß – die „Zentrale von rechten, parteifeindlichen Kräften und setzte neue Genossen ein". Entstehung, Entwicklung und Perspektiven des Kulturverbandes der Bürger deutscher Nationalität in der ČSSR, 22. Juni 1971, in: SAPMO-BA DY 30 IV A 2/20/1180.
[523] Stellung der DDR zur Bildung einer Kulturorganisation der deutschsprachigen Minderheit in der ČSSR, 5. November 1968, in: PAAA MfAA C 1115/73, Bl. 83.
[524] Vgl. ebenda, Bl. 84.
[525] Vgl. Konzeptionelle Überlegungen zur Zusammenarbeit der DDR mit der Kulturorganisation ČSSR-Bürger deutscher Nationalität, 20. März 1969, in: PAAA MfAA C 1115/73, Bl. 77–80.

Die SED gab der tschechoslowakischen Seite zu verstehen, daß sie es nicht wünschte, daß der „westdeutsche Imperialismus" sich ähnlich wie 1968 in die ČSSR-Gesellschaft in den im Aufbau befindlichen Kulturverband der Deutschen einmischen werde.[526] Die DDR wollte unbedingten politischen Einfluß auf die Kulturorganisation gewinnen mit dem Ziel, „die tschechoslowakischen Bürger deutscher Nationalität für den sozialistischen Aufbau in der ČSSR" zu motivieren.[527] Andererseits würde sich die DDR einer Zusammenarbeit und Unterstützung des Kulturverbandes verweigern.

In den folgenden Jahren, bis zirka Mitte der 1970er Jahre, entwickelte sich der „Kulturverband der Bürger deutscher Nationalität der ČSSR" und dessen Zusammenarbeit mit der DDR nicht nach den Vorstellungen der SED. Als politisch dramatisch schätzte der SED-Apparat diese Entwicklung nicht ein, denn es hatten sich bis Mitte 1974 nur knapp 17 Prozent vorwiegend älterer ČSSR-Bürger deutscher Nationalität dort organisiert. Es existierten 66 regionale Organisationen mit zirka 8 800 Mitgliedern.[528]

Ein drängendes Problem blieb für die DDR nach der Aufnahme diplomatischer Beziehungen zwischen der ČSSR und der Bundesrepublik Deutschland im Juni/Dezember 1973 die kontinuierliche, wenn auch zahlenmäßig nicht große Auswanderung von ČSSR-Deutschen in die Bundesrepublik. 1972 siedelten 655, 1973 520 Personen in die Bundesrepublik über.[529] Die Zahlen blieben bis zum Ende der 1980er Jahre konstant.[530] Übersiedlungen in die DDR fanden kaum statt, ausgenommen einzelne Fälle von Familienzusammenführungen.

Der Anfang 1972 zahlenmäßig stark zunehmende (paß- und visumfreie) Touristenverkehr zwischen der DDR und der ČSSR brachte keine Probleme, die auf verstärkte Besuchsreisen von „ehemaligen sudetendeutschen Umsiedlern" aus der DDR in ihre früheren Heimatregionen zurückgingen. Die Berichte des Staatssicherheitsdienstes über diesen Reiseverkehr enthielten keine Vermerke über etwaigen negativen „Vertriebenentourismus".[531]

Die SED-Führung sah in der Stellung der deutschen Minderheit in der ČSSR eine latente politische Gefahr. Die fast unbeschränkten Reisemöglichkeiten der ČSSR-Deutschen in die Bundesrepublik und in die DDR, und die Möglichkeit West- und Ostdeutscher – in diesem Falle vor allem vertriebener Sudetendeutscher – sich in ihren Heimatorten in den nord- und westböhmischen Grenzregionen zu treffen und damit nicht zu kontrollierende deutsch-deutsche Kontakte zu pflegen, schien der SED ein gewisses Sicherheitsrisiko zu

---

[526] Vgl. Gespräch mit dem Chefredakteur der Prager Volkszeitung, 24. Oktober 1968, in: PAAA MfAA C 1115/73, Bl. 89.
[527] Vgl. Konzeptionelle Überlegungen zur Zusammenarbeit der DDR mit der Kulturorganisation ČSSR-Bürger deutscher Nationalität, 20. März 1969, in: PAAA MfAA C 1115/73, Bl 77.
[528] Vgl. Vorgehen gegenüber den tschechoslowakischen Staatsbürgern deutscher Nationalität, 10. Mai 1974, in: PAAA MfAA C 1343/77, Bl. 4; Entstehung, Entwicklung und die weiteren Perspektiven des Kulturverbandes der Bürger deutscher Nationalität in der ČSSR, Prag, 22. Juni 1971, in: SAPMO-BA DY 30 IV A 2/20/1180.
[529] Vgl. Vorgehen gegenüber den tschechoslowakischen Staatsbürgern deutscher Nationalität, 10. Mai 1974, in: PAAA MfAA C 1343/77, Bl. 5.
Die Bundesrepublik erwartete nach Aufnahme der diplomatischen Beziehungen mit der ČSSR 25 000 aussiedlungswillige tschechoslowakische Bürger deutscher Nationalität. Vgl. ebenda.
[530] 1988 waren es 949, 1989 2 027. Vgl. Klaus J. Bade, Aussiedler – Rückwanderer über Generationen hinweg, S. 129.
[531] Vgl. Beschluß zur Analyse über die Erfahrungen des paß- und visumfreien Reiseverkehrs DDR/VRP und DDR/ČSSR, 1972, in: BAB DC 20 I/4 2652, Bl. 140–156; Material für das SED-Politbüro: Problem Reiseverkehr DDR-ČSSR, 22. Februar 1972, in: BStU MfS AS Nr. 155/74, Bd. 26, Bl. 295–207.

sein – auch wenn es insgesamt gesehen so hoch nicht bewertet wurde: Ein SED-Bericht von Mai 1974 hielt fest: „Der politische Einfluß der BRD auf die tschechoslowakische Bevölkerung deutscher Nationalität wirkt sehr differenziert, mit unterschiedlichsten Mitteln, durch relativ breit vorhandene Verwandtschaftsbeziehungen, touristische Kontakte, über westdeutsche [Fernseh- und Rundfunk-]Sender […] Die qualitative Einschätzung dieses Einflusses ist sehr kompliziert. Generell kann gesagt werden, daß trotz latenter Wirkung dieser Einflußmöglichkeiten die überwiegende Mehrheit der ČSSR-Bürger deutscher Nationalität gegenüber dem sozialistischen tschechoslowakischen Staat loyal auftritt und ihre staatsbürgerlichen Pflichten erfüllt."[532]

Eine politisch-kulturelle Einflußnahme der DDR auf die deutsche Minderheit in der ČSSR fand nur sehr zurückhaltend statt. Sie war von der ČSSR nicht sonderlich erwünscht. 1974 lautete der Standpunkt im SED-Apparat: „Grundsätzlich erfolgen Aktivitäten nur auf Initiative der tschechoslowakischen Seite in Abstimmung mit den zuständigen Organen der KPČ und den staatlichen Organen der ČSSR. Sie betreffen […] Vortragstätigkeiten, das Vorführen von Filmen und den Literaturvertrieb."[533]

Die SED-Staatspartei wurde auch in den 1970er und 1980er Jahren nicht müde, die „Revanchismusgefahr" der Bundesrepublik zu beschwören, insbesondere den Einfluß der Sudetendeutschen Landsmannschaft auf die ČSSR-Bürger deutscher Nationalität und alle „ehemaligen sudetendeutschen Umsiedler" in der DDR.[534]

Ein im SED-Auftrag erstellter MfS-Sachstandsbericht über „die besonders gefährliche Organisation ‚Sudetendeutsche Landsmannschaft'" von 1971/72 besagt: Der grenzüberschreitende Post- und Reiseverkehr der Sudetendeutschen Landsmannschaft werde benutzt, „um organisierte Treffen auf dem Gebiet der DDR zwischen […] Angehörigen der ‚Sudetendeutschen Landsmannschaft' und Personen in der DDR, die in dem ehemaligen ‚Sudetengau' wohnhaft waren, zu organisieren".[535] Die „Sudetendeutsche Landsmannschaft' arbeitet weiterhin zielgerichtet daraufhin, bei Personen und Personengruppen in der DDR [und ČSSR] alte revanchistische Einstellungen zu erhalten und weiter zu entwickeln sowie solche Einstellungs- und Verhaltensweisen […] auch bei jungen Menschen neu hervorzurufen und zu entwickeln".[536]

Die SED-Führung in Ost-Berlin interessierte sich zu Beginn der 1970er Jahre relativ wenig für die deutsche Minderheit in der ČSSR und ihre Belange. Sie hegte kein großes politisches Vertrauen in die verbliebenen zirka 80 000 tschechoslowakischen Staatsbürger deutscher Nationalität. Sie befürwortete keine Übersiedlungen in die DDR, zumal die ČSSR-Deutschen auch nicht in die DDR gehen wollten. Die DDR-Führung hätte es gerne gesehen, wenn sich diese Deutschen in die tschechoslowakische Gesellschaft assimiliert hätten, um sich, wie es hieß, „aktiv am Aufbau der sozialistischen ČSSR-Gesellschaft" zu beteiligen. Wegen der vielfältigen verwandtschaftlichen Kontakte und Verbindungen der ČSSR-Deutschen in die Bundesrepublik wollte die SED-Führung diese Bevölkerungsgruppe zur eigenen Bevölkerung auf Distanz halten, insbesondere zu den „ehemaligen Umsied-

---

[532] Vorgehen gegenüber den tschechoslowakischen Staatsbürgern deutscher Nationalität, 10. Mai 1974, in: PAAA MfAA C 1343/77, Bl. 6.
[533] Ebenda.
[534] SED, MfS, Landsmannschaften und „Umsiedler" in der DDR sind Thema des folgenden Kapitels.
[535] MfS-Sachstandsbericht 1971/72, in: BStU MfS Rep. 2/225, Bl. 4.
[536] Ebenda, Bl. 6; vgl. Der BdV und die konterrevolutionären Vorgänge in der ČSSR, in: MfS-Dossier: Der landsmannschaftliche Revanchismus in der Ostpolitik der Regierung der Großen Koalition (1982), in: BStU MfS ZKG Nr. 3520, Bl. 114–124.

lern" aus den sudetendeutschen Gebieten. In den Grenzgebieten zwischen der DDR zur ČSSR gelang dies kaum, was aber zu keinen politischen Zwischenfällen führte.

3. Deutsche in der Sowjetunion[537]

Vor Beginn des Zweiten Weltkrieges lebten rund 2 Millionen Deutsche auf dem Territorium des Deutschen Reiches, das nach 1945 Staatsgebiet der Sowjetunion wurde. Das waren Deutsche aus dem nördlichen Ostpreußen und dem Memelgebiet[538] sowie die Baltendeutschen aus Estland, Lettland, Litauen.

Des weiteren lebten seit ein bis zwei Jahrhunderten einige Hunderttausend deutsche Kolonisten im russischen, dann im sowjetischen Vielvölkerstaat. Dazu zählten vor 1941 die rund 400 000 bis 600 000 Wolgadeutschen, die etwa 120 000 Wolhyniendeutschen, die 93 000 Deutschen aus Bessarabien und die zirka 48 000 Kaukasiendeutschen.[539] Diese deutschen Siedler waren russische bzw. sowjetische Staatsbürger deutscher Nationalität. Die Siedlungsgeschichte der sogenannten Wolgadeutschen im zaristischen Rußland begann unter der Zarin Katharina II. in den Jahren 1763 bis 1767, die der Wolhyniendeutschen, der Bessarabien- und der Kaukasiendeutschen erst zwischen den 1820er und 1830er Jahren. Die Wolgadeutschen lebten seit 1924 in einer Autonomen Sozialistischen Sowjetrepublik. Nach dem Überfall des nationalsozialistischen Deutschland auf die Sowjetunion am 22. Juni 1941 wurden die Wolgadeutschen und die Kaukasiendeutschen sowie alle Sowjetbürger deutscher Nationalität, insgesamt zirka 1,1 Millionen Menschen, kollektiv der Kollaboration mit NS-Deutschland beschuldigt und auf Erlaß des Obersten Sowjets der UdSSR vom 28. August 1941 nach Zentralasien (Kasachstan) bzw. Sibirien deportiert, dort zwangsangesiedelt[540] und unter Polizeiaufsicht gestellt. Sie wurden ihrer staatsbürgerlichen Rechte beraubt und z. T. zur Zwangsarbeit eingesetzt. Erst 1956 rehabilitierte die KPdSU-Führung die Sowjetbürger deutscher Nationalität. Diese erhielten ihre staatsbürgerlichen

---

[537] Die Thematik „Deutsche in der Sowjetunion" nach 1945 wird in einem kurzen Exkurs behandelt, da die besondere Beziehung bzw. die politische Abhängigkeit zwischen der „sozialistischen Führungsmacht" UdSSR und (dem besiegten und besetzten) Teil Deutschlands, der SBZ/DDR, dies für sinnvoll erscheinen läßt.
Auf das Schicksal der Deutschen, ihre Flucht, Vertreibung, „Umsiedlung" aus oder ihr Verbleiben in Rumänien (vor dem Zweiten Weltkrieg zirka 750 000), Ungarn (zirka 600 000) und Jugoslawien (zirka 550 000) wird hier nicht eingegangen. SED-Archivunterlagen über die Stellung der DDR zur deutschsprachigen Minderheit in Rumänien finden sich z. B. in: SAPMO-BA DY 30 IV 2/20/191; DY 30 J IV 2/2J/3378; vgl. auch Heinz Günter Steinberg, Die Bevölkerungsentwicklung in Deutschland, S. 126–131; Marion Frantzioch, Die Vertriebenen, S. 28–43.
Vgl. Manfred Weinhold, Deutschlands Gebietsverluste 1919–1945. Handbuch und Atlas, Kiel 2001.
[538] Zur Erinnerung seien einige deutsche Städte in diesem Gebiet genannt: Königsberg (Kaliningrad) mit 1939 zirka 372 000 Einwohnern; Eydtkau (Tschalow), Gumbinnen (Gussew), Insterburg (Tschernjachowsk), Memel (Klaipeda), Pillau (Baltisk), Tilsit (Sowjetsk). Vgl. Ortsbezeichnungen: Frühere deutsche Ostgebiete, März 1982, in: BStU MfS HA XX/4, 1787, Bl. 23.
[539] Vgl. Lothar Wieland, Das Bundesministerium für Vertriebene, Flüchtlinge und Kriegsgeschädigte, S. 13f.; Klaus J. Bade, Aussiedler – Rückwanderer über Generationen hinweg, S. 128ff.; Ute Schmidt, Die Deutschen aus Bessarabien, S. 13ff.
http://de.wikipedia.org/wiki/Wolgadeutsche; http://de.wikipedia.org/wiki/Wolhynien; http://de.wikipedia.org/wiki/Kaukasiendeutsche;
[540] Diese Zwangsansiedlung erfolgte in der Kasachischen, Kirgisischen, Tadshikischen und Usbekischen Sozialistischen Sowjetrepublik sowie in den Gebieten Nowosibirsk und Tjumen.

Rechte zurück, einschließlich der Möglichkeit der Pflege ihrer deutschen Sprache und Kultur. Der Kollektivvorwurf der Kollaboration wurde erst 1964 offiziell zurückgenommen. In ihre angestammten Siedlungsgebiete durften die Sowjetbürger deutscher Nationalität nicht zurückkehren.[541]

Anders verlief die Geschichte der Wolhyniendeutschen oder der Bessarabiendeutschen sowie der Baltendeutschen. Im Gefolge des Hitler-Stalin-Paktes vom August 1939 und den darauf beruhenden bilateralen Verträgen zwischen dem Deutschen Reich einerseits und Estland (15. Oktober 1939), Lettland (30. Oktober 1939) bzw. der Sowjetunion (16. November 1939 und 5. September 1940) andererseits wurden in NS-Aktionen unter dem Motto „Heimkehr ins Reich" größere Teile der Baltendeutschen (bis 1941 zirka 130000 Deutsche), der Wolhynien- und Bessarabiendeutschen (1940 insgesamt zirka 150000 Deutsche) ins damalige „Reich" umgesiedelt und damit wieder zu Staatsbürgern des Deutschen Reiches. Vorwiegend siedelte man sie im sogenannten Reichsgau Wartheland und in Westpreußen an, bevor sie im Gefolge der Kriegsereignisse im Laufe der Jahre 1943 und 1944 vor der heranrückenden Front und der Roten Armee flohen oder in die SBZ bzw. in die drei westlichen Besatzungszonen Deutschlands vertrieben wurden.[542]

Über eine große Evakuierungs- und Fluchtbewegung noch während des Krieges bzw. durch eine umfassende Vertreibung der deutschen Bevölkerung aus Ostpreußen und dem Memelgebiet bis 1949/50 verblieben nur geschätzt einige Tausend „Reichsdeutsche" in dieser Region unter sowjetischer Herrschaft.[543] Die Hunderttausende nach Zentralasien und Sibirien zwangsdeportierten Sowjetbürger deutscher Nationalität galten in den Augen der sowjetischen Staatsmacht nicht als deutsche Staatsbürger.

Die sowjetische Partei- und Staatsführung erklärte die „Umsiedlungen" von Deutschen aus ihrem neuen Staatsgebiet 1949 für abgeschlossen.[544] Mitte 1951 wurde zum ersten Mal aktenkundig, daß sich die SED-Führung in Moskau um die „Ausreise einzelner deutscher Bürger" aus der Sowjetunion bemühte. Der DDR-Missions-Mitarbeiter in Moskau Markus Wolf[545] besprach am 19. Juli 1951 in Moskau dieses Thema mit seinem aus Ost-Berlin angereisten Vorgesetzten Anton Ackermann[546], Staatssekretär im DDR-Außenministerium. Ein Vermerk über diese Unterredung hielt fest: „Zu den in den baltischen Republiken, in Wolhynien und Bessarabien gebürtigen Deutschen, die 1939/40 die deutsche Staatsbürgerschaft erhalten haben, erklärte der Staatssekretär [Ackermann], die Mission könne von

---

[541] Vgl. Zu einigen Fragen der deutschen Minderheit in der UdSSR, Moskau, 9. September 1968, in: PAAA MfAA C 1122/71, Bl. 15–19.
[542] Vgl. Heinz Günter Steinberg, Die Bevölkerungsentwicklung in Deutschland, S. 111–113; Klaus J. Bade, Aussiedler – Rückwanderer über Generationen hinweg, S. 130f.; Marion Frantzioch, Die Vertriebenen, S. 28–35.
[543] Vgl. Heinz Günter Steinberg, Die Bevölkerungsentwicklung in Deutschland, S. 113–115.
[544] Vgl. Kurze Zusammenfassung der wichtigsten Probleme der Übersiedlung von Deutschen aus der UdSSR in die DDR, April 1963, in: PAAA MfAA C 520/76, Bl. 283.
[545] Markus Wolf (1923–2006), 1933 SU-Emigration mit seinen Eltern, 1942 Eintritt in die KPD, Moskauer KI-Schule, 1945–1949 beim Berliner Rundfunk, Oktober 1949–August 1951 1. Rat der DDR-Mission in Moskau, dann im Außenpolitischen Nachrichtendienst, seit September 1953 Leiter der DDR-Aufklärung im MfS, ab 1956 HV A, 1954–1986 im MfS Stellvertretender Minister. Vgl. Wer war wer in der DDR?, S. 935f.
[546] Anton Ackermann (1905–1973), ab 1920 KPD-Funktionär, 1929–1933 Leninschule in Moskau, illegale Tätigkeit in Berlin, Prag und Paris, ab 1940 wieder in Moskau, ab 1945 ZK-KPD, dann PV der SED, 1949–1953 StS im MfAA, Leiter der Auslandsspionage, 1953/54 ZK-Ausschluß, Verlust aller staatlichen und Parteiämter, 1956 rehabilitiert, 1960 invalidisiert. Vgl. Wer war wer in der DDR?, S. 13.

sich aus solchen Personen einen provisorischen Reiseausweis zustellen, ohne vorherige Genehmigung durch Berlin, wenn es sich dabei um eine Zusammenführung Verwandter 1. Grades in die DDR handele. In anderen Fällen und bei beabsichtigter Reise nach Westdeutschland solle die Mission die Gesuche, mit einer [...] Stellungnahme nach Berlin schicken. Man sei nicht grundsätzlich gegen eine Reise nach Westdeutschland, werde aber [...] jeden einzelnen Fall überprüfen." Und weiter: „Dasselbe gilt für frühere Einwohner Ostpreußens, die sich aus irgend einem Grunde noch in der Sowjetunion befinden. In jedem Fall müsse man sich der Zustimmung der sowjetischen Stellen vergewissern."[547]

Deutschen Staatsbürgern aus den ehemaligen Ostgebieten des Deutschen Reiches bzw. denen, die nach den Verträgen des Deutschen Reiches mit der Sowjetunion 1939/40 wieder zu Staatsbürgern des Deutschen Reiches geworden waren, sollte nach SED-Ansicht im Rahmen der Familienzusammenführung eine schnelle Ausreise in die DDR bzw. auch in die Bundesrepublik gestattet werden.

In den folgenden Jahren war es die absolute Ausnahme, daß die sowjetischen Behörden auch nur Einzelübersiedlungen von Deutschen genehmigten. 1951 und 1952 soll es nach Angaben des DDR-Außenministeriums keine „Übersiedler" gegeben haben, 1953 kamen 25 Deutsche aus der Sowjetunion in die DDR, 1954 siedelten 161 in die DDR und 65 in die Bundesrepublik über,[548] 1955 kamen 1051 Deutsche aus der Sowjetunion in die DDR und 595 in die BRD und 1956 waren es 596, die in die DDR, und 86, die in die Bundesrepublik ausreisten.[549] Diese „Übersiedlungen von Deutschen aus der UdSSR" fanden als Einzelübersiedlungen statt. Nur im Dezember 1955 und im Januar 1956 gingen zwei Transporte mit Deutschen in die DDR, ein Teil von ihnen wurde regulär in die Bundesrepublik weitergeleitet.[550]

Anders als mit der VR Polen und mit der ČSR verhandelte die SED-Spitze mit der sowjetischen Parteiführung in der ersten Hälfte der 1950er Jahre nicht über Fragen der „Ausreise von deutschen Staatsbürgern" aus der UdSSR. Diese Problematik schien ein Tabu in den bilateralen Gesprächen gewesen zu sein. Auch läßt sich nicht nachweisen, daß die DDR-Botschaft in Moskau sich der Übersiedlungsfrage angenommen hätte – ganz im Gegensatz zu den Aktivitäten der DDR-Botschaft in Warschau oder Prag.[551] Das mag an den im Vergleich zu Polen und der ČSR geringen Zahlen von nachweislich deutschen Staatsbürgern in der UdSSR, die nach Deutschland konnten bzw. wollten, gelegen haben. Auch kann angenommen werden, daß die negative Haltung der sowjetischen Behörden bei der SED bekannt war, und man es wegen geringer Erfolgschancen unterließ, in Sachen Übersiedlung vorzusprechen.

Die „Frage der Ausreise deutscher Bürger" bzw., wie es auch zeitgenössisch hieß, die „Rückführung deutscher Staatsbürger aus der UdSSR nach Deutschland", wurde erst wieder im Herbst 1955 Gesprächsgegenstand zwischen der SED- und KPdSU-Führung. Bundeskanzler Konrad Adenauer und seine Regierungsdelegation hatten im September 1955 bei ihrem Staatsbesuch in Moskau das Thema angesprochen.[552] Das DDR-Außenministeri-

---

[547] Aktenvermerk, Moskau, 23. Juli 1951, in: PAAA MfAA A 015569, Bl. 7.
[548] Vgl. Einzelübersiedlungen aus der Sowjetunion, 1954–1956, in: PAAA MfAA A 505, Bl. 8.
[549] Vgl. Kurze Zusammenfassung der wichtigsten Probleme der Übersiedlung von Deutschen aus der UdSSR in die DDR, April 1963, in: PAAA MfAA C 520/76, Bl. 283.
[550] Vgl. ebenda.
[551] Die Quellen- sprich Aktenüberlieferung im Archivbestand des DDR-Außenministeriums und im Bestand der SED-ZK-Abteilung Internationale Verbindungen im SAPMO-Archiv ist sehr gering.
[552] Vgl. Heike Amos, Die Westpolitik der SED 1948/49–1961, S. 196–205.

um, die Abteilungsleiterin Aenne Kundermann und der Vize-Außenminister Otto Winzer, wurde im nachhinein über die Stellungnahme der sowjetischen Delegation gegenüber der bundesdeutschen Delegation „zu Fragen der Ausreise einzelner deutscher Bürger" informiert.[553] Wladimir Semjonow[554], zu dieser Zeit Stellvertretender UdSSR-Außenminister, soll sich mündlich gegenüber der westdeutschen Seite zur Ausreise-Thematik wie folgt geäußert haben: Die Sowjetunion werde die „Anträge über Ausreise einzelner deutscher Bürger, die zum 21. Juni 1941 die deutsche Staatsbürgerschaft hatten, sowie ihrer Gatten und Kinder, soweit [...] sie sich noch auf dem Territorium der UdSSR befinden, aus der Sowjetunion in die Bundesrepublik behandeln und positiv entscheiden".[555] Semjonow setzte eine Frist für die Abwicklung der Umsiedlungen bis zum Jahr 1959.

Die DDR-Botschaft in Moskau teilte in diesem Zusammenhang ihrem Außenministerium in Ost-Berlin mit, daß die Sowjetregierung inzwischen beschlossen habe, die Genehmigung zur ständigen Ausreise aus der UdSSR zu erteilen „a) an Personen, die in den Gebieten von Königsberg und Memel geboren sind und dort ihren Wohnsitz hatten und b) an Personen, die entsprechend den deutsch-sowjetischen Vereinbarungen während der Jahre 1939–1941 die deutsche Staatsbürgerschaft annahmen und die nach Kriegsende in die Sowjetunion zurückgekehrt sind".[556] Um wieviel Personen es sich dabei insgesamt handelte, war der DDR nicht bekannt. Das MfAA hielt fest, man müsse „bei den sowjetischen Freunden Rückfrage halten". Ergänzend fügte das Außenministerium hinzu, daß bisher von der DDR genehmigte Anträge auf Familienzusammenführung aus der Sowjetunion für 2185 Personen vorlagen, für 1550 sei noch keine Einreiseerlaubnis erteilt worden. Für weitere 507 Personen, die aber Sowjetbürger seien und keine oder nur weitläufige Verwandte in der DDR hätten, seien Anträge eingegangen. Insgesamt kämen Anfang 1956 rund 4250 Personen zur Übersiedlung aus der UdSSR in die DDR in Frage.[557]

Die tatsächlichen „Übersiedlungen von Deutschen aus der UdSSR in die DDR und die BRD" zogen sich zeitlich hin. Zwischen 1952 und 1962 kamen nach Angaben des DDR-Außenministeriums 4335 Deutsche aus der Sowjetunion in die DDR und 13079 Deutsche in die Bundesrepublik. Die zahlenmäßig größten Gruppen siedelten in den Jahren 1958, 1959 und 1960 über. Die Bundesrepublik sprach für denselben Zeitraum von 18091 übergesiedelten Deutschen.[558]

Nicht die Sorge um die in der Sowjetunion zurückgebliebenen deutschen Staatsbürger oder die Frage der Familienzusammenführung zu bereits in der DDR lebenden „Umsiedlern" aus diesen nun sowjetischen Gebieten ließ die SED-Führung handeln, sondern allein der politische Konkurrenzdruck mit Westdeutschland. Die Bundesrepublik bemühte sich seit der Aufnahme der diplomatischen Beziehungen zur UdSSR Ende September

---

[553] Vgl. Mündliche Erklärung des Leiters der sowjetischen Delegation Genosse Semjonow zu Fragen der Ausreise einzelner deutscher Bürger, 1955, in: PAAA MfAA A 505, Bl. 73–75.
[554] Wladimir S. Semjonow (1911–1992), Studium der Geschichte, Philosophie, Literatur, 1938 KPdSU, ab 1939 im diplomatischen Dienst, u. a. 1940/41 an der SU-Botschaft in Berlin, 1945–1949 Politischer Berater des Obersten Chefs der SMAD, dann bis 1953 Politischer Berater des SKK-Vorsitzes, 1954/55 Hoher Kommissar der UdSSR in Deutschland, 1955–1978 Stellvertretender SU-Außenminister, 1978–1986 SU-Botschafter in der BRD. Vgl. Wer war wer in der DDR?, S. 792f.
[555] Mündliche Erklärung des Leiters der sowjetischen Delegation Genosse Semjonow zu Fragen der Ausreise einzelner deutscher Bürger, 1955, in: PAAA MfAA A 505, Bl. 73.
[556] Ebenda, Bl. 75.
[557] Vgl. ebenda.
[558] Vgl. Kurze Zusammenfassung der wichtigsten Probleme der Übersiedlung von Deutschen aus der UdSSR in die DDR, April 1963, in: PAAA MfAA C 520/76, Bl. 283, 284.

1955 offiziell mit Nachdruck um die Rückführung deutscher Staatsbürger aus der Sowjetunion.

Zur Frage der Rückführung gewährte der DDR-Botschafter in Moskau, Johannes König[559], einem ADN-Korrespondenten ein Interview. Vermutlich kam es Ende 1955 bzw. Anfang 1956 zustande,[560] ob es veröffentlicht wurde, ist ungewiß. Die zentrale Frage des DDR-Journalisten bezog sich auf eine wiederholt erhobene Behauptung der Bundesregierung, „daß die angeblich zurückgehaltenen Deutschen in der Sowjetunion […] nicht einmal die Möglichkeit hätten, eine […] sogenannte neutrale Macht zum Schutze ihrer Interessen in Anspruch zu nehmen". Botschafter König widersprach vehement. Er wies den Vorwurf der Rechtlosigkeit deutscher Staatsbürger in der UdSSR zurück und behauptete, die Regierung der DDR würde bereits „seit Jahren [sic!]"[561] die Repatriierung deutscher Staatsbürger aus der UdSSR" betreiben.[562] Der Botschafter scheute sich nicht, auf die doch peinlich geringe Zahl von deutschen Übersiedlern für das Jahr 1955 von 358 in die DDR und 160 nach Westdeutschland hinzuweisen. Hinzu kam, daß er versuchte, der Bundesregierung diskreditierend vorzuwerfen, sich für die Übersiedlung jener Sowjetbürger deutscher Nationalität einzusetzen, die ihre deutsche Staatsbürgerschaft der „faschistischen Einbürgerungspolitik Hitlers in den Jahren 1939–1945"[563] verdankten. Mit dieser Argumentation meinte der DDR-Botschafter König öffentlich den „haltlosen Anspruch […] der Regierung der Bundesrepublik, als […] alleinberechtigte Repräsentantin für ganz Deutschland" aufzutreten, widerlegen zu können.[564]

Im Jahr 1956 begann man in der DDR wie auch in der VR Polen, in der ČSR bzw. in anderen Staaten mit deutschen Bevölkerungsteilen (Ungarn, Rumänien, Jugoslawien) mit der Aktion der „Registrierung deutscher Staatsangehöriger" in der UdSSR. Auch das geschah in Konkurrenz zur Bundesrepublik. DDR-Außenminister Lothar Bolz konkretisierte dies Mitte Januar 1956 in einem Schreiben an seinen Botschafter in Moskau, Johannes König: „Die Registrierung der deutschen Staatsangehörigen durch die Vertretung der DDR wäre schon deswegen zweckmäßig, weil die Botschaft der Bundesrepublik in der UdSSR Anstrengungen machen wird, alle deutschen Staatsangehörigen bei sich zu registrieren."[565] Von den sowjetischen Behörden war der DDR signalisiert worden, daß keine Einwände

---

[559] Johannes König (1903–1966), 1919 Eintritt in die KPD, Redakteur verschiedener KP-Zeitungen, zeitweise KZ-Haft, 1939 Emigration nach Shanghai, TASS-Mitarbeiter, 1950 MfAA, 1950–1955 Botschafter in China, dann bis 1959 in der SU, 1959–1965 Stellvertretender Außenminister. Vgl. Wer war wer in der DDR?, S. 458.

[560] Vgl. Interview des DDR-Botschafters in Moskau zur Frage der Rückführung deutscher Staatsbürger aus der UdSSR nach Deutschland (ohne Datum), in: PAAA MfAA A 001053, Bl. 13–15.

[561] Wie angemerkt, betrug die Zahl der Übersiedlungen aus der UdSSR nach Deutschland zwischen 1950 und 1954 nur 251 Personen. Vgl. Kurze Zusammenfassung der wichtigsten Probleme der Übersiedlung von Deutschen aus der UdSSR in die DDR, April 1963, in: PAAA MfAA C 520/76, Bl. 283.

[562] Interview des DDR-Botschafters in Moskau zur Frage der Rückführung deutscher Staatsbürger aus der UdSSR nach Deutschland (ohne Datum), in: PAAA MfAA A 001053, Bl. 13.

[563] Bei diesen Menschen handelte es sich um sowjetische Staatsbürger deutscher Nationalität, die während der Kriegsereignisse (1941–1944) im von den Deutschen besetzten sowjetischen Territorium lebten (z. B. Schwarzmeerdeutsche) und damit den NS-Sammeleinbürgerungen des Deutschen Reiches als sogenannte Volksdeutsche unterlagen. Vgl. dazu auch Klaus J. Bade, Aussiedler – Rückwanderer über Generationen hinweg, S. 130.

[564] Interview des DDR-Botschafters in Moskau zur Frage der Rückführung deutscher Staatsbürger aus der UdSSR nach Deutschland (ohne Datum), in: PAAA MfAA A 001053, Bl. 14.

[565] Schreiben des DDR-Außenministers an den DDR-Botschafter in Moskau, 20. Januar 1956, in: PAAA MfAA A 001049, Bl. 2.

gegen diese Registrierungen beständen, „daß aber die sowjetischen Stellen [auch] einem gleichen Verlangen der Bundesrepublik keine Schwierigkeiten bereiten würden".[566]

Registrieren konnten und durften sich nur deutsche Staatsbürger in der UdSSR. Als solche galten aus sowjetischer Sicht Personen, die auf Grund des Staatsangehörigkeitsgesetzes von 1913 Deutsche waren, Personen, die die deutsche Staatsangehörigkeit durch Einbürgerung vor 1933 erhalten hatten, und „Personen, die von 1933 bis 1945 eingebürgert wurden und bei denen feststeht, daß sie nicht im Zuge der faschistischen Expansion (das heißt auf Grund der von 1938 bis 1945 erlassenen Gesetze und Verordnungen in den von den Faschisten überfallenen Ländern) die deutsche Staatsangehörigkeit erhielten".[567] Ein öffentlicher Aufruf zur „Registrierung deutscher Staatsbürger" durfte weder in der Presse noch im Rundfunk erscheinen. Es ist zu vermuten, daß die Registrierungsaktion hier genauso wenig erfolgreich war wie in der VR Polen und in der ČSR und Ende der 1950er Jahre abgebrochen wurde. Man kann nur von einigen Hundert Personen ausgehen, die sich als „deutsche Staatsbürger der DDR" in der Sowjetunion registrieren ließen.

Auch nach dem XX. Parteitag der KPdSU und nach der Rehabilitierung der Sowjetbürger deutscher Nationalität änderte sich an der rigiden sowjetischen Ausreisepolitik für die Deutschen in der UdSSR nichts.[568]

Am 7. Januar 1957 verständigten sich Regierungsdelegationen der UdSSR und der DDR erstmals direkt über die – wie es verklausuliert hieß – „Lösung von Fragen im Zusammenhang mit den Veränderungen der Staatsangehörigkeit und der ständigen Ausreise von Personen deutscher Nationalität [...] in die DDR".[569] Den Vereinbarungen folgten allerdings nur wenige Taten. Das DDR-Außenministerium monierte im Juli 1957, daß für 950 Personen im Rahmen der engsten Familienzusammenführung die Zustimmung für die ständige Einreise in die DDR vorlägen, daß aber „teilweise seit sehr langer Zeit die Genehmigungen zur ständigen Ausreise aus der UdSSR" noch immer fehlten. Zudem gäbe es „keine endgültige Stellungnahme, wie von Seiten der UdSSR eine Verwirklichung der getroffenen Vereinbarungen erreicht werden wird, obgleich eine entsprechende Ankündigung bereits im Februar 1957 erfolgte".[570]

Von sowjetischer Seite wurden für Verzögerungen bei der Übersiedlung von Personen deutscher Nationalität aus der UdSSR in die DDR immer wieder die „unteren sowjetischstaatlichen Gremien" verantwortlich gemacht. Diese Ausflüchte glaubte die DDR nicht.[571] Nur intern wagten Funktionäre der DDR-Botschaft in Moskau und aus dem DDR-Außenministerium in Ost-Berlin, die fehlende Bereitschaft der sowjetischen Staats- und Parteiorgane, die Übersiedlungen von Deutschen schnell und reibungslos abzuwickeln, anzusprechen. Unter interner Kritik stand insgesamt die sowjetische Nationalitätenpolitik gegenüber den Deutschen in der UdSSR. SED-Funktionäre der Botschaft aus Moskau formulierten im März 1957 dazu: „Trotz der von unserer Seite gegebenen Hinweise auf die Frage der deutschen Nationalität ist über [...] eine Arbeit [...] nichts bekannt geworden. Es gibt

---

[566] Registrierung deutscher Staatsbürger, 6. März 1956, in: PAAA MfAA A 001049, Bl. 6.
[567] DDR-Außenminister an den DDR-Botschafter in Moskau, 20. März 1956, in: PAAA MfAA A 001049, Bl. 12, 13.
[568] Vgl. Rückführung von deutschen Bürgern – Aide-mémoires, 17. Mai 1956, in: PAAA MfAA A 001053, Bl. 7–9.
[569] Entwurf eines Aide-mémoires, 29. Juli 1957, in: PAAA MfAA A 505, Bl. 18.
[570] Ebenda, Bl. 18, 19,
[571] Vgl. Gespräch mit dem Stellvertretenden Außenminister Sorin, Moskau, 11. Februar 1957, in: SAPMO-BA DY 30/3497.

auch bisher keinerlei Anzeichen dafür, daß sich die Partei [KPdSU] oder Regierung [der UdSSR] mit diesem Problem beschäftigen. Man kann im Gegenteil davon sprechen, daß sich [...] noch immer ‚Deutsche' an uns und [...] in stärkerem Maße an die westdeutsche Botschaft wenden, die nach Deutschland übersiedeln möchten und ihre [...] schlechte [...] wirtschaftliche Lage zum Vorwand für diesen Wunsch nehmen. Würde gegenüber diesen Menschen, die sich ja nicht mehr in irgendwelchen Straflagern befinden, aber oft an den Aufenthalt in bestimmten Gebieten gebunden sind, eine Nationalitätenpolitik eingeleitet, [...] dann würde sehr schnell eine Beruhigung in diesen Kreisen eintreten."[572]

Bundeskanzler Konrad Adenauer und der Präsident des Deutschen Roten Kreuzes der Bundesrepublik, Dr. Heinrich Weitz[573], hatten Anfang 1957 mehrfach öffentlich die „Repatriierung von Sowjetbürgern deutscher Nationalität" gefordert. Die Rede war von 85 000 zurückgehaltenen Deutschen in der Sowjetunion.[574] Noch im September 1955 hatte Adenauer in Moskau über „die Anwesenheit von 130 000 deutschen Bürgern in der Sowjetunion, die ... von der UdSSR festgehalten werden"[575] und nach Westdeutschland gehen wollten, gesprochen. Wladimir S. Semjonow, Stellvertretender Außenminister der Sowjetunion, wies im Juli 1957 diese Behauptung der Bundesrepublik zurück. Er argumentierte, daß es sich bei dem genannten Personenkreis in der Mehrzahl nicht um deutsche Staatsbürger handelte, sondern um sowjetische Staatsbürger deutscher Nationalität – wie beispielsweise die Wolgadeutschen. Zu keiner Zeit habe und werde die Sowjetunion, so Semjonow, sowjetische Bürger als deutsche Staatsbürger ansehen, die die deutsche Staatsbürgerschaft durch die „deutsche Besatzungsbehörde [...] auf der Grundlage der Hitlerschen Gesetze der Jahre 1939–1945" erhalten hatten. „Wie bekannt", so Semjonow wörtlich weiter, „leben in der Sowjetunion neben Personen anderer Nationalitäten nicht wenige Menschen deutscher Nationalität. Das aber sind keine deutschen Staatsbürger, sondern ständig in der Sowjetunion wohnende Bürger der UdSSR. Natürlich kann daher auch keine Rede sein von irgend einem Abkommen mit der BRD über den Wechsel der Staatsbürgerschaft bezüglich dieser Personen."[576] Semjonow unterstrich zudem, daß die Sowjetunion – die Tatsache des Bestehens zweier souveräner deutscher Staaten anerkennend – die Versuche der bundesdeutschen Regierung, „in Fragen der Staatsbürgerschaft und der Repatriierung deutscher Bürger als einziger Vertreter der Interessen der deutschen Seite aufzutreten", nicht anerkannte.

Im September 1957 unterrichtete der sowjetische Vize-Außenminister Semjonow den DDR-Botschafter König in Moskau, daß die Bundesrepublik ein Aide-mémoires übergeben habe, welches gemäßigtere Repatriierungsforderungen beinhaltete. Der westdeutsche Appell nannte nun den Personenkreis, der auch in den Verhandlungen vom Januar 1957 zwischen der UdSSR und der DDR[577] festgelegt worden sei. So bezöge sich die Bundesrepublik „auf die ‚Ostpreußen' und die ‚Memeldeutschen', sowie auf Personen deutscher

---

[572] Nationalitätenproblem in der UdSSR, Moskau, 21. März 1957, in: PAAA MfAA A 505, Bl. 17.
[573] Dr. Heinrich Weitz (1890–1962), Jurist, 1927–1933 OB von Trier, ab 1947 Finanzminister von NRW, 1952–1961 Präsident des DRK. In: http://www.drk.de/generalsekretariat/weitz.htm .
[574] Vgl. Nationalitätenproblem in der UdSSR, Moskau, 21. März 1957, in: PAAA MfAA A 505, Bl. 16.
[575] Rede des Leiters der SU-Delegation, W. S. Semjonow, in der Sitzung vom 30. Juli 1957, in: SAPMO-BA DY 30/3497.
[576] Ebenda.
[577] Im Verhandlungsprotokoll DDR – UdSSR wurden folgende Kategorien von Personen für die Repatriierung aufgezählt: „Personen deutscher Nationalität, die Verwandte in der DDR haben, Personen deutscher Nationalität, die aus dem ehemaligen Königsberg und Memelgebiet, dem Baltikum und der Westukraine stammen". Aktenvermerk Verhandlungen Sowjetunion – Westdeutschland, 26. September 1957, in: PAAA MfAA A 505, Bl. 43, 44.

Staatsangehörigkeit, die auf Grund zwischenstaatlicher, 1939–1940 auch mit der Sowjetunion abgeschlossener Verträge, umgesiedelt wurden und […] die deutsche Staatsangehörigkeit erwarben".[578]

Vom 25. bis 28. November 1957 verhandelte eine Delegation des Außenministeriums der UdSSR unter Leitung des Stellvertretenden Außenministers Walerian A. Sorin[579] mit dem DDR-Außenminister Otto Winzer in Ost-Berlin nochmals auch zu Fragen der Repatriierung und Familienzusammenführung. Hier wurden erneut die bekannten Positionen über die Aussiedlung von Deutschen[580] ausgetauscht. Über die Verhandlungsergebnisse informierte Außenminister Winzer das SED-Politbüro detailliert.[581] Bis zum März 1958 sollte die Aktion der Familienzusammenführungen und Rückführungen, die die Übersiedlung in die DDR wie auch in die Bundesrepublik betrafen[582], abgeschlossen sein. Auch dieser Termin konnte nicht eingehalten werden, da die sowjetischen Organe die durch die DDR wie auch durch die Bundesrepublik genehmigten Einreisen nie gestattete. Für Ende 1959 vermerkte das DDR-Außenministerium, daß es noch 2500 offenstehende Übersiedlungen für die DDR und sogar 15000 für die Bundesrepublik gebe.[583]

Immerhin aber führten die intensiven Verhandlungen zwischen der DDR und der UdSSR wie auch zwischen der Bundesrepublik und der UdSSR im Jahr 1957 dazu, daß zwischen 1958 und 1960 die meisten Übersiedlungen von Deutschen aus der UdSSR in die DDR bzw. in die BRD stattfanden – das hieß: 2043 in die DDR und 11985 in die Bundesrepublik.[584]

Obwohl die Sowjetunion ab 1960 regelmäßig wiederholte, daß die Frage der Übersiedlungen von Deutschen in die DDR und in die Bundesrepublik geklärt sei, blieb das Thema aktuell. Es war weder 1960, 1961 und auch 1963 nicht tatsächlich gelöst.[585] „Trotz aller Vereinbarungen [mit der Sowjetunion]" – so resümierte das MfAA im April 1963 – „zeigte sich bisher noch keine Beschleunigung in der Familienzusammenführung."[586] Im Juli 1966 verlangte das Außenministerium von seiner Botschaft in Moskau Auskünfte über die „Entwicklung der Übersiedlungen aus der UdSSR nach der DDR und nach der westdeutschen Bundesrepublik". Die Antwort der Botschaft aus Moskau, die bis Mitte Oktober 1966 nach Berlin gehen sollte, ließ sich heute nicht ausfindig machen.[587]

---

[578] Ebenda, Bl. 43.
[579] Walerian A. Sorin (1902–1986), sowjetischer Diplomat, 1922 Eintritt in die KPdSU, ab 1941 im Außenministerium, 1945 SU-Botschafter in Prag, 1947–1955 und 1956–1962 Stellvertretender Außenminister, 1955 kurzfristig Botschafter in Bonn, 1960–1962 im UNO-Sicherheitsrat, 1965–1971 Botschafter in Frankreich. Vgl. Munzinger Internationales Biographisches Archiv 16/1986.
[580] „Die Regierung der UdSSR nimmt Anträge auf Ausreise von Personen deutscher Nationalität, die aus dem ehemaligen Königsberger und Memeler Gebiet, aus dem Baltikum oder aus der West-Ukraine stammen, entgegen. Sie prüft die Anträge wohlwollend […]." Bericht über die Verhandlungen mit der Delegation des Außenministeriums der UdSSR, 5. Dezember 1957, in: SAPMO-BA DY 30/3380.
[581] Vgl. Umlauf für Politbüromitglieder, 5. Dezember 1957, in: SAPMO-BA DY 30/3380.
[582] Vgl. Aktenvermerk des Botschafters König über eine Unterredung mit W. A. Sorin, 11. Januar 1958, in: PAAA MfAA C 520/76, Bl. 17, 19.
[583] Vgl. Familienzusammenführung, 1959, in: PAAA MfAA A 505, Bl. 86; Übersiedlungen von Deutschen aus der UdSSR in die DDR, April 1963, in: ebenda, MfAA C 520/76, Bl. 285.
[584] Vgl. Übersiedlungen von Deutschen aus der UdSSR in die DDR, April 1963, in: PAAA MfAA C 520/76, Bl. 283.
[585] Vgl. ebenda, Bl. 287.
[586] Fragen, die sich im Rahmen der Familienzusammenführung ergeben, 9. April 1963, in: PAAA MfAA C 520/76, Bl. 57.
[587] Vgl. MfAA an die Botschaft der DDR, Moskau, 25. Juli 1966, in: PAAA MfAA C 1122/71, Bl. 94.

Ab Mai 1968 läßt sich erneut das Interesse des Außenministeriums an der Übersiedlungsfrage nachweisen. Es bat die Botschaft in Moskau um eine „Analyse zum Problem der Übersiedlungen" bzw. um Auskunft zu „Fragen der deutschen Minderheit in der UdSSR". Anlaß dafür waren vermutlich die wieder vermehrt in der Konsularabteilung der Moskauer Botschaft eingehenden Anträge auf Übersiedlung in die DDR. Seit Beginn des Jahres 1966 hatte es in der DDR eine konsular-rechtliche Änderung gegeben. Die DDR-Botschaft war ausdrücklich angewiesen, alle Anträge von Übersiedlungen entgegenzunehmen und zur Entscheidung nach Ost-Berlin weiterzuleiten.[588] Das stand auch im Zusammenhang mit der Veröffentlichung des neuen DDR-Staatsbürgerschaftsgesetzes vom Februar 1967.[589] Bis 1965 mußten sich die übersiedlungswilligen Personen deutscher Nationalität in der UdSSR zuerst an die sowjetischen örtlichen Milizorgane wenden, wo diese Anträge in den allermeisten Fällen sofort abgewiesen wurden.[590]

Und noch eine Veränderung war eingetreten: Gab es bis zum Ende der 1950er Jahre zumeist Anträge und Übersiedlungen von deutschen Staatsbürgern der UdSSR aus dem Königsberger Raum, dem Memelgebiet und der Westukraine im Rahmen von Familienzusammenführungen, so beantragten nun immer mehr Sowjetbürger deutscher Nationalität die Übersiedlung, obwohl sie keine Verwandten in der DDR hatten.[591]

Die SED-Botschaftsfunktionäre in Moskau verfaßten ein Exposé über die deutsche Minderheit in der UdSSR, ihre Stellung und ihre problematische Geschichte, indem es hieß: Nach statistischen Angaben der sowjetischen Zentralverwaltung lebten 1967 1 620 000 Sowjetbürger deutscher Nationalität in der UdSSR. Der größere Teil von ihnen waren, wie bereits erwähnt, Nachkommen der um 1765 auf Ersuchen der Zarin Katharina II. eingewanderten Deutschen, die bis zum Zweiten Weltkrieg im europäischen Teil der Sowjetunion, in der Ukraine und in den Gebieten um Saratow, die Wolgadeutschen, in und um Odessa und Dnjepropetrowsk, die Schwarzmeerdeutschen, siedelten. Zumeist lebten sie in der Autonomen Republik der Wolgadeutschen, bis sie 1941 unter den Generalverdacht einer „5. Kolonne des faschistischen Deutschland" gerieten und nach Zentralasien und Sibirien zwangsdeportiert wurden.[592] Die DDR-Botschaft stellte diesen Teil der Geschichte der deutschen Minderheit in der UdSSR einseitig und unkritisch dar. Eine auch nur z. T. überdenkenswerte sowjetische Minderheitenpolitik sahen sie nicht – wenn es u. a. hieß: „Durch den Überfall Hitlerdeutschlands auf die Sowjetunion 1941 [...] wurde [...] die deutsche Minderheit im Lande zwangsläufig zu einem Unsicherheitsfaktor."[593]

Im Ergebnis der „Umsiedlungen" lebte die deutsche Minderheit mehrheitlich in den zentralasiatischen Republiken – in der Kasachischen, Kirgisischen, Tadshikischen und Usbekischen Sozialistischen Sowjetrepublik – sowie in den sibirischen Regionen um Nowosi-

---

[588] Vgl. Analyse zum Problem der Übersiedlungen, 20. Mai 1968, in: PAAA MfAA C 1122/71, Bl. 29, 35.
[589] Gesetz über die Staatsbürgerschaft der Deutschen Demokratischen Republik, 20. Februar 1967, in: Gesetzblatt der DDR 1967, Teil I, S. 3.
Hier § 1: Staatsbürger der Deutschen Demokratischen Republik ist, wer [...] b) zum Zeitpunkt der Gründung der DDR deutscher Staatsangehöriger war [nach dem Reichs- und Staatsangehörigkeitsgesetz vom 22. Juli 1913], seinen Wohnsitz oder ständigen Aufenthalt außerhalb der DDR hatte, danach keine andere Staatsbürgerschaft erworben hat und entsprechend seinem Willen durch Registrierung bei einem dafür zuständigen Organ der DDR als Bürger der DDR geführt wird." Ebenda.
[590] Vgl. Analyse zum Problem der Übersiedlungen, 20. Mai 1968, in: PAAA MfAA C 1122/71, Bl. 35.
[591] Vgl. Ebenda, Bl. 31.
[592] Vgl. Zu einigen Fragen der deutschen Minderheit in der UdSSR, 9. September 1968, in: PAAA MfAA C 1122/71, Bl. 15.
[593] Ebenda.

birsk und Tjumen.⁵⁹⁴ Wie bereits erwähnt, verwehrten die KPdSU-Organe der deutschen Minderheit eine Rückkehr in ihre angestammten Siedlungsgebiete. Auch erhielten sie weder ihr Eigentum zurück noch wurden sie für erfolgte Enteignungen entschädigt. Das hatte zur Folge, daß 1967/68 die meisten Übersiedlungsanträge von Sowjetbürgern deutscher Nationalität aus diesen zentralasiatischen bzw. sibirischen Regionen kamen.⁵⁹⁵

Für die Aussiedlungsgründe zeigten die DDR-Botschaftsfunktionäre vorsichtig Verständnis. Obwohl, so formulierten sie, die Rehabilitierung der deutschen Minderheit 1956 erfolgt sei, trete die sowjetische Mehrheitsbevölkerung ihnen gegenüber „mißtrauisch und abweisend" auf und stigmatisiere sie weiter als „deutsche Faschisten". Die örtlichen Sowjetbehörden verweigerten auch nach 1956 der deutschen Minderheit die Möglichkeit zur Pflege ihrer Sprache und Kultur. DDR-Botschaftsberichte informierten nach Berlin, daß aus Gesprächen und Briefen mit übersiedlungswilligen Antragstellern bekannt sei, „daß nicht nur die Schulen mit muttersprachlichem Deutschunterricht nicht ausreichen, sondern es aufgrund [...] bürokratischer Haltungen örtlicher Organe große Schwierigkeiten gibt, Kinder deutscher Nationalität in Schulen anzumelden, in denen Deutsch gelehrt wird." Hinzu kämen Nachteile in der beruflichen Entwicklung für Personen deutscher Nationalität, ihnen wurde oft der Besuch von Oberschulen, Universitäten und Hochschulen erschwert bzw. ganz verwehrt.⁵⁹⁶ Die DDR-Funktionäre schätzten zudem ein, daß ein nicht kleiner Teil der Sowjetbürger deutscher Nationalität in den mittelsibirischen Gebieten „nie heimisch geworden ist und offensichtlich seit langem auf eine Gelegenheit zur Übersiedlung nach ‚Deutschland' warte".⁵⁹⁷ Die SED-Funktionäre in Moskau vergaßen nicht, auf die politischen Gefahren hinzuweisen, die diese Art sowjetischer Nationalitätenpolitik hervorrief: „Die angeführten Probleme beeinflussen im starken Maße das Denken der Sowjetbürger deutscher Nationalität und bieten einen Nährboden für die Einflußnahme der westdeutschen Propaganda auf diesen Personenkreis."

In den letzten Jahren, das beobachteten die DDR-Diplomaten auch⁵⁹⁸, seien unterdessen in der Kasachischen Republik vermehrt staatliche Aktivitäten zu beobachten, um den Interessen der deutschen Minderheit besser gerecht zu werden. Es gebe inzwischen deutschsprachige Rundfunk- und Fernsehsendungen, deutsche Klubs und Laienspielgruppen sowie Wochen- und Tageszeitungen wie „Neues Leben" und „Freundschaft".⁵⁹⁹ Eine Unterstützung dieser kulturellen Arbeit seitens der DDR wünschten die Sowjetorgane allerdings nicht.

Die DDR-Botschaftsfunktionäre faßten Mitte 1968 die Situation zu Übersiedlungsfragen von Sowjetbürgern deutscher Nationalität zusammen und berichteten nach Ost-Berlin: „In den Anträgen dieser Bürger kommt zum Ausdruck, daß die Übersiedlung aus Gründen der Erhaltung der deutschen Sprache und Kultur für die Kinder oder auch wegen der kli-

---

⁵⁹⁴ Vgl. ebenda, Bl. 16.
⁵⁹⁵ Vgl. Analyse zum Problem der Übersiedlungen, 20. Mai 1968, in: PAAA MfAA C 1122/71 Bl. 35; Zur Frage Sowjetbürger deutscher Nationalität, 18. Juni 1969, in: PAAA MfAA C 1122/71, Bl. 2.
⁵⁹⁶ Vgl. Analyse zum Problem der Übersiedlungen, 20. Mai 1968, in: PAAA MfAA C 1122/71, Bl. 36, 37.
⁵⁹⁷ Information über den Stand der Übersiedlungen UdSSR-DDR, 15. Oktober 1968, in: PAAA MfAA C 1122/71, Bl. 10.
⁵⁹⁸ Analyse zum Problem der Übersiedlungen, 20. Mai 1968, in: PAAA MfAA C 1122/71, Bl. 37.
⁵⁹⁹ Vgl. Zu einigen Fragen der deutschen Minderheit in der UdSSR, 9. September 1968, in: PAAA MfAA C 1122/71, Bl. 17.

matischen Bedingungen in diesen Gebieten gewünscht wird."[600] Aber den SED-Funktionären in Moskau und in Berlin war klar: „Auf Grund [unserer] bisherigen Erfahrungen sind die realen Möglichkeiten zur ständigen Ausreise aus der UdSSR für diesen Personenkreis sehr gering."[601] Im Jahr 1968 belief sich die Zahl der Übersiedlungsanträge bei der Konsularabteilung der DDR-Botschaft auf rund 5 000. Die sowjetischen Behörden genehmigten die Ausreise nur für wenige Personen. Von 284 in einem Monat gestellten Übersiedlungsanträgen für umsiedlungswillige Sowjetbürger deutscher Nationalität ohne Verwandte in der DDR wurden nur 64 genehmigt.[602]

Die DDR-Seite befolgte in ihrem Verhalten gegenüber den Sowjetbürgern deutscher Nationalität gewisse Grundsätze. Generell ging die DDR davon aus, daß es sich bei der deutschen Minderheit um sowjetische Staatsbürger handelte. Anders als die Bundesrepublik, die die sowjetischen Bürger deutscher Nationalität als deutsche Staatsbürger ansah, hielt sich die DDR uneingeschränkt und kritiklos an die Sicht der UdSSR. Die Bürger der deutschen Minderheit in der UdSSR, so die ostdeutsche wie die sowjetische Denkweise, lebten seit ihrer Geburt in der Sowjetunion. Diese deutsche Minderheit siedelte seit vielen Generationen in Rußland bzw. in der Sowjetunion. Hinzu käme, daß die Bürger der deutschen Minderheit mit den Lebens- und Arbeitsbedingungen in der Sowjetunion vertraut seien, die Übersiedlung eine tiefgreifende Veränderung in ihrem Leben bedeuten würde, und ihre Vorstellungen über das Leben in der DDR den Realitäten nicht entspräche. Außerdem äußerte die DDR-Seite Verständnis dafür, daß dem sowjetischen Staat an einer Auswanderung seiner Bürger, vor allem an ausgebildeten Arbeitskräften, nichts gelegen war.[603]

Die SED-Führung zeigte kein Interesse an der Übersiedlung von Personen der deutschen Minderheit aus der Sowjetunion in die DDR. Sie setzte sich gegenüber der „sozialistischen Bruderpartei" KPdSU zu keiner Zeit für eine Verbesserung der Minderheitenrechte für die Deutschen in der UdSSR ein.

Die DDR-Diplomaten in Moskau schlugen Mitte 1968 ihrem Ministerium vor, eine neue konsularische Regelung zu finden, wonach die Sowjetbürger der deutschen Minderheit nicht weiterhin die Möglichkeit hatten, sich wegen Übersiedlungswünschen direkt an die DDR-Botschaft zu wenden. Die DDR-Vertretung in Moskau wünschte nicht, mit dieser Problematik auch künftig beschäftigt zu werden. Zur politischen Klärung der Übersiedlungsproblematik hoffte die Botschaft auf Vereinbarungen auf höherer Partei- und Regierungsebene zwischen der DDR und der UdSSR.[604]

Ab Beginn der 1980er Jahre konnten größere Gruppen von Sowjetbürgern deutscher Nationalität in die Bundesrepublik Deutschland ausreisen.[605] Zu Massenübersiedlungen von sowjetischen Bürgern deutscher Nationalität nach (Ost- wie West-)Deutschland kam es nach der Selbstauflösung der Sowjetunion 1991. Jedes Jahr siedelten rund 200 000 Personen in die Bundesrepublik über. Erst seit Ende der 1990er Jahre ist diese Zahl rückläufig. 2005 kamen noch 35 000 sogenannte Spätaussiedler aus den Ländern der GUS, den

---

[600] Ebenda, Bl. 18.
[601] Analyse zum Problem der Übersiedlungen, 20. Mai 1968, in: PAAA MfAA C 1122/71, Bl. 38.
[602] Vgl. Information über den Stand der Übersiedlung UdSSR-DDR, 15. Oktober 1968, in: PAAA MfAA C 1122/71, Bl. 9, 10.
[603] Vgl. Zu einigen Fragen der deutschen Minderheit in der UdSSR, 9. September 1968, in: PAAA MfAA C 1122/71, Bl. 19.
[604] Vgl. Analyse zum Problem der Übersiedlungen, 20. Mai 1968, in: PAAA MfAA C 1122/71, Bl. 38–40.
[605] 1988 kamen aus der Sowjetunion 47 500 Aussiedler in die Bundesrepublik, 1989 waren es 98 000. Vgl. Klaus J. Bade, Aussiedler – Rückwanderer über Generationen hinweg, S. 129.

Nachfolgestaaten der Sowjetunion. Die letzte Volkszählung in der Russischen Föderation fand 2002 statt und wies aus, daß noch zirka 800 000 Rußlanddeutsche – d. h. Wolga-, Wolhynien-, Bessarabien-, Kaukasien-, Schwarzmeer-, Sibiriendeutsche – in der Russischen Föderation lebten.[606]

---

[606] Vgl. http://de.wikipedia.org/wiki/Russlanddeutsche .

IV. SED-Kampagnen gegen die Vertriebenenverbände in der Bundesrepublik und für die internationale Anerkennung der DDR

1. Inszenierte Propagandakampagnen in den 1960er und beginnenden 1970er Jahren

Zur SED-Vertriebenenpolitik zählten die propagandistischen Kampagnen zur öffentlichen Diskreditierung der ostdeutschen Landsmannschaften und des Bundes der Vertriebenen (BdV) in der Bundesrepublik sowie der generelle Vorwurf eines „organisierten Revanchismus als offizieller Bonner Staatspolitik"[1] an die Adresse der Regierung der Bundesrepublik Deutschland. Es wird im folgenden gezeigt, daß die SED-Propagandaaktionen der 1960er und der 1970er Jahre zur Darstellung der DDR als einzig rechtmäßigem deutschen Staat, als deutschen Friedensstaat, und die Bundesrepublik Deutschland als das „revanchistische Deutschland", welches die bestehenden Grenzen in Europa nicht anerkenne, innen- und außenpolitische bzw. deutsch-deutsche Dimensionen umfaßten. Außenpolitisch sollten sie zur internationalen Anerkennung der DDR beitragen sowie den ostdeutschen Staat in der Gemeinschaft der „sozialistischen Bruderstaaten" fest und stabil positionieren. Die Revanchismusvorwürfe der SED an die Adresse der Bundesrepublik hatten zum einen den ostdeutschen gegen den westdeutschen Staat abzugrenzen und zum anderen DDR-intern herrschaftslegitimierend zu wirken. Sie waren zugleich auch immer eine unterschwellige Drohung an die eigene Bevölkerung bzw. an die „ehemaligen Umsiedler" in der DDR, das Vertreibungsproblem nicht zu thematisieren, um nicht selbst unter die Stigmatisierung „revanchistisch" zu fallen.

Die DDR führte die sogenannten Revanchismus-Kampagnen gegen die Bundesrepublik in eigener Regie bzw. mit den anderen „sozialistischen Bruderstaaten" zusammen durch, wobei es zu einer engeren Zusammenarbeit mit den beiden Nachbarstaaten, der VR Polen und der ČSSR, kam. Erste wichtige Vereinbarungen über eine Zusammenarbeit auf dem Gebiet trafen die drei Länder bei einer Konsultation der Außenministerien im November 1960 in Berlin.[2] Neben politischen und wirtschaftlichen Verflechtungen ließen auch gemeinsame sicherheitspolitische Interessen die DDR, die ČSSR und Polen enger zusammenrücken. In der Bundesrepublik als „Frontstaat der NATO" sahen sie die größte potentielle Bedrohung der Sicherheit ihrer Länder. Die Führungen der KPČ und der PVAP konnten bei ihrer Propaganda auf das Mißtrauen weiter Teile ihrer Bevölkerung gegenüber der Bundesrepublik bauen. Große Teile des tschechoslowakischen Volkes fürchteten tatsächlich Bonner Revisionsansprüche auf das Sudetenland und eine Rückkehr der sudetendeutschen Bevölkerung in ihre ehemaligen Siedlungsgebiete. In Polen herrschte Unsicherheit angesichts der durch die Bundesregierung abgelehnten Anerkennung der Oder-Neiße-Grenze. In der Existenz zweier deutscher Staaten sahen die politischen Führungen in Warschau und Prag einen stabilisierenden Faktor für die eigene Sicherheit.[3]

---

[1] Vgl. Braunbuch. Kriegs- und Naziverbrecher in der Bundesrepublik, 1965, S. 279.
[2] Vgl. Wolfgang Schwarz, Brüderlich entzweit, S. 30–32.
[3] Vgl. ebenda, S. 49.

Bei den „Revanchismus-Propagandakampagnen" gegen die Bundesrepublik gab es zwischen der DDR-Regierung und den Regierungen der anderen Staaten der „sozialistischen Gemeinschaft" aber auch Interessengegensätze. Während die polnischen oder tschechoslowakischen (wie auch die ungarischen, rumänischen oder jugoslawischen usw.) Kommunisten auch immer national denken mußten und konnten, konnte die SED-Spitze dies nicht. Die PVAP oder die KPČ z. B. hatten auf ihr Volk, deren Geschichte und Traditionen, Rücksicht zu nehmen. Die SED hingegen brauchte die Ideologie, um die Existenz ihres Staates zu rechtfertigen. Die Volksrepublik Polen blieb Polen, die Tschechoslowakei blieb die ČSSR, die DDR blieb nur die DDR, solange sie sich als „sozialistischer deutscher Friedensstaat" gegen die Bundesrepublik abzuheben vermochte.[4] In den Augen vieler PVAP- oder KPČ-Funktionäre waren die SED-Politiker überzogene Ideologen und Dogmatiker, die im Bunde mit der sowjetischen Führungsmacht die polnischen oder tschechoslowakischen gesellschaftlichen Freiräume bedrohten. Aus Sicht der SED-Führung waren die polnischen und tschechischen Spitzenpolitiker zu lasche und nachlässige Parteifunktionäre, z. T. sogar Revisionisten, die sowohl die „Reinheit der kommunistischen Lehre" als auch den Zusammenhalt des sozialistischen Lagers und damit den Bestand der DDR bedrohten.[5] Die SED bezichtigte die Politiker aus Warschau und Prag wiederholt, die „Revanchismusgefahr aus Westdeutschland" zu unterschätzen, während die Polen, die Tschechen und Slowaken den Ostdeutschen eine überzogenes „westdeutsches Revanchismus-Trauma" unterstellten.[6]

Für die Vorbereitung und Durchführung der Revanchismus-Kampagnen trugen im SED-Apparat neben der Entscheidungsebene Politbüro und Sekretariat des ZK der SED die „Politbüro-Kommission für die Arbeit nach Westdeutschland" und die ZK-Abteilung „KPD-Arbeitsbüro" die Hauptverantwortung.[7] Das Ministerium für Staatssicherheit übernahm eine Schlüsselposition bei der Beschaffung und gegebenenfalls bei der verdeckten Verbreitung von Informationen über die Landsmannschaften und den Bund der Vertriebenen und von angeblichem bzw. tatsächlichem belastendem Material über Funktionäre der Vertriebenenverbände in der Bundesrepublik. Die Hauptabteilung XX, Referat 2 des MfS auf zentraler wie auch auf Bezirksebene lieferte für die Revanchismus-Kampagnen umfassende Informationen und Rechercheergebnisse aus allen nur denkbaren Quellen – aus Archiven der DDR sowie öffentlichen und internen Dokumenten und Publikationen der Vertriebenenverbände selbst.[8] In der Öffentlichkeit blieb der Geheimdienst bei den Kampagnen stets im Hintergrund. Die SED hatte entschieden, daß das MfS aus „politischen, operativen oder anderen sachlichen Gründen, z. B. […] zum Zwecke der Täuschung des Feindes", nicht in Zusammenhang mit solchen Aktivitäten gebracht werden dürfe.[9]

---

[4] Der DDR-Außenminister Otto Winzer unterstrich diese Argumentation im Gespräch mit dem Botschafter der ČSSR in der DDR, V. Kolář, im April 1968. Vgl. Vermerk über die Unterredung, 1. April 1968, in: SAPMO-BA DY 30/316.
[5] Vgl. Peter Bender, Normalisierung wäre schon viel, S. 4.
[6] Vgl. Wolfgang Schwarz, Brüderlich entzweit, S. 141–145.
Die SED-ZK-Abteilung für Internationale Verbindungen urteilte Anfang 1965, daß sowohl in der KPČ wie auch in der PVAP eine „Unterschätzung der Gefährlichkeit des westdeutschen Militarismus" zu beobachten sei, und daß der „nationale Kampf der DDR" in seiner Tragweite nicht erkannt werde. Vgl. ebenda, S. 144.
[7] Vgl. Heike Amos, Politik und Organisation der SED-Zentrale 1949-1963, S. 401–405.
[8] Das Arbeitsgebiet „Umsiedler und revanchistische Landsmannschaften in Westberlin und Westdeutschland" gehörte zur MfS-Hauptabteilung XX/2. Auch in den Bezirken und Kreisen waren die Abteilungen XX/2 für diese Thematik zuständig. Vgl. Abkürzungsverzeichnis, S. 104f.
[9] Henry Leide, NS-Verbrecher und Staatssicherheit, S. 75.

Die offiziellen und öffentlichen Hauptakteure der Revanchismus-Kampagnen waren einerseits Albert Norden[10], Mitglied des Politbüros und Chefideologe der SED, und andererseits der „Ausschuß für Deutsche Einheit" beim Nationalrat der Nationalen Front. Der „Ausschuß für Deutsche Einheit" war pro forma ein staatliches Gremium, welches die „propagandistische Arbeit nach Westdeutschland" koordinierte und öffentlich umsetzte. Die Kampagnen des Ausschusses in Form von Konferenzen und Dokumentationen hatten Einzelpersonen, Gremien aber auch allgemeine Entwicklungen in der Bundesrepublik zu diskreditieren.[11]

Vom Ende der 1950er Jahre an nutzte die SED-Führung systematisch den Revanchismusvorwurf gegen die Vertriebenenverbände und die Bundesrepublik insgesamt für ihre politische und legitimatorische Auseinandersetzung im Kalten Krieg. Die DDR begann daran zu arbeiten, sich international als eigenständiger Staat zu positionieren und darzustellen. 1955 hatte sie offiziell ihre staatliche Souveränität von der Sowjetunion erhalten. Nun versuchte sie offensiver gegen die „Hallstein-Doktrin", den Alleinvertretungsanspruch der Bundesrepublik für ganz Deutschland, anzugehen.[12] Nachdem die Deutschlandkonferenz der Außenminister der vier Siegermächte in Genf 1959, die Pariser Gipfelkonferenz 1960 und das von den Sowjets initiierte Berlin-Ultimatum (1958–1961) gescheitert waren, und nach der endgültigen Abriegelung der DDR durch den Bau der Berliner Mauer im August 1961 orientierte die SED-Führung nun auch in der Öffentlichkeit selbstbewußt auf eine längere Existenz eines „sozialistischen deutschen Staates". Klar war der SED, daß die DDR sich eine internationale Stellung als souveräner Staat erst noch erwerben mußte. Dazu boten sich Revanchismus-Kampagnen gegen die Bundesrepublik an. Adressaten waren das westliche, aber auch hin und wieder das östliche Ausland, in dem antideutsche Ressentiments wachgehalten und gegen die Bundesrepublik und ihre Integration in das westliche Bündnis polemisiert werden sollte.[13]

Das Spektrum der DDR-Propagandaaktivitäten zur Verbreitung des Revanchismusvorwurfs an die Vertriebenenverbände und die Bundesrepublik insgesamt reichte von Pressekonferenzen, Broschüren und Büchern in mehreren Sprachen bis hin zu Dokumentarfilmen.

Es hat den Anschein, daß der sowjetische Partei- und Staatschef Nikita S. Chruschtschow mit seinen Reden über die Androhung zur Aufkündigung des Vier-Mächte-Status Berlins

---

[10] Albert Norden (1904–1982), jüdischer Herkunft, 1919 KJVD, 1921 KPD, 1954/55 StS des Ausschusses für Deutsche Einheit, 1955–1981 ZK-Sekretär, 1955–1967 Leiter der Agitationskommission beim Politbüro, 1960–1979 Leiter der Politbüro-Westkommission, 1958–1981 Politbüromitglied, Chefideologe der SED. Vgl. Wer war wer in der DDR?, S. 628f.
[11] Bevorzugte Themen waren seit Mitte der 1950er Jahre „Faschisierung des westdeutschen Justizapparates", „Wiedergeburt des Militarismus im Adenauer-Staat"; Zielobjekte der ideologischen Kampagnen waren Bundeskanzler Adenauer, Bundesvertriebenenminister Theodor Oberländer, der Staatssekretär im Bundeskanzleramt Hans Globke, Bundespräsident Heinrich Lübke usw. Vgl. Heike Amos, Die SED-Westpolitik der SED 1948/49–1961, S. 258–267.
[12] Die Hallstein-Doktrin, Walter Hallstein – StS im AA 1951–1958, wurde nach der Moskau-Reise von Bundeskanzler Konrad Adenauer im September 1955 formuliert. Der Doktrin zufolge wurde die Aufnahme oder Unterhaltung diplomatischer Beziehungen durch dritte Staaten mit der DDR von der BRD als „unfreundlicher Akt" betrachtet und mit dem Abbruch bzw. der Nichtaufnahme diplomatischer Beziehungen beantwortet. 1957 brach die BRD die diplomatischen Beziehungen zu Jugoslawien ab, da das blockfreie, aber kommunistisch regierte Jugoslawien die DDR anerkannte.
[13] Vgl. Bonner Revanchismus gegenüber der Rumänischen VR, Juli 1960, in: SAPMO-BA DY 30 IV 2/20/191; Einschätzung des Nationalismus-Chauvinismus in Westdeutschland, 26. Juni 1961, in: ebenda, DY 30 IV 2/10.02/2; Warschau: Revanchismus heute, 14. Oktober 1962, in: ebenda, DY 30 IV 2/20/203.

vom 10. bzw. 27. November 1958 den Auftakt für die Revanchismus-Kampagnen der DDR und der anderen osteuropäischen Staaten gegen die Bundesrepublik und West-Berlin und den dort wirkenden Vertriebenenorganisationen gab.[14]

Die Vorbereitungen der SED-Spitze zu ersten gezielten Revanchismus-Kampagnen gegen die Vertriebenenverbände und die Bundesrepublik begannen um 1959/60.[15] Eine Weisung des Stellvertretenden MfS-Ministers Bruno Beater aus Berlin an alle Bezirksverwaltungen der DDR vom 31. August 1960 lautete: „Material über Führer der Revanchisten: Sofort Material, möglichst mit Original-Dokumenten, über Führer von Landsmannschaften, revanchistischen Organisationen, Heimatverbände [sic!] u. ä. mit Sonderkurier an mich geben."[16]

a. Das DDR-„Braunbuch"

In den Jahren zwischen 1960 und 1963 analysierten und sammelten die MfS-Dienststellen der Kreis-, Bezirks- und zentralen Berliner Ebene, unterstützt vom SED-Apparat, „Material über die revanchistische Tätigkeit des Bonner Staatsapparates, politischer Organisationen und Verbände".[17] Darunter fielen nach SED-Sicht die Bundesministerien für Vertriebene, Flüchtlinge und Kriegsgeschädigte, für Gesamtdeutsche Fragen und für Verteidigung, das Bundespresseamt und auch die „revanchistischen Organisationen und Verbände".[18] Hier interessierten sich die SED und ihr Geheimdienst explizit für den „Bund der Vertriebenen – Vereinigte Landsmannschaften und Landesverbände". Eine Expertise sollte Auskunft geben über die Entstehung und Entwicklung des BdV, über den Organisationsgrad der Vertriebenen im BdV und in den Landsmannschaften, über den Einfluß der Vertriebenenverbände auf die Innen- und Außenpolitik der Bundesrepublik und über die Finanzierung der Verbände. Bei den ostdeutschen Landsmannschaften lag das Hauptaugenmerk auf der Sudetendeutschen Landsmannschaft, mit Abstand gefolgt von den Landsmannschaften der Schlesier, der Ost- und Westpreußen, der Pommern und der Landsmannschaft Berlin–Mark Brandenburg. Und schließlich wollten die SED-Politiker Auskünfte haben über, wie es hieß, die „Verflechtung der westdeutschen Parteien und Landsmannschaften". Sie wollten wissen, welche Funktionäre der Vertriebenenverbände in westdeutschen Parteigremien und im Deutschen Bundestag saßen, ihr Hauptinteresse galt hier der SPD-Führung und der SPD-Bundestagsfraktion.[19]

---

[14] Vgl. Note der Sowjetregierung vom 27. November 1958 an die drei Westmächte, in: Dokumente zur Deutschlandfrage, S. 8–23, insbes. S. 12, 23.
[15] Propagandakampagnen gegen die BRD gehörten seit DDR-Gründung zur regelmäßigen Praxis. Eine erste umfassende Propagandaoffensive startete die SED 1957 gegen die weitreichende personelle Kontinuität zwischen der nationalsozialistischen und bundesdeutschen Justiz mit der Broschüre „Gestern Hitlers Blutrichter – Heute Bonner Justiz-Elite". Vgl. Henry Leide, NS-Verbrecher und Staatssicherheit, S. 75 f.
In den 1960er Jahren gab es immer wieder Beschlüsse des SED-Politbüros zur „Organisierung [...] internationaler Kampagne[n] gegen die revanchistischen Grenzforderungen der westdeutschen Militaristen", wie z. B. am 25. August 1964. Vgl. Sitzungsprotokoll, in: SAPMO-BA DY 30 J IV 2/2/945.
[16] Eingang Fernspruch: MfS-Berlin an BVfS Neubrandenburg, in: BStU MfS BV Neubrandenburg, XX 235, Bl. 219.
[17] Revanchismus – Bonner Staatsdoktrin 1959–1963, in: SAPMO-BA DY 6 vorl. 1541 a.
[18] Vgl. ebenda.
[19] Vgl. ebenda.

Die namentlich nicht bekannten Verfasser der Expertise im SED-Apparat merkten an, daß das MfS zum Komplex „Revanchistische Organisationen und Verbände" bis zum 11. September 1963 zirka 300 Fotokopien aus Personalakten ehemaliger Faschisten, die heute zu den „führenden Revanchisten Westdeutschlands und Westberlins gehören",[20] liefern würde.

Die Dienststellen des Staatssicherheitsministeriums überprüften zwischen 1960 und 1963 systematisch das Führungspersonal der ostdeutschen Landsmannschaften und des Dachverbandes „Bund der Vertriebenen" danach, welche von diesen Personen möglicherweise aus der Zeit vor 1945 NS-belastet waren. Ziel und Zweck dieser Recherche war es, einen Nachweis zu führen, daß die Funktionäre der Vertriebenenverbände durchweg eine „faschistische Vergangenheit" besaßen, daß der Einfluß ehemaliger Nationalsozialisten im Bund der Vertriebenen und in den Landsmannschaften umfassend war. Die SED-Spitze warf damit der Bundesrepublik insgesamt vor, daß „die Militarisierung und Faschisierung Westdeutschlands ein fester Bestandteil der aggressiven Innen- und Außenpolitik des Adenauer-Staates ist".[21]

Ein für die DDR-Propaganda bedeutsames Ergebnis der Überprüfung der politischen Biographie von Vertriebenenfunktionären war 1965 die Veröffentlichung vom „Braunbuch. Kriegs- und Naziverbrecher in der Bundesrepublik. Staat, Wirtschaft, Armee, Verwaltung, Justiz, Wissenschaft". Als Herausgeber fungierte der Nationalrat der Nationalen Front. Das „Braunbuch" erschien bis 1968 in drei Auflagen.[22] Als Art zusammenfassendes Nachschlagewerk listete es über 1 900 „schwer belastete führende Nazifunktionäre und Kriegsverbrecher" auf, „die sich heute ungehindert in entscheidenden Stellungen des westdeutschen Staats- und Wirtschaftsapparates betätigen".[23] Das Kapitel „Hitlers 5. Kolonne in Bonner Diensten. Revanchismus – offizielle Staatspolitik der Bundesrepublik" im „Braunbuch" widmete sich auf 38 Seiten den tatsächlichen oder vermeintlichen NS-Verstrickungen von Politikern und Funktionären der Vertriebenenverbände. Insgesamt benannte die DDR im „Braunbuch" 109 „Bonner Revanchistenführer".[24] Die Dokumentation „Braunbuch" entstand in wesentlicher Arbeit und unter Regie der Zentralen Auswertungs- und Informationsgruppe des Ministeriums für Staatssicherheit. Die Rechercheunterlagen für etwa die Hälfte der „Bonner Revanchistenführer" fanden sich bisher im Archiv der Bundesbeauftragten für die Unterlagen des Staatssicherheitsdienstes der ehemaligen DDR.[25]

Als NS-belastet benannten die SED- und MfS-Funktionäre im „Braunbuch" bundesdeutsche Politiker und Funktionäre der Vertriebenenorganisationen und -gremien wie beispielsweise Dr. Hans Krüger[26], 1958 bis 1963 Präsident des BdV, Professor Dr. Theodor

---

[20] Ebenda.
[21] Anlage: Jahresbericht 1960 über die Agitationstätigkeit des MfS, 9. Januar 1961, in: BStU MfS SdM 599, Bl. 83.
[22] Das „Braunbuch" unterlag übrigens auf Beschluß des Landgerichts Lüneburg in der Bundesrepublik der Beschlagnahme. Vgl. Henry Leide, NS-Verbrecher und Staatssicherheit, S. 85.
[23] Braunbuch. Kriegs- und Naziverbrecher in der Bundesrepublik, 1965, S. 9.
[24] Vgl. ebenda, S. 279–316.
[25] Vgl. in: BStU MfS ZAIG 9704, Bd. 2, Bl. 355–400; Roland Wiedmann, Die Organisationsstruktur des MfS 1989, S. 39–53.
[26] Hans Krüger (1902–1971), promovierter Jurist, Teilnahme am „Hitlerputsch" 1923 in München, frühes NSDAP-Mitglied, Richter in Pommern, 1940 Oberamtsrichter in Konitz/Westpreußen. In dieser Funktion wirkte er im Rahmen von Sondergerichten an der Verhängung zahlreicher Todesstrafen mit. Von 1958–1964 war er Präsident des BdV. Aufgrund einer SED-Kampagne mußte er von seinem Amt zurücktreten. Er war CDU-Mitglied. Vgl. http://de.wikipedia.org/wiki/Hans_Krüger.

Oberländer[27], 1953 bis 1960 Bundesminister für Vertriebene, Flüchtlinge und Kriegsgeschädigte, oder Otto Ulitz, Sprecher der Landsmannschaft Oberschlesien. Die SED-Ideologen warfen Hans Krüger vor, ein sehr frühes aktives Mitglied der NSDAP gewesen zu sein und als Richter bei Sondergerichten im okkupierten polnischen Chojnice (Konitz) Todesurteile gegen polnische Bürger ausgesprochen zu haben. Theodor Oberländer beschuldigten sie u. a., als „Führer von SS-Sondereinheiten für Massenmorde in Lwow und anderen sowjetischen Städten verantwortlich" zu sein, und Otto Ulitz bezichtigten sie, „am fingierten Überfall auf den Sender Gleiwitz beteiligt [und] dafür mit dem ‚Goldenen Ehrenzeichen der NSDAP' dekoriert" worden zu sein.[28]

Auch im Gefolge von SED-Propagandaaktionen mußte der Bundesvertriebenenminister Hans Krüger 1964 sein Amt niederlegen, Theodor Oberländers erzwungener Rücktritt geschah bereits 1960.[29]

Die von der DDR im „Braunbuch" vorgebrachten Sachverhalte gegen die 109 bundesdeutschen Funktionäre der Vertriebenenverbände waren im Kern zutreffend, wenngleich das MfS Fakten und Zusammenhänge auch pauschalierte bzw. übertrieb und auch vor Fälschungen[30] nicht zurückschreckte. Doch das eigentliche Kapital der DDR war die Tatsache, daß die Eliten in der Bundesrepublik und auch die Funktionäre der Vertriebenenverbände viele Jahre lang nicht sehen wollten, welche ungeheure politische Hypothek sie mit sich trugen. So haben bis in die heutige Gegenwart weder die ostdeutschen Landsmannschaften noch der Bund der Vertriebenen die NS-Vergangenheit ihrer Gründungsfunktionäre überprüft und aufgearbeitet.[31] Der Aussage des Historiker, Falco Werkentin, ist zuzustimmen, wenn er formulierte: Sicher ging es der DDR um Propaganda. „Doch am Wahrheitsgehalt der vorgelegten Dokumentationen war im Großen und Ganzen nicht zu rütteln. Die bundesdeutsche Gesellschaft [...] bekam ihre eklatanten Versäumnisse im Umgang mit der eigenen Vergangenheit schmerzhaft um die Ohren geschlagen. Die Unerträglichkeiten mußten von den Propagandisten der SED nicht erfunden, sondern nur aufgesammelt werden."[32]

Eine Reprint-Ausgabe des „Braunbuches" erschien übrigens 2002. Kritische Rezensenten wie der ausgewiesene Historiker Götz Aly meinten dazu, daß diese Dokumentation zwar Propaganda, aber kein „gedankenloses Machwerk" gewesen sei, und daß sich die empirischen Grundlagen des „Braunbuches" als äußerst beständig erwiesen haben. Der größte

---

[27] Theodor Oberländer (1905–1998), Land- und Volkswirt, Teilnahme am „Hitlerputsch" 1923 in München, frühes NSDAP-Mitglied; während des Zweiten Weltkrieges war er sowohl bei der ukrainischen Wehrmachtseinheit „Nachtigall" als auch später beim Bataillon „Bergmann" als Offizier eingesetzt, denen beide Verbrechen gegen die Zivilbevölkerung nachgewiesen wurde. Nach 1945, von 1953–1960, war er Bundesvertriebenenminister, seit 1955 CDU-Mitglied.
Vgl. http://de.wikipedia.org/wiki/Theodor_Oberländer .
Jüngste detaillierte historische Forschungen ergaben, daß Oberländer „nur" als Schreibtischtäter an Ermordungen der Zivilbevölkerung beteiligt war. Vgl. Philipp-Christian Wachs, Der Fall Oberländer (1905–1998). Ein Lehrstück deutscher Geschichte, Frankfurt/M. 2000.
[28] Braunbuch. Kriegs- und Naziverbrecher in der Bundesrepublik, S. 311–313, 315; vgl. Henry Leide, NS-Verbrecher und Staatssicherheit, S. 77–84; Politisch entlastend über Ulitz Matthias Stickler, „Ostdeutsch heißt Gesamtdeutsch", S. 322f.
[29] Vgl. Bernd Kallina, Mit der „Revanchismus-Keule" gegen die deutschen Heimatvertriebenen und ihre Verbände, S. 77f.
[30] So im Fall des Bundespräsidenten Heinrich Lübke. Vgl. Rudolf Morsey, Heinrich Lübke, S. 508–563.
[31] Vgl. Hans Michael Kloth, Klaus Wiegrefe, Unbequeme Wahrheiten, S. 46–48.
[32] Falco Werkentin, Politische Strafjustiz in der Ära Ulbricht, S. 200.

Kritikpunkt aus heutiger Sicht bestehe nach Aly darin, daß im „Braunbuch" zu wenige Namen NS-belasteter Politiker und Funktionäre der frühen Bundesrepublik genannt würden.[33] Eine historische und juristische Überprüfung der im „Braunbuch" dargelegten Sachverhalte existiert bis heute nicht.

Das „Braunbuch" war als SED-Propaganda-Aktion ein Erfolg. Nach einer internen Auswertung des Staatssicherheitsministeriums mußten nach dem Erscheinen des Buches im Jahr 1965 bis zu seiner 3. Auflage 1968 „mehr als 300 Nazi- und Kriegsverbrecher in der BRD ihren Posten niederlegen".[34] Dennoch hatte die Dokumentation letztlich nur einen beschränkten Wert. Ihrem originär politisch-propagandistischem Zweck entsprechend, verdeutlichte sie – auch bezüglich der 109 Funktionäre der Vertriebenenverbände in der Bundesrepublik – das Ausmaß personeller Kontinuität, lieferte jedoch mit der Auflistung von NS-Dienststellen oder Mitgliedschaften in verschiedenen NS-Organisationen der Betreffenden nur Indizien, aber keinen Nachweis individuell strafrechtlich relevanter Schuld.[35]

Die SED verbreitete Mitte der 1960er mit dem „Braunbuch" in ihrer politischen Einseitigkeit und mit ihrer spezifischen Sprache ihre Sicht zum „Revanchismus" der Vertriebenenverbände und der Bundesrepublik insgesamt. „In der DDR – für Revanchismus keine Basis",[36] so agitierten die SED-Funktionäre und begründeten diese Überzeugung mit folgender Argumentationskette: Im Potsdamer Abkommen von 1945 wurden neue Grenzen in Europa festgelegt und „Aussiedlungsmaßnahmen getroffen". Ziel aller vier alliierten Mächte sei es gewesen, „die imperiale Wühlarbeit in den Nachbarländern Deutschlands auszuschalten, diese Länder für die ungeheuren Verluste im Krieg zu entschädigen und stabile Grenzen zu schaffen". „Große Teile der deutschen Minderheit [!] wurden [...] in die vier Besatzungszonen [...] ausgesiedelt"[37]. Mit keinem Wort aber erwähnten die SED-Macher des „Braunbuches" die deutsche Bevölkerung des Reiches im Osten.

In der Sowjetischen Besatzungszone habe man – so die SED-Sicht – alles unternommen, „um den von Hitler schmählich betrogenen Umsiedlern ihr schweres Los zu erleichtern, ihnen eine neue Existenz [...] zu geben". Die SED war davon überzeugt, daß man den „Umsiedlern" in der SBZ/DDR schlüssig und überzeugend erklärt hatte, wer am Verlust ihrer Heimat die Schuld trug – daß nämlich „der deutsche Imperialismus durch seine Kriegs- und Vernichtungspolitik die ehemaligen Ostgebiete für immer verspielt" habe. Die SED-Funktionäre schienen davon überzeugt, daß die „Umsiedler [...] in der DDR eine neue Heimat [fanden] und gleichberechtigte Bürger des deutschen Friedensstaates" wurden. In der DDR existierten keine „revanchistischen Organisationen", denn die DDR habe in offiziellen Verträgen die bestehenden Nachkriegsgrenzen anerkannt.[38]

Dies stellten die Macher des „Braunbuches" dem „herrschenden Revanchismus in Westdeutschland" gegenüber. Sie formulierten: „Der in Westdeutschland wiedererstandene deutsche Imperialismus [...] drängt zum dritten Male in diesem Jahrhundert auf eine Veränderung der Grenzen. Die Bundesrepublik ist der einzige Staat in Europa, der Forde-

---

[33] Vgl. Braunbuch. Kriegs- und Naziverbrecher in der Bundesrepublik und in Westberlin. Staat, Wirtschaft, Verwaltung, Armee, Justiz, Wissenschaft. Hrsg. Norbert Podewin, Berlin 2002; Götz Aly, Zuverlässig. Lob des antifaschistischen Rentners. Rezensionsnotiz zum „Braunbuch", in: Süddeutsche Zeitung, München, 9. August 2002.
[34] Zitiert bei Henry Leide, NS-Verbrecher und Staatssicherheit, S. 84.
[35] Vgl. ebenda, S. 85.
[36] Braunbuch. Kriegs- und Naziverbrecher in der Bundesrepublik, 1965, S. 280.
[37] Ebenda.
[38] Alle Zitate in: Ebenda, Bl. 280f.

rungen auf fremdes Staatsgebiet, auf die ‚Grenzen von 1937' erhebt. Die in Westdeutschland lebenden Umsiedler werden mißbraucht, um diese revanchistische Politik propagieren und durchführen zu helfen."[39] Die ostdeutschen Funktionäre beschuldigten die Bonner Regierung, noch immer die Illusion bei den inzwischen in die Gesellschaft der Bundesrepublik eingegliederten Vertriebenen zu nähren, sie könnten eines Tages in ihre alte Heimat zurückkehren. „Von der westdeutschen Regierung gefördert" – so weiter –, „wurden nach 1945 die […] Revanchistenverbände gebildet."[40] Diese „Umsiedlerorganisationen", so die Argumentation der SED, würden zum System staatlicher und nichtstaatlicher Einrichtungen der BRD gehören, welche „zur Verwirklichung der revanchistischen Politik" aufgebaut wurden. Es sollte „alle ehemaligen Umsiedler [sic!] und darüber hinaus möglichst die ganze westdeutsche Bevölkerung für die Politik der Grenzrevision, der ‚Rückeroberung' verlorener Gebiete und für die Vorbereitung einer neuen Aggression gewinnen".[41]

Dieses Argumentationsmuster – die DDR als deutscher Friedensstaat, der keine Gebietsansprüche erhebt und die „Umsiedler" in die Gesellschaft assimiliert hat, im Gegensatz zur Bundesrepublik, die die Anerkennung der Nachkriegsgrenzen verweigerte und mit kriegstreibender Revanchepolitik der Vertriebenenverbände und der Bonner Regierung auf Grenzrevision aus war – änderte sich in den 1960er Jahren nicht. Das „Braunbuch" zählte zu einem wichtigen Bestandteil der SED-Kampagnen für die internationale Anerkennung der DDR.

b. MfS-Dokumentationen über die Vertriebenenorganisationen

Die Zentrale Auswertungs- und Informationsgruppe (ZAIG) des MfS stellte ab 1959/60 systematisch Propagandamaterialien für Revanchismus-Kampagnen zusammen, die in den DDR-Tageszeitungen Verwendung finden sollten.[42] In martialischer Manier des „Kalten Krieges" verglich das MfS Landsmannschaftstreffen der Sudetendeutschen, Pommern, Schlesier, Ost- und Westpreußen usw. zu Pfingsten 1960 mit kriegsvorbereitenden Aufmärschen gegen die DDR, Polen, die ČSR und die Sowjetunion. SED-Funktionäre formulierten: „Kriegsgeheul der Revanchisten – Millionen Menschen sind heute im Bonner Staat in Landsmannschaften und anderen … Revancheorganisationen zusammengeschlossen. […] Die Palette der Mitglieder dieser revanchistischen Verbände reicht von enteigneten Großgrundbesitzern und Konzernherren bis zu durch Hetzpropaganda irregeleiteten Opfern des Hitlerkrieges. […]"[43] Die MfS-Pressematerialien brachten unverhohlen die „Landsmannschaften in der Westzone und in Westberlin" in Zusammenhang mit einer angeblichen „psychologischen Kriegsführung und Eroberungskriegsvorbereitung" der Bundesrepublik.[44] Die Vorwürfe vom März 1959 lauten dort: Die „Revanchepolitik erhielt mit

---

[39] Ebenda, S. 281.
[40] Ebenda.
[41] Ebenda, S. 282.
[42] Vgl. Notiz der ZAIG: „An BZ (Berliner Zeitung) laut Bestellung vom 20. Juni 1960 abgeliefert", in: BStU MfS ZAIG 9704, Teil 2, Bl. 235.
[43] Bonner politisches Dynamit. Eine Dokumentation von Julius Mader, 25. Juni 1960, in: BStU MfS ZAIG 9704, Teil 2, Bl. 236.
Julius Mader (tatsächlich Thomas Bergner 1928–2000), damals Redakteur im Verlag „Die Wirtschaft", war seit 1958 Inoffizieller Mitarbeiter des MfS. 1962 wurde er zum Offizier im besonderen Einsatz ernannt. Innerhalb von knapp 30 Jahren veröffentlichte Mader 32 Bücher in 121 Auflagen. Vgl. Henry Leide, NS-Verbrecher und Staatssicherheit, S. 75.
[44] Vgl. Pressematerial für BZ, 2. März 1959, in: BStU MfS ZAIG 9704, Teil 2, Bl. 261–267; „Revanchegeschrei", 14. Oktober 1964, in: ebenda, ZAIG 9705, Bl. 267, 268.

der Schaffung der sogenannten Landsmannschaften in Westdeutschland einen organisierten Charakter. [Hinter dem] Bund der Vertriebenen – Vereinigte Landsmannschaften [...] verbirgt sich gleichsam [...] eine Koordinationszentrale aller revanchistischen Bestrebungen gegen die volksdemokratischen Länder."[45]

Ähnlich argumentierende Propagandamaterialien über die „Ausnutzung der Landsmannschaften und Vertriebenen zur Durchsetzung der Bonner Kriegskonzeption" stellte das MfS im Januar 1960 direkt für den SED-Chefideologen Albert Norden zusammen.[46] Ihm lieferten die Staatssicherheitsoffiziere neben Propagandafloskeln aber auch konkrete Fakten über die Vertriebenenorganisationen. Unter anderem informierten sie darüber, daß 1959 20 ostdeutsche Landsmannschaften in der Bundesrepublik existierten[47], in denen rund 1,3 Millionen Vertriebene organisiert waren. Die mitgliederstärksten waren die Sudetendeutsche Landsmannschaft mit rund 350 000 Mitgliedern, die Landsmannschaft der Schlesier mit zirka 430 000 Mitgliedern und die der Ostpreußen mit rund 140 000 Mitgliedern. Zudem listete man die personelle Zusammensetzung der Spitzengremien des Bundes der Vertriebenen auf und vermerkte die Parteizugehörigkeit der Vertriebenenfunktionäre sowie ihre Mitgliedschaft im Bundestag bzw. in den Länderparlamenten.[48] Auch über das umfassende Netz von Zeitungen und Zeitschriften der Landsmannschaften und des BdV wurde Norden detailliert unterrichtet.[49]

Um 1959/60 begannen Mitarbeiter des Ministeriums für Staatssicherheit, über jede der 20 ostdeutschen Landsmannschaften und den Bund der Vertriebenen immer umfassendere Dokumentationen und Expertisen anzulegen. Dabei konzentrierten sie sich zuerst auf die großen Landsmannschaften wie die oben erwähnten. Nach und nach komplettierte das MfS seine Dossiers über alle 20 ostdeutschen Landsmannschaften. Die Dokumentationen gaben Auskunft über ihre Strukturen, die personelle Zusammensetzung ihrer Führungsgremien, die Verflechtung der Spitzenfunktionäre der Vertriebenenverbände mit Partei-, Parlaments- und anderen staatlichen und Wirtschaftsgremien, die Finanzierung der Landsmannschaften und des BdV über Mitgliedsbeiträge und über Bundesgremien wie das Bundesministerium für Vertriebene, Flüchtlinge und Kriegsgeschädigte und das Bundesministerium für gesamtdeutsche Fragen. Des weiteren analysierten die zuständigen Funktionäre Programme und Ziele der Vertriebenenverbände und das öffentliche Auftreten der Landsmannschaften und des BdV auf ihren Veranstaltungen.[50] Dem MfS

---

[45] Pressematerial für BZ, 2. März 1959, in: BStU MfS ZAIG 9704, Teil 2, Bl. 262.
[46] Vgl. Arbeitsmaterial für den Genossen Norden über die Ausnutzung der Landsmannschaften und Vertriebenen, 30. Januar 1960, in: BStU MfS ZAIG 4625, Bl. 1–11.
[47] Tatsächlich waren es 20 Landsmannschaften.
[48] Vgl. Arbeitsmaterial für den Genossen Norden über die Ausnutzung der Landsmannschaften und Vertriebenen, 30. Januar 1960, in: BStU MfS ZAIG 4625, Bl. 5–11.
[49] SED-Hausmitteilung an Albert Norden, 2. Dezember 1964, in: SAPMO-BA DY 30 IV A 2/2028/15.
[50] Vgl. Als Auswahl: Zur Arbeit der Schlesischen Landsmannschaft (LM), 1961, in: ebenda, ZAIG 9715, Bl. 425–416; Finanzielle Unterstützung der LM Schlesien, 1965–1970, in: ebenda, HA XX 5434, Bl. 2–124; Treffen der LM Schlesien 1964–1971, 1972–1981; in: ebenda, ZAIG 9715, Bl. 3–94, 99–230, 306–310; Übersicht über die LM Ostpreußen, Oktober 1960, in: ebenda, HA XX 5436, Bl. 14–137; Sudetendeutsche LM, 1967, 1985, 1988, in: ebenda, MfS BV Neubrandenburg XX 252, Bl. 3, 4, HV A 1045, Bl. 6–24, HA XXII 6118/7, Bl. 6–43; LM der Deutschen aus Rußland, 1960, in: ebenda, HA XX/4, 2430, Bl. 33–75; Die Fraktionen der Landsmannschaftsfunktionäre im VI. Bundestag, Oktober 1969, in: ebenda, ZAIG 8890-2, Bl. 5–19; Revanchistische und militaristische Organisationen, 1969, in: ebenda, ZAIG 9705, Bl. 36–54; Informationsberichte über Revanchistentreffen in der West-Berliner Waldbühne zum „Tag der Deutschen", 1965, 1968, 1969, in: ebenda, ZAIG 9705, Bl. 8–15, 60–85, 242–253, usw.

ging es zusammenfassend darum, die gesellschaftliche Bedeutung und den politischen Einfluß der Vertriebenenorganisationen in der Bundesrepublik zu erfassen.

Diese Informationen, Fakten und Zusammenhänge erhielten die für die „Aktivitäten der Revanchistenorganisationen in Westdeutschland" zuständigen Funktionäre des Staatssicherheitsdienstes in erster Linie durch die Analyse und Auswertung offizieller und öffentlicher Verlautbarungen und Publikationen, Zeitungen, Zeitschriften, Heimatbriefe usw. der Landsmannschaften und des Bundes der Vertriebenen sowie aus Berichterstattungen der Medien – Rundfunk und Fernsehen – über Veranstaltungen und das Auftreten von Funktionären und Politikern der Vertriebenenorganisationen. Zu den großen, jährlich stattfindenden Landsmannschaftstreffen und dem jährlich im September stattfindenden „Tag der Heimat" bzw. „Tag der Deutschen" des Bundes der Vertriebenen entsandte das MfS „Inoffizielle Mitarbeiter" im Rentenalter, da diese bereits in den 1960er Jahren in die Bundesrepublik bzw. nach West-Berlin reisen konnten. Diese „Rentner-IMs" sollten über die allgemeine Stimmungslage auf den Veranstaltungen berichten, die Namen anderer DDR-Rentner, die an dieses Vertriebenentreffen teilnahmen, in Erfahrung bringen und möglicherweise auch anderweitige Kontakte knüpfen. In der Regel verfügte jede MfS-Bezirksverwaltung in der DDR in den 1960er Jahren über nicht mehr als zwei bis vier „Rentner-IM", die selbst Vertriebene waren, und die sie zu Landsmannschaftstreffen nach West-Berlin bzw. in die Bundesrepublik entsandte. So kann man vermuten, daß bei den großen Landsmannschaftstreffen zirka 30 bis 40 MfS-„IMs" im Rentenalter anwesend waren.[51]

c. „Revanchismusvorwurf" an die SPD und die Kampagne gegen Wenzel Jaksch

Die DDR-Führung unterstellte der CDU/CSU-Bundesregierung unter Konrad Adenauer, per se Vertreter einer „revanchistischen Eroberungspolitik" zu sein. Es war ein besonderes Anliegen der SED-Führung, der Konkurrenzpartei der Arbeiterklasse, der SPD, ebenso revanchistische Politikziele vorzuwerfen. In der öffentlichen „Revanchismuspropaganda" machte die SED keinen Unterschied zwischen CDU/CSU, SPD und deren Politikzielen bezüglich der Vertreibungsfrage. Die Stellungnahmen und Äußerungen sozialdemokratischer Politiker zur Vertreibungsproblematik und zur Grenzfrage, zum Auftreten der Landsmannschaften sowie zu den politischen Zielen der Vertriebenenverbände verfolgten die SED-Funktionäre genau. Sie dokumentierten und fertigten für ihre Revanchismus-Kampagnen Materialsammlungen an. Unter anderem hielt man zum Thema „SPD an der Seite der Vertriebenen und der Vertriebenenverbände" zwischen 1959 und 1964 fest: Der SPD-Vorsitzende Erich Ollenhauer sandte zum Kongreß des „Bundes der Vertriebenen – Vereinigte Landsmannschaften und Landesverbände" am 2. Mai 1959 ein Grußtelegramm und formulierte: „Die Vertreibung der Deutschen aus den Gebieten östlich der Oder-Neiße, dem Sudetenland und Südosteuropa bleibt stets ein Unrecht. Die SPD vertritt daher immer wieder das ‚Recht auf Heimat' und das Selbstbestimmungsrecht. Sie wird in ihrem Einsatz für die deutschen Ostgebiete nicht nachlassen."[52]

---

[51] Vgl. Berichterstattung über Möglichkeiten und eingeleitete Maßnahmen zum Eindringen in die westdeutschen Landsmannschaften, in: BStU MfS BV Neubrandenburg XX 254, Bl. 50; Literatur- und Pressehinweise zu Struktur und Aufbau der Landsmannschaften 1981–1983, in: ebenda, BV Rostock Rep. 2/234, Bl. 195–277, 414.

[52] Telegramm Ollenhauers an den BdV, 15. Mai 1959, in: SAPMO-BA DY 30 IV 2/10.02/123.

Dem damaligen Regierenden Bürgermeister von West-Berlin, Willy Brandt (SPD), schrieben SED und MfS ein besonderes Engagement zu, Großveranstaltungen des BdV und der Landsmannschaften nach West-Berlin zu holen. „Brandt stellte sich [im September 1959] vor 25 000 Teilnehmern des ‚Tages der Heimat' [in der West-Berliner Waldbühne] tapfer vor die Vertriebenenbewegung und [...] erklärte: ‚Dies ist kein Revanchistentreffen, sondern eine große Kundgebung, auf der die Worte Heimat und Freiheit gleich groß geschrieben werden. Wir treten nicht zur Revanche an, und wir huldigen auch keinesfalls Nationalismus. Aber von den Grundrechten der Menschlichkeit wird auch das Recht auf Heimat nicht mehr zu trennen sein.'"[53]

Der SED-Apparat registrierte die Gespräche zwischen dem SPD-Präsidium und verschiedenen Vorständen der Landsmannschaften und deren Absprachen, die u. a. umfaßten: Die SPD erkennt das Recht auf landsmannschaftlichen Zusammenschluß der Vertriebenen an. Sie vertritt das Recht auf Heimat und Selbstbestimmung für die Vertriebenen und wird mit allen Mitteln der Politik versuchen, diese Rechte durchzusetzen. SPD und Landsmannschaften stimmten überein, das Recht auf Heimat und Selbstbestimmung nicht mit Gewalt zu verwirklichen.[54] Den SPD-Spitzenpolitikern Herbert Wehner und Fritz Erler, beide Mitglieder im Parteivorstand und Präsidium, schrieb die SED die Äußerung zu, „die Sozialdemokratie wird um jeden Quadratmeter deutschen Bodens ringen, wenn die Frage nach einem Friedensvertrag gestellt" wird.[55]

Für den SED-Chefideologen Albert Norden und seine Mitarbeiter, besonders die Funktionäre der „Politbüro-Kommission für die Arbeit nach Westdeutschland", schien ein differenzierterer und abgeklärterer Blick auf die SPD und ihre Vertriebenen-Politik unmöglich bzw. unerwünscht. Die SED-Spitze nahm in der ersten Hälfte der 1960er Jahre die SPD-Funktionäre als „fanatische Fürsprecher der Gebietsforderungen der westdeutschen Revanchisten", als Sprachrohr „nazistischer Kriegsverbrecher", die „mit den aggressivsten Kreisen Westdeutschlands [...] um jeden Preis die Ergebnisse des Zweiten Weltkrieges, einschließlich der [...] festgelegten Grenzen revidieren wollten" wahr.[56] Die „revanchistische Politik" der westdeutschen Sozialdemokratie stand für die SED-Spitze in einer Linie mit den „eifrigen Kalten Kriegern wie die der Regierungsparteien" CDU/CSU.[57]

Die Sozialdemokratische Partei Deutschlands sah in den Vertriebenen und ihren Verbänden in der Nachkriegszeit in erster Linie ein soziale Problematik. Sie erwartete eine schnelle Eingliederung der Heimatvertriebenen in die westdeutsche Gesellschaft und interessierte sich für sie vorzugsweise als Wählerpotential. In den 1950er Jahren betrieb und vollzog die SPD Annäherungen an die Landsmannschaften. Die SPD-Spitze bemühte sich nach außen hin, einen vertriebenenfreundlichen Kurs zu fahren. Dies geschah bis Mitte der 1960er Jahre durch häufige Kontakte zwischen der Bundes-SPD und den verschiedenen

---

[53] Politischer Selbstmord der Vertriebenen?, September 1959, in: SAPMO-BA DY 30 IV 2/10.02/123.
[54] Vgl. Aussprache zwischen SPD und LM Ostpreußen, Januar 1961, in: SAPMO-BA DY 30 IV 2/10.02/123; In Übereinstimmung mit der Sudetendeutschen LM, 24. Januar 1961, in: ebenda; SPD und Pommersche LM, 10. Dezember 1962, in: ebenda; Matthias Stickler, „Ostdeutsch heißt Gesamtdeutsch", S. 241.
[55] SPD, 10. Dezember 1962, in: SAPMO-BA DY 30 IV 2/10.02/123; Wehner und Erler im Dienst der revanchistischen Aggressionspolitik der Bonner Ultras, 12. Dezember 1963, in: ebenda, DY 30 IV A 2/2028/15.
[56] Wehner und Erler im Dienst der revanchistischen Aggressionspolitik der Bonner Ultras, 12. Dezember 1963, in: ebenda, DY 30 IV A 2/2028/15.
[57] SPD und Vertriebenen-Politik, Oktober 1959, in: SAPMO-BA DY 30 IV 2/10.02/123.

Landsmannschaften bzw. dem BdV. Aber führende SPD-Politiker, wie z.B. Willy Brandt, waren seit den frühen 1950er Jahren davon überzeugt, daß an eine Revision der Oder-Neiße-Linie ernsthaft nicht mehr zu denken war, daß die ehemaligen Ostgebiete des Deutschen Reiches verloren waren. Diese Überzeugung hatten übrigens auch führende Unionspolitiker wie beispielsweise Bundeskanzler Konrad Adenauer.[58]

Die seit den späten 1950er Jahren öffentlich vollzogene Annäherung der SPD an den Bund der Vertriebenen und die ostdeutschen Landsmannschaften sollte die Vertriebenenpolitiker der eigenen Partei beruhigen und neue Wählerschichten erschließen und erhalten helfen. Die markigen, aber unverbindlichen Grußworte von SPD-Politikern auf Veranstaltungen der Vertriebenenverbände waren wahltaktischer Natur.[59] Parallel dazu vollzog die SPD-Führung intern in den 1960er Jahren den fundamentalen Wandel zur neuen Deutschland- und Ostpolitik. Öffentlich wurde der Kurswechsel der SPD in Form von Distanzierungen zu den Vertriebenenverbänden seit 1968 sichtbar. Mit der Bildung der ersten sozial-liberalen Koalition im September 1969 unter Bundeskanzler Willy Brandt setzte sich in der SPD-Führung die Politik einer deutlichen Abkehr von den Vertriebenenverbänden durch. Die Opposition des BdV und der Landsmannschaften gegen die neue Ostpolitik begriff die SPD als Kampfansage. Die Vertriebenenverbände ihrerseits distanzierten sich von der SPD, weil das Maß an Zugeständnissen, das die SPD/FDP-Bundesregierung den osteuropäischen Staaten, insbesondere der VR Polen, der ČSSR und der DDR, zu machen gewillt war, die Schwelle überschritt, die der BdV hinzunehmen bereit war. Im Bundestagswahlkampf von 1972 gab der BdV zum ersten Mal in seiner Geschichte eine ausdrückliche Wahlempfehlung für die Unionsparteien ab.[60]

Die SED-Führung in Ost-Berlin erkannte das doppelte politische Spiel der SPD bezüglich der Vertriebenen und ihrer Verbände nicht – wie auch die meisten westdeutschen SPD-Vertriebenenpolitiker und die Vertriebenenverbände selbst, der BdV und die ostdeutschen Landsmannschaften, dies nicht wahrnahmen.[61] Aber für die Revanchismus-Vorwürfe gegen die SPD-Führung schien eine differenziertere Analyse und Betrachtung der Einstellung der SPD-Spitze zu den Vertriebenenverbänden unerheblich und unnötig. Das SED-Politbüro sah in der neuen bundesdeutschen Konstellation der Großen Koalition ab 1966 und der angekündigten SPD-Politik des „Wandels durch Annäherung" größte politische Gefahren. Um die sich abzeichnende Resonanz auf die Initiative der neuen Bundesregierung zu konterkarieren, suchte die SED-Führung einen Ausweg in der Enthüllung des angeblich „neonazistischen Charakters des westdeutschen Staatswesens". Der SED-Funktionär Albert Norden, der mit seinen initiierten Kampagnen die internationale Anerkennung der DDR verfolgte, verkündete als Antwort auf die neue Ostpolitik der SPD: Bonn habe das Ziel, die DDR zu umzingeln, in sie einzudringen und zu liquidieren. Deshalb habe die SED-Parteiführung beschlossen, mit massiven Aktionen dem „Geist des Neonazismus in Westdeutschland" und der „Bonner Expansionspolitik" effektvoll entgegenzuwir-

---

[58] Vgl. Josef Foschepoth, Potsdam und danach, S. 107–110; Matthias Stickler, „Ostdeutsch heißt Gesamtdeutsch", S. 216–221, 245; Manfred Kittel, Vertreibung der Vertriebenen?, S. 172.
[59] Was konkret zwischen 1959 und 1964 SPD-Politiker unter „gerechter Grenzziehung", „Recht auf Heimat" verstanden, blieb bewußt unklar, genauso wie die schwammige Formulierung „so viel wie möglich von Deutschland für die Deutschen [zu] retten". Matthias Stickler, „Ostdeutsch heißt Gesamtdeutsch", S. 245–247.
[60] Vgl. ebenda, S. 273–279.
[61] Vgl. ebenda, S. 250; Christian Lotz, Die Deutung des Verlusts, S. 209–233.

ken.⁶² Eine dieser Aktionen richtete sich gegen den SPD-Politiker und Vertriebenenfunktionär Wenzel Jaksch.

Wenzel Jaksch, ein Sudetendeutscher, stieg Ende der 1950er Jahre zu einem führenden Vertriebenenpolitiker der SPD auf. Das machte ihn in den Augen von SED und MfS zu einem Zielobjekt einer höchst-diffamierenden persönlichen Revanchismus-Kampagne, die von 1959 bis 1968 lief. Die SED-Agitatoren apostrophierten den langjährigen SPD-Politiker Wenzel Jaksch mit unglaublichen Titeln wie „Heim-ins-Reich-Krieger", „Volk-ohne-Raum-Ideologe" oder „Jaksch auf Goebbels Spuren".⁶³

Wenzel Jaksch, geboren 1896 in Langstobnitz/Böhmen, trat 1913 der Sozialdemokratischen Partei Österreichs bei. Nach 1918 übernahm er eine führende Rolle beim Aufbau der Deutschen sozialdemokratischen Arbeiterpartei in der Tschechoslowakischen Republik (DSAP), er wurde in den Parteivorstand der DSAP gewählt, 1938 war er ihr letzter Parteivorsitzender. Als Abgeordneter seiner Partei saß er von 1929 bis 1938 im Prager Parlament. Nach der Besetzung des Sudetengebiets und dann der gesamten Tschechoslowakischen Republik 1938 bzw. 1939 durch NS-Deutschland emigrierte Jaksch nach Großbritannien. Dort unterhielt er Kontakte zur tschechoslowakischen Exilregierung unter dem Präsidenten Edvard Beneš. Wenzel Jaksch war von 1938/39 bis 1945 in London bemüht, den sich abzeichnenden Bestrebungen der tschechoslowakischen Exilregierung entgegenzuwirken, die gesamte deutschstämmige Bevölkerung nach dem Krieg aus der ČSR zu vertreiben.⁶⁴ Jaksch führte in London die „Treuegemeinschaft Sudetendeutscher Sozialdemokraten", die für den Verbleib des größten Teils der angestammten sudetendeutschen Bevölkerung in ihrer Heimat und für die Autonomie der Deutschen im neuen tschechoslowakischen Staat als wichtigem Bestandteil einer zukünftigen demokratischen Entwicklung eintrat. Ein anderer Teil sudetendeutscher Sozialdemokraten schloß sich der Haltung der aus Moskau gesteuerten sudetendeutschen Kommunisten an, die dem ausschließlich slawischen Charakter der neuen ČSR und der Aussiedlung aller „gefährlichen deutschen Elemente" zugestimmt hatten. Wenzel Jakschs Bemühungen in London scheiterten, ebenso wie sein anschließender verzweifelter Kampf gegen die Vertreibungspolitik der tschechoslowakischen Nachkriegsregierung.

Jaksch und die Mitglieder der „Treuegemeinschaft" vertraten politische Wertvorstellungen der westlichen Demokratien und lehnten jegliches diktatorische Regime ab. Dementsprechend lautete eine Information sudetendeutscher Kommunisten an den SMAD-Chef Marschall Georgi K. Shukow vom November 1945: „Die Jakschgruppe ist stark sowjetfeindlich, feindlich zur tschechoslowakischen [Nachkriegs-]Regierung und reaktionär auch in allen Fragen der Arbeiterbewegung (antimarxistisch) [...] Es ist wünschenswert, solche Elemente fernzuhalten und keinerlei Zusammenarbeit mit ihnen aufzunehmen."⁶⁵

---

⁶² Vgl. Sitzung des Sekretariats des ZK der SED, 7. Dezember 1966, in: SAPMO-BA DY 30 J IV 2/3/1245; Henry Leide, NS-Verbrecher und Staatssicherheit, S. 82f.
⁶³ Wenzel Jaksch, Ein Arbeiterverräter, 1960, in: SAPMO-BA DY 6 vorl. 1488; Jaksch auf Goebbels' Spuren, in: Neues Deutschland, Berlin (Ost), 21. Januar 1966, S. 4.
⁶⁴ 1938/39 plante die tschechoslowakische Exilregierung noch: Ein Drittel der Sudetendeutschen könnte die Tschechoslowakei durch Abtretung bestimmter Grenzgebiete loswerden; ein Drittel sollte ausgesiedelt werden und ein Drittel, besonders Demokraten, Sozialisten, könnten in der ČSR bleiben. 1943 hatte Beneš die Zustimmung der USA (Mai 1943) und der Sowjetunion (Sommer 1943) zur Vertreibung fast aller Sudetendeutschen aus der ČSR. Vgl. Detlef Brandes, Der Weg zur Vertreibung 1938–1945, S. 420–428; Jan Foitzik, Kadertransfer, S. 313f.
⁶⁵ Zitiert bei Manfred Wille, Die „freiwillige Ausreise" sudetendeutscher Antifaschisten in die SBZ, S. 35.

Diese Positionen erklärten mit die politische Feindschaft der östlichen, von den Sowjets bestimmten, Seite – KPD/SED, KPČ – zu Wenzel Jaksch und seinen Anhängern.[66]

Jaksch kehrte 1949 aus Großbritannien in die Bundesrepublik zurück, die tschechoslowakische Nachkriegsregierung hatte dies so lange hinauszögern können. Jaksch leitete in Hessen das Landesamt für Vertriebene, Flüchtlinge und Evakuierte. Von 1953 an war er Mitglied des Deutschen Bundestages. Als SPD-Mitglied wurde Jaksch führendes Mitglied in der Sudetendeutschen Landsmannschaft. Er war von 1951 bis 1966 Bundesvorsitzender der „Seliger-Gemeinde", der Gesinnungsgemeinschaft sudetendeutscher Sozialdemokraten. Von 1964 bis zu seinem Unfalltod 1966 hatte Jaksch das Amt des Präsidenten des Bundes der Vertriebenen inne, nachdem er seit 1962 Vizepräsident der Sudetendeutschen Landsmannschaft war.[67] In der Bundesrepublik und auch von Seiten der SPD stand das politische Wirken von Jaksch zum Teil unter Kritik, da er sich nicht scheute, mit ehemaligen sudetendeutschen Nationalisten in der Sudetendeutschen Landsmannschaft zusammenzuarbeiten.

Der biographische Werdegang und die politische Überzeugung von Wenzel Jaksch hinsichtlich der Sozialdemokratie und der Vertriebenenpolitik machte ihn in den Augen der SED-Ideologen zu einem „der größten westdeutschen Revanchisten".[68] Jede differenziertere Betrachtung der öffentlichen Äußerungen über die „Mitschuld der Sudetendeutschen" am Zusammenbruch der ČSR 1938/39 und über die Vertreibungen werteten die SED-Agitatoren als „neofaschistisch". Sie schreckten nicht zurück, den langjährigen Sozialdemokraten und von 1938 bis 1949 im Exil lebenden Jaksch in ihrer Propaganda als „Nazi" zu beschimpfen.

1960 hieß es in einem Artikel des „Ausschusses für deutsche Einheit" mit dem Titel: „Wenzel Jaksch – Ein Arbeiterverräter": Jaksch als Mitglied der Sudetendeutschen Landsmannschaft unterstütze deren „revanchistische Forderungen". Nach seiner Auffassung, so meinten die SED-Schreiber, „lag die Ursache für die gewaltsame Rückgliederung des [...] Sudetenlandes in das ‚Großdeutsche Reich' und die militärische Besetzung der Tschechoslowakei nicht in der systematischen Zersetzungsarbeit der nazistischen Henlein-Leute, einer 5. Kolonne Hitlers; sondern sie lag schon in der Gründung des Staates, der den deutschen Minderheiten nicht genügend Rechte [...] zubilligte. [...] Solche Auffassungen sind ein offener Verrat an den Opfern des tschechoslowakischen Volkes – über 350 000 Tschechen ließen im Zweiten Weltkrieg ihr Leben [...] Die sudetendeutschen Sozialdemokraten verbündeten sich mit den übelsten Chauvinisten [...] Auf ihren Treffen ergreifen Faschisten [...] das Wort und der Sozialdemokrat Jaksch steht ihnen in der Hetze gegen die DDR, Polen und die ČSSR nicht nach. Er wurde ein Wortführer der Politik des deutschen Imperialismus. Jaksch gehört mit zu den schlimmsten Hetzern gegen die Oder-Neiße-Grenze [...]"[69] Und das abschließende, vernichtende Urteil der Agitatoren aus dem ZK-Apparat der SED lautete dann auch: „Heute ist Jaksch das, was er 1938 nicht werden konnte, ein Faschist."[70]

---

[66] Vgl. ebenda, S. 28–36; Martin K. Bachstein, Wenzel Jaksch (1896–1966), Journalist und Politiker, in: http://www.exil-archiv.de .
[67] Vgl. Wenzel Jaksch, in: http://de.wikipedia.org/wiki/Wenzel_Jaksch ; Wahl von Wenzel Jaksch zum BdV-Vorsitzenden. Gemeinsamer Weg, 3. März 1964, in: SAPMO-BA DY 6 vorl. 1488.
[68] Vgl. Wenzel Jaksch, 1961, in: SAPMO-BA DY 6 vorl. 1488; Wem dient Wenzel Jaksch?, Dezember 1958, Jaksch widerspricht Carlo Schmid, 8. Juni 1959, in: SAPMO-BA DY 30 IV 2/10.02/123.
[69] Wenzel Jaksch, Ein Arbeiterverräter, „Heim ins Reich-Krieger" und „Volk ohne Raum-Ideologe", Oktober 1960, in: SAPMO-BA DY 6 vorl. 1488.
[70] Ebenda; vgl. auch: Jaksch auf Goebbels' Spuren, in: Neues Deutschland, Berlin (Ost), 21. Januar 1966, S. 4; Widerstandspolitik der Vertriebenen, 30. August 1966, in: SAPMO-BA DY 6 vorl. 1488; So

Die absurden Vorwürfe gegen den Sozialdemokraten und Vertriebenenpolitiker Wenzel Jaksch differenzierten die SED-Ideologen zu keiner Zeit. Auch zwei Jahre nach seinem Tod im Jahr 1966 wiederholte die SED ihre bekannten Vorwürfe und Urteile in einer publizierten Propagandaschrift von 1968 von Edmund Jauernig, „Sozialdemokratie und Revanchismus. Zur Geschichte und Politik Wenzel Jaksch und der Seliger-Gemeinde".[71]

Die Revanchismus-Kampagne der SED gegen die Sozialdemokratie und Wenzel Jaksch war eine unter vielen zur damaligen Zeit. Auf dem Höhepunkt der SED-Aktivitäten zur internationalen Anerkennung des Staates DDR zum Ende der 1960er Jahre[72] lief eine Kampagne nach der anderen zur Diskreditierung der Bundesrepublik, zur, wie es hieß, „Entlarvung des Neonazismus in Westdeutschland". Anfang 1967 lief beispielsweise die vom MfS vorbereitete und vom Nationalrat der Nationalen Front öffentlich geführte Kampagne „Judenmörder in Westdeutschland" über die Heraugabe einer Publikation in verschiedenen Sprachen und einer Pressekonferenz an.[73]

Auch die sogenannten Revanchismus-Kampagnen gingen mit einem zeitlichen Höhepunkt 1968/69 weiter – alle mit dem Ziel, die „antifaschistische, humanistische Friedenspolitik der DDR der aggressiven, neonazistischen, friedensfeindlichen Politik der Bonner Regierung" überzeugend gegenüberzustellen.[74] Im Jahr 1969 publizierte die DDR die 188 Seiten umfassende Dokumentation „Landsmannschaftlicher Revanchismus in Westdeutschland. Zu seiner Geschichte und Rolle im imperialistischen Herrschaftssystem".[75] Als Materialsammlung besaß die Studie einen gewissen Wert, doch sie war ein typisches Dokument in der Systemauseinandersetzung im Kalten Krieg.[76] In bereits bekannter Manier wurde hier zum wiederholten Male die SED-Sicht auf das Potsdamer Abkommen, die Nachkriegsgrenzen und die „Ursachen der Umsiedlung" wiedergegeben, die Entwicklung der beiden großen Landsmannschaften, Schlesische und Sudetendeutsche Landsmannschaft, und des Dachverbandes „Bund der Vertriebenen" rekapituliert und aus SED-Verständnis der „Revanchismus als Bonner Staatsdoktrin" in den 1960er Jahren erläutert. Ein Dokumentenanhang mit Grußansprachen verschiedener westdeutscher Politiker auf Veranstaltungen von Vertriebenentreffen sowie Übersichten über die landsmannschaftlichen Verbände und ihre Presseorgane vervollständigten die Propagandastudie.

Andere publizierte bzw. nur für den internen SED- und MfS-Gebrauch angefertigte Dokumentationen hießen „Revanchisten. Auslandsstimmen zur Grenzfrage 1967/68"[77], „Der Ungeist der Revanche auf Westdeutschlands Straßen. Eine kurze Dokumentation zu den

---

sieht Jakschs „wahre gesamtdeutsche Gemeinschaft" aus, in: Neue Kommentare, Frankfurt a. M., Juli 1961, in: SAPMO-BA DY 6 vorl. 1488; Äußerungen vom BdV-Präsidenten Jaksch, 17. Juni 1964, in: BStU MfS HV A 206, Bl. 225–227.

[71] Erschienen Berlin (Ost) 1968; vgl. Matthias Stickler, „Ostdeutsch heißt Gesamtdeutsch", S. 17f., 310ff.
Edmund Jauernigs Buch war eine im traditionellen Stil der SED geprägte Propagandaschrift, die aber auch Einblicke in die Geschichte der im britischen Exil lebenden Sozialdemokraten der ČSR und ihrer Spaltung gab. Einige interessante Dokumente sind ebenso abgedruckt.

[72] 1971 war die DDR von 28 Staaten anerkannt; 1972 von 58 Staaten; 1973 wurde die DDR 133. Mitglied der UNO (BRD 134.), 1975 unterhielt sie diplomatische Beziehungen zu 118 Staaten. Der Grundlagenvertrag zwischen der DDR und der Bundesrepublik wurde im Dezember 1972 unterzeichnet.

[73] Vgl. Henry Leide, NS-Verbrecher und Staatssicherheit, S. 83f.

[74] Protokoll des SED-Sekretariats, 7. Dezember 1966, in: SAPMO-BA DY 30 J IV 2/3/1245, Bl. 26.

[75] Zusammengestellt und eingeleitet von Heinz Sander, Berlin (Ost) 1969.

[76] Vgl. Matthias Stickler, „Ostdeutsch heißt Gesamtdeutsch", S. 17.

[77] In: BStU MfS ZAIG 9705, Bl. 150–163.

Aufmärschen der Revanchistenverbände in Westdeutschland – Pfingsten 1968"[78] und „Dokumentation über die Rolle und das Wirken der Landsmannschaften im System der Bonner Manipulierung" vom Januar 1968[79] oder 1969 „Einige Probleme der Rechtswidrigkeit der Existenz volksfeindlicher und revanchistischer Organisationen in Westberlin"[80]. Zur Veröffentlichung kam Ende 1968 aus aktuellem Anlaß eine spezielle, sich vor allem der Sudetendeutschen Landsmannschaft als „5. Kolonne des deutschen Imperialismus" widmende Dokumentation „30 Jahre nach München. Aggressive Ostpolitik gegen die Tschechoslowakei – gestern und heute", herausgegeben vom Nationalrat der Nationalen Front der DDR.[81] Diese Dokumentation hatte noch die zusätzliche Funktion der Rechtfertigung für die selbst in den sozialistischen Staaten äußerst umstrittene Intervention der UdSSR in der ČSSR vom 21. August 1968 zu erfüllen. Im zynischen Sinne hieß das: „Lieber im Zuge des proletarischen Internationalismus sowjetische Truppen im Land als gefährliche Henlein-Revanchisten!"[82]

d. Dokumentarfilme im „Kampf gegen den Bonner Revanchismus"

1969 und 1970 ließ die DDR weitere Arbeiten im Rahmen der „Revanchismus-Kampagnen" – dieses Mal in Form von Dokumentarfilmen und dazugehörigen Büchern – erscheinen. Die bekannten Dokumentarfilmer Walter Heynowski und Gerhard Scheumann drehten 1969 den national und international erfolgreichen Interviewfilm „Der Präsident im Exil" über den Sprecher der Sudetendeutschen Landsmannschaft und Mitglied des Deutschen Bundestages, Dr. Walter Becher, sowie 1970 den Film „Der Mann ohne Vergangenheit" über den damaligen Nachwuchspolitiker und Funktionär der Sudetendeutschen Landsmannschaft, Horst Rudolf Übelacker.[83]

Heynowski und Scheumann[84], ab 1969 in dem eigenständigen Studio H & S zusammenarbeitend, unterhielten ab Ende der 1960er Jahre gute direkte Beziehungen zur SED-Parteiführung, besonders zum Politbüromitglied und ZK-Sekretär Erich Honecker.[85] Das Studio H & S wurde durch eine Vielzahl an Dokumentarfilmen nicht nur über die Bundesrepublik, sondern auch über Ereignisse in Afrika (Kongo, Libyen), Asien (Vietnam, Kambodscha) oder Lateinamerika (Chile) international bekannt.[86]

---

[78] In: BStU MfS ZAIG 9705, Bl. 98–114; auch in: SAPMO-BA DY 30 IV A 2/2028/15.
[79] In: SAPMO-BA DY 16/895.
[80] In: BStU MfS HA XX 257, Bl. 5–83.
[81] In: BStU MfS HA XXII 19974, Bl. 73–86.
[82] Vgl. Bernd Kallina, Mit der „Revanchismus-Keule" gegen die Deutschen Heimatvertriebenen und ihre Verbände, S. 76.
[83] Vgl. Heynowski & Scheumann, Der Präsident im Exil und Der Mann ohne Vergangenheit sowie ein nachdenklicher Bericht über Die Schlacht am Killesberg, Berlin (Ost) 1969.
[84] Walter Heynowski (1927), Redakteur, 1956 zum Deutschen Fernsehfunk, dort Autor, Regisseur, seit 1960 Herstellung von Filmdokumentationen, 1969 H & S-Studios, 1982 Studio-Auflösung nach kritischer Rede Scheumanns über SED-Medienpolitik, Weiterarbeit bei den DEFA-Studios bis 1991.
Gerhard Scheumann (1930–1998), geboren Ortelsburg/Szczytno (heute Polen), 1949 in die DDR vertrieben, Rundfunkarbeit, 1962 Redaktionsleiter des Magazins „Prisma" im DDR-Fernsehen, ab 1965 Interviewer und Ko-Regisseur bei Filmen mit Heynowski.
[85] Vgl. Stellungnahme zur Gründung der DEFA-Gruppe Heynowski und Scheumann, 1. Februar 1967; Brief an Genossen Erich Honecker, 18. Februar 1967, in: SAPMO-BA DY 30 IV A 2/2.024/35.
[86] Es entstanden Dokumentarfilme wie: 1966 „Der lachende Mann", ein Porträt des Söldners Siegfried Müller, genannt Kongo-Müller; 1968 „Piloten im Pyjama", vierteiliger Dokfilm über gefangene US-Piloten in Vietnam; zehn Filme über Chile nach dem Putsch 1973; 1979 „Kampuchea – Sterben und

1. Inszenierte Propagandakampagnen

Eine spezifische Machart der Interviewfilme von Heynowski und Scheumann war – sie stand z. T. unter Kritik –, daß sie die Befragten vor die Kamera bekamen, auch unter Vortäuschung falscher Tatsachen, ohne daß sie selbst ihre Herkunft preisgaben. Es war die Kunst von H & S, daß die Selbstaussagen des Gesprächspartners jeden Kommentar ersetzten und daß im Verlauf des Drehs der Interviewte, der in der Regel als politischer Gegner gesehen wurde, zu Aussagen bewegt wurde, die einer Selbstentlarvung gleichkamen. So war es auch bei den beiden Propagandafilmen „Der Präsident im Exil" und „Der Mann ohne Vergangenheit", die heute wie Lehrstücke wirken: Sie sind wirkungsvolle Agitation, enthüllen aber auch die Manipulierbarkeit der Bilder.

Im Film „Der Präsident im Exil" wurde Dr. Walter Becher interviewt, der 1969 Sprecher, das hieß der Vorsitzende der Sudetendeutschen Landsmannschaft, war.[87] Walter Becher stand schon 1965 im DDR-Braunbuch als „Journalist des NS-Organs ‚Die Zeit'" und als „an Judenverfolgung im Sudetengebiet beteiligt".[88] Die DDR-Staatssicherheit hatte bereits für das „Braunbuch" ausführlich über ihn recherchiert: 1931 sei der damals 19jährige in Wien Mitglied der NSDAP geworden, später der Sudetendeutschen Partei beigetreten und dann nochmals 1938 in die NSDAP mit der Mitgliedsnummer 6588113 aufgenommen worden.[89] Nach der Besetzung des Sudetengebietes durch NS-Deutschland sei Becher zum Schriftleiter für Kunst, Wissenschaft und Unterhaltung des NS-Gauorgans „Die Zeit" geworden. Becher hätte sich in seiner journalistischen Tätigkeit mit schlimmen antisemitischen Hetzartikeln gegen jüdische Kollegen im Bereich Kunst und Kultur hervorgetan. Ein Ehrengericht der NSDAP soll Becher am 20. März 1940 aus der Partei ausgeschlossen haben, nachdem ein Dresdner Gericht ihn wegen Verstoßes gegen den Paragraphen 175 StGB[90] zu sechs Monaten Gefängnis verurteilt hatte.[91] Nach 1945 machte Becher Karriere als Vertriebenenpolitiker in der Bundesrepublik. Er gehörte der Sudetendeutschen Landsmannschaft an, dort dem Führungsgremium „Sudetendeutscher Rat", von 1956 bis 1958 war er Vorsitzender des politisch rechtslastigen Witikobundes[92], und von 1968 bis 1982 Sprecher der Sudetendeutschen Landsmannschaft. Walter Becher saß von 1965 bis 1980 als CSU-Mitglied im Deutschen Bundestag.[93]

Die Dokumentarfilmer Heynowski und Scheumann bekamen Walter Becher 1969 vor die Kamera, ohne daß er wußte, daß er DDR-Journalisten vor sich hatte. Im Dialog mitei-

---

Auferstehen" usw. Die Filme des Studios H & S hatten ungewöhnliche, weltweite Resonanz, sorgten für Aufsehen (Rücktritte bundesdeutscher Politiker, Skandale um Filmaufführungen, Aufführverbote), sie errangen höchste Festivalpreise in Leipzig, Oberhausen, Bilbao, Grenoble, Moskau, Prag, Krakow. Vgl. vollständig bei Claudia Böttcher u. a., Walter Heynowski und Gerhard Scheumann, S. 66–114.

[87] Walter Becher (1912 in Karlsbad – 2005), 1950–1962 für den BHE im Bayerischen Landtag, für die CSU von 1965–1980 im Deutschen Bundestag. Vgl. Walter Becher, Zeitzeuge. Ein Lebensbericht, München 1990.

[88] Vgl. Braunbuch. Kriegs- und Naziverbrecher in der Bundesrepublik, 1965, S. 307.

[89] Vgl. Materialsammlung für das Braunbuch, in: BStU MfS ZAIG 9704, Bd. 2, Bl. 377–379.

[90] Paragraph 175 des Strafgesetzbuches stellte sexuelle Handlungen zwischen Personen männlichen Geschlechts unter Strafe. Die Nationalsozialisten verschärften die Strafen für diesen Straftatbestand.

[91] Vgl. Materialsammlung für das Braunbuch, in: BStU MfS ZAIG 9704, Bd. 2, Bl. 377.

[92] Witikobund – „nationale Gesinnungsgemeinschaft der Sudetendeutschen, die Gründungsmitglieder 1947/48 waren vor 1945 alle NSDAP- und/bzw. SS-Mitglieder. In den 1960er Jahren bestanden enge Verbindungen zur NPD, bis 1967 wurde der Verein vom BMI als rechtsextrem eingestuft. Im Vorstand des Witikobundes waren und sind zahlreiche rechte und rechtsextreme Politiker und Publizisten tätig. In: http://de.wikipedia.org/wiki/Witikobund.

[93] In: http://de.wikipedia.org/wiki/Walter_Becher; Heynowski & Scheumann, Der Präsident im Exil, S. 11–15.

nander stellte sich Becher als „Präsident der Sudetendeutschen im Exil" dar, er verglich die mögliche künftige Stellung eines „Bundeslands Sudeten" mit dem Land Bayern. Er erklärte, daß die alle vier Jahre zu wählende Bundesversammlung der Sudetendeutschen Landsmannschaft sein Präsidium und den Sprecher wähle, und daß diese Gremien gleich einem Parlament mit Regierung und Präsidenten seien. Becher stimmte der Nachfrage zu, daß die Sudetendeutsche Landsmannschaft, ihre Bundesversammlung und der Sprecher territoriale Ansprüche auf zirka 22 Prozent des Hoheitsgebietes der ČSSR erheben würden.[94] Becher wiederholte das außenpolitische Ziel seiner Landsmannschaft, welches, wie er meinte, auch die „Bundesregierung mit ihrer ‚Neuen Ostpolitik'" vertrete: „Das Heimatgebiet [Sudetenland], das unser war seit siebenhundert Jahren und aus dem wir vertrieben wurden, dieses Heimatgebiet wieder zu besiedeln [...]"[95]

Im Interview gelang es Heynowski und Scheumann, die Antworten Bechers zu den jüngst zurückliegenden Ereignissen in der ČSSR, zum „Prager Frühling" 1968 und dessen Niederschlagung am 21. August 1968 durch den Einmarsch von sowjetischen Truppen, so hinzustellen, daß nach Bechers Meinung das angeblich greifbare außenpolitische Ziel der Sudetendeutschen Landsmannschaft durch den 21. August 1968 wieder in weite Ferne gerückt sei.[96]

Der Sprecher der Sudetendeutschen Landsmannschaft ließ sich zudem relativ leicht und bereitwillig in NPD-Nähe rücken. Er antwortete auf Fragen der getarnten DDR-Journalisten, daß er „rechtsaußen in der CSU" stehe, und in den Wahlbezirken, in denen er, Becher, kandidiere, kein NPD-Politiker mehr eine politische Chance hätte.[97]

Mitte Juli 1969 war der Film „Der Präsident im Exil" fertiggestellt. Er wurde am 21. Juli 1969 vor dem SED-Sekretariat bei Anwesenheit der ZK-Sekretäre Werner Lamberz, Albert Norden und Hermann Axen aufgeführt[98]. Heynowski und Scheumann priesen im Vorfeld dem ZK-Sekretariat die Beweiskraft des Filmes als entlarvend für den „Systemcharakter des westdeutschen Revanchismus" und für „die ‚Neue Ostpolitik' Bonns und die Mittäterschaft der SPD-Führung". Die Filmemacher wörtlich weiter: „Ein kompetenter Zeuge – nämlich der Chef der größten Revanchistenorganisation Westdeutschlands [Walter Becher] – enthüllt den Mechanismus der subversiven Politik des Imperialismus gegen das sozialistische Lager, [insbesondere] gegen die ČSSR [...]" Und „indem der Film den revanchistischen Charakter der westdeutschen Politik erlebbar macht, stellt er zugleich einen wertvollen Beitrag dar zum 20. Jahrestag der DDR, der historischen Alternative zum westdeutschen Staat der Expansion und Revanche".[99]

Heynowski und Scheumann unterbreiteten der SED-Spitze die Vorschläge, den Film als gemeinsame Uraufführung der DDR und der ČSSR in Ost-Berlin und Prag im Fernsehen am 21. August 1969, „dem ersten Jahrestag der Schutzmaßnahmen von Staaten des Warschauer Vertrages", anlaufen zu lassen. Für „die Sicherung des internationalen Einsatzes" des Filmes, wie es weiter hieß, sollten Fassungen in allen ost- und gängigen westeuropäischen Sprachen – russisch, tschechisch, polnisch, ungarisch usw., aber auch englisch, französisch, spanisch und italienisch – angefertigt werden, und in kurzer Folge sollte der Film

---

[94] Vgl. Heynowski & Scheumann, Der Präsident im Exil, S. 23f.
[95] Ebenda, S. 53.
[96] Vgl. ebenda, S. 90–93.
[97] Vgl. ebenda, S. 41, 48.
[98] Vgl. Schreiben Heynowski und Scheumann an Werner Lamberz, 15. Juli 1969, in: SAPMO-BA DY 30 IV A 2/9.02/71, Bl. 48.
[99] Alle Zitate: Studio H & S, „Der Präsident im Exil", in: SAPMO-BA DY 30 IV A 2/9.02/71, Bl. 49.

in allen „Hauptstädten der Staaten des Warschauer Vertrages [...] im Beisein einer repräsentativen Delegation der DDR vor führenden Vertretern der Partei- und Staatsführungen" gezeigt werden.[100]

Alle diese Anregungen der beiden Dokumentarfilmer setzte das ZK-Sekretariat der SED um. Ein SED-Beschluß dazu lautete: „Den Weisungen des Sekretariats folgend, wird dieser neue Dokumentarfilm von Heynowski & Scheumann international eingesetzt."[101] Der Film „Der Präsident im Exil" wurde zur Gemeinschaftsproduktion von DDR- und ČSSR-Fernsehen, Deutscher Fernsehfunk und Ceskoslovenska Televize, erklärt. Der Film lief am 15. August 1969 zuerst in der ČSSR, die DDR-Aufführung fand am 21. August 1969 statt.[102]

Vor den Uraufführungen hatte das ZK-Sekretariat der SED den Film angesehen und einige Änderungen verlangt. Der 93 Minuten laufende Film zeigte nicht nur das Interview mit dem Sprecher der Sudetendeutschen Landsmannschaft, sondern war angereichert worden mit historischen Bildsequenzen über die Geschichte der ČSR und NS-Deutschlands ab 1938 sowie zeitgenössischen Aufnahmen der politischen Szene in der Bundesrepublik. Bezeichnend waren die Änderungsvorschläge der SED-Ideologen Albert Norden und Hermann Axen: „Ein oder zwei Aufnahmen von Hitler herausnehmen"; „Vielleicht etwas zu kürzen die Bilder über die Aussiedlungen deutscher Bürger aus der ČSSR"; und „Die Montage NPD – SPD herausnehmen".[103] Die ZK-Sekretäre befanden einige Montagen wie eine suggerierte Gleichstellung von Adolf Hitler und Walter Becher oder von SPD- und NPD-Politikern dann doch als zu weitgehend und damit für die Propaganda zu unglaubwürdig. So hieß es von ihrer Seite: „Es gibt Einverständnis, daß prinzipiell das Verhältnis NPD und SPD bleiben soll, aber die Montage überzieht sehr und außerdem geht es ja nicht in erster Linie um das Verhältnis von NPD und SPD, sondern es geht [...] darum, das große Kartell aufzuzeigen [von] CDU – CSU – Bundeswehrgeneralität – rechte SPD-Führer und NPD."[104]

Auch in Prag gab es Ende Juli 1969 eine Vorab-Aufführung des Films. Den SED-Funktionären gegenüber lobten die Genossen vom ZK der KPČ den „politisch außerordentlich wertvollen" Film, der „von hoher Qualität ist und für die politisch-ideologische Arbeit der KPČ voll ausgenutzt werden wird". „Der Film enthalte durchschlagende Beweise über den Revanchismus in der Bundesrepublik und stelle schon deshalb eine große Hilfe für die KPČ dar."[105] Aber das Sekretariat des ZK der KPČ entschied sich gegen eine Uraufführung des Films am 21. August 1969, dem Jahrestag der Niederschlagung des „Prager Frühlings". Die eine Aussage des Films von Heynowski und Scheumann, daß die Ursachen für die politischen Ereignisse 1968 in der ČSSR durch die Sudetendeutsche Landsmannschaft „angezettelt" und gefördert wurden[106], schien den tschechoslowakischen kommunistischen Funktionären als zu gewagt, und sie fürchteten empörte Reaktionen der tschecho-

---

[100] Ebenda, Bl. 50, 51.
[101] Bericht über die internationale Wirksamkeit des Filmes „Der Präsident im Exil", 1. September 1969, in: SAPMO-BA DY 30 IV A 2/9.02/72, Bl. 27.
[102] Vgl. Claudia Böttcher u. a., Walter Heynowski und Gerhard Scheumann, S. 96f.
[103] Notiz, 30. Juli 1969, in: SAPMO-BA DY 30 IV A 2/9.02/71, Bl. 55.
[104] Ebenda.
[105] Beide Zitate: Gedächtnisprotokoll über die Aussprache mit ČSSR-Genossen nach dem Film „Der Präsident im Exil", 31. Juli 1969, in: SAPMO-BA DY 30 IV A 2/9.02/71, Bl. 52, 53.
[106] Walter Becher hatte die Frage im Filminterview indirekt bejaht: „Es war doch wohl der Sinn aller Bemühungen [Ihrer Organisation] und der ‚Neuen Ostpolitik', die ČSSR über kurz oder lang aus dem Warschauer Pakt herauszulösen?", in: Heynowski & Scheumann, Der Präsident im Exil, S. 79, 80.

slowakischen Bürger und auch vieler KPČ-Mitglieder. Letztlich entschied die Parteiführung „nach heftigen Diskussionen" im Präsidium der KPČ, den Film vorsichtigerweise bereits am 15. August 1969, freitags, 19.50 Uhr, im Fernsehprogramm auszustrahlen.[107] Die Zuschauerreaktionen waren nach Angaben aus dem SED-ZK-Apparat durchaus gemischt. Die politisch linientreuen Funktionäre und Bürger in der ČSSR urteilten positiv. „‚Der Präsident im Exil' hilft vielen Bürgern der ČSSR, ideologische Barrieren zu überwinden. Vor allem bekämpft er Illusionen über die Bonner Politik und schärft den Sinn [...] für die notwendige ideologische Wachsamkeit gegenüber dem westdeutschen Imperialismus."[108]

Aber auch andere Urteile seien immer noch weit verbreitet, meldeten SED-Funktionäre aus Prag nach Berlin: „Ein relativ großer Teil vom Westen politisch beeinflußter Menschen wiederholte nach dem Film das alte Argument: ‚Es handle sich um einzelne, die man in Westdeutschland nicht ernst nimmt und man auch in der ČSSR nicht ernst zu nehmen brauche. Diese Leute [wie Walter Becher] seien keine wirkliche Gefahr. Die Gefahr für die ČSSR drohe von ganz woanders her, und Westdeutschland sei einer der besten Freunde der Tschechoslowakei.'"[109]

Bis September 1969 war der Interviewfilm „Der Präsident im Exil" in Berlin in den verschiedenen Botschaften der osteuropäischen Staaten in ihrer jeweiligen Sprache gezeigt worden. Die offiziellen Reaktionen waren durchweg sehr positiv. Die Botschaftsmitarbeiter der sowjetischen Vertretung schätzten ein: „Dieser Film ist nicht nur ein politisches Dokument mit hohem zeitgeschichtlichen Wert, sondern auch ein großes Kunstwerk." Die polnischen Funktionäre meinten, „daß der Film nicht nur das Porträt eines der führenden Revanchisten und den Mechanismus der Sudetendeutschen Landsmannschaft zeige, sondern [auch] die Verflechtung der revanchistischen Organisationen mit der offiziellen Bonner Politik [...]" Die Bulgaren und Ungarn befanden die „Filmteile mit Walter Becher als durchweg hervorragend".[110] Der DDR-Außenminister Otto Winzer präsentierte den Film „Der Präsident im Exil" am 19. August 1969 vor dem Diplomatischen Corps in Ost-Berlin mit großer Resonanz. Die Vertreter der afrikanischen und asiatischen Staaten waren an der Thematik interessiert, der syrische Botschafter habe geäußert, „daß er jetzt den Begriff ‚Revanchismus' körperlich vor Augen habe".[111]

Die SED-Agitatoren zeigten sich besonders zufrieden mit Reaktionen aus der Bundesrepublik, die ganz in ihrem politische Sinne waren. Ein Spiegel-Korrespondent schrieb über den Film in der ersten September-Ausgabe 1969 und eröffnete seinen Beitrag mit der Frage: „Territoriale Ansprüche, die ohne Krieg nicht zu befriedigen sind, als Friedenspolitik?" Und seine – von der SED-Spitze mit Genugtuung aufgenommene – Antwort lautete: „Die Sowjets hatten bisher große Not, ihre Okkupation der Tschechoslowakei zu begründen. Walter Becher aber liefert gewissenhaft zu jedem Vorwand, den die Sowjets vorbrachten, die Begründung."[112]

---

[107] Vgl. Film „Der Präsident im Exil", 31. Juli 1969, in: SAPMO-BA DY 30 IV A 2/9.02/71, Bl. 57.
[108] Bericht über die internationale Wirksamkeit des Filmes „Der Präsident im Exil", 1. September 1969, in: SAPMO-BA DY 30 IV A 2/9.02/71, Bl. 29.
[109] ADN Prag: Wie man in der ČSSR den Fernsehfilm „Präsident im Exil" aufnahm, in: SAPMO-BA DY 30 IV A 2/9.02/71, Bl. 61, 62.
[110] Bericht über die internationale Wirksamkeit des Filmes „Der Präsident im Exil", 1. September 1969, in: SAPMO-BA DY 30 IV A 2/9.02/71, Bl. 30, 31, 35.
[111] Ebenda, Bl. 36.
[112] Zitiert in: ebenda, Bl. 36, 37.

Und noch mehr frohlockten die SED-Funktionäre um Albert Norden über die Filmrezension im „Tagesspiegel" aus West-Berlin Ende August 1969. Dort war zu lesen: „Dem Autorenteam Heynowski und Scheumann [...] war es gelungen, Dr. Walter Becher vor die Kamera zu bringen [...] Die Interviewer hielten sich sehr zurück [...] Dr. Becher sagte arglos all das, was exakt in das Porträt eines ‚Revanchisten' hineinpaßt [...] Äußerst geschickt der Kommentar: Im Gegensatz zum kräftigen Propaganda-Ton anderer Berichte über die Vertriebenenverbände hatten sich die Autoren diesmal erfolgreich um Understatement bemüht. Sie sprechen in gedämpftem Ton, ihre Ironie war kaum spürbar, und immer wieder gelang es ihnen, aus Dr. Becher das herauszulocken, was sie hören wollten [...] Der Film war so geschickt aufgebaut, daß die eigene Absicht gar nicht mehr eigens artikuliert werden brauchte: Ein mangelhaft informierter Zuschauer konnte tatsächlich zu dem Schluß kommen, die Truppen der ‚Bruderstaaten' hätten vor einem Jahr die ČSSR vor dem Zugriff der revanchistischen Bundesrepublik gerettet. ‚Der Präsident im Exil' kann als ein Musterbeispiel raffinierter Propaganda bezeichnet werden."[113]

Der Interviewfilm mit und über den Sprecher der Sudetendeutschen Landsmannschaft war im Rahmen des „Kampfes gegen den Revanchismus der Vertriebenenverbände und des Bonner Staates" ein Propagandaerfolg der DDR.

Einen ähnlich positive Resonanz verbuchten die DDR und die beiden Filmemacher Heynowski und Scheumann mit dem Interviewfilm „Der Mann ohne Vergangenheit", der 1969/70 entstand und am 26. April 1970 im DDR-Fernsehen uraufgeführt wurde.[114] Der „Mann ohne Vergangenheit" hieß Horst Rudolf Übelacker, war 1936 in Karlsbad/ČSR geboren, Jurist und Volkswirt, arbeitete bei der Deutschen Bundesbank und avancierte bereits 1969, mit nur 33 Jahren, zu einem führenden Funktionär der Sudetendeutschen Landsmannschaft. Er wurde Mitglied der Bundesversammlung seiner Landsmannschaft, nach Übelackers Aussage eine Art Exilparlament für die Sudetendeutschen und das Sudetenland, Mitglied im Sudetendeutschen Rat (das sogenannte außenpolitische Gremium), und gehörte dem Vorstand des Witikobundes an, der nach Übelackers Auskunft vor der laufenden Kamera von Heynowski und Scheumann zur Hälfte aus NPD-Mitgliedern bestand.[115]

Übelacker gab sich im Interview unbefangen als großer Sympathisant der NPD zu erkennen.[116] Nur diese Nationaldemokraten, so Übelacker, verträten konsequent das Ziel der Sudetendeutschen Landsmannschaft, „die Rückgewinnung des Sudetenlandes für die Sudetendeutschen". Wörtlich äußerte der Jung-Funktionär im Interviewfilm: „Das Sudetenland ist die tschechoslowakische Besatzungszone des fortbestehenden Deutschen Reiches."[117]

Heynowski und Scheumann beendeten ihren Film und die dazugehörige Buchdokumentation mit dem gewollten propagandistischen, sicher auch nicht unzutreffenden Schluß: Der Landsmannschaftsfunktionär Übelacker, der aufgrund seiner Jugend nicht NS-belastet sein konnte, sei 1969 „durch und durch ein Neonazi": „Horst Rudolf Übelacker, dessen Name nicht im ‚DDR-Braunbuch' steht, hat in seinem sozialpolitischen Milieu [in Westdeutschland] eine tiefbraune Färbung angenommen."[118]

---

[113] Ebenda, Bl. 37; Heynowski und Scheumann an Albert Norden, 1. September 1969, in: ebenda, Bl. 26.
[114] Heynowski & Scheumann, Der Mann ohne Vergangenheit, S. 95–179; Claudia Böttcher u. a., Walter Heynowski und Gerhard Scheumann, S. 94f.
[115] Vgl. Heynowski & Scheumann, Der Mann ohne Vergangenheit, 109f., 138, 147f.
[116] Vgl. ebenda, S. 116f., 119.
[117] Ebenda, S. 149.
[118] Ebenda, S. 176.

Auch dieser Propagandafilm war im Rahmen der Revanchismus-Kampagnen der SED erfolgreich. Wie immer interessierte die SED-Ideologen besonders die Wirkung in der Bundesrepublik. So konnten die beiden Filmemacher Heynowski und Scheumann am 19. November 1970 an den ZK-Sekretär Werner Lamberz schreiben, daß das „westdeutsche Fernsehen inzwischen unseren Film ‚Der Mann ohne Vergangenheit' für DM 31 000 gekauft" hat, und daß die Bedingung – der Film durfte nicht gekürzt werden – akzeptiert wurde.[119]

Ein ebenso positives Echo wird der Zeitungskommentar des bekannten westdeutschen Journalisten Klaus Bednarz in der Frankfurter Rundschau bei der SED-Spitze ausgelöst haben. Bednarz schrieb über den Film am 7. November 1970 u. a.: „Ein Musterbeispiel für wirkungsvollen Agitationsfilm lieferte ein weiteres Mal das Ostberliner Reporterduo Heynowski & Scheumann. In einer alle filmischen Mittel bis zum Exzeß strapazierenden Dokumentation stellen sie den 34jährigen westdeutschen Sudetenfunktionär Horst Übelacker vor – als Beispiel eines Mannes, der ‚nicht im Ostberliner Braunbuch der in Westdeutschland lebenden Kriegs- und Naziverbrecher steht' und der dennoch ‚in aller Öffentlichkeit friedensgefährdende Hetze' betreibt. Ein Film, bei dem nicht nur dem Publikum der DDR das Entsetzen in die Glieder fahren dürfte. Die ARD will ihn demnächst ausstrahlen."[120]

Die Propagandafilme und Dokumentationen im Rahmen der SED-Revanchismus-Kampagnen gegen die Vertriebenenverbände und die Bundesrepublik hatten einen deutschdeutschen Bezug: Das heißt, sie sollten – wie bereits angesprochen – die Bundesrepublik als „revanchistisch, kriegstreibend, neofaschistisch" diffamieren und die DDR als rechtmäßigen deutschen Staat auch im internationalen Rahmen herausheben. Die Revanchismus-Kampagnen hatten zudem einen legitimierenden innenpolitischen Bezug für die SED-Herrschaft in der DDR. Des weiteren waren die Kampagnen immer auch eine unausgesprochene Warnung an die „ehemaligen Umsiedler" wie an die Bevölkerung insgesamt, nicht mit den Organisationen der Vertriebenen in Westdeutschland zu sympathisieren, um nicht selbst unter den Verdacht „Revanchist und Kriegstreiber" zu fallen.

e. Eingeübte Propaganda in den 1970er und 1980er Jahren

Ab Anfang der 1970er Jahre gehen die öffentlichen Revanchismus-Kampagnen der DDR gegen die Vertriebenenverbände und die „Revanche-Politik" der Bundesrepublik zurück. Zwischen 1970 und 1974 schlossen die sozial-liberale Bundesregierung, zunächst unter Bundeskanzler Willy Brandt, dann unter Helmut Schmidt, eine Reihe von Verträgen zur Normalisierung der außenpolitischen Beziehungen zu den osteuropäischen Staaten. Dazu zählten die Verträge der Bundesrepublik mit der UdSSR vom August 1970, mit der VR Polen vom Dezember 1970, der Grundlagenvertrag mit der DDR vom Dezember 1972 sowie der Vertrag mit der ČSSR vom Dezember 1973. Diese Verträge traten zwischen Juni 1972 und Juni 1974 in Kraft. Hinzu kam im Juli/August 1975 die Unterzeichnung der Schlußakte der Konferenz für Sicherheit und Zusammenarbeit in Europa (KSZE) in Helsinki durch die europäischen Staaten, darunter auch die DDR und die Bundesrepublik. All diese Verträge bedeuteten politisch de facto die staatliche Anerkennung und Souveränität der DDR sowie die Anerkennung der europäischen Nachkriegsgrenzen – u. a. die Oder-Neiße-Grenze und

---

[119] Vgl. H & S an Werner Lamberz, in: SAPMO-BA DY 30 IV A 2/9.02/71, Bl. 83.
[120] Kritische Eigendokumentation gibt's die?, Klaus Bednarz, Frankfurter Rundschau, 7. November 1970, in: SAPMO-BA DY 30 IV A 2/9.02/71, Bl. 84.

die Nichtigkeit des Münchner Abkommens von 1938 – auch durch die Bundesrepublik Deutschland.[121] Die DDR hatte ihr Ziel, die internationale Anerkennung, erreicht.

Im Vorfeld der Unterzeichnung der Ostverträge richteten die SED und ihr Geheimdienst ihre Aufmerksamkeit auf den politischen Einfluß der Vertriebenenverbände auf die Deutschland- bzw. Ostpolitik der Bundesrepublik. Mit Argwohn beobachtete das MfS die strikt ablehnende Haltung des Bundes der Vertriebenen und der ostdeutschen Landsmannschaften sowie deren Aktivitäten gegen die sich anbahnenden Verträge.[122] Für die Vertriebenenverbände waren die Vertragsabschlüsse vollkommen unakzeptabel, sie widersprachen ihren politischen Grundprämissen.[123] Aber verhindern konnten sie sie nicht. Die SED-Führung und das Staatssicherheitsministerium werteten die Unterzeichnung der Ostverträge als „Niederlage des Revanchismus", als politische Niederlage des Bundes der Vertriebenen und der ostdeutschen Landsmannschaften. Zugleich feierten und reklamierten SED und MfS, allerdings intern und nicht öffentlich, dies als ihren Arbeitserfolg und konstatierten nach den Ratifizierungen der Ostverträge im Deutschen Bundestag: „Der BdV war durch diese für ihn empfindlichen Niederlagen derart schwer getroffen, daß er sich vorerst kaum zu äußern vermochte."[124] Das SED- bzw. MfS-Interesse an den Vertriebenenverbänden ließ nach. Der BdV und die Landsmannschaften stellten sich ab den 1970er Jahren durch ihre starr ablehnende Haltung gegen die Ostverträge selbst ins politische und gesellschaftliche Abseits.[125]

Die beginnenden 1980er Jahre brachten für die SED-Führung und ihr MfS den für sie überraschenden Eindruck, daß es trotz ihres, wie sie meinten, zielstrebigen Mit-Wirkens nicht gelungen war, politische Bedeutung und Einfluß des BdV und der Landsmannschaften in der Bundesrepublik vollkommen zu marginalisieren. Mit dem Regierungswechsel 1982 zu Bundeskanzler Helmut Kohl (CDU) wurde ein Aufleben der Aktivitäten der Vertriebenenverbände in der Bundesrepublik registriert.[126] In Ost-Berlin stellte man fest: „Eine der ersten Taten der Kohl-Regierung bestand darin, die Bundesfinanzmittel für die Revanchistenverbände ganz erheblich aufzustocken. Offizielle Repräsentanten des Bonner Kabinetts ließen sich wieder – nach jahrelanger Abwesenheit – auf Revanchistentreffen sehen."[127] Aber SED und Staatssicherheit fühlten sich im Verbund mit den anderen osteuropäischen Staaten gewappnet, die politischen Ziele der Vertriebenenverbände zu durchkreuzen und abzuwehren. Die Aktivitäten des MfS umfaßten erneut die eingeübten Propagandaoffensiven.

Die Propagandaschrift „Kreuzritter in Trachten. Organisierter Revanchismus und seine Macher" von 1984 wiederholte die altbekannten Vorwürfe und Anschuldigungen gegen-

---

[121] Vgl. Hermann Weber, Die DDR 1945–1990, S. 83–86.
[122] Vgl. Der landsmannschaftliche Revanchismus in der Ostpolitik der Regierung der Großen Koalition, 1949–1965, MfS-Dossier von 1982, in: BStU MfS ZKG 3520, Bl. 74–198; Organisierter Revanchismus und Ostverträge 1969–1975, MfS-Dossier von 1983, in: ebenda, Bl. 1–73.
[123] Vgl. Matthias Stickler, „Ostdeutsch heißt Gesamtdeutsch", S. 229–235, 247–279.
[124] Organisierter Revanchismus und Ostverträge 1969–1975, MfS-Dossier von 1983, in: BStU MfS ZKG 3520, Bl. 42.
[125] Vgl. Matthias Stickler, „Ostdeutsch heißt Gesamtdeutsch", S. 275ff., 435f.
[126] Vgl. Dokumentation 1984: Organisierter Revanchismus in der BRD. Arsenal, Rolle und Ziele der Landsmannschaften in der Gegenwart, in: BStU MfS HV A 1043, Bl. 1–97; Rolle und aktuelle Aspekte der subversiven Tätigkeit von Landsmannschaften als eine Form des organisierten Revanchismus der BRD, 15. Mai 1985, in: ebenda, JHS 234/85, Bl. 1–58.
[127] Objektauskunft zum revanchistischen Dachverband „Bund der Vertriebenen – Vereinigte Landsmannschaften und Landesverbände", Stand Juni 1989, in: BStU MfS HA XX ZMA 663, Bl. 52.

über den Vertriebenenverbänden.[128] So formulierten die DDR-Autoren im Klappentext der Broschüre: „Landsmannschaften und ihre Anhänger, selbst wenn sie sich als harmlose Trachtenträger geben, spielen nicht das erste Mal eine kalkulierte Rolle […] Aufschlußreiche Tatsachen […] entlarven Trachtenträger als Kreuzritter gegen das friedliche Zusammenleben der Völker. […] Das war vor dem ersten Weltkrieg der Fall. Das zeigte sich besonders vor dem zweiten Weltkrieg. Und heute, 40 Jahre nach der Niederlage des Hitlerfaschismus? Wieder gehören sie zu jenen Kräften, die die territorialen und sozialen Realitäten in Europa überwinden wollen."[129]

Die politische Wirksamkeit dieser Schriften und Artikel in Tages- bzw. Wochenzeitungen[130] unter der DDR-Bevölkerung bzw. unter den „ehemaligen Umsiedlern" dürfte vor allem aus Desinteresse an der Thematik insgesamt und an dieser Art Propaganda nicht hoch gewesen sein. Vollkommen unwirksam blieb die „Revanchismus-Propaganda" der SED hingegen auch nicht: Ein jahre- bzw. jahrzehntelanges Wiederholen der Vorwürfe von Revanchismus und Neofaschismus an die Landsmannschaften und den Bund der Vertriebenen in der Bundesrepublik brachte die entsprechenden politischen Vorbehalte.[131] Auch diskreditierten sich Vertriebenenverbände, insbesondere ihre Funktionäre selbst, mit aggressiven, unüberlegten und unangebrachten öffentlichen politischen Forderungen und Reden[132], so daß man in Ost und West geneigt schien, dem SED-Revanchismusvorwurf zumindest teilweise zuzustimmen. Noch heute urteilen Publizisten darüber: Die Kampagnen „hatten im Westen Wirkung gezeigt, wie überhaupt die Revanchismus-Kampagnen insgesamt zu schweren Imageschäden der Vertriebenenverbände und ihrer führenden Politiker […] beitrugen."[133]

Die SED-Führung und die Spitzen der anderen kommunistischen Staatsparteien versicherten sich in den 1970er und 1980er Jahren immer wieder gegenseitig, daß man gemeinsam und unermüdlich gegen den „westdeutschen Revancheanspruch", gegen „neorevanchistische Grundkonzeptionen" der sozial-liberalen und dann der christlich-liberalen Bonner Regierung vorgehen werde. Besonders deutliche Zusicherungen und Absprachen gab es mit den Spitzenpolitikern der Polnischen Vereinigten Arbeiterpartei.[134] Materialien, die

---

[128] Vgl. die SED-Propaganda-Dokumentation: Werner Flach, Christa Kouschil, Kreuzritter in Trachten. Organisierter Revanchismus und seine Macher, Leipzig 1984.
[129] Ebenda, S. 130.
[130] Vgl. Das ist der Revanchismus in der BRD 1971, in: Neues Deutschland, Berlin (Ost), 14. Juli 1971; Revanchismus in Megahertz. Revanchisten auf einflußreichen Positionen der BRD-Massenmedien, in: Schweriner Volkszeitung, 10. November 1980, in: BStU MfS HA XXII 19974, Bl. 65, 66; BRD-Behörden fördern Revanchistengeist, in: Neues Deutschland, Berlin (Ost), 5. Februar 1981; Grundlinien der gegnerischen Propaganda zum 30. Jahrestag der Befreiung, 20. Februar 1975, in: SAPMO-BA DY 30 vorl. 18298.
[131] Vgl. Bernd Kallina, Mit der „Revanchismuskeule" gegen die deutschen Heimatvertriebenen und ihre Verbände, S. 77f.
[132] Erinnert sei z. B. an die kontroversen Debatten um das zunächst anvisierte Motto des 21. Bundestreffens der Schlesischen Landsmannschaft im Juni 1985 „40 Jahre Vertreibung – Schlesien bleibt unser". Vgl. Gesammelte Materialien dazu in: BStU MfS ZAIG 9756; Dietrich Strothmann, „Schlesien bleibt unser", S. 265–276.
[133] Vgl. Bernd Kallina, Mit der „Revanchismuskeule" gegen die deutschen Heimatvertriebenen und ihre Verbände, S. 78.
[134] Vgl. Besprechungsprotokolle zwischen dem ZK der PVAP und dem ZK der SED, u. a. zwischen Erich Honecker und Edward Gierek, 15. Januar 1973, 17. Mai 1979, 13. September 1980, in: SAPMO-BA DY 30 B 2/20/144, DY 30/2476, DY 30/2477, DY 30/2229.

das MfS über einzelne ostdeutsche Landsmannschaften gesammelt und zusammengestellt hatte, gab die SED auch an die „Bruderparteien" weiter. So hatte die Staatssicherheit „Adressenmaterial von polnischen Kontaktpersonen der revanchistischen Pommerschen Landsmannschaft" gesichert und übergab dieses im Dezember 1981 an den Sicherheitsdienst Polens.[135] Wie erfolgreich gemeinsame ostdeutsche und polnische Revanchismus-Kampagnen gegen die Vertriebenenverbände waren, ob das von der Propaganda jahrzehntelang verbreitete gängige Klischee vom „schlechten Westdeutschen und guten Ostdeutschen"[136] etwas bewirkte, muß hier noch offenbleiben.[137]

2. Aktivitäten der Vertriebenenverbände im Visier der SED und des MfS von den 1960er bis in die 1980er Jahre

Die SED-Führung hatte Anfang der 1960er Jahre für sich die Erkenntnis gewonnen, daß sie die ostdeutschen Landsmannschaften und den Dachverband Bund der Vertriebenen (BdV) zum Bestandteil des bundesdeutschen Systems der sogenannten politisch-ideologischen Diversion („PID") zählte. Unter dem Schlagwort der politisch-ideologischen Diversion der Vertriebenenverbände verstanden die SED und ihr Geheimdienst die verschiedensten Methoden des BdV und der Landsmannschaften, auf „die Psyche der ehemaligen Umsiedler in der DDR" und der DDR-Bevölkerung insgesamt einzuwirken, um das „gesellschaftliche und individuelle Bewußtsein, das Denken und Fühlen der Menschen in ihrem Interesse zu zersetzen und zu ändern. In deren Ergebnis soll das veränderte Denken der Menschen in solche Handlungen umschlagen, die sich gegen den sozialistischen Staat und die bestehende Gesellschaftsordnung richten. [...] Mittels der ideologischen Diversion soll die weitere sozialistische Entwicklung in der DDR gestört und die notwendigen Voraussetzungen für die Vorbereitung und Durchführung eines gewaltsamen Umsturzes geschaffen werden."[138]

Die MfS-Mitarbeiter waren davon überzeugt, daß die ostdeutschen Landsmannschaften und des BdV die „politisch-ideologische Diversion im Sinne der Schaffung einer Massenbasis in Ost- und Westdeutschland für die Revanchepolitik des Bonner Staates, für die Wiederherstellung der alten Grenzen", betrieben.[139] Die Landsmannschaften würden versuchen, den „in der DDR lebenden ehemaligen Umsiedlern" einzureden, daß es „Widersprüche zwischen der Politik der DDR und den Interessen der ehemaligen Umsiedler" gäbe, um die Integration dieser „Umsiedler" nachträglich zu stören. SED und MfS waren der Meinung, daß die Vertriebenenverbände durch ihre Diffamierung der Entwicklung in den

---

[135] Vgl. HA XX/5, 28. Dezember 1981, in: BStU MfS HA XX ZMA 1436/Bd. 1, Bl. 297, 298; Information für das Politbüro der SED: Mieczysław Tomala, Die Ostpolitik der deutschen Bundesrepublik, 6. Mai 1970, in: SAPMO-BA DY 30 J IV 2/2J/2951.
[136] Anna Wolff-Poweska, Das deutsche Problem aus polnischer Sicht, S. 205.
[137] Vgl. Peter Bender, Normalisierung wäre schon viel, S. 3-9; Burkhard Olschowsky, Die Gegenwart des Vergangenen, S. 27-32.
[138] Die Arbeit mit dem Katalog: Das System und die Zentren der politisch-ideologischen Diversion, 1964/65, in: BStU, MfS ZA HA XX/1 123, Bl. 20, 21, 24.
[139] Vgl. ebenda, Bl. 342, 343.

ehemaligen deutschen Ostgebieten eine feindliche Einstellung der „DDR-Umsiedler" gegenüber Polen, der ČSSR und der Sowjetunion provozierten.[140]

Der Auftrag der SED an ihre Geheimpolizei lautete ab den 1960er Jahren bis zum Ende der Existenz der DDR, jegliches landsmannschaftliche Herkunfts- und Zusammengehörigkeitsgefühl über die deutsch-deutsche Zweistaatlichkeit hinweg zu kontrollieren, nach Möglichkeit zu unterbinden oder für eigene politische Zwecke zu nutzen. Die SED unternahm seit Beginn der 1960er Jahre in Politik und Gesellschaft alles, um in der DDR eine eigenständige „sozialistische Identität", ein sogenanntes sozialistisches deutsches Nationalgefühle entstehen zu lassen. Ostdeutsche landsmannschaftliche Identitäten, und diese über die deutsch-deutsche Grenze hinweg, waren für dieses politische Ziel überflüssig, ja sogar störend und letztlich, wie es hieß, „staatsgefährdend".

Die Zentrale des Staatssicherheitsdienstes in Berlin wies ihre MfS-Bezirks- und Kreisverwaltungen verstärkt seit 1964/65 an, das „Wirken und die Tätigkeit der revanchistischen Landsmannschaften" zu beobachten, um deren „feindliche Tätigkeit auf dem Gebiet der politisch-ideologischen Diversion" in Richtung DDR unter Kontrolle zu halten.[141] Unter geheimdienstlicher Beobachtung standen der Postverkehr, der Paket- und Zeitschriftenversand einzelner Landsmannschaften in die DDR zu „ehemaligen Umsiedlern" sowie die persönlich-privaten Kontakte bzw. Reisekontakte von Vertriebenen bzw. „Umsiedlern" aus Ost- und Westdeutschland, die landsmannschaftlich begründet waren.[142]

Die Stellungnahmen der MfS-Bezirksverwaltungen klangen für die politische Führung der DDR insgesamt beruhigend. Die SED-Revanchismuspropaganda, die totale Tabuisierung des Vertreibungsthemas, gepaart mit einer polizei- und geheimdienstlichen Verbots- und Überwachungsstrategie, und der zeitliche Abstand von inzwischen 20 Jahren zum Vertreibungsereignis hatten unter den „ehemaligen Umsiedlern" Wirkung gezeigt. Von den einzelnen MfS-Kreisdienststellen wurde eingeschätzt, „daß die Landsmannschaftsverbände in unserem Kreisgebiet über keine Massenbasis verfügen. Obwohl [...] das Westfernsehen stark verbreitet ist und Bürger die sogenannten Landsmannschaftstreffen verfolgen, muß man einschätzen, daß die chauvinistische Hetze nicht wirksam wurde. Die ehemaligen Umsiedler haben sich [in der DDR] fest eingelebt und die überwiegende Mehrheit, bis auf einige ältere Bürger, legt keinen Wert darauf, wieder in ihre alte Heimat zurückzukehren. Eine Annexion der ehemaligen Ostgebiete wird abgelehnt."[143]

Einzelne ältere „ehemalige Umsiedler", die postalischen und verwandtschaftlichen Kontakt zu in Landsmannschaften organisierten Westdeutschen unterhielten, waren überschaubare Einzelerscheinungen. Das MfS Dossier dazu: „Von den Personen wird der Cha-

---

[140] Vgl. Übersicht über die feindliche Tätigkeit der revanchistischen Landsmannschaften, ihrer Organisationen und Einrichtungen gegen die DDR, Juli 1965, in: BStU MfS ZAIG 4625, Bl. 34–40; Die politisch-ideologische Diversion im System der psychologischen Kriegsführung unter Berücksichtigung der feindlichen Tätigkeit der Landsmannschaften, 1965, in: ebenda, MfS BV Rostock, Rep. 2/112, Bl. 399–417.

[141] Vgl. Landsmannschaften und ihre Einrichtungen: Weisung vom 17. Juni 1965, in: BStU MfS BV Neubrandenburg XX 231, Bl. 73.

[142] Vgl. ebenda, Bl. 73–75; MfS-Bezirksverwaltung: Landsmannschaften und ihre Einrichtungen, Juni 1965, in: BStU MfS BV Neubrandenburg 231, Bl. 76–98; Information zur feindlichen Tätigkeit revanchistischer Landsmannschaften, in: ebenda, MfS-JHS Potsdam, BdL-Dok.. 015585; Übersicht über den „Berliner Landesverband der Vertriebenen", 14. Juli 1967, in: BStU MfS BV Neubrandenburg XX 242, Bl. 1–28.

[143] Feindliche Tätigkeit der Landsmannschaften gegen die DDR, 20. September 1966, in: BStU MfS BV Neubrandenburg XX 231, Bl. 138.

rakter dieser feindlichen Organisationen nicht richtig gesehen, sondern im Vordergrund das Zusammengehörigkeits- und Heimatgefühl gestellt, das von diesen Verbänden ständig künstlich hochgespielt und ausgenutzt wird."[144] Diese Verbindungen standen unter geheimdienstlicher Beobachtung. Dazu hieß es im MfS-Arbeitsplan: „Je nach Möglichkeiten werden Maßnahmen eingeleitet und durchgeführt, die bestehenden Verbindungen einzuschränken bzw. zu liquidieren."[145]

Aber nicht nur die „Abwehrtätigkeit" – also deutsch-deutsche, landsmannschaftlich begründete Kontakte zu unterbinden – stand auf dem MfS-Arbeitsprogramm, sondern auch die, wie es hieß, „Organisierung der aktiven operativen Arbeit". Darunter verstand der Staatssicherheitsdienst, „Inoffizielle Mitarbeiter" unter den „ehemaligen Umsiedlern" in der DDR anzuwerben, die verwandtschaftliche Verbindungen zu Bundesbürgern unterhielten, die zugleich Funktionäre von Vertriebenenorganisationen waren. Der MfS-Plan von 1966 wies aus: „Die operative Bearbeitung soll sich darauf konzentrieren, die vorhandenen Verbindungen der revanchistischen Organisationen und ihrer Mitglieder zu Bürgern der DDR aufzuklären [...] Zahlreiche Funktionäre der revanchistischen Organisationen unterhalten verwandtschaftliche und freundschaftliche Verbindungen zu Bürgern unserer Republik. [...] [Es] ist zu prüfen, inwieweit diese Funktionäre mit der Perspektive der Werbung bearbeitet werden können. Es ist zweckmäßig, Mittel und Wege zu finden, um über Einreisen westdeutscher Personen ständig informiert zu sein. Das betrifft besonders Besucher solcher DDR-Bürger, die [...] Verbindungen zu revanchistischen Organisationen unterhalten. [...] Dabei ergibt sich die Möglichkeit der Abschöpfung, sowie der Schaffung von Umständen, die eine Kontaktaufnahme mit diesen Personen/Funktionären [...] ermöglichen."[146]

Ein besonderes Interesse hatte das MfS an den Vertriebenenverbänden und den Funktionären aus West-Berlin und insbesondere an jüngeren Vertriebenenfunktionären, die im „Haus der ostdeutschen Heimat" angestellt waren. Das MfS dachte perspektivisch und befand es daher für zweckmäßig, „IM-Kandidaten aus dem Kreis der Mitglieder und kleineren Funktionäre auszuwählen, die bei einer aktiven Mitarbeit in höhere Funktionen aufrücken können".[147] Neben der Suche von „IM-Kandidaten aus dem Operationsgebiet" Bundesrepublik orientierte der Staatssicherheitsdienst seine Bezirks- und Kreisverwaltungen darauf, geeignete DDR-Bürger, „ehemalige Umsiedler", zu finden, „die in der Perspektive nach Westdeutschland oder West-Berlin abgesetzt werden können. [...] Bei diesen IM ist besonders auf die Qualität und Perspektive zu achten."[148] Um die Kontaktaufnahme zu erleichtern, sollten diese neuen „IMs" zudem möglichst in Landsmannschaften organisierte Verwandte und Bekannte in der Bundesrepublik haben.

Des weiteren ließ das MfS nach DDR-Rentnern, „ehemals Umsiedlern", suchen, die legal in die Bundesrepublik reisen konnten, um Veranstaltungen der Landsmannschaften zu besuchen und darüber in Berlin zu berichten. Auch hoffte die Staatssicherheit, daß die entsandten „körperlich rüstigen und geistig beweglichen" Rentner auf den Vertriebenenveranstaltungen Kontakte und Verbindungen zu Funktionären der Organisationen aufbauen könnten. Hier sollte immer erwogen werden, ob diese „IM-Rentner" über kurz oder

---

[144] Ebenda, Bl. 70.
[145] Ebenda.
[146] Übersicht über den Berliner Landesverband der Vertriebenen, 1966, in: BStU MfS Ast. Magdeburg XX 2606, Bl. 36, 37.
[147] Ebenda, Bl. 38.
[148] Ebenda, Bl. 40.

lang „legal nach Westdeutschland oder Westberlin übersiedeln" würden und könnten. Die Zentrale des Ministeriums für Staatssicherheit wies ihre Mitarbeiter in den Bezirken darauf hin, daß zur Suche und Abklärung der Personalien für die IM-Werbung die Hauptabteilung XX über eine umfangreiche Kartei verfügte, in der umfassend Mitglieder und Funktionäre der Vertriebenenorganisationen erfaßt waren.[149]

Es gilt als sicher, daß es dem DDR-Ministerium für Staatssicherheit gelang, in den ostdeutschen Landsmannschaften, im West-Berliner Landesverband der Vertriebenen und damit im „Haus der ostdeutschen Heimat" ihre „Inoffizielle Mitarbeiter" zu positionieren. Als „Speerspitzen des Revanchismus" hatte das MfS bereits in den 1950er Jahren die Landsmannschaften der Schlesier, der Sudetendeutschen und der Ostpreußen ausgemacht.[150] Auf die Landsmannschaft der Ostpreußen soll im folgenden kurz eingegangen werden. Die Landsmannschaft Ostpreußen hatte sich im Oktober 1948 in Hamburg konstituiert. Sie beanspruchte, Vertreter und Sprecher der zirka 2,2 Millionen geflüchteten und vertriebenen Ostpreußen bzw. Bewohner des Memellandes[151] zu sein. In den Augen der MfS-Offiziere machte die besondere Aggressivität und Gefährlichkeit dieser ostdeutschen Landsmannschaft deren Ansprüche zur „Eroberung sowjetischer und polnischer Gebiete des ehemaligen Ostpreußens" aus.[152]

Die Staatssicherheit dokumentierte Struktur, Personal, Auftreten, Tätigkeit und Aktivitäten dieser ostdeutschen Landsmannschaft seit 1954. Eine „aktive geheimdienstliche Bearbeitung" erfolgte ab 1959 und intensiv ab Oktober 1960 mit dem Ziel, „qualitative Werbungen" durchzuführen, d. h. MfS-Agenten in den Vorstand der Landsmannschaft einzuschleusen bzw. Funktionäre oder auch Sekretariats- bzw. Büromitarbeiterinnen anzuwerben.[153] Ins MfS-Visier gerieten auch die Ostpreußen-Vereinigungen des West-Berliner Landesverbandes der Vertriebenen. Die Ost-Berliner Staatssicherheitszentrale schickte „Geheime Informatoren" zu den großen Ostpreußentreffen in West-Berlin[154] und zu 15 sogenannten Heimatkreistreffen nach West-Berlin, z. B. zu den Treffen der Heimatkreise Allenstein, Goldap, Tilsit-Stadt, Rastenburg, Wehlau oder Ortelsburg. Die MfS-Spione hatten den Auftrag, Mitglied des jeweiligen Heimatkreises zu werden, sehr gute Verbandsarbeit zu leisten, um möglichst auf längere Sicht in die Funktionärsschicht der Landsmannschaft aufzusteigen. Das gelang auch in mehreren Fällen.[155] Das MfS besaß Protokolle über die Bundesvorstandssitzungen der Landsmannschaft Ostpreußen in Hamburg vom April 1966 und Unterlagen über Haushaltsplan-Entwürfe der Landsmannschaft vom April 1978.[156]

Der Landsmannschaft Ostpreußen war es nach MfS-Erkenntnissen bereits bis 1959/60 gelungen, umfangreiches Adressenmaterial über ehemalige Ostpreußen, die nun in der

---

[149] Vgl. auch alle Zitate, in: ebenda, Bl. 40, 41.
[150] Vgl. Hauptverwaltung Aufklärung, Abteilung II, 1. Juli 1989: Objektauskunft zum revanchistischen Dachverband BdV, in: BStU MfS HA VIII AKG 2053, Bl. 267.
[151] Um 1950 befanden sich etwa eine halbe Million vertriebener Ostpreußen und Memelländer in der DDR.
[152] Vgl. Ausschuß für deutsche Einheit: Die Landsmannschaften in Westdeutschland, 1959, in: BStU MfS ZAIG 9705, Bl. 425, 426.
[153] Vgl. Übersicht über die Landsmannschaft Ostpreußen, 25. Oktober 1960, in: BStU MfS HA XX 5436, Bl. 26, 27–30; Situation auf dem Gebiet der Bearbeitung der revanchistischen Landsmannschaften, 19. November 1959 und Plan zur Koordinierung auf der Linie Landsmannschaften, 1. Februar 1960, in: BStU MfS AOP 11315/64, Bd. 1, Bl. 122–138.
[154] Vgl. Ostpreußentreffen 1959–1961 in Westberlin, in: BStU MfS AOP 11315/64, Bd. 1, Bl. 152–160.
[155] Vgl. Landsmannschaft Ostpreußen 1960 bis 1967, in: BStU MfS HA XX 5436, Bl. 3–41, 53–59.
[156] Vgl. ebenda, Bl. 122–130; MfS HA XX 5436, Bl. 185–188.

DDR lebten, zu sammeln. Sie verfügte so über relativ vollständige Heimatkreis-Dateien, in deren Besitz die Staatssicherheit kommen wollte.[157] Ob ihr das gelang, ist noch ungeklärt.

Seit Beginn den 1960er Jahre konzentrierte sich das MfS dann auch auf den zentralen Dachverband des „Bundes der Vertriebenen – Vereinigte Landsmannschaften und Landesverbände" in Bonn.[158] Auch dort schleuste es „Informanten" ein. Von Oktober 1972 bis August 1985 beispielsweise war nachweislich eine Buchhalterin in der BdV-Bundesgeschäftsstelle in Bonn als „Inoffizielle Mitarbeiterin" des DDR-Staatssicherheitsministeriums im geheimdienstlichen Einsatz gewesen.[159]

Es hat den Anschein, daß das Interesse der SED-Führung und ihres Geheimdienstes an den Vertriebenenorganisationen in der Bundesrepublik und deren deutsch-deutscher Kontaktpolitik die 1970er Jahre über nicht sehr groß war. Die geheimdienstliche und Propagandaarbeit gegen die sogenannten Revanchistenverbände lief in den eingeübten Bahnen weiter.[160]

Unverständlich schien dem DDR-Staatssicherheitsdienst zu sein, daß die sozial-liberale Regierung der Bundesrepublik nach dem Abschluß der Ost- und der KSZE-Verträge nicht daran ging, den Bund der Vertriebenen und die Landsmannschaften „aufzulösen". Auch hier blieb das MfS seiner einseitig ideologisierten Sichtweise verhaftet und erklärte, daß das nicht erfolgende Verbot der Vertriebenenverbände durch die Bonner Regierung „nur die doppelzüngige Ost- und Deutschlandpolitik der SPD" widerspiegele. Denn im Grunde, so das MfS-Denken, würden sich die „konterrevolutionär-revanchistischen Zielstellungen und die […] antikommunistische Grundhaltung" der CDU/CSU von der der SPD nicht unterscheiden.[161]

Tatsächlich hoffte und erwartete das MfS zum Ende der 1970er Jahre, daß sich BdV und Landsmannschaften – die sich mit ihrer starren ablehnenden Haltung der Ostverträge ins politische Abseits der bundesdeutschen Gesellschaft manövriert hatten[162] – mangels Realisierbarkeit ihrer ost- und deutschlandpolitischen Ziele und wegen des natürlichen Rückgangs der Zahl der Vertriebenen der Erlebnisgeneration letztlich selbst auflösen würden.

Dennoch übersah das MfS nicht, daß sich ab Mitte der 1970er Jahre die Vertriebenenorganisationen auf eine neue Situation einzustellen begannen. Die Tätigkeit des BdV konzentrierte sich nach MfS-Erkenntnissen nun auf die „mittel- und ostdeutsche Kultur-, Bildungs- und Forschungsarbeit", die „Pflege der ostdeutschen Kultur" sowie auf eine „intensive Patenschaftsarbeit" mit gezieltem „Heimattourismus".[163] Um 1975 zählte das MfS in der Bundesrepublik z.B. zirka 400 Patenschaften von Kreis- und Stadtverwaltungen mit Heimatgliederungen der Landsmannschaften. So übte das Land Nordrhein-Westfalen die

---

[157] Vgl. „GI Kuhnert": Reise nach Hamburg, März 1956, in: BStU MfS AOP 11315/64, Bd. 1, Bl. 87–95.
[158] Wie quantitativ und qualitativ umfangreich dieses IM-Netz des MfS in den Vertriebenenverbänden der Bundesrepublik letztlich war, müssen weitere historische Forschungen ergeben, die ab Ende 2007 am Institut für Zeitgeschichte, Berlin, von der Autorin durchgeführt werden.
[159] Vgl. Schriftliche Auskunft des BdV vom 30. August 2006.
[160] Vgl. Sachstandsbericht 1971–1973, in: BStU MfS Rep. 2/225, Bl. 4–18; Informationen Kontakte der LM Pommern, 1972, 1973, 1978, in: ebenda, MfS BV Rostock Rep. 2/234, Bl. 79–181; Aktivitäten der Revanchistenorganisation „BdV", 1979, in: ebenda, MfS HA XXII 5057, Bl. 158–162.
[161] Vgl. Organisierter Revanchismus und Ostverträge 1969–1975, MfS-Dossier von 1983, in: BStU MfS ZKG 3520, Bl. 61, 63.
[162] Vgl. Manfred Kittel, Vertreibung der Vertriebenen?, S. 111–147; Matthias Stickler, „Ostdeutsch heißt Gesamtdeutsch", S. 429–436.
[163] Vgl. Organisierter Revanchismus und Ostverträge 1969–1975, MfS-Dossier von 1983, in: BStU MfS ZKG 3520, Bl. 45.

Patenschaft für die Landsmannschaften Oberschlesien und Siebenbürgen Sachsen aus, und allein dieses Bundesland käme auf 83 kommunale Patenschaften mit Heimatkreisen der besagten beiden Landsmannschaften. Darüber urteilte das MfS betont negativ: „Dieses Patenschaftswerk ist eine Institution, die dafür garantiert, daß revanchistische Zielstellungen langfristig am Leben erhalten bleiben."[164] Auch zur Kultur- und Ostforschungsarbeit des BdV fand das MfS ablehnende Worte: „Die auf kulturpolitischem Gebiet betriebenen Aktivitäten des organisierten Revanchismus wirken sich in zwei Richtungen aus; sie erfüllen einerseits den Zweck, den ehemaligen Umsiedlern unter den Bedingungen der Ostverträge Aufgaben zu stellen und sie auf diese Art organisatorisch zusammenzuhalten; und sie haben einen nach innen und vor allem nach außen wirkenden antisozialistisch-konterrevolutionären Effekt."[165]

Zu Beginn der 1980er Jahre meinte die SED-Führung, daß es nicht wirklich gelungen war, Bedeutung und Einfluß des BdV und der Landsmannschaften in der Bundesrepublik weitgehend auszuschalten.[166] Das MfS reagierte mit der Ausarbeitung einer größeren Zahl an Dossiers und Materialsammlungen über Geschichte und Politik der Vertriebenenverbände der Bundesrepublik, die für den internen Gebrauch bestimmt waren. Genannt werden soll hier nur eine Auswahl: „Die Aktivitäten der Revanchistenverbände und sogenannten Landsmannschaften der BRD angesichts der konterrevolutionären Ereignisse in der ČSSR 1968", erarbeitet 1982[167]; „Organisierter Revanchismus und Ostverträge 1969–1975" und „Landsmannschaftlicher Revanchismus in der Ostpolitik der Regierung der Großen Koalition", beide erarbeitet 1983[168]; „Organisierter Revanchismus in der BRD. Arsenal, Rolle und Ziele der Landsmannschaften in der Gegenwart", interner Druck 1984[169]; „Zu gegenwärtigen Aktivitäten von Unterorganisationen der Landsmannschaften in Form von Heimatkreisen u. ä. Vereinigungen gegen den Verantwortungsbereich der Bezirksverwaltung Cottbus" vom Juni 1986[170] oder „Objektauskunft zum revanchistischen Dachverband ‚Bund der Vertriebenen – Vereinigte Landsmannschaften und Landesverbände e.V. (BdV)'" vom Juni 1989.[171]

Die SED-Führung und das MfS hatten seit den 1970er Jahren durchaus auch einen differenzierteren Blick auf die Vertriebenen und Vertriebenenverbände in der Bundesrepublik gewonnen. In internen Dokumenten und hin und wieder auch öffentlich trennten die SED-Funktionäre zwischen, wie es hieß, „sogenannten Vertriebenen", „in Vertriebenenorganisationen organisierten Umsiedlern" und „Berufsvertriebenen". Damit betitelten die SED-Agitatoren die Funktionäre der Vertriebenenorganisationen. 1970 hatte Albert Norden die Richtlinie ausgegeben, in der Propaganda alles zu vermeiden, um die Mitglieder in den Vertriebenenverbänden als eine „einzige reaktionäre Masse" anzusehen.[172] Im poli-

---

[164] Ebenda.
[165] Ebenda, Bl. 47.
[166] Vgl. Dokumentation 1984: Organisierter Revanchismus in der BRD. Arsenal, Rolle und Ziele der Landsmannschaften in der Gegenwart, in: BStU MfS HV A 1043, Bl. 1–97; Rolle und aktuelle Aspekte der subversiven Tätigkeit von Landsmannschaften als eine Form des organisierten Revanchismus der BRD, 15. Mai 1985, in: ebenda, JHS 234/85, Bl. 1–58.
[167] Abschlußarbeit an der Juristischen Hochschule Potsdam, in: BStU MfS JHS 75/82, Bl. 1–59.
[168] In: BStU MfS ZKG 3520, Bl. 1–73 und 74–198.
[169] In: BStU MfS HV A 1043, Bl. 1–97.
[170] Diplomarbeit an der Akademie für Staats- und Rechtswissenschaften Potsdam-Babelsberg, in: BStU MfS JHS 20629, Bl. 1–155.
[171] In: BStU MfS HA XX ZMA 663, Bl. 5–112.
[172] Vgl. ZK-Westabteilung an Albert Norden: Problem der Differenzierung in den Revanchisten-Organisationen, 30. Juli 1970, in: SAPMO-BA DY 30 IV A 2/2028/15, Bl. 51, 53.

tischen Kampf sollten die Funktionäre der „Westabteilung" des ZK der SED den Fragen der Vertriebenen in der Bundesrepublik mehr Aufmerksamkeit widmen: „Der Sinn der Sache besteht darin, die Führer der Revanchistenverbände schrittweise zu isolieren und deren aktiven Anhang zu dezimieren."[173]

In den 1970er und in den 1980er Jahren bestand bei Teilen der SED- wie auch MfS-Spitzenfunktionäre Klarheit darüber, daß die Masse der zirka acht Millionen Flüchtlinge und Vertriebenen und ihre Nachkommen, die in der Bundesrepublik lebten, sich wie die Bundesdeutschen insgesamt, mit dem Verlust der alten Heimat, der Ostgebiete, abgefunden hatten. Das galt auch, so sah es das MfS, für die Hunderttausende, die jährlich zu den Vertriebenentreffen zusammenkamen, und so hieß es: „Viele der ehemaligen Umsiedler in der BRD [...] kamen in den [1970/80er Jahren] [...] zwar immer noch in größerer Zahl zu den ‚Vertriebenentreffen', obwohl auch hier der Zulauf abgenommen hatte. Viele der Veranstaltungsteilnehmer hatten aber nichts anderes im Sinn, als dort alte Bekannte, Freunde und Verwandte wiederzusehen, und so ist es bis heute [1989]."[174]

Die SED wollte vermutlich in den 1980er Jahren nicht erkennen, zumindest nicht in ihrer Propaganda, daß mit der neuen Bundesregierung unter Bundeskanzler Helmut Kohl keineswegs eine Art politische Renaissance für den Bund der Vertriebenen und für die Landsmannschaften einsetzte. Obwohl Kanzler Kohl demonstrativ 1982 den letzten Vertriebenenminister Heinrich Windelen[175] als Minister für innerdeutsche Beziehungen in sein Kabinett aufnahm, und die finanzielle Unterstützung des Bundes für die Vertriebenenverbände tatsächlich zunahm, hatten BdV und Landsmannschaften keinerlei Einfluß auf das politische Handeln der Bundesregierung.[176]

Die öffentliche DDR-Propaganda zeichnete gegen Ende der 1980er Jahre das Bild einer „erfolgreichen schleichenden revanchistischen Unterwanderung" der gesamten bundesdeutschen Gesellschaft durch die Vertriebenenverbände und überschätzte die Wirkung des BdV und der Landsmannschaften maßlos.[177] Noch im Sommer 1989 urteilte ein internes MfS-Papier: „Der organisierte Revanchismus in der BRD ist ein breit gefächertes und staatlich gefördertes antikommunistisches System von Organisationen und Einrichtungen großdeutschen nationalistischen Charakters. Den Kern bilden die ‚Landsmannschaften' und der BdV. Die Legitimation der Revanchistenverbände beruht auf der fortdauernden Übereinstimmung mit der Bundesregierung und der sie tragenden Parteien [...] sowie der revanchistischen Grunddoktrin des Bonner Staates, der die These vom ‚Fortbestehen des Deutschen Reiches in den Grenzen von 1937' nie zur Disposition" stellte.[178]

Im Vergleich zu früheren Dossiers waren die Wertungen über die Vertriebenenverbände durch die Hauptverwaltung Aufklärung des MfS nüchterner und etwas differenzierter. Man anerkannte die Existenzberechtigung jener Vertriebenenorganisationen in der Bun-

---

[173] Ebenda, Bl. 57.
[174] Objektauskunft zum revanchistischen Dachverband „Bund der Vertriebenen – Vereinigte Landsmannschaften und Landesverbände e. V., Juni 1989, in: BStU MfS HA XX ZMA 663, Bl. 49.
[175] Vgl. MfS-Personendossier zu Heinrich Windelen im Zeitraum 1969 bis 1983 und 1976 bis 1988, in: BStU MfS PA 1171, Bl. 8–56 und MfS ZAIG 24071, Bl. 153–237.
[176] Vgl. Matthias Stickler, „Ostdeutsch heißt Gesamtdeutsch", S. 431, 435f.
[177] Vgl. ebenda, S. 18; Rolle und aktuelle Aspekte der subversiven Tätigkeit von Landsmannschaften als eine Form des organisierten Revanchismus der BRD, Mai 1985, in: BStU MfS JHS 234/85, Bl. 39–40.
[178] Objektauskunft zum revanchistischen Dachverband „Bund der Vertriebenen – Vereinigte Landsmannschaften und Landesverbände", Stand Juni 1989, in: BStU MfS HA XX ZMA 663, Bl. 91.

desrepublik der 1950er und 1960er Jahre,[179] die die „gerechte Eingliederung der Umsiedler [sic!] in die Gesellschaft" vertraten und eine „bestehende Frontbildung zwischen Einheimischen und Umsiedlern [sic!]" abzubauen suchten.[180] Die MfS-Analysten trennten wiederum zwischen den „reaktionären Funktionären" der Vertriebenenorganisationen, den in Verbänden organisierten Vertriebenen, die zahlenmäßig immer weniger würden, und den „vielen ehemaligen Umsiedlern [sic!] in der BRD, die die Integration in die Gesellschaft längst vollzogen haben".[181] Diese kämen „zwar noch immer in größerer Zahl zu den ‚Vertriebenentreffen', […], hätten aber nichts anderes im Sinn, als dort alte Bekannte und Verwandte wiederzusehen. … Sie sind mehr oder weniger irregeführte Mitläufer."[182]

Die strikt ablehnende Haltung des Bundes der Vertriebenen und der einzelnen Landsmannschaften gegenüber den Ostverträgen der Bundesregierung im Vorfeld ihres Zustandekommens und auch nach deren Unterzeichnung wurden von der SED-Führung und ihrem Staatssicherheitsdienst genau beobachtet, analysiert und für die Arbeit ausgewertet. Seit dem Ende der 1960er Jahre interessierten sich die SED und ihr Geheimdienst daher vermehrt, detaillierter und mit weniger ideologischen Vorurteilen für die Verflechtung der Vertriebenenverbände und ihrer Funktionäre mit den parlamentarischen Gremien und ihren Einfluß auf die politischen Parteien der Bundesrepublik.[183] Sie sammelten und bewerteten Unterlagen, die Auskunft gaben über den „Standort, das politische Gewicht, den Grad der Verflechtung mit den […] Institutionen der Machtausübung und der innen- und außenpolitischen Funktionsweise der extrem revanchistisch-antikommunistischen Massenorganisation"[184] – also dem Bund der Vertriebenen.

Hieß es in MfS-Expertisen von 1960 noch ideologisch undifferenziert und vereinfacht über die Führungen der ostdeutschen Landsmannschaften: „Der Vorstand der Landsmannschaften setzt sich in der Regel aus ehemaligen Faschisten, enteigneten Kapitalisten und Geschäftsleuten, Lehrern, Künstlern und Juristen zusammen"[185], so schrieb man 1989 nüchterner: „Die Führungskräfte des Bundes der Vertriebenen sind eindeutig dem rechten politischen Spektrum in der BRD zuzuordnen. Mehrheitlich neigen sie der CDU bzw. CSU zu oder sind Mitglieder dieser beiden Parteien. Einige von ihnen geben sich offen rechtsradikal und neofaschistisch, ihnen sind die CDU, CSU [politisch] noch zu zahm."[186]

Das MfS erstellte konkrete Struktur-Übersichten, Organigramme und personelle Besetzungslisten vom Bund der Vertriebenen und allen ostdeutschen Landsmannschaften, die ständig aktualisiert wurden. Die Staatssicherheit verfügte über Informationen über die einzelnen Geschäftsstellen – Landes-, Bezirks-, Kreis- und Ortsverbände – der Vertriebenenorganisationen in der Bundesrepublik und deren personelle Besetzungen, die bis zu den

---

[179] Das waren in den Augen des MfS die „überlandsmannschaftlichen Vereinigungen": der Zentralverband der vertriebenen Deutschen (ZvD).
[180] Vgl. Hauptverwaltung A, Abteilung II, 1. Juli 1989: Objektauskunft zum revanchistischen Dachverband BdV, in: BStU MfS HA VIII AKG 2053, Bl. 259, 261–264.
[181] Ebenda, Bl. 293.
[182] Ebenda, Bl. 293, 310.
[183] Vgl. Einige Angaben über MdB, die am 17. Mai 1972 gegen die Ratifizierung der Verträge mit der UdSSR und der VRP gestimmt haben, in: BStU MfS ZAIG 5006, Bl. 12–18.
[184] Organisierter Revanchismus und Ostverträge 1969–1975, MfS-Dossier von 1983, in: BStU MfS ZKG 3520, Bl. 2.
[185] Methoden, Struktur und Feindtätigkeit der Umsiedlerverbände und Landsmannschaften in Westberlin und Westdeutschland 1960, in: BStU MfS BV Rostock Rep. 2/112, Bl. 381.
[186] Objektauskunft zum revanchistischen Dachverband „Bund der Vertriebenen – Vereinigte Landsmannschaften und Landesverbände", Stand Juni 1989, in: BStU MfS HA XX ZMA 663, Bl. 82.

2. Aktivitäten der Vertriebenenverbände im Visier der SED 219

Namen der Büromitarbeiter und Sekretärinnen reichten. Der DDR-Geheimdienst interessierte sich für die „finanzielle Förderung der Revanchistenverbände durch die BRD-Regierung" und besaß korrekte Angaben über die finanziellen Zuwendungen, die BdV und Landsmannschaften von Bundes- und Landesorganen bzw. anderen Gremien erhielten.[187]

Das Ministerium für Staatssicherheit observierte die Standorte der Zentralen des Bundes der Vertriebenen und der Landsmannschaften, fertigte Lagepläne und -skizzen über die einzelnen Häuser und Büroetagen, beschrieb mögliche Zugänge, fertigte Fotografien der Gebäude, Ein- und Ausgänge usw. an. Es interessierte sich für die Pförtner und das Wachpersonal der Häuser und die Post- und Telefonzentralen. Das MfS hatte Kenntnis über die Aufbewahrungsorte der Personalunterlagen der Mitarbeiter, die Buchhaltungsmaterialien sowie die Aufbewahrungsorte anderer Unterlagen der Landsmannschaften und Landesverbände.[188] Das MfS erstellte demnach regelmäßig sogenannte Auskunftsberichte über den BdV und die Landsmannschaften:[189] Sie hatten zu umfassen, so wörtlich: Objektbeschreibung und Objektsicherung, personelle und Organisationsfragen – d.h. Besetzung der Büros, Unterlagen von Mitarbeitern und Mitgliedern –, Personeneinschätzungen[190] und Umweltbeziehungen (Beziehungen zu Dienststellen der Bundesrepublik, Kontakte in die DDR) sowie die finanzielle Ausstattung der Vertriebenenorganisationen.[191]

Um „günstige operative Ansatzpunkte zur Bearbeitung der Vertriebenenverbände" zu erhalten, also um sich einen geheimdienstlichen Zutritt zum BdV und den ostdeutschen Landsmannschaften zu beschaffen, beantworteten sich Staatssicherheitsfunktionäre immer wieder die Fragen: „Wie ist der BdV im politischen Leben der BRD einzuordnen? Welche Möglichkeiten der Einflußnahme auf welche Personen, Organisationen, Institutionen hat der BdV? Welches ist die Hauptzielstellung des BdV? [...] Welche politische Grundhaltung verkörpert die Führung bzw. die Basis des BdV? Und: Wer sind die revanchistischen ‚Scharfmacher' des Bundes?"[192]

Im SED-Sprachduktus lasen sich Mitte der 1980er allgemeine Beschreibungen über den „landsmannschaftlichen Revanchismus in der BRD" verhältnismäßig nüchtern. So hieß es u.a.: „Im ‚Bund der Vertriebenen – Vereinigte Landsmannschaften und Landesverbände (BdV)' sind 20 Landsmannschaften zusammengeschlossen. In der Existenz dieser Landsmannschaften manifestiert sich ein Anspruch des BRD-Imperialismus auf fremdes Territo-

---

[187] Vgl. Methoden, Struktur und Feindtätigkeit der Umsiedlerverbände und Landsmannschaften in Westberlin und Westdeutschland, 1960, in: BStU MfS BV Rostock Rep. 2/112, Bl. 370–381; Die Arbeit mit dem Katalog, 1964/65, in: ebenda, MfS HA XX/1, 123, Bl. 328–349; Zum Wesen, zu den Funktionen und Methoden revanchistischer Landsmannschaften in der BRD, 1986, in: ebenda, MfS JHS 20629, Bl. 78–80; Zum Wesen, zu den Funktionen und den Methoden revanchistischer Landsmannschaften in der BRD, 1986, in: ebenda, MfS, JHS 20629, Bl. 42–102; Manfred Kittel, Vertreibung der Vertriebenen, S. 9.
[188] Vgl. Auskunftsbericht „BdV", 1985, in: BStU MfS HV A 1043, Bl. 32–83; Information zum „Deutschlandhaus", Berlin, Stresemannstr. 90, 2. November 1987, in: ebenda, MfS ZKG 3263, Bl. 146–148.
[189] Die MfS-Hauptverwaltung Aufklärung (HV A) sammelte Berichte über BdV und Landsmannschaften zwischen 1964 und 1989. In: BStU MfS HV A 206, 222, 225, 229, 235, 131, 114, 119, 124, 67, 81, 69, 84, 14, 24, 27, 35, 59, 61 und MfS HA XX ZMA 663.
[190] 1976 angelegte MfS-Lochkartendatei mit zirka 1 250 Personendaten von Funktionsträgern aller denkbarer Vertriebenenorganisationen auf Bundes-, Länder-, Kommunalebene der Bundesrepublik, in: BStU MfS AS 138/76, Bd. 1–6.
[191] Vgl. Auskunftsbericht „BdV", August 1985, in: BStU MfS HV A 1043, Bl. 32, 33; Bund der Vertriebenen – Vereinigte Landsmannschaften und Landesverbände, Juni 1989, in: ebenda, MfS HA XX ZMA 663, Bl. 69–112.
[192] Auskunftsbericht „BdV", August 1985, in: BStU MfS HV A 1043, Bl. 33.

rium weit im Osten Europas, auf Staatsbürger sozialistischer Länder. Die mitgliederstärksten und einflußreichsten Landsmannschaften sind die der ‚Sudetendeutschen', ‚Schlesier', ‚Oberschlesier', ‚Pommern' und ‚Ostpreußen'. Der BdV hat 2,4 Millionen Mitglieder. Neben dem Deutschen Gewerkschaftsbund ist der BdV die mitgliederstärkste Organisation der BRD. Organ des BdV: ‚Deutscher Ostdienst'. Der BdV und seine Gliederungen geben insgesamt 360 Zeitungen mit einer Gesamtauflage von 1,5 Millionen heraus. Von den BdV-Mitgliedern gehören dem 10. Bundestag 40 Abgeordnete an. […] In der Bundesgeschäftsstelle des BdV sind zirka 30 hauptamtliche Beschäftigte […]" tätig.[193]

Über die Spitzenfunktionäre der Vertriebenenverbände fertigte das MfS Personen-Dossiers. Die Informationen, die diese enthielten, stammten zumeist aus öffentlich zugänglichen Quellen. Über Herbert Czaja beispielsweise, Präsident des BdV seit 1970, dokumentierte die Staatssicherheit Informationen und Materialien von 1964 bis 1989.[194] Die politische Wertung des Vertriebenenfunktionärs fiel aus SED-Sicht negativ aus. Mit folgenden Schlagworten charakterisierten sie die Biographie bzw. die politische Karriere von Herbert Czaja: Vor 1945 „überzeugter Anhänger des Faschismus"; nach der „Übersiedlung 1946 in die heutige BRD wurde er CDU-Mitglied und profilierte sich langfristig zum exponierten, den äußerst rechten Flügel der CDU repräsentierenden Politiker und Revanchistenführer".[195] Und immer noch suchte das MfS nach eindeutigen NS-Belastungen Czajas. Aber selbst 1988 mußte die Staatssicherheit in ihren Akten festhalten: „Ein Nachweis, daß Dr. Czaja Angehöriger der SS war, konnte bisher nicht erarbeitet werden."[196]

Bis zum Ende der SED-Herrschaft in der DDR blieben die Vertriebenenverbände und ihre Aktivitäten im Blickfeld des MfS.[197] Selbst in der politisch angespannten Situation vom September 1989 wurde die höchste MfS-Ebene über die Veranstaltungen des Bundes der Vertriebenen informiert. Den Stellvertretenden MfS-Minister Generalleutnant Wolfgang Schwanitz[198] erreichten am 4. September 1989 Nachrichten über „geplante Maßnahmen von Feindorganisationen gegen die staatliche Sicherheit der DDR", womit die Veranstaltungen des Bundes der Vertriebenen zum „Tag der Heimat" am 9. und 10. September 1989 in West-Berlin gemeint waren.[199]

---

[193] Zum Wesen, zu den Funktionen und Methoden revanchistischer Landsmannschaften in der BRD, 1986, in: BStU MfS JHS 20629, Bl. 60, 61.
[194] Vgl. Biographie Nr. 000551 über Herbert Czaja, in: BStU MfS ZAIG 24033, Bl. 95–208.
[195] Angaben zur Person Dr. Herbert Czaja, Juli 1985, in: ebenda, Bl. 100–104.
[196] Material zu Czaja, Herbert, 13. Juli 1988, in: ebenda, Bl. 116.
[197] Vgl. Treffen revanchistischer Landsmannschaften in der BRD, 1988, in: BStU MfS HA XXII 17255, Bl. 265, 278; Aktivitäten des Westberliner Landesverbandes 1982–1988, in: ebenda, MfS HA XXII 16576, Bl. 2–52.
[198] Vgl. Wer war wer in der DDR?, S. 781.
[199] Vgl. HV A an HA XX, 4. September 1989, in: BStU MfS HA XX ZMA 663, Bl. 289–292; auch in: MfS ZAIG 24033, Bl. 128, 136.

V. Wird das Tabu von „Flucht und Vertreibung" gebrochen? Die 1970er und 1980er Jahre

1. „Ehemalige Umsiedler" und immer noch Staatssicherheit?

Auch 20, 30 bzw. 40 Jahre nach dem Ereignis von Flucht und Vertreibung standen die in der DDR seßhaft gewordenen „ehemaligen Umsiedler" dann unter Kontrolle des Ministeriums für Staatssicherheit, wenn sie sich zusammenfanden oder in den Augen der Staatssicherheit, wie es hieß, „konzentriert auftraten". Diese Art von „Umsiedlerkonzentrationen" war für das MfS bereits dann gegeben, wenn zwei bis drei „Umsiedler" teils zielgerichtet bzw. mehr oder weniger zufällig in Aktion traten. Doch gab es auch für ostdeutsche Verhältnisse größere und große Gruppen von Vertriebenen, die in der DDR der 1960er bis 1980er Jahre zusammenkamen wie beispielsweise die bereits beschriebenen jährlichen Vertriebenentreffen im Leipziger Zoo. Insgesamt gesehen gehörten „Aktivitäten von Umsiedlerkonzentrationen" in der DDR-Gesellschaft, so wie es das MfS sah, eher zur Ausnahme als zur Regel.

Zwischen 1962 und 1967 gerieten drei Wissenschaftler der Universität Jena ins geheimpolizeiliche Visier der MfS-Bezirksverwaltung Gera. Beim Anlegen eines „operativen Vorganges" der Staatssicherheit am 27. Februar 1962 hieß es: „In der Abteilung Hopfenbau an der Universität Jena hat sich eine revanchistische Konzentration herausgebildet. Sie setzt sich aus ehemaligen Sudetendeutschen zusammen, die wiederholt durch revanchistische Äußerungen in Erscheinung getreten sind. Da hier der Verdacht vorliegt, daß diese Personen auf der Basis des Revanchismus eine Untergrundtätigkeit an der Universität durchführen, werden sie in einem Operativvorlauf (OV) bearbeitet. Die Möglichkeit einer Verbindungsaufnahme zu revanchistischen Organisationen in Westdeutschland oder Westberlin wird beachtet."[1]

Als „Konzentration ehemaliger Sudetendeutscher" bezichtigte der Staatssicherheitsdienst drei Diplom-Landwirte bzw. wissenschaftliche Assistenten der Abteilung Hopfenbau des Instituts für Acker- und Pflanzenbau an der Universität Jena. Diese drei Wissenschaftler[2] waren 1925, 1929 bzw. 1930 im Sudetengebiet in der ČSR geboren und 1945 als Jugendliche mit ihren Familien von dort vertrieben und in Sachsen bzw. im Thüringer Raum angesiedelt worden. Ausbildung und Studium hatten die drei in der SBZ/DDR abgeschlossen, ihre wissenschaftliche Karriere begann bzw. lief an der Universität Jena. Die drei Landwirte, die sich wissenschaftlich-beruflich mit dem Hopfenanbau beschäftigten, stammten aus dem großen sudetendeutschem Hopfenanbaugebiet Egerland, insbesondere um die Stadt Eger (Cheb/ČSR), was auf einen familiären Bezug zum Berufsfeld der drei Wissenschaftler hindeutete.[3]

Durch die MfS-Postkontrolle und durch Spitzelinformationen aus dem Kollegenkreis waren dem Staatssicherheitsdienst über die drei wissenschaftlichen Mitarbeiter folgende Äuße-

---

[1] Beschluß eines operativen Vorlaufes, Bezirk Gera, MfS-Diensteinheit Jena, 17. Februar 1962, in: BStU MfS Ast. Gera 948/62, Teil 1, Bl. 6.
[2] Die Namen der Personen wurden aus Datenschutzgründen von der BStU-Behörde geschwärzt.
[3] Vgl. Abschlußbericht, 14. Juni 1962, in: BStU MfS Ast. Gera 948/62, Teil 1, Bl. 128–132.

rungen bekannt geworden: In „oppositioneller und provokatorischer Weise", so die MfS-Berichte, hätten die drei sich auf Mitarbeiterversammlungen an der Universität kritisch über „die Umsiedlung von Deutschen nach dem 2. Weltkrieg" geäußert und „Zweifel an der Gefährlichkeit des westdeutschen Militarismus" angemeldet. Sie fragten nach einer Zulassung von Landsmannschaften auch in der DDR und beanstandeten die Nachkriegs-Grenzziehung an Oder und Neiße. Wörtlich sei im Februar 1962 auf einer Gewerkschaftsversammlung gesagt worden, daß die Oder-Neiße-Grenze ein „Fehler Stalins" gewesen sei, und daß „diese Grenze mit dem faschistischen Deutschland schon 1939 ausgehandelt" worden sei. Der zweite im MfS-Visier stehende Wissenschaftler habe nach Reisen in die ČSSR öffentlich erzählt, im tschechoslowakischen Grenzgebiet „keine Neubauten, nur zerfallende Gebäude" gesehen zu haben. Und weiter wird im Spitzelbericht zu seinen Äußerungen festgehalten: „Die KPČ hätte bei der Umsiedlung das Unrecht der Faschisten mit Unrecht vergolten, indem sie 500 000 Deutsche umbringen ließ. Er ist der Meinung, es gäbe keine Freundschaft zwischen dem tschechischen und dem deutschen Volk." Und dem dritten wissenschaftlichen Assistenten ordnete die Staatssicherheit die öffentlich gemachten Behauptungen zu, „daß die Aussiedlung der Deutschen nach 1945 antihuman gewesen sei [...] In diesem Zusammenhang brachte er Lenins Forderung von 1918, ‚Frieden ohne Annektionen', an die man sich nicht gehalten habe, in die Diskussion" der Gewerkschaftsversammlung ein.[4]

Die MfS-Kreisdienststelle der Universität Jena wertete die gesammelten Materialien über die drei jungen Wissenschaftler als Hinweis einer „revanchistischen Plattformbildung". Als „zentrale Figur dieser Konzentration" machten MfS-Mitarbeiter den 1929 in Dauba (ČSR) geborenen Oberassistenten und promovierten Landwirt aus, der Anfang der 1960er Jahre auf dem Gebiet des Hopfenanbaus als Experte in der DDR galt und mit dieser Expertenstellung verschiedene Dienstreisen nach Jugoslawien, England, Westdeutschland (bis 1961) und in die ČSR unternommen hatte. Daher beschuldigte das MfS ihn einer Verbindungsaufnahme zu „revanchistischen Kreisen in Westdeutschland". Und wörtlich heißt es im MfS-Bericht: „Es ist anzunehmen, daß diese Personen Verbindungen zu anderen Hopfenbauabteilungen in der DDR haben und dort ebenfalls revanchistische Konzeptionen verbreiten. Als zentrale Figur dieser Konzentration ist Dr. [*Name von der BStU-Behörde geschwärzt*] zu sehen. Seine provokatorischen Äußerungen sind besonders gefährlich, da sie in Umsiedlerkreisen einen gewissen Nährboden finden können. Ziel der Bearbeitung ist, die bestehende Konzentration zu beseitigen und im Rahmen des Differenzierungsprozesses den [Hauptbeschuldigten] schnellstens einer Feindtätigkeit zu überführen."[5] Kurzfristig postierte das MfS zwei „Geheime Informanten", auch ehemalige Sudetendeutsche, in die Abteilung Hopfenbau des Instituts für Acker- und Pflanzenbau der Universität Jena, um die drei Beschuldigten zu beobachten.[6]

Die von der Staatssicherheit aufgebauschten Vorwürfe – Verbreitung revanchistischer Konzeptionen in der DDR und Kontakte nach Westdeutschland – konnte sie nicht beweisen. Die Unterstellungen mußte sie fallenlassen, und vermutlich wurden deshalb keine Strafprozesse eingeleitet.[7] Aber die öffentlich geäußerten kritischen Meinungen über die Vertreibung der Sudetendeutschen aus der ČSR nach Kriegsende und die Vertreibungen

---

[4] Alle Zitate: Eröffnungsbericht, 17. Februar 1962, in: BStU MfS Ast. Gera 948/62, Teil 1, Bl. 13–18.
[5] Ebenda, Bl. 19.
[6] Vgl. Informationsbericht, 13. Juni 1961, in: BStU MfS Ast. Gera 948/62, Teil 1, Bl. 50.
[7] MfS-Kreisdienststelle der Universität Jena, 14. Juni 1962: „Verlauf der operative Bearbeitung: Die eingeleiteten [...] Maßnahmen konnten jedoch nicht den Verdacht bestätigen, daß [Name des Hauptbeschuldigten von der BStU-Behörde geschwärzt] Verbindungen zu Landsmannschaften in West-

bzw. Gebietsverluste der Deutschen insgesamt straften die SED-Parteigremien und die Organe der Universität Jena ab. Zwei der beschuldigten wissenschaftlichen Hopfenanbau-Experten wurden zur „politischen und beruflichen Bewährung" in die Praxis geschickt, das hieß, von Mitte 1962 an arbeiteten sie in Landwirtschaftlichen Produktionsgenossenschaften in Dörfern der Bezirke Karl-Marx-Stadt und Jena. Nur der Dritte durfte an der Universität verbleiben und seine wissenschaftliche Karriere fortsetzen.[8]

Fünf Jahre später, Mitte 1967, kam die MfS-Kreisdienststelle der Universität Jena nochmals und abschließend auf diesen Vorgang des „revanchistischen Auftretens" zurück, um einzuschätzen: „Eine Wiederaufnahme der operativen Bearbeitung der [...] angefallenen Personen wird nicht als notwendig erachtet. Sie haben offensichtlich Lehren aus den damals getroffenen Erziehungsmaßnahmen gezogen, denn keiner der drei beschuldigten Personen ist in seiner damals zugewiesenen bzw. heutigen Arbeitsstelle wieder negativ aufgefallen. Es wird jedoch empfohlen, die Registrierung der drei Personen für eine weitere operative Kontrolle aufrechtzuerhalten."[9]

Ein anderes Beispiel von sogenannten Forderungen nach revanchistischer Grenzrevision tat sich 1964/65 in einem SDAG-Wismut-Werk im Bezirk Karl-Marx-Stadt auf. Die MfS-Kreisdienststelle Wismut/Zwickau legte im Oktober 1964 einen „Gruppenvorgang ‚Umsiedler'" an, der sich gegen drei Arbeiter der Wismut-Werke richtete. Diese Arbeiter, 1917 bzw. 1926 in Breslau (Wrocław) bzw. in Köslin (Koszalin) geboren, hatten sich 1964 wiederholt im Arbeitsumfeld gegen die Oder-Neiße-Grenze geäußert und betont, „Westdeutschland hat recht, wenn die an Polen abgetretenen Gebiete zurückgefordert werden".[10] Dieses Reden reichte aus, um die Staatssicherheit eigens einen „Operativ-Vorgang" anlegen zu lassen.[11] Die MfS-Kreisdienststelle empfahl zwar die Einleitung eines Ermittlungsverfahrens nach dem Strafrechtsergänzungsgesetz (StEG)[12], was aber, vermutlich wegen Bedeutungslosigkeit, nicht umgesetzt wurde. Eine politisch-juristische Abstrafung der Arbeiter hätte mehr Aufsehen erregt als ihre Äußerungen.

Ein und dasselbe Delikt – öffentliches ablehnendes und kritisches Reden über die Vertreibungen, deutsche Gebietsverluste und die Oder-Neiße-Grenze – mußten von Staat und SED nicht gleich geahndet werden. Schloß man ein strafrechtliches Vorgehen aus, war ein probates Mittel, Druck über den Beruf, die Karriereplanung, die Arbeitsstelle auszuüben. Das war dann besonders wirkungsvoll, wenn die Beschuldigten höhere bzw. besserqualifizierte Positionen bekleideten – also in Staat, Verwaltung, im Kultur-, Erziehungs- oder Wissenschaftsbereich tätig waren. Kaum Wirkung zeigte es, wenn die Betreffenden, wie hier die Wismut-Arbeiter, „einfache" Arbeiter oder Angestellte waren.

In der ersten Hälfte der 1970er Jahre gerieten z.B. im Bezirk Cottbus zwei für DDR-Verhältnisse größere organisierte Vertriebenentreffen ins Visier des MfS. Im Ort Zschauitz/ Kreis Großenhain, südlich von Cottbus gelegen, hatten sich im April 1974 zirka 100 Bürger

---

deutschland aufgenommen hat bzw. illegal Nachrichten über den Hopfenbau der DDR in das kapitalistische Ausland vermittelt hat." In: BStU MfS Ast. Gera 948/62, Teil 1, Bl. 134.

[8] Vgl. Abschlußbericht, 14. Juni 1962, in: BStU MfS Ast. Gera 948/62, Teil 1, Bl. 136, 137.

[9] Auskunftsbericht, 23. Juni 1967, in: ebenda, Bl. 138, 143.

[10] Eröffnungsbericht zum Anlegen des Operativ-Vorganges „Umsiedler", 12. Oktober 1964, in: BStU MfS Ast. Karl-Marx-Stadt XVII 329/64, Bl. 6, 14, 15.

[11] Vgl. die Akte: Gruppenvorgang „Umsiedler", in: ebenda, Bl. 6–240.

[12] Vgl. § 19 StEG der DDR bei Nichtanerkennung der Oder-Neiße-Grenze: Wertung als „Staatsgefährdende Propaganda und Hetze"; vgl. auch Schlußbericht, 3. Dezember 1965, in: BStU MfS Ast. Karl-Marx-Stadt XVII 329/64, Bl. 240.

in einer öffentlichen Gaststätte getroffen, die als Vertriebene aus dem schlesischen Schlaube/Kreis Guhrau (Góra/Polen) stammten. Ein weiteres Treffen war für April 1975 mit zirka 200 Teilnehmern geplant und in Vorbereitung. Die MfS-Bezirksverwaltung Cottbus erhielt im Vorfeld Kenntnis davon und verhinderte das Vertriebenentreffen. Hier reichte die „Vorladung" der ausgemachten Organisatoren bei der Staatssicherheit aus. Im MfS-Protokoll hieß es dazu relativ harmlos: „Eine politische Zielstellung des Treffens konnte nicht festgestellt werden."[13] „Nach bisherigen Überprüfungen gab es keine Konzeption für ein antisozialistisches Auftreten. [...] Nach Aussagen der befragten Personen sollte das durchgeführte Treffen den ‚Heimatgedanken' fördern. Die Mitorganisatoren des geplanten Treffens zeigten sich bei den geführten Aussprachen einsichtig und nahmen von weiteren Aktivitäten Abstand."[14]

Am 1. Juni 1975 versammelten sich in einem öffentlichem Lokal in Forst – einer Kleinstadt direkt an der polnischen Grenze – mehr als 50 ehemalige Vertriebene aus der Stadt Triebel (Trzepiel/Polen). Forst und Triebel trennten keine 15 Kilometer. Der MfS-Kreisdienststelle Forst, auch Bezirk Cottbus, war dieses Vertriebenentreffen erst Mitte Juli 1975 über öffentliches Gerede bekannt geworden.[15] Die Staatssicherheit hielt fest: „Die Gesprächsthemen [des Treffens] bezogen sich auf die Vergangenheit, indem man Gedanken, Erinnerungen und Erlebnisse austauschte. [...] Über das Leben in der DDR wurden [...] Äußerungen bekannt, [...] daß jeder Bürger in der DDR gut leben kann, wenn er es sich entsprechend einrichtet."[16] Ziel der organisierten Zusammenkunft der „Umsiedler" sei es gewesen, „mit ehemaligen Trieblern einen [...] Gedankenaustausch durchzuführen und das Gefühl der heimatlichen Verbundenheit [...] zu fördern".[17] Für 1976 war das nächste „Umsiedlertreffen" in Weißwasser, einem Ort südöstlich von Cottbus, vereinbart worden. Die Staatssicherheit schien gegen dieses „Umsiedlertreffen" nicht vorgegangen zu sein.

Der Geheimdienst befand es wichtig, auch hier festzuhalten, daß „kein BRD-Bürger am Treffen teilgenommen hatte", daß die zusammengekommenen „Umsiedler" überwiegend bereits im Rentenalter waren, und daß diese „der sozialistischen Entwicklung loyal" gegenüberstanden. Zudem hätten die vom MfS angesprochenen Personen dieser Zusammenkunft sich deutlich distanziert von „Revanchistenorganisationen und Heimatverbänden, die jährlich in der BRD" ihre Treffen abhielten.[18]

Den Organisatoren und Teilnehmern der überlieferten Vertriebenenzusammenkünfte 1974 und 1975 im Bezirk Cottbus war klar, daß ihre Treffen unter Verbot standen. Da beide Treffen „ehemaliger Umsiedler" in öffentlichen Gaststätten stattfanden, wurden sie getarnt polizeilich angemeldet. Das Treffen der ehemaligen Bürger aus dem schlesischen Schlaube wurde als „Klassentreffen" deklariert und die Zusammenkunft der ehemaligen Einwohner von Triebel als „Ausflug der Volkssolidarität".[19]

---

[13] Informationen zu einem Treffen ehemaliger schlesischer Bürger, 30. April 1975, in: BStU MfS Ast. Cottbus AKG 4891, Bl. 41.
[14] Informationen über das geplante „Heimattreffen" am 26. April 1975, in: BStU MfS Ast. Cottbus AKG 3888, Bl. 289, 292.
[15] Vgl. Ein Treffen ehemaliger Bürger aus Triebel, jetzt VR Polen, 14. Juli 1975, in: BStU MfS Ast. Cottbus AKG 4907, Bl. 105–107.
[16] Ebenda, Bl. 106.
[17] Ebenda.
[18] Ebenda.
[19] Vgl. ebenda, Bl. 105; Informationen über das geplante „Heimattreffen" am 26. April 1975, in: BStU MfS Ast. Cottbus AKG 3888, Bl. 290.

Es ist zu vermuten, daß die SED-Parteiorgane und der Staatssicherheitsdienst ab den 1970er Jahren gegen kleinere „Umsiedlertreffen" wenig oder nichts unternahmen, die Teilnehmer unbehelligt blieben, wenn diese bereits älter waren, keine Besucher aus der Bundesrepublik bei den Veranstaltungen anwesend waren, und wenn es auf den Treffen zu keinen negativen Äußerungen über den Staat, die SED und den Vertreibungsvorgang kam.

Die MfS-Bezirksverwaltung Karl-Marx-Stadt sammelte zwischen 1972 und 1975 Unterlagen über Vertriebene – und zwar Bessarabiendeutsche –, die in verschiedenen Orten der DDR ansässig geworden waren. Ins Blickfeld der Staatssicherheit gerieten sie, weil sie untereinander einen starken Zusammenhalt lebten, egal ob sie in Mecklenburg oder in Thüringen ihre neue Heimat gefunden hatten. Verdächtiger aber waren dem MfS die intensiven Kontakte, die die ehemals Bessarabiendeutschen in der DDR zu ihren Landsleuten in der Bundesrepublik pflegten. Erinnert sei, daß sich im Gefolge der Kriegs- und Nachkriegsereignisse der größere Teil der Deutschen aus Bessarabien in den Westzonen, insbesondere in dem baden-württembergischen Raum um Stuttgart, ansiedelte, und nur eine kleine Gruppe in der SBZ, insbesondere in Mecklenburg und in Sachsen, ansässig wurde. Von den in die SBZ/DDR angesiedelten Bessarabiendeutschen sollen 1952 viele die DDR in Richtung Bundesrepublik verlassen haben. Aber es gab auch Nachkriegswanderungen von West nach Ost, insbesondere wenn sich getrennte Familien wieder zusammenfanden. Die Verbindungen, die die ehemals aus Bessarabien stammenden Deutschen innerhalb der DDR und in die Bundesrepublik über Jahrzehnte hinweg pflegten, waren verwandtschaftlich begründet.[20]

Die Bezirksverwaltung der Staatssicherheit von Karl-Marx-Stadt führte zwischen August 1972 und Juni 1975 einen Operativvorgang[21] „Leder", der die Beobachtung und aktenmäßige Erfassung von zirka 15 in der DDR lebenden ehemaligen Bessarabiendeutschen aus der Gegend um Waren, aus Neustrelitz, Berlin, Leipzig, Freiberg und Hohenstein-Ernstthal beinhaltete.[22] Im Laufe der MfS-Bearbeitung dieser 15 „Umsiedler" gerieten vier von ihnen wegen „ungesetzlichem Sammeln und Weiterleiten von Nachrichten" nach Paragraph 97 Strafgesetzbuch (StGB) der DDR unter Hochverratsverdacht. Diese vier pflegten intensive Besuchs- und Briefkontakte zu Verwandten und „Landsleuten" in der Bundesrepublik, die in der Landsmannschaft der Bessarabiendeutschen organisiert waren. Zudem hatten sie mit ihren Familien, aber unabhängig voneinander, 1969, 1970 und 1971 Urlaubsreisen in die Sowjetunion – in ihre alte Heimat in das Gebiet um Odessa – unternommen, Reiseberichte verfaßt und diese zu ihren Verwandten in die Bundesrepublik gesandt. Diese Berichte erschienen dann in den „Heimatblättern der Bessarabiendeutschen Landsmannschaft" in der Bundesrepublik.[23] Die privaten Urlaubsreisen der vier bessarabiendeutschen Familien aus der DDR in ihre frühere Heimat – das Gebiet Bessarabien lag nun in der Moldauischen bzw.

---

[20] Vgl. Ute Schmidt, Die Deutschen aus Bessarabien, S. 506–535.
[21] „Operativvorgang" war eine aktive Erfassung des MfS von Personen auf der Grundlage eines registrierten Vorgangs.
[22] Vgl. Analyse der Verbindungen von Verdächtigen im Operativvorgang „Leder", 22. August 1972, in: BStU MfS Ast. Chemnitz, AOP 2581/75, Bd. 1, Bl. 74–84.
[23] Vgl. Zwischenbericht zum OV „Leder", 23. Mai 1974, in: BStU MfS ASt. Chemnitz, AOP 2581/75, Bd. 1, Bl. 232–238; Abschlußbericht zum OV „Leder", 9. September 1975, in: ebenda, Bl. 332–353. Während der MfS-Ermittlungen gerieten weitere 104 Bessarabiendeutsche aus der DDR und 21 aus der Bundesrepublik in den geheimdienstlichen Ermittlungskreis. Vgl. Zwischenbericht zum OV „Leder", 23. Mai 1974, in: BStU MfS Ast. Chemnitz AOP 2581/75, Bd. 1, Bl. 232–238.

Ukrainischen SSR – stand durchweg unter Kontrolle der sowjetischen Sicherheitsorgane. Hier arbeiteten die DDR und der sowjetische Geheimdienst eng zusammen.[24]

Die Staatssicherheitsfunktionäre beschrieben die über zwei bis drei Jahre geheimdienstlich kontrollierten „ehemaligen Umsiedler aus Bessarabien" und nun langjährigen DDR-Bürger allgemein als „politisch nicht engagiert", die „am [...] gesellschaftlichen Leben keinen Anteil nehmen und zur Entwicklung der DDR und der Sowjetunion eine ablehnende Haltung einnehmen".[25] Sie unterstellten ihnen eine frühere „faschistische Überzeugung und NS-Anhängerschaft" und beschrieben sie als „übertrieben heimatverbunden". Positiv bescheinigten sie den „Umsiedlern" ihre hohe Arbeitsmoral und ihr Engagement im Beruf.

1973 und 1974 diskutierte der Staatssicherheitsdienst intern über die Rolle der Landsmannschaft der Bessarabiendeutschen in der Bundesrepublik. „Das Oberste Gericht der DDR hat [...] bisher nicht entschieden, ob die dem ‚Bund der Vertriebenen' angehörende Landsmannschaft ‚Deutsche aus Bessarabien' eine staatsfeindliche Organisation [...] ist" – so eine MfS-Aktennotiz aus Berlin vom 31. Oktober 1973.[26]

Der Staatssicherheitsminister Erich Mielke hatte Anfang 1974 der Hauptverwaltung Aufklärung (HV A) die Zuständigkeit für die „Aufklärung und Bearbeitung der Revanchistenorganisation Landsmannschaft der Deutschen aus Bessarabien" übertragen,[27] die zuvor, wie bereits angemerkt, bei der MfS-Hauptabteilung XX lag. Die zuständigen Mitarbeiter der HV A verwiesen im März 1974 bezüglich des „Operativvorgangs" gegen die besagten Bessarabiendeutschen, daß sie über keinerlei Materialien und Informationen verfügten, die die „Feindtätigkeit der Landsmannschaft der Deutschen aus Bessarabien" nachweisen könnten. Alle Kenntnisse über die Landsmannschaft basierten bisher auf der Auswertung offizieller Dokumente, über eine „agenturische Basis", d. h. über Spitzel in der Landsmannschaft, verfügte die HV A nach eigenen Angaben zur Zeit nicht. „Die Abteilung HV A/II sei deshalb nicht in der Lage, [...] Gutachten zum staatsfeindlichen Charakter solcher Organisationen zu erarbeiten. [...] Die vorgefundenen Informationen ergeben lediglich Aufschluß über die Struktur der genannten Landsmannschaft [...] und enthalten Angaben über führende Mitarbeiter [...]"[28]

Daraufhin stellte die Karl-Marx-Städter MfS-Bezirksverwaltung im Dezember 1975 den „Operativvorgang Leder" ein, da der Tatbestand des Hochverrats gegen die „ehemaligen Umsiedler" aus Bessarabien nicht nachzuweisen war.[29] Die vier Bessarabiendeutschen mit Kontakten in die Bundesrepublik waren vor die MfS-Bezirksverwaltung vorgeladen und verhört worden.[30] Die Ergebnisse der Verhöre faßte die Staatssicherheit zusammen: „Im

---

[24] Vgl. Abschlußbericht zum OV „Leder", 9. September 1975, in: BStU MfS Ast. Chemnitz AOP 2581/75, Bd. 1, Bl. 332–339.

[25] Analyse der Verbindungen von Verdächtigen im Operativvorgang „Leder", 22. August 1972, in: BStU MfS ASt Chemnitz AOP 2581/75, Bd. 1, Bl. 75, 78, 80, 82.

[26] MfS Berlin an die Bezirksverwaltung Karl-Marx-Stadt, in: BStU MfS Ast. Chemnitz AOP 2581/75, Bd. 5, Bl. 203.

[27] Vgl. Bericht über die geführten Absprachen mit der HA XX und der HV A zur Landsmannschaft der Deutschen aus Bessarabien, 22. März 1974, in: BStU MfS Ast. Chemnitz AOP 2581/75, Bd. 5, Bl. 217.

[28] Ebenda, Bl. 218.

[29] Vgl. Beschluß: Einstellen eines OV, 11. Dezember 1975, in: BStU MfS Ast. Chemnitz AOP 2581/75, Bd. 1, Bl. 354, 355.

[30] Vgl. Befragungsprotokoll, 19. Juni 1975, in: BStU MfS Ast. Chemnitz AOP 2581/75, Bd. 5, Bl. 374–386.

Zuge der operativen Bearbeitung konnte nicht der Beweis erbracht werden, daß [die Beschuldigten ... *Namen von der BStU geschwärzt*] mit ihren Handlungen die Landsmannschaft in ihrer feindlichen Zielstellung unterstützen wollten."[31] Der Fall wurde zu den Akten gelegt, wenn auch davon auszugehen ist, daß die namentlich bekannten „Umsiedler" im Blickfeld des MfS blieben.

Im September 1981 machte die MfS-Kreisdienststelle Stollberg/Bezirk Karl-Marx-Stadt einen weiteren Operativvorgang mit dem bezeichnenden Namen „Ratte" aktenkundig, der sich gegen eine damals 61jährige Rentnerin aus Oelsnitz/Erzgebirge richtete, die als „ehemalige Umsiedlerin" aus dem schlesischen Winzig (Wińsko/Polen) stammte. Über „IM-Berichte" war dem Staatssicherheitsdienst zugetragen worden, daß diese Frau 1975, 1977 und 1981 an den Schlesiertreffen in der Bundesrepublik teilgenommen haben sollte, daß sie Adressenmaterial über weitere Schlesier in der DDR sammelte und in die Bundesrepublik weiterleitete. Außerdem hätte sie 1973 und 1974 Reisen in ihre alte Heimatstadt in der VR Polen unternommen, Reiseberichte darüber verfaßt und ebenfalls in die Bundesrepublik gesandt. Nach fast dreijähriger geheimpolizeilicher Ermittlungsarbeit stellten sich diese Anschuldigungen als Verleumdungen heraus.[32]

Ähnlich gelagerte Einzelfälle fanden sich in den 1970er und 1980er Jahren immer wieder in den MfS-Unterlagen.[33]

2. Diskussion um Flucht und „Umsiedlung" in Gesellschaft und Geschichtswissenschaft

Im Laufe der 1960er Jahre war eine weitgehende soziale und wirtschaftliche Eingliederung der Flüchtlinge und „Umsiedler" in die DDR-Gesellschaft erfolgt. Dazu hatten verschiedene Faktoren beigetragen. Zum einen bewirkte die Unterdrückung der Kommunikations- und Selbstorganisationsbestrebungen unter den „Umsiedlern", daß sich diese stärker in die Nachkriegs- und Aufbaugesellschaft der DDR einpaßten. Das staatliche Verbot der Pflege eines eigenen landsmannschaftlichen Gruppenbewußtseins trug mit dazu bei. Sozioökonomische Integrations- und Aufstiegschancen besaß zum zweiten vor allem die jüngere Vertriebenengeneration. Auch machte das Wegsterben der besonders hart getroffenen älteren Vertriebenen und die soziale Annäherung der jüngeren Altersgruppen der Vertriebenen und der Einheimischen eine Vermischung von „Umsiedlern" und alteingesessener Mehrheitsbevölkerung leichter möglich. Und zum dritten trat mit dem größer werdenden zeitlichen Abstand zum Vertreibungsgeschehen und Heimatverlust ein Verdrängen- und Vergessenwollen bei den „Umsiedlern" ein, welches den Integrationsprozeß der „ehemaligen Umsiedler" in die DDR-Aufnahmegesellschaft ermöglichte. Mitte der 1960er Jahre war unter den Vertriebenen in der DDR weder der Status noch das Bewußtsein einer Sondergruppe zu erkennen.[34]

---

[31] Abschlußbericht zum OV „Leder", 9. September 1975, in: BStU MfS Ast. Chemnitz AOP 2581/75, Bd. 1, Bl. 342.
[32] Vgl. Eröffnungsbericht zum Operativ-Vorgang „Ratte", 22. September 1981; Abschlußbericht, 19. März 1984, in: BStU MfS HA XXII 1017, Bl. 223, 224, 228–232.
[33] Vgl. das Beispiel MfS-Bezirksverwaltung Schwerin: Rechercheauftrag zum „Arbeitskreis Schönbrunn"/ČSSR, Dezember 1986 bis Juli 1989, in: BStU MfS Ast. Schwerin AOPK 606/89, Bl. 3–249.
[34] Vgl. Christoph Kleßmann, Die doppelte Staatsgründung, S. 276f.; Michael Schwartz, Kriegsfolgelasten und „Aufbaugesellschaft", S. 187ff.

Immer mal wieder drang die Problematik von Flucht, Vertreibung und Heimatverlust in die kontrollierte Öffentlichkeit der DDR-Gesellschaft. Aber die Vertriebenen- bzw. „Umsiedler"-Frage war und blieb ein gesellschaftliches Randthema. Die repressive polizeistaatliche Grundhaltung der SED-Führung gegenüber den „ehemaligen Umsiedlern" war erfolgreich, jedoch nie völlig durchzusetzen.

Mit Unmut und Bestürzung nahm das SED-Politbüro 1965 das Ergebnis einer Umfrage ihres Instituts für Meinungsforschung über ein „Problem der nationalen Politik in beiden deutschen Staaten" zu Kenntnis.[35] Auf die Frage, repräsentativ an ausgewählte Bürger gestellt, „Halten Sie die jetzigen Grenzen Deutschlands für endgültig, oder sind Sie der Meinung, daß die Grenzen von 1937 wieder hergestellt werden sollten?", hatte rund ein knappes Drittel der Befragten tatsächlich erklärt: „Ich bin der Meinung, daß die Grenzen von 1937 wieder hergestellt werden sollten."[36]

Die DDR-Soziologen informierten das SED-Politbüro und hoben heraus: Die Umfrageergebnisse „sind u. E. ein ernstes Signal, besonders wenn man bedenkt, daß nur zwei Drittel aller befragten Arbeiter oder nur 61 Prozent der bäuerlichen Bevölkerung die jetzigen Grenzen für endgültig halten."[37] Zudem verglichen sie ihr Umfrageergebnis mit dem einer Studie aus der Bundesrepublik. Das Allensbacher Institut für Demoskopie hatte zu diesem Thema im Juni 1965 Befragungsergebnisse veröffentlicht. Danach meinten 46 Prozent der Westdeutschen, daß die ehemaligen deutschen Ostgebiete nicht wieder „deutsch werden würden", im Jahr 1953 waren es 27 Prozent gewesen.[38] Die DDR-Umfrageergebnisse wurden nie öffentlich bekannt.[39] So groß schienen die Unterschiede zwischen Ost- und Westdeutschland Mitte der 1960er Jahre nicht (mehr) zu sein, wenn in der DDR rund zwei Drittel und in der Bundesrepublik knapp die Hälfte der Befragten die deutschen Nachkriegsgrenzen für unabänderlich hielten. Aber positiv hervorzuheben war dieses Resultat für die SED-Führung selbstverständlich nicht.

Mitte der 1970er Jahre veröffentlichte der SED-Funktionär Erich Hanke seine Lebenserinnerungen,[40] die, wie die meisten Publikationen dieser Art, wohl keinen großen Leserkreis in der DDR fanden. Der Kommunist Hanke gehörte zu den „Umsiedlerfunktionären der ersten Stunde" und zu den wenigen Funktionären der „Deutschen Zentralverwaltung für Umsiedler" in der Sowjetischen Besatzungszone, die über die Tätigkeit auf diesem Politikfeld berichteten und publizierten.[41] Erich Hanke war von September 1945 bis April 1946 in der ZVU für Personalpolitik zuständig gewesen sowie Leiter der Abteilung Wirtschaft und Lagerkontrolle.[42]

---

[35] Umfragebericht vom 20. Juli 1965, in: Heinz Niemann, Meinungsforschung in der DDR, S. 77.
[36] Ebenda, S. 29.
[37] Ebenda, S. 30.
Von der Gruppe der „Angehörigen der Intelligenz" hielten immerhin 85 Prozent die Grenzen Deutschlands für endgültig. Vgl. ebenda.
[38] Vgl. ebenda.
[39] Vgl. Heinz Niemann, Meinungsforschung in der DDR. Die geheimen Berichte des Instituts für Meinungsforschung an das Politbüro der SED, Köln 1993.
[40] Vgl. Erich Hanke, Im Strom der Zeit, Berlin (Ost) 1976.
[41] Auch systemkonforme Erinnerungen in der Vertriebenenfrage waren in der DDR nicht wirklich erwünscht, ab den 1970er Jahren aber möglich. Vgl. Michael Schwartz, Vertriebene und „Umsiedlerpolitik", S. 66, 81.
[42] Vgl. Erich Hanke, Im Strom der Zeit, S. 47.
Erich Hanke (*1911), Maurer, seit 1930 KPD, ab 1933 illegale politische Arbeit, 1936–1945 inhaftiert, 1945 ZVU, 1946/47 Abteilung Kader im SED-PV, Studium an der PHS, ab 1949 Direktor der ABF

Auch im Rückblick von 30 Jahren auf das Ereignis von Flucht und Vertreibung und auf sein Wirken in der „Umsiedler"-Zentralverwaltung lieferte Hanke eine SED-linientreue, geglättete Erinnerung und Wertung der damaligen „Umsiedlerpolitik", an der es auch 1976 in der DDR politisch nichts auszusetzen gab. Erich Hanke entsann sich mit folgenden Worten an seinen Arbeitsauftrag, den er von seinem „Kaderchef" Franz Dahlem Ende September 1945 erhalten hatte: „Die Beschlüsse der Antihitlerkoalition über die Aussiedlung sind [...] unabänderlich. Deshalb müssen wir alles tun, die Umsiedlung unter menschenwürdigen Bedingungen, geringsten Opfern [...] durchzuführen. Wir müssen den Umsiedlern Arbeit, Wohnraum und Lebensmöglichkeiten als vollberechtigte Bürger verschaffen. [...] Wir dürfen den Menschen keine Hoffnungen auf Rückkehr in die frühere Heimat machen und [müssen ...] den Menschen erklären, daß die Umsiedlung eine Folge des faschistischen Raubkrieges ist."[43]

Für den SED-Umsiedler-Experten Hanke hatte es keine Probleme, Schwierigkeiten oder Auseinandersetzungen in der „Umsiedlerpolitik" gegeben. Auch Mitte der 1970er Jahre äußerte er keine Worte der Betroffenheit für die geflüchteten und vertriebenen Deutschen; es gab bei ihm nicht den Ansatz einer differenzierteren Betrachtung von Flucht und Vertreibung der Deutschen und von Gebietsverluste für das Nachkriegsdeutschland. Auch die damals übliche Antwort auf die verzweifelte Frage der Flüchtlinge und Vertriebenen – „Warum müssen ausgerechnet wir so viel Elend erdulden, wir haben unsere Heimat [...] verlassen müssen, [...] uns ist nichts verblieben" – wurde unverändert lakonisch wiederholt, wenn Hanke schrieb: „Es war damals sehr schwer, denen, die so fragten, die historisch richtige Antwort verständlich zu machen." Und für den SED-Funktionär lautete die „historisch richtige Antwort" auch 1976: „Die Faschisten haben in den Ländern, aus denen die Umsiedler kommen, eine Politik der Ausrottung [...] der Völker betrieben. [...] Dabei konnten sich die Faschisten auf die meisten der dort ansässigen Deutschen stützen. [...] Diese Schuld ist nicht wieder gut zu machen [...] Für das [...] traurige Los [der Umsiedler] tragen die faschistischen Führer und die Deutschen, die diese Politik unterstützten, die volle Verantwortung."[44]

Diese Erklärung des SED-Umsiedlerexperten Erich Hanke Mitte der 1970er Jahre war und blieb bis zum Ende der DDR die letztlich vergangenheitspolitische Grundlage der Vertriebenen-Assimilationspolitik der SED.[45]

Diese Art des Umgangs mit dem Vertreibungsthema in der DDR spiegelte sich auch in den ersten publizierten Studien historischer Aufarbeitung wider. Als eher beiläufiges Thema in der DDR-Geschichtswissenschaft tauchte die „Umsiedlerproblematik" 1971 auf.[46] An

---

Berlin, dann Parteihochschule Berlin, dann Professor an der HfÖ Berlin. Vgl. Wer war wer in der DDR?, S. 311f.

[43] Erich Hanke, Im Strom der Zeit, S. 46, 47.
[44] Alle Zitate ebenda, S. 47, 63, 64.
[45] Vgl. Michael Schwartz, Vertriebene und „Umsiedlerpolitik", S. 269f.
[46] Michael Schwartz behauptet, daß eine Rede Ulbrichts in Rostock vom Juli 1970 über die erfolgreiche DDR-Umsiedlerpolitik den Anlaß für das Aufkommen des Umsiedler-Themas in der Geschichtswissenschaft bzw. für Krellenbergs Dissertation bildete. Das ist wenig glaubhaft. Krellenberg beendete 1970 seine Dissertation, er dürfte mindestens seit 1968 an diesem Thema gearbeitet haben. Vgl. Michael Schwartz, Vertriebene im doppelten Deutschland, S. 138.
Bereits 1966 entstand eine Abschlußarbeit an der Juristischen Hochschule Potsdam des MfS mit dem Titel: „Die Politik der SED zur Einbeziehung der Umsiedler in den antifaschistisch-demokratischen Neuaufbau im Osten Deutschlands in den Jahren 1945–1949", von Dieter Tannhäuser. Die Arbeit wurde nicht veröffentlicht. Vgl. in: BStU MfS JHS MF 549.

der Universität Rostock entstand als Qualifizierungsschrift eine Dissertation mit dem Titel „Die Eingliederung der Umsiedler in das gesellschaftliche und politische Leben in Mecklenburg 1945–1949 – dargestellt an den Kreisen Parchim und Malchin, Rostock 1971".[47] Es folgten weitere Arbeiten wie 1979 von Manfred Wille über die „Zusammenarbeit deutscher Antifaschisten mit der SMAD in Umsiedlerfragen"[48] sowie mehrere Studien in den 1980er Jahren. Die Forschungen zum „Umsiedlerthema" konzentrierten sich um den Historiker Manfred Wille an der Pädagogischen Hochschule in Magdeburg und den Berliner Historiker Wolfgang Meinicke an der Humboldt-Universität. Insbesondere Manfred Wille[49] tat sich in der Vertriebenenforschung in der DDR hervor. Unter seiner wissenschaftlichen Leitung entstanden mehrere Dissertationen, die dem Thema „Umsiedler in der SBZ/DDR"[50] wieder zu einiger Aktualität verhalfen. Das zeigte sich auch an den abgedruckten Artikeln zur Thematik in der zentralen geschichtswissenschaftlichen Monatszeitschrift der DDR 1987 und 1988.[51]

Es ist davon auszugehen, daß die Bearbeitung des Themas „Umsiedler" Anfang der 1970er Jahre und dann in den 1980er Jahren von der SED-Führung gewünscht war.[52] Die vorsichtige Enttabuisierung der Flucht- und Vertreibungsproblematik in der DDR-Geschichtswissenschaft war vermutlich keineswegs zufällig[53] und zeigte ein ähnlich wachsendes Verlangen der Erlebnis- und der Nachkriegsgenerationen am Thema ihrer verdrängten und verschwiegenen Nachkriegsvergangenheit, wie sich dies zeitgleich in der bundesdeutschen Gesellschaft und Zeitgeschichte manifestierte.[54]

Obwohl die „Umsiedlerfrage" in der Geschichtswissenschaft in den 1970er und 1980er Jahren thematisiert wurde, änderte sich die eingeübte Interpretation und politische Wertung nicht, auch wenn die „SED-Umsiedlerpolitik" und der Prozeß der „Umsiedlerassimilierung" detaillierter, differenzierter, problem- und konfliktreicher dargestellt wurde. 1988 faßte der Magdeburger Historiker Manfred Wille die „Grundpositionen zum Forschungs-

---

[47] Vgl. Hans-Ulrich Krellenberg, Philosophische Dissertation A, Rostock 1971.
[48] Vgl. Manfred Wille, Die Zusammenarbeit der deutschen Antifaschisten mit der SMAD in der Umsiedlerfrage, speziell in Sachen-Anhalt (1945–1949), in: Jahrbuch Geschichte sozialistischer Länder Europas, Bd. 23/1, Berlin (Ost) 1979.
[49] Manfred Wille (*1934), seit Anfang der 1970er Jahre wissenschaftlicher Mitarbeiter, dann Hochschullehrer für deutsche Zeitgeschichte an der Pädagogischen Hochschule Magdeburg, die 1993 in der Otto-von-Guericke-Universität Magdeburg aufging. Seine Publikationen zur Vertriebenen-Problematik vor und vor allem nach 1990 fanden allgemeine Anerkennung.
[50] Vgl. z. B. Regine Just, Die Lösung der Umsiedlerfrage auf dem Gebiet der DDR, dargestellt am Beispiel des Landes Sachsen (1945 bis 1952), Dissertation A, Magdeburg 1985; Steffi Kaltenborn, Die Lösung der Umsiedlerfrage auf dem Gebiet der DDR, dargestellt am Beispiel des Landes Thüringen 1945 bis 1952, Dissertation A, Magdeburg 1989.
[51] Regine Just, Zur Lösung des Umsiedlerproblems auf dem Gebiet der DDR 1945 bis Anfang der fünfziger Jahre, in: ZfG, 1987, S. 971–984; Wolfgang Meinicke, Zur Integration der Umsiedler in die Gesellschaft 1945–1952, in: ZfG, 1988, S. 867–878.
[52] In der ZK-Abteilung Wissenschaft, die auch über die Forschungsthemen in der Geschichtswissenschaft entschied, fand sich das Thema „Umsiedler" nicht. Vgl. Stand, Probleme und Aufgaben der geschichts-wissenschaftlichen Forschung bei der Erberschließung, Juni 1985, in: SAPMO-BA DY 30 vorl. 42216.
[53] In Kreisen von Historikern, die sich gegenwärtig mit dem Vertreibungsthema in der SBZ/DDR befassen, kursiert das Gerücht, daß Professor Manfred Wille (Magdeburg) in den 1970er Jahren von der SED den Auftrag erhielt, das „Umsiedlerproblem" zu erforschen. Ob dies den Tatsachen entsprach, ist ungeklärt. Professor Wille kann krankheitsbedingt dazu nicht befragt werden.
[54] Vgl. Michael Schwartz, „Vom Umsiedler zum Staatsbürger", S. 163; Thomas Großer, Von der freiwilligen Solidar- zur verordneten Konfliktgemeinschaft, S. 65–85.

2. Diskussion um Flucht und „Umsiedlung" 231

gegenstand – Die Lösung der Umsiedlerfrage in der SBZ/DDR" zusammen, die dem gängigen SED-Standpunkt entsprachen. Er schrieb: Sowohl die Vertreibungen der deutschen Minderheit aus den Ländern Ost- und Südosteuropas als auch der Deutschen aus dem deutschen Territorium östlich der Oder und Neiße seien notwendig gewesen zur „Schaffung einer dauerhaften Friedensordnung in Europa" und zur „teilweisen Wiedergutmachung der an den ost- und südosteuropäischen Völkern verübten faschistischen Verbrechen".[55] Wörtlich führte der Magdeburger Historiker weiter aus: „Die friedenserhaltende, friedenssichernde Funktion der Umsiedlung muß stets das Primat bei der Bewertung, bei der Einschätzung des Gesamtprozesses sowie aller Details des Untersuchungsgegenstandes haben."[56]

Daß die „Umsiedlungen" in „Übereinstimmung mit dem Völkerrecht" erfolgten und verbindlich vereinbart wurden, dafür führte der Historiker die Beschlüsse der Alliierten auf der Potsdamer Konferenz an.[57] Die KPD/SED hätte die „Flüchtlings- und Umsiedlerfrage" 1945/46 in der SBZ als „drängendstes und kompliziertes Problem" gesehen, die „Umsiedlungen" aber auch als „unumkehrbare Realität" anerkannt.[58] Auch Manfred Wille wiederholte 1988 die alte, über drei Jahrzehnte gültige SED-Sichtweise von der durchweg erfolgreichen und Anfang der 1950er Jahre abgeschlossenen „Umsiedler"-Integration in die DDR-Gesellschaft.[59] Diese letzte Aussage wurde vorsichtig eingeschränkt durch andere SED-Historiker, die erklärten, daß erst „im Verlaufe der folgenden Jahre [sich] allmählich […] eine vollständige Verschmelzung der Umsiedler mit der übrigen Bevölkerung" in der DDR vollzog.[60]

Der positiven SED-„Umsiedlerpolitik" stellte der DDR-Historiker Wille in bekannter, vereinfachter Lesart die Vertriebenenpolitik der Bundesrepublik gegenüber: Er behauptete: In den Westzonen wurde das Leid der Umsiedler für die „imperialistischen Macht- und Herrschaftsverhältnisse" ausgenutzt. Die „westdeutsche Ablehnung der durch den zweiten Weltkrieg geschaffenen territorialen und politischen Realitäten", so unverdrossen wörtlich weiter, „und in Verfolgung revanchistischer […] Ziele wurde bei […] den Umsiedlern die Illusion der Rückkehr in die alte Heimat wachgehalten. Durch die Führer der Landsmannschaften, die Millionen von Umsiedlern das ‚Recht auf die verlorene Heimat' suggerierten, wurde der landsmannschaftliche Revanchismus zu einer einflußreichen politischen Strömung in der BRD."[61]

---

[55] Manfred Wille, Die Lösung der Umsiedlerfrage auf dem Territorium der DDR, S. 231.
[56] Ebenda.
[57] Vgl. ebenda, S. 232.
[58] Vgl. ebenda.
Der Ost-Berliner Historiker Wolfgang Meinicke sprach einige Probleme der „Umsiedlerintegration" deutlicher an, wie z.B.: „Die Akzeptanz der neuen Grenze an Oder und Neiße blieb über lange Jahre das Kernproblem der politischen Seite der […] Umsiedlereingliederung"; und: „Außerordentlich starke Spannungen […] entstanden zwischen Altbevölkerung und Umsiedlern […] über die schmal gewordene [Nachkriegs-]Lebensweise […]." Ders., Zur Integration der Umsiedler 1945–1952, S. 869f.
[59] Vgl. Manfred Wille, Die Lösung der Umsiedlerfrage auf dem Territorium der DDR, S. 237.
[60] Regine Just, Zur Lösung des Umsiedlerproblems auf dem Gebiet der DDR, S. 984; vgl. auch bei Wolfgang Meinicke, Zur Integration der Umsiedler in die Gesellschaft, S. 878.
1991 schrieb Meinicke dann deutlicher: „Von einer wirklichen Integration kann bis in die erste Hälfte der fünfziger Jahre nicht ausgegangen werden, dazu bedurfte es eines längeren Zeitraums, indem sich nach und nach Angleichung zwischen Altbevölkerung und Vertriebenen vollzog. Vgl. Ders., Flüchtlinge und Vertriebene in der SBZ, S. 53.
[61] Ebenda, S. 233.

Die stereotypen SED-Thesen über die DDR-Umsiedlerintegration und die Vertriebenenpolitik der Bundesrepublik hatten sich jahrzehntelang nicht geändert, auch nicht in der Aufarbeitung durch die DDR-Geschichtswissenschaft.

3. „Umsiedlerfrage" in Literatur und Kunst

Aus politischer Rücksichtnahme auf die sozialistische Führungsmacht Sowjetunion und die osteuropäischen „Bruderstaaten" wurde von der SED-Führung das gewaltsame Geschehen von Flucht, Vertreibung und Heimatverlust heruntergespielt und die menschliche Tragödie der Betroffenen in der öffentlichen Darstellung nachträglich entdramatisiert oder verschwiegen und verleugnet.[62] Nur bedingt gelang dies allerdings im Bereich der Kultur und Kunst. Insbesondere in der Literatur tauchte die Thematik – unabhängig davon, daß sie aus dem öffentlichen politischen Leben seit 1952/53 verbannt war – punktuell immer wieder auf.[63] In Prosa und Lyrik, in Theaterstücken oder in Filmen wurde das Flucht-, Vertreibungs- und Eingliederungserleben der „Umsiedler" künstlerisch versucht zu verarbeiten, was nur teilweise gelang.[64] Trotz der wirksamen Tabuisierungs- und Unterdrückungsmaßnahmen durch den Staat und die SED thematisierten Schriftsteller, in gewissen Grenzen, immer wieder den dramatischen und Opfer fordernden Verlauf der Flucht und Vertreibung, den Schmerz über den Verlust der Heimat sowie in Einzelschicksalen das Nicht-Ankommen in der neuen Heimat oder die Schwierigkeiten und Auseinandersetzungen im alltäglichen Leben zwischen der alteingesessenen Bevölkerung und den „Umsiedlern".[65]

In den 1950er Jahren waren die Abläufe von Flucht und Vertreibung und die Erfahrung von Heimatverlust in der DDR-Literatur noch sehr gegenwärtig.[66] Auch wenn es keine dezidierte „Vertreibungsliteratur" gab[67] – also Literatur, die das Flucht-, Vertreibungs- und Leidenserleben als existentiellen Bruch im Leben eines Menschen in den Mittelpunkt einer literarischen Darstellung rückte –, so erschienen dennoch Erzählungen und Romane, die die Schrecken der Flucht und Vertreibung, den Verlust der Heimat und die Integrationsschwierigkeiten in die neue Gesellschaft thematisierten. Unterhaltungsromane dieser Art waren „Treibgut" von Annemarie Reinhard 1949, „Das Tor der Hoffnung" von Kurt Türke aus dem Jahr 1950, Gustel Langensteins „Aus der Mauerstraße an die Warnow", auch 1950 erschienen, von Benno Voelkner, „Die Tage werden heller", aus dem Jahr 1952, Erwin Strittmatters Roman „Tinko", erschienen 1954 und Werner Steinbergs, „Als die Uhren stehen blieben", 1957 erschienen.[68] In allen diesen Romanen war das Flucht-, Ver-

---

[62] Vgl. Ute Schmidt, Flüchtlingsmilieus in der SBZ/DDR, S. 4f.
[63] Vgl. Michael Schwartz, Tabu und Erinnerung, S. 85–101; Christel Berger, „Das Heimweh versteck ich hinter den Wimpern". Wie „Umsiedler" die DDR-Literatur besiedelten, in: Neues Deutschland, Berlin (Ost), 21./22. Februar 2004, S. 20.
[64] Vgl. Louis F. Helbig, Gemeinsamkeiten und Unterschiede in der Darstellung von Flucht, Vertreibung und Eingliederung in der Literatur Deutschlands, S. 69–88.
[65] An ausgewählten einzelnen Beispielen soll die Thematisierung von Flucht, Vertreibung und Eingliederung in der Literatur dargestellt, aber keinesfalls ein Gesamt-Überblick über die DDR-„Umsiedler"-Literatur gegeben werden.
[66] Vgl. Carola Hähnel-Mesnard, Narrative der Flucht, S. 121–143.
[67] Vgl. generell: Sacha Feuchert (Hrsg.), Flucht und Vertreibung in der deutschen Literatur, Frankfurt a. M. 2001.
[68] Vgl. Carola Hähnel-Mesnard, Narrative der Flucht, S. 121ff.; Louis F. Helbig, Gemeinsamkeiten und Unterschiede in der Darstellung von Flucht, Vertreibung und Eingliederung in der Literatur Deutsch-

treibungs- und Integrationsproblem ein Randthema. Aber die Rede von der „alten Heimat" wird nicht tabuisiert, die Nennung konkreter Ortsnamen ließ die Herkunft der Flüchtlinge erkennen. Das Festhalten an Rückkehrhoffnungen wird ebenso wie beginnende Integrationsprozesse dargestellt. Das persönliche Leid der Flucht wird nicht herabgemindert oder zugunsten idealisierter Integrationsvorstellungen verschwiegen.[69]

1950/53 schrieb und veröffentlichte Anna Seghers die Kurzgeschichte „Die Umsiedlerin".[70] Die nur siebenseitige Geschichte war deshalb interessant, da eine Altkommunistin, namhafte Exilautorin und anerkannte Schriftstellerin das „Umsiedlerthema" zentral in der Erzählung behandelte, zu einem Zeitpunkt, als es – SED-gewollt – aus der Öffentlichkeit verschwinden sollte. Die Kurzerzählung beginnt mit dem Satz: „Eine Frau namens Anna Nieth, die Ende des Krieges beim Einzug der Polen aus ihrer Provinz mit vielen Schicksalsgefährten nach Westen gezogen und schließlich in dem kleinen Dorf Lossen hängengeblieben war, fühlte sich dort nach drei Jahren noch ebenso schlecht wie am ersten Tag."[71] Dieser erste Satz zeigt eine Art DDR-typischen Umgangs mit dem Thema: Woher kamen Anna Nieth und ihre sogenannten Schicksalsgefährten – aus dem deutschen Osten (Schlesien, Ostpreußen, Pommern), aus Polen? Wer zog – Polen oder die Rote Armee? – und warum wohin ein? Seghers problematisierte in ihrer Erzählung das gespannte Verhältnis zwischen der Altbevölkerung und den Flüchtlingen und Vertriebenen sowie die auch drei Jahre nach der Ankunft nicht in Ansätzen erfolgte Integration der „Umsiedler", weiteres wird hier verschwiegen.

Schaut man ausschließlich auf die Erzählung „Die Umsiedlerin" könnte schnell die Meinung entstehen, die Seghers habe eine konforme Literatur zur offiziellen SED-„Umsiedlerpolitik" publiziert.[72] Aber der kurze Prosatext gehört zu einem Zyklus von sechs Erzählungen, den „Friedensgeschichten". Sie erschienen alle erstmalig 1950 in der Tagespresse und waren so einem breiten Publikum bekannt geworden.[73] In vier der sechs Kurzerzählungen kommt die Autorin immer wieder auf das „Umsiedler"-Thema zurück. Nimmt man die Sammlung der Geschichten insgesamt ins Blickfeld, so wird deutlich, daß Anna Seghers nicht tabuisiert. Der Verlust der Heimat, die namentliche Nennung der Herkunftsgebiete, die Schilderung der unmenschlichen Bedingungen der Flucht, die negative Ankunftserfahrung und die Jahre andauernde Ausgrenzung der Flüchtlinge durch die Einheimischen werden angesprochen. So hieß es u.a. in der Kurzerzählung „Der Kesselflicker": „Franz Bandusch", der Kesselflicker, [...] „hat außer dem Bein auch seine Heimat verloren. Er besaß vor dem Krieg eine Klempnerei in Schlesien [...]"[74]. Das Grauen der Flucht wird im Text „Das Erntedankfest" knapp aber deutlich angemerkt: „Zerfetzt und verdreckt, mit zerrissenen Schuhen und blutenden Füßen, im Innern von Angst, Verzweiflung und Lügen vergiftet, so daß es ihn juckte und brannte [...], kam Anton Bandusch mit seiner zu Tode erschöpften Frau bei Kriegsende nach dem Dorf Hagewald in Brandenburg."[75]

---

lands, S. 86f.; Romanführer A–Z. 20. Jahrhundert. Der deutsche Roman bis 1949. Romane der DDR, S. 206f., 328ff., 349ff., 413.
[69] Vgl. Carola Hähnel-Mesnard, Narrative der Flucht, S. 121ff.
[70] Vgl. Anna Seghers, Die Umsiedlerin (1950/53), in: Erzählungen 1945–1951, S. 272–278.
[71] Ebenda, S. 272.
[72] Vgl. Elke Mehnert, Ankunft in Deutschland: Vertriebene versus Umsiedler, S. 97f. Ausführlicher zu Seghers Erzählung schon bei Michael Schwartz, Tabu und Erinnerung, S. 88f.
[73] Vgl. Anna Seghers, Friedensgeschichten: „Das Urteil", „Die Umsiedlerin", „Der Traktorist", „Der Kesselflicker", „Der Landvermesser", „Das Erntedankfest", in: Erzählungen 1945–1951, S. 271–292.
[74] Anna Seghers, Der Kesselflicker, in: ebenda, S. 282.
[75] Anna Seghers, Das Erntedankfest, in: ebenda, S. 291.

Anna Seghers zeigte mit ihren „Friedensgeschichten" aus den frühen 1950er Jahren, so auch mit der Erzählung „Die Umsiedlerin", ihr Engagement beim Wiederaufbau der neuen Gesellschaft. Die lange Jahre im Exil lebende Schriftstellerin konnte und wollte wohl kaum die Vertreibungserfahrung der Deutschen aufarbeiten.[76]

Einen politischen Skandal löste 1961 der Dramatiker Heiner Müller mit seinem Stück „Die Umsiedlerin oder Das Leben auf dem Lande" aus.[77] Unter dem Titel des Dramas könnte sich die literarische Verarbeitung eines Vertreibungsschicksals verbergen. Tatsächlich aber stand die Problematik der „sozialistischen Umgestaltung" auf dem Lande, also der Kollektivierung der Landwirtschaft, im Mittelpunkt des Stücks. Außer dem Titel gehörte Heiner Müllers Stück, das zwischen 1956 und 1961 entstand, nicht wirklich zur Literatur, die sich mit der Flucht- und Vertreibungsproblematik auseinandersetzte.[78] Der politische Skandal um „Die Umsiedlerin oder Das Leben auf dem Lande" im Oktober 1961 entzündete sich an der Darstellung, wie auf dem Land die letzten noch verbliebenen Einzelbauern in die Landwirtschaftlichen Produktionsgenossenschaften (LPGs) gezwungen wurden.[79] Die Darstellung der „Umsiedlerproblematik"[80] war nicht der Grund, weshalb die SED-ZK-Funktionäre das Stück als „staatsfeindlich" charakterisierten.[81]

Ein weiterer Schriftsteller, der das Vertreibungsthema in seinem Schaffen verarbeitete, war der Lyriker Johannes Bobrowski. Der in Tilsit/Ostpreußen geborene Bobrowski (1917–1965) stand von 1959 bis zu seinem Tod 1965 unter Beobachtung des MfS.[82] Bobrowski unterhielt während der NS-Zeit Kontakte zur Bekennenden Kirche und zum christlichen Widerstand. Er war bis 1949 in sowjetischer Kriegsgefangenschaft, kehrte dann nach Berlin zurück, trat der CDU bei und arbeitete als Lektor, seit 1959 war er Cheflektor im Union-Verlag.[83]

Bobrowski veröffentlichte seit 1955 Gedichte, in denen er seine tiefe Verbundenheit zur Natur seiner ostpreußischen Heimat zum Ausdruck brachte und das jahrhundertelange Zusammenleben von Deutschen, Litauern, Polen, Russen und jüdischer Bevölkerung im Memelländischen Grenzgebiet aus seiner christlich-humanistischen Sicht heraus schil-

---

[76] Vgl. Carola Hähnel-Mesnard, Narrative der Flucht, S. 121 ff.
[77] In: Heiner Müller, Der Lohndrücker und Die Umsiedlerin oder Das Leben auf dem Lande. Zwei Theaterstücke, S. 69–232.
[78] Dies trifft auch dann zu, wenn ein Teil der Bauern, die sich weigerten, in die LPG einzutreten, „Umsiedler" waren.
[79] Vgl. Matthias Braun, Drama um eine Komödie. Das Ensemble von SED und Staatssicherheit, FDJ und Ministerium für Kultur gegen Heiner Müllers „Die Umsiedlerin oder Das Leben auf dem Lande", 1996.
[80] Vgl. die Interpretation der „Umsiedler"-Bezüge in Müllers Stück schon bei Michael Schwartz, Tabu und Erinnerung, S. 90 f.
[81] ZK-Funktionäre beschrieben nach der Uraufführung des Stücks seine „Staatsfeindlichkeit": „Vier Agitatoren [...] versuchen den letzten Mittelbauern zum Eintritt in die LPG zu bewegen. Sie reden über seinen Kopf hinweg, ihre Argumente sind [...] ohne jede Überzeugungskraft und haben den Zweck, die Arbeit der Helfer bei der sozialistischen Umgestaltung lächerlich zu machen. Der Bauer verschwindet ins Haus, seine Frau kommt und sagt, er [...] könne den Beitritt nicht mehr unterschreiben, er habe sich erhängt. Die Agitatoren diskutieren, wer den Bauern abschneiden soll. Zwei gehen ins Haus und kommen mit dem Bauern zurück, der doch noch lebt. Auf seine Frage: ‚Wo bin ich, im Himmel oder in der Hölle?' halten sie ihm die Eintrittserklärung vor und sagen: ‚Vorläufig in der LPG', und er unterschreibt." Informationsbericht über die Aufführung, 2. Oktober 1961, in: SAPMO-BA DY 30 IV 2/2.026/72.
[82] Vgl. Dossier zu Johannes Bobrowski, in: BStU MfS AOP 766/68, Bd. I und II.
[83] Johannes Bobrowski, ab 1938 Studium der Kunstgeschichte in Berlin, 1939–1945 Deutsche Wehrmacht. Vgl. Wer war wer in der DDR?, S. 86 f.

derte.[84] 1961 erschien sein erster Gedichtband „Sarmatische Zeit", 1962 „Schattenland Ströme", 1964 der Roman „Levins Mühle" und 1966 die Erzählung „Litauische Claviere".[85]

Ins Visier der Staatssicherheit geriet Bobrowski aus mehreren Gründen. Großes Mißfallen erregte er bei der SED durch seinen unverhohlen geäußerten Standpunkt, ein deutscher Schriftsteller zu sein – kein ost- oder westdeutscher.[86] Er unterhielt gute Kontakte zu seinen westdeutschen Schriftstellerkollegen, besonders zur „Gruppe 47". Außerdem distanzierte sich der Lyriker von der von ihm als engstirnig bezeichneten Kunstauffassung der SED, die vom „Bitterfelder Weg" und vom „sozialistischen Realismus" geprägt war.[87] Aber auch die Inhalte seiner Gedichte, Bobrowskis Bezug zu seiner verlorenen alten ostdeutschen, ostpreußischen Heimat, erregten das Mißtrauen der DDR-Staatsmacht. MfS-Mitarbeiter hielten in ihren Unterlagen zwar fest, „Bobrowskis Gedichte gehören zu den bedeutsamen Leistungen der deutschen Lyrik unserer Zeit", aber ihre politische Abwertung und Verurteilung überwog.[88] Gesammelte „IM-Aussagen" berichteten 1964: „Viele Gedichte widmet Bobrowski seiner einstigen Heimat; er zeichnet schöne, von sanfter Trauer beschattete Bilder. Hierbei erhebt sich – bei allem Verständnis für die Liebe zum Land seiner Kindheit – die Frage: warum in unserer Zeit eine Veröffentlichung dieser Gedichte? [...] Besteht nicht die Gefahr, bei den Umsiedlern nutzlose Gefühle zu schüren und in gewisser Weise die Demagogie und Heuchelei [...] der sogenannten Vertriebenenverbände zu unterstützen?"[89]

Die Furcht, Bobrowskis Lyrik könnte die „Heimatsehnsucht und die Heimatgefühle der Umsiedler" wieder wachrufen und den Vertriebenenverbänden in der Bundesrepublik politisch in die Hände spielen, wehrten die SED-Kulturfunktionäre mit dem Argument ab: Bobrowskis Gedichte würden „wegen ihrer ausgesprochenen Massen-Unwirksamkeit keine ernste Gefahr"[90] darstellen.

Ein Kritiker der Gedichte Bobrowskis war in den 1960er Jahren auch der 1922 nicht weit von Reichenberg/ČSR geborene Schriftsteller Franz Fühmann[91]. Auch Fühmann bean-

---

[84] Vgl. Einschätzung Bobrowskis, 28. Februar 1963, in: BStU MfS AOP 766/68, Bd. I, Bl. 103.
[85] Johannes Bobrowski. Gesammelte Werke, hrsg. Eberhard Haufe, Berlin 1987.
Seine Lyrik und Prosa wurde mit deutsch-deutschen Preisen ausgezeichnet, Bobrowski war Mitglied im PEN-Zentrum Ost und West.
[86] Bobrowski (1961): „Ich bin [...] ein deutscher Schriftsteller. So wie einige meiner Freunde in Westdeutschland, Westberlin [...] deutsche Schriftsteller sind. Keiner von ihnen ist ein Feind der DDR, jeder ist – mit seinen künstlerischen Mitteln – ein Gegner des Faschismus, der Kriegs- und Rassenhetzer." Mit klarem Blick an die Arbeit, 1961/62, in: BStU MfS AOP 766/68, Bd. I, Bl. 45.
[87] Vgl. ebenda.
[88] Bobrowski, 1962, in: BStU MfS AOP 766/68, Bd. I, Bl. 102; Sachstandsbericht „Ahornkreis" – Materialsammlung zur Erhärtung des Verdachts der staatsgefährdenden Hetze und Propaganda, 18. August 1964, in: ebenda, Bl. 191–200.
[89] Einschätzung Johannes Bobrowski, 1. September 1964, in: BStU MfS AOP 766/68, Bd. II, Bl. 67.
[90] Ebenda.
[91] Franz Fühmann (1922–1984), 1938 Reiter-SA, 1941 Abitur, 1941–1945 Wehrmacht, 1945–1949 sowjetische Kriegsgefangenschaft, Antifa-Schule, 1952–1972 NDPD-Mitglied, seit 1958 freier Schriftsteller, 1954–1959 durch Untätigkeit verweigerte IM-Mitarbeit („GI Salomon") beim MfS, später dann, ab 1976, unter MfS-Beobachtung (OV „Filou"), Kritik und Absage an die SED-Kulturpolitik („Bitterfelder Weg" und sogenannter sozialistischer Realismus); Fühmann setzte sich mehrfach öffentlich für die Änderung der SED-Kulturpolitik ein, er war ein Förderer junger kritischer DDR-Autoren. Sein schriftstellerisches Werk war umfassend, neben Gedichten und Nachdichtungen entstand Literatur für Kinder und Jugendliche, sein erzählerisches Werk war umfassend, dazu gehörte auch die Beschäftigung mit Märchen, Sagen und Mythen. Vgl. Wer war wer in der DDR?, S. 235; Akte Franz Fühmann, in: BStU MfS AP 8379/89 C, Bl. 10–17, und AP 3478/59, Bl. 80–90.

standete, daß die Gedichte des Lyrikers Gefühle der Sehnsucht nach der alten Heimat der Flüchtlinge und „Umsiedler" schüren könnten, die unnütz, vergangen und vergessen sein sollten. Ein Jahrzehnt später wird Fühmann diese Kritik als unberechtigt und falsch bezeichnen und zurücknehmen. So schrieb er 1972/73 dazu: „Ich muß gestehen, daß ich anfangs Bobrowskis Lyrik schroff ablehnend gegenübergestanden bin, ja in ihr etwas Unerlaubtes gesehen habe, das Wachhalten, vielleicht sogar Wiedererwecken von Gefühlen, die aussterben mußten [...] Ich hatte wohl eine ehrenhafte, aber sehr enge Auffassung vom Bewältigen der Vergangenheit, und bin auch dem eigenen Lied auf die Kehle getreten. Doch aus der Geschichte läßt sich nichts tilgen, kein einziger Aspekt und kein einziges Gefühl, sie lassen sich nur in Hegels Sinn aufheben. Nicht ein ‚Es war nicht gewesen' und auch nicht ein ‚Als ob es nie gewesen wäre', sondern nur ein ‚Es war so und ist vorbei' ist der sichere Grund, ein Neues zu bauen."[92] „Ehrenhaft ..., aber eng" – diese Formulierung Fühmanns enthielt auch viel von der damaligen Hilflosigkeit, mit dem Vertreibungsthema umzugehen.[93]

Der Schriftsteller Franz Fühmann steht zudem als Beispiel für einen Autor, der in den 1960er Jahren mit der Erzählung „Böhmen am Meer" (1962) das Tabu-Thema Flucht und „Umsiedlung" aufgriff und in den 1970er Jahren wiederholt dazu Stellung nahm. Die besagte Erzählung, in hoher sprachlicher Qualität und inhaltlich widersprüchlich, befaßte sich zum einen mit der Grausamkeit des Vertreibungsaktes und zum anderen mit der Beurteilung von Heimatverlust und nicht möglicher Integration.

Franz Fühmann wurde 1922 in Rochlitz an der Iser (ČSR) geboren. Als Jugendlicher war er begeisterter NS-Anhänger und Wehrmachtssoldat, nach 1945 überzeugter Kommunist, wurde er ab Anfang der 1970er Jahre ein scharfer Kritiker des DDR-Sozialismus. 1976 gehörte er zu den Erstunterzeichnern des Protestbriefes gegen die Ausbürgerung von Wolf Biermann. Der SED-Führung gelang es, Fühmann aus der Öffentlichkeit zu verdrängen, ihn bis zu seinem Tod 1984 zunehmend politisch und künstlerisch zu isolieren.[94]

Die Erzählung Fühmanns, veröffentlicht 1962, die sich der Problematik Flucht und „Umsiedlung" annahm, gehörte in die Schaffensphase, die noch nicht durch seine strenge Kritik am Sozialismus der DDR und der SED-Kulturpolitik bestimmt war. Aber erste politische Zweifel klangen an. In „Böhmen am Meer"[95] stammte die Hauptgestalt, Hermine Traugott (nomen est omen), aus landwirtschaftlichen Verhältnissen im Sudetengebiet und gelangte 1945 in ein Dorf an der Ostsee – und sie hatte schon immer panische Angst vor dem Meer. Obwohl Hermine Traugott, damals in armen Verhältnissen lebend, vom Gutsherren-Baron geschwängert und vom Hof gejagt, allen Grund hatte, ihre alte böhmische Heimat zu hassen und in der neuen Heimat DDR heimisch zu werden, zumal die Ostsee-Dorf-Bewohner, vor allem der Bürgermeister, sich um sie bemühten, wurde eine Integration nicht möglich – nicht weil sie ihr verwehrt wurde, sondern weil sie heimwehkrank in „Böhmen am Meer" nicht ankommen konnte. Fühmann suchte die Geschichte noch überzeugender zu gestalten, indem er die seinerzeitige Verbindung des Barons mit dem Nationalsozialismus und,

---

[92] Zitiert in Peter Demetz, Auf der Suche nach sich selbst. Der schwere Weg Franz Fühmanns, 17. September 1976, Unbekannter Zeitungsartikel, in: BStU MfS AOP 3764/89, Bd. 2, Bl. 60.
[93] Vgl. Christel Berger, Wie „Umsiedler" die DDR-Literatur besiedelten, in: Neues Deutschland, Berlin (Ost), 21./22. Februar 2004, S. 20.
[94] Vgl. Akte Franz Fühmann, in: BStU MfS AOP 3764/89, Band 2; Franz Fühmann, in: http://de.wikipedia.org/wiki/Franz_Fühmann (dort auch Auflistung seines Werkes).
[95] Vgl. Franz Fühmann, Böhmen am Meer, in: Ders., Erzählungen 1955–1975, S. 283–318.

nach 1945 in Westdeutschland, mit seiner Landsmannschaft, deren Sprecher er wurde, in die Geschichte einfließen ließ.

Fühmanns Erzählung – naiv und harmoniesuchend – paßte in die offizielle DDR-Ideologie der 1960er Jahre, obwohl die Themenwahl „Umsiedlung" – „[…] solange noch einer nach dem Warum der Umsiedlung fragte, war die Vergangenheit nicht vergangen"[96] – und die unmögliche Integration der Hauptgestalt von der SED nur ungern akzeptiert wurde. Aber man tolerierte Fühmanns Themeninterpretation.[97]

Der Kerninhalt von „Böhmen am Meer" ließ sich auf bekannte SED-Denkmuster reduzieren: „Die Aussiedlung der Deutschen aus den Territorien der sich im Ergebnis des Zweiten Weltkrieges re-konstituierenden Staaten ist historisch gerechtfertigt. Sie ist eine legitime Reaktion auf die extrem gewaltsam betriebene faschistische Politik der Unterwerfung anderer Völker bis hin zu ihrer Vernichtung. Die Schuldigen an Faschismus und Krieg setzen in der Bundesrepublik ihr verbrecherisches Wirken fort, während in der DDR Lehren aus der Geschichte gezogen wurden. Mit der politischen und wirtschaftlichen Entmachtung der alten Eliten vollzog sich hier zugleich ein Prozeß sozialer Befreiung. In der Menschlichkeit der neuen Gesellschaft finden die Umsiedler erst wirklich Heimat."[98]

In Fühmanns Text von 1962 kam das Wort „Vertreibung" nicht vor, auch beschwieg der Autor das Leid der Flüchtlinge bei der Vertreibung oder die konflikthaften Auseinandersetzungen an den Aufnahmeorten. Fühmann, ja auch Vertriebener oder „Umsiedler" aus dem Sudetengebiet, aus Böhmen – wie er sich selbst bezeichnete, ist nicht bekannt –, hatte als Soldat bzw. als Kriegsgefangener den Vertreibungsvorgang nicht selbst miterlebt.

Mehr als ein Jahrzehnt später äußerte sich Fühmann mehrfach distanziert und sehr viel kritischer zu seiner damaligen Erzählung.[99] 1976 schrieb er in einem Brief: „Ich will […] gerne gestehen, daß ich jene Naivität des Erzählers von ‚Böhmen am Meer' nicht mehr mein eigen nennen kann noch will. Die Probleme unserer Gesellschaft sind mit ihr nicht zu bewältigen, noch nicht einmal zu sehen."[100]

Fühmanns Anmerkungen über seine Erzählung zeigten sein persönliches Ringen um eine differenziertere Sicht auf das Vertreibungsthema. So erklärte er zum durchaus problematischen Auftreten der Vertriebenenverbände in der Bundesrepublik in einem 1971 publizierten Interview: „Als ich meine Erzählung ‚Böhmen am Meer' schrieb […], mußte ich um dieser Erzählung willen auch zu einem dieser ‚Heimattreffen' gehen, um einfach mal zu sehen, wie so etwas ausschaut. Ich war da, und es war für mich ein so bestürzendes Erlebnis, daß ich wirklich fassungslos – oft gebraucht, dieses Wort, aber ich war wirklich fassungslos – dastand und dachte, die Zeit wäre stehengeblieben, und ich sei irgendwo im Sudetengau im Jahre 1938 […]"[101]

1967/69 übernahm Fühmann einen Verlagsauftrag, auf den Spuren Theodor Fontanes die „Wanderung durch die Mark Brandenburg (1862–1882)" zu wiederholen, um darüber

---

[96] Ebenda, S. 306.
[97] Eine offizielle Literaturkritik aus der Berliner Zeitung vom 1. November 1963 lautete: „Nicht die berufliche Neugier des Schriftstellers, sondern sein Mit-Leiden hat dem Dichter, der die Gesetze des Lebens kennt, ermöglicht, dem Leid dieser Frau nachzuspüren und es allgemeingültig für alle vom Geschick des Umsiedelns zu denken." In: SAPMO-BA DY 16/4031.
[98] Lutz Kirschner, „Böhmen am Meer", S. 110.
[99] Vgl. Fühmann an IM Echtermayer, 16. November 1976, in: BStU MfS AOP 3764/89, Bd. 2, Bl. 185–188.
[100] Brief an Professor Bernhard, 16. November 1976, in: Franz Fühmann, Briefe 1950–1984, S. 208f.
[101] Josef-Hermann Sauter, Interview mit Franz Fühmann, S. 40f.

zu schreiben. Während dieser Arbeit wurde er mit dem Heimat-Begriff ganz persönlich konfrontiert. Fühmann lebte seit 1949 in Märkisch Buchholz, einem kleinen Ort südöstlich von Berlin. Der Schriftsteller mußte erkennen und sich eingestehen, daß die märkische Landschaft, der fremde Dialekt und die fremde Geschichte seine Kreativität nicht anzuregen vermochten.[102] In sein Tagebuch notierte er: „Ich bin von der Theorie eines Heimatfindens ausgegangen [...] Ich weiß jetzt mehr denn je, daß meine Heimat Böhmen ist [...] Ich habe mich einem Trugschluß hingegeben. Er sah so aus: 1. Böhmen ist deine Heimat gewesen, und du hast sie durch politisch-historisch Gründe, die unbedingt zu akzeptieren sind, verloren. 2. Preußen ist durch politisch-historische Gründe, die unbedingt zu akzeptieren sind, das Land geworden, in dem du dich aufhalten mußt. 3. Preußen ist darum deine Heimat. Der Fehlschluß ist berühmt: Jede Gans hat zwei Beine. Jeder Mensch hat zwei Beine. Also ist jeder Mensch eine Gans. Solche Trugschlüsse löst man nicht mit einer Suada."[103]

Mit Erstaunen, so empfand es Fühmann selbst, nahm er bei den Wanderungen war, daß ihm immer wieder Kindheit und Jugend in Böhmen ins Bewußtsein gerieten, obwohl der landschaftliche Unterschied kaum größer sein konnte. Allein die Wahrnehmung von „Stechginster" habe eine unwillkürliche Assoziation bewirkt: „Neuruppin im Riesengebirge?" Erst auf der letzten Seite seines Tagebuchmanuskripts war sich Fühmann sicher, daß das Ruppiner Land, das er vom Schreibtisch aus für seine Heimat zu halten bereit war, dies nie sein würde. Geradezu erleichtert notierte er, „diese Gegend sei ihm im Grunde genommen scheißegal".[104] Heimat kann nicht verordnet werden, Heimat ist.

Ende der 1960er und in den 1970er Jahren entstanden Film- bzw. Fernsehproduktionen in der DDR, die auch das Vertreibungsthema berührten. Die Fernsehserien von Helmut Sakowski „Wege übers Land" von 1968 oder „Daniel Druskat" von 1976[105] fanden einen großen und interessierten Zuschauerkreis. Der fünfteilige Fernsehfilm „Wege übers Land" beispielsweise beschreibt das Schicksal der jungen Magd Gertrud Habersaat während der Kriegs- und Nachkriegswirren in Deutschland. Ihr Schicksal führt sie mit ihrem Mann in das von NS-Deutschland besetzte Polen, wo ihnen ein polnischer Bauernhof zur Bewirtschaftung übertragen wird. Sie werden Zeugen brutaler Vertreibungen der polnischen Bauern und der Deportationen von Polen und Juden. Im Winter 1945 flüchtet die Bäuerin Habersaat mit drei angenommenen Kindern vor der heranrückenden Roten Armee zurück in ihr Herkunftsdorf. Der Film stellt das Nachkriegsdorfleben in Brandenburg mit den typischen Auseinandersetzungen zwischen Einheimischen und Flüchtlingen dar, insbesondere die Armut der „Umsiedler und Umsiedlerkinder" wird nachdrücklich geschildert. Weiteres Hauptthema des Filmes sind dann die Kontroversen unter der Landbevölkerung im Zuge der sogenannten Kollektivierung der Landwirtschaft in den 1950er Jahren.[106]

---

[102] Den Auftrag gab Fühmann, da er ihn nicht zu erfüllen vermochte, zurück. „Das Ruppiner Tagebuch. Auf den Spuren Theodor Fontanes" erschien posthum, hrsg. von Barbara Heinze, Peter Dehmel, Rostock 2005.
[103] Franz Fühmann. Im Berg. Texte und Dokumente, S. 305f.; vgl. Lutz Kirschner, „Böhmen am Meer", S. 112.
[104] Franz Fühmann. Im Berg. Texte und Dokumente, S. 306.
[105] Beide Filme erschienen auch als Romane. Vgl. Helmut Sakowski, Wege übers Land. Ein Lesebuch, Berlin (Ost) 1984; Ders., Daniel Druskat, Berlin (Ost) 1976.
[106] Der Film wurde im September 1968 im DDR-Fernsehen ausgestrahlt. Vgl. die Buchausgabe: Helmut Sakowski, Wege übers Land, S. 147–354.

Der Roman „Kindheitsmuster" (1976)[107] von Christa Wolf wurde zu einem der literarisch bedeutendsten Vertreibungsromane in der DDR erklärt,[108] wobei er das im engeren Sinne nicht war. Im Vordergrund des Romans stand die Auseinandersetzung mit der NS-Vergangenheit und das Nachdenken über verdrängte Vergangenheit und die Unmöglichkeit dieser Verdrängung.[109] Die Kernfrage des Erinnerungsversuches der Autorin lautete: „Wie sind wir so geworden, wie wir heute sind?"[110] Und erst an nächster Stelle stand auch das Vertreibungsthema.

Auf verschiedenen Zeitebenen erzählt Christa Wolf die Kindheit und Jugend der Nelly Jordan und ihrer Familie in Landsberg a. d. Warthe im NS-Deutschland zwischen 1933 und 1945, dann im Januar 1945 ihre Flucht aus Landsberg in ein mecklenburgisches Dorf und die erste Nachkriegszeit in Mecklenburg, in der Sowjetischen Besatzungszone. Auf einer anderen Zeitebene, im Sommer 1971, reist die Autorin mit ihrer Familie von Berlin in „ihren Geburtsort L., heute G."[111], wie sie immer schreibt, nach Polen, und eine weitere Ebene des Buches reflektierte Kindheit, Jugend vor 1945 und die Sommerreise nach Polen 1971 im Prozeß des Roman-Schreibens zwischen 1973 und 1975.

Wolf bezeichnete die „Kindheitsmuster" als „sozusagen autobiographisches Werk". Christa Wolf wurde 1929 in Landsberg an der Warthe geboren und fand nach der Flucht mit ihrer Familie in einem Dorf nahe Schwerin ein neues Zuhause. Sie studierte bis 1953 Germanistik. 1949 wurde sie SED-Mitglied. Zunächst war sie beim Schriftstellerverband beschäftigt und arbeitete als Lektorin. Seit 1962 ist sie freie Schriftstellerin und lebt bei bzw. in Berlin. Ab 1972 unternahm sie eine Vielzahl von Reisen in das europäische Ausland und in die USA, seit 1974 war sie Mitglied der Akademie der Künste der DDR. Sie gehörte 1976 zu den Unterzeichnern des Offenen Briefes gegen die Ausbürgerung von Wolf Biermann. Christa Wolf zählt zu den bedeutendsten deutschen Schriftstellerinnen der Gegenwart.[112]

Zum Zeitpunkt des Erscheinens von „Kindheitsmustern" war Christa Wolf eine auch im ost- und westeuropäischen Ausland anerkannte DDR-Autorin. Das machte den Roman mit seinen Bezügen zum Vertreibungsthema bedeutend. Mit einer Vielzahl an Sätzen, Aussagen und ganzen Textpassagen rührt die Autorin am Flucht- und Vertreibungstabu. Wolf hinterfragt beispielsweise die SED-Sprachregelung kritisch. Im Roman so: „Die ‚Flucht' zum Beispiel – wenig beschrieben. Warum? […] Weil dem Gegenstand etwas Heikles anhängt? Allein das Wort […] Es verschwand später. Aus Flüchtlingen wurden Umsiedler – ein Ausdruck, der zu Recht" jene erst nach Kriegsende „aus den polnischen und tschechischen Gebieten Ausgesiedelten bezeichnet, die nicht geflohen waren. Nelly aber und ihre Verwandten näherten sich fluchtartig Schwerin – nannten sich noch Jahre nach dem

---

[107] Vgl. Christa Wolf, Kindheitsmuster, Berlin (Ost), Weimar 1976.
[108] Vgl. Michael Schwartz, Tabu und Erinnerung, S. 90, 93–95; Louis Helbig, Gemeinsamkeiten und Unterschiede in der Darstellung von Flucht, Vertreibung und Eingliederung in der Literatur Deutschlands, S. 80; Philipp Ther, Deutsche und polnische Vertriebene, S. 50, 249.
Die Behauptung von Philipp Ther, Christa Wolfs „Kindheitsmuster" sei der erste DDR-Roman gewesen, der das Tabu Vertreibung gebrochen habe, ist falsch. Vgl. Ders., Deutsche und polnische Vertriebene, S. 50.
[109] Der bekannte Anfangssatz des Romans verweist bereits darauf: „Das Vergangene ist nicht tot; es ist nicht einmal vergangen. Wir trennen es von uns ab und stellen uns fremd." Christa Wolf, Kindheitsmuster, S. 9.
[110] Ebenda, S. 276.
[111] Ebenda, S. 10.
Der Geburtsort Landsberg an der Warte lag nun in Polen als Gorzów Wielkopolski.
[112] Vgl. Wer war wer in der DDR?, S. 931 f.

Krieg ‚Flüchtling' – und glaubten zu wissen, wovor sie flohen. Bloß dem Russen nicht in die Hände fallen [...]"[113] Christa Wolf streift zurückhaltend das heikle Vergewaltigungsthema, indem sie die diesbezügliche Verdrängungsbereitschaft der Flüchtlinge anklingen ließ: „Der Vorrat an Vergessenem wuchs".[114]

Auch über den Heimat-Begriff reflektiert die Autorin mit innerem Zwiespalt: „Heimatgefühle [...] Heimweh? Nein! [...] In dieser Nacht in der fremden Stadt [...] begreifst du, daß die Gefühle sich rächen, die man sich verbieten muß [...] und verstehst [... ihre] Strategie [...]: Wie sie, indem sie sich [...] scheinbar zurückziehen, benachbarte Empfindungen mit sich nehmen. Nun verbietet sich schon nicht mehr nur die Trauer, das Weh – auch Bedauern [...] und, vor allem, die Erinnerung. Erinnerung an Heimweh, Trauer, Bedauern [...]"[115]

Christa Wolf thematisiert die inzwischen bekannte These in der Geschichtswissenschaft, daß die Flucht- und Vertreibungserfahrung von den betroffenen Generationen verschieden erlebt und „bewältigt" wurde: „Die Alten damals, die wußten, wie bald sie vergangen [...] sein würden, verhielten sich [...] still. Ihre Söhne und Töchter fühlten sich als die eigentlich Betrogenen und die eigentlichen Verlierer, und daraus leiteten sie das Recht her, zu jedermann ungerecht zu sein, besonders aber zu den Alten, die ihr Leben gelebt, und zu den Jungen, die es noch vor sich hatten. Sie aber, sie hatten sich das Leben sauer verdienen müssen, aus dem man sie nun vertrieb[!]."[116]

Interessant für den Umgang mit der Flucht- und „Umsiedler-Problematik" in der DDR der 1970er Jahre war aber nicht nur der literarische Text der Autorin Wolf, sondern auch der Umgang, die öffentliche Diskussion über den Roman nach seinem Erscheinen 1976. Eine große Anzahl von Leserreaktionen auf das Buch sammelte die Autorin. Sie finden sich heute im Archiv der Akademie der Künste, Berlin.[117] Mehrheitlich waren es Anmerkungen von Lesern der Generation der Autorin, der Jahrgänge zwischen 1925 und 1940, die sich auf ihre Kindheits- und Jugenderinnerungen im NS-Deutschland und ihre Fluchterlebnisse besannen. Sie brachten zudem zum Ausdruck – etwas, was führende Staats- und SED-Funktionäre mit ihrer „Antifaschismus"-Identifikation von sich wiesen –, daß die Auseinandersetzung mit der NS-Zeit in der DDR noch lange nicht abgeschlossen und weitgehend verdrängt worden sei.[118]

In einem Brief an die Autorin war beispielsweise zu lesen: „Mit Recht sagen wir, die Oder-Neiße-Grenze ist eine endgültige Grenze. Mit Recht aber sagen auch viele Menschen, sie wollen einmal wieder die ‚alte Heimat' besuchen. Denn da ist ja das Geburtshaus, der Hügel, wo man als Kind gespielt hat, der Park, der Fluß [...]. [All] das wird man wiederentdecken. Wenn das Gehirn es bereits vergessen hatte, die Sinnesorgane werden sich wieder an alles erinnern. [...] Ich finde, alles, worüber nicht gesprochen wird, ist Pulver, das eines Tages hochgehen kann."[119]

---

[113] Christa Wolf, Kindheitsmuster, S. 417.
[114] Ebenda, S. 419; vgl. Michael Schwartz, Tabu und Erinnerung, S. 94.
[115] Christa Wolf, Kindheitsmuster, S. 358.
[116] Ebenda, S. 388.
[117] Vgl. Archiv der Akademie der Künste (AdK), Christa-Wolf-Archiv, Nr. 203, 351 (zirka 160 Briefe im Original).
[118] Vgl. die Briefe an Christa Wolf vom 6. und 30. September 1977, von Fritz Wölke, o. D., und andere, in: Archiv AdK, Christa-Wolf-Archiv Nr. 351, 352 (alt).
[119] Brief an Christa Wolf vom 16. Dezember 1976, in: Archiv AdK, Christa-Wolf-Archiv Nr. 351 (alt).

Eine andere Leserin, deren Meinung in einer Literaturzeitschrift abgedruckt wurde, sprach im gleichen Sinne: „Viele wichtige Worte sind heute kaum noch im Gebrauch [...] Deutschland bzw. [der] Begriff der alten deutschen Heimat. [...] Beim Lesen dieses Buches empfand ich erleichternd, daß darüber gesprochen wurde, ohne Sentimentalität [wurde eingestanden], daß es ein Gefühl wie Heimweh gab. [...] Wir Nichtbetroffenen sind betroffen, wenn diese [...] Worte [...] im Sprachgebrauch wieder auftauchen: Der junge Pole damals [...] sprach zu mir von der ‚alten deutschen Stadt Breslau', ohne Ironie, während ich mir die Zunge am Wrocław verdrehte."[120]

Christa Wolf bestärkte diese Reaktionen, als sie selbst nochmals unterstrich: Die Schilderung der Fahrt nach Polen im Roman, dem früheren Landsberg an der Warthe und jetzigem Gorzów Wielkopolski war „mir wichtig, um zu zeigen, wie es ist, wenn man heute in eine Stadt kommt, die jetzt polnisch ist, die aber die Heimatstadt ist. Das ist ein Erlebnis, das sehr viele Menschen bei uns haben und das noch kaum artikuliert wurde und auch seine Zeit brauchte, [...] um artikuliert zu werden. Heimweh spielt eine Rolle."[121]

Zu einer Generalkritik, die möglicherweise einen offiziellen SED-Standpunkt zu den „Kindheitsmustern" widerspiegelte, holte die Literaturkritikerin Annemarie Auer[122] Mitte 1977 in der Zeitschrift „Sinn und Form" aus.[123] Die Kritik Auers glich einem totalen Verriß. Vereinfacht zusammengefaßt befand Annemarie Auer den Roman für eng, unerheblich, überflüssig und überholt. Es gäbe bereits sehr viele bessere Arbeiten, die sich mit Ursachen und Funktionieren des „Faschismus in Deutschland" auseinandersetzten. Die literarische Darstellung des alltäglichen, „normalen" Lebens einer Kleinbürgerfamilie, die weder „Faschisten" noch „antifaschistische Widerstandskämpfer" – (weder für Hitler und den Krieg noch wirklich dagegen) – gewesen waren, paßte nicht in die Vorstellungen einer Annemarie Auer. Ihre Kritik war insgesamt nicht an inhaltlichen oder künstlerischen Fakten und Mitteln gebunden, sondern verunglimpfend, geradezu ehrabschneidend. Die Angriffe lauteten z. B. „Ich-Faszination", „hypnotisches Hinstarren auf das Eigene", „Selbstmitleid", „Larmoyanz", „Klageton", „Hoffnungslosig- und Wehleidigkeit"[124] Die Art Buch-Besprechung der Annemarie Auer erntete einen Sturm der Empörung, der ebenfalls abgedruckt wurde.[125]

Ein Kritikpunkt von Auer soll hier näher besprochen werden. Er hatte einen wichtigen Bezug zum DDR-Umgang mit dem Vertriebenenthema. Anspielend auf den Geburtsort Landsberg an der Warthe der Schriftstellerin Christa Wolf und ihrer Hauptfigur im Roman, Nelly Jordan, sowie auf die Sommerreise 1971 zurück in den Ort der Kindheit, der nun polnisch Gorzów Wielkopolski hieß, meinte die Kritikerin Auer, breit und ausführlich dies anmerken zu müssen: Im Roman „Kindheitsmuster" werde das gegenwärtige Polen als „sonnenübergossene Einöde" dargestellt. Man sollte sich hingegen erinnern, daß die Deutschen

---

[120] Monika Helmecke: Kindheitsmuster, in: Sinn und Form, 3/1977, S. 680; vgl. auch Günther Cwojdrak, „Kindheitsmuster" – ein Probestück, S. 550–552.
[121] Diskussion mit Christa Wolf am 8. Oktober und 3. Dezember 1975, S. 864.
[122] Annemarie Auer (1913–2002), Buchhändlerin, Rundfunkredakteurin, Redakteurin, seit 1960 freie Schriftstellerin in Berlin. Vgl. in: http://de.wikipedia.org/wiki/Annemarie_Auer .
[123] Vgl. Gedanken beim Lesen. Annemarie Auer: Gegenerinnerung, S. 847–878.
[124] Ebenda, passim.
[125] Kurt und Jeanne Stern: „Wir erinnern uns nicht, je zuvor – außer von Feinden unserer Republik – über einen der namhaftesten Vertreter der DDR-Literatur ein Pamphlet so voll eklatanter Gehässigkeit, anmaßender Geschwätzigkeit und ehrabschneidender Unterstellungen gelesen zu haben." In: Sinn und Form, 6/1977, S. 1319; vgl. weitere Leserbriefe in: ebenda, S. 1314–1322; Fritz Wölke, o. D., in: Archiv AdK, Christa-Wolf-Archiv, Nr. 351 (alt).

ab 1939 das „okkupierte Polen [...] in Zonen mit unterschiedlichem Germanisierungsgrad und Freizügigkeitsbereich einteilten. Aus dem sogenannten Wartheland wurde ein großer Teil der polnischen Bevölkerung ausgesiedelt. Beamte der deutschen Verwaltung aus dem Reich sowie Umsiedler aus [...] Bessarabien zogen in die polnischen Wohnungen ein. Für Deutsche wurden besondere Läden eingerichtet. [...] Die junge Bewohnerin [die Romanheldin Nelly Jordan bzw. Christa Wolf selbst!] des Städtchens Landsberg, heute Gorzów Wielkopolski, wuchs also in einem Lande auf, das systematisch um alles Eigenleben gebracht wurde. [...] Das okkupierte [polnische] Volk wurde zum Hungern verurteilt. [...] Das polnische Volk hat während der deutschen Besatzung sechs Millionen Bürger verloren [...] Das junge Mädchen aber, wenn sie auch das alles nicht wissen konnte, entsinnt sich nicht [...] weder an Judensterne, [...] noch Extraläden, noch Polizeistunden [...] Von den heutigen Polen muß man es sehr großzügig finden, daß sie das Buch mögen [...]."[126]

Annemarie Auer unterläuft bei diesen Vorwürfen anscheinend der schwere Irrtum, daß sie das Landsberg an der Warthe mit dem Landsberg in Ostpreußen (Górowo Iławeckie/Polen) verwechselte. Der polnische und der jüdische Bevölkerungsteil aus Landsberg in Ostpreußen wurde während der NS-Zeit vertrieben und deportiert, um für sogenannte Volksdeutsche Platz zu schaffen. Das Landsberg/Ostpreußen zählte unter Hitler zum Warthegau. Landsberg an der Warthe hingegen, der Kindheitsort von Christa Wolf, lag bis 1945 auf reichsdeutschem Gebiet. Hier konnte und hier wurde keine polnische Bevölkerung vertrieben, weil es sie dort nicht gab. Annemarie Auer nahm in einer kurzen Bemerkung diese Verwechslung halbherzig und zögerlich zurück.[127]

Ein Leserbrief an Christa Wolf von damals brachte es auf den Punkt: „Frau Annemarie Auer hat den Hinweis nachgetragen, daß Nellys Landsberg nicht zum ‚Warthegau' gehörte. Ja, seitdem der Askanier Waldemar schon 1319 seinen Erben die Neumark als für Brandenburg erobert hinterlassen hatte, seitdem ab 1402 der Deutsche Orden dieses Gebiet beherrschte, war es zumindest seit etwa 1640 endgültig preußisch. Frau Auers Hinweis war also überfällig. Es hätte ihr gut angestanden, mit dem Warthegau-Irrtum alles zurückzunehmen, was sie daraus konstruiert hat; was Nelly hätte wissen müssen und was Frau Wolf angeblich zu verurteilen unterlassen hat. Nichts von dem, was Annemarie Auer anführt, hat Nelly wissen oder erleben können."[128]

Die Art und Weise des Angriffs auf Wolfs „Kindheitsmuster" und der Abdruck dieser Angriffe in einer der bekanntesten Literaturzeitschriften der DDR legt den Schluß nahe, daß offizielle Stellen diese verwechselnde Verunglimpfung zwischen Landsberg und Landsberg bewußt in Kauf nahmen, ja möglicherweise vorsätzlich so inszeniert hatten. Dieser „Fall" veranschaulicht auch, daß es hohe staatliche und Parteiinstanzen gab, die das Geschehen von Flucht und „Umsiedlung" nicht so wie bei Christa Wolf behandelt wissen wollten.

Die Autorin Wolf vermerkte über diesen Vorgang in einer Art Tagebuch vom 27. September 1977: „Ein Kurzartikel von Annemarie Auer [erschienen], in dem sie verkündet, man habe ihr gesagt, daß Landsberg/Warthe nicht im früheren Wartheland [...] gelegen habe [...] Dieses ‚Versehen' [!] könnte einige ihrer Argumente ins ‚Ungute' verzerren und [...] zu einer Lüge werden. Aber sie habe von ihren ‚Gedanken beim Lesen' nichts zurückzunehmen. [...] Ich kriege sofort rasendes Herzklopfen [...] über die neue Infamie. Als wür-

---

[126] Gedanken beim Lesen. Annemarie Auer: Gegenerinnerung, S. 871f.
[127] Vgl. Annemarie Auer in: Sinn und Form, 6/1977, S. 1352.
[128] Fritz Wölke an Christa Wolf, o. D., in: Archiv AdK, Christa-Wolf-Archiv Nr. 351 (alt).

de dieser kleine ‚Irrtum' nicht die historische Grundlage und alle moralischen Prämissen des Buches von Grund auf geändert haben: Ob man mit unterdrückten Polen als ihr Unterdrücker zusammenlebt, wie Annemarie Auer es behauptete, so seine Kindheit verbringt, oder eben nicht [...]."[129]

Auch in die 1970er Jahre gehören verschiedene Romane des Schriftstellers Werner Heiduczek, die sich z. T. autobiographisch auf das Flucht- und Vertreibungsgeschehen bezogen. Heiduczek[130], 1926 in Hindenburg/Oberschlesien (Zabrze/Polen) geboren, schilderte er als einer der ersten in der DDR-Literatur im Roman „Abschied von den Engeln" (1968) ausführlich, wie Deutsche aus Hindenburg/Zabrze vor der heranrückenden Front geflohen waren, nach Kriegsende wieder in ihre Heimatstadt zurückkehrten, die nun unter polnischer Verwaltung stand, und von den Polen im August 1945[131] vertrieben wurden.[132]

1977 erschien im Mitteldeutschen Verlag Halle ein weiterer Roman Heiduczeks: „Tod am Meer". Diese fiktive selbst- und gesellschaftskritische Lebensbilanz des Schriftstellers umfaßte auch sein Vertreibungserleben 1945. Eingehend und ungeschönt thematisiert der Autor die Vergewaltigungen deutscher Frauen durch sowjetische Soldaten und spricht über den „unglaublichen Haß" und die Brutalitäten der sowjetischen Soldaten gegenüber der deutschen Zivilbevölkerung. Vergewaltigungen, Haßgefühle und Grausamkeiten während des Vertreibungsgeschehens werden nicht wie beispielsweise bei Christa Wolf nur am Rande angedeutet, sondern wie nie zuvor in einem literarischen DDR-Werk dargestellt.

Das folgende Zitat kann hierfür als Beispiel dienen: „ In der Nacht darauf wurde Ellen zum zweiten Mal vergewaltigt. An der Elbe hatten uns sowjetische Soldaten gefaßt. Sie bedeuteten uns [...] mit auf die Kommandantur zu kommen [...], wo wir ein Dokument erhalten sollten. [...] Aber sie logen. [...] In der Nacht holten sie Ellen heraus und noch zwei andere. [...] Mit dem, was in der Nacht und am folgenden Morgen auf diesem Bauernhof geschah, bin ich all die Jahre über nicht fertig geworden. [...] Ellen war zwei oder drei Stunden fort. Sie kam beim frühen Licht des Tages. [...] Ellen hatte den Gang, den Frauen nach so etwas haben: ein wenig plattfüßig, die Knie nach auswärts gebogen, den Körper aufgerichtet, ein Hohlkreuz. Sie gehen durch die Welt, die alle Farben verloren hat, eckig, wie schlecht geführte Marionetten. [...]"[133]

---

[129] Christa Wolf, Ein Tag im Jahr. 1960–2000, S. 221 f.
[130] Werner Heiduczek, bis 1945 Wehrmacht, dann Kriegsgefangenschaft, Neulehrer, Germanistik-Studium, ab 1960 freischaffender Schriftsteller in Halle, dann in Leipzig, 1968 bis 1981 unter MfS-Überwachung, 1991 Mitglied im Deutschen PEN-Zentrums (Ost). Vgl. Wer war wer in der DDR?, S. 324 f.
[131] Vgl. Werner Heiduczek, Zabrze, in: Im gewöhnlichen Stalinismus, S. 158.
[132] Vgl. Werner Heiduczek, Abschied von den Engeln, S. 112–125.
Der Historiker Philipp Ther irrte, als er behauptete, Heiduczeks Roman „war einer der wenigen Versuche in der DDR, vor den siebziger Jahren die Vertreibung und das nachfolgende Heimweh zu thematisieren". Philipp Ther, Deutsche und polnische Vertriebene, S. 55.
[133] Werner Heiduczek, Tod am Meer, S. 76–79.
Z. B.: „Wir mußten uns in der Mitte des Hofes aufstellen. [...] Schließlich kam der armenische Offizier aus dem Haus. Vielleicht war er auch Georgier. [...] Ich bin sicher, er haßte uns. Ob Frauen, Kinder, Männer, für ihn waren wir Faschisten. [...] ‚Die Frauen nach Haus, die Männer dawai', sagte er, spuckte aus, als wenn er sich vor etwas ekelte [...]. Ich habe ihn gehaßt, wie er uns gehaßt hat." Ebenda, S. 80 f.
Oder: „Ich schleppte mich von Marschpause zu Marschpause, fiel in den Straßengraben und wurde durch Schreie aus meiner Ohnmacht wieder hochgerissen. Einer von uns wollte die Nacht nutzen, sich davonzumachen. Als die Begleitmannschaft merkte, daß jemand fehlte, begann ein wildes Geschieße. Sie fanden den Mann in einem Kanalisationsrohr, zerrten ihn [...] aus seinem Versteck, traten und schlugen ihn. Zuerst brüllte er, dann war es still [...]." Ebenda, S. 83.

Auch so deutliche Worte über den landsmannschaftlichen Zusammenhalt fehlten bisher in der DDR-Literatur: Heiduczek schrieb wörtlich: „Die Schlesier waren durch die Folgen des Zweiten Weltkrieges hart getroffen. Das weckte in ihnen ein Gefühl der Zusammengehörigkeit."[134]

Werner Heiduczeks „Tod am Meer" zog einen politischen Eklat nach sich. Zunächst gab es bereits vor Erscheinen des Romans die Zensur-Auflage, drei Textpassagen zu streichen, die angeblich „SED-Politbüromitglieder verunglimpften, die durch eigene Genossen ins Gefängnis gebracht wurden – [siehe eine] Parallele zu Gomulka".[135] Nach der Veröffentlichung des Romans 1977 legte der sowjetische Botschafter in der DDR, Pjotr A. Abrassimow, beim SED-Politbürochef Erich Honecker einen offiziellen Protest ein wegen der Darstellung von „Brutalitäten der Roten Armee" in diesem Buch.[136]

Heiduczek selbst stand seit 1968 unter Überwachung durch das MfS. Die Staatssicherheit in Halle, dann in Leipzig, führte sogenannte Operativvorgänge gegen den Schriftsteller.[137] Heiduczeks Schriftstellerkollege Dieter Noll, der zwischen 1957 bis 1989 als „IM" für das MfS tätig war,[138] bespitzelte ihn und referierte am 17. Juli 1978 dem MfS-Stellvertreter Bruno Beater über den „Vorfall" Heiduczek: 1977 erschien im Mitteldeutschen Verlag Heiduczeks Roman „Tod am Meer". „Über diesen Roman ist es zu einer offiziellen diplomatischen Demarche der Sowjetunion an die DDR gekommen. In dieser […] Demarche habe die Sowjetunion gegen einige Passagen in diesem Buch Einspruch erhoben, da es antisowjetische Passagen sind […]. In einer der letzten Politbürositzungen, in der Mitglieder des Präsidiums des Schriftstellerverbandes anwesend waren, habe Honecker sich erheblich darüber aufgeregt und erklärt, ihm sei in 28 Jahren Mitgliedschaft im Politbüro niemals so etwas vorgekommen, daß es wegen eines Buches, eines schöngeistigen Buches, eine offizielle Demarche der Sowjetunion gebe, und wie das möglich sei. Er habe eine Einschätzung dieses Buches verlangt von [Kurt] Hager. Hager habe diese Einschätzung vom […] Verlag angefordert und erhalten und sie aber für derart opportunistisch befunden, daß er erklärte, er denke nicht daran, mit dieser Einschätzung zu Honecker zu gehen, und man möge sofort eine neue Stellungnahme zu Heiduczeks Buch machen."[139]

Dieter Noll las in diesem Zusammenhang den Roman und meinte, in seinem „IM-Spitzelbericht" seinen Eindruck anmerken zu müssen: Es „werden also bestimmte Brutalitäten der Roten Armee bald nach 1945 in dem Buch erwähnt und immer durch das ganze Buch hindurch wieder als Erinnerung aufgewärmt, so daß mich diese Demarche eigentlich nicht so sehr gewundert hat." Was Noll überraschte war, „wie [Klaus] Höpcke[140] das Buch zum Druck zulassen konnte."[141]

Auch 30 Jahre nach Kriegsende gab es SED- und Kulturfunktionäre, die furchtbare Ereignisse beim Flucht- und Vertreibungsgeschehen selbst in literarischer Verarbeitung nicht beim Namen genannt wissen wollten. Aber zugleich gab es Funktionäre, die dies zumin-

---

[134] Ebenda, S, 193.
[135] Joachim Walther, Sicherungsbereich Literatur, S. 795.
[136] Vgl. Wer war wer in der DDR?, S. 325.
[137] Vgl. Operativvorgang „Schreiber", in: BStU MfS Ast. Leipzig AOP 1789/81, Band 1–7.
[138] Vgl. Dieter Noll, in: Wer war wer in der DDR?, S. 627.
[139] Joachim Walther, Sicherungsbereich Literatur, S. 534f.
[140] K. Höpcke war zwischen 1973–1989 Stellvertretender Kulturminister und Leiter der Hauptverwaltung Verlage und Buchhandel und damit auch für die Druckgenehmigungen zuständig. Vgl. Wer war wer in der DDR?, S. 375.
[141] Joachim Walther, Sicherungsbereich Literatur, S. 535.

dest tolerierten, denn immerhin konnte der Roman 1977 erscheinen und kam 1978 in einer zweiten Auflage heraus, wenn auch nur in geringer Höhe.[142]

Im Jahr 1985 erschien wieder im Mitteldeutschen Verlag Halle, Leipzig, der erste Roman von Ursula Höntsch-Harendt mit dem Titel „Wir Flüchtlingskinder". Neu und ungewöhnlich war hier der Titel des Romans – nicht „Umsiedler-", sondern „Flüchtlingskinder". Die Autorin leitete ihren Roman mit Worten ein, die absolute Tabu-Begriffe wie beispielsweise „Vertreibung" vermieden und auch das Vertreibungsgeschehen ausweichend beschrieben: „Die Geschichte, die hier erzählt werden soll, ist die Geschichte der Familie Hönow aus dem Schlesischen. Sie trug sich zu während der Völkerwanderung [!] unseres Jahrhunderts, als über zehn Millionen Menschen auf der Suche waren nach einer neuen Heimat, westlich von Oder und Neiße. Vierzig Jahre ist das her! Was damals geschah und damals schmerzte, ist überwunden, aber nicht vergessen [!]. [...] Wovon ich erzählen will, ist auch ein Stück Geschichte meines Volkes [...]."[143] Der vom Mitteldeutschen Verlag Halle, Leipzig, beigegebene Klappentext war deutlicher: „Die Hönows gehen auf die Flucht vor der heranrückenden Roten Armee, gezwungen von den Faschisten. Sie lassen alles zurück. [...] Als sie [nach Kriegsende] in die Heimatstadt zurückkehren, finden sie nichts Heimatliches mehr vor: die Nachbarn nicht, nicht Hausrat und Spielzeug [...] Verträge werden geschlossen, die auch die Hönows betreffen: Die Grenzen verlaufen jetzt an Oder und Neiße [...]."[144]

Mit der Autorin Höntsch, 1934 im schlesischen Frankenstein (heute Ząbkowice Śląskie/Polen) geboren und in Liegnitz (Legnica/Polen) zur Schule gegangen,[145] trat eine weitere Schriftstellerin der Generation der „Flüchtlingskinder" – anstelle der wegsterbenden älteren Generation – mit literarisch verarbeiteten Erinnerungen an Flucht, Vertreibung und Aufnahme in der ostdeutschen Nachkriegsgesellschaft an die DDR-Öffentlichkeit. Die Autorin widmete sich der Vertreibungsthematik, aber noch intensiver der Schilderung des Neuanfangs junger Vertriebener in der SBZ und frühen DDR.[146]

Viel deutlicher als zuvor bei Franz Fühmann oder Christa Wolf versuchte Höntsch, sich mit ihren Erinnerungen dem SED-Postulat von der „totalen Assimilierung der Umsiedler" zu widersetzen. Mit ihrem Roman von 1985 bewies sie auch, daß es dem Staat und der Einheitspartei nicht gelungen war, private Erinnerungen der Flüchtlinge und Vertriebenen, ihren persönlichen Schmerz und Verlust, auszulöschen. Ein politisch wichtiger Satz dazu lautete im Buch: „Niemand von den Hönows hat die Aussiedlung vergessen, weil kein Mensch vergißt, woher er gekommen ist."[147]

Der repressiven SED-Vertriebenenpolitik war es hingegen gelungen – auch das wird an Höntschs Roman deutlich – die Vertriebenenidentität zu privatisieren, zu vereinzeln

---

[142] Vgl. ebenda, S. 724.
Werner Heiduczek kam 1989 in seinen Texten nochmals ausführlich auf seine Geburtsstadt Hindenburg/Zabrze zurück. Ob dieser Text in der DDR gedruckt worden wäre, bleibt ungewiß. Vgl. Ders., Zabrze, in: Im gewöhnlichen Stalinismus. Meine unerlaubten Texte. Tagebücher – Briefe – Essays, S. 155–205.
[143] Ursula Höntsch-Harendt, Wir Flüchtlingskinder, Halle, S. 7.
[144] Ebenda, Klappentext.
[145] Ursula Höntsch-Harendt (1934–2000), 1945 Vertreibung in ein Dorf nahe Wittenberg, Sekretärin, Journalistikstudium, 1968–1982 freie Journalistin und Lektorin. Vgl. ebenda, Klappentext; Schreiben Nadja Harendt an die Autorin, 28. Januar 2006.
[146] Vgl. sehr treffend und ausführlich über Höntschs „Flüchtlingskinder" schon bei Michael Schwartz, Tabu und Erinnerung, S. 95–99.
[147] Ursula Höntsch-Harendt, Wir Flüchtlingskinder, S. 152.

sowie die landsmannschaftliche Identität der Flüchtlinge und Vertriebenen zu unterdrücken.[148]

Höntsch brach mit weiteren Tabus, die sich auf vereinfachte Erklärungen, auf ideologische Rechtfertigungen und Halbwahrheiten der SED-Führung zum Vertreibungsthema bezogen. Nach dem Motto – Tatsachen müssen wahrhaftig benannt werden – ließ sie ihre Romanfiguren, besonders die älteren Vertriebenen, in verschiedenen Episoden zu Wort kommen – wie beispielsweise: „Ja, [...] Deutschland hat den Krieg angezettelt und [...] viel Schuld auf sich geladen. [...] Und [man] verstünde, wenn die Besatzungsmächte auf Jahrzehnte in Deutschland blieben, [...] aber den Verlust eines ganzen Viertels deutschen Grund und Bodens, nein, den könne [man] nicht verstehen."[149]

Oder: Vater Hönow „akzeptierte nicht die offiziell genannten Gründe für die neuen Westgrenzen Polens, weil er sie für historisch unhaltbar hielt. ‚Dann hätte man ja die Grenze auch bis zur Lausitz [...] ziehen können, dort waren nämlich auch mal die Polen [...]. Man kann doch nicht plötzlich so tun, als seien diese [schlesischen] Gebiete nur mal so vorübergehend deutsch gewesen. [...] Warum sagt man nicht, daß die Russen polnisches Land gekriegt haben und die Polen dafür deutsches?' " [...] „Vater [Hönow] glaubte, daß die neue Ostgrenze Polens und unsere Umsiedlung zusammenhingen, daß eins das andere bewirkt habe. Er blieb auch dabei, daß die Hergabe der gesamten deutschen Ostgebiete zu viel sei als Entschädigung, weil dieser Verlust das Aussterben einer ganzen Kultur zur Folge haben könnte. Vater bangte um die schlesische Dichtung, die Tänze und Lieder, um alles, was die Geschichte eines Landstrichs ausmacht."[150]

Eine – hier letztgenannte – Episode glich einer Erfahrung, die viele Flüchtlinge bzw. Vertriebene in der DDR machen mußten: „Vater mußte einen Personalbogen [im Betrieb] ausfüllen und schrieb als Geburtsort ‚Reichenbach in Schlesien', was ihm übel ausgelegt wurde, weil es Schlesien ja nicht mehr gäbe. Nach langem Hin und Her einigte man sich auf ‚ehemals Schlesien', was Vater aber auch noch kränkte."[151] Anzumerken bleibt hier, daß in allen offiziellen Personaldokumenten der DDR-Bürger, in Personalausweis, Paß, Geburts- oder Sterbeurkunde usw. der Geburtsort eines „Umsiedlers" in der korrekten deutschen Namensgebung erfolgte, ohne jegliche erklärende Erläuterungen wie beispielsweise „früher Schlesien, heute Polen".

Was Ursula Höntsch 1985 ihre Romanfiguren aussprechen ließ, stand in keinem DDR-Geschichtsbuch. Ihr Buch enthielt mehr historische Fakten und Wahrheiten als in der wissenschaftlichen historischen Literatur nachzulesen war.

Nach der Veröffentlichung der „Flüchtlingskinder" erhielt die Autorin eine Vielzahl an Leserbriefen. Eine Auswahl davon ließ sie in einer Neuauflage ihres Romans 1991 abdrucken.[152] Die zwischen 1985 und 1990 abgegebenen Meinungen brachten die bestehenden

---

[148] Im Roman: „Andere behaupten, revanchistische Töne in unserem Lied [„Riesengebirgslied" mit der Zeile „Riesengebirge, deutsches Gebirge"] gehört zu haben. Deshalb ließen sie nicht zu, daß sich Schlesier, die Pommern, die Ostpreußen [...] trafen. [...] Vater und Mutter [und andere] aber wußten nichts von Revanchismus. Sie wollten auch gar nicht marschieren oder Reden hören. Sie wollten ganz einfach nur mit ihren Landsleuten zusammen sein, Erinnerungen austauschen, ihre Lieder singen und von ihren Bergen und Flüssen, Dörfern und Städten erzählen." Ebenda, S. 192f.; vgl. ebenda, S. 187-193; Michael Schwartz, Tabu und Erinnerung, S. 96f.
[149] Ursula Höntsch-Harendt, Wir Flüchtlingskinder, S. 193.
[150] Beide Zitate ebenda, S. 193f.; vgl. auch S. 262.
[151] Ebenda, S. 222.
[152] Vgl. Ursula Höntsch, Wir Flüchtlingskinder, Halle, Leipzig, 1991, S. 269–324; Jörg Bernhard Bilke, Unerwünschte Erinnerung. Flucht und Vertreibung in der DDR-Literatur, S. 22f.

Frustrationen der Vertriebenen über eine vierzig Jahre währende öffentliche Sprachlosigkeit zu Flucht, Vertreibung, Umsiedlung in der DDR zum Ausdruck. Die Betroffenen äußerten Erleichterung, „wenn lange Ungesagtes nun hierzulande sagbar geworden ist [...] ohne [...] Revanchismus oder Sentimentalität". Sie sprachen über das „Heimweh", über „das für immer verlassene Zuhause"[153] und die Unmöglichkeit, die Heimat je zu vergessen. Einige Vertriebene blieben deutlich gefangen in eingeübten SED-Vorgaben, wenn sie schrieben: „Es ist gut [...], daß Sie in Ihrem Buch aussprechen, daß der Verlust der Heimat zwar historisch gerecht war [!], für den einzelnen aber leidvoll und oft auch ungerecht gewesen ist; daß Schlesien zwar für immer [...] die Heimat polnischer Menschen sein soll, die schlesische Kultur und Geschichte aber Teil [unseres] Erbes ist [...]."[154]

Andere Vertriebene wagten in ihren Leserbriefen Kritik an der SED-Vertriebenenpolitik zu üben: „Wer von den Schmerzen dieser Leute [Vertriebene] außerhalb seiner vier Wände zu reden sich unterstand, hieß ein Hetzer gegen den Frieden."[155] „Waren die Toten und Überlebenden der Flüchtlingstrecks 1945 etwa keine Opfer [...]? Warum werden sie verschwiegen?"[156] Einige Leser der „Flüchtlingskinder" äußerten auch Unmut über die Autorin Höntsch, die ihrer Meinung nach noch zu viele Rücksichtnahmen alten Stils und verschwiegene bzw. umgedeutete Fakten über die Vertreibungsfrage in ihrem Roman zuließ. Ein schlesischer Landsmann schrieb ihr 1986: „Sie finden so wunderbare Worte über die Heimat – und machen sie uns Vertriebenen zur Fremde, indem Sie sie als verdienten Verlust hinstellen. Ich kann meine Heimat nicht nur nicht vergessen, ich kann sie auch nicht aufgeben. [...] Mit Schlesien ist mein Leben unzerstörbar verwurzelt. [...] Und der Schlesier braucht Schlesien! Die geraubte Heimat, die er nie wiederbekommen wird."[157]

Trotzdem kam der Schriftstellerin Ursula Höntsch-Harendt 1985 das Verdienst zu, mit ihrem Roman an der Überwindung vieler Tabus mitgewirkt zu haben. Begriffe wie „Flüchtlinge" oder die Prägung durch kulturelle landsmannschaftliche Identität – hier der Schlesier – wurden aus der politisch-diffamierenden Ecke gezogen. Deutlich verwies die Autorin mit ihrem Buch auf die repressive Wirkung der SED-Vertriebenenpolitik und SED-Integrationsideologie – die mal subtil, mal ganz direkt erfolgt war – auf vor allem ältere Vertriebene und Flüchtlinge.[158]

Anders als in der Bundesrepublik existierten in der DDR keine Dokumentationen über Vertriebenenschicksale[159] – bis zum Jahr 1985. Der Filmemacher Thomas Grimm[160] drehte im Februar 1985 eine Filmdokumentation mit dem Titel „Umsiedler '45. Versuch eines fil-

---

[153] Ursula Höntsch, Wir Flüchtlingskinder, 1991, S. 271, 273; vgl. auch S. 312.
[154] Ebenda, S. 273.
[155] Ebenda, S. 284.
[156] Ebenda, S. 284f.
[157] Ebenda, S. 275f.; vgl. auch S. 307f.
[158] Vgl. Michael Schwartz, Tabu und Erinnerung, S. 96f.
Höntschs Folgeroman „Wir sind keine Kinder mehr" erschien 1990. Er führte die Lebensgeschichte ihrer Hauptfigur bis 1961 weiter und brachte eine unverkrampftere polnische Sichtweise mit ein.
[159] Erwähnenswert ist, daß der bekannte bundesdeutsche Historiker Lutz Niethammer 1987 in der DDR Interviews mit Industriearbeitern (in den Regionen Eisenhüttenstadt, Bitterfeld, Chemnitz) führte (führen durfte!), von denen zirka ein Drittel Flüchtlinge und Vertriebene waren. Diese „Herkunft" kam in den Gesprächen zur Sprache. Veröffentlicht wurde die Studie 1991. Vgl. Lutz Niethammer u.a., Die volkseigene Erfahrung. Eine Archäologie des Lebens in der Industrieprovinz der DDR, Berlin 1991.
[160] Thomas Grimm, 1954 geboren in Aue, Studium der Philosophie und Ästhetik in Ost-Berlin, Filmredakteur im DDR-Filmarchiv bei der Staatlichen Filmdokumentation (SFD), seit 1987 freischaffend als Publizist und Filmemacher, ab 1992 Geschäftsführer von Zeitzeugen TV.

mischen Protokolls". Thomas Grimm arbeitete als Redakteur und Filmemacher bei einer Gruppe, die sich Staatliche Filmdokumentation (SFD) beim Staatlichen Filmarchiv der DDR nannte. Diese kleine Nischen-Gruppe hatte sich in den 1980er Jahren selbst die Aufgabe gestellt, Zeitdokumente in Form von Filmdokumentationen anzufertigen.[161] Da erst nach Fertigstellung der Filmdokumentation die Vorführung vor der staatlichen Film-Zulassungskommission beim Ministerium für Kultur stattfand, die über eine öffentliche Aufführung entschied, entstanden interessante Filmdokumente über Lebensbedingungen sozialer Gruppen in der DDR und über einzelne Persönlichkeiten, deren Aufführung letztlich verboten wurde.[162] So war es auch bei der Filmdokumentation „Umsiedler '45. Versuch eines filmischen Protokolls".

Die Filmdokumentation von 1985 zeigte „ehemalige Umsiedler", die als Bauern bis Januar 1945 in Schönau/bei Glogau in Schlesien gelebt hatten, nach der Flucht nach Thüringen kamen und in und um die Dörfer Braunichswalde bzw. Gospersgrün südlich von Gera angesiedelt wurden. In einfacher, unideologischer Art, aber DDR-konform – man sprach z.B. immer von Flucht und Umsiedlung, nie von Vertreibung –, dabei durchaus auch kritisch, berichteten die ehemaligen Flüchtlinge über das frühere Leben im schlesischen Heimatort Schönau, die Vorbereitungen zur Flucht, den Fluchtweg, Fluchtverlauf und die Einquartierungen. Beschrieben wurde die Ankunft in der neuen thüringischen Heimat, der Nachkriegsalltag und der Aufbau einer neuen Existenz. Die Flüchtlinge sprachen über ihre damaligen Gedanken und Hoffnungen an eine Rückkehr, über schlesische Bräuche, das Verhältnis zwischen Einheimischen und Neuankömmlingen und ihren Anteil bei der Nachkriegsgestaltung des thüringischen Ortes.[163]

Bei der Vorab-Recherche zum Film, so meinte der Regisseur im Rückblick, sei man bei den „Umsiedlern" zunächst auf größere Ablehnung gestoßen. Interessant waren die Gründe dafür: Den Filmleuten aus Berlin sei klargemacht worden, daß die vormaligen schlesischen Flüchtlinge keine Auskünfte über mögliche NS-Mitgliedschaften sowie auch keinerlei Negativ-Stellungnahmen über die Schlesische Landsmannschaft in der Bundesrepublik abgeben würden.

Die Film-Dokumentation war insgesamt nüchtern und faktenreich gehalten, mit auch wehmütigen Erinnerungen an die verlorene Heimat. Mehrere Protagonisten meinten: „Wir sind eben Schlesier!" Dabei äußerte der Film durchaus auch Kritik, z.B. an der bäuerlichen Nachkriegsentwicklung, insbesondere den LPG-Gründungen. Insgesamt aber überwogen die durchaus erfolgreichen Lebensverläufe in der DDR für die meisten der im Film befragten „Umsiedler".

Die Abnahme 1986 durch die Abteilung Film des Ministeriums für Kultur fiel negativ aus. Der Regisseur Thomas Grimm erinnerte sich an den „großen Ärger", den der Film verursachte: „Man habe da wörtlich gemeint, daß dieser Film wohl ein Schlag ins Gesicht der erfolgreichen Entwicklung der DDR-Landwirtschaft und Umsiedlerpolitik sei. Die Menschen sehen alle traurig und grau aus. Wenn das wirklich die Realität sei, dann haben sich die 40 Jahre DDR-Entwicklung ja gar nicht gelohnt."[164] Der Film wurde mit einer

---

[161] Die Gruppe Staatliche Filmdokumentation beim Staatlichen Filmarchiv wurde im Dezember 1986 aufgelöst.
[162] Vgl. Thomas Grimm, Verrat der Quellen, S. 357–363.
[163] Der Film (86 Minuten Laufzeit) kann heute ausgeliehen bzw. angesehen werden bei: defa-spektrum GmbH, Chausseestraße 103, 10115 Berlin.
[164] Thomas Grimm, schriftliche Auskunft an die Autorin vom 6. Juli 2007.

Sperrklausel versehen und durfte nicht vorgeführt werden. 1988 versuchte der Regisseur und der Filmverband, die „Umsiedler '45" zum Leipziger Dokumentarfilm-Festival zu schicken, aber „ein in der Auswahlkommission sitzender, sehr bekannter Dokumentarfilmregisseur hat das mit seiner Stimme verhindert".[165]

Dogmatische SED-Funktionäre der Filmzensur-Behörde machten die öffentliche Aufführung des Films unmöglich. Thomas Grimm und sein Filmteam hatten zwar immer auf die Zulassung zur öffentlichen Aufführung gehofft, aber nicht damit gerechnet. 1987 konnte der Film schließlich vor den Protagonisten im Ort Braunichswalde gezeigt werden.[166] Und im Schutzraum der Kirche, in der Ost-Berliner Samaritergemeinde, organisierte Pfarrer Rainer Eppelmann eine Filmvorführung der „Umsiedler '45".[167]

Daß auch andere Meinungen, auch innerhalb der SED-Funktionärsschicht, zum Film und zum Vertriebenen-Thema existierten, bewies die Publikation der Textversion des Films in der Zeitschrift „Temperamente" 1988.[168] In der unruhiger werdenden und aufbrechenden DDR-Gesellschaft der zweiten Hälfte der 1980er Jahre wurde das möglich.

In den 1980er Jahren konnte in der kontrollierten Öffentlichkeit der DDR-Gesellschaft beobachtet werden, daß das Tabuthema Flucht und „Umsiedlung" immer mehr zur Sprache kam. Dies betraf zum einen die individuellen Schrecknisse der Vertreibungserfahrung und zum anderen das Trauma des tiefgreifenden Konflikts zwischen der alteingesessenen Bevölkerung und den vertriebenen Fremden. Im Zuge einer veränderten SED-Geschichtspolitik war das Vertreibungs- und Flüchtlingsgeschehen zum Ende des Zweiten Weltkriegs dabei, einen Platz im DDR-Geschichtsbild zu erhalten.[169] Die Erinnerung an Flucht, Vertreibung und frühere deutsche Ostgebiete schien vorsichtig und ansatzweise ein legitimer Teil der eigenen Geschichte zu werden. Inhaltsschwere Worte wie „Flüchtlinge" und „Vertreibung", landsmannschaftliche Identitäten wie Schlesier, Pommer, Ostpreuße, Sudetendeutscher usw. oder das massenhafte Problem der Vergewaltigung deutscher Frauen durch sowjetische Soldaten und andere Vertreibungsverbrechen wurden allmählich aus dem Bannkreis der Tabuisierung entlassen.

Das SED-Tabuisierungsgebot galt hingegen ungebrochen weiter für jede laut ausgesprochene Überlegung oder gar Diskussion über den Sinn und die Rechtmäßigkeit der Vertreibungen der Deutschen zum Ende des Zweiten Weltkrieges und danach. Ein nachträgliches Infragestellen von Ziel und Zweck des Vertreibungsgeschehens oder gar eine Problematisierung von Grenzfragen – z. B. zwischen Polen und der UdSSR oder zwischen Polen und der DDR – waren und blieben absolutes Tabu. Über eine Historisierung von Flucht und „Umsiedlung" sowie Integration und Assimilierung, also über einen in der Vergangenheit abgeschlossenen Vorgang, wurde die Vertreibungsproblematik zusätzlich entschärft.

---

[165] Ebenda. Konkreter wollte Thomas Grimm nicht werden.
[166] Thomas Grimm, schriftliche Auskunft an die Autorin vom 6. Juli 2007. 1993 drehte Grimm für den MDR einen Nachfolgefilm über den Besuch der Protagonisten von „Umsiedler 45" in ihrer alten schlesischen Heimat und das dortige Zusammentreffen mit den nun polnischen Bewohnern. Vgl. Thomas Grimm, schriftliche Auskunft an die Autorin vom 12. Juni 2007.
[167] Vgl. Thomas Grimm, Verrat der Quellen, S. 360.
[168] Vgl. Thomas Grimm, Umsiedler 45, S. 41–52.
[169] Vgl. Michael Schwartz, Tabu und Erinnerung, S. 85, 95 f.

4. Nach 1989

1989/90 war jeder vierte Einwohner der DDR selbst einer der Deutschen oder ein Nachkomme jener, die im Gefolge des Zweiten Weltkrieges aus ihrer Heimat flohen, vertrieben oder zwangsumgesiedelt worden waren. Experten errechneten bzw. schätzten für den Stichtag zum 3. Oktober 1990 noch 4,35 Millionen DDR-Bürger, die Vertriebene oder ihre Nachgeborenen waren.[170] Mit dem Einigungsvertrag 1990 rückten die Vertriebenen in der DDR stärker ins staatliche Blickfeld. Nach dem Vertrag sollte jedem Flüchtling bzw. Vertriebenen der Erlebnisgeneration eine Einmal-Entschädigungszahlung – ein Vertriebenenzuwendungsausgleich – von DM 4000 zustehen.[171] Von 1990 bis 2000 stellten rund 1 380 000 Millionen ehemalige DDR-Bürger einen Antrag nach dem Vertriebenenzuwendungsgesetz. Bis Ende Dezember 2000 erhielten 1 270 000 ehemalige DDR-Bürger, die somit Vertriebene der Erlebnisgeneration waren, die Entschädigungszahlung. Zwei Drittel dieser Vertriebenen waren 1931 und später geboren.[172]

Nach 1989/90 gab es in den fünf neuen Bundesländern Neugier und Interesse an den ostdeutschen Landsmannschaften. Ein Hauptmotiv dafür war die in Aussicht gestellte Zahlung von DM 4000 an Vertriebene der Erlebnisgeneration, die in der DDR lebten, gesehen. Zudem bestand bei vielen Vertriebenen ein Nachholbedarf, sich offener als Schlesier, Märker, Ost- und Westpreuße, Pommer, Sudetendeutscher usw. zu bekennen und im Kreis von Gleichgesinnten bzw. „Landsleuten" zusammenzukommen und sich auszutauschen.[173]

Im Frühjahr 1990 entstanden noch in der DDR erste Initiativen zur Bildung von Vertriebenenverbänden. Diese benutzten vielfach noch den Begriff „Umsiedlerverbände" zu ihrer Selbstbeschreibung, was anschaulich zeigte, wie tief dieser Begriff in der Bevölkerung inzwischen verinnerlicht war, bzw. wie stark belastet man den Begriff „Vertriebenenverband" empfand. Im weiteren zeitlichen Verlauf setzte sich dann der Vertriebenenbegriff für die Selbstorganisationsbemühungen durch. Die Initiative zur Organisation ging von den Vertriebenen aus den fünf neuen Ländern aus. Sie suchten ab Ende 1990 den Kontakt zunächst zu den jeweiligen Landsmannschaften, dann auch zum Bund der Vertriebenen (BdV) in Bonn. Im Juli 1990 konstituierte sich in Görlitz ein Gründungsausschuß für die Bildung eines BdV-Landesverbandes Sachsen / Schlesische Lausitz[174] unter dem Vorsitz des damaligen Volkskammerabgeordneten Georg Janovsky.[175]

Die Bundesgeschäftsstelle des BdV in Bonn unterstützte und beförderte die Bildung der neuen Landesverbände des BdV in Sachsen, Thüringen, Sachsen-Anhalt, Brandenburg

---

[170] Vgl. Karl Heinz Schaefer, Anmerkungen zur Zahl der in der SBZ/DDR zwischen 1945 und 1990 lebenden Vertriebenen, S. 67.
[171] Vgl. Teil des Artikelgesetzes über die Entschädigung nach dem Gesetz zur Regelung offener Vermögensfragen und über staatliche Ausgleichsleistungen für Enteignungen auf besatzungsrechtlicher oder besatzungshoheitlicher Grundlage (Entschädigungs- und Ausgleichsgesetz – EALG) vom 27. September 1994 (BGBl. I, S. 2624), geregelt in Artikel 9: Gesetz über eine einmalige Zuwendung an die im Beitrittsgebiet lebenden Vertriebenen (Vertriebenenzuwendungsgesetz – VertrZuwG.).
[172] Vgl. Statistische Übersicht: Vertriebenenzuwendungsgesetz, 31. Dezember 2000, S. 2f.
[173] Vgl. Karlheinz Lau, Die Vertriebenenverbände im 21. Jahrhundert, S. 1078; Ders., Ostdeutschland und die Vertriebenen im öffentlichen Bewußtsein und im Geschichtsbild der DDR bis 1989, S. 9–14.
[174] Vgl. BdV-Organisation in Mitteldeutschland, in: BdV-Jahrbuch 1990, S. 35f.
[175] Georg Janovsky (1944), geboren in Reichenberg/Sudetenland, Diplomingenieur, 1970 Mitglied der CDU-Ost, ab 1983 hauptamtlicher CDU-Funktionär in Görlitz, 1990 Abgeordneter der Volkskammer, 1990–2002 MdB für den Wahlkreis Görlitz-Zittau-Niesky, Präsident des Kuratoriums Schlesische Lausitz e. V., Mitglied im Sudetendeutschen Rat. Vgl. http://de.wikipedia.org/wiki/Georg_Janovsky .

und Mecklenburg-Vorpommern. Ende 1990 organisierte der Bund der Vertriebenen eine erste Anschubfinanzierung aus Bundesmitteln, für je eine vollständige Grundausstattung für die fünf neuen Landesgeschäftsstellen. Die Bonner Zentrale unterstützte den Aufbau der neuen Landesgeschäftsstellen auch mit Informationsmaterialien, Referentenschulung und der Übernahme von Patenschaften. Diese erwiesen sich als effektiv. So übernahmen der BdV-Landesverband Berlin für Brandenburg, die Landesverbände Schleswig-Holstein und Hamburg für Mecklenburg-Vorpommern, die BdV-Verbände von Baden-Württemberg und Bayern für Sachsen, Niedersachsen und Bremen für Sachsen-Anhalt und die BdV-Landesverbände Hessen und Nordrhein-Westfalen für Thüringen die Patenschaft.[176]

Als erster Landesverband konstituierte sich am 10. November 1990 der BdV-Landesverband Thüringen, in ihm gingen alle zuvor im Land Thüringen gegründeten Kreisverbände des „Verbandes der Umsiedler" auf. Den Landesvorsitz übernahm Dr. Paul Latussek. Ein Jahr später, im Oktober 1991, schlossen sich die fünf Vorsitzenden der BdV-Landesverbände aus Thüringen, Sachsen, Sachsen-Anhalt, Brandenburg und Mecklenburg zu dem neu institutionalisierten „Rat der Vertriebenen in Mitteldeutschland", wie sie sich selbst benannten, zusammen. Zu ihrem Sprecher bestimmten sie wieder den thüringischen BdV-Landesvorsitzenden Latussek.[177]

Die Wahl von Paul Latussek zu einem Spitzenfunktionär der Vertriebenenorganisationen in den fünf neuen Bundesländern erwies sich in den Folgejahren als politisch verfehlt und insgesamt für den Bund der Vertriebenen als höchst negativ. Der promovierte und habilitierte Ingenieur für Elektrotechnik aus Ilmenau, geboren 1936 in Gleiwitz/Oberschlesien (heute Gliwice/Polen), fiel in den 1990er Jahren immer wieder durch Erklärungen auf, die z. T. „volksverhetzenden Charakter" hatten. Politisch wurde er als „rechts außen" eingeschätzt. Wegen dieser „politisch Rechtsaußen-Einstellung" kündigte die Technische Universität Ilmenau ihm 1999 bzw. 2001 den Lehrauftrag.[178] Von 1990 bis 2001 war Latussek BdV-Landesvorsitzender in Thüringen und zugleich (bis 2004) Landesvorsitzender der Landsmannschaft Schlesien. Von 1992 bis 2001 gehörte er als Vizepräsident dem BdV-Präsidium an. Zu einem politischen Eklat führten seine Äußerungen auf einer Verbandstagung des Thüringer BdV am 9. November 2001, wo er den Massenmord an europäischen Juden im NS-Vernichtungslager Auschwitz verharmloste. Das führte zur Anklage und Verurteilung wegen Volksverhetzung 2005 durch das Landgericht Erfurt. Der Bundesgerichtshof bestätigte 2006 das Erfurter Urteil.[179]

Mit der beginnenden Selbstorganisation der Flüchtlinge und Vertriebenen, die zuvor in der DDR lebten, endete 1990 das fast 45 Jahre währende Verbot zur eigenen Interessenwahrnehmung in Verbänden. Die Bundesgeschäftsstelle des BdV in Bonn gab bekannt, daß sich bis Ende 1991 zirka 70 000 Vertriebene aus den fünf neuen Bundesländern in Landsmannschaften bzw. im BdV organisiert hatten; Ende 1992 waren es zirka 150 000 Mitglieder, und Ende 1993 zählte man rund 200 000 Mitglieder.[180] Wie die Zahlen gegenwärtig

---

[176] Vgl. BdV-Organisation in Mitteldeutschland, in: BdV-Jahrbuch 1990, S. 36f.
[177] Vgl. Markus Leuschner, Grundsatzfragen, Mitteldeutschland, Jugendarbeit, in: BdV-Jahrbuch 1992, S. 20.
[178] Vgl. Paul Latussek, in: http://de.wikipedia.org/wiki/Paul_Latussek .
[179] Vgl. ebenda.
[180] Vgl. Markus Leuschner, Grundsatzfragen, Mitteldeutschland, Jugendarbeit, in: BdV-Jahrbuch 1992, S. 20; Ders., Referat für Grundsatzfragen, Mitteldeutschland, Jugendarbeit, in: BdV-Jahrbuch 1993, S. 22.
Diese pauschale Zahlenangabe irritiert und läßt gewisse Zweifel an der Wahrhaftigkeit zu.

(2008) aussehen, kann nicht gesagt werden. Der Bund der Vertriebenen veröffentlicht schon seit vielen Jahren keine Mitgliederstatistiken mehr, was darauf schließen läßt, das sie stark rückläufig sind, was mit dem natürlichen Ausscheiden der älteren Vertriebenen-Generation zusammenhängt. Die undifferenzierte und nicht überprüfbare Angabe von zirka zwei Millionen Mitgliedern in den Landsmannschaften im Jahr 2005[181] in der Bundesrepublik insgesamt läßt keine Rückschlüsse auf den Organisationsgrad von Vertriebenen aus den neuen Bundesländern zu. Aus den bisher bekannten Zahlen könnte sehr vorsichtig geschlossen werden, daß möglicherweise etwa zehn Prozent der organisierten Vertriebenen aus den fünf neuen Ländern stammen.

Ungeachtet der Zahl der noch heute organisierten Vertriebenen in der Bundesrepublik ist das Vertreibungsthema gegenwärtig aktuell. Die Diskussion um „Flucht und Vertreibung" entzündete sich, wie eingangs der Studie bereits erwähnt, im Jahr 2000 an der geplanten Errichtung eines Zentrums gegen Vertreibung bzw. dessen Standort, Ausrichtung und konzeptionelle Gestaltung.

Meinungsbefragungen aus den Jahren 2003 und 2004 ergaben, daß die Deutschen mit dem Thema Flucht, Vertreibung und Territorialverluste, ernsthaft aber unverkrampft, umgehen.[182] Auch mehr als 60 Jahre nach den Vertreibungsereignissen interessieren sich die Deutschen für die Thematik. Zirka zwei Drittel der Deutschen sagten, daß das Thema sie beschäftigt. Rund 60 Prozent befanden es auch heute noch aktuell, „weil schließlich Millionen Flüchtlinge und Vertriebene bei uns aufgenommen wurden", dies „Teil unserer Geschichte ist", und auch heute noch Vertreibungen in der Welt stattfänden.[183] Das Interesse an dem Thema scheint bei den Westdeutschen etwas größer zu sein als bei den Ostdeutschen. Es ist anzunehmen, daß bei der ostdeutschen Bevölkerung hier noch die Folgen der offiziellen SED-Geschichtsschreibung und der Tabuisierung des Themas in der DDR nachwirken.

Abschließend soll an die beiden Ausstellungen 2006 und 2007 zum Vertreibungsthema erinnert werden, die eine sehr große Resonanz bei den Bürgern im Westen und Osten Deutschlands auslöste. Zum einen konzipierte das Haus der Geschichte der Bundesrepublik Deutschland, Bonn, die umfangreiche Ausstellung „Flucht – Vertreibung – Integration", die vom Dezember 2005 bis April 2006 in Bonn, von Mai bis August 2006 in Berlin und von Dezember 2006 bis April 2007 in Leipzig gezeigt wurde.[184] Zum anderen löste die Ausstellung des Zentrums gegen Vertreibung im Sommer 2006 in Berlin „Erzwungene Wege. Flucht und Vertreibung im Europa des 20. Jahrhunderts"[185] interessante und auch konträre öffentliche Diskussionen aus, die den Hinweis auf die Aktualität des Themas bestärken.

---

[181] Diese Angabe blieb ohne Beleg. Vgl. Karlheinz Lau, Die Vertriebenenverbände im 21. Jahrhundert, S. 1079; vgl. zu den gefälschten Mitgliederzahlen von BdV und Landsmannschaften bei Matthias Stickler, „Ostdeutsch heißt Gesamtdeutsch", S. 82, 140–148, 430.

[182] Thomas Petersen, Flucht und Vertreibung aus der Sicht der deutschen, polnischen und tschechischen Bevölkerung, S. 38–45.

[183] Ebenda, S. 45.
Überraschend war das Befragungsergebnis, wie wenig die Bevölkerung das Thema Flucht und Vertreibung mit den Vertriebenenverbänden in Zusammenhang brachte. Die Mehrheit der Deutschen, auch die ältere, zum Teil noch betroffene Generation, steht den Vertriebenenverbänden neutral und eher gleichgültig gegenüber. Vgl. ebenda, S. 52f.

[184] Vgl. Flucht, Vertreibung, Integration. Begleitbuch zur Ausstellung, Bonn 2005.

[185] Vgl. Erzwungene Wege. Flucht und Vertreibung im Europa des 20. Jahrhunderts, hrsg. Zentrum gegen Vertreibung, Begleitbuch, o. O., 2006.

VI. Resümee

1.

Nach dem Ende des Zweiten Weltkrieges mußten zwölf Millionen geflüchtete, vertriebene und (zwangs-)umgesiedelte Deutsche in den von den Alliierten Siegermächten bestimmten vier Besatzungszonen des territorial verkleinerten und kriegszerstörten Potsdam-Deutschland Aufnahme finden. Bis Ende 1949 wuchs die Zahl der Flüchtlinge und Vertriebenen in der Bundesrepublik Deutschland auf 7,9 Millionen Menschen und in der Deutschen Demokratischen Republik auf 4,3 Millionen an. Die Sowjetische Besatzungszone (SBZ), dann DDR, nahm 37,2 Prozent aller Vertriebenen auf. Im Oktober 1949 machten die Vertriebenen und Flüchtlinge knapp ein Viertel der DDR-Gesamtbevölkerung aus, d. h. von 17,8 Millionen DDR-Bürgern waren 4,3 Millionen Vertriebene. Diese verteilten sich unterschiedlich auf die fünf Länder der DDR: Den größten Anteil von Vertriebenen an der Bevölkerung wies Mecklenburg-Vorpommern auf. Hier machten sie 43,3 Prozent aus. Mit knapp einem Viertel Anteil an der Bevölkerung folgten die Länder Brandenburg, Sachsen-Anhalt und Thüringen. Das Land Sachsen hatte anteilig gesehen 17,2 Prozent Flüchtlinge und Vertriebene.

Bis zum Bau der Berliner Mauer am 13. August 1961 verließen rund 2,8 Millionen Bürger der DDR das Land in Richtung West-Berlin und Bundesrepublik Deutschland. Der Anteil der Vertriebenen an diesen sogenannten Republikflüchtigen betrug etwa ein Drittel, das hieß, daß zwischen 750 000 bis 900 00 Vertriebene die DDR verließen. 1961 lebten demnach noch knapp 3,4 Millionen Flüchtlinge und Vertriebene in der DDR. Sie machten 20 Prozent der Gesamtbevölkerung aus: Jeder fünfte DDR-Bürger war 1961 ein Flüchtling oder Vertriebener der Erlebnisgeneration.

Am Ende der Existenz der DDR 1989/90 war jeder vierte Einwohner der DDR selbst oder ein Nachkomme der Deutschen, die im Gefolge des Zweiten Weltkrieges aus ihrer Heimat geflohen, vertrieben oder zwangsumgesiedelt worden waren. Experten schätzten für den Stichtag 3. Oktober 1990 4,35 Millionen Noch-DDR-Bürger, die Vertriebene mit ihren nachgeborenen Kindern waren. Nach dem Einigungsvertrag von 1990 stand jedem Flüchtling und Vertriebenen der Erlebnisgeneration eine Einmal-Entschädigungszahlung – ein Vertriebenenzuwendungsausgleich – von DM 4 000 zu. Von 1990 bis 2000 stellten rund 1 380 000 Millionen ehemalige DDR-Bürger einen Antrag nach dem Vertriebenenzuwendungsgesetz. Die Entschädigungszahlung erhielten bis Ende Dezember 2000 1 270 000 ehemalige DDR-Bürger, die somit Vertriebene der Erlebnisgeneration waren. Zwei Drittel dieser Vertriebenen waren 1931 und später geboren.

Nach 1945 fanden Flüchtlinge, Vertriebene und Zwangsumgesiedelte in der SBZ/DDR aus allen ost- bzw. südosteuropäischen Vertreibungsgebieten Aufnahme. Zahlenmäßig die größten Gruppen bildeten Männer, Frauen und Kinder aus Schlesien (über eine Million), aus dem Sudetengebiet (zirka 850 000), aus Pommern und Ostpreußen (jeweils etwa eine halbe Million) sowie aus Ost-Brandenburg (zirka eine viertel Million). Hinzu kamen noch rund eine halbe Million Deutsche aus Polen und Deutschstämmige aus Rumänien und Ungarn, den baltischen Staaten, dem Königsberger Gebiet und anderen Regionen der

Sowjetunion. Diese landsmannschaftlich verschiedenen Gruppen verteilten sich in der SBZ/DDR unterschiedlich. Für 1950 ließ sich generalisierend feststellen, daß die meisten der in die SBZ/DDR gekommenen Schlesier in Sachsen und Sachsen-Anhalt, die Pommern in Mecklenburg-Vorpommern, die Ost-Brandenburger im Land Brandenburg, die Ost- und Westpreußen in Mecklenburg-Vorpommern, Sachsen-Anhalt und Brandenburg angesiedelt wurden. Die Mehrzahl der Sudetendeutschen wurde Sachsen, Sachsen-Anhalt und Thüringen zugewiesen.

2.

Am 15. September 1945 entstand auf Befehl der Sowjetischen Militäradministration (SMAD) in Berlin eine „Zentralverwaltung für Flüchtlingswesen und Heimkehrer" zur zentralen Steuerung des Transports und der Verteilung der Flüchtlinge. Nur zehn Tage später wurde auf Anordnung der Besatzungsmacht diese Bezeichnung in „Zentralverwaltung für Umsiedler" (ZVU) abgeändert. Die Begriffsvorgabe „Umsiedler" und „Umsiedlung" durch die sowjetische Besatzungsmacht war keine spezifische Neuschöpfung. Bereits die Zwangs- und Massendeportationen in der Geschichte der UdSSR der 1920er, 1930er und beginnenden 1940er Jahre wurden in sowjetischer Politik-Tradition als „Umsiedlungsaktionen" benannt. Für die SMAD-Offiziere war der verordnete „Umsiedlungs"-Begriff eine problemlose Übertragung eines gewohnten Verwaltungsvokabulars auf die Vertreibung deutscher Bevölkerung. Für die Begriffsbedeutung „Umsiedlung" war allerdings auch dessen nationalsozialistische Vorgeschichte zu berücksichtigen. NS-Deutschland schloß während des Zweiten Weltkrieges mit verschiedenen Staaten (Estland, Lettland, UdSSR) Verträge ab zur „Umsiedlung" deutscher Volksgruppen, in denen der Begriff verbindlich fixiert wurde. Sowohl der sowjetische als auch der nationalsozialistische „Umsiedler"-Begriff lieferte Kernelemente für die Begrifflichkeit in der SBZ.

Der von der SMAD und dann von der KPD/SED verwendete Begriff bekräftigte das von allen Alliierten gemeinsame Ziel der vollständigen Assimilation und Gleichberechtigung der „Umsiedler" mit der alteingesessenen Bevölkerung. Der offizielle Terminus hatte aber nicht nur die Endgültigkeit der Massenvertreibung und Zwangsaussiedlung auszudrücken. Er war zudem extrem verharmlosend, beschönigend und entsprach nicht den realen Abläufen. Der „Umsiedler"-Begriff war auch eine politisch rechtfertigende Umschreibung des Vorganges von Flucht, Vertreibung und Zwangsaussiedlung vor und nach dem Ende des Zweiten Weltkrieges, ein Vorgang, den von den 14 Millionen vertriebenen Deutschen zirka zwei Millionen mit ihrem Leben bezahlen mußten. Der Begriff „Umsiedler" mutete den betroffenen Vertriebenen und Flüchtlingen selbst eine erhebliche sprachpolitische Vergewaltigung ihrer Erinnerungen zu, machte ihnen jedoch zugleich ein Angebot zu einer Art „rechtlich geordneten Einwanderung" in die Aufnahmegesellschaft der Sowjetischen Besatzungszone.

Die 1945 eingeführte und erzwungene Sprachregelung wurde schrittweise durch Sprachlosigkeit in der DDR abgelöst. Ab 1949 sollte der „Umsiedler"-Begriff – nachdem die Integration der „Umsiedler" in die ostdeutsche Gesellschaft für die SED-Führung als weitgehend abgeschlossen galt –, der trotz seiner Verschleierungsfunktion die besondere Gruppeneigenschaft der Vertriebenen und Flüchtlinge ausdrückte, vermieden werden. Kurzzeitig erlaubte sich die frühe DDR bis 1952/53 die Existenz der Bezeichnungen „ehemalige Umsiedler" und „Neubürger". Aus der Öffentlichkeit verschwand der Begriff „Umsiedler" mit all seinen Synonymen seit Mitte der 1950er Jahre weitgehend. Nie verschwand er hingegen in den internen Verwaltungsunterlagen des Polizei- und Geheimdienstes (MfS), in internen Papieren des außenpolitischen Apparates der DDR bezüglich Polens, der ČSR/ČSSR, der Sowjetunion usw., welche die Aussiedlungsaktionen von Deutschen betrafen, sowie in öffentlichen Propagandaaktionen, die auf die Bundesrepublik Deutschland ausgerichtet waren. Auch tauchte der „Umsiedler"-Begriff in der Literatur und Kunst immer wieder auf.

Der Begriff „Vertreibung" („Vertriebene") wurde hingegen in öffentlichen, aber auch in allen internen Papieren der SED und des DDR-Staates nie benutzt. Für die Funktionäre von Partei und Staat bedeutete der Vertriebenenbegriff die Anerkennung eines „Unrechts der Vertreibung", einer „andauernden unschuldigen Opferrolle" für die Betroffenen, die sie so nicht gelten lassen wollten. Für die SED-Führung war die „Vertreibung" (sprich „Umsiedlung") eine mehr oder weniger gerechte Strafmaßnahme aller Alliierten für die Kriegsverbrechen des Deutschen Reiches an den Völkern Ost- und Südost-Europas, die sie anerkannten. Daher benutzten sie auch in bezug auf die Bundesrepublik konsequent die Bezeichnungen „Umsiedler" für die Flüchtlinge und Vertriebenen und „Umsiedlerorganisationen" für ihre Verbände, die ostdeutschen Landsmannschaften und den Bund der Vertriebenen (BdV).

Im Sprachgebrauch der betroffenen Personen hingegen und unter der einheimischen Bevölkerung in der DDR war jedoch die Bezeichnung „Flüchtlinge" bzw. „Ostflüchtlinge" üblich. Da war seltener von „Umsiedlern" die Rede. Der Begriff „Vertriebene" war wegen des politischen und juristischen Gebrauchs in der Bundesrepublik seit Beginn der 1950er Jahre in der Ost-West-Auseinandersetzung und der Verwendung durch die bundesdeutschen Vertriebenenverbände in der DDR nicht gebräuchlich.

3.

Die in der SBZ auf sowjetischen Befehl im September 1945 in Berlin geschaffene Zentralverwaltung für deutsche Umsiedler wurde stets von kommunistischen Funktionären geleitet und der Apparat von ihnen dominiert. Auf der zentralen Parteiebene der SED lag die Zuständigkeit für die „Umsiedler"-Politik 1946 nur kurzzeitig beim ehemaligen Sozialdemokraten und Sozialexperten Helmut Lehmann. Im Herbst 1946 wechselte sie im SED-Zentralsekretariat auf den Kommunisten Paul Merker.

Die sowjetisch bestimmte und immer stärker SED-geprägte Vertriebenenpolitik bewegte sich in den Nachkriegsjahren zwischen sozialpolitisch-integrativen und negativ-repressiven Maßnahmen, die flankiert wurden von Versuchen ständiger politischer Beeinflussung und Umerziehung. Die „Umsiedler"-Politik basierte einerseits auf einer schnellen und dauerhaften wirtschaftlichen, beruflichen und sozialen Integration. Andererseits wurde die Berufung auf ein Heimatrecht schnell kriminalisiert, polizeilich verfolgt und gerichtlich geahndet. Die permanente ideologische Beeinflussung der „Umsiedler" umfaßte die alleinige Schuldzuweisung für die Vertreibungen an das NS-Regime und die Bekämpfung aller Hoffnungen auf eine Rückkehr in die Heimat.

Das schrittweise eingeleitete Ende der spezifischen Vertriebenenpolitik in der SBZ und die damit verbundene Auflösung der „Umsiedler"-Sonderverwaltung zugunsten einer „Umsiedlerbetreuung im Rahmen der umfassenden sozialpolitischen Arbeit" begann bereits 1948. Der Chef der SMAD-Verwaltung für Innere Angelegenheiten ordnete Anfang

März 1948 an, die „Aufgaben für Umsiedlung" künftig der Deutschen Verwaltung des Innern zu unterstellen. Damit diktierten die Sowjets die Liquidierung der Sonderverwaltung für „Umsiedler" und ihre Überführung in die Innenverwaltung, d. h. sie war nun der zentralen polizeilichen Exekutive zugeschlagen worden, was die polizeistaatlich-repressive Seite der Flüchtlingspolitik in der SBZ nicht nur symbolisch verstärkte. Das Ende der Vertriebenenpolitik war besiegelt. Mit Gründung der DDR befaßte sich die Abteilung „Bevölkerungspolitik" des Innenministeriums mit noch verbliebenen Zuständigkeiten für die „Umsiedler". Mitte 1952 erhielt auch diese Abteilung ein neues Aufgabenfeld – und zwar die „Republikflucht aus der DDR" zu beobachten.

Im April 1948 änderten sich auch die Zuständigkeiten im umsiedlerpolitischen Apparat der SED. Paul Merker büßte seine Kompetenz für die Vertriebenenproblematik ein. Diese ging direkt auf Walter Ulbricht über. Von nun an übernahm die von Ulbrichts Gefolgsmann Anton Plenikowski geleitete Abteilung „Landespolitik" des Parteivorstandes (ab 1950 ZK-Abteilung „Staatliche Verwaltung") die Federführung in der „Umsiedler"-Politik in der SBZ/DDR.

Einer letzten kurzen Phase gezielter materieller Förderung – mit dem Höhepunkt der Inkraftsetzung und Umsetzung des DDR-Umsiedlergesetzes vom 8. September 1950 – folgte Ende 1952 / Anfang 1953 die offizielle Erklärung der DDR-Regierung, daß die Integration der „ehemaligen Umsiedler" weitgehend abgeschlossen sei. Die DDR gestattete sich keine gesonderte Vertriebenenpolitik mehr. Das Vertriebenen-Problem wurde in den kontrollierten Medien und in der Öffentlichkeit der DDR nicht mehr thematisiert und dem gesamtgesellschaftlichen Entwicklungsprozeß untergeordnet.

Die verfrühte Einstellung spezifischer Integrationsförderung für „Umsiedler" und die Tabuisierung des Vertriebenenproblems im SED-Staat hatte verschiedene Gründe: Zum einen waren weder SED-Führung noch die alteingesessene Bevölkerung bereit, weiterhin finanzielle Mittel für die Gruppe der „Umsiedler" als Anerkennung für einen besonders gravierenden Verlust durch Flucht und Vertreibung aufzubringen. Zum zweiten lag das Tabu darin begründet, daß die DDR nicht nur geographisch in unmittelbarer Nachbarschaft zu den Staaten, zu Polen und der ČSR, gelegen war, aus denen die Mehrheit der Flüchtlinge und Vertriebenen stammten, sondern auch wirtschaftlich gesehen auf deren Zusammenarbeit existentiell angewiesen war. Zudem stand die DDR durch die Sowjetische Kontrollkommission (SKK) unter unmittelbarer Kontrolle der für die Vertreibung mitverantwortlichen bzw. hauptverantwortlich gemachten alliierten Besatzungsmacht. Und drittens hatte die DDR den prozentual höchsten Vertriebenenanteil an der Bevölkerung im Nachkriegsdeutschland. Angesichts dieser Lage war das Problem Vertreibung und deutsche Ostgebiete für den DDR-Staat von Anfang an ein außen- und sicherheitspolitisches Problem, potentiell systemdestabilisierend und daher von der SED zum totalen Tabu erklärt worden.

4.

Das niemals offiziell ausgesprochene Verbot, Flucht- und Vertreibungsgeschehen sowie Grenzfragen öffentlich zu thematisieren, konnte in der DDR jedoch nie vollständig durchgesetzt werden. Auch in einer SED-Diktatur ließ sich die private Verständigung über dieses Thema unter den Vertriebenen wie unter der Bevölkerung insgesamt auch mittels Polizei- und Geheimdienst nur begrenzt kontrollieren. Nach von der SED 1952/53 verkündeter

„vollständiger Integration" der Flüchtlinge und Vertriebenen in die Gesellschaft gerieten die „ehemaligen Umsiedler" nun fast nur noch unter repressiven, polizeistaatlichen und geheimdienstlichen Vorzeichen ins Blickfeld von Staat und Partei. Die SED sah in ihnen vor allem ein sicherheitspolitisches Problem mit innenpolitischer Auswirkung – als mögliches Unruhepotential innerhalb der Gesellschaft – sowie ein Problem mit außenpolitischer Dimension – als Störfaktor in den ohnehin schwierigen Beziehungen zwischen der DDR und Polen sowie der DDR und der ČSR. Damit begann die ausschließlich negative Vertriebenenpolitik in der DDR. In zwei Bereichen wurde das sichtbar: zum einen in der Frage der Formierung landsmannschaftlicher Treffen bzw. Selbstorganisationsversuchen der „Umsiedler" und zum zweiten in der Frage der Haltung der „ehemaligen Umsiedler" bzw. der Bevölkerung insgesamt zur Oder-Neiße-Grenze.

Die DDR-Regierung hatte im Juli 1950 mit der VR Polen das Abkommen über die Oder-Neiße-Linie als „Staatsgrenze zwischen Deutschland und Polen" abgeschlossen. Sie akzeptierte damit, daß die Vertreibungen und die neue ostdeutsche Grenzregelung eine mehr oder weniger gerechte Strafmaßnahme aller Alliierten für die Verbrechen der Deutschen an den Völkern Ost- und Südost-Europas war. Bis Anfang 1950 wurden die „Umsiedler" in der Frage der Akzeptanz der deutsch-polnischen Grenze agitiert, dann setzte mit ganzer Schärfe die geheimpolizeiliche und strafrechtliche Verfolgung der Kritiker und Gegner der Oder-Neiße-Grenze ein.

In der SBZ/DDR waren und blieben landsmannschaftliche Zusammenschlüsse der Vertriebenen verboten. Selbstorganisationsversuche von „Umsiedlern", auch Ansätze zu landsmannschaftlichen Treffen im kleineren Kreis, waren unerwünscht und standen, sobald sie bekannt wurden, unter polizeilicher und geheimdienstlicher Beobachtung. Die SED und ihr Sicherheitsapparat bezeichneten Versuche von Vertriebenen-Selbstorganisationen als friedens- und staatsgefährdende Zusammenschlüsse. Um diese zu verbieten und die Teilnehmer zu bestrafen, mußte ihnen die Leugnung der Oder-Neiße-Linie als Friedensgrenze und/oder eine Verbindung zu den Landsmannschaften der Bundesrepublik nachgewiesen werden. Der DDR-Geheim-, Polizei- und Justizapparat verfolgte alle Kontakte von „Umsiedlern", die Verbindung mit Landsmannschaften in der Bundesrepublik bzw. West-Berlin unterhielten. Das „Recht auf Heimat" und der „friedliche Rückkehrwille in die ostdeutschen Gebiete" stand im politischen Forderungskatalog der bundesdeutschen Vertriebenenverbände. Jegliche Verbindungsaufnahme von „DDR-Umsiedlern" mit in Landsmannschaften organisierten Vertriebenen der Bundesrepublik, die nach ihrem Verbandsstatut die Oder-Neiße-Linie nicht als deutsche Ostgrenze anerkannten, wurde als „kriegstreibend" sowie als „staatsgefährdende Propaganda und Hetze" verurteilt und zunächst nach dem DDR-Verfassungsartikel 6, Absatz 2, ab Dezember 1950 nach dem „Gesetz zum Schutze des Friedens" und ab Dezember 1957 nach dem Strafrechtsergänzungsgesetz verfolgt und geahndet.

Oft versuchten Polizei und Justiz, Kritik an der Oder-Neiße-Grenze und Kontakte zu Vertriebenen in der Bundesrepublik, die meist verwandtschaftlicher Art waren und als Kontakte zu westdeutschen Vertriebenenverbänden ausgelegt wurden, mit anderen vermeintlichen politischen oder kriminellen Verfehlungen zu kombinieren. Diese Art Anklagen, z. T. konstruiert und oft unverhältnismäßig aufgebauscht, waren einfacher justitiabel, führten zu höheren Strafen und schüchterten die „ehemaligen Umsiedler" und die Bevölkerung insgesamt ein.

Die DDR sah sich immer wieder mit dem Stattfinden kleinerer und auch größerer Vertriebenentreffen konfrontiert. Die Größenordnung dieser landsmannschaftlichen Zusammenkünfte konnte zwischen einigen wenigen bis zu einigen hundert Personen variieren. Zu einem Phänomen wurden fast jährliche Treffen für DDR-Verhältnisse großer Vertriebenengruppen – es konnten einige hundert bis zu zweitausend „Umsiedler" sein – im Hallenser und im Leipziger Zoologischen Garten. In den Akten der Polizei- und MfS-Behörden sind diese Treffen von 1950 bis 1969 dokumentiert.[1] Es gilt als sicher, daß diese „Umsiedlertreffen", vor allem im Leipziger Zoo, auch in den 1980er Jahren noch stattfanden. Obwohl die Polizei- und MfS-Organe mehrfach gegen diese Zusammenkünfte vorgingen – u. a. mittels Polizeieinsatz, Verhaftungen, Vorladungen der teilnehmenden „Umsiedler" bei der Staatssicherheit usw. –, konnte der SED-Staat über Jahrzehnte hinweg diese „Umsiedlertreffen" letztlich nicht verhindern.

Als Ergebnis der Studie ist festzuhalten, daß ab den 1970er Jahren die SED-Parteiorgane und der Staatssicherheitsdienst gegen „Umsiedlertreffen" wenig oder nichts unternahmen, die Teilnehmer unbehelligt blieben, wenn diese bereits älter waren, keine Besucher aus der Bundesrepublik bei den Veranstaltungen anwesend waren, und wenn es auf den Treffen zu keinen negativen Äußerungen über den Staat, die SED und den Vertreibungsvorgang kam.

5.

Die DDR-Regierung untersagte ab 1950/51 die Erhebung von Sonderstatistiken über Vertriebene, aus denen ihre bevölkerungsstatistische Größe und reale ökonomische, politische und soziale Lage fundiert hätte bestimmt werden können. Trotzdem interessierte sich die SED-Führung in zeitlichen Abständen immer wieder für den tatsächlichen Stand der Integration der „Umsiedler". Entgegen der staatlich offiziellen Weisung, keine Vertriebenen-Statistiken zu führen, erhielt Mitte der 1950er Jahre die Staatssicherheit von der SED-Führung den konkreten Auftrag, „Umsiedlerkonzentrationen" in Betrieben und Institutionen auszumachen und zu überwachen. Im April 1951 wies der damalige Staatssekretär des MfS, Erich Mielke, die MfS-Länderdienststellen an, eine eigene Vertriebenen-Statistik anzulegen und mit der Werbung von „Geheimen Mitarbeitern (GM)" unter den „Umsiedlern" zu beginnen. Beide Anordnungen Mielkes wurden ab 1955 ausgeführt.

Das MfS legte im November 1955 einen ersten umfangreicheren Bericht über die „allgemeine und politische Stimmung der ehemaligen Umsiedler" vor. Danach hatte sich ein Teil der „Umsiedler" gut in die DDR-Gesellschaft eingelebt. Nach Erkenntnissen des MfS würden diese die Regierungspolitik unterstützen, sich aber zu politischen Ereignissen zurückhaltend äußern. Der größere Teil älterer „Umsiedler" und jene, die umfangreichen Besitz in der alten Heimat zurücklassen mußten, hegten immer noch Hoffnungen auf die Rückkehr in die Heimat. Die MfS-Analyse verwies auf die anhaltenden Diskussionen über die Oder-Neiße-Grenze unter den „Umsiedlern". Zu den Ursachen der politisch negativen Einstellung unter den Vertriebenen erklärte die Staatssicherheit zuallererst Einflüsse aus der Bundesrepublik, das negative Wirken der westdeutschen Vertriebenenorganisationen und der Vertriebenentreffen insbesondere in West-Berlin. DDR-interne Fehler in der Vertriebenenpolitik sah man als sekundär an. Sie lagen nach Meinung des MfS in noch immer bestehenden schlechten Wohnverhältnissen, in bürokratischen Engstirnigkeiten von Ver-

---

[1] Zeitlich weiterführende Akten konnten in den einschlägigen Archiven bisher nicht gefunden werden.

waltungsbehörden und in fehlenden Besuchsreisegenehmigungen für „Umsiedler" zu Verwandten, die in den ehemaligen deutschen Vertreibungsgebieten in Polen und in der ČSR zurückgeblieben waren.

Die Bezirksverwaltungen des MfS verfügten ab 1959 über konkrete Vertriebenenstatistiken, die fortlaufend aktualisiert wurden, und die Staatssicherheit hatte sich ein erstes grobes Netz von „Geheimen Mitarbeitern"[2] zur Informationsbeschaffung und zur Kontrolle über diese „Umsiedlerkreise" geschaffen.

6.

Anders als in der SBZ/DDR konnten sich in den Westzonen/Bundesrepublik ab 1948 Flüchtlinge und Vertriebene organisieren. Neben zwanzig ostdeutschen Landsmannschaften konstituierte sich bis Ende 1958 der Dachverband der Vertriebenen in der Bundesrepublik – der „Bund der Vertriebenen (BdV) – Vereinigte Landsmannschaften". Die politischen Ziele der westdeutschen Vertriebenenverbände – die Herstellung der Einheit Deutschlands in den Grenzen von 1937 und damit keine Anerkennung der DDR und der Oder-Neiße-Grenze, keine bedingungslose Annullierung des Münchner Abkommens von 1938 sowie ein friedliches Rückkehrrecht für Vertriebene in die alten ostdeutschen bzw. Sudetengebiete – waren für die SED ein Angriff auf die Existenz der DDR, auf die staatliche Souveränität des Landes und auf ihren Führungsanspruch. Der BdV und die Landsmannschaften gehörten für die SED daher zu den „Feindorganisationen" der Bundesrepublik, die es mit allen Mitteln zu bekämpfen galt.

Ab Mitte der 1950er Jahre, regelmäßiger und konzentrierter ab 1959/60, begann die SED-Führung die Vertriebenenverbände und Teile der Politik der Bundesrepublik als „revanchistisch" zu brandmarken. Die DDR erlangte 1955 ihre staatliche Souveränität. Seit diesem Zeitpunkt unternahm die DDR-Regierung erste öffentliche und propagandistische Versuche, sich als souveräner Staat innerhalb der osteuropäischen Gemeinschaft zu positionieren und sich gegen den zweiten deutschen Staat abzugrenzen. Dafür bot sich der Revanchismus-Vorwurf gegen die Bundesrepublik an. Als eine Art Ersatzlegitimation, innen- und außenpolitisch ausgerichtet, stellte die SED-Führung ihren Staat DDR als den „deutschen Friedensstaat" hin. Dies geschah in Abgrenzung zur Bundesrepublik, den sie als „Hort des Revanchismus" bezichtigte und als einzigen Staat Europas diskreditierte, der die Nachkriegsgrenzen, insbesondere die Oder-Neiße-Grenze, nicht anerkannte und Anspruch auf fremde Staatsgebiete – mit der Forderung eines Deutschland in den Grenzen von 1937 – erhob. Für diese „revanchistischen" Politikziele, so die bis 1989 andauernde SED-Argumentation, mißbrauchten die Bonner Regierung und die Vertriebenenverbände die Flüchtlinge und Vertriebenen.

Die 1960er und beginnenden 1970er Jahre bildeten die Hoch-Zeit der SED-Revanchismus-Kampagnen gegen die Vertriebenenverbände der Bundesrepublik. Diese umfaßten eine innen- und außenpolitische sowie deutsch-deutsche Dimension: Außenpolitisch sollten sie zur internationalen Anerkennung der DDR beitragen und den ostdeutschen Staat in der „sozialistischen Staatengemeinschaft" stabil positionieren. Die Revanchismusvorwür-

---

[2] Um eine Größenvorstellung zu haben: Die MfS-Bezirksverwaltung Neubrandenburg verfügte im März 1959 über insgesamt 285 „Geheime Mitarbeiter", die „Umsiedler" waren; im Bezirk Rostock gab es 1960 331 „IMs in Umsiedlerkreisen".

fe gegen die Bundesrepublik hatten den ostdeutschen gegen den westdeutschen Staat abzugrenzen und DDR-innenpolitisch herrschaftslegitimierend zu wirken. Und sie waren zugleich auch immer eine unterschwellige Drohung an die „ehemaligen Umsiedler" in der DDR, das Vertreibungsproblem und Grenzfragen nicht zu thematisieren, um nicht selbst unter das Stigma „revanchistisch" zu fallen. Öffentliche Hauptakteure der Revanchismus-Kampagnen in diesen Jahren waren der SED-Chefideologe Albert Norden und der „Ausschuß für deutsche Einheit", das MfS wirkte verdeckt im Hintergrund.

Die Staatssicherheit überprüfte zwischen 1960 und 1963 systematisch das Führungspersonal der Landsmannschaften und des BdV mit dem Ziel, einen Nachweis zu führen, daß die Vertriebenenfunktionäre NS-belastet waren. Ein Ergebnis dieser Recherche war die Veröffentlichung des „Braunbuches. Kriegs- und Naziverbrecher in der Bundesrepublik" im Jahr 1965. Darin benannte die DDR 109 „Bonner Revanchistenführer" mit tatsächlicher oder vermeintlicher NS-Vergangenheit. Die im „Braunbuch" vorgebrachten Sachverhalte gegen die Vertriebenenfunktionäre waren im Kern zutreffend, wenn auch pauschaliert und übertrieben. Das „Braunbuch" war als SED-Propaganda-Aktion national und international erfolgreich auch deshalb, weil sich die Eliten der Bundesrepublik und auch die Funktionäre der Vertriebenenverbände ihrer politischen Vergangenheit nicht stellten.

Das MfS und die SED-ZK-Agitationsabteilung fertigten zwischen 1960 und 1989 zahlreiche Dokumentationen und Propagandamaterialien über die ostdeutschen Landsmannschaften und den BdV, die teils für den internen Gebrauch und teils für die Veröffentlichung bestimmt waren. In martialischer Manier des „Kalten Krieges" bezichtigten die SED-Ideologen darin die Vertriebenenorganisationen der „psychologischen Eroberungskriegsführung" und verglichen die Treffen der Landsmannschaften mit kriegsvorbereitenden Aufmärschen gegen die DDR, Polen, die ČSSR und die Sowjetunion.

In der öffentlichen Revanchismuspropaganda unterschied die SED nicht zwischen CDU/CSU- oder SPD-geführten Bundesregierungen und deren Politikzielen in der Vertriebenenfrage. Zu einem führenden Vertriebenenpolitiker der SPD stieg Ende der 1950er Jahre der Sudetendeutsche Wenzel Jaksch auf. Dieser war von 1964 bis 1966 Präsident des BdV. Das machte ihn in den Augen der SED zu einem Zielobjekt einer diffamierenden persönlichen Revanchismus-Kampagne, die zwischen 1959 und 1969 lief. Den langjährigen SPD-Politiker Jaksch – er hatte von 1939 bis 1949 im britischen Exil leben müssen – diskreditierte die SED mit den unglaublichen Titeln wie „Heim-ins-Reich-Krieger", „Volk-ohne-Raum-Ideologe" oder „Jaksch auf Goebbels Spuren".

1969 und 1970 drehten die DDR-Dokumentarfilmer Walter Heynowski und Gerhard Scheumann zwei Interviewfilme über zwei führende Funktionäre der Sudetendeutschen Landsmannschaft, die Teil von SED-Revanchismus-Kampagnen wurden. In spezifischer Machart gelang es den Dokumentarfilmern, die Landsmannschaftsfunktionäre Walter Becher und Horst Rudolf Übelacker zu Selbstaussagen zu bewegen, die einen aggressiven Anspruch auf das Sudetengebiet in der ČSSR erkennen ließen und als „neofaschistisch" bezeichnet werden konnten. Beide Filme liefen im östlichen und im westlichen europäischen Ausland, auch in der Bundesrepublik, und waren im „Kampf gegen den Revanchismus der Vertriebenenverbände und des Bonner Staates" ein Erfolg der DDR.

Nach der Unterzeichnung der Ostverträge durch die Bundesregierung zwischen 1970 und 1974, die die Vertriebenenverbände politisch bekämpften aber letztlich nicht verhindern konnten, hofften SED und MfS, daß es über kurz oder lang zu einer Art Selbstauflösung der Landsmannschaften und des BdV kommen würde. Nach dem Regierungswechsel zu Bundeskanzler Helmut Kohl 1982 mußten SED und MfS aber ein Wiederaufleben der

Aktivitäten der Vertriebenenverbände feststellen, die die SED-Funktionäre mit eingeübten Propagandaoffensiven zu bekämpfen hofften. Die öffentliche DDR-Propaganda verbreitete gegen Ende der 1980er Jahre das Bild einer „erfolgreichen revanchistischen Unterwanderung" der gesamten bundesdeutschen Gesellschaft durch die Vertriebenenverbände und überzeichnete damit den politischen Einfluß des BdV und der Landsmannschaften maßlos.

Das jahrzehntelange Wiederholen der Vorwürfe von „Revanchismus und Neofaschismus" an die Landsmannschaften und den Bund der Vertriebenen in der Bundesrepublik schufen entsprechende politische Vorbehalte. Auch diskreditierten sich Vertriebenenverbände und einzelne ihrer Funktionäre selbst mit aggressiven und unüberlegten öffentlichen politischen Forderungen, so daß man in Ost und West geneigt schien, dem SED-Revanchismusvorwurf z. T. zuzustimmen.

7.

Weitaus gefährlicher als die Politik der Landsmannschaften und des BdV in der Bundesrepublik erschien der SED und dem MfS die Wirkung und Tätigkeit der Vertriebenenorganisationen, insbesondere der in West-Berlin agierenden, in die DDR hinein. Tatsächlich hatte seit den 1950er Jahren der West-Berliner Landesverband der Vertriebenen die Mitbetreuung, Agitation und Information der „Umsiedler" in der DDR übernommen. Die Staatssicherheit sah die „ehemaligen Umsiedler" in der DDR als Sicherheitsrisiko, da deutsch-deutsche Kontakte vor dem Hintergrund landsmannschaftlichen Zusammenhalts für die SED schwer kontrollierbar erschienen. Das MfS ordnete 1956 an, die geheimdienstliche „Aufklärung und Bearbeitung der Feindtätigkeit der Landsmannschaften in Westdeutschland und Westberlin" einzuleiten und voranzutreiben.

SED und MfS registrierten in den 1950er Jahren mit wachsendem politischen Mißtrauen die regelmäßig stattfindenden Veranstaltungen der Landsmannschaften und ihrer Heimatkreise vor allem in West-Berlin. Dazu zählte auch die jährliche zentrale Veranstaltung der Landsmannschaften und ihres Dachverbandes zum „Tag der Heimat" in der West-Berliner „Waldbühne". Die Staatssicherheit ermittelte, daß zirka ein Drittel bis die Hälfte der Teilnehmer auf diesen Großveranstaltungen bzw. den Zusammenkünften der ostdeutschen Landsmannschaften „ehemalige Umsiedler" aus der DDR waren. Dem MfS gelang es bis zum Bau der Berliner Mauer im August 1961 nicht, die Teilnahme von DDR-Bürgern auf den Vertriebenentreffen zu unterbinden.

Zwischen 1956 bis zirka 1965 erstellten die MfS-Bezirksverwaltungen namentliche Listen von „ehemaligen Umsiedlern", die an Vertriebenentreffen in West-Berlin bzw. in der Bundesrepublik teilnahmen bzw. teilgenommen hatten und nach 1961 Brief- bzw. weiterhin persönliche Kontakte zu Vertriebenenorganisationen unterhielten. Da die nach 1961 fortbestehenden, von der Größenordnung unbedeutenden persönlichen Kontakte[3] von „ehemaligen Umsiedlern" zu organisierten Vertriebenen in West-Berlin und Westdeutschland verwandtschaftlicher Art waren bzw. von älteren „Umsiedlern" unterhielten wurden, beließ es die Staatssicherheit bei der Beobachtung und Kontrolle der Verbindungen. Der DDR-Repressionsapparat ging nicht polizeilich bzw. juristisch gegen diese „Umsiedler" vor.

---

[3] Die MfS-Bezirksverwaltung Neubrandenburg hatte 1962 von rund 400 „Umsiedlern" namentliche Kenntnis, die aktuelle Kontakte zu Landsmannschaften in der Bundesrepublik unterhielten.

1965 kamen die MfS-Bezirksverwaltungen zu der glaubhaften Bilanz, daß in ihren jeweiligen Bezirken „der Einfluß der revanchistischen Landsmannschaften Westdeutschlands keine umfassende Wirksamkeit" hat. SED und MfS hatten Mitte der 1960er Jahre ausreichende Kontrolle über die „ehemaligen Umsiedler". Es ging keine politische Gefahr von sogenannten Umsiedlerkonzentrationen, Umsiedlertreffen oder Kontakten von „Umsiedlern" zu Vertriebenen in der Bundesrepublik aus. Die innere politische Stabilität der DDR war durch diese spezifische Bevölkerungsgruppe nicht gefährdet.

Im Laufe der 1960er Jahre war eine weitgehende wirtschaftliche und soziale Eingliederung der „Umsiedler" in die DDR-Gesellschaft erfolgt. Beigetragen hatten dazu einerseits die repressiven Maßnahmen zur Unterdrückung der Kommunikations- und Selbstorganisationsbestrebungen unter den „Umsiedlern" sowie andererseits die staatlichen Angebote von Integrations- und Aufstiegschancen für die jüngere Vertriebenengeneration. Mit dem größer werdendem zeitlichen Abstand zum Vertreibungsgeschehen trat ein Verdrängen- und Vergessenwollen ein, welches die Eingliederung der „ehemaligen Umsiedler" in die Gesellschaft erleichterte. Mitte der 1960er Jahre war unter den Vertriebenen in der DDR weder der Status noch das Bewußtsein einer Sondergruppe zu erkennen.

8.

Obwohl die Themen Vertreibung, Verlust deutscher Territorien und deutsche Minderheiten im offiziellen und öffentlichen Diskurs der DDR nicht vorkamen, mußte sich die DDR-Regierung in ihren außenpolitischen Beziehungen, vor allem zu ihren östlichen bzw. südöstlichen Nachbarstaaten Polen und ČSR, dieser Problematik stellen.

Sowohl die polnische wie auch die tschechoslowakische Regierung nahmen die DDR bis Mitte der 1950er Jahre nicht als gleichberechtigten Verhandlungspartner wahr. Das galt so lange, wie die DDR im außenpolitischen Handeln der Sowjetunion als Verhandlungsmasse zugunsten eines neutralen Gesamtdeutschlands angesehen wurde. Dies begann sich ab 1955 mit der Erlangung der „vollen Souveränität" der DDR durch bilaterale Regierungsverhandlungen zwischen Moskau und Ost-Berlin und der formal gleichberechtigten Aufnahme der DDR in den Warschauer Vertrag 1955 zu ändern. Die DDR wurde fester in die sozialistische Staatengemeinschaft integriert und in der deutsch-deutschen Systemkonkurrenz aufgewertet.

Sowohl in Polen als auch in der Tschechoslowakei lassen sich fünf Phasen der Politik mit der deutschen Minderheit und der Politik der Familienzusammenführung feststellen:

Eine 1. Phase der Assimilierungsstrategie gegenüber der deutschen Minderheit von 1949 bis 1956; Eine 2. Phase der Liberalisierung in der Minderheitenpolitik und, das galt nur für Polen, Massenübersiedlungen nach Ost- und Westdeutschland während der kurzen Entstalinisierungszeit 1956 und 1958. Bis 1955 fanden Familienzusammenführungen nur in die DDR statt, danach auch in die Bundesrepublik. Eine 3. Phase schloß sich 1960 bis 1964 mit Verhärtungen in der polnischen bzw. tschechoslowakischen Politik gegenüber der deutschen Minderheit an. Eine 4. Phase, ab Mitte der 1960er Jahre, brachte die formale Anerkennung der Existenz einer deutschen Minderheit jeweils in der VR Polen bzw. in der ČSSR. Die 5. Phase war geprägt von größeren Übersiedlungen im Gefolge der europäischen Entspannungspolitik und der Unterzeichnung der Ost- und KSZE-Verträge ab Anfang der 1970er Jahre.

Die bilateralen Beziehungen zwischen der DDR und der VR Polen bzw. der ČSR verbesserten sich ab Mitte der 1950er Jahre merklich, was aber nicht für die Politik der Ausreise und Familienzusammenführung galt. Sowohl die polnische wie auch die tschechoslowakische Regierung informierten die DDR nie über ihre jeweilige Strategie gegenüber der deutschen Minderheit und über ihre Politik der Ausreise und Familienzusammenführung.

Einigkeit herrschte zwischen den Regierungen in Ost-Berlin, Warschau und Prag darin, daß sie am Erhalt eines „Deutschtums" in Polen und in der Tschechoslowakei kein Interesse hatten. Geschlossen standen sie gegen die Bundesrepublik und die Vertriebenenverbände mit ihren Forderungen nach „Recht auf Heimat" und ihren „revanchistischen Grenzforderungen nach einem Deutschland in den Grenzen von 1937".

Nach der Gründung der DDR befanden sich auf dem Gebiet der VR Polen noch mehr als eine halbe Million Deutsche. Dazu zählten jene Deutsche, die vor dem 1. September 1939 Bürger des Deutschen Reiches waren und jene, die polnische Staatsbürger deutscher Nationalität, also Angehörige der deutschen Minderheit in der zweiten polnischen Republik (1918–1939), gewesen waren. Diese Deutschen lebten vorwiegend in den Wojewodschaften Olsztyn (Allenstein), Wrocław (Breslau), Gdansk (Danzig), Katowice (Kattowitz) und Opole (Oppeln). Hinzu kamen zirka 1,2 Millionen Menschen der „autochthonen Bevölkerung", die die Polen als polnische Bürger ansahen und die die Bundesrepublik offiziell und öffentlich und die DDR nur inoffiziell als Deutsche betrachteten. Der Begriff „Autochthone"[4] war ein polnisches Kunstgebilde. Die „Autochthonen" lebten vorzugsweise in Oberschlesien, im südlichen Ostpreußen, im Danziger Raum, in Pommerellen und in der ehemaligen Grenzmark Posen-Westpreußen.

Der polnische Staat betrieb ab dem Ende der 1940er Jahre eine strikte Assimilierungspolitik gegenüber der deutschen Minderheit. Mit dem Staatsbürgerschaftsgesetz von 1951 vollzog Warschau eine Sammel- bzw. Zwangseinbürgerung dieser Menschen, der sich aber Hunderttausende Deutsche zu widersetzen versuchten. Der polnische Staat hatte zwar kein Interesse an großen Gruppen deutscher Staatsbürger in Polen, aber er benötigte die Menschen deutscher Nationalität dringend als Arbeitskräfte und zur Besiedlung der neuen Gebiete im Westen und Norden Polens und wollte sie daher nicht ausreisen lassen.

Die DDR-Regierung verhandelte die gesamten 1950er Jahre mit der polnischen Regierung über die „Familienzusammenführung von Personen deutscher Nationalität" bzw. über die „Übersiedlung von ehemaligen deutschen Staatsangehörigen" in die DDR. Innenpolitische Gründe veranlaßten Ost-Berlin zunächst, sich der Deutschen in Polen anzunehmen. Um Unruhe unter den DDR-„Umsiedlern" – den ehemaligen Pommern, West- und Ostpreußen, Schlesiern und Ostbrandenburgern – zu vermeiden, die Auskunft über den Verbleib von Angehörigen und Freunden verlangten und auf eine Zusammenführung drängten, handelte die DDR-Regierung. Ein weiterer Grund, sich der deutschen Minderheit in Polen anzunehmen, lag in der Existenz der Bundesrepublik. Dieser Grund verstärkte sich ab 1955, nachdem die Bundesrepublik diplomatische Beziehungen mit der Sowjetunion aufgenommen hatte. Seitdem bemühte sich Bonn offiziell und mit Nachdruck um die Ausreise von Deutschen aus Polen in die Bundesrepublik. Die DDR wollte verhindern,

---

[4] Polen sah in diesen Menschen eine alteingesessene Bevölkerung ursprünglich polnischen Volkstums, die vor Jahrhunderten germanisiert worden waren und nun zum polnischen Mutterland zurückkehren sollten. Die Bundesrepublik und die DDR, wie auch mehrheitlich die Betroffenen selbst, sahen sich als Deutsche.

daß die Deutschen in Polen nach Westdeutschland gingen und in der Bundesrepublik ihren alleinigen Interessenvertreter sahen. Diese Gründe galten gleichermaßen auch für die deutsche Minderheit in der ČSR.

Im Januar 1950 und Januar 1952, im November und Dezember 1953, im März, Mai und November 1954, im Januar 1956, im Januar und Dezember 1958 verhandelte die DDR, z. T. auf höchster SED- und Regierungsebene, über die Problematik der Familienzusammenführung und Ausreise von Deutschen aus Polen. Die namentlichen DDR-Anforderungslisten zur Übersiedlung wurden von der polnischen Seite kaum zu zwei Dritteln erfüllt, Gründe für verweigerte Ausreisen nie mitgeteilt. Nach jeder Verhandlungs- und Ausreiserunde erklärte die polnische Seite offiziell das Problem Übersiedlung von Deutschen für „endgültig beendet", was nie den Tatsachen entsprach.

Bis 1958 gingen gut 320 000 Deutsche aus Polen nach West- und Ostdeutschland. Die größte Ausreisewelle gab es in der Liberalisierungsphase der Minderheitenpolitik zwischen 1956 und 1958. In dieser Zeit siedelten 250 000 Deutsche bzw. Deutschstämmige in die Bundesrepublik und 40 000 in die DDR über. 1959 folgten nochmals 90 000 in die Bundesrepublik und 23 000 in die DDR.

Ab 1956 beobachtete die SED mit wachsender Kritik die polnische Ausreisepolitik, die u. a. darin bestand, daß wesentlich mehr Deutsche in die Bundesrepublik als in die DDR ausreisen durften. Die SED-Spitze beschwor die polnische Parteiführung, den Einfluß der „westdeutschen revanchistischen Vertriebenenverbände" auf die deutsche Minderheit nicht zu unterschätzen und die Ausreise von Deutschen aus Polen in die Bundesrepublik drastisch einzuschränken. Die SED versuchte die polnische Seite zu überzeugen, unbedingt die „deutschsprachige Bevölkerung in Polen für das sozialistische Lager zu erhalten". Aber Warschau ging in der Entstalinisierungsphase pragmatischer mit den Übersiedlungswünschen nach der Bundesrepublik um. Die Familienzusammenführungen fanden nach Westdeutschland statt, weil der größere Teil der deutschen Minderheit in Polen Angehörige in der Bundesrepublik besaß. Der polnische Staat war zudem bestrebt, seine politischen Beziehungen mit dem zweiten, ökonomisch weit stärkere deutschen Staat zu verbessern. Und außerdem zahlte die Bundesregierung die gesamten Übersiedlungskosten.

Als ein Instrument zur Einflußnahme und Kontrolle der deutschen Minderheit in Polen lief zwischen 1956 und 1958 eine von der DDR ausgehende Aktion zur „Registrierung von ehemaligen deutschen Staatsbürgern in der VR Polen zu Staatsbürgern der DDR", die aber erfolglos abgebrochen wurde. Diese Registrierungsaktionen liefen auch in der ČSR sowie in allen anderen Ostblockstaaten mit deutscher Minderheit, und sie waren auch dort ebenso erfolglos.

Ende der 1950er Jahre war die Einstellung der SED-Führung gegenüber den Deutschen in Polen durch das Interesse an ihrer Arbeitskraft bestimmt, die in Zeiten zunehmender „Republikflucht" möglichst allein der DDR zugute kommen sollte. Die SED wollte das Minderheitenproblem gelöst wissen, um zu verhindern, daß es als permanenter Belastungsfaktor die langsam positiv sich entwickelnden außenpolitischen Beziehungen zwischen Ost-Berlin und Warschau störte.

Als die polnische Regierung 1959/60 mal wieder das Problem der deutschen Minderheit als erledigt betrachtete, opponierte die DDR – wie im Fall der ČSR – nicht öffentlich dagegen. Intern aber wußte man von der unerledigten Problematik. Offiziell bestärkte die DDR die nationalen Homogenisierungsvorstellungen Polens. Die „sozialistischen Staaten" verfügten über kein tragfähiges Konzept zur Regelung nationaler Minderheitenprobleme. Ihre Nationalitätenpolitik blieb von der marxistisch-leninistischen Vorstellung geprägt, wonach Nationen und Nationalitäten lediglich ein historisches Produkt der gesellschaftlichen Entwicklung mit begrenzter zeitlicher Existenz darstellen, die in historischen Fristen „gesetzmäßig überwunden" werden. Die volksdemokratischen Regierungen betrachteten daher die Ausschaltung nationaler Besonderheiten und die forcierte Assimilierung als wichtige politische Aufgabe.

Um 1960 lebten noch zirka 15 000 Personen deutscher Nationalität mit fraglicher Staatsbürgerschaft in Polen. Hinzu kam noch die ungeklärte Situation der rund eine Million „Autochthonen". Ab 1964 stieg die Zahl der Anträge zur Übersiedlung „von deutschsprachigen polnischen Bürgern" in die DDR wieder deutlich an. Polen zeigte zunächst großes Entgegenkommen, schränkte die großzügig gemachte Zusage für ein unkompliziertes Ausreiseverfahren aber wieder ein, als die Zahl der Ausreisewünsche in ihren Augen zu hoch wurde. So konnten in der zweiten Hälfte der 1960er Jahre nur 18 000 polnische Bürger deutscher Nationalität in die DDR gehen.

Die europäische Entspannungspolitik zu Beginn der 1970er Jahre leitete eine nächste Phase der Ausreisen von Deutschen, vorzugsweise der „autochthonen" Bevölkerung, aus Polen in die ökonomisch und politisch attraktivere Bundesrepublik ein. Warschau und Bonn unterhielten seit Juni 1972 diplomatische Beziehungen. Von 1972 bis 1982 siedelten mehr als 200 000 Deutsche aus Polen in die Bundesrepublik über. Bis in die Gegenwart sind die Ausreisen aktuell. Im zu Polen gehörenden Gebiet Oberschlesien lebten nach der Volkszählung von 2002 250 000 Polendeutsche, d.h. diese Menschen verfügen zugleich über die polnische und die deutsche Staatsbürgerschaft.

9.

In der Tschechoslowakischen Republik lebten nach der amtlichen Nationalitätenstatistik des Landes von 1950 von den ehemals 3,5 Millionen Sudetendeutschen noch 165 000 Deutsche. Die Bundesrepublik und intern auch die DDR gingen 1950 von 250 000 in der ČSR verbliebenen Deutschen aus.[5] Diese lebten vorzugsweise in den Regionen um Liberec (Reichenberg), Jablonec (Gablonz an der Neiße) und Karlovy Vary (Karlsbad). Kleinere Gruppen gab es noch bei České Budějovice (Böhmisch Budweis), Plzeň (Pilsen) und Bratislava. Die Deutschen arbeiteten in der örtlichen Industrie (Glas- und Glaswaren, Bijouterie, Christbaumschmuck und Posamentenindustrie), als Bergleute (besonders im Sokolover (Falkenberger) Revier und in Jáchymov (St. Joachimsthal), aber auch in der Landwirtschaft.

Mit den Beneš-Dekreten von 1945 wurden alle Angehörigen der deutschen Nationalität in der ČSR staatenlos und ihr Eigentum konfisziert. Von 1950 bis zum Mai 1953 erließ die tschechoslowakische Regierung Gesetze, nach denen formal alle „Personen deutscher Volkszugehörigkeit" die tschechoslowakische Staatsbürgerschaft zurückübertragen erhielten. Dies gehörte zur Assimilierungspolitik der ČSR gegenüber der deutschsprachigen Bevölkerung und kam einer Sammel- bzw. Zwangseinbürgerung gleich, der sich aber ein nicht geringer Teil von Deutschen widersetzte. Die SED-Führung und auch die DDR-Diplomaten vor Ort unterstützten Ausreisewünsche von Deutschen nicht. Sie rieten dringend zur Annahme der tschechoslowakischen Staatsbürgerschaft und priesen – entgegen den

---

[5] In den Jahren zwischen 1957 und 1960 nannte die DDR die Zahl von rund 180 000 Deutschen in der ČSR.

Tatsachen und besseren Wissens – die Freiräume im Kultur- und Bildungsbereich für die Deutschen in der ČSR.

Die deutschsprachige Bevölkerung besaß keinen Minderheitstatus, obwohl sie nach der ungarischen Minderheit mit 3 Prozent Bevölkerungsanteil die zweitgrößte Gruppe mit 1,1 Prozent Anteil an der Bevölkerung ausmachte. Nach ihr rangierten, zahlenmäßig gesehen, die polnische mit 0,6 Prozent und die ukrainisch-russische Minderheit mit 0,5 Prozent Bevölkerungsanteil. Die ungarische, polnische und ukrainisch-russische Gruppe verfügte über einen Minderheitenstatus. Der Begriff „nationale Minderheit" wurde gegenüber den Deutschen nicht verwandt. Offiziell hieß es „deutschsprachige Bevölkerung". Der Grund dafür lautete: Die deutschsprachige Bevölkerung sei nur ein „Rest einer solchen Minderheit", sie besiedle kein geschlossenes Gebiet. Die ostdeutsche wie die tschechoslowakische Seite wußten von der Unglaubwürdigkeit dieser Argumente.

Obwohl die tschechoslowakische Regierung ab Mitte der 1950er Jahre, langsam und zögerlich zwar, ihre Haltung zur deutschsprachigen Bevölkerung einer angemesseneren Minderheitenpolitik anpaßte, blieb in Staat und Nachkriegsgesellschaft die Furcht vor den Deutschen als einer Art „Fünften Kolonne" existent. Ab der Liberalisierungsphase nach dem „Entstalinisierungsparteitag" der KPdSU 1956 widmete sich die KPČ-Führung intensiver der „politischen Arbeit unter der deutschsprachigen Bevölkerung", d. h. sie wollte die Deutschen als „aktive Erbauer des Sozialismus" in der ČSR gewinnen. Obwohl sich bis 1956 die Zahl der Ausreiseanträge von Deutschen nach Ost- und Westdeutschland auf 55 000 angehäuft hatte und ständig weiter wuchs, war die ČSR-Führung nicht gewillt, Massenausreisen zuzulassen. Die Deutschen wurden als Arbeitskräfte benötigt. Auch sollten die ohnehin dünn besiedelten Grenzregionen der vormals sudetendeutschen Gebiete nicht weiter verwaisen. Die vom tschechoslowakischen Staat verfolgte Assimilierungsstrategie stand Ausreisewünschen von deutschsprachigen Bevölkerungsteilen entgegen.

Nach Angaben der DDR siedelten zwischen 1950 und 1960 nur 5 000 Deutsche in die Bundesrepublik bzw. in die DDR über. Die Bundesrepublik sprach von 24 000 Aussiedlern, die die ČSR in Richtung Ost- und Westdeutschland verlassen hätten. Der wachsenden „Ausreisehysterie" meinten die tschechoslowakischen und ostdeutschen Funktionäre mittels umfassender Agitation und Propaganda begegnen zu können. Als Ursachen der Ausreisebegehren benannten die SED- und KPČ-Funktionäre die „Hetze Westdeutschlands" und die „aggressiven Kräfte der sudetendeutschen Revanchisten".

Zum Ende der 1950er Jahre sprach man in der ČSR nun von „tschechoslowakischen Staatsbürgern deutscher Nationalität", und die Prager Regierung entschloß sich, solchen Deutschen die Ausreise nach Westdeutschland zu gestatten, die sich in die gesellschaftliche Ordnung der ČSR absolut nicht einfügen wollten.

Im Juli 1960 wurde in der Tschechoslowakei die neue „sozialistische Verfassung" in Kraft gesetzt. Anders als in der Verfassung von 1948 wurden die nationalen Minderheiten mit ihren Rechten und Pflichten aufgezählt, die deutsche Minderheit jedoch nicht. Obwohl die Deutschen mit noch zirka 140 000 Einwohnern die zweitgrößte Minderheit darstellten, wurden sie als solche nicht genannt. Die SED-Führung in Berlin war über diese Nicht-Erwähnung in der neuen ČSSR-Verfassung überrascht und irritiert, die DDR-Diplomaten vor Ort vollkommen konsterniert. Die SED wagte in der diffizilen Frage der deutschen Minderheit vor der KPČ-Führung keine Kritik, sondern ließ verlauten: Die Behandlung der ehemaligen Deutschen sei eine innere Angelegenheit der ČSSR und entspräche ihrem Sicherheitsbedürfnis. Die SED-Spitze wünschte keinen politischen Konflikt mit der KPČ in dieser Frage. Eine Reaktion auf die neue Verfassung war der drastische Anstieg von Ausreiseanträgen von Bürgern deutscher Nationalität.

In den 1960er Jahren kritisierte die SED mehr und mehr, daß die tschechoslowakische Staats- und Parteiführung die „ganze Härte des Kampfes gegen den westdeutschen Revanchismus" noch nicht verstanden habe und die Auswirkungen der „westlichen revanchistischen Propaganda" auf die ČSSR-Bürger deutscher Nationalität unterschätze. Die Prager Regierung ließ Jahr für Jahr einige Tausend Deutsche in die Bundesrepublik übersiedeln, in die DDR gingen nur wenige Hundert.

Die dramatischen Ereignisse vom August 1968 in der ČSSR, die Niederschlagung des „Prager Frühlings" durch die Truppen des Warschauer Vertrages, wirkten sich auch auf die Gruppe der ČSSR-Bürger deutscher Nationalität aus. Es kam zu einer großen Ausreisewelle in die Bundesrepublik und nach Österreich. Bis März 1969 gingen 24 000 Deutsche dauerhaft in die Bundesrepublik. Die Zahl der tschechoslowakischen Staatsbürger deutscher Nationalität verringerte sich in der ČSSR bis 1974 auf 80 000. Während und im Gefolge des „Prager Frühlings" war es in Staat und Gesellschaft der ČSSR zu Diskussionen über die Fehler in der Nationalitätenpolitik, über die zwangsweisen Assimilierungsbestrebungen, gekommen. Mit dem Gesetz „Über die Stellung der Nationalitäten" vom Oktober 1968 erhielten nun auch die ČSSR-Bürger deutscher Nationalität den Status einer Minderheit.

Der Anfang 1972 zahlenmäßig stark zunehmende paß- und visumfreie Touristenverkehr zwischen der DDR und der ČSSR brachte keine Probleme, die auf verstärkte Besuchsreisen von „ehemaligen sudetendeutschen Umsiedlern" aus der DDR in ihre früheren Heimatregionen zurückgingen. Die Berichte des MfS über diesen Reiseverkehr enthielten keine Vermerke über etwaigen negativen „Vertriebenentourismus".

Die SED-Führung interessierte sich ab den 1970er Jahren wenig für die Belange der deutschen Minderheit in der ČSSR. Sie hegte kein politisches Vertrauen in die verbliebenen ČSSR-Deutschen. Sie befürwortete keine Übersiedlungen in die DDR. Die DDR-Führung hätte es gern gesehen, wenn sich diese Deutschen in die tschechoslowakische Gesellschaft assimilierten. Wegen der vielfältigen verwandtschaftlichen Kontakte der ČSSR-Deutschen in die Bundesrepublik wollte die SED-Führung diese Bevölkerungsgruppe zur eigenen Bevölkerung auf Distanz halten, insbesondere zu den „ehemaligen Umsiedlern" aus den sudetendeutschen Gebieten.

10.

Vor dem Zweiten Weltkrieg lebten rund zwei Million Deutsche auf dem Territorium des Deutschen Reiches, das nach 1945 Staatsgebiet der Sowjetunion wurde. Hinzu kamen mehr als eine Million Deutsche – Wolga-, Wohlhynien-, Bessarabien- und Kaukasiendeutsche –, die als deutsche Kolonisten seit ein bis zwei Jahrhunderten im russischen bzw. sowjetischen Vielvölkerstaat lebten. Die Nachkommen dieser deutschen Siedler waren sowjetische Staatsbürger deutscher Nationalität.

Nach der großen Evakuierungs-, Flucht- und Vertreibungsbewegung der deutschen Bevölkerung aus Ostpreußen und dem Memelgebiet während und nach dem Ende des Krieges verblieben bis 1949/50 geschätzt nur einige Tausend sogenannter Reichsdeutscher in diesen Regionen unter sowjetischer Herrschaft. Anders als mit der polnischen und der tschechoslowakischen Regierung verhandelte die SED-Spitze mit der sowjetischen Parteiführung in der ersten Hälfte der 1950er Jahre nicht über Fragen der „Ausreise von deutschen Staatsbürgern" aus der UdSSR. Auch läßt sich nicht nachweisen, daß die DDR-Botschaft in Moskau sich der Übersiedlungsfrage angenommen hätte – dies ganz im Gegensatz zu den Aktivitäten der DDR-Botschaften in Warschau und in Prag.

Nach der Moskau-Reise von Bundeskanzler Konrad Adenauer und der Aufnahme diplomatischer Beziehungen zwischen der Bundesrepublik und der Sowjetunion forderte Bonn öffentlich mit großem Nachdruck die Rückführung deutscher Staatsbürger aus der Sowjetunion. Dieser Konkurrenzdruck ließ auch die DDR handeln, die ihrerseits Ende 1955 bei der Sowjetregierung in dieser Frage mit wenig Erfolg vorsprach. Tatsächlich kamen zwischen 1952 und 1962 nach Angaben der DDR 4300 Deutsche aus der Sowjetunion in die DDR und 13 100 Deutsche in die Bundesrepublik. Die Bundesregierung sprach für denselben Zeitraum von 18 000 Übersiedlungen. Die zahlenmäßig größten Gruppen kamen zwischen 1958 und 1960. Es handelte sich dabei um Deutsche, die vor dem 21. Juni 1941 die deutsche Staatsbürgerschaft besessen hatten.

Die immer wieder vorgebrachten Forderungen der Bundesregierung, auch Sowjetbürgern deutscher Nationalität die Ausreise zu gestatten, verweigerte Moskau konsequent. Mitte der 1960er Jahre lebten zirka 1,6 Million sowjetische Staatsbürger deutscher Nationalität in der UdSSR. Die DDR ging davon aus, daß es sich bei dieser deutschen Minderheit um sowjetische Staatsbürger handelte. Anders als die Bundesrepublik, die die sowjetischen Bürger deutscher Nationalität als deutsche Staatsbürger ansah, hielt die DDR bis 1990 uneingeschränkt an der Sicht der UdSSR fest. Die SED-Führung zeigte kein Interesse an der Übersiedlung von Personen der deutschen Minderheit aus der Sowjetunion in die DDR. Sie setzte sich gegenüber der „sozialistischen Bruderpartei" KPdSU zu keiner Zeit für eine Verbesserung der Minderheitenrechte für die Deutschen in der Sowjetunion ein.

Massenübersiedlungen von Sowjetbürgern deutscher Nationalität nach Deutschland fanden erst nach der Selbstauflösung der Sowjetunion 1991 statt. Jedes Jahr kamen rund 200 000 Menschen in die Bundesrepublik. Erst seit Ende der 1990er Jahre ist die Zahl rückläufig.

11.

Die Problematik von Flucht, Vertreibung und Heimatverlust war und blieb in den kontrollierten Medien und in der Öffentlichkeit der DDR ein Randthema. Das staatliche Verschweigen, Verdrängen und Tabuisieren zeigte Wirkung. Die repressive polizeistaatliche Grundhaltung der SED-Führung gegenüber den Selbstorganisationsbemühungen und Kommunikationsprozessen der „ehemaligen Umsiedler" war erfolgreich, jedoch nie völlig durchzusetzen.

Als eher beiläufiges Thema tauchte die „Umsiedlerproblematik" 1971 in der DDR-Geschichtswissenschaft auf. Mehrere Promotionsschriften und Veröffentlichungen in zentralen geschichtswissenschaftlichen Zeitschriften verhalfen dem Thema in den 1980er Jahren zu einiger Aktualität. Die Thematisierung änderte jedoch die eingeübte Interpretation und politische Wertung nicht, auch wenn die „SED-Umsiedlerpolitik" und der Prozeß der „Umsiedlerintegration" differenzierter und konfliktreicher dargestellt wurde. Der gängige SED-Standpunkt von der „Lösung der Umsiedlerfrage in der SBZ/DDR" ging nach wie vor davon aus, daß die „millionenfache Umsiedlung" und die Grenze an Oder und Neiße notwendig gewesen sei zur „Schaffung einer dauerhaften Friedensordnung in Europa" und zur „Wiedergutmachung verübter faschistischer Verbrechen an den Völkern Ost- und Südosteuropas".

Aus politischer Rücksichtnahme auf die Sowjetunion, die VR Polen und die ČSSR wurde von der SED-Führung das gewaltsame Geschehen von Flucht, Vertreibung und Heimatverlust heruntergespielt und die menschliche Tragödie der Betroffenen in der öffentlichen Darstellung nachträglich entdramatisiert und verleugnet. Nur bedingt gelang dies im Bereich der Kultur und Kunst. Insbesondere in der Literatur tauchte die Thematik punktuell immer wieder auf. Trotz der Tabuisierung durch den Staat und die SED thematisierten Schriftsteller immer wieder den dramatischen und Opfer fordernden Verlauf der Flucht und Vertreibung, den Schmerz über den Verlust der Heimat sowie in Einzelschicksalen das Nicht-Ankommen in der neuen Heimat oder die Schwierigkeiten und Auseinandersetzungen im alltäglichen Leben zwischen der alteingesessenen Bevölkerung und den „Umsiedlern".

1950/1953 veröffentlichte Anna Seghers einen Zyklus von sechs Erzählungen – „Friedensgeschichten" genannt, darunter auch die Kurzgeschichte „Die Umsiedlerin". In vier der sechs Erzählungen wird unterschiedlich intensiv das Thema Vertreibung – der Verlust der Heimat, die Schrecken der Flucht und Vertreibung und der Schock der Ankunftserfahrung – zur Sprache gebracht. Seghers Erzählungen waren deshalb interessant, da sie gerade zu einer Zeit veröffentlicht wurden, als das „Umsiedler"-Thema SED-gewollt aus der Öffentlichkeit verschwinden sollte. Als ein nächstes Beispiel für die 1950er und beginnenden 1960er Jahre stand der in Tilsit/Ostpreußen geborene Lyriker Johannes Bobrowski, der sich dem Thema annahm. In seinen Gedichten brachte er seine tiefe Verbundenheit zu seiner ostpreußischen Heimat zum Ausdruck und schilderte das jahrhundertelange Zusammenleben von Deutschen, Litauern, Polen, Russen und jüdischer Bevölkerung im memelländischen Grenzgebiet. Wegen des Bezugs zu seiner verlorenen alten ostpreußischen Heimat in seinen Gedichten erwog die SED-Spitze 1964, ein Publikationsverbot auszusprechen. Aber wegen „ausgesprochener Massen-Unwirksamkeit" der Gedichte unterließ man es. Der in Reichenberg/ČSR geborene Schriftsteller Franz Fühmann veröffentlichte 1962 die Erzählung „Böhmen am Meer", in der er eine nicht mögliche Integration einer „Umsiedlerin" in die ostdeutsche Nachkriegsgesellschaft literarisch verarbeitete. Die Integration fand nicht deshalb nicht statt, weil sie der „Umsiedlerin" von der alteingesessenen Bevölkerung verwehrt wurde, sondern weil die Böhmerin an der fremden mecklenburgischen Ostseeküste kein Zuhause finden konnte. Der Roman „Kindheitsmuster" von Christa Wolf aus dem Jahr 1976 wurde zu einem bedeutenden Vertreibungsroman der DDR erklärt, obwohl er dies im engeren Sinn nicht war. Trotzdem rührte die Schriftstellerin mit vielen Sätzen, Aussagen und Textpassagen am Flucht- und Vertreibungstabu. Christa Wolf hinterfragte die SED-Sprachregelung „Umsiedler" kritisch, sie reflektierte über den Heimat-Begriff und forderte ein Zulassen von „Heimweh" und „Trauer" über den Verlust der Heimat. Wolf thematisierte die inzwischen bekannte These in der Geschichtswissenschaft, daß die Flucht- und Vertreibungserfahrung von den betroffenen Generationen verschieden erlebt und „bewältigt" wurde. Auch in die 1970er Jahre gehörten verschiedene Romane des Oberschlesiers Werner Heiduczek, die sich z.T. autobiographisch auf das Flucht und Vertreibungsgeschehen bezogen. Der Autor schilderte ungeschönt die Vergewaltigungen, Haßgefühle und Grausamkeiten der sowjetischen Soldaten gegenüber der deutschen Zivilbevölkerung. Die Veröffentlichung von Heiduczeks Roman „Tod am Meer" 1977 zog einen politischen Eklat nach sich. Der sowjetische Botschafter in der DDR, Pjotr A. Abrassimow, legte beim SED-Politbürochef Erich Honecker einen offiziellen Protest wegen der Darstellung von „Brutalitäten der Roten Armee" in diesem Buch ein.

Im Jahr 1985 erschien von Ursula Höntsch-Harendt der Roman „Wir Flüchtlingskinder". Die im schlesischen Frankenstein geborene Autorin widmete sich der Vertreibungsthematik, aber noch intensiver der Schilderung des Neuanfangs junger Vertriebener in der SBZ und frühen DDR. Deutlicher als andere DDR-Autoren versuchte Höntsch, sich des SED-Postulats von der „totalen Assimilierung der Umsiedler" mit ihren Erinnerungen zu widersetzen. Mit ihrem Roman bewies sie auch, daß es dem Staat und der SED nicht gelungen war, private Erinnerungen der Flüchtlinge und Vertriebenen, ihren persönlichen Schmerz und Verlust, auszulöschen. Ein politisch wichtiger Satz dazu lautet im Buch: „Niemand von den Hönows hat die Aussiedlung vergessen, weil kein Mensch vergißt, woher er gekommen ist." Der repressiven SED-Vertriebenenpolitik war es hingegen gelungen – auch das wird im Roman deutlich –, die Vertriebenenidentität zu privatisieren sowie die landsmannschaftliche Identität der Vertriebenen zu unterdrücken.

In den 1980er Jahren konnte in der Öffentlichkeit der DDR-Gesellschaft beobachtet werden, daß das Tabuthema Flucht und „Umsiedlung" immer mehr zur Sprache kam. Dies betraf zum einen die individuellen Schrecknisse der Vertreibungserfahrung und zum anderen das Trauma des tiefgreifenden Konflikts zwischen der alteingesessenen Bevölkerung und den vertriebenen Fremden. Die Erinnerung an Flucht, Vertreibung und frühere deutsche Ostgebiete schien vorsichtig und ansatzweise ein legitimer Teil der DDR-Geschichte zu werden. Inhaltsschwere Worte wie „Flüchtlinge" und „Vertreibung", landsmannschaftliche Identitäten oder Vertreibungsverbrechen wurden allmählich aus dem Bannkreis des Verschweigens entlassen. Das SED-Tabuisierungsgebot galt hingegen ungebrochen weiter für jede laut ausgesprochene Überlegung oder gar Diskussion über den Sinn und die Rechtmäßigkeit der Vertreibungen der Deutschen zum Ende des Zweiten Weltkrieges und danach. Ein nachträgliches Infragestellen von Ziel und Zweck des Vertreibungsgeschehens oder gar eine Problematisierung von Grenzfragen – z. B. zwischen Polen und der UdSSR oder zwischen Polen und der DDR – waren und blieben bis 1989 absolutes Tabu.

VII. Quellen und Literatur

1. Ungedruckte Quellen

Bundesarchiv Berlin (BAB)

Bestand Ministerium des Innern (MdI)
DO 2
49   Staatssekretariat für Innere Angelegenheiten, Bevölkerungsbewegung 1950–1954.

Bestand Unterlagen des Präsidiums des Ministerrats der DDR
DC 20 I/4
959   Übersiedlung polnischer Staatsbürger deutscher Nationalität in die DDR, 1964.
960   Übersiedlungsmaßnahmen 1964–1969.
1179   Aufhebung der Maßnahmen zur Übersiedlung, 1964.
2652   Analyse paß- und visumfreier Reiseverkehr DDR-VRP und DDR-ČSSR 1972.
3329   Würdigung 25. Jahrestag der Unterzeichnung des Görlitzer Abkommens.

Stiftung Archiv der Parteien und Massenorganisationen der DDR im Bundesarchiv, Berlin (SAPMO-BA)

Bestand Nachlaß Walter Ulbricht
NY 4182
893   Akte Wolfgang Harich.
1228   Botschafts- und MfAA-Information an den Ersten Sekretär des ZK der SED 1960–1962.
1230   Informationen aus der ČSSR in den 1960er Jahren.

Bestand Büro Walter Ulbricht
DY 30
316   Außenpolitische Beziehungen MfAA zur ČSSR, 1968.
365   dito.
2229   Gegen neorevanchistische Grundkonzeption der sozialliberalen und christlichliberalen Bonner Regierung, 1970er und 1980er Jahre.
2476   Propagandistische Zusammenarbeit zwischen der SED, PVAP und KPČ gegen westdeutschen Revancheanspruch 1970er und 1980er Jahre.
2477   dito.
3372   Analysen zu Wolfgang Harich-Akte und seine Programmatik 1956/57.
3380   DDR-UdSSR-Verhandlungen zur Familienzusammenführung 1955–1959.
3497   Mitteilungen des DDR-Botschafters in der UdSSR 1955–1967.
3614   Internationale Beziehungen DDR zur ČSR 1952–1962.
3616   SED-Beziehungen zur KPČ, 1968.
3619   dito.
3620   Information und Stimmungen zu ČSSR-Ereignissen 1968.
3624   dito.
3652   Internationale Beziehungen SED zur PVAP 1950–1959.
3653   Internationale Beziehungen DDR und VR Polen 1960–1963.

Bestand Büro Erich Honecker
DY 30
2252   Regionale Beziehungen SED-PVAP.
2267   Analyse zum Besucherverkehr mit der ČSSR 1971–1973.
2438   Beziehungen mit der ČSSR 1970–1989.
2476   Beziehungen mit der VR Polen 1959, 1971–1979.

Bestand Büro Kurt Hager 1963–1971
DY 30 IV A 2/2.024 (1963–1971)
35   Internationale Wirkung der DEFA-Gruppe Heynowski und Scheumann.
65   Arbeit mit Schriftstellern.

DY 30 IV B 2/2.024 (1972–1980)
99   Arbeit mit Schriftstellern 1972–1979, u. a. mit Christa Wolf.

DY 30 vorl. (1981–1989)
42216   Geschichtsforschung und Traditionspflege 1985, 1986.
42298   Zentraler Forschungsplan der marxistisch-leninistischen Gesellschaftswissenschaften 1981–1990.

Bestand Büro Alfred Kurella
DY 30 IV 2/2.026
72   Politisch-ideologische Auseinandersetzung zu Heiner Müllers „Die Umsiedlerin oder Das Leben auf dem Lande" 1961.

Bestand Büro Albert Norden
DY 30 IV A 2/2028
15   Dokumentationen zu den Aufmärschen der Revanchistenverbände in Westdeutschland; Differenzierungen in den Revanchistenorganisationen 1970; Revancheforderungen Westdeutschlands 1961–1964; Der Ungeist der Revanche auf Westdeutschlands Straßen.

Bestand Tagungen des ZK der SED
DY 30 IV 2/1
147   24. Tagung des ZK der SED am 1./2. Juni 1955.
165   29. Tagung des ZK der SED am 12. November 1956.

Bestand Politbüro-Informationen
DY 30 J IV 2/2J
51   Bericht Republikflucht und Umsiedler 1957.
392   Analyse zur Republikflucht 1957.
825   Bonner Völkerrechtler zur Revanchismus-Rechtfertigung 1962.
1524   Evangelische Denkschrift: Die Lage der Vertriebenen und das Verhältnis des deutschen Volkes zu seinen östlichen Nachbarn.
2951   PVAP-Informationen: Die Ostpolitik der deutschen Bundesrepublik, 1970.
3378   Deutschsprachige Minderheit in Rumänien 1971.

Bestand Politbüro des ZK der SED
DY 30 J IV 2/2 und DY 30 J IV 2/2A
aus den Jahren 1953 bis 1957, 1960, 1964, 1965, 1967.

Bestand Sekretariat des ZK der SED
DY 30 J IV 2/3
aus dem Jahr 1966.

Bestand Agitationsabteilung des ZK der SED
DY 30 IV 2/9.02 (1946–1962) und DY 30 IV A 2/9.02
6   Bekämpfung der Republikflucht 1957.
44   Umsiedlerinformationen aus den Ländern 1946–1949.
59   Deutsche Frage in der tschechischen Presse 1948–1957.
A 71   DEFA-Gruppe Heynowski und Scheumann; „Der Präsident im Exil".
A 72   Politisch-ideologische Wirksamkeit vom Studio H & S, 1963–1970.
A 199   Maßnahmen gegen Revanchistenveranstaltungen 1963.

Bestand Agitationsabteilung des ZK der SED 1972–1980
DY 30 vorl.
14357 Auseinandersetzung mit gegnerischer Propaganda 1972–1974.
18298 Grundlinien gegnerischer Propaganda zum 30. Jahrestag der Befreiung, 1975.

Bestand Westabteilung des ZK der SED
DY 30 IV 2/10.02
2 Einschätzung des Nationalismus-Chauvinismus in Westdeutschland 1961.
86 BRD und Nationalchauvinismus 1960/61.
123 SPD-Vertriebenen-Politik 1959.

Bestand Sicherheitsabteilung des ZK der SED
DY 30 IV 2/12
112 Verhinderung eines Umsiedlertreffens im Halleschen Bergzoo, 1960.

Bestand Abteilung Staats- und Rechtsfragen des ZK der SED
DY 30 IV 2/13 (1946–1962) und DY 30 IV A 2/13 (1963–1971)
390 Familienzusammenführungen aus der VR Polen 1954, 1955, 1956.
392 Umsiedlung und Repatriierung 1950–1957.
403 Rückführungen aus der Sowjetunion 1953, 1955.
524 Lage der Umsiedler in Westdeutschland 1950.
525 Einbürgerung der Umsiedler in der DDR 1950.
534 Lage der Umsiedler in Westdeutschland 1950.
A 71 Einreise und Übersiedlungen aus der VR Polen 1964–1966.

Bestand Abteilung Internationale Verbindungen des ZK der SED
DY 30 IV 2/20 (1946–1962)
31 Beziehungen der Bezirksleitungen SED, KPČ und PVAP 1961/62.
75 Gemeinsame Rundfunkveranstaltungen DDR, VR Polen, ČSSR 1948–1962.
81 Botschafterkonferenz in Berlin 1957.
89 Tätigkeit DDR-Botschaft in Moskau 1960–1962.
155 Parteibeziehungen SED und PVAP 1947–1954.
157 Deutsch-polnische Historikerkommission; Tagung ZK der PVAP 1956.
158 PVAP nach dem XX. KPdSU-Parteitag 1956.
163 PVAP 1960–1962; Handelsbeziehungen DDR und VR Polen.
167 DDR-Botschaftereinschätzungen aus Polen 1959.
170 Deutsch-polnische Beziehungen 1957, 1958.
172 Beziehungen DDR-ČSR und DDR-VR Polen 1953/54.
176 Familienzusammenführungen DDR-Polen 1956, 1961, 1964.
177 Gemischte deutsch-polnische Kommission; Deutsche in Polen 1958.
180 Presseerzeugnisse aus Polen 1955–1959.
183 Botschafterberichte aus Warschau 1955/56.
184 Tätigkeit der DDR-Botschaft in der VR Polen 1954–1962.
185 dito.
186 dito.
191 Bonner Revanchismus gegenüber Rumänien 1960.
193 Beziehungen SED und KPČ 1948–1952.
196 Lage in der KPČ 1958–1962; BRD-Revanchismus.
199 Sudetendeutscher Rat 1954–1956.
200 Tätigkeit der DDR-Botschaft in der ČSR 1957–1960.
201 Botschafterberichte aus Prag 1957–1962.
202 Beziehungen zur ČSSR 1961, Entwicklungsvergleiche.
203 DDR-Botschaftsinformationen aus der ČSR/ČSSR 1960–1962.

DY 30 IV A 2/20 (1963–1971)
327 Partei- und Regierungsdelegationen DDR-VR Polen 1963.
329 Beziehungen zwischen der DDR und der VR Polen 1963–1966.

332	Auseinandersetzungen mit Schriftstellern in Polen 1964/65.
335	Tätigkeit der DDR-Botschaft in Polen 1963–1967.
336	dito.
337	dito.
346	Botschafterinformationen aus Polen 1964.
350	Botschafterinformationen aus Polen 1968.
391	Beziehungen der SED zur KPČ.
394	Beziehungen zwischen der DDR und der ČSSR 1963–1967.
396	Politik und Lage in der ČSSR 1962–1967.
399	Tätigkeit der DDR-Botschaft in der ČSSR 1965, 1966.
401	Tätigkeit der DDR-Botschaft in Prag 1965, 1966.
402	Wocheninformationen aus der ČSSR 1967.
414	Informationen aus der ČSSR 1964, 1965.
1156	Beziehungen SED-KPČ 1969–1971; Rehabilitierungen der KPČ.
1169	ZK-Arbeitsgruppe der SED zu Ereignissen in der ČSSR 1968.
1177	Nationalitätenprobleme in der ČSSR 1967–1969.
1179	Deutschsprachige Sendungen im Prager Rundfunk 1968.
1180	Bürger deutscher Nationalität in der ČSSR 1963–1971.

DY 30 IV B 2/20 (1972–1980)

24	Informationen und Einschätzungen zur KPČ 1972–1977.
140	Informationen zur PVAP 1973, 1978.
141	PVAP-Einschätzungen 1975–1980.
144	Propagandistische Zusammenarbeit gegen den westdeutschen Revancheanspruch zwischen der SED, PVAP, 1970er und 1980er Jahre.
145	SED und PVAP 1976–1980.
150	Informationen und Berichte zur KPČ 1976–1980.

Bestand Nationale Front des demokratischen Deutschland
DY 6 vorl.

0684/1	Polen und propagandistische Vereinbarungen 1958–1971.
1035	6. Jahrestag des Oder-Neiße-Grenzabkommen 1956.
1118	Deutsch-polnische Freundschaftswoche 1956.
1141	Deutsch-tschechoslowakische Freundschaftswoche 1956.
1488	Akte zu Wenzel Jaksch 1960–1966.
1541 a	Bonner Revanche-Ministerien 1952–1957, 1960–1963; Revanchismus – Bonner Staatsdoktrin 1959–1963.
5021	Bund der Deutschen, Deutsche Sammlung 1955.
5061	Neofaschismus, Revanchismus 1968.
5245	Material über den BdD 1953.
5246	Flüchtlinge in Westdeutschland 1954.
5326	Material zur Umsiedlerfrage 1970.
5334	Pressematerial BHE 1956.
5681	Politische Arbeit unter den Flüchtlingen in Westdeutschland 1954; Westdeutscher Flüchtlingskongreß 1956.

Bestand NDPD
DY 16

38	Woche der deutsch-tschechischen Grenze 1956.
79	Meinungen visumfreier Reiseverkehr in die VR Polen und ČSSR 1971/72.
94	Arbeit der NDPD mit ehemaligen Umsiedlern 1951.
176	Taktik der Revanchistenorganisationen in der BRD 1973.
488	Arbeit in der NDPD zur Lösung der Umsiedlerfrage 1952.
895	Dokumentation über die Rolle und das Wirken der Landsmannschaften im System der Bonner Manipulierung, 1966–1968.
1508	Schriftwechsel zur Oder-Neiße-Grenze 1959–1964.
1516	Deutsch-polnische Gesellschaft 1949–1953.

1704	Nationalismus und Neonazismus in Westdeutschland 1967.
2995	Familienzusammenführungen 1953–1957.
4031	NDPD-Spitze, Franz Fühmann und sein Werk 1958–1971.

Archiv der Bundesbeauftragten für die Unterlagen des Staatssicherheitsdienstes der ehemaligen DDR, Berlin (BStU)

Bestand Sekretariat des Ministers
MfS SdM

599	Jahresbericht über die Agitationstätigkeit des MfS, 1960.

Bestand Hauptverwaltung Aufklärung
MfS HV A

14	Entwicklungstendenzen des revanchistischen BdV in der BRD 1982.
22	Finanzielle Lage des BdV 1967.
24	Lage im Revanchistendachverband BdV 1983.
27	Aktivitäten des BdV, seine Einflußnahme auf die BRD-Regierung 1983.
35	Zielvorstellungen des Revanchistendachverbandes BdV 1985.
59	Tätigkeit des BdV 1987.
67	Aktuelle Aspekte der Politik des BdV 1977.
69	Haltung der BdV-Führung zu aktuellen politischen Fragen 1978.
81	Auftreten der BdV-Politiker beim Belgrader Treffen 1978.
84	Haltung der BdV-Führung zu aktuellen politischen Fragen 1979.
114	Lage im Bund der Vertriebenen und seine Aktivitäten 1975.
119	Lage im BdV in Vorbereitung auf die Bundesversammlung in Bonn 1975.
124	Haltung des BdV zur Realisierung der Vereinbarungen VR Polen–BRD 1975.
206	Zur Politik des BdV; BdV-Präsident Wenzel Jaksch 1964–1966.
225	Finanzielle Situation des BdV 1967.
235	Vorgänge im BdV 1968.
1043	Dokumentation 1984: Organisierter Revanchismus in der BRD. Arsenal, Rolle und Ziele der Landsmannschaften in der Gegenwart.

Bestand Zentrale Auswertungs- und Informationsgruppe
MfS ZAIG

423	Bundestreffen Landsmannschaft Berlin-Mark Brandenburg in Westberlin 1961.
511	Informationen zu revanchistischen Veranstaltungen in West-Berlin 1961.
647	Revanchistische Hetzveranstaltungen in Westberlin 1961, 1962.
1216	1000 Jahre Polen – Nachbar in der Geschichte, 1966.
4382	Landsmannschaftstreffen und Vertriebenenverbände.
4625	Material für Genossen Norden über die Ausnutzung der Landsmannschaften und Vertriebenen, 1960; 1965 Übersicht über die feindliche Tätigkeit der revanchistischen Landsmannschaften, ihrer Organisationen und Einrichtungen gegen die DDR.
5006	Angaben über MdB, die 1972 gegen die Ratifizierung der Verträge mit der UdSSR und der VRP gestimmt haben.
8890-2	Die Fraktion der Landsmannschaftsfunktionäre im VI. Bundestag, 1969.
9704, Band 2	Rechercheunterlagen für Bonner Revanchistenführer („Braunbuch"); Bonner politisches Dynamit. Eine Dokumentation von Julius Mader, 1960.
9705	Die Landsmannschaften in Westdeutschland 1959; Revanchistische Treffen in Westberlin 1962; Pressematerial „Revanchegeschrei" 1959–1964; Revanchistische und militaristische Organisationen 1969; Informationsberichte zu Revanchistentreffen in Westberlin zum „Tag der Deutschen" 1965–1969; Ausschuß für deutsche Einheit: Die Landsmannschaften in Westdeutschland. Eine Übersicht über die revanchistische Tätigkeit einiger Landsmannschaften in der Bundesrepublik, 1959.
9715	Zur Arbeit der Schlesischen Landsmannschaft, 1961; Treffen der schlesischen Landsmannschaft 1964–1971, 1972–1981.
9756	Gesammelte Materialien zum 21. Bundestreffen der Landsmannschaft Schlesien im Juni 1985; Internationale Diskussionen zum Motto: „40 Jahre Vertreibung – Schlesien bleibt unser".

24033	Dossier über Herbert Czaja; Veranstaltungen des BdV zum „Tag der Heimat", September 1989.
24071	Personendossier zu Heinrich Windelen 1969–1988.

Bestand Zentrale Koordinierungsgruppe
MfS ZKG

3263	Informationen zum „Deutschlandhaus", 1987.
3520	Der BdV und die konterrevolutionären Vorgänge in der ČSSR. Dossier: Der landsmannschaftliche Revanchismus in der Ostpolitik der Regierung der Großen Koalition (1982); Organisierter Revanchismus und Ostverträge 1969–1975, Dossier von 1983.

Bestand Juristische Hochschule des MfS
MfS JHS

75/82	Die Aktivitäten der Revanchistenverbände und sogenannten Landsmannschaften der BRD angesichts der konterrevolutionären Ereignisse in der ČSSR 1968, erarbeitet 1982.
234	Rolle und aktuelle Aspekte der subversiven Tätigkeit von Landsmannschaften als eine Form des organisierten Revanchismus der BRD, 1985.
549	Die Politik der SED zur Einbeziehung der Umsiedler in den antifaschistisch-demokratischen Neuaufbau im Osten Deutschlands in den Jahren 1945–1949, 1966.
20629	Zu gegenwärtigen Aktivitäten von Unterorganisationen der Landsmannschaften in Form von Heimatkreisen. Vereinigungen gegen denVerantwortungsbereich der Bezirksverwaltung Cottbus, 1986; Zum Wesen, zu den Funktionen und den Methoden revanchistischer Landsmannschaften in der BRD, 1986.
015585 BdL	Information zur feindlichen Tätigkeit revanchistischer Landsmannschaften.

Bestand Archivierter operativer Vorgang (passive Erfassung)
MfS AOP

766/68, I, II	Dossier zu Johannes Bobrowski.
3764/89, Bd. 2	Dossier zu Franz Fühmann.
11315/64	Analyse über Tätigkeit und Stimmung der Umsiedler in Groß-Berlin, 1956, Band 1, 2 1959; Dokumentation über den „Tag der Heimat" und GI-Berichte dazu 1955–1961, Dokumentationen über verschiedene Landsmannschaftstreffen in Westberlin und GI-Berichte dazu 1956–1961; Situation auf dem Gebiet der Bearbeitung der revanchistischen Landsmannschaften 1959, Perspektivpläne zur Koordinierung der Arbeit auf der Linie der Landsmannschaften 1959/60.
11315/64 Band 3	Informationen über die Gefährlichkeit und Tätigkeit revanchistischer Landsmannschaften in Westberlin und Westdeutschland und die sich daraus für das Ministerium für Staatssicherheit ergebenden Aufgaben bei der politisch-operativen Bearbeitung und Bekämpfung dieser revanchistischenLandsmannschaften, 1960.

Bestand Allgemeine Personenablage (passive Erfassung)
MfS AP

3478/59	Akte Franz Fühmann.
8379/89 C	dito.

Bestand Allgemeine Sachablage
MfS AS

39/58, Bd. 8	Analyse der Stimmung unter den Umsiedlern 1955.
77/54, Bd. 7–10	Volkskammerwahlergebnisse 1954 Bezirk Cottbus.
138/76 Band 1–6	Kerblochkartei mit zirka 1 250 Personendaten von Funktionsträgern der Vertriebenenorganisationen auf Bundes-, Länder-, Kommunalebene der Bundesrepublik, 1976.
155/74, Bd. 26	Probleme zum Reiseverkehr DDR-ČSSR 1972.
406/67	Illegale Umsiedlerorganisationen 1948, 1949.
456/67	dito.
669/67	dito.

Bestand Archivierter Untersuchungsvorgang (passive Erfassung)
MfS AU
89/57, Bd. 38   Vernehmungen und Oberstes Gericht zum Fall Harich 1956–1957.
271/55, Bd. 1, 2 Hetze gegen die Oder-Neiße-Grenze 1955.

Bestand Personalakte
MfS PA
1171   Personendossier zu Heinrich Windelen 1969–1988.

Bestand Hauptabteilungen
MfS HA I
15558   Politisch-soziale Struktur der Deutschen Grenzpolizei, der Bereitschaftspolizei und der Nationalen Volksarmee (NVA) 1961.

MfS HA VI
14850   Reise- und Touristenverkehr mit der VR Polen und sich ergebende politisch-operative Probleme, 1971.

MfS HA VIII
2053   Hauptverwaltung Aufklärung (HV A): Objektauskunft zum revanchistischen Dachverband BdV, 1. Juli 1989.

MfS HA XX
257   Probleme der Rechtswidrigkeit der Existenz volksfeindlicher und revanchistischer Organisationen in Westberlin, 1969.
5433   Dossier zur Sudetendeutschen Landsmannschaft 1960.
5434   Finanzielle Unterstützung der Landsmannschaft Schlesien 1965–1970.
5436   Übersicht über die Landsmannschaft Ostpreußen 1960–1967.
12700   Umsiedlertreffen im Leipziger Zoo 1966; Kriminalakte „Schneefest", Teilergebnisse auf dem Arbeitsgebiet ehemalige Umsiedler 1964/65, 1967.

MfS HA XX/1
123   Die Arbeit mit dem Katalog: Dossier über die Zentren der politisch-ideologischen Diversion in Westberlin und Westdeutschland gegen die DDR, Bund der Vertriebenen und Verband der Landsmannschaften und Landesverbände, 1964/65.

MfS HA XX/4
464   EKD: Die Lage der Vertriebenen und das Verhältnis des deutschen Volkes zu seinen östlichen Nachbarn, 1965.
1787   Frühere deutsche Ostgebiete, 1982.
2295   Landsmannschaft der Deutschen aus Rußland, 1966.
2430   Landsmannschaft der Deutschen aus Rußland 1960.

MfS HA XX/ZMA (Zentrale Materialablage)
663   Objektauskunft zum revanchistischen Dachverband „Bund der Vertriebenen – Vereinigte Landsmannschaften und Landesverbände", Stand Juni 1989.
1436, Bd. 1   Adressenmaterial von polnischen Kontaktpersonen der revanchistischen Pommerschen Landsmannschaft, Dezember 1981.

MfS HA XXII
1017   Operativ-Vorgang „Ratte" (Umsiedlerkonzentration) 1981–1985.
5057   Aktivitäten der Revanchistenorganisation „Bund der Vertriebenen" 1979.
16576   Aktivitäten des Westberliner Landesverbandes des BdV 1982–1988.
17255   Treffen revanchistischer Landsmannschaften in der BRD, 1988.
19974   30 Jahre nach München. Aggressive Ostpolitik gegen die Tschechoslowakei – gestern und heute, 1968; Zeitungsartikelsammlung zum Revanchismus in Westdeutschland, 1970er und 1980er Jahre.
MfS Rep. 2/225   Sachstandsbericht zur Sudetendeutschen Landsmannschaft 1971–1973.

Bestand Büro der Leitung (des Ministers bzw. Bezirksleiters)
MfS BdL
000244 Politische Situation in Vorbereitung der Volkswahlen 1954.
Dok. 000658 Vertriebenentreffen, Revanchistentreffen 1960.
Dok. 002071 Dienstanweisungen zur Arbeit auf dem Gebiet Umsiedler 1952.
Dok. 003049 Treffen der Landsmannschaft Berlin-Mark Brandenburg in Westberlin 1960.
Dok. Nr. 003671 Umsiedlerstatistik für Groß-Berlin 1951.
Dok. 003678 Vereinigung Ostdeutscher Landsmannschaften (VOL) 1952.
Dok. 003784 Umsiedler und Umsiedlerorganisationen 1955.
Dok. 015585 Vorgehen der Volkspolizei gegen Vertriebenentreffen in Westberlin 1960.

MfS Rechtsstelle
737 MdI-Direktive: Übersiedlungen aus der VR Polen in die DDR 1965, 1973.

MfS Bezirksverwaltung (BV) bzw. Außenstelle (Ast.) Cottbus
AKG 3888 Informationen über geplante „Heimattreffen" 1975.
AKG 4891 Treffen ehemaliger schlesischer Bürger 1975.
AKG 4907 Treffen ehemaliger Bürger aus Triebel, heute VR Polen 1975.

MfS Bezirksverwaltung (BV) bzw. Außenstelle (Ast.) Karl-Marx-Stadt bzw. Chemnitz
AOP 2581/75, Operativvorgang „Leder" gegen 104 ehemalige Bessarabiendeutsche von
Bd. 1–5 1972–1975.
XVII 329/64 Gruppenvorgang Umsiedler.
GVS 126/61 Hetze gegen die Oder-Neiße-Grenze, Anklage und Urteil zu: Verbreitung von revanchistischem Gedankengut 1960, 1961.

MfS Bezirksverwaltung (BV) bzw. Außenstelle (Ast.) Gera
948/62, Teil 1 Operativer Vorgang an der Universität Jena 1962–1967.

MfS Bezirksverwaltung (BV) bzw. Außenstelle (Ast.) Leipzig
AOP 1231/69, Umsiedlertreffen im Leipziger Zoo 1964–1968, Gesprächsprotokolle,
Bd. 1, 2 Fotografien.
AOP 1789/81,
Bd. 1–7 Operativ-Vorgang „Schreiber" u. a. zu Werner Heiduczek.
AP 3016/64 Illegale Umsiedlertreffen 1951 in Leipzig-Lützschena.
OP 1231/69, Auskunftsbericht über Umsiedlertreffen im Leipziger Zoo 1968.
Bd. 1, 2

MfS Bezirksverwaltung (BV) bzw. Außenstelle (Ast.) Magdeburg
XX 2606 Übersicht über den „Berliner Landesverband der Vertriebenen", 1966.

MfS Bezirksverwaltung (BV) bzw. Außenstelle (Ast.) Neubrandenburg
42/57 Hetze gegen die Oder-Neiße-Grenze 1957, 1958.
231 Landsmannschaften und ihre Einrichtungen, 1965, 1966.
XX 233 Qualitative und quantitative Umsiedlerstatistik im Bezirk Neubrandenburg 1955, Schwerpunktbezirk für ehemalige Umsiedler; „Bund der Vertriebenen" 1959; Analyse auf dem Sachgebiet Umsiedler 1961.
XX 234 Analyse auf dem Sachgebiet ehemalige Umsiedler und revanchistische Organisationen in Westdeutschland, 1961, 1965; Möglichkeit des Eindringens in die Landsmannschaften 1962.
XX 235 Werbung von Geheimen Informatoren (GI) unter Umsiedlern im Bezirk, 1959; MfS-Schwerpunktbezirke in Sachen Umsiedler 1960, 1964; Revanchistische Landsmannschaften und ihre Einrichtungen, 1965.
XX 242 Übersicht über den „Berliner Landesverband der Vertriebenen", 1967.
XX 252 Sachstandsbericht Umsiedler 1962; Sudetendeutsche Landsmannschaft 1967, 1985, 1988.
XX 254 Direktive zur Bekämpfung der politisch-ideologischen Diversion unter Berücksichtigung des Einflusses des Revanchismus' – ausgehend vom „Bund der Vertriebenen", 1961; Ehemalige Umsiedler im Bezirk Neubrandenburg 1963–1965.

XX 259	Schwerpunktbezirk für ehemalige Umsiedler 1956, Bericht über Umsiedler.
XX 260	Analyse auf dem Sachgebiet Umsiedler für 1956–1961.
XX 264	Qualitative und quantitative Umsiedlerstatistik im Bezirk Neubrandenburg 1955, Schwerpunktbezirk für ehemalige Umsiedler.
XX 265	Methoden, Struktur und Feindtätigkeit der Umsiedlerverbände und Landsmannschaften in Westdeutschland und Westberlin, 1956.

MfS Bezirksverwaltung (BV) bzw. Außenstelle (Ast.) Rostock

Rep. 2/112	Analyse bestehender Konzentrationen ehemaliger Umsiedler sowie der Einfluß der Landsmannschaften im Bezirk Rostock, 1960; Übersicht über die feindliche Tätigkeit der revanchistischen Landsmannschaften 1965–1969; Die politisch-ideologische Diversion im System der psychologischen Kriegsführung unter Berücksichtigung der feindlichen Tätigkeit der Landsmannschaften, 1965.
Rep. 2/234	Kontakte der Landsmannschaft Pommern in die DDR, 1972–1978; Literatur- und Pressehinweise zu Struktur und Aufbau der ostdeutschen Landsmannschaften 1981–1983.

MfS Bezirksverwaltung (BV) bzw. Außenstelle (Ast.) Schwerin

2/55	Negatives Auftreten von Umsiedlern im Bezirk 1950–1955.
118/53	Negatives Auftreten von Umsiedlern im Bezirk 1951–1953.
165/51	Negatives Auftreten von Umsiedlern im Bezirk 1951.
330/51	GI- und GM-Anwerbung unter Umsiedlern 1949–1951.
341/52, Bd. 1	GI- und GM-Anwerbung unter Umsiedlern 1949–1952.
347/56	GI- und GM-Anwerbung bei Umsiedlern 1949–1956, Erfolge und Mißerfolge.
562/51, Bd. 1	GI- und GM-Anwerbung unter Umsiedlern 1949–1954.
609/51	Negatives Auftreten von Umsiedlern im Bezirk Schwerin 1951–1954.
AOPK 606/89	Recherche zum „Arbeitskreis Schönbrunn/ČSSR", 1986–1989.

Politisches Archiv des Auswärtigen Amtes, Berlin (PAAA)

Bestand Ministerium für Auswärtige Angelegenheiten der DDR (MfAA)
Familienzusammenführung, Ausreise deutschsprachiger Bevölkerung, Repatriierung und Umsiedlung jeweils aus Polen und der Tschechoslowakei 1949–1975:
A 38, A 1633, A 1634, A 1811, A 1816, A 2108, A 2292, A 2303, A 2540, A 2551, A 2552, A 2616, A 3521, A 3759, A 3814, A 4097, A 4116, A 4161, A 4165, A 10996, A 11470, A 11828, A 12963, A 12981, A 12993, A 13861, A 17547, A 015569.
C 234/72, C 521/76, C 678/72, C 1115/73, C 1343/77, C 1917/72, C 1918/72, C 2016.

Analyse zu Übersiedlungsanträgen aus der Sowjetunion 1962–1966, 1968, 1969. Deutsche Minderheit in der UdSSR:
A 505, A 001049, A 001053, A 001064, A 001187, A 015569, C 520/76, C 1122/71.

Stiftung Archiv der Akademie der Künste, Berlin (AdK)

Bestand: Christa-Wolf-Archiv

203	Leserbriefe zu „Kindheitsmuster" und Antworten der Autorin.
351	Abschriften der Leserbriefe zu „Kindheitsmuster" und Antworten der Autorin.
352	dito.

DEFA-Spektrum GmbH, Zeitzeugenarchiv, Berlin

Datenbank: Zeitzeugen – Filmdokumentation
Umsiedler. Versuch eines filmischen Protokolls, 1986, Regie: Thomas Grimm, 86 Minuten.

Schriftliche Anfragen zum Thema bei:

Thomas Grimm, Berlin, vom 12. Juni und 6. Juli 2007.
Nadja Harendt, der Tochter der verstorbenen Schriftstellerin Ursula Höntsch-Harendt, Berlin, vom 28. Januar und 13. Februar 2006.

Markus Leuschner vom Bund der Vertriebenen, Bonn, vom 30. August 2006.
Christa Wolf, Berlin, vom 16. Februar und 8. März 2006.

2. Gedruckte Quellen/Zeitungsartikel

Amtsblatt des Kontrollrats in Deutschland. Herausgegeben vom Alliierten Sekretariat Berlin, Berlin 1945-1948.
Die Deutschen östlich von Oder und Neiße 1945-1950. Dokumente aus polnischen Archiven, hrsg. Władzimierz Borodziej, Hans Lemberg, Band 1: Zentrale Behörden, Wojewodschaft Allenstein, Band 2: Zentralpolen, Wojewodschaft Schlesien (Oberschlesien), Band 3: Wojewodschaft Posen, Wojewodschaft Stettin (Hinterpommern), Band 4: Wojewodschaft Pommerellen und Danzig (Westpreußen), Wojewodschaft Breslau (Niederschlesien), Marburg 2000 bis 2004.
Deutsches Reichsgesetzblatt (RGBl.) 1913, hrsg. Reichsminister des Innern, Berlin 1913.
Dokumentation zur Deutschlandfrage. Von der Atlantik-Charta 1941 bis zur Berlin-Sperre 1961. Hauptband II: Chronik der Ereignisse von der Aufkündigung des Viermächtestatus Berlins durch die UdSSR im November 1958 bis zur Berlin-Sperre im August 1961, Bonn, Wien, Zürich 1961.
Dokumente zur Außenpolitik der Regierung der Deutschen Demokratischen Republik, Band IV: Verträge und Abkommen vom 7. Oktober 1949 bis 30. Juni 1956, Berlin (Ost) 1957.
Franz Fühmann, Das Ruppiner Tagebuch. Auf den Spuren Theodor Fontanes, hrsg. Barbara Heinze, Peter Dehmel, Rostock 2005.
Franz Fühmann. Im Berg. Texte und Dokumente aus dem Nachlaß, hrsg. Ingrid Prignitz, Rostock 1993.
Gesetzblatt der Deutschen Demokratischen Republik, 1949, 1950, 1957, 1967, Berlin (Ost) 1949-1967.
Otto Grotewohl, Im Kampf um die einige Deutsche Demokratische Republik. Reden und Aufsätze, Band IV, Berlin (Ost) 1959.
Statistische Übersicht. Vertriebenen-Zuwendungsgesetz, 31. 12. 2000, hrsg. Bundesamt zur Regelung offener Vermögensfragen, Berlin 2000.
Die UdSSR und die deutsche Frage 1941-1948. Dokumente aus dem Archiv für Außenpolitik der Russischen Föderation, hrsg. Jochen P. Laufer, Georgij P. Kynin, Band 2: 9. Mai 1945 bis 3. Oktober 1946, Berlin 2004.
Walerian A. Sorin (1902-1986), in: Munzinger Internationales Biographisches Archiv 16/1986 vom 7. April 1986.
Walter Ulbricht, Zur Geschichte der deutschen Arbeiterbewegung. Aus Reden und Aufsätzen, Band V: 1954-1956, Berlin (Ost) 1964.
Wilhelm Pieck – Aufzeichnungen zur Deutschlandpolitik 1945-1953, hrsg. Rolf Badstübner, Wilfried Loth, Berlin 1994.
Manfred Wille, Steffi Kaltenborn, Johannes Hoffmann (Hrsg.), Die Vertriebenen in der SBZ/DDR. Dokumente I: Ankunft und Aufnahme 1945, Wiesbaden 1996; Dokumente II: Massentransfer, Wohnen, Arbeit, 1946-1949, Wiesbaden 1999; Dokumente III: Parteien, Organisationen, Institutionen und die „Umsiedler" 1945-1953, Wiesbaden 2003.

Götz Aly, Zuverlässig. Lob des antifaschistischen Rentners. Reprint des Braunbuchs – Rezension zu: Norbert Podewin (Hrgs.), Braunbuch. Kriegs- und Naziverbrecher in der Bundesrepublik und in Berlin (West), Reprint von 1968, Berlin 2002, in: Süddeutsche Zeitung, München, 9. August 2002.
Auf Hilfsbereitschaft haben wir vergeblich gehofft. Nach der Flucht oder Zwangsaussiedlung der schwere Neuanfang unter fremden Landsleuten am fremden Ort – deutsche Vertriebene erinnern sich, in: Frankfurter Allgemeine Zeitung, 18. August 2005, S. 6.
BRD-Behörden fördern Revanchistenungeist, in: Neues Deutschland, Berlin (Ost), 5. Februar 1981.
Christel Berger, „Das Heimweh versteck ich hinter den Wimpern". Wie „Umsiedler" die DDR-Literatur besiedelten, in: Neues Deutschland, Berlin (Ost), 21./22. Februar 2004, S. 20.
Das ist der Revanchismus in der BRD 1971, in: Neues Deutschland, Berlin (Ost), 14. Juli 1971.
Die geschichtliche Aufgabe der DDR und die Zukunft Deutschlands. Nationales Dokument des Nationalrates der Nationalen Front, 25. März 1962, in: Neues Deutschland, Berlin (Ost), 27. März 1962.
Immer mehr Deutsche verlassen die Tschechoslowakei. 11 000 siedeln jährlich in die Bundesrepublik um, in: Die Welt, Hamburg, 10. Januar 1969, S. 2.

Jaksch auf Goebbels' Spuren, in: Neues Deutschland, Berlin (Ost), 21. Januar 1966, S. 4.
Olt, Reinhard, Das deutsche Geschwür im Körper der Nation. Wie die Vertreibung der Ungarndeutschen 1945 begann und wem die geistige Urheberschaft zusteht, in: Frankfurter Allgemeine Zeitung, 9. September 2006, S. 37.
Pankow dementiert Berichte über Massenaussiedlung, in: Der Tagesspiegel, Berlin (West), 25. Juli 1964, S. 4.
Prokop, Siegfried, Vor 40 Jahren: Wolfgang Harichs Memorandum und sein Gespräch mit Sowjetbotschafter Puschkin: Ulbricht sollte zurücktreten, Kaliningrad zur DDR gehören, in: Neues Deutschland, Berlin, 17. Oktober 1996, S. 9.
Revanchismus in Megahertz. Revanchisten auf einflußreichen Positionen der BRD-Massenmedien, in: Schweriner Volkszeitung, 10. November 1980.
Ulbricht wirbt um Deutsche aus den Ostgebieten, in: Frankfurter Allgemeine Zeitung, 25. Juli 1964, S. 4.
Warschau dementiert Umsiedlungs-Pläne. Meldungen über die Aussiedlung Deutscher in die Zone „völlig aus der Luft gegriffen", in: Frankfurter Allgemeine Zeitung, 25. Juli 1964, S. 4.

3. Literatur

Abkürzungsverzeichnis. Häufig verwendete Abkürzungen und Begriffe des Ministeriums für Staatssicherheit, Berlin 2003.
Heike Amos, Die Westpolitik der SED 1948/49–1961. „Arbeit nach Westdeutschland" durch die Nationale Front, das Ministerium für Auswärtige Angelegenheiten und das Ministerium für Staatssicherheit, Berlin 1999.
Heike Amos, Politik und Organisation der SED-Zentrale 1949–1963. Struktur und Arbeitsweise von Politbüro, Sekretariat, Zentralkomitee und ZK-Apparat, Münster 2003.
Heike Amos, Feindliche Organisationen. Die Sicht des MfS auf die Vertriebenenverbände der Bundesrepublik Deutschland, in: Zeitschrift des Forschungsverbundes SED-Staat, Nr. 20/2006, S. 20–35.
Annemarie Auer, Gegenerinnerung: Gedanken beim Lesen, in: Sinn und Form. Beiträge zur Literatur, hrsg. Akademie der Künste der DDR, 29. Jahrgang (1977), S. 847–879.
Thomas Auerbach, Matthias Braun, Bernd Eisenfeld, Gesine von Prittwitz, Clemens Vollnhals, Hauptabteilung XX: Staatsapparat, Blockparteien, Kirchen, Kultur, „politischer Untergrund", Berlin 2008.
Klaus J. Bade, Aussiedler – Rückwanderer über Generationen hinweg, in: Neue Heimat im Westen: Vertriebene, Flüchtlinge, Aussiedler, Münster 1990, S. 128–149.
Arnd Bauerkämper, Die vorgetäuschte Integration. Die Auswirkungen der Bodenreform und Flüchtlingssiedlung auf die berufliche Eingliederung von Vertriebenen in die Landwirtschaft in Deutschland 1945–1960, in: Geglückte Integration? Spezifika und Vergleichbarkeiten der Vertriebenen-Eingliederung in der SBZ/DDR, hrsg. Dierk Hoffmann, Michael Schwartz, München 1999, S. 193–214.
BdV-Organisation in Mitteldeutschland, in: Bund der Vertriebenen – Jahresbericht. 1990, Rechenschaftsberichte der BdV-Bundesgeschäftsstelle, Bonn 1990, S. 35–37.
Walter Becher, Zeitzeuge. Ein Lebensbericht, München 1990.
Peter Bender, Normalisierung wäre schon viel, in: Aus Politik und Zeitgeschichte. Beilage zur Wochenzeitung Das Parlament, B 5–6/2005, S. 3–9.
Wolfgang Benz, Fünfzig Jahre nach der Vertreibung. Einleitende Bemerkungen, in: Wolfgang Benz (Hrsg.), Die Vertreibung der Deutschen aus dem Osten. Ursachen, Ereignisse, Folgen, Frankfurt a. M. 2000, S. 8–15.
Wolfgang Benz (Hrsg.), Die Vertreibung der Deutschen aus dem Osten. Ursachen, Ereignisse, Folgen, Frankfurt a. M. 2000.
Susann Bethke, Der Weg der Deutschen aus der Tschechoslowakei in die Sowjetische Besatzungszone Deutschlands (1945/46), in: Die Sudetendeutschen in der Sowjetischen Besatzungszone Deutschlands. Ankunft, Aufnahme und erste Integrationsversuche, Magdeburg 1993, S. 5–27.
Bernhard Bilke, Flucht und Vertreibung in der DDR-Literatur, in: Die Vertriebenen in Mitteldeutschland, hrsg. Bund der Vertriebenen – Vereinigte Landsmannschaften und Landesverbände, Bonn 1991, S. 15–23.
Bernhard Bilke, Flucht und Vertreibung in der deutschen Belletristik, in: Deutsche Studien, Heft 126/127, 32. Jahrgang (1995), S. 177–188.

Dieter Bingen, Die deutsch-polnischen Beziehungen nach 1945, in: Aus Politik und Zeitgeschichte. Beilage zur Wochenzeitung Das Parlament, B 5–6/2005, S. 9–17.

Henrik Bispinck, „Republikflucht": Flucht und Ausreise als Problem für die DDR-Führung, in: Vor dem Mauerbau. Politik und Gesellschaft in der DDR der fünfziger Jahre, hrsg. Dierk Hoffmann, Michael Schwartz, Hermann Wentker, München 2003, S. 285–309.

Dieter Blumenwitz, Die Beneš-Dekrete – eine Bestandsaufnahme im Lichte der tschechischen Beitrittsverhandlungen zur EU, in: Staat und Politik. Festschrift für Paul-Ludwig Weinacht zum 65. Geburtstag, Baden-Baden 2003, S. 258–267.

Claudia Böttcher, Judith Kretzschmar, Corinna Schier, Walter Heynowski und Gerhard Scheumann – Dokumentarfilmer im Klassenkampf. Eine kommentierte Filmographie, Leipzig 2002.

Detlef Brandes, Der Weg zur Vertreibung 1938–1945. Pläne und Entscheidungen zum „Transfer" der Deutschen aus der Tschechoslowakei und aus Polen, München 2001.

Detlef Brandes, Die Vertreibung als negativer Lernprozeß. Vorbilder und Ursachen der Vertreibung der Deutschen, in: Zeitschrift für Geschichtswissenschaft, 53. Jahrgang (2005), S. 885–895.

Matthias Braun, Drama um eine Komödie. Das Ensemble von SED und Staatssicherheit, FDJ und Ministerium für Kultur gegen Heiner Müllers „Die Umsiedlerin oder Das Leben auf dem Lande" im Oktober 1961, Berlin 1996.

Braunbuch. Kriegs- und Naziverbrecher in der Bundesrepublik, hrsg. Nationalrat der Nationalen Front des Demokratischen Deutschland, Berlin (Ost) 1965.

Braunbuch. Kriegs- und Naziverbrecher in der Bundesrepublik und in Westberlin. Staat, Wirtschaft, Verwaltung, Armee, Justiz, Wissenschaft. Reprint der dritten, erweiterten Auflage, hrsg. Norbert Podewin, Berlin 2002.

Briefe zu Annemarie Auer, in: Sinn und Form. Beiträge zur Literatur, hrsg. Akademie der Künste der DDR, 29. Jahrgang (1977), S. 1314–1322, 1352–1353.

Bund der Vertriebenen – Jahresbericht. 1990, 1991, 1992, 1993, 1994. Rechenschaftsberichte der BdV-Bundesgeschäftsstelle, Bonn 1990–1994.

Gerald Christopeit, Verschwiegene vier Millionen. Heimatvertriebene in der Sowjetischen Besatzungszone und der DDR, in: Jahrbuch für Deutsche und osteuropäische Volkskunde, Band 38, 1995, S. 222–251.

Erhard Crome, Jochen Franzke, Die DDR und Polen. Betrachtungen über das Verhältnis der Ostdeutschen zu Polen, in: Die verschwundene Diplomatie. Beiträge zur Außenpolitik der DDR. Festschrift für Claus Montag, Berlin 2003, S. 110–123.

Günther Cwojdrak, „Kindheitsmuster" – ein Probestück, in: Die Weltbühne. Wochenschrift für Politik, Kunst, Wirtschaft, 1977, S. 550–552.

Herbert Czaja, Unterwegs zum kleinsten Deutschland? Marginalien zu 50 Jahren Ostpolitik, Frankfurt am Main 1996.

Ernst Deuerlein, Die Einheit Deutschlands. Band I: Die Erörterungen und Entscheidungen der Kriegs- und Nachkriegskonferenzen 1941–1949. Darstellung und Dokumente, Frankfurt a. M. 1961.

Deutschland und Polen im 20. Jahrhundert, Bonn 2001.

Diskussion mit Christa Wolf, in: Sinn und Form. Beiträge zur Literatur, hrsg. Akademie der Künste der DDR, 28. Jahrgang (1976), S. 861–888.

Stefan Donth, Vertriebene und Flüchtlinge in Sachsen 1945–1952. Die Politik der Sowjetischen Militäradministration und der SED, Köln 2000.

Jost Dülfer, Europa im Ost-West-Konflikt 1945–1990, München 2004.

Rainer Eckert, Flucht und Vertreibung. Eine genauso notwendige wie überfällige Diskussion, in: Deutschland Archiv, 37. Jahrgang (2004), S. 14–19.

Erzwungene Wege. Flucht und Vertreibung im Europa des 20. Jahrhunderts, hrsg. Zentrum gegen Vertreibung, Berlin 2006.

Sascha Feuchert (Hrsg.), Flucht und Vertreibung in der deutschen Literatur, Frankfurt a. M. 2001.

Werner Flach, Christa Kouschil, Kreuzritter in Trachten. Organisierter Revanchismus und seine Macher, Leipzig 1984.

Die Flucht. Über die Vertreibung der Deutschen aus dem Osten, hrsg. Stefan Aust, Stephan Burgdorff, Bonn 2003.

Flucht, Vertreibung, Integration. Begleitbuch zur Ausstellung im Haus der Geschichte der Bundesrepublik Deutschland, Bonn, im Deutschen Historischen Museum, Berlin, im Zeitgeschichtlichen Forum Leipzig, 2005–2007, hrsg. Stiftung Haus der Geschichte der Bundesrepublik Deutschland, Bielefeld 2005.

Jan Foitzik, Kadertransfer. Der organisierte Einsatz sudetendeutscher Kommunisten in der SBZ 1945/46, in: Vierteljahrshefte für Zeitgeschichte, 31.Jahrgang (1983), S. 308–334.

Josef Foschepoth, Potsdam und danach: Die Westmächte, Adenauer und die Vertriebenen, in: Die Vertreibung der Deutschen aus dem Osten. Ursache, Ereignisse, Folgen, hrsg. Wolfgang Benz, Frankfurt a. M. 2000, S. 86–113.

Marion Frantzioch, Die Vertriebenen. Hemmnisse, Antriebskräfte und Wege ihrer Integration in der Bundesrepublik Deutschland, Berlin (West) 1987.

Erik K. Franzen, Die Vertriebenen. Hitlers letzte Opfer, München, Berlin 2001.

Ute Frevert, Geschichtsvergessenheit und Geschichtsversessenheit revisited. Der jüngste Erinnerungsboom in der Kritik, in: Aus Politik und Zeitgeschichte. Beilage zur Wochenzeitung Das Parlament, B 40–41/2003, S. 6–13.

Magret Fruth, Die Bestände des Bundesarchivs Berlin und des SAPMO zur Integration von Flüchtlingen und Vertriebenen 1945, in: Vertriebene in Deutschland. Interdisziplinäre Ergebnisse und Forschungsperspektiven, hrsg. Dierk Hoffmann, Marita Krauss, Michael Schwartz, München 2000, S. 409–416

Franz Fühmann, Böhmen am Meer, in: Franz Fühmann, Erzählungen 1955–1975, Rostock 1982, S. 283–318.

Franz Fühmann, Briefe 1950–1984. Eine Auswahl, hrsg. Hans-Jürgen Schmitt, Rostock 1994.

50 Jahre Flucht und Vertreibung. Gemeinsamkeiten und Unterschiede bei der Aufnahme und Integration der Vertriebenen in die Gesellschaften der Westzonen/Bundesrepublik und der SBZ/DDR, hrsg. Manfred Wille, Magdeburg 1997.

50 Jahre Görlitzer Abkommen. Erfahrungen deutsch-polnischer Zusammenarbeit, hrsg. Verband für Internationale Politik und Völkerrecht e. V., Berlin 2000.

Xavier Galmiche, „Dům po Němcích – von den Deutschen übernommenes Haus", in: Zeitschrift für Geschichtswissenschaft, 53.Jahrgang (2005), S. 941–954.

Geglückte Integration? Spezifika und Vergleichbarkeiten der Vertriebenen-Eingliederung in der SBZ/DDR, hrsg. Dierk Hoffmann, Michael Schwartz, München 1999.

Hermann Graml, Flucht und Vertreibung der Deutschen aus Ostdeutschland und Osteuropa. Ein Blick auf historische Zusammenhänge, in: Geglückte Integration? Spezifika und Vergleichbarkeiten der Vertriebenen-Eingliederung in der SBZ/DDR, hrsg. Dierk Hoffmann, Michael Schwartz, München 1999, S. 21–29.

Thomas Grimm, Umsiedler '45, in: Temperamente – Blätter für junge Literatur, Heft 3/1988, S. 41–52.

Thomas Grimm, Verrat der Quellen. Die Staatliche Filmdokumentation, in: Schwarzweiß und Farbe. DEFA-Dokumentarfilme 1946–92, Potsdam 1996, S. 356–363.

Thomas Großer, Von der freiwilligen Solidar- zur verordneten Konfliktgemeinschaft. Die Integration der Flüchtlinge und Vertriebenen in der deutschen Nachkriegsgesellschaft im Spiegel neuerer zeitgeschichtlicher Untersuchungen, in: Vertriebene in Deutschland. Interdisziplinäre Ergebnisse und Forschungsperspektiven, hrsg. Dierk Hoffmann, Marita Krauss, Michael Schwartz, München 2000, S. 65–85.

Michael Grottendieck, Egalisierung ohne Differenzierung? Verhinderung von Vertriebenenorganisationen im Zeichen einer sich etablierenden Diktatur, in: Thomas Großbölting, Hans-Ulrich Thamer (Hrsg.), Die Errichtung der Diktatur. Transformationsprozesse in der Sowjetischen Besatzungszone und in der frühen DDR, Münster 2003, S. 191–221.

Carola Hähnel-Mesnard, Narrative der Flucht, Vertreibung und Integration in der DDR-Literatur der 1950er Jahre, in: Das Treibhaus. Jahrbuch für die Literatur der fünfziger Jahre: Die Anfänge der DDR-Literatur, Band 4, München 2009, S. 121–143.

Ulrike Haerendel, Die Politik der „Eingliederung" in den Westzonen und der Bundesrepublik Deutschland. Das Flüchtlingsproblem zwischen Grundsatzentscheidungen und Verwaltungspraxis, in: Vertriebene in Deutschland. Interdisziplinäre Ergebnisse und Forschungsperspektiven, hrsg. Dierk Hoffmann, Marita Krauss, Michael Schwartz, München 2000, S. 109–133.

Ulrike Haerendel, Zur Eingliederung der Vertriebenen in der SBZ/DDR, in: Deutschland Archiv, 34.Jahrgang (2001), S. 319–321.

Erich Hanke, Im Strom der Zeit, Berlin (Ost) 1976.

Miloš Havelka, Gedächtnis und Geschichte, Zusammenleben und Vertreibung, in: Zeitschrift für Geschichtswissenschaft, 51.Jahrgang (2003), S. 13–19.

Helge Heidemeyer, Flucht und Zuwanderung aus der SBZ/DDR 1945/1949–1961. Die Flüchtlingspolitik der Bundesrepublik Deutschland bis zum Bau der Berliner Mauer, Düsseldorf 1994.

Helge Heidemeyer, Vertriebene als Sowjetflüchtlinge, in: Vertriebene in Deutschland. Interdisziplinäre Ergebnisse und Forschungsperspektiven, hrsg. Dierk Hoffmann, Marita Krauss, Michael Schwartz, München 2000, S. 237–250.
Werner Heiduczek, Abschied von den Engeln, Halle 1968.
Werner Heiduczek, Tod am Meer, Halle 1977.
Werner Heiduczek, Im gewöhnlichen Stalinismus. Meine unerlaubten Texte. Tagebücher – Briefe – Essays, Leipzig, Weimar 1991.
Louis F. Helbig, Gemeinsamkeiten und Unterschiede in Darstellungen von Flucht, Vertreibung und Eingliederung in der westlichen und östlichen Literatur Deutschlands, in: 50 Jahre Flucht und Vertreibung. Gemeinsamkeiten und Unterschiede bei der Aufnahme und Integration der Vertriebenen in die Gesellschaften der Westzonen/Bundesrepublik und der SBZ/DDR, hrsg. Manfred Wille, Magdeburg 1997, S. 69–88.
Monika Helmecke, Kindheitsmuster, in: Sinn und Form. Beiträge zur Literatur, hrsg. Akademie der Künste der DDR, 29. Jahrgang (1977), S. 678–681.
Klaus Dietmar Henke, Der Weg nach Potsdam – Die Alliierten und die Vertreibung, in: Die Vertreibung der Deutschen aus dem Osten. Ursachen, Ereignisse, Folgen, hrsg. Wolfgang Benz, Frankfurt a. M. 2000, S. 58–85.
Georg Herde, Anke Wagner, Revanchistische Politik. Einfluß, Kräfte, Gefahr, Frankfurt a. M. 1977.
Michael Herms, Gert Noack, Zur Geschichte des „Schlesierausschusses" der VVN Thüringen, in: Deutschland Archiv, 30. Jahrgang (1997), S. 399–406.
Michael Herms, Gert Noack, Der „Schlesierausschuß" der VVN im Visier der SED-Führung (1946 bis 1952), Hefte zur DDR-Geschichte 47, Berlin 1997.
Heynowski & Scheumann, Der Präsident im Exil und Der Mann ohne Vergangenheit sowie ein nachdenklicher Bericht über Die Schlacht am Killesberg, Berlin (Ost) 1969.
Helga Hirsch, Flucht und Vertreibung. Kollektive Erinnerung im Wandel, in: Aus Politik und Zeitgeschichte. Beilage zur Wochenzeitung Das Parlament, B 40–41/2003, S. 14–26.
Dierk Hoffmann, Binnenwanderung und Arbeitsmarkt. Beschäftigungspolitik unter dem Eindruck der Bevölkerungsverschiebung in Deutschland nach 1945, in: Vertriebene in Deutschland. Interdisziplinäre Ergebnisse und Forschungsperspektiven, hrsg. Dierk Hoffmann, Marita Krauss, Michael Schwartz, München 2000, S. 219–236.
Johannes Hoffmann, Manfred Wille, Wolfgang Meinicke, Flüchtlinge und Vertriebene im Spannungsfeld der SBZ-Nachkriegspolitik, in: Sie hatten alles verloren. Flüchtlinge und Vertriebene in der sowjetischen Besatzungszone Deutschlands, hrsg. Manfred Wille, Johannes Hoffmann, Wolfgang Meinicke, Wiesbaden 1993, S. 12–26.
Martin Holz, Evakuierte, Flüchtlinge und Vertriebene auf der Insel Rügen 1943–1961, Köln 2003.
Ursula Höntsch-Harendt, Wir Flüchtlingskinder, Halle, Leipzig 1985.
Ursula Höntsch, Wir sind keine Kinder mehr. Die Geschichte einer Jugend, Halle, Leipzig 1990.
Ursula Höntsch, Wir Flüchtlingskinder, 6. erweiterte Auflage, Halle, Leipzig 1991.
Heike van Hoorn, „Opfer" oder „Experten" für den sozialistischen Aufbau? Sudetendeutsche „Antifa-Umsiedler" in der SBZ/DDR, in: Deutschland Archiv, 40. Jahrgang (2007), S. 848–855.
Peter Hübner, Industriearbeit als Faktor der Vertriebenenintegration in der SBZ/DDR, in: Vertriebene in Deutschland. Interdisziplinäre Ergebnisse und Forschungsperspektiven, hrsg. Dierk Hoffmann, Marita Krauss, Michael Schwartz, München 2000, S. 291–312.
Beate Ihme-Tuchel, Das „nördliche Dreieck". Die Beziehungen zwischen der DDR, der Tschechoslowakei und Polen in den Jahren 1954 bis 1962, Köln 1994.
Beate Ihme-Tuchel, „Zuerst bei den polnischen Genossen anfragen". Die deutsche Minderheit in den Beziehungen der DDR zu Polen in den 50er Jahren, in: Die Kontinentwerdung Europas. Festschrift für Helmut Wagner zum 65. Geburtstag, hrsg. Heiner Timmermann, Berlin 1995, S. 471–491.
Beate Ihme-Tuchel, Die tschechoslowakische Politik gegenüber der deutschen Minderheit und das Verhältnis zur DDR zwischen 1949 und 1960, in: Zeitschrift für Geschichtswissenschaft, 44. Jahrgang (1996), S. 965–990.
Beate Ihme-Tuchel, Die DDR und die Deutschen in Polen. Handlungsspielräume und Grenzen ostdeutscher Außenpolitik 1948 bis 1961, Hefte zur DDR-Geschichte 41, Berlin 1997.
Beate Ihme-Tuchel, „Meinetwegen sperrt sie ein ..." – Die deutsche Minderheit in Polen als Problem der ostdeutsch-polnischen Beziehungen in den Jahren 1949 bis 1963, in: Die DDR – Erinnerung an einen untergegangenen Staat, hrsg. Heiner Timmermann, Berlin 1999, S. 495–507.

Edmund Jauernig, Sozialdemokratie und Revanchismus. Zur Geschichte und Politik Wenzel Jaksch und der Seliger-Gemeinde, Berlin (Ost) 1968.
Regine Just, Die Lösung der Umsiedlerfrage auf dem Gebiet der DDR, dargestellt am Beispiel des Landes Sachsen (1945 bis 1952), Magdeburg 1985 (unveröffentlichte Dissertationsschrift).
Regine Just, Zur Lösung des Umsiedlerproblems auf dem Gebiet der DDR 1945 bis Anfang der fünfziger Jahre, in: Zeitschrift für Geschichtswissenschaft, 35. Jahrgang (1987), S. 971–984.
Bernd Kallina, Mit der „Revanchismus-Keule" gegen die deutschen Heimatvertriebenen und ihre Verbände, in: Handbuch des Links-Extremismus. Die unterschätzte Gefahr, hrsg. Hans-Helmuth Knütter, Stefan Winckler, Graz, Stuttgart 2002, S. 70–82.
Steffi Kaltenborn, Die Lösung der Umsiedlerfrage auf dem Gebiet der DDR, dargestellt am Beispiel des Landes Thüringen 1945 bis 1952, Magdeburg 1989 (unveröffentlichte Dissertationsschrift).
Steffi Kaltenborn, Wohn- und Lebensverhältnisse von Vertriebenen 1948 in Thüringen, in: Geglückte Integration? Spezifika und Vergleichbarkeiten der Vertriebenen-Eingliederung in der SBZ/DDR, hrsg. Dierk Hoffmann, Michael Schwartz, München 1999, S. 273–287.
Lutz Kirschner, „Böhmen am Meer". Zu Franz Fühmanns Umsiedler-Erzählung, in: Berliner Debatte Initial, 14. Jahrgang (2003), S. 108–113.
Manfred Kittel, Horst Möller, Die Beneš-Dekrete und die Vertreibung der deutschen im europäischen Vergleich, in: Vierteljahrshefte für Zeitgeschichte, 54. Jahrgang (2006), S. 541–581.
Manfred Kittel, Vertreibung der Vertriebenen? Der historische deutsche Osten in der Erinnerungskultur der Bundesrepublik (1961–1982), München 2007.
Kleines Politisches Wörterbuch, 3., überarbeitete Auflage, Berlin (Ost) 1978.
Christoph Kleßmann, Die doppelte Staatsgründung. Deutsche Geschichte 1945–1955, 5., überarbeitete und erweiterte Auflage, Bonn 1991.
Hans Michael Kloth, Klaus Wiegrefe, Unbequeme Wahrheiten, in: Der Spiegel, 33. Jahrgang (2006), S. 46–48.
Pavel Kolář, Vertreibung zwischen nationaler Meistererzählung und Deutungspluralität. Der tschechische Vertreibungsdiskurs im Licht geschichtswissenschaftlicher Streitschrift, in: Zeitschrift für Geschichtswissenschaft, 53. Jahrgang (2005), S. 925–940.
Claudia Kraft, Was kann die zeithistorische Forschung zum öffentlichen Erinnerungsdiskurs über Flucht und Vertreibung beitragen?, in: Zeitschrift für Geschichtswissenschaft, 51. Jahrgang (2003), S. 42–48.
Gertrud Krallert-Sattler, Kommentierte Bibliographie zum Flüchtlings- und Vertriebenenproblem in der Bundesrepublik Deutschland, in Österreich und in der Schweiz, Wien, München 1989.
Hans-Ulrich Krellenberg, Die Eingliederung der Umsiedler in das gesellschaftliche und politische Leben in Mecklenburg 1945–1949 – dargestellt an den Kreisen Parchim und Malchin, Rostock 1971 (unveröffentlichte Dissertationsschrift).
Siegfried Lammich, Die Verfassung der Tschechoslowakei, Berlin (West) 1981.
Karlheinz Lau, Ostdeutschland und die Vertriebenen im öffentlichen Bewußtsein und im Geschichtsbild der DDR bis 1989, in: Die Vertriebenen in Mitteldeutschland, hrsg. Bund der Vertriebenen – Vereinigte Landsmannschaften und Landesverbände, Bonn 1991, S. 9–14.
Karlheinz Lau, Die Vertriebenenverbände im 21. Jahrhundert. Ein überfälliger Diskussionsbeitrag, in: Deutschland Archiv, 38. Jahrgang (2005), S. 1077–1083.
Hans Georg Lehmann, Der Oder-Neiße-Konflikt, München 1979.
Henry Leide, NS-Verbrecher und Staatssicherheit. Die geheime Vergangenheitspolitik der DDR, Göttingen 2006.
Markus Leuschner, Referat Grundsatzfragen, Vertriebenenarbeit in Mitteldeutschland, in: Bund der Vertriebenen – Jahresbericht. 1991, Rechenschaftsberichte der BdV-Bundesgeschäftsstelle, Bonn 1991, S. 35–38.
Markus Leuschner, Grundsatzfragen, Mitteldeutschland, Jugendarbeit 1992, in: Bund der Vertriebenen – Jahresbericht. 1992, Rechenschaftsberichte der BdV-Bundesgeschäftsstelle, Bonn 1992, S. 20–23.
Markus Leuschner, Grundsatzfragen, Mitteldeutschland, Jugendarbeit, in: Bund der Vertriebenen – Jahresbericht. 1993, Rechenschaftsberichte der BdV-Bundesgeschäftsstelle, Bonn 1993, S. 22–28.
Lexikon der Deutschen Geschichte. Personen, Ereignisse, Institutionen, hrsg. Gerhard Taddy, Stuttgart 1983.
Christian Lotz, Die Deutung des Verlusts. Erinnerungspolitische Kontroversen im geteilten Deutschland um Flucht, Vertreibung und die Ostgebiete (1948–1972), Köln 2007.

Andreas Malycha, „Wir haben erkannt, daß die Oder-Neiße-Grenze die Friedensgrenze ist". Die SED und die neue Ostgrenze 1945 bis 1951, in: Deutschland Archiv, 33. Jahrgang (2000), S. 193–207.

Elke Mehnert, Ankunft in Deutschland: Vertriebene versus Umsiedler. Ostdeutsche Perspektiven auf ein Kapitel gesamtdeutscher Nachkriegsgeschichte, in: Ost-westliche Spiegelung. Beiträge zur deutschen Literatur des 20. Jahrhunderts, hrsg. Franz-Lothar Kroll, Berlin, 2005, S. 95–104.

Torsten Mehlhase, Die SED und die Vertriebenen. Versuche der politischen Einflußnahme und der „Umerziehung" in den ersten Nachkriegsjahren in Sachsen-Anhalt, in: Sie hatten alles verloren. Flüchtlinge und Vertriebene in der sowjetischen Besatzungszone Deutschlands, hrsg. Manfred Wille, Johannes Hoffmann, Wolfgang Meinicke, Wiesbaden 1993, S. 159–177.

Wolfgang Meinicke, Zur Integration der Umsiedler in die Gesellschaft 1945–1952, in: Zeitschrift für Geschichtswissenschaft, 36. Jahrgang (1988), S. 867–878.

Wolfgang Meinicke, Flüchtlinge und Vertriebene in der SBZ, in: Informationsdienst für Lastenausgleich. BVFG und anderes Kriegsfolgerecht, München 1991, S. 50–54.

Wolfgang Meinicke, Probleme der Integration der Vertriebenen in der Sowjetischen Besatzungszone, in: Jahrbuch für ostdeutsche Volkskunde, Band 35, 1992, S. 1–31.

Damian van Melis, „Angabe nicht möglich" – Integration statt Entnazifizierung der Flüchtlinge in Mecklenburg-Vorpommern, in: Geglückte Integration? Spezifika und Vergleichbarkeiten der Vertriebenen-Eingliederung in der SBZ/DDR, hrsg. Dierk Hoffmann, Michael Schwartz, München 1999, S. 161–172.

Damian van Melis, Henrik Bispinck (Hrsg.), „Republikflucht". Flucht und Abwanderung aus der SBZ/DDR 1945 bis 1961, München 2006.

Fritjof Meyer, Streit in Polen. Warum die Oder-Neiße-Grenze, wozu eigentlich Vertreibung, in: Deutschland Archiv, 41. Jahrgang (2008), S. 609–618.

Markus Mildenberger, Brücke oder Barriere? Die Rolle der Vertriebenen in den deutsch-polnischen Beziehungen, in: Deutschland Archiv, 33. Jahrgang (2000), S. 416–424.

Werner Mittenzwei, Die Intellektuellen. Literatur und Politik in Ostdeutschland 1945–2000, Leipzig 2001.

Rudolf Morsey, Heinrich Lübke. Eine politische Biographie, Paderborn 1996.

Rudolf Morsey, Die Bundesrepublik Deutschland. Entstehung und Entwicklung bis 1969, 4., überarbeitete und erweiterte Auflage, München 2000.

Heiner Müller, Der Lohndrücker und Die Umsiedlerin oder Das Leben auf dem Lande. Zwei Theaterstücke, Leipzig 1995.

Norman M. Naimark, Flammender Hass. Ethnische Säuberungen im 20. Jahrhundert, München 2004.

Heinz Niemann, Meinungsforschung in der DDR. Die geheimen Berichte des Instituts für Meinungsforschung an das Politbüro der SED, Köln 1993.

Lutz Niethammer, Alexander von Plato, Dorothee Wierling, Die volkseigene Erfahrung. Eine Archäologie des Lebens in der Industrieprovinz der DDR, Berlin 1991.

Bernadetta Nitschke, Vertreibung und Aussiedlung der deutschen Bevölkerung aus Polen 1945 bis 1949, München 2004.

Die Oder-Neisse Friedensgrenze, Berlin (Ost) 1950.

Burckhard Olschowsky, Die Gegenwart des Vergangenen, in: Aus Politik und Zeitgeschichte. Beilage zur Wochenzeitung Das Parlament, B 5–6/2005, S. 27–32.

Die Organisationsstruktur des Ministeriums für Staatssicherheit 1989, bearbeitet von Roland Wiedmann, Berlin 1996.

Thomas Petersen, Flucht und Vertreibung aus Sicht der deutschen, polnischen und tschechischen Bevölkerung, Bonn 2005.

Alexander von Plato, Wolfgang Meinicke, Alte Heimat – neue Zeit. Flüchtlinge, Umgesiedelte, Vertriebene in der Sowjetischen Besatzungszone und in der DDR, Berlin 1991.

Siegfried Prokop, Ich bin zu früh geboren. Auf den Spuren Wolfgang Harichs, Berlin 1997.

Hans Werner Rautenberg, Die Wahrnehmung von Flucht und Vertreibung in der deutschen Nachkriegsgeschichte bis heute, in: Aus Politik und Zeitgeschichte. Beilage zur Wochenzeitung Das Parlament, B 53/1997, S. 34–46.

Andreas Rödder, Die Bundesrepublik Deutschland 1969–1990, München 2004.

Heidi Roth, Der 17. Juni 1953 in Sachsen, Köln 1999.

Krzysztof Ruchniewicz, Die historische Erinnerung in Polen, in: Aus Politik und Zeitgeschichte. Beilage zur Wochenzeitung Das Parlament, B 5–6/2005, S. 18–26.

Sachsen – Böhmen – Schlesien. Forschungsbeiträge zu einer sensiblen Grenzregion, hrsg. Manfred Jahn, Dresden 1994.
Helmut Sakowski, Daniel Druskat. Fernsehroman und Buchausgabe, Berlin (Ost) 1976.
Helmut Sakowski, Wege übers Land. Ein Lesebuch. Fernsehroman und Buchausgabe, Berlin (Ost) 1984.
Samuel Salzborn, Grenzenlose Heimat. Geschichte, Gegenwart und Zukunft der Vertriebenenverbände, Berlin 2000.
Heinz Sander, Landsmannschaftlicher Revanchismus in Westdeutschland. Zu seiner Geschichte und Rolle im imperialistischen Herrschaftssystem, Berlin (Ost) 1969.
Josef-Hermann Sauter, Interview mit Franz Fühmann, in: Weimarer Beiträge 17 (1971), S. 39–42.
Karl Heinz Schaefer, Anmerkungen zur Zahl der in der SBZ/DDR zwischen 1945 und 1990 lebenden Vertriebenen, in: 50 Jahre Flucht und Vertreibung. Gemeinsamkeiten und Unterschiede bei der Aufnahme und Integration der Vertriebenen in die Gesellschaften der Westzonen/Bundesrepublik und der SBZ/DDR, hrsg. Manfred Wille, Magdeburg 1997, S. 55–68.
Ute Schmidt, „Drei- oder viermal im Leben neu anfangen müssen ..." – Beobachtungen zur ländlichen Vertriebenenintegration in mecklenburgischen „Bessarabier-Dörfern", in: Geglückte Integration? Spezifika und Vergleichbarkeiten der Vertriebenen-Eingliederung in der SBZ/DDR, hrsg. Dierk Hoffmann, Michael Schwartz, München 1999, S. 291–320.
Ute Schmidt, Die Deutschen aus Bessarabien. Eine Minderheit aus Südosteuropa (1814 bis heute), Köln 2003.
Ute Schmidt, Flüchtlingsmilieus in der SBZ/DDR. Formen kultureller Selbstbehauptung und Identitätswahrung am Beispiel der Deutschen aus Bessarabien, in: Zeitschrift des Forschungsverbundes SED-Staat, Nr. 20/2006, S. 3–19.
Sylvia Schraut, Die westlichen Besatzungsmächte und die deutschen Flüchtlinge, in: Geglückte Integration? Spezifika und Vergleichbarkeiten der Vertriebenen-Eingliederung in der SBZ/DDR, hrsg. Dierk Hoffmann, Michael Schwartz, München 1999, S. 33–46.
Friedrich-Christian Schroeder, Die Entwicklung des politischen Strafrechts, in: Im Namen des Volkes? Über die Justiz im SED-Staat. Wissenschaftlicher Begleitband, Leipzig 1994, S. 107–113.
Irina Schwab, Flüchtlinge und Vertriebene in Sachsen 1945–1952. Die Rolle der Kreis- und Stadtverwaltungen bei Aufnahme und Integration, Frankfurt a. M. 2001.
Michael Schwartz, Vertreibung und Vergangenheitspolitik. Ein Versuch über geteilte deutsche Nachkriegsidentitäten, in: Deutschland Archiv, 30. Jahrgang (1997), S. 177–195.
Michael Schwartz, Apparate und Kurswechsel. Zur institutionellen und personellen Dynamik von „Umsiedler"-Politik in der SBZ/DDR 1945–1953, in: Geglückte Integration? Spezifika und Vergleichbarkeiten der Vertriebenen-Eingliederung in der SBZ/DDR, hrsg. Dierk Hoffmann, Michael Schwartz, München 1999, S. 105–136.
Michael Schwartz, „Vom Umsiedler zum Staatsbürger". Totalitäres und Subversives in der Sprachpolitik der SBZ/DDR, in: Vertriebene in Deutschland. Interdisziplinäre Ergebnisse und Forschungsperspektiven, hrsg. Dierk Hoffmann, Marita Krauss, Michael Schwartz, München 2000, S. 135–166.
Michael Schwartz, Kriegsfolgelasten und „Aufbaugesellschaft": Vertriebene, Bombengeschädigte und Kriegsbeschädigte in den langen fünfziger Jahren der DDR, in: Vor dem Mauerbau. Politik und Gesellschaft in der DDR der fünfziger Jahre, hrsg. Dierk Hoffmann, Michael Schwartz, Hermann Wentker, München 2003, S. 165–189.
Michael Schwartz, Tabu und Erinnerung. Zur Vertriebenen-Problematik in Politik und literarischer Öffentlichkeit der DDR, in: Zeitschrift für Geschichtswissenschaft, 51. Jahrgang (2003), S. 85–101.
Michael Schwartz, Vertriebene und „Umsiedlerpolitik". Integrationskonflikte in den deutschen Nachkriegs-Gesellschaften und die Assimilationsstrategien in der SBZ/DDR 1945 bis 1961, München 2004.
Michael Schwartz, Dürfen Vertriebene Opfer sein? Zeitgeschichtliche Überlegungen zu einem Problem deutscher und europäischer Identität, in: Deutschland Archiv, 38. Jahrgang (2005), S. 494–505.
Michael Schwartz, Vertriebene im doppelten Deutschland. Integrations- und Erinnerungspolitik in der DDR und in der Bundesrepublik, in: Vierteljahrshefte für Zeitgeschichte, 56. Jahrgang (2008), S. 101–151.
Wolfgang Schwarz, Brüderlich entzweit. Die Beziehungen zwischen der DDR und der ČSSR 1961–1968, München 2004.
Anna Seghers, Die Umsiedlerin, in: Erzählungen 1945–1951, Berlin (Ost), Weimar 1977, S. 272–279.

Dagmar Semmelmann, Zur Integration aus lebensgeschichtlicher Sicht. Eingliederungsverläufe von Flüchtlingen und Vertriebenen in der SBZ/DDR dargestellt am Sonderfall Eisenhüttenstadt, in: Geglückte Integration? Spezifika und Vergleichbarkeiten der Vertriebenen-Eingliederung in der SBZ/DDR, hrsg. Dierk Hoffmann, Michael Schwartz, München 1999, S. 321–333.

Peter-Heinz Seraphim, Die Heimatvertriebenen in der Sowjetischen Besatzungszone, Bonn 1956.

Sie hatten alles verloren. Flüchtlinge und Vertriebene in der sowjetischen Besatzungszone Deutschlands, hrsg. Manfred Wille, Johannes Hoffmann, Wolfgang Meinicke, Wiesbaden 1993.

Dietrich Staritz, Geschichte der DDR. Erweiterte Ausgabe, Frankfurt a. M. 1996.

Heinz Günter Steinberg, Die Bevölkerungsentwicklung in Deutschland im Zweiten Weltkrieg mit einem Überblick über die Entwicklung von 1945 bis 1990, Bonn 1991.

Johannes Dieter Steinert, Organisierte Flüchtlingsinteressen und parlamentarische Demokratie: Westdeutschland 1945–1949, in: Neue Heimat im Westen: Vertriebene, Flüchtlinge, Aussiedler, Münster 1990, S. 61–80.

Matthias Stickler, „Ostdeutsch heißt Gesamtdeutsch", Organisation, Selbstverständnis und heimatpolitische Zielsetzungen der deutschen Vertriebenenverbände 1949–1972, Düsseldorf 2004.

Bernd Stöver, Pressure Group im Kalten Krieg. Die Vertriebenen, die USA und der Kalte Krieg 1947–1990, in: Zeitschrift für Geschichtswissenschaft, 53. Jahrgang (2005), S. 897–911.

Georg W. Strobel, Die polnische „Preußenkrankheit" und ihre politische Instrumentalisierung, in: Aus Politik und Zeitgeschichte. Beilage zur Wochenzeitung Das Parlament B 53/1997, S. 21–33.

Dietrich Strothmann, „Schlesien bleibt unser": Vertriebenenpolitiker und das Rad der Geschichte, in: Die Vertreibung der Deutschen aus dem Osten. Ursache, Ereignisse, Folgen, hrsg. Wolfgang Benz, Frankfurt a. M. 2000, S. 265–276.

Die Sudetendeutschen in der Sowjetischen Besatzungszone Deutschlands. Ankunft, Aufnahme und erste Integrationsversuche, Magdeburg 1993.

Philipp Ther, Deutsche und polnische Vertriebene. Gesellschaft und Vertriebenenpolitik in der SBZ/DDR und in Polen 1945–1956, Göttingen 1998.

Philipp Ther, Vertriebenenpolitik in der SBZ/DDR und in Polen 1945 bis 1950, in: Geglückte Integration? Spezifika und Vergleichbarkeiten der Vertriebenen-Eingliederung in der SBZ/DDR, hrsg. Dierk Hoffmann, Michael Schwartz, München 1999, S. 137–160.

Philipp Ther, Erinnern oder aufklären. Zur Konzeption eines Zentrums gegen Vertreibung, in: Zeitschrift für Geschichtswissenschaft, 51. Jahrgang (2003), S. 36–41.

Philipp Ther, Die Ursachen von Zwangsmigration im 20. Jahrhundert und das geplante „Zentrum gegen Vertreibung", in: Vertreibung europäisch erinnert? Historische Erfahrungen, Vergangenheitspolitik – Zukunftskonzeption, hrsg. Dieter Bingen u. a., Wiesbaden 2003, S. 215–221.

Mieczyslaw Tomala, „Erzählen Sie keinen Unsinn, Genosse Ulbricht!". Die VR Polen und die DDR in den 60er Jahren: Offizielle Harmonie und internes Mißtrauen, in: Die verschwundene Diplomatie. Beiträge zur Außenpolitik der DDR. Festschrift für Claus Montag, Berlin 2003, S. 124–143.

Die Vertreibung der Deutschen aus dem Osten. Ursachen, Ereignisse, Folgen, hrsg. Wolfgang Benz, Frankfurt a. M. 2000.

Vertriebene in Deutschland. Interdisziplinäre Ergebnisse und Forschungsperspektiven, hrsg. Dierk Hoffmann, Marita Krauss, Michael Schwartz, München 2000.

Die Vertriebenen in Mitteldeutschland, hrsg. Bund der Vertriebenen – Vereinigte Landsmannschaften und Landesverbände, Bonn 1991.

Vor dem Mauerbau. Politik und Gesellschaft in der DDR der fünfziger Jahre, hrsg. Dierk Hoffmann, Michael Schwartz, Hermann Wentker, München 2003.

Philipp-Christian Wachs, Der Fall Oberländer (1905–1998). Ein Lehrstück deutscher Geschichte, Frankfurt a. M. 2000.

Joachim Walther, Sicherungsbereich Literatur. Schriftsteller und Staatssicherheit in der Deutschen Demokratischen Republik, Berlin 1996.

Hermann Weber, DDR. Grundriß der Geschichte 1945–1990, vollständig überarbeitete und ergänzte Neuauflage, Hannover 1991.

Hermann Weber, Die DDR 1945–1990, 2., überarbeitete und erweiterte Auflage, München 1993.

Manfred Weinhold, Deutschlands Gebietsverluste 1919–1945. Handbuch und Atlas, Neuauflage, Kiel 2001.

Hermann Weiß, Die Organisation der Vertriebenen und ihre Presse, in: Die Vertreibung der Deutschen aus dem Osten. Ursachen, Ereignisse, Folgen, hrsg. Wolfgang Benz, Frankfurt a. M. 2000, S. 244–264.

Hermann Wentker, Außenpolitik in engen Grenzen. Die DDR im internationalen System 1949–1989, München 2007.
Wer war wer in der DDR? Ein biographisches Lexikon, Bonn 2000.
Falco Werkentin, Politische Strafjustiz in der Ära Ulbricht. Vom bekennenden Terror zur verdeckten Repression, Berlin 1997.
Frauke Wetzel, Missverständnisse von klein auf? Die Vertreibung der Deutschen in tschechischen und deutschen Schulbüchern, in: Zeitschrift für Geschichtswissenschaft, 53. Jahrgang (2005), S. 955–968.
Lothar Wieland, Das Bundesministerium für Vertriebene, Flüchtlinge und Kriegsgeschädigte, Frankfurt a. M. 1968.
Manfred Wilke, Andreas Graudin, Die Streikbrecherzentrale. Der Freie Deutsche Gewerkschaftsbund (FDGB) und der 17. Juni 1953, Münster 2004.
Manfred Wille, Die Zusammenarbeit der deutschen Antifaschisten mit der SMAD in der Umsiedlerfrage, speziell in Sachsen-Anhalt (1945–1949), in: Jahrbuch Geschichte sozialistischer Länder Europas, Band 23/1, 1979.
Manfred Wille, Die Lösung der Umsiedlerfrage auf dem Territorium der DDR (1945–1949) in: Wissenschaftliche Zeitschrift der Pädagogischen Hochschule „Erich Weinert" Magdeburg, 25. Jahrgang (1988), S. 231–237.
Manfred Wille, Heimatvertriebene in den ersten Nachkriegsjahren in der sowjetischen Besatzungszone Deutschlands – Anmerkungen zur Statistik, in: Die Vertriebenen in Mitteldeutschland, hrsg. Bund der Vertriebenen – Vereinigte Landsmannschaften und Landesverbände, Bonn 1991, S. 1–8.
Manfred Wille, Die „freiwillige Ausreise" sudetendeutscher Antifaschisten in die Sowjetische Besatzungszone Deutschlands – erfüllte und enttäuschte Hoffnungen und Erwartungen, in: Die Sudetendeutschen in der Sowjetischen Besatzungszone Deutschlands. Ankunft, Aufnahme und erste Integrationsversuche, Magdeburg 1993, S. 28–61.
Manfred Wille, Die „Umsiedler"-Problematik im Spiegel der SBZ-/DDR-Geschichtsschreibung, in: Sie hatten alles verloren. Flüchtlinge und Vertriebene in der sowjetischen Besatzungszone Deutschlands, hrsg. Manfred Wille, Johannes Hoffmann, Wolfgang Meinicke, Wiesbaden 1993, S. 3–11.
Manfred Wille, Die Zentralverwaltung für deutsche Umsiedler – Möglichkeiten und Grenzen ihres Wirkens, in: Sie hatten alles verloren. Flüchtlinge und Vertriebene in der sowjetischen Besatzungszone Deutschlands, hrsg. Manfred Wille, Johannes Hoffmann, Wolfgang Meinicke, Wiesbaden 1993, S. 27–54.
Manfred Wille, Zu einigen Fragen der Aufnahme und Integration der Vertriebenen in der SBZ/DDR, in: 50 Jahre Flucht und Vertreibung. Gemeinsamkeiten und Unterschiede bei der Aufnahme und Integration der Vertriebenen in die Gesellschaften der Westzonen/Bundesrepublik und der SBZ/DDR, hrsg. Manfred Wille, Magdeburg 1997, S. 29–54.
Manfred Wille, SED und „Umsiedler" – Vertriebenenpolitik der Einheitspartei im ersten Nachkriegsjahrzehnt, in: Geglückte Integration? Spezifika und Vergleichbarkeiten der Vertriebenen-Eingliederung in der SBZ/DDR, hrsg. Dierk Hoffmann, Michael Schwartz, München 1999, S. 91–104.
Manfred Wille, Die Vertriebenen und das politisch-staatliche System der SBZ/DDR, in: Vertriebene in Deutschland. Interdisziplinäre Ergebnisse und Forschungsperspektiven, hrsg. Dierk Hoffmann, Marita Krauss, Michael Schwartz, München 2000, S. 203–217.
Christa Wolf, Kindheitsmuster, Berlin (Ost), Weimar 1984.
Christa Wolf, Ein Tag im Jahr. 1960–2000, München 2003.
Anna Wolff-Poweska, Das deutsche Problem aus polnischer Sicht, in: Deutsche Studien, Lüneburg 1990, S. 205–213.
Volker Zimmermann, Die Sudetendeutschen im NS-Staat. Politik und Stimmung der Bevölkerung im Reichsgau Sudetenland (1938–1945), Essen 1999.
Volker Zimmermann, Geschichtsbilder sudetendeutscher Vertriebenenorganisationen und „Gesinnungsgemeinschaften", in: Zeitschrift für Geschichtswissenschaft, 53. Jahrgang (2005), S. 912–924.
Volker Zimmermann, Von Gegnern zu Verbündeten. Die „sozialistische Freundschaft" zwischen der SBZ/DDR und der Tschechoslowakei in der Propaganda beider Staaten (1945–1961), in: Propaganda, (Selbst-)Zensur, Sensation. Grenzen von Presse- und Wissenschaftsfreiheit in Deutschland und Tschechien seit 1871, Düsseldorf 2005, S. 193–210.

VIII. Abkürzungen

AA	Auswärtiges Amt
ABF	Arbeiter-und-Bauern-Fakultät
AdK	Akademie der Künste
ADN	Allgemeiner Deutscher Nachrichtendienst
BAB	Bundesarchiv Berlin
BdD	Bund der Deutschen
BdL/Dok.	Büro der Leitung/Dokumente
BdV	Bund der Vertriebenen
BGBl.	Bundesgesetzblatt
BHE	Block der Heimatvertriebenen und Entrechteten
BL	Bezirksleitung
BMI	Bundesministerium des Innern
BRD	Bundesrepublik Deutschland
BStU	Bundesbeauftragte für die Unterlagen des Staatssicherheitsdienstes der ehemaligen DDR
BV	Bezirksverwaltung
BvD	Bund der vertriebenen Deutschen
CDU	Christlich-Demokratische Union
ČSR	Tschechoslowakische Republik
ČSSR	Tschechoslowakische Sozialistische Republik
CSU	Christlich-Soziale Union
DDR	Deutsche Demokratische Republik
DEFA	Deutsche Film-Aktiengesellschaft
DM	Deutsche Mark
DP	Deutsche Partei
DR	Deutsche Reichsbahn
DRK	Deutsches Rotes Kreuz
DSAP	Deutsche Sozialdemokratische Arbeiterpartei
DSKG	Deutsche Sozial-Kulturelle Gesellschaft
DVdI	Deutsche Verwaltung des Innern
DVP	Deutsche Volkspartei
DVP	Deutsche Volkspolizei
DWK	Deutsche Wirtschaftskommission
EKKI	Exekutivkomitee der Kommunistischen Internationale
FDJ	Freie Deutsche Jugend
FDGB	Freier Deutscher Gewerkschaftsbund
FDP	Freie Demokratische Partei
GBl.	Gesetzblatt
GI	Geheimer Informator
GM	Geheimer Mitarbeiter
GUS	Gemeinschaft Unabhängiger Staaten

HA	Hauptabteilung
HfÖ	Hochschule für Ökonomie
HV A	Hauptverwaltung Aufklärung
IM	Inoffizieller Mitarbeiter
KA	Kriminalakte
Kfz	Kraftfahrzeug
KI	Kommunistische Internationale
KJI	Kommunistische Jugend-Internationale
KJVD	Kommunistischer Jugendverband Deutschlands
KLK	Kerblochkartei
KP	Kommunistische Partei
KPČ	Kommunistische Partei der Tschechoslowakei
KPD	Kommunistische Partei Deutschlands
KPdSU	Kommunistische Partei der Sowjetunion
KSZE	Konferenz für Sicherheit und Zusammenarbeit in Europa
KVP	Kasernierte Volkspolizei
KZ	Konzentrationslager
LL	Landesleitung
LM	Landsmannschaft
LPG	Landwirtschaftliche Produktionsgenossenschaft
MdB	Mitglied des (Deutschen) Bundestags
MdI	Ministerium des Innern
MdR	Mitglied des (Deutschen) Reichstags
MDR	Mitteldeutscher Rundfunk
MfAA	Ministerium für Auswärtige Angelegenheiten
MfS	Ministerium für Staatssicherheit
NATO	North Atlantic Treaty Organization
ND	Neues Deutschland
NDPD	Nationaldemokratische Partei Deutschlands
NKWD	Volkskommissariat für Innere Angelegenheiten
NPD	Nationaldemokratische Partei Deutschlands
NRW	Nordrhein-Westfalen
NS	Nationalsozialismus (nationalsozialistisch)
NSDAP	Nationalsozialistische Deutsche Arbeiterpartei
NVA	Nationale Volksarmee
OB	Oberbürgermeister
o. D.	ohne Datum
o. O.	ohne Ort
OV	Operativvorgang
PAAA	Politisches Archiv des Auswärtigen Amtes
PB	Politbüro
PDS	Partei des Demokratischen Sozialismus
PHS	Parteihochschule
PID	Politisch-ideologische Diversion
PKW	Personenkraftwagen
PPS	Polnische Sozialistische Partei
PV	Parteivorstand

PVAP	Polnische Vereinigte Arbeiterpartei (PZPR – Polska Zjednoczona Partia Robotnicza)
RGBl.	Reichsgesetzblatt
RGW	Rat für Gegenseitige Wirtschaftshilfe
ROH	Revolutionäre Gewerkschaftsbewegung (der Tschechoslowakei)
SA	Sturmabteilung
SAPMO	Stiftung Archiv der Parteien und Massenorganisationen der DDR im Bundesarchiv
SBZ	Sowjetische Besatzungszone
SDAG	Sowjetisch-Deutsche Aktiengesellschaft
SdP	Sudetendeutsche Partei
SED	Sozialistische Einheitspartei Deutschlands
SFD	Staatliche Filmdokumentation
SKK	Sowjetische Kontrollkommission
SMAD	Sowjetische Militäradministration in Deutschland
SPD	Sozialdemokratische Partei Deutschlands
SS	Schutzstaffel
StEG	Strafrechtsergänzungsgesetz
StGB	Strafgesetzbuch
StS	Staatssekretär/Staatssekretariat
SU	Sowjetunion
TASS	Telegrafenagentur der UdSSR
UdSSR	Union der Sozialistischen Sowjetrepubliken
UNO	Vereinte Nationen
USA	Vereinigte Staaten von Amerika
VdL	Verband der Landsmannschaften
VEB	Volkseigener Betrieb
VEG	Volkseigenes Gut
VOL	Vereinigung Ostdeutscher Landsmannschaften
VPKA	Volkspolizei-Kriminalakte
VR	Volksrepublik
VRP	Volksrepublik Polen
VVN	Vereinigung der Verfolgten des Naziregimes
WD	Westdeutschland
ZAIG	Zentrale Auswertungs- und Informationsgruppe
ZfG	Zeitschrift für Geschichtswissenschaft
ZK	Zentralkomitee
ZPKK	Zentrale Parteikontrollkommission
ZS	Zentralsekretariat
ZvD	Zentralverband der vertriebenen Deutschen
ZVU	Zentralverwaltung für [deutsche] Umsiedler

IX. Personenregister

Abrassimow, Pjotr A.   244, 269
Ackermann, Anton   144, 175
Adenauer, Konrad   42, 46, 48, 63, 124, 176, 180, 189, 196, 198, 268
Aly, Götz   192, 193
Appelt, Rudolf   134
Auer, Annemarie   241-243
Axen, Hermann   204, 205

Beater, Bruno   73, 190, 244
Becher, Walter   202-207, 260
Bednarz, Klaus   208
Beneš, Edvard   8, 133, 199, 265
Biermann, Wolf   236, 239
Bierut, Bolesław   91, 94, 99
Bobrowski, Johannes   234-236, 269, 276
Bolz, Lothar   94, 95, 148, 178
Brandt, Willy   197, 198, 208

Chruschtschow, Nikita S.   62, 189
Churchill, Winston   8
Cyrankiewicz, Józef   94, 114
Czaja, Herbert   220, 276

Dahlem, Franz   229
Dickel, Friedrich   41, 129
Dölling, Rudolf   134
Dubček, Alexander   162

Eichendorff, Joseph von   111
Engel, Rudolf   20
Eppelmann, Rainer   249
Erler, Fritz   197

Florin, Peter   91, 106, 108
Fröhlich, Paul   41
Fühmann, Franz   235-238, 245, 269, 276
Fürnberg, Louis   138, 139

Globke, Hans   189
Gomułka, Władysław   100, 109, 244
Gottwald, Klement   153
Grimm, Thomas   247-249, 279
Grotewohl, Otto   26, 63

Hager, Kurt   244, 272
Hallstein, Walter   189
Handke, Georg Ulrich   108
Hanke, Erich   228, 229

Harich, Wolfgang   55-59, 271, 277
Hegen, Johannes   108-111, 134
Heiduczek, Werner   243-245, 269, 278
Henlein, Konrad   34, 200, 202
Heymann, Stefan   96-98, 101-103, 106, 108, 109
Heynowski, Walter   202-205, 207, 208, 260, 272
Hitler, Adolf   8, 17, 52, 57, 63, 159, 175, 178, 191, 193, 200, 205, 241, 242
Honecker, Erich   72, 202, 244, 269, 271
Höntsch-Harendt, Ursula   245-247, 270, 279
Höpcke, Klaus   244
Husák, Gustáv   162

Jaksch, Wenzel   196, 199-201, 260, 275
Janovsky, Georg   250
Jauernig, Edmund   201

Katharina II., Zarin von Rußland   174, 182
Koenen, Bernhard   144, 145, 148
Kohl, Helmut   209, 217, 260
König, Johannes   178, 180
Krüger, Hans   60, 191, 192
Kundermann, Aenne   91, 109, 177

Lamberz, Werner   204, 208
Latussek, Paul   251
Lehmann, Helmut   21, 255
Lenk, Josef   138, 144, 145, 150, 155, 167, 168
Lübke, Heinrich   189, 192

Mader, Julius   194
Maron, Karl   108
Matern, Hermann   91, 106, 108
Meinicke, Wolfgang   9, 230, 231
Merker, Paul   21, 22, 255, 256
Mewis, Karl   127, 128
Mielke, Erich   50, 53, 65, 73, 226, 258
Mückenberger, Erich   146
Müller, Heiner   234, 272

Naszkowski, Marian   113, 114, 116
Niethammer, Lutz   247
Noll, Dieter   244
Norden, Albert   189, 195, 197, 198, 204, 205, 207, 216, 260, 272
Novotný, Antonín   153, 163, 166

Oberländer, Theodor   189, 192
Ollenhauer, Erich   196

Pieck, Wilhelm   31
Plenikowski, Anton   22, 90, 256
Puschkin, Georgi M.   56

Sakowski, Helmut   238
Scheel, Walter   131
Scheumann, Gerhard   202–205, 207, 208, 260, 272
Schirdewan, Karl   108
Schlaffer, Josef   20
Schmidt, Helmut   208
Schwanitz, Wolfgang   220
Seebohm, Christoph   159
Seeckt, Hans von   124, 125
Seghers, Anna   17, 233, 234, 269
Semjonow, Wladimir S.   43, 177, 180
Shukow, Georgi K.   134, 199
Šik, Ota   162
Sorin, Walerian A.   181
Stalin, Jossif W.   8, 17, 26, 52, 57, 100, 175, 222
Steiniger, Peter Alfons   96

Stibi, Georg   144, 152
Stoph, Willi   127

Übelacker, Horst Rudolf   202, 207, 208, 260
Ulbricht, Walter   21, 22, 55, 56, 59, 63, 72, 90, 97, 102, 114, 115, 121, 127, 128, 139, 152, 161, 168, 229, 256, 271
Ulitz, Otto   192

Wehner, Herbert   197
Weiskopf, F. C.   139
Weitz, Heinrich   180
Werkentin, Falco   192
Wille, Manfred   9, 230, 231
Windelen, Heinrich   217, 276, 277
Winzer, Otto   114, 115, 161, 177, 181, 188, 206
Wolf, Christa   239–243, 245, 269, 279
Wolf, Hanna   141
Wolf, Markus   175

Zápotocký, Antonín   146, 153

Zur Autorin

Dr. phil., geboren am 5. März 1962 in Berlin, Studium der Geschichte und Germanistik an der Universität Leipzig, 1987 Promotion in Leipzig zur DDR-Geschichte und anschließend wissenschaftliche Mitarbeiterin an der Universität, 1990–1992 verwaltungswissenschaftliches Aufbaustudium an der Deutschen Hochschule für Verwaltungswissenschaften in Speyer, dann bis 2005 Forschungsreferentin am Forschungsinstitut für öffentliche Verwaltung Speyer, 2005–2007 wissenschaftliche Mitarbeiterin beim Forschungsverbund SED-Staat an der Freien Universität Berlin, zur Zeit wissenschaftliche Mitarbeiterin am Institut für Zeitgeschichte, Abteilung Berlin.

Zuletzt publiziert:

Politik und Organisation der SED-Zentrale 1949–1963. Struktur und Arbeitsweise von Politbüro, Sekretariat, Zentralkomitee und ZK-Apparat, Münster 2003.

Die Entstehung der Verfassung in der Sowjetischen Besatzungszone/DDR 1946–1949. Darstellung und Dokumentation, Münster 2006.

www.ingramcontent.com/pod-product-compliance
Lightning Source LLC
Chambersburg PA
CBHW060418300426
44111CB00018B/2897